翁同龢人际交往与晚清政局

谢俊美—著

上海书店出版社
SHANGHAI BOOKSTORE PUBLISHING HOUSE

※

上海文化发展基金会

图书出版专项基金资助项目

※

目　录

前　言

1904 年 7 月,翁同龢灵柩出殡时,送葬队伍最前面举有两块牌子:一块写着"天子门生",一块写着"门生天子"。前者是说他是咸丰的状元,后者是说他曾任同治帝和光绪帝的师傅,由此可见,翁同龢生前的地位是何等的显赫!

著者自 1983 年起,根据导师陈旭麓教授有关近代中国社会新陈代谢的理念和思路,开始对翁同龢及其家族进行研究,至今已有三十多年。三十多年中,查阅了中国第一历史档案馆、国家图书馆以及上海、南京、苏州、常熟等全国主要档案馆、图书馆馆藏有关翁氏档案资料及与翁氏有关的档案资料,并从翁同龢后人翁万戈先生那里获得其家藏翁同龢大量未刊文稿,总数不下数十万字。此外,又查阅了晚清数百人的日记、函札、年谱、墓志铭、传记等。还利用出国讲学、开会,在日本、美国等国有关图书馆、文库进行查阅。在此基础上,于 1994 年由中华书局出版了近 50 万字的《翁同龢传》。于 2005 年由中华书局出版了 90 多万字的《翁同龢集》。2013 年向上海交通大学出版社提交了 130 万字的《翁同龢年谱长编》,有幸获得国家出版资助。此外,还应其他有关出版社的邀请,先后出版了《翁同龢》、《大家精要·翁同龢》、《常熟翁氏》、《翁同书传》、《百年家族·翁同龢》等书,发表学术论文 40 多篇,对推动晚清史和中国近代史的研究起了有益的作用。

上述著作出版距今最长的已有二十多年,最短的也有近十年。在此期间,又有不少新史料的发现,亟待补充和修改,而旧作中一些讹误也需要更正。当初在撰写和出版有关翁氏著作的过程中,因出版要求和字数限制,着重于翁氏本人的史迹撰写,与之有关的其他方面并未展开,尤其是同政局息息相关的人际交往很少,对此一直抱憾至今。现在手边尚留有大量未曾使用的档案资料,这些资料虽很零碎,但属于吉光片羽,很有价值;有些资料为史书所不载,弃之可惜;有些资料今人闻之未闻,几近湮没,尤其是翁氏人际交往,与帝、后、亲王及部院大臣、地方督抚和众多翰林编修交往的诸多细节为史书所不载,对于了解和研究晚清政坛和当时社会不无价值。此外,后人对翁氏生前的某些活动尚多存疑,持有不同看法,这些也促使著者据实澄清。由于上述诸多原因,著者遂决定撰写本书。因而本书实际上是中华书局出版的《翁同龢传》的补充和深入。全书共分"家族与家世"、"宫廷教育"、"同光问政"、"甲午年间"、"戊戌前后"、"人际交往"、"晚年在籍与去世"等七部分,并附录《翁同龢生平大事简表》、《百年来翁同龢研究概述》、《翁同龢开缺、革职原因考》、《翁同龢日记删削改篡影印出版的真相》、《我与翁同龢研究》等。此外,全书还配图120余幅,呈献读者和关心翁氏研究的学者。

一、家族与家世

位居常熟诸家族之首

中国中央电视台有一则广告，叫"天下常熟"，专门介绍常熟山川秀丽，经济发达。这则广告，可以说南北皆知，天下无人不晓。常熟古称海虞，因属苏州地区，故又称"吴中"或"吴下"。它北控滚滚东去的长江，东接浩瀚无垠的大海，南含波光粼粼的昆承、阳澄两湖，境内福山与江北的南通隔江相对，犹如长江上的一把锁匙，十分险要。常熟自古有文物之邦的美称，虞山脚下的仲雍墓和言子墓就是常熟文化悠久的见证。仲雍又名虞仲，是殷末周太公（古公亶父）的次子，他和其兄泰伯同心让国于其弟季历的儿子昌（即周文王），双双披发纹身来到今天的无锡、常熟一带，"一时逊国难为弟，千载名山还属虞"，被吴人尊奉为始祖。泰伯死后葬鸿山（在今无锡市境内，今无锡市有泰伯庙）。仲雍死后葬在本地乌目山上，为了纪念他，遂将乌目山改名虞山。言子即言偃，字子游，为孔子的弟子，擅长文学和音乐，回到故乡后，理政治民，被誉为"东南文教之祖"和"南方夫子"。文开吴会，道启东南，开常熟文化之先河。唐之后，常熟的社会经济文化有了很大发展，宋金对抗，北方大批士民来到江南，不仅带来先进的生产技术，而且也带来了文化艺术。元代以后，人才辈出，画家黄公望，字子玖，又号大痴道人，为元代著名大画家。明清两代，吴中翰墨甲天下，常熟人文蔚起，画有虞山画派，代表人物有王翚（石谷）、王时敏、王鉴、吴历（渔山）等。诗坛代表人物则有钱谦益（牧斋）、杨爱（即柳如是）等，书法绘画则有严讷、蒋廷锡等，印治则有以林皋为首的虞山印派，藏书家则有虞子贤的"城南佳趣"，杨梦羽的"七桧山房"（即万卷楼）、孙子羽的"映雪山居"（即博雅堂）、钱谦益的"绛云楼"、赵元度的"脉望馆"、毛氏的"汲古阁"、张月霄的"爱日精庐"、陈揆的"稽瑞楼"、席世臣的"扫叶山房"、瞿氏的"铁琴铜剑楼"等,不下数十家。

经济的发展,文化的繁荣,带动了常熟一些家族的兴盛。在清代,常熟逐渐形成了翁、庞、杨、赵、钱、严、蒋、归、曾、俞等多个有代表性的家族,其中翁家为诸家之冠。据《海虞翁氏族谱》一书介绍,常熟翁氏既不是常熟本地人,原先也不姓翁而是姓邹。元代至元年间,浙江钱塘翁氏一支迁至姑苏平江(今属苏州)。明初,居住姑苏长洲相城里的翁寿一之子翁景阳入赘常熟西南乡四十九都庙桥的璇洲里村,此为常熟翁氏始祖。后来翁同龢曾率子姓多次前往璇洲里祭扫。

在2000年北京嘉德拍卖公司拍卖的翁氏世藏典籍中,还包括翁氏自家祖上两件稿本:一件是翁长庸的《蓼野自订年谱》,一件是翁叔元的《翁铁庵自叙年谱》。翁长庸,字子虚,一字玉宇,又字山愚,号蓼野,为清初顺治进士,官至河南道参政,为政清廉,颇有政声。翁叔元原名旃,字宝林,号铁庵,康熙一甲第二名,赐进士及第。官至尚书。但翁长庸、翁叔元之后,常熟翁家沉寂了一个多世纪,直到乾隆末年翁咸封中举入仕,才重新逐渐兴盛起来。

翁咸封为翁同龢的祖父,字子晋,号潜虚,乾隆举人,嘉庆初选授海州学正,在任编纂州志,兴办石室书院,改书院为试院,多次奉檄赈灾,亲历灾区,不顾个人生命危险,乘舟冲风冒浪,救活灾民无数。而自己却不名一钱,过着"豆麦夹菜皮"的生活。死后,经江苏巡抚林则徐、两江总督陶澍等呈文奏准,于道光年间入祀海州名宦祠。呈文中有"该故学正实心实政,既孚士望,允惬舆情,实至名归,非循分尽职可比。官卑绩显,较乘权藉势者为尤难。洵属不愧前贤,并可用风有位"。[1]翁咸封清介自持、廉洁奉公、勤政爱民的优良品质,无疑为翁氏子孙日后为人、做官树立了榜样,"为语汝曹须自立,家风清白守仪型"。[2]翁同龢父子就是沿着这个"仪型"入仕为官的。

翁同龢父亲翁心存,字二铭,号遂庵。早年随父在海州学正任上读书。父亲死后,承担家务。一边外出处馆,一边温习经书,准备参加科举考试。当时家中日子异常艰难,他在一首《腊日祀灶》诗中写道:"微禄但能邀主簿,浊醪何惜请比

---

〔1〕 翁心存:《潜虚公入祀海州名宦祠记》。
〔2〕 翁心存:《知止斋诗集》卷十五。

邻。今宵倘作灵公梦,定向君前细细陈。"〔1〕后来在汴梁,于河南学政史致俨家处馆时,又写一首游邯郸卢生祠的诗:"如何一觉黄粱梦,换却功名四十年。从君乞取青瓷枕,日作游仙梦一场。"〔2〕正如陈康祺在《郎潜纪闻》中讲的那样,当时翁心存只想到日后能当上一名县主簿就心满意足了,绝对未想到日后一家大富大贵,两朝大学士、再世帝师,三子公卿,四世翰苑,功名福泽,位极人臣,恩荣无比。翁心存此时虽怀"浮沉原有命"的想法,对自己未来深抱悲观,但奋发之志却未丝毫轻减。加紧温习经史,学写制义。先后于嘉庆二十一年(1816)考中举人,道光二年(1822)考中进士。翁心存考中进士后,供职翰林院,任编修。在此后十年内,连续多次被命为乡试考官,主持顺天、四川、福建、浙江乡试,担任江西、广东、奉天学政。奉旨参加和主持礼部、吏部组织的选拔官吏的考试,故门生弟子遍及朝内外。他奉职唯谨,为政清廉,有"廉正传四海"之誉,深得王公大臣的信任。道光末年入值上书房,任上书房总师傅,授读惠郡王绵愉、道光之子恭亲王奕䜣、惇亲王奕誴、钟郡王奕詥,一度指导大阿哥奕詝(即咸丰帝)的诗文写作,深得诸王子的眷恋垂顾。咸丰改元,任户部尚书,擢体仁阁大学士,虽屡遭肃顺等排斥打击,仍为咸丰帝所信任。同治帝即位后,被重新起用,以大学士管理工部事务;入值弘德殿,授读同治帝。死后谥"文端",入祀京师贤良祠。翁心存的为官及与诸王子的关系为翁同龢日后出仕铺平了道路。

翁心存计有四子二女。长子同书,字祖庚,号药房,道光进士。曾任翰林院编修、贵州学政。太平天国起义期间,任江北大营行营翼长。官至安徽巡抚。因办理寿州绅练仇杀事件不善,遭两江总督曾国藩参劾,被革逮,判为斩监候,后改为充军新疆,为满洲将军都兴阿奏留军营,镇压回民起义。病死甘肃花马池。去世后追谥"文勤"。翁同书之子翁曾源为同治状元,翁曾桂官至浙江布政使。次子同爵,字侠君,号玉甫。幼年承嗣翁泰封,为翁泰封嗣孙。道光末年,他考取监生,以主事分发兵部武选司。同治改元,京察一等,记名以道府外用。历任湖南盐法长宝道,署理按察使,四川布政使,陕西、湖北巡抚,署理湖广总督。三子音

〔1〕 翁心存:《知止斋诗集》卷一。
〔2〕 翁心存:《知止斋诗集》卷四。

保,早卒。四子即翁同龢。长女寿珠,字绛龄,嫁当地秀才俞大文(荔峰),因难产早卒。次女璇华,又名端恩,字纫卿,后嫁翰林院编修钱振纶。钱氏,字楞仙,号成之,与曾国藩、吴汝纶为会试同年,同为道光十八年进士。璇华早年负有才名,人称"才女",叶恭绰先生编纂的《全清诗钞》中就收录了她三首诗。有诗集《簪花阁集》。翁心存的子女虽多有才艺,但其中要算四子翁同龢在晚清政坛上影响最大。

晚清重臣，近代关键人物

台湾的庄练先生写过《中国近代史上的关键人物》一书，书中将慈禧太后、曾国藩、李鸿章、奕䜣、奕譞、张之洞、翁同龢列为影响近代中国的关键人物。慈禧太后两度垂帘听政，实际掌控同光朝局六十年。曾国藩统率湘军，一手镇压了太平天国起义，使清王朝得以延喘几十年。李鸿章继曾氏之后，倡洋务，办海防，练海军，兼管中外交涉。他治军不严，对外妥协退让，直接酿成甲午惨败和以后日本对中国无休止的侵略。奕䜣在咸同之交，政权更迭和稍后的中外关系中起了关键作用，作为议政王，主持朝政二十多年。光绪帝的接位，慈禧的再度垂帘，使奕譞在朝的地位日益凸显重要。张之洞是晚清后期洋务新政的推动者，他的"中体西用"论直接影响了清末新政。翁同龢两长帝师，权参机要，周旋于帝后之间，对维持同光朝局作用不小。

翁同龢，字声甫，一字均斋，号叔平，在常熟翁氏"同"字辈中排行第六，侄辈称其六叔，同行有称之"六兄"的。1842年，大姐寿珠去世，他愁绪满怀，又自号"瓶生"。晚年开缺革职在籍，又号"松禅老人"。1904年游览苏州、杭州，在灵隐寺题壁，自署"瓶居士"，"松隐"等。他的晚号大多与晚年的境遇有关。

翁同龢1830年5月19日（道光十年四月二十七日）出生于北京城外石驸马大街罗圈胡同，其时他的父亲正在翰林院供职，租借胡同内一座民宅居住。八岁那年，父亲回籍"告养"，侍候年老的祖母张太夫人，翁同龢随父母一起回到老家常熟，在父兄的督教下，先后肄业于县学游文书院、府学紫阳书院，在故乡度过了自己的青少年时代。这里附带要说一下，其父翁心存在乡前后十一年，直到

1849 年(道光二十九年)张太夫人去世后才回京供职。在乡期间,曾受聘游文书院山长、府学紫阳书院讲席,翁同龢实际是在父亲的指导下读书的。翁心存好聚书,未通籍前,遇到有价值的书,无力购买,就借回发动全家人来抄写。通籍后,家庭经济状况大为改观,不仅花巨资购买了仲氏的明代建筑(后改为绥衣堂),而且购买了好友、当地藏书家陈揆(子准)稽瑞楼的大部分藏书。上自宋元,下至明清,经史之外,复及金石文字,钟鼎篆籀,名贤稿本,不下数万本。2000 年翁同龢五世孙翁兴庆(万戈)以 450 万美元卖给上海图书馆的七十多种珍本书中有多种就是翁心存当年购藏的,如宋代丁度等人撰著的《集韵》十卷本,晁公溯撰写的《新刊嵩山居士全集》(现存四十卷)、邵雍撰写的《邵子观物内篇》两卷、《外篇》两卷、《后录》两卷、《邵子渔樵问对》一卷本,唐代赵蕤撰写的《长短经》九卷本,许浑撰写的《丁卯集》两卷本,李德裕撰写的《会昌一品制集存》十卷本,五代后蜀何光远撰写的《重雕足本鉴戒录》十卷本,等等。翁同书、翁同爵任官在外,翁心存的藏书后来基本都归了翁同龢。如许丰富的藏书,不仅开阔了翁同龢的眼界,而且也为他的学问打下了扎实的基础。

1849 年(道光二十九年),翁同龢随父母重回北京。这年他参加礼部拔贡考试,考得第一名,遂以七品小京官供职刑部江西司。当时该司主稿为常熟人王宪成(蓉洲),同事中有吴可读、陈兰彬等人。刑部审案是常事,有司常令翁同龢问案,而同龢也每每好事,多赖王氏护持,才不至闹出笑柄。翁同龢这次在刑部当差七年,虽无大的政绩可言,但将宋代的一部《洗冤录》翻得滚瓜烂熟,这些为他日后担任刑部堂官问案办案积累了不少法律方面的知识和实际经验。

1852 年(咸丰二年),翁同龢考中举人。四年之后,一举考中状元。咸丰六年为干支丙辰年,适逢三年一度的会试之年。初试,翁同龢中式第六十三名贡士,与其父亲同值上书房的孙瑞珍之子孙毓汶中式第七十八名贡士。翁同龢卷出第十七房,房师为翰林院编修贡璜(字荆三,辛亥武昌起义逃走的湖广总督瑞澂的父亲),后拨给第十三房金钧(子梅)。复试列一等第二名。殿试一甲第一名,状元及第。翁心存咸丰六年四月的日记记载了翁同龢中式的情况:"宅中厮养崔四持五儿(指翁同爵)昨日巳刻喜报到,云六儿以前十本引见,蒙钦点一甲第一名及第,⋯⋯感念天恩祖德,惭悚交深,喜极出涕。""始知一甲第二孙毓汶,第三洪昌燕。"孙氏是翁心存的门人，洪氏是翁心存的小门生，故予以关注。

翁同龢状元及第后，授为修撰，供职翰林院。翰林院类似于储才馆，遇到文字之类的事大都交编修们去做，所以翁同龢不久就兼方略馆、会典馆、实录馆之类差事，或校对，或编写，等等。若是遇到已故嫔妃园寝、王公贝勒碑文，也大都交由编修们去写。在咸同之际，翁同龢升为詹事府詹事。詹事府本为太子服务的机构，但清朝秘密立储，不设太子，所以詹事府也是闲散衙门。翁同龢多次奉旨去东、西陵撰写妃嫔牌位。法国提督卜罗德在今上海奉贤被太平军击毙。清政府为了拉拢法国帮他镇压太平军，谕令赐祭，祭文就是出自翁同龢之手。咸丰去世后，实录馆编写咸丰朝实录，翁同龢奉旨参与了编写。当然编修有时作为考官，参加各省的乡试，少数资深的编修作为考官奉旨参加三年一度的会试。无论是参加乡试，还是会试，考官都会获得一份丰厚的"赠敬"、"程仪"，少则数百两，多则上千两至二千两不等，这对年薪只有银数十两的编修来说是一笔不小的收入，被视为美差。翁同龢状元及第的第三年，1858 年（咸丰八年）奉旨派为陕甘（当时陕甘尚未分省）乡试副考官，与正考官潘祖荫一起主持陕甘乡试。这次陕甘总督送给翁同龢的程仪高达八百多两，这还不包括门生的"赠敬"。潘祖荫所得"程仪"比翁同龢还要多。这次乡试不久，翁同龢奉旨任陕甘学政，学政要视学所属各府、州、县学。文武生童考试可否之权全操在学政之手，此外还有"棚费"、"卷费"之类的收费，收入更为可观。西北地区苦寒，翁同龢气候不适应，且"志不在地方"，对做地方官不感兴趣，况兄长在军营，父亲遭肃顺排斥打击，需要他在身边，不久就借"足疾"陈请开缺，得旨谕准。在返京途中，居然还带着"足疾"游览了华山南高峰，可见"足疾"只是托词，不愿做地方官是其本意。同治初年，翁同龢和史念祖（字绳之）一起主持山西乡试，不过这次他担任正考官。此次山西所送程仪为一千二百两。

翁同龢正式步入政坛与他父亲有关。同治改元，慈禧、慈安两太后垂帘听政，恭亲王辅政，同治帝在弘德殿读书。这时翁心存、祁寯藻等当年遭肃顺排斥打击的大臣得到重新起用。翁心存以大学士兼管工部事务，不久又奉旨在弘德殿行走，授读同治帝，但不到一年就因病去了。当时太平天国还占据常熟，所以，灵柩暂厝昌平核桃园，翁同龢在京丁忧。1865 年（同治四年）丁忧期满。正好此时弘德殿书房需人,遂由奕䜣、奕谭提议,李鸿藻担保,经两宫皇太后谕允,翁同龢被命在弘德殿行走。翁心存是奕䜣在上书房读书时的师傅,奕谭负责照料弘德殿事务,他们早已耳闻翁同龢的学问,知道他是咸丰状元,翁心存当年因骑马跌伤,晚年手颤不利于写,翁同龢曾代写红仿,供同治帝练习,此事连同治帝都记得。翁同龢未入值就已给亲王们留下了好印象。这项任命,对翁同龢来说等于是继父述志,这对他的孝思是一大安慰,而父子同沃一帝,更是一重佳话。

翁同龢是通过优秀的教学获取皇帝、太后的信任的。当时在弘德殿任教的有李鸿藻(军机大臣)、倭仁(大学士)、徐桐、倭崇庵、广寿、桂清(端方叔父)。翁同龢入值后,接替李鸿藻,讲授《帝鉴图说》一书,这是明代张居正专门给明神宗编的一本书,辑录历代贤君圣主和著名太后的嘉言懿行,并编成一个个故事,外加四字标题,再配上工笔图画,内容虽深,但容易看懂。翁同龢讲得既浅显,又明白,同治帝就是要听。传到宫中,两太后自然高兴。后来又接替徐桐,讲授《孟子》,《孟子》内容较深,但翁同龢讲得不错,内容交代清楚,有关虚词解释恰当,同治帝颇能听懂。翁同龢还给同治帝讲授过《清朝开国方略》。指导同治帝写字、写诗、作论,他本人字就写得很好,同治帝非常认可。为了让同治帝写好字,他专门到城内一家"得水龙笔庄"购买上等水笔供其使用。为了让同治帝作好诗、论,他倡导先由师傅事前编写一些词、语供皇帝参考,这一做法深受欢迎。据情擅变、机智自用是翁同龢一生行政的一大特点,体现了他任事的灵活性和务实,但也往往不为人们所认可,认为他常常巧藉事端,揣度圣意,或以己意为取舍,目为奸巧滑达。他一生成也在此,败也在此。当然不是每一位师傅课讲得都好,倭仁教学颇为刻板,且多诫训口气,摆出一副正人君子的样子,每每为同治帝所不喜。而徐桐讲课最差。《孟子》本由他讲授,但因讲得太差,同治帝着实听不懂,后经李鸿藻提议,太后允准,才改由翁同龢讲授。从同治帝那边来说,自然是喜欢课讲得好的师傅了。不过,因书房教学上的优劣,后来竟又演变成政治上的对立,加上翁同龢对满族权贵心存轻视,益发加剧彼此之间的矛盾冲突。这是后话,此处暂且不提。

翁同龢入值弘德殿不久,又奉旨接替李鸿藻,给两宫皇太后进讲《治平宝鉴法编》一书。这本书是南书房、上书房的潘祖荫、许彭寿、鲍源深等人奉两宫皇太后之命编写,专讲历代王朝兴衰利弊得失,足为法戒的内容,共十二册,半月一次,选派军机大臣、大学士、弘德殿师傅轮流进讲。为太后讲书,使翁同龢与她们有了近距离的接触。翁同龢娴习经史,每次进讲,因准备充分,讲解清楚,并能即兴、结合现实,侃侃而论,回答太后所提的有关问题。诸如恤刑、问狱、执法、灾荒、用人,对有关帝王为政宽猛进行评价,对现实存在的问题毫无隐瞒地进行批评等等。一次他进讲《明世宗用台谏张永明言赈南京荒》一节,与太后谈到人治与法治的问题,提出任法不如任人的主张。他说,法备于古,固然不错,但需得人,得人则实惠可及于百姓;如果法备而不得人,则百姓就要受苦。所以,法备不如任人。认为仅有完备的法律,而不得贤臣良吏,这样的法律又有什么用呢? 所以"法备不如任人"。直白的见解给太后留下了强烈的印象。因由对他学问的看重进而对其擢拔任用。此后,凡是军机、大学士讨论的重大问题几乎都谕令翁同龢一起参加,发表意见。

翁同龢给慈禧太后留有忠实可用的印象是在同治病危期间。当时同治帝因天花痘毒发作,生命垂危,朝政需人治理。慈禧想接管政权,但因母子不和,担心皇帝反对,于是便鼓动翁同龢、潘祖荫等人出面吁请,翁、潘等对此心领神会,并亲自执笔,照慈禧太后的意思上了一道奏折,奏请两宫皇太后权代批览裁定内外陈奏事件,折中说:"皇上……惟现在尚难耐劳,诸事深虞旷误,两宫皇太后俯念圣躬正资调养,所有内外各衙门陈奏事件一应呈请披览裁定。"这道奏折令慈禧非常满意。奏折呈上后,同治帝只得应允。此时慈禧又谕令翁同龢、潘祖荫、李鸿藻等人与其他王公大臣一起,再以同治帝的口吻缮写一道"谕允"的诏令,翁同龢等没费一刻工夫就将诏书写好了。"仰荷慈怀曲体俯允,权宜办理,朕心实深感幸,将此通谕中外知之。"慈禧就这样将政权重新夺到手。经此一事,待到同治帝去世,光绪帝接位,慈禧再度临朝听政,便对翁同龢大加重用了。

同治帝生前没有子嗣,慈禧不顾王公大臣们的反对,立自己的侄儿、自己亲妹妹所生、奕譞之子载湉为帝,改元光绪,当时载湉虚龄五岁,无法亲政,仍由她与慈安垂帘听政。慈禧作出这一决定时,又令翁同龢、潘祖荫和军机大臣一起拟旨,宣布这一决定。拟旨时,潘祖荫有鉴于明世宗"大礼仪"之失,坚持"必宜明书为文宗(咸丰)嗣",想以此遮断奕譞与光绪之间的父子关系。同龢则表示"必应书为嗣皇帝,庶不负大行皇帝付托。"这道奏折为慈禧太后继续执掌朝政提供了法律依据,遂开创了此后数十年慈禧把持朝政的局面,纵览光绪一朝,载湉无疑是一个傀儡皇帝,朝政大权实际操纵在慈禧一人手上。

经同光之交的权力转换,翁同龢正式赢得了慈禧的信任,随之而来的是重用。

重用的第一件事是令翁同龢与奕譞、魁麟(华峰)、荣禄勘定同治帝惠陵陵址和承修惠陵工程。同治帝是慈禧的亲生儿子,为儿子选陵址、修陵是一件严肃而又重大的事,当然不会随便交给一般的大臣去完成。当年宝华山道光帝陵因地宫透水而报废,最后只得在昌西陵重修,就是一个教训。最后慈禧选派奕譞、魁麟、荣禄、翁同龢"三满一汉"去完成。奕譞是她妹夫、载湉之父,魁麟是满洲正红旗人、户部尚书。荣禄是慈禧内侄,奕譞的亲信,只有翁同龢是汉臣,当时官品低微,虽曾是同治帝师,但比他资格老的帝师有的是,如李鸿藻、徐桐等。所以这一安排完全是慈禧的旨意。纵即是奕譞有意推荐,最终仍须得到慈禧允准。乃至后来任命翁同龢主持毓庆宫,授读光绪帝,都是慈禧的一手安排。如果没有翁同龢在弘德殿那段授读生涯以及给两宫皇太后讲书那段经历,如果没有同光之交政权交接那段政情,慈禧太后无论如何也不可能作出如是决定。所以这些任命并非像有些人,如李鸿章之子李经迈说的那样是翁同龢巴结奕譞的结果。1911年辛亥革命爆发后,李经迈避居沪上,于友人处偶见翁同龢1875年(光绪元年)致上海道冯峻光的两通手札,在旁批注道:"此信当作于光绪元年,时值穆宗(指同治帝)大丧,常熟(指翁同龢)与醇贤亲王(指奕譞)奉命相度陵地,故有遵化、易州之行。因忆余宣统二年直班西陵,寄宿野寺,见壁间常熟题诗殆遍,与醇邸唱和者居多,推崇备至,用以结纳皇帝本生父,寻有毓庆宫授读之命。"这一看法纯系揣度,并带偏见,实不足信。至于他所说的"尝谓同、光、宣三朝圣学不如道、咸以前,师傅诸臣已不能宽其责备,况离间母子、援引康梁,邪说一兴,国本动摇,不仅清室以墟,沧海横流,且不知如何收拾,可胜慨叹!"[1]更是一派胡言,不能相

---

[1] 参见上海图书馆编:《上海图书馆藏翁同龢未刊手稿》,上海科学技术文献出版社2010年版。

信了。

在相度陵址的过程中,奕譞和翁同龢的诗兴发挥到了极致,彼此你来我往,一日数首,奉和不绝,缇骑为送诗奔走于道途,诗人则奉和于风雪覆盖的帐下。一个多月的遵化、易州之行,同龢就写了奉和诗不下三十多首。我们不得叹服两个人的诗才之高。后来奕譞生前的诗作被编入《九思堂集》,翁同龢的诗文则被编入《瓶庐诗稿》。诗文中彼此推崇,同龢奉和诗中较多流露的是对贤王才华的仰慕,大有"惺惺相惜"之意,而非"结纳"。如《次韵醇邸和作》:"驲骑传呼仆隶催,新篇捧到客停杯。果然大吕黄钟奏,压倒唐贤宋杰来。悱恻动人皆至性,陶镕无迹是诗才。白头旧吏惭何用? 一一齐竽许滥陪。"勘探陵址中,间也有奉和魁麟和荣禄的。如《次韵柬魁华峰总宪》:"苦语慰君雏凤去,君去岁失子。好诗迟我续貂来。虚襟自养和平福,真鉴能收干济才。甲戌典春官试。"在《次韵简荣仲华侍郎》一诗中,同龢写道:"十指如流羽檄催,将军潇洒自衔杯。独承父祖忠贞石,尽揽东南秀气来。一语见心真国士,六朝元地展奇才。白头囊笔吾衰甚,怊怅行轺得暂陪。"可见当时翁荣关系何等亲密。后在奕譞的鼓励下,两人还结拜为弟兄。后来交恶那是后话,此处不提。但在当时,这种关系对于奠定翁同龢在光绪朝举足轻重的地位具有至关重要的作用。

第二件事是处理吴可读死谏事件。光绪初年,臣僚中反对慈禧择立载湉为帝的余波仍未熄灭,就在1879年(光绪五年)4月同治帝灵柩奉安惠陵时,发生了随同行礼的吏部主事吴可读死谏事件。吴可读,字柳堂,甘肃皋兰人,咸丰进士,素以敢言直谏知名。同治初年,任御史。各国使臣请求晋见,呈递国书,吴可读奏请免除外国使节跪拜礼节,折中说:"以即得其一跪一拜,岂足为朝廷荣;即任其不跪不拜,亦岂为朝廷辱。"一时都下传诵。这次随扈参加葬仪,结束后返京途中,在蓟州马仲桥三义庙吞食鸦片自杀。死前在庙壁题诗一首:"九重懿诰双慈圣,千古忠魂一惠陵。"此诗我怀疑可能系他人捉笔,但留下遗折一道却是真的。遗折要求慈禧为同治帝立嗣。在吴可读看来,父死子继,无子择嗣,统继有人,世世相承,这是千百年来不变之理。无论是普通百姓,还是王室帝胄之家,都不能违背。现在慈禧立光绪承嗣咸丰而不为同治择嗣,显然有违中国传统继嗣制度,不能坐视不问。决心以一死使慈禧回心转意,为同治择嗣。

吴氏的死谏,震动朝野。慈禧将其遗折发交王公大臣、六部九卿会议。翁同龢自然在会议之列。翁氏当然了解慈禧不为同治择嗣的意图,问题是如何从道理上替慈禧解脱,使朝野上下都能接受。为此他颇费了一番心思,手拟了一道《阐明圣意疏》,疏中突出了汉满继嗣的不同,自雍正之后实行秘密立储,不建储贰,不立太子;建储大典,属于皇族内部的事务,一般臣僚无权参议,从根本上驳斥了吴氏的死谏实在没有必要。疏的最后说:"我皇上(指光绪)继承大位,以文宗之统为重,自以穆宗之心为心,将来神器所归,必能斟酌尽善,况穆宗龙驭上宾时,业经降明谕旨,俟嗣皇帝生有皇子,则承继大行皇帝为嗣。懿训煌煌,周详慎重,是穆宗毅皇帝将来继统之义,早已存于皇太后前降谕旨之中,何待臣下奏请?"这道奏疏彻底否定了遗折,慈禧非常满意。后来内阁的复奏中还采纳了翁同龢奏疏中的原话和另一位大臣潘祖荫的折中原话。两人对自己的观点被采用都感到高兴。不过,光绪帝生前也未生育子女,去世后,慈禧择立光绪之弟载沣之子溥仪为帝,是为宣统,兼祧同治和光绪。慈禧死后,同治的妃嫔与光绪的后妃们为争身份谁先谁后,摩擦不断,实际上也是慈禧当初不为同治择嗣一事的延续和反映。宣统在位未及三年,清王朝就灭亡了。

第三件事是任命翁同龢入值毓庆宫,授读光绪帝,把皇帝教育全权委交给他。清朝秘密立储,因此所有皇子皇孙都在上书房读书。但咸丰之后,皇子甚少,独子单传,秘密立储制度已不可能进行。而光绪的择立直接关系到慈禧太后权位的巩固。从慈禧这里来讲,她要培养的是一位对她百依百顺、言听计从的傀儡皇帝,但如何能达到这个目的呢? 仅她一人还不能做到。尤其是皇帝的教育至关重要,但她不能包办,需要有人既能贯彻她的这一意图,又在实际上做到这一点。最终她看中了翁同龢。经过同光之际多次活动的考察,慈禧确信只有翁同龢是最佳的人选。

1876年1月8日(光绪元年十二月十二日)懿旨著派翁同龢和夏同善在毓庆宫行走,"授皇帝读"。理由是"皇帝冲龄践阼,亟宜乘时典学,日将月就,以裕养正之功,而端出治之本"。皇帝长大后要治国,亲裁大政,当然要乘时典学。即使慈禧要光绪做傀儡,但作皇帝处理政务的基本知识也还是需要掌握,所以,这些都是冠冕堂皇的道理。问题是师傅人选，当时翁同龢只是内阁学士、署刑部右侍郎，而夏同善是正式的兵部左侍郎，翁的官位比夏要低一些。后来的懿旨说得更清楚：由翁同龢一人授书，夏同善承值写仿等事。可见将夏氏同时任命，只是个陪衬。且夏氏不久就外放江苏学政了。此后增派的师傅如张家骧、孙诒经、孙家鼐多系与翁同龢接近之人。值得注意的是，慈禧太后在众臣面前明确宣布过"书房由翁同龢主之。皇帝身边之人有不守法度者，翁同龢可以参之。"由于有这柄尚方宝剑，派往书房的满蒙官员基本上都受制于翁同龢，如僧格林沁之子伯彦诺谟祜、松溎等人对翁氏的书房安排从不敢违抗。

要把一个虚龄五岁的孩子培养成一代君王，而且要符合慈禧的意图，谈何容易。翁同龢深知再任帝师，造就贤君，可以成就一番不灭的大业，这是人生难得的机遇，但是眼前的现实使他感到十分为难，日后如何处理皇帝与太后的关系，太后的意图已很明显，但如何能让日渐成长的皇帝理会太后的意图、顺从太后的意志呢？如果按自己的想法去培养教育皇帝，与太后意志相背，或皇帝亲政后独断专行，不按慈禧意图行政，自己夹在中间，是十分危险的。届时将前功尽弃，虽不会像张居正那样死后被抄家，剥夺一切，但轻则扣上"离间母子"，重则扣上"怙权溺职"的罪名，下场同样很惨。后来的史实应验了他的这些担忧。但君臣之义已定，作为臣僚，他不能抗旨不遵，只能接受这项任命。慈禧以时事艰难，择人不易，要他尽心纳诲，用副简任，于是他只好上任了。根据翁同龢日记记载，在他1894年（光绪二十年）离开书房前的近二十年中，翁同龢参加慈禧的召见约有四十多次，其中在召见时专门问及皇帝书房功课的有十六次之多，在召见其他臣僚时提及书房的有七八次。慈禧对书房如此关注，意在注意光绪帝的成长变化，同时也是对翁同龢的一种提醒。

翁同龢深切了解慈禧的意图，因此，对光绪的教育采取顺从感化的方式，为了获得光绪帝的完全信任，他采用了许多"哄小孩"的方法，并以自己对书画的爱好去影响皇帝，"但以怡情适性之书画古玩等物，不时陈说"，这是事实。从三希堂法帖到虞山画派"四王"的画，乃至道光帝"养正书屋"的藏书，均加以陈说。但说"从未将经史大义，剀切敷陈"，却不是事实。如果那样做，其他书房师傅也不同意，翁同龢也未必就敢。不过，在翁同龢的"哄"、"诱"下，他和光绪的关系虽不是像某些史书上讲的"亲如父子"那样的亲密,但光绪帝对翁同龢的依赖确是一个不争的事实。光绪帝在亲政前,有时表现出厌学或遇上心情不好,不愿读书的情况,往往是在翁同龢的施压和诱惑下,才勉强顺从和去完成的。特别在十多岁前后,光绪好动贪玩时,翁同龢往往采取"哄"、"压"的方法来"窥探圣意","逼迫"他完成学业,这点不仅可能,而且实际上就有,这方面内容翁同龢的日记就记载不少。1887年(光绪十三年)光绪已经十七岁,到了亲政的年龄,慈禧嘴上讲要让皇帝亲政,却迟迟不肯交出政权。据《光绪朝东华录》载,翁同龢看在眼里,为了满足慈禧恋权欲望,以圣学未成,上折希望慈禧继续听政:"皇太后体祖宗之心为心,二十余年忧劳如一日,倘俟一二年后圣学大成,春秋鼎盛,从容授政,以弼我丕基,非特臣民之福,亦宗社之庆事。"并示意光绪帝在宫中求请,此举深得慈禧欢心。一年之后,慈禧择立自己的侄女为光绪帝的皇后,又将皇帝书房移至自己所在的西苑内的长春书屋(后改补桐书屋),以此来操纵控制光绪帝,而后才慢慢"交出"政权。在翁同龢的授意下,光绪的生父醇亲王奕谭也向慈禧表示:"亲政后,永照现在规矩,有凡宫内一切事宜,先请懿旨,再于皇帝前奏闻。"翁同龢在慈禧召见时也表示:皇上"亲政后断不改章程,书房随时提拨。"然而这一切当然根本不可能阻止慈禧干政。翁同龢在光绪帝亲政前已养成"巧藉事端,刺探圣意"的习惯,光绪帝亲政后,依然如故,遂引起光绪帝的厌恶,可惜翁同龢全然不顾,欲罢不能,反而说什么看着一家孤儿寡母的样子,做伙计的不忍心离开之类的话,他太自信了,最终导致光绪帝将他开缺回籍。

就在光绪亲政前,还有一件事,翁同龢再次赢得慈禧的信任。1889年2月(光绪十五年正月)东河河道总督吴大澂奏请尊崇光绪帝生父醇亲王典礼事件。吴大澂对慈禧骄奢淫逸颇多不满,以醇亲王奕谭物望所归,寄予厚望,但看到奕谭周边的亲信,诸如孙毓汶、许庚身、容贵之辈非贪即庸,以致吏治败坏。吴氏认为权奸当道,国是日非,都是醇亲王柔弱所致。如果有一个什么办法能使醇亲王位尊而又不管事务,若辈小人就会失去依靠,他们的嚣张气焰自会收敛。1889年2月(光绪十五年正月),他趁慈禧归政、光绪帝亲政之时,毅然上了一道请尊崇皇帝生父醇亲王奕谭帝父名号的奏疏。疏中引用乾隆帝御批《通鉴论》、《治平灢议》为据,"尊醇王名帝父,义当拥号归邸,嫌于预政。"疏中说:"我朝以孝治天下，当从正定名分为先，凡在子为人后者，例得以本身封典封本生父母，此朝廷锡类之恩，所以遂臣子之孝思者，至深至厚，属在臣工，皆推本所生，仰邀封号，况贵为天子?! 而于天子所生之父母必有尊崇之典礼。……圣训煌煌，斟酌乎天理人情之至当，实为千古不易之定论。目下恭逢皇太后归政之期，拟请懿旨饬下廷臣会议醇亲王称号礼节，详细奏明出自太后特旨，宣示天下。"据说此疏出自河南长葛知县陆襄钺(吾山)之手，河南巡抚倪文蔚也极为赞赏，后来陆氏因此革职永不叙用，直到 1900 年两宫西巡，他前往迎驾，才被重新起用。陆氏亦是翁同龢的门生。此中关系，翁氏无任何记载，不便深论，翁氏日记只说吴氏因此受辱。

　　吴大澂原想以尊崇醇亲王典礼，孤立权奸，庶使朝政有澄清之望，岂料折件呈上后，慈禧极为震怒，慈禧认为吴折名义上"尊帝父"，实际上"倾己势"，意在是孤立自己和离间帝后，排斥打击自己势力。遂指示军机大臣孙毓汶发抄 1875 年 2 月(光绪元年正月)醇亲王的预杜妄论一疏，严斥吴大澂"阚名邀宠""议礼梯荣"，对吴氏大加"羞辱"。醇亲王经此，深知慈禧的厉害，从此变得更加谨慎小心。翁同龢借看望病中的醇亲王，在奕谭面前力白吴大澂"心实无他"，并在书房给光绪帝进讲了乾隆帝的《濮议辨》一文，极力化解慈禧因吴氏的奏疏引起的种种疑忌。

　　由对翁同龢的信任进而对其委以重任。翁同龢在开缺前所有重要职务基本上都是由慈禧太后谕令的，光绪亲政后的任职虽由光绪授予，但也多经慈禧太后认可。

　　1865 年(同治四年)12 月，翁同龢奉旨在弘德殿行走。次年，擢内阁侍讲学士、詹事府右春坊右庶子。1870 年(同治九年)迁太仆寺卿。1875 年(光绪元年)署刑部右侍郎。懿旨命在毓庆宫行走，授读光绪帝。次年调补户部右侍郎。1878 年(光绪三年)拜都察院左都御史。次年正月，擢刑部尚书，旋改工部尚书。1881 年(光绪七年)派管国子监事务、派管理火药局。次年，派督修紫禁城城墙，派管理三库事务，命在军机大臣上行走，仍兼毓庆宫行走。1885 年(光绪十一年)，调补户部尚书。次年，派充会典馆副总裁。1894 年(光绪二十年)，命在军机大臣上行走。督办军务大臣，会办军务。次年，命兼署总理各国事务衙门大臣，派管同文馆事务。1897 年(光绪二十三年)，蒙懿旨命以户部尚书协办大学士。从上述历年授职来看,有凡晚清重要官职他都担任了,入值弘德殿、毓庆宫、两长军机,兼署总理衙门大臣,主持户部、工部、刑部、都察院、国子监、太仆寺等诸多部院事务。有关晚清政治、军事、外交、财政、金融、科举、教育、洋务、水利、救灾、边务、条约、教案,等等,无不参与。授职之外,更多的是奉旨承办各种差事,其中又以试差为多,多次担任乡、会试正、副考官,主持顺天乡试、会试,多次派阅各种考试试卷,故弟子门生遍布朝内外,在社会上具有巨大的影响力和号召力。在晚清,翁同龢的言行举止,行踪去留,动关朝局,是一位政坛上举足轻重的人物,一位对近代中国具有重大影响的关键人物。

二、宫廷教育

清代前期的几位皇帝都是文武兼治的君主,康熙,雍正、乾隆不仅武功过人,而且文学修养也很深。他们希望皇基永固,后继有人。因此,对皇子的教育向来十分重视。雍正之后,皇位改革,不立太子,实行秘密立储,诸皇子均须在上书房读书,既是防止储位之争,也是为了皇子教育。咸丰朝一脉单传,秘密立储,已无必要。咸丰帝只有一个儿子,这就是慈禧所生的载淳,即后来的同治帝。还在载淳六岁那年,咸丰帝就为载淳择师进学,择定翰林院编修李鸿藻(兰荪)为师傅,授读载淳。祺祥政变后,改元同治,两宫皇太后垂帘听政。同治帝安排在弘德殿读书。师傅除李鸿藻外,增添了翁心存和祁寯藻(春圃),但两人均年事已高,且多有病,翁心存入值一年多就因病去世了。于是书房陆续又添派了倭仁(艮峰)、徐桐(荫轩)。谙达则有广寿(绍彭)、倭崇庵,后又增添桂清(莲舫,端方叔父)。书房总管是奕䜣和奕譞,日常事务由奕山负责。1865年(同治四年)又增派了翁同龢。此后虽增派了王庆祺,那已是同治亲政后的事了。

继父述志，入值弘德殿

翁同龢入值弘德殿是书房一时缺人，派他添补。当时李鸿藻新被任命在军机大臣上学习行走，事务繁忙，书房照料不及，所以朝廷才临时添派翁同龢。翁同龢是翁心存之子、咸丰状元，担任皇帝老师水平足够。问题在于他是"插班生"，别人已将一切安排好了，你就照着去做。翁同龢的任务是接替李鸿藻，讲授《帝鉴图说》，后又接替徐桐讲授《孟子》，这是他在弘德殿进讲的主要课程。此外和其他帝师一起指导同治帝写诗、作论和写字，这些都不属于经史大义之类的主课。可以说，他对同治帝的思想并未产生多大影响。

自翁心存、祁寯藻先后谢世，弘德殿教育基本上是满蒙一派的官员控制着。倭仁，字艮峰，乌齐格里氏，蒙古正红旗人，早年是理学家唐鉴的弟子，素以理学大师闻名，后官至大学士，著有《启心金鉴》一书，在书房位居首座。平日授读，自称力崇正学、必以程朱为指归。他负责给同治帝讲授《论语》、《尚书》等课程。徐桐，字豫如，号荫轩，汉军正蓝旗人。平日也以理学家自居，其实学问浅陋。但他们种族和身份都要比翁同龢"高贵"，翁同龢当时才是詹事府右中允，一个极不显眼的职务。在这种情况下，他只能屈居人下，勉力为之。

翁同龢崇尚公羊春秋今文经学，年轻时好谈历代典章制度，认为周公、孔子之道必可行之于今日。周公分封建，开阡陌，孔子周游列国，力主改革。翁同龢认为士大夫立志当以周公、孔子为法。他的学术旨趣与倭仁强调治国之道在人心忠孝的主旨不合，因此，他的思想主张在书房无法表达。更不幸的是，李鸿藻在学问方面也是崇奉理学，其学术旨趣和倭仁、徐桐等人相同。咸同年间，理学最具代表性的人物是曾国藩、倭仁、李棠阶等人,他们强调世道人心,将顾炎武的经世思想同理学的克己修身、治国平天下的主张糅合在一起,终以"削平大难",让清朝又苟延残喘了几十年。理学强调克己复礼,修身养性、以仁孝感格天下苍生,倭仁、李鸿藻希望通过理学的灌输,把同治帝造就成一位以仁孝治天下的君主。在当时他们这样说,这样教是理所当然的,被看做是"正学"。在这种情况下,翁同龢显得空前孤立,倍遭排斥打击,他内心既痛苦,又矛盾,甚至一度萌发辞差的念头。"吾皇方向学,中原多艰虞;抚衷两踌躇,未忍便决去。""人臣高贵,莫如帝师"。兄长翁同爵知道后,致函与他:"吾弟日侍圣学,虽甚劳苦,然得偿先人未尽之志,似亦未可言退。宜俟圣主亲政后,再陈情归养。""再,师傅尊崇,与外任道府,有仙凡之别,正不宜舍此就彼也。"在兄长同爵的劝说下,翁同龢才没有这样做。从学术旨趣上讲,虽与倭、李形同泾渭,难以趋从,但从日后为官从政的角度,当然是不辞的好。所以也就暂时委屈隐忍下来。不过,尽管倭仁等坚持以理学为教,讲者哓哓,听者藐藐,同治帝对倭仁他们的说教并未听进去。倭仁的理学教学从理论上讲没有错,但如此枯燥、无味、教条式的教学完全不适合一个幼儿的学习,最终同治帝仍是典学无成。到亲政前夕,同治帝不但"书不成诵、论多别字,甚至语言塞吃",连话都不会说,慈禧太后气得多次流泪,甚至有"恨不能自教"之语。

在入值弘德殿期间,发生了两件事,都与倭仁、李鸿藻顽固坚持理学立场有关。一件是同文馆开设之争,奕䜣奏准开设天文算学馆,拟招聘正途人员考试入学学习。倭仁上折表示反对。折中说什么自古立国,从来都是尚礼仪,不尚权谋;天文算学是六艺之末,为益甚微;西人为我大仇大敌,延聘西人为教习是忘仇弃耻;挑选正途科甲出身人员入馆学习,上亏国体,下失民心,万万不可。要求朝廷立罢此议。折中还讲,以中国之大,不乏人才,如果朝廷执意要开办,不妨博访人才。奕䜣抓住他这句话要他选人择地开馆,随后朝廷正式任命倭仁在总理各国事务衙门大臣上行走。倭仁的理学道理不能解决朝廷面对中国科技落后西方的现实问题。倭仁以理学大师面目出现,一时附和他的人还不少,以致同文馆开设受到严重影响,报名者寥寥可数。另一件是李鸿藻的庶母去世,李鸿藻坚持守孝三年。当时书房吃紧,正是需要李鸿藻的时候,奕䜣、宝鋆并以历史上不少大臣"夺情"移孝作忠的例子来劝告李氏放弃自己的意见，专注同治帝的教育。倭仁认为人君以孝治天下，人臣应以孝敬父母，这才符合圣道，支持李鸿藻的作法。结果朝廷毫无办法，最后只好答应李鸿藻的要求，待到三年后，李鸿藻服阕再回到书房，同治帝的学习已被严重耽误了。慈禧深知倭、李、徐等理学派的厉害，但也无可奈何。

翁同龢与倭、李、徐等人一起共事，这两件事他都卷了进去。同文馆的事，他与徐桐帮助倭仁润色复奏折，劝倭仁辞差，不到总理衙门任职。李鸿藻的事，他也只好附和李鸿藻。翁同龢虽然与倭、李"保持了一致"，但在家书、日记中却披露了自己内心的真实想法："官职卑微，入世不深，对官场事还捉摸不稳。""森严清切之地，言动皆有法程，岂可纵谈快口？况经涉波涛，千回百折，乌得不虑耶？"承认他支持和附和倭仁的那些活动，只是"俯仰随人，机智自用而已。"这些说法完全符合翁同龢当时的情况。正是慈禧和奕䜣、奕譞看出翁同龢不同于倭仁、李鸿藻、徐桐那样顽固、僵化，才为后来在毓庆宫择师问题上，不选李、徐而选择翁同龢的原因。

"从未以经史大义剀切敷陈"?

1898年12月（光绪二十四年十一月），在罢斥翁同龢的谕旨中写道："授读以来，辅导无方，从未以经史大义，剀切敷陈，但以怡情适性之书画古玩等物，不时陈说。"谕旨从三个方面彻底否定翁同龢在毓庆宫对光绪帝的教育：一是"辅导无方"；二是"从未以经史大义，剀切敷陈"；三是平日"但以怡情适性之书画古玩等物，不是陈说。"言下之意，光绪帝对经史不了解、只喜好古玩字画，这些都是翁同龢"辅导无方"的结果，玩味谕旨这段话，当出自旁观者的看法，这个旁观者不是别人，只能是慈禧和慈禧身边的人，比如刚毅、荣禄或太监李莲英之流。

谕旨是在戊戌政变后，追剿康梁维新派的腥风血雨中发出的。在慈禧等看来，康梁鼓动光绪变法，居然还要"围园"杀她，如此悖逆不伦，都是光绪帝的不好；而光绪帝之所以变得如此，又都是翁同龢"辅导无方"的结果。因此，翁同龢岂能置身事外，一定要对他加以严惩。

慈禧太后当年对弘德殿书房的师傅也不满意，认为倭仁、李鸿藻等师傅辅导无方。同治亲政后，她时时染指朝政，以致弄得母子不和。只因同治帝去世早，否则政坛风波迭起。当初慈禧择立载湉为帝，不过是想借光绪这个"稻草人"永远执掌朝政。他选择翁同龢为光绪师傅，意图也很清楚，就是要翁同龢照她的意图去做，把光绪帝培养成一个唯她之命是从，绝对效忠于她的儿皇帝。皇帝和皇帝的师傅都不过是慈禧手中玩弄的道具。现在皇帝居然自作主张，搞起变法来了，竟要废弃她多年建立起来的秩序、历年选拔的大臣而信用康梁,这还了得。

光绪帝的有为之举,在慈禧等看来,都是对她的叛逆。好在历史对戊戌变法早已作了肯定,对慈禧等发动的政变也早已作出了否定。谭嗣同等"六君子"的鲜血映照了更多先进志士继续去探寻救国救民的道路。历史既然肯定了光绪,那么我们又应该如何评价翁同龢在毓庆宫二十多年的授读生涯呢?

历史比较法是研究历史的一个重要方法。我们不妨将光绪帝与同治帝读书的情况和亲政的作为作一比较。

先看同治帝。据翁同龢日记记载,到亲政前夕,同治帝每日进书房只是一个劲地消磨时间,"全以习诵为具文",加上当时正在挑选秀女,越发神思不定,书既不熟,论多别字,诗无成诵,甚至言语謇吃。从这些记载来看,表明同治帝实际典学无成。慈禧对此虽颇多怨言,表示不满,但最终并没有追究书房师傅们的责任。

再看看光绪帝。同样据翁同龢日记记载:光绪帝读书刻苦勤奋,每天黎明前就进书房读书写字。一年四季,率多如此。每天下书房回宫后,行立坐卧皆诵读诗书。除了完成师傅布置的功课外,又常常"发宫中珍秘,殚精探讨,由是学识益进。"连慈禧也说"皇上实在是好学。"他不好声色,每逢漱芳斋演戏,"未尝入座",略一观瞻,便至后殿读书。每年春节放假,书房照例停课,但他仍携各种书籍每天到书房阅读,甚至在生病的时候也"读书不辍"。师傅们感动地说:"皇上勤学如此,非人间所及。"除了先天口吃之外,无论哪一方面都要远远超过同治帝。到亲政前夕,光绪帝已是"天资聪明,过目成诵,六经诸史,前几年即能举其辞","清语国语,我朝根本,皇上记诵甚博,书写亦工。"总之,"典学已成"。对此,慈禧对翁同龢及书房所有师傅的教育表示满意。如果不是慈禧恋权不放,也许光绪帝亲政将有更多的作为。

对于同治与光绪两帝书房读书的异同,萧一山先生另有一番评论。他在《清代通史》一书中说:"李鸿藻、翁同龢为同、光两帝师傅,一主理学,一主汉学,其结果因生活严肃之教,而流为放诞,因精神苦闷被压抑,而成为好奇,此真辅导无方乎?盖以二帝皆受慈禧钤制,发育已不正常,李、翁不知施教畸人,为了疏导症结,故不免趋于反动耳!"萧先生的说法有一定道理。倭仁、李鸿藻在弘德殿的僵化教条式的说教，加剧了同治厌学心理，为求心理平衡而寻求刺激，进而放诞不羁，乖戾变态。光绪帝因怀有理想而不甘遭受太后压迫，欲借变法而一伸己意，结果仍遭挫抑。慈禧的专制独裁是同治帝学业无成、光绪帝难有作为的主要原因。

一个人的学习内容离不开所处的时代和国家民族赋予的使命。纵观光绪一朝，清政府处于外国列强对中国侵略不断加深、民族危机日趋严重时期。改革总比守旧好。"中体西用"思想指导下的洋务新政总比守成不变要进步。毓庆宫书房进讲的内容适时加以变革是时代压迫的结果，是翁同龢顺应时代的正确作法。翁同龢从经世思想出发，积极引导光绪帝关心现实，尽可能地了解中外大势，把书本知识和社会现实结合起来。他将林则徐有关著作，魏源的《圣武记》、《海国图志》，冯桂芬的《校邠庐抗议》，钱恂编的《中外交涉表》、《通商出入表》，出国使臣的出使日记，王韬编译的《普法战纪》等推荐给光绪阅读，结合洋务大讨论，特意挑选数十件洋务奏折让光绪学习批阅，给光绪帝讲新疆故实，讲朝鲜、越南、日本、琉球的历史，等等，大大拓宽了光绪帝知识面，使光绪获得诸多新知，眼界为之更加开阔。而光绪帝将《校邠庐抗议》一书中的部分内容抄录带入宫中阅读，要出国使臣张德彝入宫给他讲西事、西文，又自学英语，这一切只能表明在翁同龢的推动下，毓庆宫书房已不再是像先前清朝诸王子只是单纯读圣贤义理之书，而是兼学西学的书房。光绪帝的与时俱进，使毓庆宫书房充满了生气，这是翁同龢的杰作，这是慈禧及一切守旧不变的人不曾想到、也不愿看到的。光绪帝亲政后力图有所作为，与这种教育分不开的，在民族危机日益深重的情况下，毅然点燃改革之火，发动维新变法，正是这种教育的产物。它把书房同紫禁城外连接起来，把中国同当时世界适时地连接起来，使光绪帝知道中国，也了解世界，知道作为一国之君该如何作为。戊戌变法虽遭慈禧镇压而失败，然而它开启了日后中国政改的方向，清末最后十年的宪政改革从严格意义上讲仍是戊戌变法的延伸和发展。

指责翁同龢"授读以来，从未将经史大义，剀切敷陈"，并不符合事实。翻开翁同龢入值毓庆宫书房期间的日记、有关函稿、书札，这种指责不攻自破。作为一名封建官僚、饱读圣贤诗书的士子，翁同龢当然知道应该给未来的皇帝讲什么书，指导他应具有什么样的道德操守，况历代帝王教育的文献足可参考，清代帝王教育的规定都摆在那里，他当然不会也不敢违背更改。二十多年中他和其他师傅如夏同善、孙家鼐、张家骧、孙诒经等先后给光绪帝进讲有关帝王之学和中国历史方面的课程，其中包括清朝的历史、列圣的教诲、历代帝王统治得失成败的经验教训。经史方面有《大学》、《中庸》、《孟子》、《四书》、《诗》、《书》、《礼》、《乐》、《易》、《春秋》、《周礼》、《大学衍义》、《通鉴论》、《左传》、《毛诗》、《尚书》、《论语》、《孝经》等数十本儒家经典著作，以及《资治通鉴》、《稽古录》、《东莱博义》等史学著作，清朝《开国方略》、《圣武记》、《廷训格言》、《圣主圣训》、《九朝东华录》等。光绪自幼离开父母，抱养宫中，无父母之爱、兄弟之乐，孤苦无聊，开始尚不知做皇帝是怎么回事，他所得的知识大多来自书房师傅。在翁同龢等师傅的影响下，他只知读书，在书房读书外，回宫后仍是读书。年节放假，还是到宫中读书写字。甚至将道光帝当年在养正书屋中的《道德真经集解》等许多藏书翻出来读。可见他看的"经史义理"之书比翁同龢师傅布置的还要多。因此，不能用后来光绪变法、有违慈禧意志进而否认翁同龢在书房的教育，指责他"从未以经史大义，剀切敷陈。"

中国素称礼仪之邦，礼仪伦理教育一直是古代教育的内容，所谓"养正于蒙"，因而对礼仪伦理道德教育十分重视，清朝也是如此。皇帝是一国之君，担负领导国家的重任，仅有广博的知识还不够，还应具备好的帝德，即天子所应具备的威仪和庄重。因此，翁同龢在给光绪帝讲授经史大义的同时，对他的道德教育也十分留意。如有一次，光绪帝率群臣祈雨，步子走得太快；一次主持演耕，在黄牛边大声喊叫，嬉笑不停，很不严肃；一次与太监"闹气"，竟动手打了太监，等等。对此，翁同龢及时劝教："一切典礼当从心上出，否则即虚即伪，而骄情且生矣。"对于殴打太监一事，指出此举大为不可。在翁同龢的教育下，光绪帝颇能接受改正。翁同龢对光绪帝的德育教育是经史教育的一部分，从中我们可以看到翁同龢在毓庆宫的经史教育不仅仅停留在书本讲授上，更注重光绪帝的躬行实践层面。

"师之所好，生亦效之。"师傅的爱好影响学生是常有的事。翁同龢受父兄的影响，从小就爱好收藏。翁心存未通籍前，在家乡就好收藏，但收藏的多为珍本典籍。翁同书在扬州江北大营时，搜求古籍字画甚多，一部分因在与太平军交战丢失，后将大部分收藏邮寄北京家中。仅 1858 年一次寄给父兄及子侄的珍本古籍即达 30 多种 100 多本，属于自己名下的珍籍即不下 40 多种 50 多本。不少是明代天一阁的藏本。许多书在当时也极为罕见，如《唐音戊签》、仿宋刻《古都事略》、胡敬《西清札记》、刘改之《龙州道人集》、《宾退集》、《经解释词》、《汪应辰集》、《刘左史文集》、《陈皓集》、《刘后村大系集》、《皇甫湜集》、《孙樵集》等，这些书有不少在今天也基本看不到了。翁同书在扬州曾搜购到阮元用过的砚台，后寄给了翁同龢，翁同龢在家藏书画砚墨中也提到此事，如今不知所终。翁同爵好收藏名画，在两湖任官时，曾给翁同龢邮寄名画多轴。相比之下，翁同龢的兴趣则更为广泛，好的字、画、玉器、名贤稿本、历史典籍珍本、孤本，他均喜欢收藏。政余之暇，游厂肆，逛书铺，足迹遍及京师大小书铺、店铺，什么博古斋、宝物斋、论古斋、丛古斋、积古斋、尊古斋、宝古斋、宝文堂、三槐堂、积古堂等都留有他的足迹。那些古董店的老板都认识他，一有新收来的书画碑帖，往往主动送到他家，先让他品鉴挑选，或送到位于天安门前的朝房供他与其他对书画碑帖感兴趣的官吏选购。在第二次鸦片战争中，淀园被毁，园藏文物大多失落；祺祥政变中，载垣、端华、肃顺被处死，怡王府、肃王府藏碑帖字画大多散佚；此外，琦善、耆英家被查抄后，家藏文物也多被变卖，它们中的一部分为翁同龢所得。翁同龢的银钱收入大都花在购藏书画碑帖和典籍上面了。一次，为了购买江贯道的《长江万里图》，不惜破费八百两。另一次，在一个书铺看到沈某小楷批注的《汉书》，他觉得批得很有水平，不惜购回，后知是门生沈曾植、沈曾桐叔父的著作，又还给了沈氏兄弟。又有一次，他在一个古董铺收到一枚汉代中山王的玉件，如获至宝，并制成拓片，记在日记里。海内孤本娄寿碑帖就是他在一家书铺中购得的。沈秉成寄给徐郙几个皖南古墓中出土的古碗、古砖，也分给翁同龢一块，他高兴得不得了。翁同龢如此爱好书画，在光绪帝厌学之时，讲讲字画，欣赏古玩，可以缓解学习中的压力，这当然不能指为误诱光绪帝不读书。随着岁月日增，光绪帝也逐渐喜爱上字画。检阅宫中藏书藏画，有时也携来与翁同龢共同品评欣赏。师生共同欣赏过宫中珍藏的三希堂帖、徐扬画的高宗《南巡图》等。从翁同龢日记记载来看，光绪帝除了对字画感兴趣外，似乎对钟表更感兴趣，他喜欢拆卸安装各类钟表。一次，光绪将宫中的座钟拆卸，但一时又安装不起来，未免着急，书房读书不免分心，最后还是翁同龢将自己的怀表送给他，才使他安下心来读书。所以，说翁同龢在毓庆宫书房"但以怡情适性之书画古玩向光绪帝不时陈说"，事诚有之，但不能说成是"从未将经史大义剀切敷陈，但以怡情适性之书画古玩不时陈说"。与光绪一起品评书画古玩，也未必是件坏事，如欣赏徐扬绘的高宗《南巡图》，就有借看图画，激励光绪有所作为，"敬从光绪当阳日，追溯康熙郅治时"，做一代贤君的意思在里面。不应轻易加以否定。

书房与帝"造膝独对",信而有征

光绪亲政后,毓庆宫书房经翁同龢奏请和慈禧的谕准继续保留。翁同龢在奏折中说:光绪帝虽典学有成,"然经义之深,史书极博,譬如山海,非一览所穷,此讲习之事犹未贯彻者,一也。天下之赜,莫如章奏,前者迭奉慈谕,将军机处近年奏折钞录讲肄,皇帝随时批览,亦能一阅了然,然大而兵农礼乐,细而盐关河漕,头绪纷繁,兼综不易,此批答之事犹未遍习者,二也。清语国语,……切音声义,颇极精微,固须名物靡遗,尤必文义贯串,满蒙奏牍,各体攸殊,此翻译之事犹未熟精者,三也。为君至难,万几之重,多一日养正,即有一日之功;加一日讲求,即获一分之益。"在他请求下,书房继续保留下来。

光绪帝亲政后的读书,时间多安排在接见臣工和处理朝政之后,内容也多为翁同龢讲书,时间长短多取决于光绪退朝的时间,有时时间长一些,有时短一些,有时仅有一刻钟,极为迫促短暂。有时名为讲书,实则"造膝独对",商议朝政。毓庆宫书房此时已变成翁同龢与光绪帝共商国是之地。对于这点,并非传闻,确实信而有征,这里不妨举一例以证明之。

1894年7月15日(光绪二十年六月十三日),军机处会议。会上,主持军机处的礼亲王世铎传旨说:"翁某云:电信随时递,咸丰时军机散值极晚。又云,福润宜予处分,因登州(今烟台)无备也。又云,旨稿只改一二字,如何办事?又云,李鸿章爱卧,可与翁同龢面商,如意见相间,则递奏片,否则或请起,或另递,如得于奏片外,别有陈说。"

　　这段话是世铎向在场的军机大臣传达的。翁同龢这些话当然不是他个人的意见，而是在书房与光绪"造膝独对"商定的。1884 年军机改组，礼亲王世铎作为军机处首席领衔大臣，主持军机处日常事务。但慈禧又颁谕：军机处会议重大事件，随时与光绪帝生父醇亲王奕譞会商，因此，实权掌握在奕譞手里。礼亲王才识平庸，平日只知收受贿赂。1899 年奕譞去世后，大权落到孙毓汶、徐用仪手里。当时任军机大臣的还有张之万、额勒和布，但两人均已年高，不喜多事。中日朝鲜争端发生后，翁同龢与李鸿藻自是年五月二十六日奉旨，列席会议，翁同龢代表光绪，传达旨意。所以，礼亲王对他敬而有加，不敢怠慢。由此也可见翁同龢此时权倾一时。

　　在这次会议上，翁同龢说："书房非大廷可比，某（指世铎）所陈说岂止此数事。然如福润仅指为疏懈，并未请加处分，此亦不必辩。但奏片外不准再有陈说，则奏片就事论事，挂漏极多，某之所陈或据所闻，或出臆见，或责难于上，或引咎于躬，事有万端，不能悉数。既在论事之地，即以言语为职，非罢斥屏逐，则臣舌犹在，断不能缄默不言。"〔1〕他有光绪帝这个后台，此时无虑"罢斥屏逐"，所以敢于"以言语为职"，大胆地发表意见。这次，参加会议的，除了军机大臣外，还有庆亲王奕劻、李鸿藻、福锟、崇礼等人，在听了翁同龢这番话后，据翁同龢日记记载，"群公相顾，亦无以难也。"大家知他在书房与光绪帝"造膝独对"，所以谁也不敢惹他，发表其他不同的意见。翁同龢甲午至戊戌变法年间的言论率多如此，此举最后直接导致他个人的孤立，"同人侧目"，多有不满，感到他是一个炙手可热，不敢得罪的人。翁同龢自己也意识到"造膝独对"的严重性，企图中止。他在《松禅自订年谱》中说："自念菲材而当枢要，外患日迫，内政未修，每每中夜彷徨，憾不自毙。讲帷职事，仅有数刻。最难处者于枢臣见起之先，往往使中官笼烛宣召，及见则闲话数语而出，由是同官侧目，臣亦无路可以释疑。尝叩头奏：'昔闻和珅曾如此，皇上岂欲置臣死地耶？！'终不能回，亦奇事也。"〔2〕但他并未付诸行动。甚至后来在廷议时公然与光绪帝"顶撞"，抗旨不遵，忘记自己与光绪是君臣关系。"偶一失脚便浮沉"，直到开缺革职回籍，回顾这一段往事，才懊恨不已。

〔1〕　参见《翁同龢集》，中华书局 2005 年版。
〔2〕　《翁同龢日记》，中西书局 2011 年版，第 3860 页。

而光绪帝事后回忆这段往事,同样表示不堪回首:指责翁同龢"陈奏重大事件,朕间有驳诘,翁同龢辄怫然不悦,恫喝要挟,无所不止,词色甚为狂悖,其跋扈情形,事后追维,殊堪痛恨,前令其开缺回籍,实不足以蔽辜。翁同龢着即革职,永不叙用,交地方官严加管束,不准滋生事端,以为大臣居心险恶者戒。"

在书房与皇帝"造膝独对",议及国事、人事,行为已带诡秘,不为众臣所谅;而将己意强加于皇帝,更失为师、为臣之道,"怙权溺职",其下场可想而知。晚年在籍的翁同龢除了对戊戌年荐康一事略有辩驳外,对于谕旨中指斥他的种种不是,几无片言只字言及。只是说"西清帷幄,恍如隔世"。毓庆宫书房的是与非,只有他自己知道,后人已无法说清楚了。

毓庆宫与清朝的覆亡

毓庆宫系康熙时,为皇太子允礽所建。允礽被废后,弘历移入此宫,十七岁结婚后迁入重华宫。定制:皇太子六岁入宫读书,但因弘历为帝,毓庆宫被视为"龙潜发迹"之地,他人不得居住,此后长期闲置不用,直到乾隆六十年立颙琰(嘉庆)为皇太子,才正式启用。此后奕詝(咸丰)、载湉(光绪)、溥仪(宣统)均曾在这里读书,只有载淳(同治)在弘德殿读书,是个例外。可能是父子回避的原因吧。

看晚清史,总感到道光、光绪、宣统三帝的帝号似乎存在某种联系,经仔细琢磨,终于发现其中一些蛛丝马迹。道光去世后谥号为宣宗成皇帝,光绪帝为奕譞之子,而奕譞为道光帝第七子,故光绪可以认为是从道光之绪衍生而来。又,同治与光绪为兄弟称谓,属一个世系,宣统(溥仪)兼祧同治、光绪,而同治生父奕詝(咸丰)为道光帝之子,光绪生父奕譞亦为道光帝之子,故"宣统"中的"宣"字可以理解为承宣宗成皇帝之帝脉而继大统,故名宣统。[1]证之王锡彤[2]先生的《抑斋自述》一书,有如下一段话:"宣统,清主中国第十世皇帝之年号,名溥仪,祖醇贤亲王奕譞,宣宗成皇帝第七子,故号称宣统,明告国人以承宣宗之统,犹之光绪谓道光之绪也。"

王氏书中还说:光绪帝以襁褓入嗣,与那拉氏西太后是羊儿虎母关系,纵有贤智亦无所展其才,况光绪智在中人,阅历甚少,"奚有飞腾之望"。戊戌年,康有

---

〔1〕 据查,清史上叫溥仪的不只有宣统帝一人。《清史稿》怡亲王载垣六世孙亦名溥仪,死于咸丰十一年(1861)。因此,有人说,宗人府玉牒馆完全知道此事,为什么宣统帝还沿袭此名呢? 这是题外话。

〔2〕 王锡彤,河南人,曾任袁世凯幕僚。

为、梁启超诸人上书光绪变法,王氏认为这等于是"欲挽太阿之柄于虎母手中而纳之羊儿,反贻光绪以囚禁之辱。"认为康梁在海外设保皇会,于国无补。"诸君子海外羁魂,乃大倡其保皇之说。虽保皇位亦何益于国家耶?""我辈生当艰厄,戴此傀儡以为君主者,历三十余年,骤闻恶耗(指光绪去世),感慨百端矣。"此一观点颇有点与章太炎骂光绪为"载湉小丑"相似,不过,王氏这里只是对光绪所处的傀儡地位表示同情罢了。

王氏认为戊戌变法不可能成功。"戊戌变法使太后不为阻挠,中国果可坐致富强乎?曰:是未可知也。"这是为什么呢?他认为除了慈禧专制外,还应从文化方面来考察。认为大陆文化不同于岛国文化,"世界文明,向例以赤铁得之,大陆国民又不比岛国富于冒险者,凡祖宗家法,圣贤彝训,左右贞良直谏之臣,远近忠君爱上之民,举足阻新政之进行,不仅护持权利,决不稍让之宵小也。……当日变法之臣殆未足以悟此(指任何变革由渐而遽)。使光绪帝果一意孤行,纵无太后阻之,亦恐别生纷扰,甚至祸生肘腋,反较幽囚更甚者,果之生摘者不适于口,余盖从阅历中而深信不疑也。"

王氏上述文字表明了他不赞同戊戌变法。认为光绪变法只有别生纷扰,虽未明显否定翁同龢在毓庆宫对光绪的教育,但人们很自然会想到正是翁同龢援引康梁,支持光绪变法,才有戊戌变法这一幕。宣统改元,溥仪也改在毓庆宫书房读书。陈宝琛奉"旨"入值毓庆宫,授读溥仪。1919年(民国八年),翁同龢门生孙师郑(即孙雄,又名孙同康)组织的瓶社向陈氏征题,陈氏动情地写下了以下一段文字:

> 翁文恭公取径香光(董其昌)以窥颜(真卿)、杨(沂孙)之奥,晚乃镕石庵(刘墉)、南园(钱沣)、苏斋(翁方纲)、东洲(何绍基)诸老为一冶。光绪一朝殆无与抗此卷。前四笺盖中年作,以下稿本并无一札,老笔纷披,忧愤溢于纸墨矣。宝琛以馆后进京,居十余年,未护从公问法,里暮丧乱及坐公坐处,时时见其手批书,其哀感又当何如耶?师郑丈装藏征题留玩数月,谨识卷末,归之。乙卯端午。闽县陈宝琛。

　　陈宝琛的题识写在清朝退位后的第七年，当时他坐在翁同龢当年授读光绪帝的毓庆宫书房内书案，翻阅和使用翁同龢当年给光绪帝讲授的书籍，书籍中布满了翁同龢的手批文字，由此而引发他诸多感想，感慨岁月沧桑，人世的变迁。题识虽是评论翁同龢的书法，但更多的是借题识体念当年翁同龢在毓庆宫书房授读时的那种忧国忧民的"哀感"。

　　毓庆宫作为清朝皇帝的最后一个书房，连同众多帝师的回忆，早已随着大清王朝的覆亡而载入史册，鸽峰抔土，崇陵茂草，千古兴亡，能无浩叹！它留给人们更多的是有关清朝历史的遐想。

三、同光问政

为杨乃武平反昭雪

《杨乃武与小白菜》一案(以下简称杨案),不仅是轰动清代,而且也是百余年来家喻户晓的一大冤案。这件冤案之所以被发现,最终得以平反,被省、府、县三级七审七决,打成死罪的杨乃武、葛毕氏(即小白菜)的冤情之所以得以涸雪,原因固然很多,但与翁同龢的认真复审、坚持改判分不开。

1875 年 9 月(光绪元年八月),翁同龢被命署理刑部右侍郎,这是他入仕以来担任的第一个授职,虽说是署理,但却是他问政的开始。

刑部衙门坐落在西长安门外,是清朝最高的司法机构,它和大理寺、都察院合称"三法司",直属皇帝。刑部职掌法律、法令的公布、案件的弹劾、批复、评议,以及监禁、徒刑的组织,对于各省上报的案件,刑部认为有出入、有疑问的案件包括死刑在内,有权驳令重审、改判直至否决,因此是清朝六部中较为重要的一个部。翁同龢对刑部并不陌生。1848 年(道光二十八年),他参加礼部举行的拔贡考试,名列第一,以七品小京官供职刑部江西司,前后七年,问案无算,对于律例了如指掌,非常熟悉。翁同龢到任后,首先来到秋审处,调阅秋审不符册和堂审秋审不符册。秋审处是专门负责各省上报的死刑案件,堂官对这些上报材料要仔细审核,并提出意见。

翁同龢在阅看秋审案卷时,很快发现浙江上报的杨乃武一案堂审和案犯供词有多处矛盾之处,如杨乃武供词中讲余杭知县刘锡彤之子刘海升与葛毕氏有往来,葛毕氏供词中揭发刘海升强奸她,但浙抚奏中根本未及此事,学政胡瑞澜在复奏中干脆否认刘海升与葛毕氏有往来;又,杨乃武原供有旧历十月初三日在仓前镇向钱宝生药铺购买砒霜,与葛毕氏合谋毒死葛品连,而胡瑞澜复审时,杨又说是旧历十月初二日,一事两说,又未传药房老板到堂对质;再,浙抚原奏中说,杨乃武与葛毕氏通奸被葛品连撞破是在八月二十四日,但杨乃武供词说是日并未进葛毕氏家,等等,矛盾之处甚多。为了查清案情真相,翁同龢从都察院调阅了杨乃武姐姐杨菊真和妻子杨詹氏投递的二次冤单,呈词中申诉的内容正是他在浙省"原奏"和"复奏"中所"签出的数处存疑",由此益发感到浙抚奏报问题很多。此外,他还访问了在京浙江籍官员张家骧、夏同善、吴仲愚、朱智及刑部司员林拱枢、余君撰等人,听取他们对杨案的看法。林拱枢是浙江司主稿,也认为"此案有疑"。余君撰是秋审处总办,完全同意翁同龢的看法,认为案中矛盾之处甚多,有待查清,方可定案。吴仲愚公开"为杨称冤",朱智则认为"杨案纯系'覆盆之祸'",是有人蓄意对杨进行陷害,力陈杨乃武冤枉。带着上述存疑,翁同龢在堂官会议上,认为"杨案"不能结案,要求"驳令重审",请旨"敕准浙江巡抚立即回复案中的疑窦疏漏和情节互异"问题。表示案情一日不明,刑部决不可草率复奏。刑部尚书桑春荣担心此事弄不好,要得罪一部分官员,丢掉乌纱帽,力主维持"原判"。由于翁同龢的坚持,刑部遂上奏,要求对"杨案"驳令再审。"浙江葛毕氏毒毙本夫一案,言官劾奏以为诬,余反复(查阅)供状,以可疑者五具驳,同官中有不愿者,余力持之。"[1]与此同时,以汪树屏为首,浙江在京官员三十多人联名向都察院、刑部呈控揭露浙江省在审理"杨案"中,省、府、县三级七审七绝,都是刑讯逼供,屈打成招,上下包庇,草菅人命,欺罔朝廷,请求提京审问,昭示天下,以释存疑。于是西太后乃谕令刑部对杨案再行"详鞫"。

正当杨案复审开始的时候,翁同龢又奉旨调任户部,不久又被命在毓庆宫书房行走,授读光绪帝。他虽离开刑部,但因他侄儿翁曾桂在刑部负责审理杨案,所以仍对复审给予了极大的关注。1876年(光绪二年)1月,西太后下令将杨案所有人犯、人证、承审官一并提解刑部审讯,并在京师海光寺当众对葛品连开棺验尸。结果证明其并非中毒,而是因病死亡。至此,杨案真相大白。

既然葛品连并非毒死,那么杨乃武与小白菜通奸谋夫的事实就不存在。于

---

〔1〕 参见翁同龢:《松禅自订年谱》,《翁同龢集》。

是西太后就原审各官为什么审办不力,谕令刑部彻底查究。刑部遵旨准备勘题拟奏。就在这时,四川总督丁宝桢等上奏阻挠,认为刑部审验不足为凭,此案不应平反,承办各级官员并无不是。主张仍照浙江巡抚原奏议定罪名。他听说刑部要参劾浙江巡抚和有关官员,径到刑部大堂大发雷霆,面斥刑部尚书桑春荣耄老糊涂,并进行威吓说,如果这个案子要翻,将来没人来做地方官了。桑春荣踌躇了,但就在此时,御史王昕上了一道奏折,弹劾杨昌浚、胡瑞澜等人藐法欺君,肆无忌惮,"若此端一开,以后更无顾忌,大臣尚有朋比之势,朝廷不无孤立之感",请旨严加惩办,以肃纲纪而昭炯戒。西太后接受了这个意见,谕令刑部遵旨照办。慈谕难违,刑部最后还是按照谕令将杨乃武、毕秀姑平反,对浙江巡抚杨昌浚以下各级官员分别给予不同的处分。

太平天国起义期间,一批湘淮人物,因军功而成为地方省、道、府、州、县各级官员,由功臣变为疆臣,他们依仗权势,在地方上飞扬跋扈,渐成与中央抗衡之势,引起了慈禧、奕䜣等最高层的严重不安。所以,沈桐生在《光绪政要》中说,"居中主持平反者确为翁叔平。……翁之背后或必有恭邸隐为之助。"杨昌浚、胡瑞澜籍隶湖北,均系湘系出身。慈禧、奕䜣欲借此打压湘淮的嚣张气焰和整顿地方。

杨案平反后,杨乃武与小白菜分别回到余杭,经过这场磨难,两人均看透人生。杨乃武因系武举,毕竟人文气质欠缺,他没有出家,不过从此居家不出,而小白菜则削发为尼,托身空门,终了一生。民国以后,一班好事文人将他们的冤案编成剧本,搬上舞台。他们大约均在 20 世纪二三十年代作古。

1963 年,有人去余杭采访杨乃武的孙媳陈宝贞,问及祖上事,已不甚了了。又至文昌阁参拜小白菜毕秀姑(法名慧定)墓塔,塔的两旁刻有小白菜的自述诗,当是一班文人的代笔。诗文为:

自幼持斋愿守贞,此身□怀恋红尘,冤缘强合皆前定,奇祸横加几莫伸。纵幸拨云重见日,几经万苦与千辛;略将往事心头溯,静坐蒲团对碧筠。顶礼空皇了此身,呶呶悔作不平鸣;奇冤几许终昭雪,积恨全销免覆盆。泾渭从来原有别,是非谁谓竟无凭;老尼自此真离脱,白水荡荡永结盟。

墓塔在"文革"中被平毁。改革开放后,余杭仓前镇修建了小白菜文化园,陈列了杨乃武小白菜冤案和平反的全过程。2011 年 10 月,笔者参观了该园,人物造型栩栩如生,事实叙述大致依据历史。此外,当年钱宝生所开的药房遗址还在。凡此种种,不无使人生世事沧桑之感。

杨案平反后,杨昌浚等一班涉事官员,先后被革职,流放。三年后,杨昌浚开复处分,到京引见,并礼貌地拜访了翁同龢。翁在见面时,语中"颇有抱歉之意"。余杭知县刘锡彤发配黑龙江,三年后释归。甲午战争爆发后,投奔淮将阎殿魁、郑崇义营,办理粮台。阎、郑平日克扣军饷,凡饷银四两发二两半。又冒额领饷,令刘氏先通风报信,借吴宏洛五百人弥缝之。被御史洪良品参劾,旨派刘坤一、王文韶查办。据翁同龢《随手记》光绪二十一年二月十六日记载,刘又一次奉旨革职,后死于盐山家中。

纠正错判，为桂永氏平反

清末，翁同龢除了为杨乃武冤案平反昭雪较为有名外，还有一件案子因他复审，在社会上，尤其在京师旗人中很有些影响，那就是经他复鞫将被刑部定为绞刑的桂永氏改为无罪释放，有关涉案人员得到应有的惩罚。

桂永氏的案情经过是这样的：桂永氏的丈夫桂成系镶白旗蒙古伊立布佐领下鸟枪营的一名护兵，住蓝甸厂本旗营房。因家中贫穷，无力赡养妻子，于是托一个名叫宝环的人帮忙，给妻子在城里找一家人"佣工"，宝环是个混混，与另一个叫荣林的无赖一起将桂永氏诱骗拐卖，几经转手卖于宗室文勋为妾。桂永氏心有不甘，伺机逃出，向北城兵马司和提督衙门喊告，指名宝环将她诱骗拐卖，并怀疑自己丈夫桂成可能知道此事，于是将丈夫也供了出来。桂成被传到后，承认自己并不知情，深感压力很大，遂吞食鸦片自杀。

刑部收理此案后，进行审理。当时刑部堂官为嵩申（犊山）、孙毓汶、薛允升等人。审理的重点放在桂成之死上，认为如果没有桂永氏喊告，桂成不会死，认定桂永氏不守妇道，有重大责任，经与都察院、大理寺"三法司"会审，援引有关律例作出如下判决："查桂永氏因伊夫桂成托令宝环为伊觅主佣工，被宝环等诱拐价卖。该氏事后查知心怀不甘，辄于喊告宝环时，心疑伊夫知情，牵连妄诉，实属有关名分。至桂成服毒自尽，讯系因病重，自愿毕命，与该氏捏告无涉，仍应按本律问拟桂永氏合依妻依夫但诬告者绞律拟绞立决。惟该氏怀疑究属有因，且系控告宝环将伊夫牵涉在内，与有心诬告夫者有间，其情不无可原，应否将该氏量减为绞监候，秋后处决，仍恭候钦定。"

　　刑部的这个判决引起一些官员的不满,认为刑部仅按妻告夫有关律例判刑不确,而对宝环、荣林、文勋这些人诱拐桂永氏等事实于不顾,实属不公,要求派员重审。而桂永氏也对判决不服,公开喊冤。

　　1892 年 10 月 14 日(光绪十八年八月二十四日),内阁奉上谕:"给事中洪良品奏本年朝审绞犯桂永氏一案疑窦甚多,请派王大臣复审一折,著派翁同龢、怀塔布提集人证,详加复讯,妥拟具奏。钦此。"

　　翁同龢、怀塔布奉旨后,首先调阅桂成、桂永氏、宝环、李孙氏、刘海、刘高氏、那永氏、文勋等人的供词。在看了这些供词后,他提出以下疑问和此后应该继续讯问的问题:"文勋契据当问"。买永氏时,"永氏是否梳抓髻当问"。"是否看定后拉回高家,另用衣服去拉来当问"。"永氏逃时是否一人"。"永氏跑出后,是否回娘家,娘家住营内何处,家中尚有何人,当传。""前供桂成曾向伊祖母说要将永氏休弃,是在何时,此供应写。"认为在这一案件中,"难保桂成无伙谋分赃事"。"文勋买契系九月二十八日,刘高氏,(将永氏)卖于十一月,中间差二个月,当问。"

　　他带着这些疑问,同怀塔布商量后,决定由怀塔布出面派遣给事中文英、御史荣升、京畿道御史徐树钧、巡视北城监察御史冯某等对涉案人员,包括承审官吏进行分别讯问。由于桂永氏是关键人,为了防止屈打成招,翁同龢要求怀塔布审问时,对"永氏且勿刑讯,跪链尤不可"。

　　为了查清案情真相,使案中真凶受到惩处,翁同龢还派户部司员那桐私下访问刑部广东司掌印和宗人府有关司员。那桐向他提供了以下新的信息:"永氏与宝环先有奸情。十六年闰二月逃出,与宝环不知在何处藏匿,四月中到文奎家,荣林、文奎与宝环亦一流人,后同将永氏卖给南城外娼寮。九月中,永氏不愿,因卖与孙氏,后又不愿,始到高氏,经那氏作中,卖予文勋作妾。文勋有表弟充文宅厨子,永氏又与奸好,其人唆令永氏赴提督衙门喊告,意在挟制文勋。后将桂成传案,提督衙门勒令桂成领回。桂成业已具结,而宝环、文奎、荣林等转向桂成索钱酬谢,桂成情急自尽。"

　　根据怀塔布的审问所得和翁同龢暗中察访所得,翁、怀对案情进行了分析,认为案情大致事实清楚。问题在如何判断"诱"与"和诱"上定罪。他说:"诱与私诱迥别,如先与言之,事出情愿,则被诱之人亦有所贪,设其罪较轻。若其人先本不知,或被哄骗,事出不得已,始行曲从,则方略已行,即不得谓之和诱。"桂永氏在不知情的情况下,多次被胁迫转卖,既"未有所贪,且不情愿",不属于"和诱"而属可被骗拐卖,实属无辜,罪不在她。而逃出后喊告,并怀疑其丈夫是否知情,词连丈夫,亦在情理之中。至于桂成自尽系其自己行为,或感到愧对永氏,或来自其他方面压力,实与永氏无关。本案引例不当,主张永氏无罪开释,而将该案定为宝环等拐卖妇女档,并对宝环等严加惩处。并以此复奏,奏中还对以后刑部"审拟罪名不准用从重加等字样,并不再用'虽''但'字样,抑扬文法。"得旨允准。

根据重审后的罪名,宝环、荣林"销除本身旗档,合依诱拐妇女罪名,拟绞监候,秋后处决";李孙氏拟杖一百,流三千里;刘海、刘高氏帮同转卖,杖九十,徒二年半;文奎、那永氏均不知拐卖情由,均毋庸议;宗室文勋私卖旗女,交宗人府处治。

桂成在监自杀身亡,刑部有一定责任。"比依狱囚失于检点致囚自尽"例,给予军功德明杖六十处分;外委单洪祥、营兵真廷顺杖六十,革去军伍。

桂永氏虽因被人哄骗拐卖,情有可原,开罪释放,由所管旗下领回。至此桂永氏一案因错判而得到纠正。桂永氏一案案情并不复杂,之所以出现"误判",因牵涉宗室和旗人,当事者感到难办,有所顾虑,不愿得罪有关满洲权贵,遂以牺牲桂永氏一女子以转移目标。但公论难违,遂有翁同龢、怀塔布重审之举。谕旨派翁同龢查证,以怀塔布为陪衬,同样折射出某种政治需要,因为这时光绪帝已经亲政。需要有一种清明的政治局面。再,当时刑部尚书为孙毓汶,派翁同龢去查办带有抑制孙氏权势的作用。

借游上海,考察洋务新政

　　19世纪70年代,随着洋务运动的开展,上海日渐成为当时中国社会经济活动中心。洋务运动是中国人对两次民族战争失败认真反思的产物、是对西方科技为内容的西学的认同和采用。但是当时京师高层的不少权贵仍抱着"夷夏之见",对洋务运动嗤之以鼻,大加排斥和攻击。一些江南籍的京官相对思想开通,赞成洋务新政,他们往往借回籍修墓、探亲之机,游上海,与众多洋务官员交往,考察洋务新政,以撷取对洋务运动的实际观感,来表示自己对洋务运动的赞同和支持。

　　早在60年代末,翁同龢就结识丁日昌、徐润、朱其昂、朱其诏、郭嵩焘、左宗棠等一大批洋务官僚和经办洋务的人士。丁日昌,字雨生,广东丰顺人,贡生出生,积功升至苏松太道、两淮盐运使、江苏布政使,1867年(同治六年)擢为江苏巡抚。抚苏期间,他开办了许多洋务新政,如收买虹口美国旗昌洋行铁厂,创办了清朝最大的近代军工企业——江南机器制造局;支持朱其昂等人创办轮船招商局等。因丁氏为家乡的"父母官",翁同龢早就对他予以关注了。1868年(同治七年)10月,翁同龢回籍安葬父兄和亡妻的灵柩后,专程前往苏州拜访丁氏。两人就如何御侮自强之道交换了看法,认为自强之道,不外练兵,简器、造船、筹饷、用人诸方面,但根本在作育人才,人才必须广为延致,但求能任时局之艰巨,不必计较资格之有无。1875年(光绪元年)6月,丁日昌调任福建巡抚兼船政大臣。奉旨来京,参加有关海防建设的御前会议,两人又一次会面,并与潘祖荫三人结为兄弟。此后,彼此一直保持联系。

1872年5月,翁同龢母亲去世,翁氏回籍丁忧。次年2月,借兄长同爵游览上海,借此考察洋务新政。他们参观了黄浦江边的轮船招商局码头、江南机器制造局的栈房,驱车察看江边发电厂等。听取他的同年、上海道沈秉成有关外国租界之事。自是年起,他委托亲友订阅《申报》,代购有关汉译西书,对洋务、中外关系、西学予以更多的关注。服阕回京的次年,统治集团内爆发"塞防"、"海防"之争,他在御前召对时陈言:"火轮船之速,远胜沙船,臣在沪亲见之。"赞成购置铁舰,强固海防;筹办海运,振兴交通。

1877年8月,翁同龢告假回籍修墓。这时津沪之间已开办海运。行前,慈禧、醇亲王以"涉海多风险",劝他陆行,他未采纳,毅然坐海轮南归。到沪后,在徐润、朱其昂、朱其诏、唐廷枢、杨宗瀚等陪同下,参观了轮船招商局,"遍看各账房,数十人分布,书算亦颇不易","又至南栈,原设之栈房二十五处,占地极大,看机器,真鬼工也,所用皆闽浙人,亦有无锡人"。这次在上海,还观看了吴淞铁路,"在徐氏花园,望见火轮车,由铁路行,极迅也。轮路将拆,此火车之婺尾也。计今所见,皆可诧之事。"这次回乡,遇上兄长同爵病逝湖北巡抚任上。他乘坐江轮,借接送兄长灵柩回常熟安葬一事,沿途考察了镇江、南京、芜湖、大通、九江轮船码头,询问客货运载情况。在武昌,专门访问了负责汉口招商局局务的杨艺芳、恽松耘,对长江航运、招商局的营运有了进一步了解。

当时在中国沿海和长江上航行的,不仅有中国轮船招商局的船只,还有美国旗昌、英国太古、怡和三家外国轮船公司的轮船。这三家外资轮船公司在货运上采用压价的方法,企图搞垮轮船招商局。由于商局藉漕运补贴、官款协济和华商支持,得以维持。70年代中期后,中外航运竞争日趋激烈。美商旗昌轮船公司因机器陈旧,竞争乏力,决定退出,轮船招商局出于减少竞争对手和扩大企业实力双重考虑,以银200万两一举购下了旗昌公司的全部局产。但此后,商局因摊子铺得过大,加上怡和、太古竞争,渐有不支,以致债台高筑,亏耗日增,股票日跌,而陷入难以支撑的窘境。此时翁同龢已任户部右侍郎,招商局的运营好坏同户部大有关系,江南各省的漕粮主要靠招商局轮船承运,甚至其他物资南北转运、人员流动也藉招商局轮船。翁同龢对之当然不能袖手旁观。在上海,他听取了徐润、朱其昂、朱其纯等招商局董事们有关招商局营运现状的介绍,他们向翁同龢呈递了请求户部拨款接济的说帖,请户部奏请太后批准。北上途中,路过天津,翁同龢与直隶总督兼北洋大臣李鸿章就招商局一事交换看法,表示在外商排挤倾轧的情况下,政府必须竭力扶持招商局营运。回京后,当时户部正忙着筹款赈济晋豫旱灾,经翁同龢与户部堂官奏准,由政府专门补贴,用招商局轮船承运江南漕粮,派人前往灾区办赈。这次招商局运载赈米 11 万多石,对缓解灾情起了不小的作用。80 年代后,招商局负债情况日超产重,亏累几达 240 万两,到了快要破产的地步。在招商局的一再恳求下,经翁同龢与其他户部堂官奏请,除各省漕粮由招商局承运外,又谕令江苏、浙江、安徽、江西、山东、福建、广东、四川、湖南、湖北等省所有官运物资日后交招商局"运载""承办",给予招商局大笔水脚补贴,这才使商局的营运得以维持下来。

1875 年(光绪元年),翁同龢奉旨在毓庆宫书房行走,授读光绪帝。在书房内,教读之余,翁同龢曾以"聊天下事"的形式,向光绪帝谈了自己在上海的所见所闻。1883 年(光绪九年),户部送考总理衙门章京,他以《铁路议》为题考核与试人员。1887 年(光绪十三年)围绕津通铁路开筑问题,朝廷内发生纷争。满礼部尚书奎润拉他联衔上奏谏阻修筑,他表示拒绝。在慈禧召见时,他说曾在上海亲眼见到火车,沿铁路行,极速。但津通铁路沿运河并行,将使数十万靠运河为生的舟车民夫、店铺、酒家、旅店失业,大批农田被毁,这不能不加以考虑。他和书房另一位师傅孙家鼐联衔上奏,"以电线电报既行于国中,铁路理当尽速开办",但鉴于运河沿线实际,建议目前"可于边地先筑,以利运兵转输饷需。"

八九十年代,上海已日渐成为东南的一大都会,洋务企业越办越多。1889年(光绪十五年)9 月,翁同龢又一次回籍修墓。回京前,因遇台风海轮受阻,滞留沪上十余日。其间,他再次对上海的洋务新政进行考察。这次,他游览了棋盘街的诸多书铺,如扫叶山房、九华堂、寄观阁、同文书局,看到各种译书和日文版的中国古籍。他购买了几本英译本和洋务派人士王韬、冯桂芬、郑观应等人著作以及一些碑帖字画。坐车参观了徐家汇天文台。参观了江南机器制造局,"后膛炮铸成八九尊,此新式。又看洋枪局、炮子局,并看船坞"。在马建忠陪同下,参观了机器织布局,"屋西式,机器四百张,日可织两匹。"又参观造纸机器局,"凡方池五、六处,……递吐递白,便成浓汁,莹白化纸矣。"

　　1898 年（光绪二十四年）6 月，翁同龢因援引康梁，支持光绪帝维新变法，被开缺回籍，又一次坐海轮途经上海。当时上海呼吁变法舆论甚炽，但他已无心思再作考察，只是与上海道蔡钧、督办铁路大臣盛宣怀、龙门书院山长吴大澂匆匆见过、稍作聊谈，旋即启程回常熟。

　　翁同龢借游上海，考察上海地区的洋务新政，不仅加深了他对洋务运动的了解，而且借用书房授读的机会和太后召见的机会，让皇帝和太后对洋务运动也有所了解，尤其是光绪帝，在翁同龢的影响下，通过阅读改革派和洋务派的著作，思想发生了很大变化，立志有所作为，做一代贤君。光绪帝后来发动维新变法，我们都可以从中找到上海地区兴起的洋务活动对他的影响。

参与归复两湖淮盐引地之争

中国古代的财政结构，自唐以后发生了很大变化，盐税成为历代封建王朝收入的大宗。清朝的财赋来源，除地丁、漕粮而外，以关税、厘金、盐税为大宗。为了保证盐税的征收，清政府不仅在产盐地区设立诸如盐务局、督销局、转运局之类的专门机构，而且任命盐运使、盐法道、盐茶道、驿盐道及场大使、盐课大使之类的官吏，专门负责盐政事务，对食盐的运销也规定了严格的引岸制度，盐引、引额、引地都有严格的规定。

清代，盐的销售主要由政府主导，行销方式虽多，但以官运官销、官督商销为主。两淮、两浙及福建地区即以官督商销为主要形式。两淮盐商在各盐区专门设有采集、卖、贩、销于一体的组织机构"盐商公所"，从而形成一条官商一体严密的督销网络。

盐在封建时代为"计口授食之物"，食盐销售与人口挂钩，既是为了保证政府对盐课的征收，也是为了加强对商人和盐的产销市场的控制。为维护国家对食盐的垄断，打击走私贩卖，清政府将全国划为若干引区，每一引区的人民只能购买和食用政府指定的盐场所产的盐。如山东、河北、河南的陈州、归德地区只能食用长芦盐场所产的盐，又如江苏的徐州、江宁，安徽的宁国与和州地区以及江西、湖南、湖北地区为淮盐引区，上述引区的人民只能食用淮盐。此外，各引区，无论是官卖，还是商贩，彼此互不侵扰。如有逾越，私相贩卖，则被称之为"贩私盐"，属于"犯罪"行为，将受到法律的惩处。

引区销售指定盐引，有利于政府对食盐生产和销售的管理，这在社会安定的情况下是完全可以做到的。一旦社会动荡，尤其是发生大规模的农民起义，这种按引区销售指定盐场盐的作法极易遭到破坏，造成引地监运销的混乱。

1851 至 1864 年（咸丰元年至同治三年）的太平天国起义，极大地冲击了清朝统治。起义军挟雷霆之势，横扫大江南北，进军两湖，攻占武汉后，接着顺江而下，经略江西、安徽，并于 1853 年攻下南京，改名天京，作为太平天国的首都，在此后的十多年中形成了与清朝南北对峙的局面。太平天国起义打乱了清政府所划定的两淮盐引区盐的销售，湖南、湖北、江西及安徽、江苏、河南的部分地区历来是淮盐引地，起义军对这些地区的长期占领及清军镇压的军事作战行动，直接对淮盐生产和销售带来了巨大冲击。淮南引地十之八九悉遭荼毒，运商、场商多半逃散，盐场灶户大多破产，两淮盐业陷入困境。

另一方面，因为战乱，两淮失去了两湖市场。由于长江、运河、淮河运道受阻，淮盐无法运销上述引区，而这些引区的人民又不能一日无盐，于是川盐、浙盐、闽盐、池盐乘虚而入。清政府迫于现实，也只得采用权宜之计，原则上规定，河南改食池盐，湖南、湖北改食四川井盐，江西改食浙盐或食闽盐。两江总督和两淮盐运使因忙于镇压太平军，自顾不暇，虽不情愿，但也无可奈何。因有政府明文规定，于是大批川商沿江而下，将川盐大量贩运到两湖地区，浙江、福建商人则招募民工翻山越岭将浙盐、闽盐运至江西、皖南山区及与两湖交界的地区。处于战乱中的这些民众由此改食川盐、浙盐、闽盐，其中川盐几乎抢占了整个两湖市场。

盐课是两江督抚的重要财政收入。1864 年（同治三年），太平天国起义失败。时任两江总督的曾国藩急于想规复淮盐在两湖的引地，以解决饷需的燃眉之急。但他也深知川盐行销两湖已快十年，要恢复盐淮一时还难以办到，于是采取以下措施：一、"重税邻省私盐"，企图重征川盐税收，使川盐运销在两湖减少，淮盐趁此打开销路，但结果淮盐在两湖滞销如故。二、奏请敕令四川、湖广总督停止川盐行楚，恢复太平天国起义前的旧制。但这一奏请势必要影响川盐生产和盐税收入，同时也会使两湖的盐厘获利遭到重大损失，仅湖北一省每年从销售湖北的川盐中抽收的税厘就达到 100 多万两。因此，川、鄂、湘督抚皆以军饷为由，交章力争，不愿恢复淮盐引地。三、建议淮川分界行销，约定湖北武昌、汉阳、黄州、德安四府归淮南,专销淮盐;安陆、襄阳、郧阳、荆州、宜昌、荆门五府一州仍准川盐行销。清政府同意了这一意见。但实际运作并未做到。

1876年(光绪二年),继任两江总督沈葆桢上奏,以恢复淮盐生产、恤济商、民、灶丁,增加财政收入、兴办洋务新政,在在需款为由,要求规复两湖地区淮盐引地。户部认为两湖引地规复,每年可增加100多万盐课收入,所以,力主其说。谕旨同意这一请求,限令封川中盐井,于平善坝驻兵巡缉,严查禁止。按照部议和两江总督的要求,川督的经济损失非常巨大,因此,要它查封盐井,极不情愿。

在规复淮盐引地两湖地区的交涉中,翁同爵、翁同龢弟兄均被卷入其中。1874年(同治十三年)翁同爵就任湖北巡抚,马嘉理事件发生后,湖广总督李瀚章奉旨赴云南查办,由翁同爵署理总督。而翁同龢则于1876(光绪二年)年由刑部左侍郎调补户部右侍郎。湖广地区东与两江毗连,西与滇蜀交错,地处长江中游,一边是两江总督,一边是四川总督,均有利害关系,谁也不好得罪。翁同爵既不愿"将鄂中巨款之权授予淮,又不愿与川为难",所以,兄弟俩对此深感左右为难。同年10月,翁同龢在致翁同爵的函中说:"淮盐一事乃鄂饷关键,即使改拨九十万,而鄂失此二三十万厘金来源,何以为国?况平善一坝安能截流而渔?南则施南,北则西祉,陆路丛杂,又乌能遮尽夔巫之背,是无穷之患矣。"在翁同龢看来,规复一事,"断断办不动,若川厘停而淮课未裕,此中绝续之交,如何措置?况始则借川盐以裕楚食,今乃斥川为私而欲强民食价贵味苦咸之淮盐,有是理乎?将来与两江会议必当彻底力陈,惟于楚北五府一州,楚南丰州之外,设卡巡私,亦属官事所当然,不外裁撤,致有祖川之疑耳!"建议翁同爵"此事此时宜可稍缓,斟酌万全而出之。"

翁同爵在接到谕旨,听取其弟的意见,并与湖南、湖北两省盐道磋商后,于同年10月上了一道《奏为鄂省淮盐引地未能遽复川盐未可骤停事由折》。折中指出,川盐行销鄂省已有十余年,贩运、销售早成系统,以此谋生者不下数万人,若骤然停止,实难做到,也不利于社会安定;且鄂省库储川盐为数不少,纵即恢复淮盐,很可能要造成一时滞销,此亦实情。他请求朝廷宽限时日,在二三年内逐步减少川盐行销,值到最后完全恢复淮盐。

翁同爵复奏中的陈述和建议,大体符合当时的实情,得到翁同龢的首肯。

"川淮盐事,诚如所奏,部议只是梦呓","川中封井事,亦当痛陈之,西贩亦当分析辨论"。然而翁同爵的复奏不为两江总督沈葆桢所认可,坚持要求恢复淮盐在两湖地区的引地。后继的历任两江总督也始终坚持这一要求,但直到光绪末年也未做到。未能做到的原因,除了各自地方利益之争及太平天国起义失败后,地方势力扩张增强外,还有一些具体的原因,如川盐多为井盐,净白无杂质,淮盐苦咸夹土,民喜食川盐,不喜食淮盐;川鄂邻近,运费较低,淮盐运输道远价昂,相比之下,川盐价格便宜,淮盐价格较高;川盐在两湖行销已十多年,商贩与地方官绅早已达成默契,形成了一条利益链,各自都从中获得了好处,他们不愿放弃既得利益而去规复淮盐,这些也都是淮盐在两湖引区不能规复的原因。

衡文校士，弟子门生遍布朝内外

作为一名重臣，翁同龢多次奉旨被命为正副考官，主持顺天乡试和全国的会试。根据《松禅自订年谱》记载，他奉派的试差据不完全统计，不下三十多次：

1858 年（咸丰八年）7 月，充陕西乡试副考官，正考官为潘祖荫。

8 月，奉旨任陕甘学政。

1862 年（同治元年）4 月，充会试同考官。

8 月，充山西乡试正考官，副考官为孙念祖。

1868 年（同治七年）12 月，擢国子监祭酒。

1882 年（光绪八年）7 月，会同宝鋆、李鸿藻、徐桐、麟书筹议整顿八旗官学。

1883 年（光绪九年）5 月，派阅新贡士复试卷。派教习庶吉士。

1885 年（光绪十一年）9 月，与奎润、童华同充顺天乡试副考官，正考官为潘祖荫。

1886 年（光绪十二年）11 月，派充会典馆副总裁。

1888 年（光绪十四年）9 月，与福锟同派充顺天乡试正考官。副考官为许庚身、薛允升。

1889 年（光绪十五年）5 月，阅贡生朝考卷，派教习庶吉士。

7 月，阅各省优贡朝考卷，阅汉教习试卷。

12 月，派阅考御史卷。

1890 年（光绪十六年）4 月，阅直省举人复试卷。

5 月，阅宗室复试卷。

6月,阅汉荫生卷。阅贡士朝考卷。

9月,阅考试国子监学正学录。

10月,阅汉荫生卷。

1892年(光绪十八年)3月,阅直省举人补复试卷。

4月,派充会试正总裁官。副总裁官为祁世长、霍穆欢、李端棻。

10月,派武殿试读卷官。

1894年(光绪二十年)4月,派充直省新贡复试阅卷官。

9月,命充顺天乡试正考官,孙毓汶、陈学棻、裕德为副考官。

1895年(光绪二十一年)8月,派管理同文馆事务。

1898年(光绪二十四年)4月,阅直省举人补复试卷。阅宗室贡士复试卷。

翁同龢立朝四十余年,主持的各类考试多达数十次,由他衡校获隽的士子不下数千人,故门生弟子遍布朝内外,对晚清朝局的影响可想而知。

翁同龢除了在日记里留下有关他参加和主持各类考试的记载外,还另外留下有关他担任1885年(光绪十一年)、1888年(光绪十四年)、1893年(光绪十九年)三次顺天正、副考官和1892年(光绪十八年)会试正考官的专卷文字,为研究清代科举考试,尤其是考试的组织运作、考试答卷要求、考官阅卷纪律要求、考试的录取程序和试后的结束工作等提供了第一手资料,对于今天仍不失借鉴意义。

关于入闱前考官的物质准备,科举史料中极少提到,但翁同龢提供了一份完整的有价值的清单,透过它可以了解考官在考试期间在贡院内的吃、住,批阅卷使用的生活器具等等,从一侧面反映了当时京师官僚士大夫的生活追求和精神风范,是一份很好的社会生活史资料。

《入闱用物单》共开出七项内容,分别是:

一、书籍:《四书》、《五经》、《诗韵变同》、《策学》等。这是为批阅考生试卷必备的书籍和参考工具。

二、文具:包括笔墨纸张砚,笔有水笔、稿笔、紫毫笔,砚有大砚和小砚,此外,有薄木板一片、竹纸三刀,带封筒安折、带封奏折、镇纸、红格本、水盂、笔洗、分送房考或请其他考官绘画书写用的两面白纸、折扇、阅卷簿、十景横披、毛头纸、卷布、卷夹等。

三、考试期间备用药物:有人参、丽参、干姜、神曲、砂仁、槟榔、痧药、陈皮、半夏、正气丸、消蛾散、紫金定、一笔勾、薄荷油、三方等。中国人把人参当作药材,认为人参在人病危时有救急还阳的作用,所以闱中备有人参。槟榔和薄荷油有提神醒脑作用,对阅卷考官特别有用。一笔勾和三方当是外用药物,具体作用不详。

四、日常生活必需品:有草纸、安息香、蜡烛、钱、碎银封、安息盘香、香合子、小香炉、煤、甜水、白米、白面、鼻烟、泠布等。

五、器皿之类:有棉夹门帘、椅垫、方杌、大桌毡、灯盏、烛台、带蜡花筒烛剪、面盆、漱盆、浆合、痰合、便壶、日圭、表、护书、靴页、折镜、眼镜、抹布、笤帚、火镰、火石、洋取灯、铁钉锤、钉子、绳子、菜刀、铲刀、茶碗、茶船、茶盘、鞋拔、柳木牙签、毛笪、家伙筒、大小碗碟等。入闱期间,随行家人不能入内,为生活需要,必须带足这些生活必需品。家伙筒当是抽烟工具,说明翁同龢当时吸烟。

六、服用物品:有帐子、被褥、枕、鞋、帽、衣包、衣箱、补褂、朝珠,各类褂罩、长衫、茶叶、旱烟、饭单、针线、手巾等。

七、食品:有火腿、猪油、笋干、酱瓜、糖、冰糖、海参、冬菜、虾米、酱菜、酱豆腐、莲子、燕菜、姜、葱、蒜、醋、盐、酒、花生、水果、咸糕点、小米等。

此外,还有计时用的小钟、请人作画用的颜料等。这些入闱用物单主要呈送承办乡会试的礼部,再由礼部委派顺天府去采办。每届顺天乡试和全国性会试的后勤均由礼部交顺天府负责承办。伙食的好坏,直接影响考官的健康。1858年戊午顺天乡试,因承办伙食的顺天府大兴县、宛平,"偷减供给","办理草率",负责伙食供应的官员蒋达公开辞差不干,参劾府尹梁同新"庇护下属",旨改派毛昶熙为提调,重新办理。

清代后期,科场纪律松弛,作弊时有发生。考官收受贿赂,接受请托;考生雇用枪手,冒名替考;监临、誊录泄题,考官违规阅卷,等等,不一而足。为了维持科举考试的严肃性和公正公平,清政府进行了大力整顿。其中最为震撼的就是1858年(咸丰八年)的戊午科场案。据翁心存日记记载,这次科场案共处理了40余人,其中被处死的有6人,其中包括正考官、大学士柏葰,这是清朝有史以来被杀的第一个最高级别的考官。涉案被处分的官员有朱凤标、程庭桂、陈孚恩、李清风、景廉、梁同新、奎斌、尹耕云、潘铎等十多人。潘曾莹之子、潘祖荫之弟、庶吉士潘祖同因代送条子被革职。刑部侍郎李清风之子李旦华因递条子被革职。潘祖同、李旦华以及工部候补郎中谢森墀、恩贡生王景麟、副贡生熊元培、候补通判潘敦俨、陈孚恩之子陈景彦等均发往新疆效力赎罪。戊午科场案的处理对此后科举考试起到了一定的震慑作用。在此基础上，清政府又先后对考官、考生的相关事宜进一步作了规定，给考官带来一定的压力。

　　鉴于先前科场案中暴露的问题，翁同龢入闱后，首先向入闱考官及相关人员宣读《科场条例》："出题讹错字句并前后题目刊刻颠倒，一次罚俸三个月，二次罚俸六个月，三次罚俸九个月，检举者减等。出熟悉拟题及割裂小巧或诗题用僻书私集，照出题错字例论处。诗题不注得字及策题抬头不合，罚俸三个月。策题逾三百字及以己见立说及引本朝臣子学问人品，罚俸九个月。失察中卷内全篇未经同考官点到，罚俸一年；仅止数行数句，罚俸九个月。中卷未能通行点定，降一级留任；仅止数行数句，罚俸一年。失察同考官勾稽圈点错误，罚俸六个月；墨笔错误，罚俸一年。主考、同考官对朱卷内遗漏错误，罚俸六个月；署名颠倒，罚俸九个月。朱卷面不实书批语或遗漏批语及未写'中'字，'荐'字用刻印，罚俸九个月。实写批而浮签仍未揭去，罚俸三个月。墨卷不填名次，朱卷不填姓名，降一级调用。朱卷已填姓名漏填名次、墨卷漏填名次，罚俸一年。朱墨卷填写，偶脱误一、二字，罚俸六个月。朱卷面通省未填名次，罚俸一年。墨卷未填名次误填红号，罚俸六个月。朱倦内墨笔添改，降三级调用。蓝笔添改，主考未查出，罚俸一年。添注一、二字或涂点勾转与墨卷无改者，降二级留用。朱卷内墨笔误抹，罚俸六个月。墨卷内有墨笔抹出，降三级留用。误用蓝笔，通省皆误，罚俸三个月至三年不等。中卷内字句可疑，文理悖谬，文体不正，不遵小注章旨，如有一名，本生黜革或黜斥，考官降二级调用；如系二名降三级调用，三名以上，革职。试卷不谙禁例失格违式，罚俸一年。试卷援引错谬，罚俸九个月。试卷字句疵谬，罚俸六个月。试卷抄袭雷同，罚俸九个月。全篇抄录旧文，如无雷同免议。试卷内直书庙讳、御名、孔子讳，虽经指出，仍每名罚俸一年。其偏旁未缺笔者，如未指出，罚俸六个月。试卷内于列圣、郊坛、宗庙、皇上、圣主字如未抬写或抬写不合、或脱误一字或涂点，如未指出，罚俸一年。试卷内应抬不抬及不应抬而抬,如未指出,罚俸六个月。中卷遗漏点题,罚俸六个月。中卷引用后世事及书名,罚俸九个月。中卷三篇全用排偶,罚俸一年。文内字句犯下,诗轻佻、或不对,或失粘,五策空疏或不合语气,或不满三百字,罚俸六个月。策内泛论本朝臣子品学,罚俸一年。策引用本朝人名,罚俸九个月。策引本朝书名,罚俸六个月。试卷内默写头二场,文字不符在十字外,罚俸六个月。誊录遗漏空格及种种违式,未抹出,罚俸三个月。方字逾七百幸中者,罚俸一年。"[1]凡是有上述情形,考官、房考批阅中未能看出和指出者,分别给予不同处分。可见清代科场是何等严格。

此外,根据翁同龢的记载,清代科场条例还对答题中"决裂本题、不遵传疏、后场空疏、引用异教、五策十不恃五、影合时势、搊拾俚言俗语"等,考官未指出者亦"应查参"。试卷"遇有怪异文字,若未指出,将滥取之考官参劾,并将举子议处"。规定考生落第,试卷不许刊刻,不许送人圈点,违者革去举人,批点者交部议处。应考士子在榜未发前,与考官不得以师生相称,不可将闱中试卷送人批点。新进士未经引见之前,一概停其拜认师生。科场果有作弊等事,许应试举子出名赴礼部据实呈告,本部即行参奏,交刑部质审,实则究处,虚则反坐。主考与房考照旧以师生往来,但不得祖护党援,等等。[2]

翁同龢再次重申试卷批改的规范和要求:关于《朱卷批阅》。考生的试卷用墨笔书写,在送交考官评阅前,不仅要将自己的姓名弥封,而且要由誊录用朱笔照抄一遍,对读校阅无误后,才送入内帘,交由考官评阅。考生的原卷称为墨卷,用朱笔抄写的试卷称为朱卷。考官对朱卷的评阅若有疏漏错误,将直接受到罚俸、降级、革职的处分。为了防止这类错误的发生,翁同龢以同治朝历次乡会试中发生的问题为例,告诫和提醒所有考官。他说:同治三年顺天乡试,"朱卷题目脱写字,主考、同考未经抹出,主考罚俸三个月,同考官罚俸六个月。又,朱墨不符,誊录捏造诗句自逞者,并无嘱托者,誊录官罚俸一年,对读同"。又,同治十三年顺天乡试,在十四本策问卷内,"公羊"两字拆分两处,举人斥革,主考、同考俱抹出,免议。其余疵谬未抹出,主考罚俸九个月,同考降一级留用。这次考试,有

---

〔1〕 参见《翁同龢瓶庐丛稿》第2册《科场条例摘要》,上海远东出版社2014年版。

〔2〕 参见《翁同龢瓶庐丛稿》第2册《会典摘记》,上海远东出版社2014年版。

"春秋文不顾题解,将《左传》语杂奏成篇,照文体不正,举人斥革,主考调二级用,同考革职"。又,"朱卷'率'字未缺笔,主考、同考均未指出,主考罚俸一年,同考降一级调用"。又,"破承题,蓝笔未点到,主考罚俸一年,同考降一级调用。墨笔未点破承题,主考降一级留用(嗣后改全篇未点,降一级留用)如数句未点者罚俸一年"。又,"朱卷有误倒字,主考用墨笔勾转,罚俸一年"。"朱卷内多写字,主考、同考用笔删裁,主考、同考均降二级用。""直书御名未避,罚停乡试两科,学政未予指出,罚俸六个月。"

为了在限定的时间内顺利完成试卷的评阅和录取工作,翁同龢还就如何既快又好地完成任务提出具体的意见和建议。"一、阅文须立主意,或先拟作一篇,则甘苦自喻。二、阅时先寻元文,魁文,得卷时展看较量。三、发刻文须慎重、妙文亦须慎重,不可滥抄,徒多周折。四、墨点勿大,恐将来加圈时盖不住。五、中卷须将前八行密圈一、二句,则开卷了然。六、破承题须点到。七、粘批语签可立暗记,最好者高出数分或一寸。八、偏旁、庙讳随笔点出。九、套齐三场卷,再定去取。十、欲重后场,必须将后场全行看毕,始将中卷发房,否则中者已发房,即欲补中后场出色之卷,势难纷纷更换矣。吾屡有遗珠,皆因速发中卷之故,书以志悔。后场齐,往往至月初六、七,则太迟矣。须今先抽好者,从速补荐。十一、先将三场卷,查看篇幅长者提出先看。十二、刻闱墨要斟酌,以少为妙。十三、阅卷簿……两本而泾渭分明,以十八房为经,以字号为纬,切记切记。十四、堂上阅文意倦手阑,最喜用大点中卷,加圈则不好看矣,此后宜戒,用小小笔即无此弊。十五、批语断不可太刻,及于本房违戾,则临发时又费一番寻检,甚至改换,则大费事矣,切切。十六、分皿(乡试)、分省(会试)及一切另编字号者均须细心检点,此四人之事,实需以一人承六。十七、中数分隶各人,此陋习也,独京闱不得不尔法。当排一表,如中额中十人,则每人二本,排定后,将所余两本从头排下,则前二人应中三本矣,如此再不能舛错。若本人名下,实不敷中则向别处补足,亦不至漫无稽考。十八、入闱即看窗户,速令裱糊匠另以皮纸糊好,否则风雨打破,极受累。十九、刻阅卷簿式,一篇一卷为妙。二十、刻收卷簿式,一行分三截,下注二场三场,收时写字号,阅时就此记批。二十一、刻闱墨是要事,须早选早刻。次、三篇尤需留意,可抄即抄,可改即改,可刻即刻。抄手要快,格子要大,榜即十日即刻毕,名次可先排定,已刻者不可漏中。二十二、阅文勿贪多,但须详实,耐性沉着,字字句句从心上过方得,签上分三等,△不可多,△△亦不可多,则一目了然。卷数须逐日查封,须时时算卷数。二十三、开单最妙,不必骤上书本,上本即呆。总之,一纵一横,房数为纵,则字号为横,两者缺一不可,故莫妙于开单,本年用此法。"

翁同龢对各考官手编的《阅卷簿》还提出具体要求:"阅卷簿以单篇为妙,只须一本收卷,两本阅卷,其余开横单手折。"再次提醒考官,"阅文不必太快,须先涵泳一过,然后动笔圈点,批语亦须斟酌,切勿与人争胜,以敏捷炫长"。他甚至说到用的糨糊最好是松竹斋或裱画店的。大到原则,小到细微处,可见翁同龢考虑问题是何等细致入微了。

《阅文随笔》实际上是介绍考官工作的具体流程和工作方式,包括看、批、选、录、刻等方方面面,这在当时是经验之谈,非是久历试场者写不出来。因此,是同光年间科举考试中存在问题的归纳和总结。

翁同龢虽将以往考试中存在的问题点到了,但他自己在主持癸巳(光绪十九年)乡试时与副考官孙毓汶、陈学芬、裕德仍犯了"策题错误",不得不陈奏"自行检举,奏请议处",奉旨依议。谕旨以"该考官等虽经自行检举,惟其事已不可改正,所有应得处分仍应照例核议,应请将该考官翁同龢、孙毓汶、陈学芬、裕德均罚俸三个月。"翁同龢虽是皇帝的师傅,孙毓汶时任军机大臣,但在严格的科场条规下,他们仍受到相应的处分,就这一事,科举考试的严肃性,足以令人深省了。

在1885年(光绪十一年)乙酉顺天乡试中,经翁同龢识拔的举人,在晚清政坛上较为有名的就有:刘若曾(可毅)、江仁葆、崇良、张鸿、陆钟琦、宝兴、徐鄂、尚其亨、王同愈、王芝祥、方孝杰等。刘可毅官至内阁学士。张鸿改名张映南,为小说《续孽海花》作者。陆钟琦官至山西巡抚。尚其亨,汉军镶蓝旗人,官至侍郎,清末立宪中,曾是出国考察宪政五大臣之一。王同愈曾任沪宁铁路督办大臣。王芝祥官至直隶提督,为北洋军阀著名将领。方孝杰官至户部郎中。这些人在晚清政坛上均有出色表现,就这点还不能全盘否定科举考试。

如何防止作弊,历来是每次科举考试的重中之重。1892年4月(光绪十八年三月),翁同龢被命为会试正考官,就如何防止作弊,他采取了严格的防范措施，在《防弊两端》中他说：

> 一防题纸。头场题纸出，外帘必短数百张，今访得系委托官所为，竟能传出墙外，每张价若干，此外帘之弊而内帘难于分辩者也。当于头场发题时，须与外帘细数十余塔，使之无辞。
>
> 一防红号。壬辰春闱发榜回家，即闻今年广东先两三日已报饶姓二人，急检题名，果有两饶姓，因思此必本房磨勘不慎密，尤恐草榜在内监试处，为书吏等所窃，并恐榜前一日查提红号，致漏消息。当于发卷时，严嘱房官勿传播。至草榜定后不可宣露，即前一日查对双号，仍须亲自检点，惟粘贴小角签及判名则供事实在傍，但记红号，一出龙门便知姓名矣，如何防之，再想办法。

"严格磨勘"。举人在参加会试前，须经过磨勘和复试。磨勘是中央政府对各省举人进行甄别的一项重要举措，目的是"防弊窦，正文风"。磨勘"首严弊幸，次简瑕疵"。从考生的试卷到考试的各个环节，都在磨勘的范围之内。如果考生的试卷有文不对题，答题用俚语俗语，或全篇抄袭，朱墨不合，不避庙讳、御名、至圣（孔子）讳，经策答非所问，或不满三百字，誊写不用正楷，诗平仄失调，经、策、论三篇全用排偶等情况，一律斥革，革去举人，或罚停会试一科或二科。主考、同考官亦将视情节轻重，或罚俸、或降级、或革留，给予不同处分。为了防止上述之类的事情发生，翁同龢入闱不久，就宣示了礼部颁发的《磨勘事例条例》，"详细申明"，要求"认真办理"。他还详细介绍了同治朝历次乡会试磨勘中发生的问题，儆示各位考官。他说：有考生"经文以俚语口气表达，举人罚停两科，主考罚俸九个月，同考降一级留"。有"考官向磨勘官分送闱墨，送者、受者均降三级调"。有"磨勘官两科未签一卷者，罚俸一年"。有"考生答卷引用后世事及书名者，考生罚停二科"。有"引书释书者，考生革去举人"。有"头场、二场各艺承讲虚字、有故违问式、独出新奇、显涉可疑者，以违式论。试卷抄袭雷同，考生罚停两科，主考罚俸九个月。如同在一房，同考降一级留。三场默写二场经文首艺，或小讲、或起比、或中后听考官酌定。但直书御名未避，罚停乡试两科，学政、主考未经指出,罚俸六个月"。

录取工作是每次科举考试的结果。根据考试规则,每次乡试和会试录取的生员的试卷都要送交礼部,并由主考、副主考写出书面报告,呈述本次乡会试的具体组织运作、考试和录取情况,并由礼部组织有关官员进行复核,若发现评阅有误,可对正副考官指名参劾,谕旨派人查办。至于未考中的生员、举人等可直接去学政衙门和礼部领取落卷。为了防止"遗珠"失落,也是对考生负责,每次考官们在阅卷结束、填写草榜前夕,要对未录取的"落卷"进行一次检查。这些落卷有些是同考官未荐之卷,或推荐了,正副考官未取;有些落卷可能为同考、主考一时疏忽,未被录取,待到所有试卷批阅后,尤其是提出草榜后,发觉所谓"落卷"其实写得不错,或者为誊录抄错的,待到朱墨卷核对后,发觉考生答题无误,于是调出来,重新替换。道光年间,翁同龢父亲参加会试,就遭遇到这个经历,是被副主考官汤金钊搜集"落卷"时发现后录取的。为此两人后来成了儿女亲家,汤金钊将孙女汤松许配给翁同龢。

清代每次科举考试,无论乡试,还是会试,每次录取名额例有限额。会试中式人数,依各省人口之多寡,田赋之多少而定。这次会试,翁同龢将全国各省分为满、合、夹、承、旦、贝、南皿、北皿、中皿九个部分,满指满洲、蒙古;合指汉军;夹指奉天;承指热河;旦指宣化;贝指顺、直;南皿包括江苏、浙江、江西、福建、安徽、湖南、湖北;北皿包括顺天、直隶、奉天、河南、山东、山西、陕西、甘肃;中皿包括广东、广西、云南、贵州、四川。此次用"正、大、光、明"四字编号,录取正榜317名,宗室3名。录取誊录20名。

翁同龢通过多次担任乡、会试正、副考官和奉旨评阅其他各类考试试卷,选拔了大批人才,以致弟子门生遍布朝内外。其中光绪二十年识拔张謇为状元一事,尤为人们所乐道,我们将在人际交往一章中加以介绍。

在"塞防""海防"之争中

同光之交,是中国的多事之秋。太平天国起义和捻军起义以及苗民、回民等少数民族起义刚被镇压下去,邻近的沙俄和新崛起的日本又将侵略的触角伸向中国,给中国带来了来自陆上和海上新的双重危机,清王朝统治层内由此爆发"塞防"和"海防"孰轻孰重、谁后谁先的论争。

先说"塞防"。1864年(同治三年)6月,新疆地方民族分裂势力起兵反清起义不久,沙俄就派兵强占了霍尔果斯河以西的中国卡伦,进而控制了伊犁河上游的特克斯河谷,把伊犁出入的要道控制在自己手中。阿古柏占据新疆后,沙俄又打着"保障中国利益"的幌子,于1870年(同治九年)7月,武装"归并"伊犁,并声言一待清政府收复新疆,俄国就将伊犁"即当交还"中国。沙俄的这个"诺言",原是用来搪塞清政府的,它本以为清政府无力平定新疆,只要新疆分裂局面继续存在,它就有强占伊犁的借口,把吞并伊犁变成事实。不料,1876年(光绪二年)左宗棠统率清军迅速平定了新疆的叛乱,沙俄的打算落空。清政府要求俄国践行事前的"诺言",将伊犁归还中国。沙俄制造种种借口,加以拒绝。1878年,左宗棠的军队进至伊犁附近,清政府又一次要求沙俄归还伊犁,沙俄仍采取拖延的办法来应付,造成长期霸占拒不归还的既成事实。

沙俄强占伊犁是对中国赤裸裸的侵略,激起了中国社会上下的强烈愤慨。1878年(光绪四年)10月,清政府在同沙俄几度交涉毫无要领的情况下,决定派总理衙门大臣、吏部左侍郎崇厚为全权大臣,出使俄国,直接进行谈判。崇厚,字地山,完颜氏,满洲镶黄旗人,举人出身。曾任天津海关道,1870年天津教案中,曾代表清政府前往法国"谢罪",亲见法国大革命和巴黎公社起义,在当时被看做是清朝官员中懂外交的人。但崇厚自到圣彼得堡后,就落入了俄国设下的圈套,在沙俄政府的玩弄摆布下,于1879年(光绪五年)9月同沙俄签订了所谓的《里瓦几亚条约》。根据这个条约,中国收回的仅是伊犁一座空城,作为伊犁屏障而且经济上富饶的霍尔果斯河以西及特克斯河谷一带地区,概由俄国占有。结果形成了沙俄有"归地之名"而中国无"得地之实"的情况。同时,条约还规定将喀什噶尔和塔尔巴哈台两地所属疆界,按照俄国要求重新加以调整;规定中国需支付500万卢布(折合银280万两)作为俄方"代收代守伊犁所需兵费"的赔款,给予俄国通商贸易特权,允许俄国在新疆和蒙古地区免税贸易;增开由科布多经张家口至天津、由嘉峪关经西安至汉口的陆上通商线路等。在条约之外,还附有另外三个条约:《陆路章程》,规定俄国可以在中国边疆百里内自由贸易;《中俄瑷珲专条》,规定俄国商船可在松花江上行至伯都讷,并可在沿岸自由贸易;《兵费及恤费专条》,则规定赔款须在一年内付清。通过归还伊犁的谈判,俄国竟获得了多年来向中国"求之多年而不可得者"。对于这样一个丧权辱国的条约,崇厚竟予应允,并签字画押。事毕,未经请旨就擅自回国。有人痛心地指出:收回伊犁一事竟被他弄到"与不收回还相同"的地步。

崇厚以"违训越权",被革逮,交部严议。清政府通告俄国,拒不承认《里瓦几亚条约》,俄国表示强烈反对,并以武力威胁相要挟。清政府一面派驻英公使曾纪泽前往俄国,重开谈判;一面任命左宗棠作好与俄国开战的准备。

与俄国强占伊犁一事发生的同时,日本也将侵略的魔爪伸向我国的台湾和属国琉球。琉球介于中日两国之间,自明初就同中国保持藩属关系,但因在地理上与日本接近,日本对它早存吞并之心。明治维新后,日本迅速走上对外侵略扩张的道路。1872年(同治十一年)日本悍然宣布琉球为自己的一个藩,公开予以吞并。1874年(同治十三年)日本借口琉球渔民被台湾高山族牡丹社误杀一事,悍然出兵台湾。同年,在琉球那坝设立镇台分府,中止琉球同中国的往来。

俄日两国的陆上和海上侵略活动,对中国构成了严重的威胁。新疆地区自清初就归入中国的版图,经过康、雍、乾一百多年各族人民共同经营开发,早已是中国领土不可分割的一部分。台湾孤悬海外,是我国东南的门户。琉球是中国属邦,若坐视不救,任令日本吞并,非但为清议所不容,而且势必引起其他属国萌生背我之心,认为"上国"不能援救而心存轻视。面对陆上和海上的这两股侵略威胁,清朝统治集团内爆发了"塞防"和"海防"孰轻孰重之争,而在"塞防"和"海防"中又都存在"和"与"战"之争。

对于伊犁,是坚持收回还是放弃,统治集团内存在两种意见:一种主张弃守伊犁,理由是自新疆入我国版图,派重兵驻守,每年都要靠中原各省协饷维持,这种耗中原而济新疆殊不值得。一种认为,新疆是祖宗经过千辛万苦,苦心经营的,尺寸之地不能丢弃。主张即是用兵也在所不惜。当时翁同龢已奉旨与潘祖荫及恭亲王奕䜣、醇亲王奕譞、惇亲王奕誴一起会看伊犁交涉折件、电报、函稿,并代拟有关问题处理意见。翁同龢主张弃守伊犁,认为新疆驻军已耗尽中原之财富。他后来担任户部尚书时,在《统筹新疆全局疏》中重申了他的这一想法:"理财之要,在量入以为出。……我朝用兵之费,未有如今之多且久,财用窘乏,亦未如今日之甚者。军兴以来,近三十年,用财曷止万万。乞寰宇底定,惟甘肃、新疆需饷孔多。……西路各军,每岁共需银一千一百八十余万两,遇闰加饷九十余万两。……通盘计算,甘肃、新疆岁饷,耗近岁财赋所入六分之一。各省、关或括库储,或向商借,剜肉补疮,设法筹解,已属不遗余力。"这已是伊犁交涉十多年后的奏折。翁同龢认为方今大乱初平,国家元气未复,天下多灾,若用兵收回,"战事极难,筹饷难,选兵难,东西万里,地势扼守难,蒙古积弱尤难,况此时岂用武之时哉? 说得太易,亦恐是败机? 吾意弃伊犁而与讲。"他不同意武力收回。奕䜣也认为"言战不足恃,不敢作孤注一掷。"但慈禧太后另有考虑,认为祖宗缔造艰难,尺地寸土绝不能轻易放弃。于是决定备战待和。一面改派驻英法公使曾纪泽前往俄国重开谈判,一面令左宗棠来京,共商战守机宜。下令筹备东三省防务,任命穆善图主待其事;命令驻守新疆的西路军刘锦棠部作好武力收复伊犁的准备。在慈禧的谕令下,左宗棠"以肃清西部自任",户部遵旨"于库存四成洋税项下,拨给左宗棠银二百万两,并准其借用洋款五百万两,各省应解西征协饷提拨解银三百万两,以足一千万两。"由于俄国见中国作好了与俄作战的准备,加上俄土战争后俄国国内财政极为困难,暂时还无力同中国开战,遂于1881年1月同曾纪泽签订新的伊犁条约。根据该约,在领土方面,俄国同意归还特克斯河谷及通往南疆的穆扎尔山口,但以安插移民为借口,将霍尔果斯河以西地区划入俄国版图。通商方面,俄国放弃由嘉峪关经西安或汉中至汉口的要求,领事只设嘉峪关、吐鲁番两处。赔款由五百万增至九百万卢布。同崇厚签订的《里瓦几亚条约》相比,新的条约虽然还是一个丧权辱国的条约,但已挽回不少权利,真可谓"不幸中之大幸了"。

伊犁交涉进行之际,中日就琉球问题的交涉也在紧张地进行。驻日公使何如璋曾向总理衙门提出三条意见:一、遣兵船责问琉球,征其入贡,示日本以必争;二、据理言明,约琉球,令其夹攻,示日本以必救;三、反复辩论,若不听从,或援万国公法以相纠责,或约各国使臣与之评理。当时直隶总督兼北洋大臣还分担部分外交,总理衙门遂将何如璋的三条意见,请李鸿章复议。李鸿章认为何氏前二条皆小题大做,认为"琉球以黑子弹丸之地,孤悬海外,远于中国而迩于日本,……中国受其朝贡本无大利,若受其贡而不能保其国,固为诸国所轻,……若再以威力相角,争小国区区之贡,……亦且无谓"。主张采取何氏第三条意见。李鸿章从琉球距中日的远近、对中国的朝贡并无大利的观点出发,实际是默认日本吞琉之举。他同意何氏第三条是应付社会舆论。中国就日本阻挠琉球向中国朝贡一事向日本提出抗议,日方态度蛮横,中日几经交涉,毫无结果。

中日琉球问题交涉发生后,翁同龢只是从琉球丧失可能对宗藩关系产生的负面影响及对中国海上安全带来的威胁表示担忧。认为日本阻止琉球向中国朝贡,旨在灭球祀,琉球既灭,势必行及朝鲜。况且琉球近迫台湾,若听任日本吞琉,"台澎之间,将求一夕之安而不可得"。在琉球问题上,他没有明确的主张,只是主张据理力争。1879年10月,美国卸任总统格兰特来华游历,李鸿章遂挽请格氏出面调处,但也未有结果。

明治维新后,日本迫切需要海外市场。当时日本急于想同中国修改《中日通商条约》,获得列强在中国的"利益均沾"等条款,但不为中国所认可。同年11月,日本人竹添进一受日本外务省授意来华,向李鸿章提出分岛改约说:日本愿将琉球邻近台湾的宫古、八重山两个群岛划归中国,以立两国国界,条件是中国须将1871年的《中日通商条约》进行修改,添上"利益均沾"等内容。总理衙门据此同日本驻华公使宍户玑展开谈判。中国在充分了解琉球群岛的地理分布后,提出琉球三分说的方案:北部划给日本,中部各岛存球祀,南部各岛划归中国。中方的意图是中部、南部加在一起,尚可存球祀。这样琉球国仍可存在。日方如果同意中方这一方案,中方就同日本修改商约。总理衙门"以存球祀为重"的方案,李鸿章和两江总督兼南洋大臣刘坤一表示认可。参加交涉的翁同龢、潘祖荫及奕䜣、奕𫍽、奕𫍰三王也表示赞同。翁同龢说"虽两岛地方荒僻,要可藉为存球根本。"他们虽赞同这一方案,但还有诸多因素不能确定。当时中俄伊犁交涉正在进行,日俄之间频繁接近。他们担心此时若拒日太甚,恐日俄勾结,合谋对付中国,对中国极为不利。"揆诸现在时势,中国若拒日本太甚,日本必结俄益深。此举既已存球,并已防俄,未始非计。"结果遂照日本的方案了结,并于1880年(光绪六年)10月与日使宍户玑议订专条,将琉球南部宫古、八重山两群岛划归中国,修改《中日通商条约》,允准加入"利益均沾"条款,准许日本人入中国内地通商。但中日分岛改约专条议结后,引起了以陈宝琛为代表的一部分官僚的反对,指出日本灭琉球,宜兴师讨伐,总理衙门不应许以南部两岛存球祀,尤不应许其"利益均沾"一条,球案不宜骤结,《中日通商条约》不宜轻改。宝廷也认为日本的分岛改约,不过"以两岛聒我",让我上当,两岛孤悬大海,远距中国而处日本肘腋之下,名为中国所有,终究为日本所得。专条不能批准。

在中俄伊犁与中日琉球两场交涉中,在清朝统治高层来看,"塞防"比"海防"要显得重要些,因为伊犁是中国领土,中俄伊犁交涉涉及领土、通商、领事、赔款诸多问题,应先解决。而琉球问题毕竟是属国问题,又在海上,中国又无海军,解决起来相对比较困难些。目前应以"塞防"为先,先解决中俄伊犁交涉。在这种思维下,恭亲王、醇亲王、惇亲王和翁同龢、潘祖荫及军机大臣等主张用"延宕"的方式,即用拖延的办法拖到伊犁交涉结束后再来解决琉球交涉,翁同龢建议将分岛改约的意见"发交江浙闽粤各督抚详议",认为"如此则不言延宕,而延宕已在其中矣。"这一意见,获旨允准。结果,日使宍户玑见中国迟迟不予批准,分岛改约遥遥无期,不能久待,遂愤然回国。

宍户玑回国后,日本随后宣布与中国决裂。西太后惟恐引起新的外交波澜,召开御前会议,商量对策。翁同龢、潘祖荫及奕䜣等三亲王和军机大臣经会商后,由翁同龢亲拟奏片,折中首先指责宍户玑不俟定议,遽行回国,为彼自弃前议,责任不在中国。次拟饬海疆密防;终则俟左宗棠抵都再议。"大旨内地通商一节本可照准,惟球祀一层尚未尽善,乞再悉心商酌,如球境不全还,商务不能定。"

1881年2月,左宗棠到京,清政府根据他的提议,谕令沿海各省严备海防。日本看到清政府无意"分岛改约",又看到琉球已并入日本,也不再提"改约"一事。此后日本将侵略矛头转向朝鲜半岛,中日在朝鲜的对峙冲突最终演变为军事对抗,1894年日本一手挑起侵朝侵华的甲午战争。

2013年夏,笔者访问琉球,参观了重建后的琉球王宫,在琉球、冲绳历史博物馆观看琉球的历史、购买了新城俊昭所著《琉球、冲绳史》,书中具体记载了光绪初年中国提出的琉球三分说这段历史,并附有分岛图示,可见琉球人民始终眷恋故国。日本吞灭琉球后,一部分清朝官员看到了日本对中国构成威胁的严重性,他们上奏要求迅速筹建海防,防御日本。与翁同龢结拜为兄弟的福建巡抚丁日昌在奏中指出:"日本倾国全力构造数艘铁舰,技痒欲试。即使日本能受羁縻,而二三年内不南犯台湾,必将北图高丽。我若不亟图自强,将一波未平尚一波又起,实属应接不暇。"此后清朝掀起了旨在"防日"的海防大建设。在琉球那里,自琉球被日本吞灭的那一天起,琉球人民反抗斗争就从未停止过。公开的反抗失败后便转入地下斗争。八百多位不愿当亡国奴的琉球志士秘密渡海来到中国,从事琉球复国运动,至今福州琉球馆的崇报祠内还供奉着他们的牌位。

甲申军机改组前后

　　1882 年(光绪八年)12 月,翁同龢被命在军机大臣上行走。翁同龢曾具疏恳辞,慈禧以"择人极难",未予允准。但他这次在军机大臣任上时间不长,1884 年(光绪十年)4 月军机处改组,他就被开出军机处,前后只有一年多。

　　在被命为军机大臣前,翁同龢曾与潘祖荫以及惇亲王奕誴奉旨审办云南军费报销案。同光年间,农民起义、少数民族起义连绵不断,清政府不得不拨饷调兵遣将进行镇压。因此,军费报销的事比较多。由于经办官员贪污中饱,以致账目无法合拢。在这种情况下,经办官员只要花上一笔钱,买通户部经办官员,就可以解决。1879 年,云南苗民起义失败。云南巡抚派出督粮道、善后局总办、云南军务后路粮台总办崔尊彝和永昌知府潘英章携带巨款来京打通关节。经军机章京、大理寺卿周瑞清向户部堂官王文韶、景廉打招呼,崔、潘同户部云南司主稿、报销经办人孙家穆商定,以 8 万多两成交。就在这时,工部右侍郎阎敬铭擢为户部尚书。阎氏向以为官清正、办事精明著称,到任不久,就查出云南军费报销中的问题。接着,谕旨根据御史陈启泰的奏劾,派遣翁同龢、潘祖荫和惇亲王奕誴查办此案。经过询问有关人员、查对核实账目,查明用在贿赂方面的银两多达 5 万多,此外尚有 3 万多两不知存放何处。惇亲王认定这 3 万多两银子是用来贿赂王、景二人,并执意要对王、景进行严参。由于受惇亲王的影响,甚至连慈禧都怀疑翁、潘有意包庇王、景二人,严令一定要查个水落石出。翁同龢与潘祖荫及后来参加查办的阎敬铭、张之万、薛允升等查遍了崔、潘所有存银处所并询问户部有关司员,都说王、景不曾受贿。因无凭证,翁同龢等认为案子可以结案了。在这种情况下,案子最终了结,对涉案人员分别给予了不同处分。案子虽结,王、景也未被查到受贿实据,但因遭人弹劾,不安于位,一个奏请有病,请假在家;一个以母老,奏请回籍告养,太后依奏分别予以允准。

王文韶回籍后,遗下军机大臣一缺,经奕䜣奏请,慈禧谕命翁同龢、潘祖荫为军机大臣。景廉在慈禧的催令下,消假上任,仍在军机大臣上行走。翁同龢入参军机,显然与奕䜣提携有关。

还在奕䜣在上书房读书时,经道光帝安排,就指定翁心存为上书房总师傅,授读诸王子,具体负责教读奕䜣、奕譞、奕詥。两年后翁心存回籍"告养"年迈的母亲张太夫人。师生相处时间虽很短暂,但翁心存留给奕䜣和诸王子的印象极深。如他在日记中写道,"与诸王子辞行,皆眷恋不忍舍,而六阿哥则尤闻言谔然,执手呜咽,涕泪纵横,余亦相对汍澜,不能发一语者移晷,因婉辞强别,真觉难以为怀耳。"可见翁心存与诸王关系不浅。1849年(道光二十九年)翁心存回任,仍在上书房行走。次年2月,道光帝去世,翁心存奉旨办理道光丧仪,办事认真细致,再一次赢得诸王子的尊重。奕詝此时已为咸丰帝,奕䜣封为恭亲王,他们对翁师傅信用有加。咸丰帝擢翁心存为大学士,在"五宇号"事件中深信翁心存清白无它。祺祥政变后,奕䜣为议政王,再次起用翁心存、祁寯藻等人,认为翁心存公忠体国,又命在弘德殿行走,授读同治帝。翁同书因办理寿州绅练仇杀一事办理不当,被曾国藩参劾,革逮判为斩监候,是奕䜣一手运筹将其改判充军新疆,中又经满洲将军都兴阿奏留其军营,由一名死囚变为军营立功,死后追谥"文勤",其子翁曾源殿试一甲一名,状元及第。至于翁同龢,奕䜣也是关怀备至,先后推荐他在弘德殿行走,让他参与重大朝政活动,擢拔其为军机大臣,将对师傅翁心存的爱全部倾注到对师傅子孙的关心上,这在当时极为少见。

翁同龢入参军机后,当时中法就越南问题正进行交涉。越南是中国的属国,自19世纪60年代以来,法国就对它不断发动侵略,强迫它签订有关不平等条约,将其置于法国的"保护"之下。80年代,法国向越南北部发动进攻,把战火延烧到中国西南边境,对中国的安全构成严重威胁。中国就此对法提出交涉。翁同龢参加了中法有关越南问题交涉。鉴于法国把战火延烧到中国西南边境,清政府驻法国公使曾纪泽提出严正交涉,抗议法国侵略越南。翁同龢和另一名军机大臣李鸿藻主张派重兵出关,驻守北宁,阻击北犯的法军,支持和接济驻扎在越南境内的刘永福黑旗军抗法斗争。又见法国增拨军费,派遣舰队来华,中法交战在即,他们甚至建议谕令李鸿章前往两广督办前敌军务,但李鸿章认为法国侵越只是伏边患于未来,目前还构不成对中国的威胁;中国一向兵力单薄,滇防、粤防有名无实,海军又少,深入鏖战,恐无把握,主张息事宁人,和平了结。认为刘永福黑旗军是"土匪"、"一伙乌合之众",是妨碍他与法国议和的障碍,主张消灭。奕䜣见李鸿章态度如此,只好一面电令滇、粤备战,一面派李鸿章与法国驻华公使脱利古谈判。法国步步紧逼,一面要求中国驱逐刘永福黑旗军,一面加紧军事进攻。这时奕䜣虽主持军机处,但经同治和慈禧的打压和挫辱,早已失去当年争开设同文馆、天文数学馆时的那股锐气,已是一副垂暮之年的样子。对于法军咄咄逼人的进攻,也主张"勿轻启衅端"。军机议事,每多请假,或借口家中有事不参加,偶尔与会,讨论具体问题"始而犹豫,终而无策"。军机的软弱无能终于引起朝野的不满。1884年(光绪十年)2月,北宁失守的警报传到北京。3月,法军把侵略战火延烧到了镇南关一带。前线军事的败北,最终激起人们对军机处的愤懑。4月初,国子监祭酒盛昱上奏,直接指参恭亲王及全体军机大臣"俯仰徘徊,坐观成败,苟安旦夕,置朝纲于不顾",要求将军机大臣交部严加议处,责令戴罪图效,以振纪纲而图补救。慈禧对奕䜣和宝鋆等人的所作所为早已不满,遂借盛昱一折,于4月8日,罢免军机全班人马。撤销奕䜣双俸,开去一切差使,居家"养疴"。宝鋆原品休致。李鸿藻、景廉降二级调用。翁同龢著加恩革职留任,退出军机处,仍在毓庆宫行走。同一天,任命了以礼亲王世铎为首的新的军机班子,成员包括大学士额勒和布、户部尚书协办大学士阎敬铭,刑部尚书张之万、工部左侍郎孙毓汶等人。不久,又谕令军机处:遇有"紧要事件",会同醇亲王奕譞一并会商办理。新的军机处大权实际掌握在奕譞和孙毓汶手里。孙毓汶,字迟庵,山东济宁人,父亲孙瑞珍曾是上书房师傅,授读奕譞,与翁心存为同值,孙本人为咸丰六年会试一甲第二名。孙为人贪婪、多次遭人弹劾,为清议所不容。他的入参军机,显然与奕譞有关。

　　甲申军机改组后,奕䜣下台,奕譞上台,朝局的变化不能不对翁同龢产生重大影响。奕䜣在政治上已经失势,一时难以再起,翁同龢虽对奕䜣抱同情态度,但难以为力。奕譞与自己关系不错,当年择定毓庆宫行走,就是奕譞举荐的,现在仍在毓庆宫行走,授读光绪帝,奕譞并未因军机改组而改变对翁同龢的看法。翁同龢出军机不久,奕譞就给他一信,表示安慰:"宏才未竟,遽被牵率,局外静观,眼光益明,万望随时指我南针"。日后"唯望南针详示,择切要远大之条数则指我迷途,俾竭力有资,以答简命。"[1]表示了对他的无限信赖。中法战争爆发后,奕譞与翁同龢频繁往来,翁同龢随时将自己探得的消息提供给奕譞参考,奕譞遇有重大决策也常常听取翁同龢的意见。所以,翁同龢在政治上并不寂寞,只是没有参与权。在甲午中日战争前的十年内,每逢年节,翁同龢总要去恭王府看望奕䜣,但奕䜣对翁同龢与奕譞关系走近当然有看法。奕譞去世后,光绪已经亲政,此后翁同龢则将精力放到光绪帝身上。甲午战争爆发后,翁同龢、李鸿藻上奏,请起用奕䜣。待到奕䜣出山,在对战争的态度上,两人在"和""战"问题上意见严重分歧,奕䜣主和,翁同龢力主再战,奕䜣对翁多有不满。到了戊戌年,又因对变法态度不同,两人关系已变得非常冷淡。虽然奕䜣在戊戌变法前夜去世,但他对翁同龢的看法代表了高层统治者的看法,这些看法直接影响和改变了光绪帝乃至慈禧对翁氏的看法,直接决定了翁氏日后的政治命运。不久翁同龢就被逐出政坛,从此在晚清政坛上消失。

---

〔1〕 参见《朴园赘议》卷二,《翁同龢文献丛编》,上海远东出版社 2014 年版。

整顿财政,撙节开支,厘剔积弊

翁同龢自 1886 年(光绪十二年)1 月被命为户部尚书,到 1898 年(光绪二十四年)5 月开缺回籍,在户部尚书任上前后长达十多年,这还不包括他此前担任过户部右侍郎。他在户部的十多年,正是清王朝财政最为困难的时期。经过多年的内战,生产遭到严重破坏,水利失修,田多荒芜,灾害频仍,国家真是到了民穷财尽的地步。一切百废待兴,加上开办洋务,在在需钱,户部尚书的日子很不好过。"部款支绌,寅吃卯粮,利孔已竭,那堪旁抉?"翁同龢只好左支右挪,竭力苦苦支撑。

财政支出中,最大一项是西征军饷。光绪初年,新疆秩序虽然恢复,但境内仍驻扎着一百多营,约五万多军队,每年需饷至少在 1 100 万两,约当于当时清朝财政支出的六分之一。这对户部来说是一个巨大的财政负担。西征军饷主要来自各省的"协饷",各省有各省的开支和经办事情,也需要经费,因此常常拖欠。而驻军往往以军饷告急,电催部解,以致户部苦于应付。为了解决这个棘手的问题,翁同龢条陈建言新疆实行屯田。驻军实行兵农合一、平战结合。兴垦屯田,既可减轻中原各省负担,又可开发边疆,解决驻军饷需,一举多得,获旨允准。

咸丰年间,为了镇压太平天国起义,清政府开铸大钱,解决饷需。大钱沿用已久,既无信用,又真假难辨,加上制钱少,劣币充塞市场,严重影响清朝财政金融。光绪改元后,慈禧计划规复制钱,收回大钱,责令户部去做。开铸制钱,要购买铜斤;收回大钱,亦需花钱,在在需款,而当时户部根本拿不出钱来。翁同龢和户部的其他堂官虽进行了努力,赶制了一部分制钱,待投放市场,不啻杯水车薪,根本解决不了。直到光绪末年,全国统一改铸钱币,大钱才最终退出市场。

同光年间,全国灾荒不断,南方是水灾,北方是旱灾。同治末年的晋豫奇旱,"人相食",死人500多万。翁同龢在户部尚书任上办理的最大一次救灾是筹款堵塞郑州黄河决口。1887年(光绪十三年)黄河在郑州武陟县决口,下泛十堡,决口宽一百数十丈。滔滔黄水溜头一直冲至洪泽湖,沿途所过,村庄刷去,人畜全无。河督与豫抚奏报,仅盘头筑成至少需费银600万两。根据谕旨,户郎先行拨银400万两,但后续经费无着。此外,山东奏请疏通大清河黄河入海故道,需银90万两。江苏奏请疏浚旧黄河入海故道和里下河地区入海水道,也请部拨。为解决堵塞郑州黄河决口需款,翁同龢与户部堂官接受御史周天霖、李士琨的建议,开办"郑工事例"筹措款项,开办事例即通常所说的卖官鬻爵,又称捐、捐例,即由政府公开出售一部分虚衔爵位和官职。这种因天灾、兵灾而开办事例历朝均有,清朝道光、咸丰、同治年间都开办过,不是光绪朝的独创。

这次"郑工事例"原计划开办一年,但因堵口未能堵塞,又推延一年,而两年中收银并不多,前后总共约四、五十万两,根本解决不了河工需款,最后还是通过向外商银行借贷,才得以解决。

"郑工事例"非但收银不多,无助于解决河工之需,而且扯上了当时的海防建设。因为"郑工事例"是以停止"海防事例"而开办的。"海防事例"专为北洋舰队维护而设的,其所得经费主要用于"定远"、"镇远"、"经远"、"来远"等舰常年的维修和保养。"海防捐例"停办和"郑工捐例"延期,势必影响北洋舰队。因此,引起李鸿章的不满。待到甲午战败,北洋舰队覆灭,在总结失败原因时,"郑工事例"便成了当事者的一个借口,说什么翁同龢与户部借此来卡扣海军经费。

更有甚者,翁同龢因筹措堵塞黄河决口用款、规复制钱需款及筹办光绪大婚典礼费用,为了搏节经费,于《筹备河工赈需用款办法六条》中提出停止向外洋购买船械,其中第二条写道:

> 购买外洋枪炮船只机器等项及炮台各工拟令暂行停止也。查外省购买外洋枪炮、各项船只,以及修筑洋式炮台各工,每次用款动需数十万两,均须由部筹拨,竟有不候部拨已将本省别项挪用,遂致应解京协各饷,每多虚悬,

迨经饬催,辄以入不敷出,转请部中改拨他省。窃计十余年来,购买军械,存积甚多,铁甲快船、新式炮台、业经次第添办,且外省设有机器制造局,福建设有船厂,岁需经费以百万计,尽可取资各处,不必购自外洋。迩来筹办海防,固属紧要,而河工巨款,待用尤殷,自应移缓就急,以资周转。拟请饬下外省督抚,所有购买外洋枪炮船只及未经奏准修筑之炮台等工,均请暂行停止,俟河工事竣,再行办理。

这一条遂成为李鸿章及其部下推卸他们怯敌求和、造成战败的借口,硬说海军之败在没有铁甲快船,原因在翁同龢与户部用经费卡扣海军,以致造成战败。1898 年慈禧一次召见周馥,问及"前败军之事",周氏"将户部卡扣经费,言者掣肘各事和盘托出,……且谓彼时非北洋所能主持。……太后、皇上长叹曰:不料某(指翁同龢)在户部竟如此。"竟将战败的责任推到翁同龢与户部头上。

河工和海防,孰轻孰重? 自不待言,当然是海防重要。就这点来说,翁同龢及户堂官虑事缺乏远见,我们不能为他们饰讳和辩解。国家安危是头等大事,决不能掉以轻心。况当时中国各省武器虽存储不少,但这些武器枪炮船械比起西方国家还是落后,当时西方国家武器发展日新月异,技术装备进步更快,中国一时还无法制造,只能购买。决定战争胜员的关键因素固然是人,但武器的好坏也很重要。所以对于翁同龢和户部的这个奏请不表赞同。不过,根据档案,在翁同龢奏请停购外洋枪炮船械到中日甲午战争前的六七年间,海军虽未向外洋购买船炮,但户部向海军衙门的拨款为数并不少,海军衙门用于何处,户部无从过问。甲午战争爆发后的第一个月,李鸿章提出购船募勇需款,户部一次就拨银 250 万两,嗣又提拨银 400 万两。翁同龢说:海军衙门、户部"虽云各有司存,实则同舟共济。""海军所规划者,筹边之要策也。臣部苟有余财,必当力辅海军之不足;海军苟无急需,亦当深体臣部之为难。"翁同龢与户部的这一看法还是可取的。况且当时北洋并不缺钱。1895 年 2 月,王文韶代理直隶总督兼北洋大臣,李鸿章向其列册交代,仅"淮军银钱所存银八百万两"。王氏说此系李鸿章"带兵数十年截旷扣建而积存者"。说明甲午战前李鸿章并不缺钱。如果李氏真的公忠体国,可以直接用这些钱先去购买船舰,何必斤斤计较于户部拨款呢? 可见,将甲午海军之败归咎为是翁同龢和户部奏请停购外洋枪炮船械所致的说法不能成立。

因筹措堵塞黄河决口等原因,清政府开始向外国在华银行借贷,不过这时虽有借贷,但均能随借随还。靠借贷维持日常开支,向清政府提出了一个警示,必须严格控制财政支出。翁同龢与户部堂官不得不处处撙节,压缩开支。当时洋务建设正轰轰烈烈,方兴未艾,翁同龢与户部的做法势必与之发生冲撞,洋务新政需要大量经费,需要户部拨款支持,而户部的紧缩政策造成它们非常困难,为此,翁同龢同李鸿章、张之洞等洋务官僚矛盾冲突不断。

李鸿章因办海军、架电报、修铁路、筑炮台、兴学校,大办洋务,常常苦于经费不足。向户部请款,处处受限制;向外国银行借贷也不容易,除了需有可靠的担保外,"利息轻重常受挟制,镑价涨落复多亏损",李鸿章曾考虑自筹资金,自办一家官银行来解决。甫经动议,即遭一部分官僚反对而作罢。自办银行既不行,遂又考虑中外合资办行。正好这时美国国内存有大量银元闲置不用,美国银行家愿意借款给中国,与中国合伙开办银行,于是李鸿章于1887年(光绪十三年)8月,指令周馥、盛宣怀、马建忠等人作为他的私人代表同美商米建威、美国费城企业组合代表巴特在天津会谈,双方一致商定合伙开设华美银行。银行章程规定:银行由美国人任总办;日后中国修铁路、开矿山及开办其他重大工程由该行提供借贷;该行可以在中国经济发达的地区及商业发达的城镇开设分行;该行可以铸造和发行货币,可以委托钱庄承接业务;经办所有中外通商汇兑业务;并规定该行为中国旨准特设银行,银行盈利一半归中国,一半归该行等。从银行章程规定来看,华美银行名为中美合办,实际上是一家由美国金融资本"节制","以美国银元在华办事"的美国银行。该行最大目的是向中国输入美国过剩银元,对中国实行资本输出。办银行是国家大政,况且中外合办,所以消息一传出,朝野震惊,舆论大哗,一片反对声。得知李鸿章派马相伯赴美筹借办行资金,八十一名御史联名上奏弹劾李鸿章此举"丧心病狂,简直是要卖国"。华美银行开设与户部密切相关,事关国家财政,翁同龢身为户部尚书,在慈禧召见时,力陈该行中外合办,"利归外人,害遗中国,诚属利轻害重之举",要求阻止。此外,中美筹开华美银行一事泄露后,在国际上也引起强烈震动。该行有利于美国资本对华独占,严重损害了其他列强在华利益,因而遭到英、法、德、俄等国的反对。由于银行严重损害中国利益，李鸿章事前又未曾奏报，加上中外反对，慈禧经过权衡考察，最后电谕李鸿章立即中止华美银行的筹建活动。李鸿章不敢违抗，遂放弃办行计划。经过这件事，李鸿章对翁同龢相当不满。

同一时期，李鸿章对翁同龢不满的还有两件事：一件是翁同龢不支持李鸿章修筑津通铁路。1888年9月，李鸿章奏请将唐胥铁路从天津展筑至通州，即所谓津通铁路。此前李鸿章同意挪用海军军费给醇亲王大修颐和园，因这个关系，慈禧很快批准了奏请，并谕令户部每年拨银200万两供李鸿章修造津通铁路。津通铁路沿北运河而建，沿途靠运河营生的船民、水手、旅店、饭铺，人数不下数十万，铁路一通，这些人势必失业。铁路修建，要占大量农田，这一带本来就人多地少，所以消息一传出，朝野上下，一片反对。内阁学士徐致祥认为津通铁路一开，必将毁坏民田、庐墓，沿途民多迁徙，舟车失业，不乏有起而为盗，铤而走险者，不利于统治。御史余联沅在折中列举修铁路有"害舟车"、"害田野"、"害根本"、"害风俗"、"害财用"五大害。

由于许多人反对，慈禧将此事发交六部九卿会议和有关督抚详议，结果赞成修筑此路的只有刘铭传一人。翁同龢身为户部尚书，也以天下多灾、顺直大水、黄河决口尚未堵好、国家财力有限等理由，与孙家鼐联衔复奏，建议缓修津通铁路，并言若要修路，不妨先在边境修筑，这样既利运兵，又利加强边地与内地联系。由于反对修建津通铁路人多，慈禧最终同意罢建津通，改建芦汉铁路。事后，李鸿章对翁同龢怒不可言，指斥其迎合清议，沽名钓誉，在北洋衙门公开讪笑翁氏。

另一件事是参劾津海关道周复在洋药税厘征收上做手脚。洋药即鸦片。鸦片进口，海关征收关税，此后销售，地方政府征收厘金，洋药厘金遂成为地方财政一大来源。但1881年（光绪七年）后，洋药税厘统一改归海关征收。这一改变，仅北洋方面就白白丢掉银数十万两。对此，地方督抚当然心有不甘，于是通过做手脚，来挽回损失。洋药税厘由海关道负责征收。每结账目向户部呈报。洋药进口税一般是固定的，而厘金收数虽有比例，然因地而异，变化出入很大，故每结收数不同。津海关道周馥就利用这点，在册报厘金收数时，采用以多报少的作法，私下截留厘金银款，这件事很快被户部档房司查觉。1886年，户部就此对周馥进行参劾。周氏见事已暴露,无法掩盖,于是由李鸿章出面上奏,为之辩解。周氏是李的亲信僚属,北洋管家,周馥在洋药厘金收数上以多报少,李鸿章当然知道。参劾周馥就是参劾李鸿章。李鸿章当然不满。李在奏折中为周氏百般辩解:"征收洋药税与厘金本属两事,互有参差,不能每结一律。……查明津海关道征收洋药厘金并无中饱情弊,请将关道免议。"其间,李鸿章还派周馥带着他私人亲笔信和巨款入京活动,企图私了。翁同龢留下了李氏信函,拒绝了周氏"赠贶",户部坚持严参,结果周馥被革职。经过这两件事,翁李表面上还保持着往来,但彼此关系实际上已变得非常冷淡。刘厚生评论说:"同龢因做户部尚书之故,因财政上的立场不同,遂酿成与李鸿章之水火而并非由于私怨。"〔1〕一年后,周馥的处分虽然开复,但对翁同龢及户部一直怀恨在心。"朝官皆书生出身,少见多怪。"待到戊戌年翁同龢开缺回籍,便与守旧官僚一起,公开对翁同龢进行诋毁和打击报复。

国家财政越是困难,官员违纪贪蚀的事情越多。翁同龢一面撙节经费,一面大力整顿。1886 年 1 月,他与户部其他堂官在奏呈的《厘剔官吏经征钱粮积弊疏》中列举当时钱粮征收中存在五项积弊:一是报荒不实。以熟报荒,年复一年,州县以吃荒之多寡为缺分之肥瘠。二是报灾不确。官吏以捏灾获利为侵蚀,或无年不报,或轮年开报,久成惯例。或小灾报重灾,待至谕令蠲免,蠲免者立入私囊。待到发觉,或为人举报,则以头绪拉杂为词,或以划除另办为说。三是捏完作欠。民间款项已输,但州县捏作未完,希冀他日恩诏豁免,以遂其侵吞之私。纵即发觉给以处分,而盈千累万之"民欠",实已夤入官吏之私囊。四是征存不解。将征存的银两存在地方不上缴国库,或任意挥霍;或厚自封殖,迨至离任败露,上司代为弥封,后任被其抑勒,私议通融弥补,将无作有。五是交代延宕。官员交代,例有定限。但各省延宕,不结不报。以致新案旧案纠缠不清。原因县州亏空,上司害怕属员挟制,不敢照例开参。总之,"贪官侵蚀钱粮,不捏为荒地则捏为灾区,不捏为灾区,则捏为民欠,加以征存不解,交代延宕,不顾宪章,诸弊丛集"。

---

〔1〕 参见刘厚生:《张謇传记》,上海书店 1985 年版。

　　奏疏还论及同光以来民生被抽剥已十分穷敝及导致上述诸弊的原因："军兴以来，田赋缺征，不得已别为筹饷。关税之外又抽厘金，引课之外复增盐价，他如牙帖、捐输之类，重重加收，百姓困穷，疲于供亿。及至军务平定，终难减裁。良由吏治不修，政刑不饬，勇丁遍于寰区，员役浮于常设，坐致物力耗竭。而用款日多，即使钱粮丝毫无亏，犹苦不给。况夫赋税不敷，官吏侵亏，条令废弛而弗行，文告纷繁而鲜实，即库未尝有一年之蓄，各省并不能给终岁之需。民间瘠苦已如彼，帑项匮乏又如此。今河患未止，边防未撤，出款更增于昔时，入款不多于曩日。"为今之计，惟有"整顿钱粮，严堵官吏中饱而已"。建言清查荒地，逐年考核，分别劝惩。地方申报缓征钱粮必须声明。官报民欠，派人与民核对。征存未解，严行禁止，交代延宕，一经发现，重惩不贷。

　　此外，当时驻京旗营到户部支领俸银同样存在冒名浮支的情形。各旗花名册与旗营实际人数不符，浮开名数，冒支多支，而户部俸饷处经手书吏，勾通朋比，上下其手。翁同龢与户部官员查觉后，除整顿户部外，又奏请饬令内务府、宗人府严核旗营人数，以杜浮冒发生。翁同龢及户部堂官努力搏节经费开支、大力整顿财政中的弊窦，虽然取得了一定的成效，但不能从根本上阻止和扭转清政府财政上入不敷出的趋势。

四、甲午年间

甲午至戊戌年间，虽然时间不长，只有短短的四年，但无论是对清政府，还是对普通的中国民众，都是一个历史的大转折。清朝自 19 世纪 70 年代大规模的农民起义失败后，度过了近二十年的相对平静统治，并在大办洋务新政的外表下，博得了"同光中兴"的印象。然而就统治集团执政能力而言，明显呈现衰朽之势，政坛上缺乏强有力的人物，奕䜣被逐，奕譞谢世，军机大臣非贪即庸；地方督抚多军功出身，骄横跋扈，李鸿章的淮军虽充当国防军的角色，但因安闲已久，将骄兵疲，不习战阵，事多粉饰，外强中干。甲午战争如同一场暴风骤雨将王朝打得人仰马翻。自鸦片战争以来，从未有像这一次战败给整个社会带来巨大的震撼和冲击，战争及战败带来的后果几乎波及每一个部门，乃至每一个家庭，将人们带进了一场新的社会冲突和矛盾漩涡之中。这大概就是清朝灭亡的前奏。

翁同龢作为军机大臣、总理衙门大臣、户部尚书，置身于这场社会政治漩涡的中心。在甲午战后到戊戌前夜的四年中，他的行政作为成为人们议论的焦点，时至一百多年后的今天依然如此。在罢黜翁同龢的谕旨中，指责他"办理诸务，种种乖谬，以致不可收拾"，最终将他逐出政坛，"永不叙用，交地方官严加管束"，甚至将他"以为大臣居心险恶者戒"。[1]他因此而永远离开政坛，直至在常熟去世。

这里，先就他与甲午战争相关的问题作一些分析。

众所周知，甲午战争是日本蓄谋已久、一手挑起的，战争以中国的惨败而告终。事后李鸿章及其淮系将领为了掩盖和推卸自己战败的责任，把矛头直接指向主战的翁同龢。说是因他"主张用兵"才导致中国战败，意思是如果不对日用兵，对日妥协退让，放弃朝鲜，也就不会有丧权辱国的马关那一幕。在后来罢斥他的谕旨中，也指责他"主战主和，甚至议及迁避，信口侈陈；任意怂恿；办理诸务，种种乖谬，以致不可收拾"。究竟如何来看待和评价翁同龢在甲午战争中的所作所为，是一个认真严肃的问题。

---

〔1〕 参见《光绪朝东华录》。

谁该对甲午战败负责

记得 2000 年前后，中央电视台播放《走向共和》一剧，其中一节讲甲午海战，编导意说甲午海战之所以失败，是因为北洋舰队缺少弹药，缺少弹药的原因是由于户部尚书翁同龢在经费上卡扣李鸿章。2014 年播放的《甲午之殇》仍旧重复这一看法。关于甲午海战之败，这一场具体的战争，如何打？怎样打？是不是败了？军事专家自有评说。这里先说一说在甲午战前，李鸿章是如何评价北洋舰队的。1891 年，李鸿章偕张曜校阅海军，在奏报中写道："综核海军战备，尚能日新月异。……但就渤海门户而论，已有深固不摇之势。臣忝膺疆寄，共佐海军。臣鸿章职任北洋，尤责无旁贷。自经此次校阅之后，惟当严加申儆，以期日进精强。"1894 年偕定安第二次校阅，李鸿章在奏报中又说："技艺纯熟，行阵整齐；及台坞等工，一律坚固。"海军编练如此精进，技艺纯熟，岂有不堪一战之理？光绪帝、翁同龢等正是根据李鸿章有关北洋海军的实际战力作出对日作战的决策的。但想不到海军如此不堪一战。"光绪帝以海军成绩既大有可观，当日人之挑衅，何至不能一战而徒留为陈设品？乃允翁同龢辈之请而宣战，实赖鸿章所经营而自进精强之军备耳。"中日交战的结果证明国家花了几千万两银交由李鸿章编练的北洋海军只是个摆摆样子的陈设品，兵非精练，将吏贪腐，焉能不败？所以，李鸿章及其亲信僚属把翁同龢主战行动说成是"淆于乱哄，轻于一掷"是不成立的。

他们又说甲午战败是因为翁同龢利用户部尚书职权"以军费掣肘北洋，以致对日作战失败"。近人亦有指责翁同龢"不仅以部款支绌为由，奏请海军停购船械两年，即使弹药的补充，亦多方予以限制。"[1]我们在前面有关章节对此已作了分析。此处就不再重复了。有一点是毋庸讳言的，翁同龢因郑工筹款而奏请停购外洋船械是一种短视行为，是对国家安危掉以轻心，极不负责，因而是不能肯定的。

李鸿章的亲信僚属认为翁同龢之所以利用户部尚书职权在经费上卡扣李鸿章是"公报私仇"，为其兄长翁同书被参劾革遣报仇。说是参劾翁同书的折子出自李鸿章之手，李氏当时是曾国藩的幕僚，代曾氏草拟奏折，深得赏识。翁同龢一直认为其兄长是蒙冤受屈，引为大恨。但他经过了解，认为这道参折并不出自李鸿章之手，而系安徽合肥人徐子苓（毅甫）所为。他在同治九年七月二十日日记中写道，"得徐毅甫诗集，读之，必传之作。毅甫名子苓，乙未举人，合肥人，能古文。集中有指斥寿春旧荚，……弹章疑出其手，集中有裂帛贻湘乡之作也。"[2]翁同龢自己都否认这件事，此说当属无稽之谈。不过考虑到翁同龢日记在1925年才影印问世，当时人还不了解，所以才有此猜疑。但按封建时代严格的师生关系来看，李鸿章是翁心存的小门生，纵即是曾国藩要他写，他也不会写，这是封建政治道德不许可的。

中国自古有为圣人讳的政治，不论哪一朝代，出了问题，总是皇帝是英明的，是皇帝身边的人不好。李鸿章及其亲信不能指责光绪帝主战不对，而说是听了翁同龢等人的鼓动才宣战的，战败责任在翁同龢不在光绪帝。但历史公论还是有的。正如梁启超在《四十年来中国大事记——李鸿章》一书中分析的："至其（在甲午战争）所以失败之故，由于群议之掣肘者之半，由于李鸿章之自取者亦半。其自取也，由于用人不当者半，由于见识不明者亦半。彼其当大功既立，功名鼎盛之时，自视甚高，觉天下事易易耳。又其裨将故吏，昔共患难，今共功名，徇其私情，转相汲引，布满要津，委以重任，不暇问其才之可用与否，以故临机偾事，贻误大局，此其一因也。又惟知练兵而不知有兵之本原，惟知筹饷而不知有饷之本原，故枝枝节节终无所成，此又其一因也。"淮军的腐朽，将领的贪鄙，李鸿章主和贻误战机，是导致甲午战败的主要原因。

---

〔1〕 参见庄练：《中国近代史上的关键人物》，中华书局1988年版。
〔2〕 参见《翁同龢日记》，中西书局2011年版，以下引用日记，除特别注明均出自该版。

战争期间的"主战""主和"

东学党起义发生后,清政府应朝鲜国王请求,派兵帮助平定起义,以尽宗主国保护属国的义务。东学党起义失败后,朝鲜要求中日同时撤兵,清朝对撤兵表示同意,但日本却一面增兵,一面又抛出中日同时"改革朝鲜内政"的提议。日本此举旨在将中国拖住在朝鲜,以便"不惜一切手段挑起战争"。7月中旬,翁同龢与李鸿藻奉旨列席军机处会议,会商朝鲜问题事宜。会上,翁、李均主添兵朝鲜:"调东三省及旅顺兵速赴朝鲜",同时表示可以赞同日本提出的中日"共同改革朝鲜内政"。翁同龢认为:"更改朝鲜内政一节,日以此商我,我当正当任起,庶不至权落一国,且所以收利权、崇国体也。"日本在朝鲜曾制造"壬午兵变"、"甲申政变",目的是破坏清朝同朝鲜的传统宗藩关系。现在提出中日同时"改革"朝鲜内政,就是要从清朝手中夺取对朝鲜的控制权。翁同龢表示同意,则是出于对宗主国的责任和义务,"我当正当担起"、"且所以收利权、崇国体",仍是为了维护清朝的宗主权,并要求"应速派员赴朝鲜,或即电告袁世凯就商"。次日,在毓庆宫书房向光绪帝汇报军机会商情况时,翁氏又一次表示:"添兵是第一应办事",但"派员往高丽清理政革未始非待属国之礼"。然而光绪帝表示"此节似未可行",没有同意,甚至表示:只有日本撤兵,方可开讲,"不撤不讲"。翁同龢既主增兵朝鲜,在军事上保持对日强硬态势,同时又同意与日本共商"改革朝鲜内政",保持对日交涉的灵活性,不失处理当时中日危机的一个办法,至少可以延缓中日立即爆发战争的可能性。而其同时主张增兵朝鲜,也是借鉴了以往处理朝鲜的"壬午兵变"、"甲申政变"先派兵迅速掌控局势、取得解决问题的主导权的经验。可惜他的增兵和同日本交涉两者并行的意见未获旨通过,此后中日朝鲜问题交涉直接变成了两国交战。

谴责李鸿章"主和避战"是当时朝野的共识。翁同龢、李鸿藻也加入了这一声讨斗争,成为他们主战活动的一部分。日本在朝鲜丰岛海面偷袭中国运兵船,击沉"高升号"轮,不宣而战后,引起中国朝野的强烈愤懑。臣僚奏折,御史弹章,都不约而同地指向李鸿章。而平壤溃退、黄海海战后,舆论都主张杀李鸿章。在军机会议上,李鸿藻和翁同龢也主张处议李鸿章,李鸿藻说:"北洋事事贻误,非严予处分不可,尤非拔花翎褫黄马褂不可。"翁同龢说"高阳正论",表示同意。

当时朝野上下把矛头指向李鸿章并不奇怪。李鸿章身为直隶总督兼北洋通商大臣,朝廷倚为柱石重臣,许多重大外交均交由他去办理,他是处理朝鲜事务的实际负责人。从中日朝鲜争端的发生到清军平壤溃败,中间有近两个月,其间朝旨严切,一直要他迅速增兵备战,然而李鸿章却一意主和,轻于战备,忙于挽请英、俄、美等国调停,对于战事根本未作认真准备,以致中国在军事上着着落后,处于落后挨打的被动局面。翁同龢、李鸿藻早在十多年前奉旨参与办理中法越南问题交涉、中日琉球问题等外交活动时,就对李鸿章对外一贯妥协退让的作法相当了解。中日朝鲜问题发生后,李鸿章故伎重演,主和避战,造成海陆战败,引起朝野的不满。人们谴责他不仅败和,而且败战,并不过分。这种谴责在很大程度上表达了中华民族强烈要求抵抗外来侵略的爱国愿望。

日军占领朝鲜后,又将侵略战火延烧到中国境内,引起慈禧的严重不安。态度也由原先的主战转向主和。希望通过拉拢俄国来"共保朝鲜",抵制日本,早日结束战争,好做她的六十庆典。9月,慈禧召见翁同龢,要他秘密前往天津,传谕让李鸿章与俄国公使喀希呢接洽,挽请俄国出面劝日罢兵。对于慈禧的这次求和活动,翁同龢同样表示反对。他说"此事有不可者五,最甚者,俄若索赔,将所界之?! 且臣于此始未与闻,乞别遣。"翁同龢"叩头辞者再",但慈禧坚决"不允"。最后翁同龢只好遵旨赴津,行前仍表示:"此节只有李某复词,臣为传述,不加论断。臣为天子近臣,不敢以和局为举世唾骂也。"去津后,又一次当着李的面,严责水陆各军败衄情状,斥责其有不可推卸的责任。翁同龢的这次天津之行同样是他主战的一部分。

11月,日军已将战火烧到辽东半岛,辽阳危急!淮军除聂士成、马玉昆、丰升阿所部尚能御敌外,其余几乎无不溃败。为了挽救危局,应舆论强烈要求,军机重新改组,翁同龢与李鸿藻双双再入军机。在军机处,翁、李呼吁起用恭亲王奕䜣主持战局,领导对日作战。鉴于淮军腐朽无用,主张以湘济淮,起用湘军宿将刘坤一为钦差大臣,督办山海关前敌军务,湖南巡抚吴大澂为帮办军务大臣。又见时值严冬,日军行军作战接养均极为困难,趁机向日军发动新的进攻,以扭转战场的不利局面。无如湘军也因安闲太久,早已不悉战阵,失去战斗力,一经接敌,无不溃败。翁同龢的扭转战局,希望转败为胜的愿望彻底落空。

战既不能胜,只有议和。这时翁同龢又主张聘请德国退伍军官汉纳根帮助中国编练新军,编练新军需时需银,且远水终究救不了近火,结果虽不成,但却促成了后来袁世凯小站练兵。战场糜烂如斯,只有求和一途。翁同龢虽不愿如此,但正如他所说的,"和是意料中的事,只是时间迟早的问题。"所以,他又赞成张荫桓、邵友濂前往广岛议和。不过,他说得很坦白:派遣张、邵议和,但"停战则不可"。又说:"讲事宜豫筹,派员赴彼一节,宜参活着。""我之议和,欲得其贪欲之所出,先作准备耳。"是摸摸日本的要价,为此后真正的议和作准备。此时的他给人的印象是"忽战忽和",既不反对议和,又主张继续进攻。实际上是以战求和。他的想法源自十多年前的中法战争的后期结局,然而今昔情形不同,当年因有谅山、镇南关大捷,醇亲王等趁势"见好就收",最终才出现中国"不败而败",法国"不胜而胜"的特殊结局。现在中日交战,中国水陆皆败,谈判的主动权已不在中国这一边,翁同龢的以战求和是一种极不切合实际的幻想。日本早已看穿清政府的意图,干脆拒绝张、邵,点名要清政府派李鸿章来日开谈。甲午战败暴露了清朝专制的腐朽,翁同龢从主战,反对调停到主张和战并行,直至最后接受议和这个残酷的事实,基本上是随着战局的变化而改变的,多少反映了他书生典兵、不懂军事。其间有些建议如裁旧军、编练新军等不乏价值,为后来所采用。"时值倭奴逞志,愈胜愈骄,臣于敌势军情暮焉不识,遂使全权之使再出,而和议于是遂成。"[1]这是马关议和时他的内心自白,大致是真实的。

---

〔1〕　翁同龢:《自请为甲午战败罢职呈折稿》,未刊。

　　李鸿章赴日前，日本勒索中国的内容一直密不透漏于外，但赔款割地是在意料之中。就此军机处爆发了一场争论，李鸿章则坚请授予他让地之权，并以若不授予他割地之权，他就不赴使命相要挟。他说"唐有河湟之弃，无损于灵武之中兴；宋有辽夏之侵，不失仁、英之全盛"，割地没有什么。当时慈禧、光绪帝也不赞同割地，光绪帝谕军机："面谕李鸿章让地不可，若还地酬银尚无不可，并云东朝圣意如此。"这里的"还地"指当时被日军占领的中国土地。翁同龢则主张"偿胜于割"，反对割地，并表示只要做到不割地，"多偿当努力"。他对日本索偿数目尚不清楚，还是参照历次对外战争失败后赔款数目来度测的，所以才讲了这样的话。殊不知日本索地之广，赔款之巨，空前旷古。在争论中，李鸿章针对翁同龢的话，趁机提议要翁氏同他一起赴日议和，借此"将"其一"军"，刁难翁同龢，并将议和不成的责任推给翁氏。翁同龢老实地表示：如果我办过洋务外交，此行决不推卸，"今以生手办重事，胡可哉?!"其实，李鸿章此举还有报复、奚落、羞辱翁氏之意，是对翁同龢上年天津之行斥责自己的回报。李氏一直耿耿于怀，现在借机发泄一通，让翁同龢陷于十分难堪的地步。对于这场争论用奕䜣的话说"甚属无谓"，慈禧既推托不管，最后仍由光绪帝授权，翁同龢在这场争论中的表现可以说乏善可陈，不值得肯定。

"议及迁避"一事真相

在 1898 年 9 月罢黜翁同龢的谕旨里列出的罪名还有一条，说他"甚至议及迁避，信口侈陈，任意怂恿"。翁同龢在战争期间，确曾议论过迁都抗战的事，但此事的真相到底如何，过去少有人对此加以注意，这里不妨略为一说。

1894 年 11 月后，日军先后侵占了辽东的金州、旅顺等许多城镇，并逼近辽阳和山海关，军事形势对清朝非常不利。如果日军一旦长驱入关，势必将直接威胁到清朝的心脏地区——京师。根据日本大本营的作战方针，日军确有与清军在华北平原进行"决战"，最后夺取北京，强迫清政府签订城下之盟的计划。因此，在田庄台失守后，便出现了迁都的舆论。

根据文廷式《闻尘偶记》一书中说，最早提议准备迁避计划的是慈禧。"甲午之役，倭人由辽渐迫，太后恒令顺天府备车两千辆、骡八百头"，随时准备迁避，然此议"始终不行"。我们但先认为慈禧太后有此打算，之所以"始终不行"，可能有她的考虑，极有可能与她六旬万寿庆典之期日益临近有关，或有待国际调停，看外国驻京公使的态度如何，再作决定。

稍后提出迁避的是张之洞和李文田。"张孝达制军、李约农侍郎皆主西狩之意"，建议迁都西安。当时文廷式认为可仿效俄法战争中，俄国皇帝保罗空都城，击败拿破仑军队，最后取胜的作法，因此也主张迁都。文廷式这里主张迁都，放弃北京，以表示中国抵抗到底的决心，认为这样，日本才"无所挟制"，中国将取得抗日的最后胜利。张、李、文都是有影响的人物，他们的言论一出，一时主张迁都的人还不少。但迁都何处却有不同。翰林院编修沈曾植、翰林院检讨蒯光典"力主暂避襄阳"。但是北京城内的不少人,尤其是满洲权贵则很怕迁都,"内城旗人闻此汹惧"。而礼部尚书孙家鼐也竭力反对迁都,他听说李文田正在"考历代迁都之得失,欲有所论"的消息后,立即致函李文田,要李切勿奏请迁都。信中说:"勿奏请迁都,若倡迁议,必有奇祸。"孙氏为什么这样说,自必有他的道理。他也是光绪帝的师傅,对最高统治层内的事情了解比李文田还清楚,尤其是帝后之间因主和主战矛盾已很深。甲午年为慈禧六旬万寿庆典之年,京师正大办庆典工程,如果迁都,工程势必停止,且统治集团涣散暗弱,稍有更动,将立时陷于混乱,分裂,甚至招之王朝的覆灭。这种由主战官僚提出来的迁避奏议,对光绪帝是很不利的。李文田收到孙家鼐的信后,遂中止了他准备奏请迁都的活动。

然而随着北洋海军的覆没,山海关前敌清军的连连败北,战争形势严重恶化,一些前敌将领也对前途表示忧虑,主张迁都。1894 年 10 月 29 日(光绪二十年十月初一日),翁同龢为唐仁廉送行,唐对翁"扼腕长吁曰:'奉天不守矣,此间(指京师)亦可危,宜图长安居。"[1]翁同龢听了上述议论,更加忧心忡忡,"亦主迁都"。但他的建议遭到另一名军机大臣孙毓汶的反对,两人为此甚至在传心殿发生激烈的争论。孙毓汶说:"岂有弃宗庙社稷之理。"翁同龢不敢尽所欲言,暗中遣人向李文田打听历代迁都得失,以便在毓庆宫书房进讲时"造膝独对"。几乎同时,黄绍箕、沈曾植等人联衔奏折中"亦兼及迁都之议。"11 月 30 日,即刘坤一督办山海关前敌军务后,举人易顺鼎连续三次上书刘坤一,其中第三书再次议及迁都。他说:"一、行都宜豫建也。……山海关距京师不及千里,偶有疏失,即致震惊;彼时始议迁巡,窃恐已晚。宜奏请豫建行都于太原,距海既甚远,距都又甚近,表里山河,有险可扼,较之关陕所得尤多。"张荫桓、邵友濂赴日议和前夕,1895 年 1 月 1 日,易顺鼎在天津"因侧闻停战议和,私衷感愤,遂自天津力疾兼程入都,条陈筹兵筹饷时宜,于正月初一、初二、初四三次求都察院代奏,未获准行。不得已,乃上书恭亲王,其中一条是建言迁都。"内中说:"议者多谓其(指迁都)不行,然自殷周汉晋,以至唐宋元明以不迁而濒危,未闻以迁而致乱。惟事体重大,非亲贤一德,不能赞画主持。"[2]呼吁者如是,可当时上谕则明确宣布"慈

---

〔1〕《翁同龢日记》,第 2789 页。
〔2〕 参见易顺鼎:《盾墨拾余》卷三。

圣暂避,朕当亲征。"表示朝廷并不打算弃守京师。事实上,正如文廷式指出的,当时对清政府来说"战既不足恃,和更不宜言,惟有预筹持久以蔽敌之法",可能结局也许会好一些。不过,无论是当时所谓出师东渡、从背后袭击日本的主张也好,还是持久抗战的意见也好,乃至后来马关条约签订后"公车上书"中所提出"拒和、改约、迁都、再战"也罢,都不现实。因为统治者均不具备这样的抗战决心和誓死到底的精神状态,何况掌握实权的慈禧主和。他们唯一寄希望的是张、邵的议和与及早停战。在这种情况下,不会接受和采纳迁都的建议,反而视为大逆不道的邪论。

翁同龢因赞同和主张迁都,"议及迁避",战后未能逃过主和派的清算,将此列为罢黜他的罪名之一。

建言聘用汉纳根编练新军

在后来罢黜翁同龢的谕旨中，指责翁同龢办事"种种乖谬"，其实有些所谓"乖谬"，今日看来未必如此，比如战争期间，他建言聘用德国退伍军官汉纳根编练新军就不能说是"乖谬"，后来的历史也证实编练新军这一建言是正确的。清末乃至进入民国以后历届政府多有聘请外国军官帮助中国编练军队、训练军官的。

还在1894年10月（光绪二十年九月），九连、凤凰、连山关等城镇失守不久，翁同龢受袁世凯、盛宣怀、胡燏棻等人来函的启示，萌发编练新军的想法。10月25日，袁世凯自石山前线致电翁同龢：说"寇练兵纯用西法，能竟西式器用，……倘能集真精锐三万为一支，始有把握"，"若能募学生数百，请洋教习数人，设兵官学堂，为将来报复用。倭如割奉，军务方长，亟需储才"。盛宣怀、胡燏棻则向翁同龢建议聘请英、德军官为教习，采用西式编练新军。胡燏棻还直接向翁同龢和兵部侍郎汪鸣銮推荐在北洋军中任职的德国退伍军官汉纳根。胡氏在举荐信中说：德国陆军在世界各国军队中，训练最为精良，日军就是照其法训练而成的。汉纳根来华多年，供职北洋海军，若能聘请其为总教官，由其协助编练一支新军，对目前战局不无裨益。翁同龢认为他们的建议可取，立即在军机大臣会议上和督办军务大臣会议上提出聘用汉纳根帮助编练新军的建议。11月27日，由总理衙门出面邀请，汉纳根来到北京。翁同龢、李鸿藻、汪鸣銮等向汉纳根询问了有关练兵的问题，要他就练兵的具体办法呈送一份节略供研究之用。12月8日，汉纳根向督办军务处呈递了《练兵办法九条》的节略。内容大致为：练兵三万,悉照德国军制;由督办军务大臣恭亲王奕䜣任命汉纳根为总统;京城内设总军务司,军务司长官由海关总税务司兼理,"遇有要事,就近秉商恭亲王、庆亲王,以免贻误"。各军设支应、军械两局,一切大小事务由军务司总理。下设银钱、粮米、军械、杂费四所,每司由军务司主政,遴委一洋员经理。新军内分官、兵两种,不分文武两途,不列夫勇名目,各级军官概不经手银钱粮饷。所需饷械每月到军务司领取。全军官兵分华、洋两班,洋员虽为教习,亦系军官;华官虽为管带,亦应学习教习之事。军中订有严格的军纪,立有战功者可以超拔;操防不力、办事乖张者,可随时撤换。废除过去中国各营各哨自行招兵办法,由总理粮台统一办理其事。新兵入伍要派医生进行体检,合格者方可入伍。全军兵种分马、步、炮、工程、辎重等。新军成军后,以滦州、小站、马厂为扎营驻所。新军随时听候督办军务处调遣。新军有严格纪律,官兵违纪,按军律治罪;至于重大罪名,由华洋人员"参酌西法西律,公同酌议"。此外,汉纳根还条陈了《整顿海军》、《购船》等说帖。[1]

翁同龢认为汉纳根的练兵办法虽有"窒碍难行之处",但"大体可用",主张采纳,请旨批准。但在军机会议讨论此事时,军机大臣李鸿藻对汉纳根的计划表示保留。李氏认为将兵权交与外人"断无此理"。他反对汉纳根的练兵计划,不尽为公,还夹杂个人成见在里面。有书说:"汉纳根练兵之事,李高阳颇不为然,张小传与汉纳根素有嫌隙,在高阳前极言汉不可用,用则后患无穷。时事糜烂如此,犹欲借公报仇,中国之事似不可为矣。"[2]对于汉纳根的这一练兵计划,尤其是洋员在军中的权力支配地位,不少大臣也颇有不同的看法。盛宣怀是举荐汉纳根练兵的官僚之一,在看了其练兵节略后,也感到"不可行"。盛氏在给翁同龢的一封信中说:"此次教练新军,事系创办,发轫之初,即当为将来善后之计,固不可瞻顾而缓事。此军若专为倭事而设,事平之后,即当遣散,即一切办理,大致不妨姑如汉所请。"认为不能件件照其节略办理。"设悉依汉纳根所请,则无论饷项有所不支,即将来筹办为难情形,如从前戈登几乎酿变,自齐文居然反叛,亦不能不思患预防也。"为稳妥起见,他认为所聘洋员数不过八百,所聘洋员应先行考

---

〔1〕 翁同龢:《汉纳根拟设新军支应局议》、《汉纳根整顿海军议》、《练兵购船议》,未刊,翁万戈提供。
〔2〕 陈旭麓等主编:《甲午中日战争》下册,上海人民出版社1982年版,第355—356页。

核。练兵宜先练将,宜在天津等地先行招募部分士兵,选聘现在在华服务之洋员及武备学堂的洋教习,进行教练,之后充任新兵的百长、十长、棚头。至于各兵种,虽照德国章程,但应结合近来各营实在情形;对于军事训练方法,应"期归实用"。又说:"中国近来各营何尝不学德操,然号令、步法仅为美观,以故一经战阵,毫无用处。"至于军务司的设立,军队营房的建立,盛宣怀认为"事属可行"。但有关军律,他觉得"军律断难依照西法",认为西方军律太轻,断难适合中国。"中国军律如此之严,为官者尚且平时克扣,临阵规避;为兵者尚且掳掠奸淫,逃奔投降,无所不有,设再参酌西律,稍从宽典,将来流弊不可胜言。"又说"窃谓洋员所犯之罪,不妨依照西律,然亦须由中国派精通西法、曾充律师之人会同定谳,以期事无偏袒。至华人无论官弁、兵丁,设或有罪,在军中必照中国军法办理,断不可参以西律,以致流弊多端,酿成大祸。"〔1〕盛宣怀的看法不为无见,不过,他是李鸿章北洋系统的人,其中不乏反映了北洋特别是淮系集团掌控军队的意图。函中提到的戈登"几乎酿变",白齐文"居然反叛",讲的是太平天国起义年间的事。戈登系英国军官,1860年来华,参加进攻北京和焚抢圆明园。1862年(同治元年)5月到上海。当时太平军先后攻占苏州、杭州,围攻上海,他应上海地方道吴煦之聘,招募外人,在青浦、松江、嘉定等地与太平军作战,李鸿章率淮军来沪后,他接任"常胜军"统带,配合淮军,进攻太平军。次年3月,解常熟之围,被清政府授为总兵,旋称兵割据,不服李氏指挥调度,陷太仓、昆山、新桥、吴江等地,几乎酿成哗变。1864年5月底,"常胜军"被解散。同年,戈登回国。白齐文,美国军人,1860年6月与华尔组织洋枪队对抗太平军。1862年10月,继华尔任"常胜军"领队。次年1月,率队自松江至上海,索饷不遂,殴打苏松太粮道杨坊,夺走银洋4万余元,为江苏巡抚李鸿章下令革职。8月,与外国人数十名俘获"常胜军"、"高桥号"轮船,并购得大量军火,驶往苏州,投太平军慕王谭绍光。10月,复叛投"常胜军"统带戈登。1865年2月,又欲秘密投奔太平军侍王李世贤,后为清军逮捕,在押解上海途中,于浙江兰溪因船翻溺毙。盛宣怀举这两个例子,旨在说明新军的统帅指挥权不可轻易交付外人。翁同龢认为盛的上述看法

---

〔1〕 陈旭麓等主编:《甲午中日战争》下册,上海人民出版社1982年版,第375页。

有一定道理，但仍坚持要编练新军。不但着眼于目前，而且更有着深层次的考虑。他渴望光绪帝拥有军权。在他的说服下，光绪帝也主张批准汉纳根的练兵计划。根据光绪帝的吩咐，翁同龢亲自拟定了一份添练洋队的奏稿，并致电胡燏棻，令其速与汉纳根定议开办。但翁同龢的活动受到恭亲王奕䜣、军机大臣荣禄、李鸿藻等人的阻挠。荣禄在督办军务处"几乎无日不与翁（同龢）争执"，对于聘请汉纳根编练新军，荣禄反对尤烈。11 月 14 日（十月十七日），督办军务大臣经过激烈的争论，最终通过编练新军的计划。议定"招募新军 3 万人，枪械按 3 万人核算，洋将宜核减，粮台当与支应局'接算'"。[1] 27 日（十一月初一日），翁同龢草拟新军招募费 1 000 万两、粮台 400 万两的计划书，再次遭到荣禄、李鸿藻的反对。因荣、李等人反对，提议编练新军的胡燏棻也改变了态度，"直斥汉（纳根）为贪利无餍"。由于"胡的鼓簧，以致中变"。12 月 16 日（十一月三十日）翁同龢草拟了一份"驳洋队奏稿"，被迫放弃原先的练兵计划，建议由胡燏棻在津招募、编练新军 5 000 人，胡氏调任他职后，改由袁世凯接替练兵事宜，这就是后来的小站练兵。小站练兵计划，从人数、建制、规模上虽不如当初的练兵计划，但却是中国军事近代化迈出的重要一步，对以后的中国政治、军事均具有深远的影响。

　　甲午战争暴露了清军的落后腐朽和无用。迅速编练一支近代化的军队是摆在清政府面前的当务之急。然而对于翁同龢的这一建言，当时为什么会遭到许多人反对呢？这里有思想认识上的问题，也有具体实际问题。自鸦片战败以来，中国传统的价值观虽遭到严重的冲击，然而"夷夏之防"的观点在官僚士大夫那里仍根深蒂固。编练新军是国家要政，是由满洲权贵操控的，岂可交给一个"夷人"去主持、负责编练？此事万万不可。战争耗财，编练新军需费，清政府当时财政困难，一时还拿不出这笔钱来。更其编练需时，即使编成，至少也要一年半载，根本挽救不了当时溃败的战场形势。在这种情况下，翁同龢的建言被说成"乖谬"之举，并列为罢黜他的罪名之一，也就不足为怪了。

---

〔1〕　翁同龢：《汉纳根练兵节略》批文，未刊。

反对割让台湾

日本对台湾久存侵吞之心,早在1874年就借口琉球渔民被台湾高山族误杀一事,悍然出兵侵略台湾,后中日签订台事专条了结。但日本图谋侵吞之心不死。台湾是东南门户,若有闪失,则东南永无宁日。由于地理位置如此重要,还在甲午战争爆发不久,翁同龢与李鸿藻等就对台防高度关注,看见台湾兵力单薄,经与闽浙总督谭钟麟商洽,代表户部拨银百万两接济台湾。提议调派广东南澳镇总兵、抗法名将刘永福和福建水师提督杨歧珍驻防台湾。鉴于台湾巡抚邵友濂与布政使唐景崧不能合作共事,翁同龢与李鸿藻提议,奏请将邵氏调署湖南巡抚,唐氏署理台湾巡抚,统一筹划台湾防务。此外,翁同龢还不断向在京的台湾籍人士和曾在台湾任职的官员了解情况。台湾人许伦华"谓土勇可用",他即以军机处名义电函唐景崧"设法招募,勤加训练,以备御敌"。并和爱国人士邱逢甲、俞明震等保持密切联系,随时了解台湾的现状。当他得知刘永福调驻台南,非常高兴,说"南天得此一柱,疆圉可安。"日军向台、澎发动进攻后,唐景崧紧急求援,要求拨款相济。翁同龢接息,由户部出面,向德华银行借银50万两接济。由于用款不敷,他又代拟电旨,饬传台湾绅士林维源先行筹垫100万两。当时日军在北面进攻辽东,中间进攻山东半岛,南面进攻台、澎,军机处内有人主张舍南就北,置台湾军事于不顾,专保辽东一线。翁同龢力持不可。他说辽东要保,台湾也要保。要求增兵援台。1895年2月,台湾军民抗日斗争进行最紧急的时候,台湾巡抚唐景崧和台湾军民再次泣血陈词,要求清政府拨款援救,并致电户部请为代购军械。军机大臣孙毓汶、徐用仪认为台湾迟早是日本的"猎物",济款添械,徒增糜费,表示不同意。翁同龢斥责孙、徐说:"彼等(指唐景崧、刘永福等台湾军民)在汤火中,能忍心见死不援乎?!"在翁同龢、李鸿藻、汪鸣銮等努力下,光绪帝令闽浙总督筹款添兵援台,饬令"谭、唐设法暗渡,以济澎湖军火","并著署两江总督张之洞协助筹办此事"。翁同龢又代表户部从汇丰借款中先拨50万两交赖鹤年运台。饬令"上海源丰顺号照数借给,以足百万之数,一并解台"。根据谕令,谭钟麟先后拨给台湾毛瑟枪子弹3万多粒,张之洞调遣南洋兵轮两艘前往台湾,运去了一批援台"饷械"。

3月1日,李鸿章前往马关议和前夕,翁同龢当着来访的李鸿章表示:"台湾万无议及之理。"次日,翁同龢前往贤良祠,回拜在此下榻的李鸿章,再一次请其对台湾多加"留意"。然而马关议和时,李鸿章根本未作辩驳,就答应了日方的要求。

《马关条约》的内容传出后,举世震惊。沙俄以日本占领辽东半岛不利于它在东亚的扩张,联合法、德,要日本退还辽东半岛,限十五日内答复,否则三国海军将采取行动。俄国在对日本发出通牒的同时,要求清政府暂缓换约。日本由于打得精疲力尽,已无力对付三国,遂同意以中国另付3 000万赎金,将辽东半岛退还中国。

三国干涉还辽,燃起了翁同龢利用外交努力争取收回台湾的希望。还在马关议和前夕,一些爱国官绅出于对台湾前途命运的担忧,提出各种救台、保台方案。容闳曾提出将台湾暂时抵押给美国,律师丹文(又译但文)则提出"押英",唐景崧提出起用会党抗击日本,保卫台湾。对于这些救台、保台的意见,翁同龢、李鸿藻、汪鸣銮等都十分重视。翁同龢在代拟致张之洞的电旨中说:"押台之说,已电龚(清朝驻英公使龚照瑗)、许(清朝驻俄、德公使许景澄),允其开矿、铁路,并询其所欲得者,仍请旨饬两使臣筹商。"对于唐景崧的保台办法,军机会议时,认为不切实际,未予采纳。

4月2日,李鸿章关于割地谈判的电文到京,其中对割台一笔带过,说得非常简略。4月7日,翁同龢、李鸿藻受光绪帝指派,在代拟致李氏的电谕中责问他在割地问题上是如何同日本交涉的,并再次申言:"总之,南北两地,朝廷视为并重,非至万不得已,极尽驳论而不能得,何忍轻言割弃?"要李鸿章在谈判中就割地问题坚持驳辩到底。李在回电中含糊其词,推托"将来不知能否办到"。事实上,在谈判中,对于日本要求割占台湾、澎湖,他根本未作任何辩驳。当伊藤博文要求并限令清政府在一个月内将台湾、澎湖割交日本时,李鸿章竟然说台湾已是日本口中之物,要日本不必性急。台、澎就这样轻意地被割弃了。

日本的崛起,打破了列强在东亚的均势,引起了列强之间新的矛盾。法国利用三国干涉还辽之机,向清政府提出"立约护台"要求,派遣商船、军舰前往台湾活动。法国的"立约护台"要求燃起了一部分爱国官僚救台的希望,翁同龢也认为机不可失,在军机会议上,他提议电令正在法国访问的王之春就此事同法国政府磋商。总理衙门访问了法国驻华公使吕班,"嘱其电外部,立约护台"。

清政府挽请法国"立约护台",刺激了德国对台湾的"兴趣",唐景崧电告朝廷:"有德人来说台事,请英、俄设法,今又专请法,独未及德,似未周到。德领事亦谓应有电旨饬许使向德外部商请阻割台湾。"有见于此,翁同龢提议,与其请法国一国护台,莫若请英、俄、法、德四国同时出面帮助中国,迫令日本放弃台湾。他的这一提议获军机处、总理衙门诸多大臣的同意。4月25日,清政府以"台民誓不从倭,将来交割,万难措手"为由,训令驻俄、德公使许景澄向俄、德政府交涉:"台民不愿从倭,意在他国保护。著许景澄将此情景密商俄外部能否仍联三国设一公同保护之策。"并电饬李鸿章以"台民不服,势将变乱,中国难以交割",同日本交涉。对于清政府的"立约护台"要求,四国反应不一。英国欲联日抵制俄国在东亚扩张,所以对清政府这个提议不予支持。认为法国若占有台湾、澎湖,势必将影响它在华南和东南亚的利益,将对香港地区的贸易造成"不利",英国政府召见龚照瑗,明确表示反对法国"护台"。至于俄、德也无意帮助中国护台。俄国外交大臣罗拔向许景澄明确表示,"俄国不及顾台,亦不能再向日本说话"。法国的"立约护台"本来就是趁火打劫之举,有见于他国反对,借口中日《马关条约》已经互换,从而拒绝了清政府的要求。

在台湾,绅民在得知三国干涉还辽、要求中国暂缓换约的消息后,曾呈写血书,请唐景崧为代表,趁各国要求暂缓换约,一并将割地一条删除。同时又找到英国驻沪总领事,要他转告英国政府,请求英国出面干预,或派兵轮来台,土地政令仍归中国,愿以金矿、煤矿等利益酬谢。待见到各国相继拒绝清政府"立约护台"的要求后，彻底失望。但看到"赎辽"成为事实，又燃起了他们"赎台保台"的幻想。唐景崧致电军机处，再次提出"押台"之说。"赎台而转押台"，需要巨款，离不开户部。军机处将唐电转交户部和翁同龢复议。翁同龢认为"赎台而转押台"既能保台，又能解决赔款，是最理想不过的了。但他又感到这只是唐景崧与台湾绅民一厢情愿的想法，日本未必答应，其他列强也未必同意。故认定"赎台转押台"是不可能成功的。在复电中他要唐景崧就此事与署两江总督张之洞"与议"。而李鸿章对于唐景崧"赎台而转押台"的意见公开表示反对，甚至指责台湾绅民此举是"胡闹"，污蔑台湾绅民保台行动是"变乱"、是"愤乱抗拒"，"台民叛拒，显系违约"，是影响他求和的障碍。指责张之洞、唐景崧是"阴令台民叛拒"的罪魁祸首，并以教训的口气说："彼（指日本）既弃辽，岂甘弃台？！"要求"朝廷熟思慎处，设法开导唐署忱，勿任固执，另起波澜，致以一隅误大局"。最后吓唬道："若不及时交割，倭必兴兵构怨，势极危险，若再战败，重议和约，必视前约更甚。"[1]由于列强的阻挠和李鸿章、孙毓汶等的坚持，台湾绅民争取列强支持保台的努力最终未能成功。

从日本方面说，日本根本无意放弃台湾。中国人民的反割台斗争引起日本统治者严重不安，担心到嘴的肥肉再次被他国噬去，遂派桦山资纪为台湾总督，限令清政府尽快派代表同日本办理交割台湾手续。任命北白川能久中将为近卫师团长率军在冲绳待命，随时作好进攻台湾的准备。迫于日本的压力，5月20日，清政府谕令唐景崧率台湾文武官员内渡，任命李经方为交割大臣。30日，李经方在停泊在基隆海面上的日本军舰"千代田"号上，同桦山资纪办理割台手续，将台湾全岛、澎湖列岛及所有附属岛屿和"该地方所有堡垒、军器工厂及一切属公对象，永远让于日本"。接着日军分两路向台湾发动进攻。台湾绅民在一切申援无望的情况下，面对日军的疯狂进攻，奋而自行保台，宣布成立"台湾民主国"，国号"永清"意即永远与祖国不分离，举唐景崧为总统，同日军展开数月之久的浴血奋战。在此后长达半个世纪的日本殖民统治时期，台湾人民反日斗争也从未停止过。

---

〔1〕《翁同龢未刊资料·随手记》（二），未刊。

对《马关条约》第六条的修改意见

大约是在 1990 年,翁同龢后人翁万戈先生在给笔者提供的翁同龢所遗文件中,有一份刊印的《中日新约条款》(即中日《马关条约》)。在条约的第六款中,翁同龢画了许多圈点,作了许多批语和注解。后经查阅《翁文恭公日记》和翁同龢其他相关资料,得知这些批注是翁同龢在 1895 年 5 月 2 日(光绪二十一年四月初八日)军机会议审议李鸿章电寄的《马关条约》时所提意见。这些意见是当时清朝高层对《马关条约》反应的一部分,大体代表了翁同龢的看法,具有重要的参考价值。值得我们关注的有以下几点:

日本提出此条款的意图和背景。1895 年 1 月下旬,山海关前线清军全面溃败,辽东半岛的营口、牛庄、田庄台等重镇相继落入日军之手。同月 28 日,威海失守,清政府前后经营三十多年、耗银数千万两的北洋舰队彻底覆灭。至此,清朝水陆皆败,决定向日本无条件投降,并派出李鸿章为议和全权大臣前往日本马关议和。

3 月 20 日,李鸿章一行和日本首相伊藤博文、外相陆奥宗光等在马关春帆楼正式开议。中日马关议和为世瞩目,列强都从各自的利害关系随时准备作出反应和采取应对措施。在列强中,又以俄、英两国最为关键。谈判期间,俄国向日本明确表示,俄国政府愿用牺牲中国领土台湾的办法与日本达成交易,以确保俄国在中国东北和渤海湾周围地区的特权。[1]俄国政府还公开号召英国出面干

---

[1] 陆奥宗光:《蹇蹇录》,徐静波译,上海人民出版社 2015 年版,第 172 页。

预中日议和,俄国外相向英国驻俄公使表示:"日本的要求,有让对于中国今后的生存及与中国有利害关系的各国发生战争的危险。"呼吁英国对日本保持警惕。在英国,一部分工商界人士,特别是同在华利益关系较密切的一些大企业家、大商人对于日本的崛起深感不安,担心英国在远东的地位有"动摇之虞"。4 月 8日,《泰晤士报》的一篇评论说:"日本的战胜和由此而将其势力伸入亚洲大陆,将威胁妨碍着远东的和平。"集中反映了英国资产阶级对日本的担心。在甲午战争初期,英国曾一度公开出面调停中日争端,因此,日本政府亦担心英国政府再度出面干预中日议和。为了保证自己对中国的最大限度的勒索和掠夺,日本决定对英国采取争取拉拢的作法。长期以来,英国一直企图把侵略势力扩大到长江中上游和下游的所有地区,尤其是素有"天堂"之称的苏州、杭州地区和有"天府"之谓的四川地区。英国的几任驻华公使从欧格讷到窦乐得,都曾向清朝总理衙门提出过,均被总理衙门大臣以各种理由拒绝。英国在一段很长的时间内要求在华设立纺织机器工厂,也一直未能成功。日本针对英国这一要求,为了争取英国对日本的支持,不使自己在国际社会中陷于孤立和被动,此外,日本久欲修改中日通商条约,均因中国不同意而无可奈何。这次发动甲午战争也包含了解决这个问题的目的,欲趁战胜之机,将自己的经济势力伸入到中国经济最发达的地区。所以,在《马关条约》中增加了增开通商口岸、外商可在通商口岸设厂制造等内容,以迎合和满足英国〈实际上包括所有外国在华势力〉期望已久的这一侵略要求。这就是《中日新约条款》即《马关条约》中的第六款。

《马关条约》第六款的内容。中日两国所有约章,因此次失和,自属废绝。中国约俟本约批准互换之后,速派全权大臣与日本所派全权大臣会同订立通商行船条约及陆路通商章程,其两国新订约章应以中国与泰西各国现行约章为本,又,本约批准互换之日起、新订约章未经实行之前,所有日本政府官吏、臣民及商业工艺、行船船只、陆路通商等与中国最为优待之国礼遇护视一律无异。中国约将下开让与各款,从两国全权大臣画押盖印日起,六个月后方可照办。

第一,现今中国已开通商口岸之外,应准添设下开各处立为通商口岸,以便日本臣民往来侨寓,从事商业、工艺制作,所有添设口岸均照向开通商海口或向开内地镇市章程一体办理,应得优例及利益等,亦当一律享受。

一、湖北省荆州府沙市;二、四川省重庆市;三、江苏省苏州市;四、浙江省杭州市。日本政府得派遣领事官于前开各口驻扎。

第二,日本轮船得驶入下开各口附搭行客、装运货物:一、从湖北省宜昌溯长江以至四川省重庆府;二、从上海驶进吴淞江及运河以至苏州府、杭州府。中日两国未经商定行船章程以前,上开各口行船务依外国船只驶入中国内地水路现行章程照行。

第三,日本臣民在中国内地购买经工货件,若自生之物,或将进口商货运往内地之时,欲暂行存栈,除勿庸输纳税钞、派征一切诸费外,得暂租栈房存货。

第四,日本臣民得在中国通商口岸城邑任便从事各项工艺制造,又得将各项机器任便装运进口,只交所订进口税。日本臣民在中国制造一切货物其于内地运送税、内地税钞课杂派以及在中国内地沾及寄存栈房之益,即照日本臣民运入中国之货物一体办理,至应享优例豁除亦莫不相同。

嗣后如有因以上加让之事应增章程规条,即载入本款所称之行船通商条约内。[1]

翁同龢对第六款的修改意见和对策。《马关条约》第六款包含了以下几方面的内容:一、增开四个新的通商口岸;二、日本商船可以从湖北宜昌一直上溯到重庆,从上海吴淞江(即苏州河)沿大运河驶往苏州、杭州,自由航行通商贸易;三、日本臣民在中国内地购买工业原料和货物,或将进口商货运往内地,可以租用栈房储存,并免交一切税钞杂项;四、日本臣民可以在中国通商口岸城邑任意从事各项工艺制造并可将各项机器任便装运进口,只需交纳所规定的进口税。日本臣民在中国制造的一切货物如运销中国各地,照日本臣民运入中国的货物一样,只需交纳进口税一次,所有内地运送税及一切税钞课杂一律豁免。条约中虽规定的是日本臣民,但根据"利益均沾"的片面的最惠国待遇条款,列强均可援引这一规定,在华"合法地"经营各种企业,可以直接利用中国的原料和廉价的劳动力,并在中国就地倾销,剥削中国人民。所以,这一条款无疑是要将中国的经济命脉置于列强控制之下,这是对中国最致命的殖民经济掠夺。

---

[1] 参见翁万戈辑:《先高祖所遗文件手札》卷四,"外交",未刊。

由于这一条款对中国社会经济危害太大，且又直接与户部有关，所以，当李鸿章将这一条款电告朝廷，翁同龢与其他户部堂官都惊呆了，并立即召开会议，紧急磋商，提出修改意见和对策。随后将这些意见交军机处讨论，最后电复李鸿章，要求他据此同日本进行谈判。但不幸的是，因李鸿章遭狙击受伤，稍后中日谈判集中于停战与赔款两事上，对于其他条款，日方坚持按照原议不改，结果翁同龢及户部堂官的修改意见未能实现。不过，在讨论批准《马关条约》的军机会议上，翁同龢重申了自己和户部的意见以及中国应对的措施：关于中日两国于条约批准互换之后，速派全权大臣与日本所派全权大臣"会商订立通商行船条约及陆路通商章程，……"一句的"会商订立"、"通商行船条约"、"陆路通商章程"字下，翁同龢均用墨笔加点。在"其两国新订约章应以中国与泰西各国现行约章为本"字下均加了墨"〇"，并在"为本"两字旁写下了以下一段批语："'本'字有两解，作根本解则可抱定，作底本解则可扩充矣。"

关于此款的第一条，翁同龢在"所有新添设口岸均照向开通商海口或向开内地镇市章程一体办理"一句中的"向开"和"章程一体办理"下，均用墨笔划了"〇"。

在四个新开口岸的名下均加了墨点，并在旁写下了一段文字："惟有速办小轮船，先占舟楫之利"。

关于第三条，翁同龢在"除勿庸输纳税钞派征一切诸费外"旁边划了一道墨杠，并写了"此句蒙混"四字，又在此条条头和条尾各写了一段批语。条头批语为："原定第三条为值百抽二，后经删除，惟此'勿庸输纳'一句最易蒙混"。条尾批语为："有三月十八日李电：通例正半税不容更改之语，则正半税固在也。又云：伊藤函称不提内地厘税，使中国易于筹款，则厘金亦尚在也。有此二证，必应力争。"

关于第四条，翁同龢在任便从事"各项工艺制造"和"得将各项机器任便装运进口"等字下用墨笔进行了圈点，并在下面加了一段批语："制造各局似可止准于口岸租界之中"。在"只交所订进口税"句下，写下了"应声明洋货入华商手，仍纳税抽厘"的一段批语。

在"日本臣民在中国制造一切货物"，其于内地"运送税、内地税课杂派"以及在中国内地"沾及寄存栈房之益"以及"至应享例豁除"三段文字下均用墨笔划了一条杠。

在"嗣后如有因以上加让之事"一句的"加让"两字下划了一道杠。并旁批"此两字当酌"一语。

1895 年 8 月,日本政府正式派遣驻华公使林董偕同参赞内田康哉、翻译郑永昌同清政府"开议商约"。根据《马关条约》第六款,讨论修订新的《中日通商行船条约》和《陆路通商章程》。为了挽救条约给中国造成的严重危害,清政府决定在苏州、杭州两地自行设立租界,至"租界内巡捕等由中国自设,非与海口相同",并在这些租界内,"设洋关",增收"税厘杂钞"。但在谈判中,有关增收税厘杂钞等问题遭到日本的反对,海关总税务司赫德也不表赞同。由于列强的阻挠和日本的反对,翁同龢修改《马关条约》第六款的计划未能实现,新订立的《中日通商行船条约》和《陆路通商章程》基本上仍完整地保留了原先《马关条约》第六款的各项规定,甚至比原先规定的条款内容还有所增加,比如规定中国在所有租界内"只能收进口税,不能征厘。"

中日《马关条约》是 19 世纪末日本帝国主义强加给中国的一个不平等条约,它给中国的危害远远超过两次鸦片战争后西方列强强加给中国的那些不平等条约。甲午战后,各国援引《马关条约》第六条的规定,纷纷在华投资设厂制造,扩大商品倾销,对中国民族资本工业造成严重的经济压迫,直接阻碍了中国社会生产力的发展。以 1898 年为例,是年进口货总值比 1894 年增加了百分之二十九点三;对中国原料的掠夺也迅速加增,土货出口总值增加了百分之十九点四。中华民族危机从此更加日益深重。

为筹措对日赔款，罗掘计穷

"办理诸务，种种乖谬，以致不可收拾"，这是 1898 年 12 月罢斥翁同龢的谕旨中给他所列罪名之一。在甲午至戊戌年间，翁同龢办理的政务很多，但其中有几件事弄得天怒人怨，第一件是为筹措对日赔款而大借外债，引起列强对中国的勒索，造成诸多权益的丧失；第二件是巧立名目，搜刮民脂民膏，用作赔款，以致官民怨恨；第三件是因奉旨办理巨野教案，以致后来竟演变成德国强占胶州湾和俄国强占旅顺大连湾及列强划分势力范围；第四件是援引康梁，鼓动光绪帝变法，不为众多臣僚所赞同。办理的其他政务还有，但以这几件事影响最大，直接决定了翁同龢的政治生命。

掠夺中国领土和向中国勒索巨额赔款是日本发动甲午战争的两个主要目的。还在甲午战争爆发不久，日本政府就表示"意重割地"，并对"兵费也极为留意"。参与策划发动甲午战争的日本外相陆奥宗光在其回忆录《蹇蹇录》中透露说："大本营在制定对中国作战计划三阶段时就设想在第二阶段时""应由中国割让领土和赔款"。1894 年 11 月，中国水陆两战场均告败北，清政府决定对日议和。12 月，派出张荫桓、邵友濂为全权大臣，前往广岛议和。次年 1 月，日本天皇任命伊藤博文、陆奥宗光为议和全权大臣。伊藤受命后，在给天皇的奏折中，突出强调"索款"对日本的重要性："索赔一事实关我国将来之隆盛"，把向中国勒索巨额赔款同日本资本主义发展联系起来。日本拒绝张、邵使团后，伊藤博文在与使团成员伍廷芳的两次私人谈话中竟露骨地说"譬如一人欲买物，必先备银两，方可交易，今全权即银两也。"处处离不开"银两"二字。其后又通过美国驻华公使田贝"转告中国政府,中国另派大臣,欲商和议",应"先允偿兵费和朝鲜由其自主"为先决条件。以不从中国勒索到巨款誓不罢休。

因为日本在多处场合声言要向中国勒索赔款,所以在李鸿章赴马关前,清政府内部,以翁同龢为代表,认为以割地与赔款比较,"偿胜于割"。并训令李鸿章"若做到不割地,多偿当努力"。当时翁同龢尚不知日本勒索的胃口有多大,具体数目是多少,故作如是主张。

马关议和后,赔款和割地成为中日谈判中十分尖锐而棘手的问题。4月10日,日方向李鸿章正式提出和议约稿,约稿第四条就赔款写道:"中国约将库平银三万万两交日本,作为赔款军费,……又,第一次赔款交清后,未经交完之款,应按年加每百抽五之息。"其第八条虽是讲驻兵问题,但也与赔款有关:"中国为保明认真实行约内所订条约,听允日本国军队暂行占守……盛京省奉天府、山东威海卫。所有日本军队暂行占守一切需费,应由中国支办。"约稿既要割地,又要勒索巨款,甚至还要支付赔款利息、驻军开支,这是以往的战争赔款中"从未有之事"。由于所索"赔偿兵费""过屠",清政府训令李鸿章就此向日方交涉:"割地从一处为限,赔款以万万两为断。"伊藤、陆奥声称:"战后索赔,自与寻常事件不可同日而语",加以拒绝。李鸿章被刺后,日本担心国际舆论不利自己,表示赔款"虽可约减,但绝不可能作大量削减",并以武力胁迫中国迅速接受议和条款。4月7日,伊藤博文致函李经方:"现(日本)各武员预备兵马粮械齐足,必欲分道直攻北京,再行议和","再战则款更巨",现在只有二句:"'允'与'不允'"。在日本的恐吓和要挟下,4月17日,李鸿章正式接受日本的议和条款。其中关于赔款,规定中国约将库平银二万万两交日本作为赔偿兵费。该赔款分作八次交完。第一次五千万两,应在本条约批准互换后,六个月内交清;第二次五千万两,应在本条约批准互换后十二个月内交清。余款平分六次,递年交纳。又,第一次赔款交清后,未经交完之款,应按年加每百抽五之息,但无论何时,将应赔之款,或全数或几分,先期交清,均听中国之便。

《马关条约》签字不久,沙俄以日本强占辽东半岛不利其在远东的扩张,联合德、法两国,武力胁迫日本放弃辽东半岛,退还中国。日本此时已打得精疲力尽,无力违抗,被迫答应三国的要求,但再一次向清政府提出"赎辽费"作为补偿。先索要五千万两，后又加至一亿两。经三国与日本反复交涉，最后定为三千万两，并规定"自中国偿清赔款三千万两之日起，在三个月内，（日本从辽东）实行撤兵"。这样，日本通过发动甲午战争，从中国勒索银两亿三千万两。加上战争期间的掠夺和赔款期间种种损害中国的事，从中国勒索的银两远不止此数。

两亿三千万两的赔款，约当于当时清政府年收入的3倍，要中国在短短的二三年里拿出来，无论如何也不可能。经过数十年的内忧外患，清政府的财政早已到了山穷水尽的地步，国库空虚，民生凋敝，全靠向西方借贷来维持。现在，摆在清政府面前的唯一办法仍是向西方国家借贷。

甲午战争前，清政府对外借贷一般多由海关总税务司赫德经手办理，1894年3月，中国向西方举借的外债共有7801万两，其时"借款甚易，利息亦轻"，年息约在五厘左右。《马关条约》签字不久，翁同龢即代表清政府同赫德商议借款办法。对于赔款支付方法，赫德建议"将海关洋税全扣，每年二千万，十年可了"。但户部侍郎张荫桓表示反对，认为这样，清政府日常行政开支就无从着落，"影响至巨，不可虚看"。翁同龢也感到如此办法，海关将完全为赫德所把持，对中国不利，也不太赞同。赫德又建议清政府向英商汇丰银行"借银五千万镑，除还日款外，尚余一千数百万，可办他事。"结果这个提议因俄、法阻挠和部分清朝官僚的反对，也未被采纳。

三国干涉还辽后，清朝统治集团中以李鸿章、孙毓汶、徐用仪等为代表的部分官僚燃起了对俄国的幻想，他们认为俄国领头迫日还辽，"有功于我"，"日后遇事，宜藉俄力为助"，主张首先向俄国借贷，慈禧太后表示同意，遂令驻俄公使许景澄就此同俄国进行交涉，商订"以一万万两作借"。后因俄国无力承借这笔借款，自行联络法国，共同承借。这次俄法借款总额为四亿法郎，折合银一亿两，年息四厘，九四又八分之一折扣，另加印花税费64.2万两，中国净得8876.8万两。以海关关税为担保，偿期三十六年。作为这次借款的政治条件：俄国不仅插足了中国海关行政管理，而且还迫使清政府与之签订有关通商、开埠等"优惠专款五条，商约二十款"，"允其造黑龙江南岸之路，以接海参崴"，"允其沿鸭绿江而南修建支路"，"商办松花江及各处通商章程"，取得了有关俄国西伯利亚铁路可以穿越中国东北直达海参崴的特权；并允许华俄道胜银行在中国各地设立分行。而法国则强迫清政府与之签订新的有关中越分界通商条约,从清政府手中夺得云南宁洱县属的猛乌、乌得等大片地区以及在云南的通商贸易,滇、桂地区的矿藏开采权以及铁路的修筑权。总之,因此次借款,使"中国受亏不小"。

俄、法通过借款给中国,不仅获得丰厚的贷款利息,而且还从中国勒索到大量的权益,这就刺激了其他列强的贪欲。1896年3月,清政府又面临支付第二期对日赔款,英、德携手一致向清政府提出愿意承借。但这次借款谈判并不顺利,原因是借贷条件极为苛刻。谈判中,英国驻华公使欧格讷借口中法新约有损英国在中国西南地区的利益,要求补偿,提出在云南架设电线、电报、开矿、筑路和惩处四川总督刘秉璋、了结四川教案等无理要求。德国则派遣前驻华公使巴兰德来华,提出租借中国海澳、港湾等要求。由于对日偿款日期临近,清政府原则上接受了英、德的上述要求,并于3月20日由总理衙门同汇丰银行、德华银行草签了借款合同。然而,合同墨迹未干,英国新任驻华公使窦纳乐又提出在新疆设领事、自由通商以及在云南境内修筑铁路等要求,"事事以外务训条为言,处处以废约相挟制"。德国也改派海靖为新任驻华公使,勒限中国迅速答应其"借让港湾之要求","日至总署,饶舌不已",并以若不答应他们的要求就撕毁合同相要挟。对于英、德的这些勒索要求,中国实在难以接受,以致借款谈判一时陷入僵局。

英德借款搁浅后,法、俄、美等国趁机表示愿向中国承借,法国承借"意在勒索代造谅山至龙州间的铁路"及"怒江下游的通航权和海关税务司署聘用法人"。俄国出于"中东铁路权力方面的考虑",美国旨在"利益均沾"。至此,第二次对外借款一时竟变成了英、德、法、俄、美等国争向中国勒索的局面。各国公使纷至总理衙门"恣意咆哮,争相厮闹,为借款也。"清政府对此感到恐惧,经过反复权衡考虑,决定仍继续向英、德商借,英、德如愿以偿,遂于1897年初同清政府签订正式合同。借款总额为一千六百万镑,折合银一亿两,年息五厘,杂用五厘半,偿期三十六年,以海关关税收入为担保,不得提前或一次偿清。借款合同签字后,清政府被迫同英国签订了《中缅条约附款十九条》及专款一条。根据这个条约,英国从中国掠得了野人山及八募左近、红河以南的大片土地,以及云南境内的铁路修筑权、西江的通商、通航权。中国答应德国,在南洋指明一岛作为德国船舰驻泊之所。法国见英国在中国的势力又进了一步，紧追不放，于是再次勒逼清政府答应"新利益"，结果清政府被迫同法国签订《中法龙州至镇南关铁路合同》，允许法国费务琳公司承建这条铁路。同俄法借款相较，这次英德借款，中国"还要吃亏"，不仅息重折扣多，而且损失权益更多。

根据《马关条约》的规定，中国在交付第一、第二期对日赔款后，剩余赔款分作六次按年交清。清政府感到若照第一、第二次办法借下去，中国将不知还要损失多少权益。统治集团中的多数官僚，主张另寻他法，及早了结。《马关条约》对于赔款支付，还有一项规定："中国如从条约批准互换之日起，三年内能将偿款全部偿还，除将已付利息或两年半或不及两年半于应付本银扣还之外，下余部分偿款全部免息。"这一规定，好像日本对中国很"宽容"，实际上是逼迫中国尽早支付赔款。但这一规定，可使中国节约一千多万两息银，这对库空如洗、借贷艰难的清政府来说，是一个可观的数目，翁同龢与其他户部堂官主张采用此办法，决定将余款一次性付清。

鉴于前两次向外国借贷息重折扣多，损失太多太大，翁同龢等主张这次筹款主要从国内着手，他甚至主张避开向外国借贷。为此，他和户部其他堂官经奏请采取了以下一系列措施来筹款：除京师"停止工程、核减颜料、缎疋两库，折价停放官兵米折三条，酌提运本，专属四川；酌提固本饷银，专属直隶；以及官员报效、绅富捐输、预缴盐厘等"外，"其通行各省理应督催者实有十条：一核扣廉俸，一盐斤加价，一茶糖加厘，一当商捐银，一土药行店捐银，一裁减制兵，一考核钱粮，一整顿厘金，一裁减局员薪费，一重收烟酒税厘。此十条中，以裁减制兵、考核钱粮、整顿厘金三者为最大，而茶糖、盐斤、烟酒之加征及土药、典当各店铺之认捐次之、养廉薪费之扣减又次之。"[1]

此外，还有开办印花税，核扣州县以上文武官员俸廉三成，甚至打算增收田亩捐，房捐等。企图通过这些举措来筹集到部分资金，但事与愿违，这些措施，如同杯水车薪，不但无济于赔款，而且因直接影响人们的日常生活，严重损害官员的利益而引起全社会的普遍不满。推行中，捐借不分，名为劝捐，实为抑勒，"不

---

[1]《翁同龢集》，第152页。

独刻剥病民",更有"吏胥之婪索,暮夜之追呼",以致官、兵、民、商无不怨恨。"臣奉职无状,……凡臣等所办事无一顺人心,即无一惬己之心者,警惕愧恨。""今苛政频行,余等乌能谢责哉?!"〔1〕

由于收银无多,翁同龢与户部堂官于1898年2月采纳右春坊右中允黄思永的"筹借华款请造自强股票"的意见,开办昭信股票,企图通过发行股票的办法来筹集对日赔款,同时也想借此打破西方列强对中国的刁难和勒索,为当时的裁军和新政活动募集资金。为此,制订昭信股票章程,户部设立昭信局,印制股票,每票100两者50万张,每票500两者6万张,每票1000两者2万张,合银1万万两。以二十年为限,周年以5厘行息,前十年还息不还本,后十年本息并还。因偿款期迫,翁同龢与户部堂官奏请谕饬京内自王公以下、京外自将军督抚以下,无论大小文武、现任候补、候选各级官员,均领票交银,以为商民之倡。为了协助各省开办,户部选派了数十名官员,分别前往上海、天津、奉天、汉口及各省会、重要商业城镇进行指导。在"官为民倡"的要求下,奕訢率先认购了2万两,其他大小王公也认购了大约数十万两,京外各省督抚司道以下各官也认购了数十万两。但总的来看,大多数地方官员对股票推行不力,阳奉阴违,不少地方实际是苛派勒索。以致商民裹足,结果股票的发行收效甚微,推行半年,前后收银只有700多万两,这个数目尚不及对日赔款数的七分之一。

国内筹银不多,于是只好再转向外借。为避开各国政府的勒索,此次转向外商借贷。外商虽然多数愿借,无奈财力有限,而一些有财力的洋行、公司的借款活动因受本国政府的掣肘,以及本国其他洋行的阻挠,不敢也无法同中国达成任何借款合同,致使清政府向外商借贷活动全部落空。万般无奈之下,只好仍循原路,同外国接洽,由总理衙门出面,通过外国驻华公使向各国政府商借。最后仍由赫德出面,以海关收入及苏州、淞沪、九江和浙东货厘,宜昌、鄂岸、皖岸盐税为担保,于1898年3月再一次向汇丰银行和德华银行举借,这就是通常所说的英德续借款,又称第二次英德借款。借款总额为1600万英镑,合银一亿两,年息四厘半,八三扣,偿期45年,不得提前或一次付清。作为政治条件,清政府再次

---

〔1〕 参见《翁文恭公日记》第三十五册,商务印书馆1925年版。

保证日后中国海关总税务司一职继续聘用英人。借款合同签字不久，英国公使又向清政府索要"利益数端"，气得翁同龢大骂"不借而失利权，孰为之耶?!"

这次借贷，除了以海关关税担保外，还以苏州、吴淞、九江等长江沿岸多地及浙东盐厘和税收为担保，这一决定，翁同龢与户部有关部门事先并未与有关督抚司道商量，听取他们的意见，这固然因赔款期迫，但作为户部尚书，做事如此仓促、武断，严重损害了这些地方的经济权益，引起这些地区的官商的强烈不满。安徽布政使于荫霖后来参劾他误国无状，与此不无关系。

为了支付对日赔款，清政府前后三次向西方借银 3 亿两，然而中国实际并未拿到如数借款，相反，中国却要拿出这些借款的数倍银两来支付这些借款的本息。

首先，这些借款都是用海关关税收入为担保，以关平两来计算支付的。当初制订通商税则时，规定每关平银 3 两等于 1 英镑，后因银价跌落，1 英镑需关平银 7 两。但长期以来，外商仍按原定 3 两等于 1 镑的定额纳税，结果造成中国的值百抽五的关税税率实际只收到百分之二三的税，或只有百分之一二的税，使中国的税收蒙受惨重损失。现在中国向西方各国借贷，西方是以英镑来支付借款的，同样，中国日后也需以英镑折算银两偿还本息，需以 7 两对 1 镑的比例来换算，而西方商人却仍以 3 两对 1 镑的比率来交纳关税，由于偿款以关税收入为大宗，这一里一外，一正一反，实际就使中国的偿款增加了 1.3 倍还多。

其次，三次借款的承借银行"俱未十足交付借款，中国实收之数最多为百分之九十四，少的只有百分之八十三。"而且这些银行在发行债票时，竟有较实收债款之成数的百分之一〇五——一〇六，这些"升溢所得"之利，悉入承借银行的腰包。承借银行通辽这一折一升，前后共获得借款的百分之十二至二十三的高额收入，而中国分文未得。

第三，由于借款偿还期限长，利息高，债款又多以英镑计值，加上中国在偿还本息时还需受付款之日金银兑换行市的支配，致使中国需以数倍银两偿还借款，结果造成中国"债务不堪其重"。以英德正、续两次借款为例，两次借款合计为 3 200 万英镑，而中国实收只有 2 832 万英镑，但中国日后应付本息累计为 7 220.024 万英镑，"几于借一还三无异"，同样，偿还俄法借款本息也在"实得之数的两倍以上"。这是何等沉重的代价啊!

此外,三次都明文规定中国不得提前或一次偿还借款,但同时又规定中国在还本付息时,必"应先期偿付",这样使承借银行始终对中国处于支配的地位,操纵和控制中国的经济乃至政治。总之,中国因支付对日赔款而被迫向西方的三次借贷的结果,不仅使中国要支付高达8亿左右的高额债款,大大加重了中国的财政负担,由自给自足的国家变为一个"债务国",而且也使中国海关长期牢牢地掌握在以英国为首的列强控制之下。

在中国艰难地筹措对日赔款时,日本也借交付赔款,一次次地勒索中国。不仅在赔款支付的时间上毫不通融,步步紧逼,而且在赔款的"银两"上大做文章。中国真是雪上加霜,苦不堪言。

《马关条约》互换不久,日本就派遣林董为驻华公使来华,林董赴任的第一个使命就是:就中国支付对日赔款同清政府进行交涉。

林董一到北京,就向清政府提出"库平实足"的问题。库平是清政府部库征收赋税、出纳银两所使用的衡量标准,创始于康熙年间,当时每库平银1两约等于37.301克。《马关条约》关于中国对日赔款明文规定以中国官府通用的库平银两为标准,当初和约签字时,日方对此也未提出任何疑义。但是,事后日本政府得知中国库平银两的衡量标准后,认为若照现在中国官库所使用的库平银来支付赔款,日本未免"吃亏"。所以,林董到北京后,便借口中国库平银两的成色和分量皆有"问题",向总理衙门提出"库平须实足色",即每库平两银色要纯、分量要足。林董还从同文馆找来几个库平银两砝码进行"测定",以"分量均有不足","成色多杂不纯",作为对中国进行勒索的"依据"。总理衙门大臣向林董指出:中日马关议和时,双方并未议及此事,《马关条约》对此也无明文规定,表示拒绝接受。翁同龢还就此同林董进行多次交涉。林董声称:若不"贴足实足色",日本就拒绝接受赔款,并威胁清政府:由此而造成中日新的摩擦,日本概不负责。在日本的压力下,清政府被迫接受日本的要求,仅此"贴足实足色"一项,就使中国"多付银近三千万两"。

库平实足色问题解决后,林董又向中国提出须"先划定一公平之镑价"的问题。当时中国采用银本位制,货币流通、出纳支付都以银两为计算单位,而西方国家大多实行金本位制，国际间的货币支付一般多采用英镑来结算。由于国际金融市场瞬息万变，金银比价时有涨落，日本政府惟恐在中国支付赔款之日，国际金银兑换比价不利于日本，为"杜银行临时涨落之弊"和确保日本从战争中获得的"真正利益"，强要中国必须先与之划定一"公正"之镑价，即不论国际货币行情如何变化，总不能使日本"吃亏"。1895 年 10 月，林董向清政府递交了一份由日本单方面擅自拟定的所谓划定镑样的"公立文凭"。根据这个所谓"文凭"，"库平银二万万两合英货三千二百九十万九百八十镑七希令七边士"，并规定"至其照约应付之利息亦按此率用英货交收"。仅此银镑兑换一项，又使中国"受亏两千余万两"。

关于赔款交付地点，清政府曾提议在上海或香港，但日本坚持在伦敦支付并由"伊酌指银行接受"，仅此交付地点和所需手续费，又使中国多费数十万两开支。

在中国交付赔款的时间上，日本逼得也很紧。早在马关议和时，日本就提出：在"中国尚未交清末次赔款之前，日本决不撤回驻华军队"。后又规定，如中国第一期赔款和赎辽费不能按期交付，日军就不撤出辽东半岛。若第二期赔款逾期，就拒绝与中国会商修改通商条约。《马关条约》附约还规定，在中国未偿清赔款前，日军将继续占据中国的威海卫，"所有驻军需费，中国每年贴交四分之一，约库平银五十万两。"从《马关条约》签字到 1898 年初中国偿清赔款，3 年中中国又多付银 150 万两。对日本来说，凡是能从清政府那里勒索、榨取的，就尽量地勒索，实在勒索不到就公开抢掠。有记载说，日军从辽东半岛撤走时，将营口、海城、金州、盖平、凤凰城、岫岩、大连、旅顺等城的官廨库藏抢掠一空，甚至连清军营房门窗也拆卸运回日本。正像当时西方记者所描绘的那样，侵华日军简直就是"一伙明火执仗的强盗"。

从《马关条约》的规定，中国对日赔款，包括赎辽费，总共为库平银 2 亿 3 000 万两，但从以上列举的事实来看，日本通过各种手法，把库平银 2 亿 3 000 万两变成了 2 亿 8 000 多万两。若加上它对军事占领区和对台湾、澎湖地区的抢掠搜括，以及其他与此相关的开支，如"高升"号被日军击沉后来中国向英国怡和洋行支付数万英镑等，日本通过发动甲午战争，从中国勒索掠夺的财富至少在库平银3亿3000万两以上。

甲午战争日本对中国的勒索掠夺，给两国带来了两种不同的命运。日本通过这场空前的掠夺，迅速完成了资本主义的原始积累，加快了资本主义的发展。战后，日本将从中国勒索来的巨额赔款的大部分用来扩张军备和工业化的基础建设。赔款的临时特别会计高达7895.7万日元，陆军扩张费为5579.9万元，海军扩张费高达13825.9万日元，用于购买建造军舰水雷艇的费用高达3000万日元。军费扩张，使日本迅速走上军国主义的道路，此后又以此来对中国发动多次侵略战争，直至第二次世界大战遭到失败为止。

从中国勒索到巨额赔款，无疑给日本国家提供了巨额的准备金，充实了日本的国库。凭着这笔巨款，日本政府于战后的第三年即1897年实行了金本位制。金本位制的实施，有力地巩固了日本的金融体系，稳定了国家的财力，对于日本的外汇以及吸收外资、国外借贷都起了可靠的作用。

巨额的赔款把中国投进了苦难的深渊，加深了民族危机，西方列强利用中国的借贷，趁机掀起强占租借地、指索海岛港湾、划分势力范围的瓜分狂潮。巨额的借贷，使中国一下子变成西方的债务国，每年需要支付一千五六百万两银的债务本息，经济、关税完全被西方国家所控制，给中国社会经济造成了巨大的破坏。翁同龢对户部司员说："借债是国家的事，还债是户部的事。"为了偿还债务，加紧对人民的搜刮剥削，捐税名目"县县而异，州州不同"，以致民怨沸腾。作为帝师、户部尚书的翁同龢，战前素为士民尊重，自此威信一落千丈，竟有弟子门生对他指名参劾，如王鹏运等指责他办事荒谬，这是先前从未有过的。

五、戊戌前后

从甲午战后到戊戌变法前夜,是翁同龢行政上有失人心、不为同僚认可的时期,当战争的烟云消散后,战后的一切事务几乎都落到了他的头上。"偿胜于割"、"多偿当努力",当初的许语如今竟成了压在他身上的魔咒。为了筹措对日赔款,外借内刮,丧权失地,弄得官民共愤。人们在痛恨李鸿章避战求和误国的同时,也把对现实的不满移到他的头上,因此,他"屡遭人参劾",被指为误国无状。当初光绪帝对他信任有加,经过甲午一役,竟发现他并无辅佐之才。而翁同龢议政时的"正人君子"的说教,召对时对光绪帝施政中的种种"顶撞"和抗旨行为,诸如中德胶州湾交涉中抗旨之举、对接待德皇弟弟亨利二世的礼节的种种阻挠、在荐康问题上的出尔反尔,等等,使光绪帝深感难以接受,皇帝的权威受到严重的挑战,因而对他心生厌恶而倍增痛恨。出于对自己权威的维护而不得不采取果断的行动,将翁同龢逐出政坛,并给予相应惩罚,以发泄心中的怨恨。而慈禧太后经甲午一役,也看清翁同龢已无多大价值,当初委他为光绪帝师,不过是利用而已。现在看到皇帝要赶他走,也就默认了。慈禧太后的态度最终决定了翁同龢的命运。

奉旨办理教案不善，德国乘机强占胶州湾

甲午战后，翁同龢遭人诟病的另一件事就是办理山东曹州巨野教案不善，直接酿成德国强占胶州湾。这也是罢黜的谕旨中指责他"办理诸务，种种乖谬，以致不可收拾"罪名的内容之一。

德国早在甲午战争前，就想在东亚寻找一个"屯兵储煤"的基地。甲午战后，挟三国干涉还辽之功，明确地向清政府提出租借港湾的要求，这个港湾不是别地，就是山东胶州湾。1897 年（光绪二十三年）11 月，德国驻华公使海靖正式向总理衙门提出"租借"胶州湾，遭到拒绝。就在此时，曹州教案发生，遂为德国提供了一个千载难逢的机会，于是德国借教案来讨价还价，达到强占胶州的目的。

1897 年 11 月初，德国两名传教士在曹州、巨野被当地民众杀死。事情发生后，德国军舰"直入胶澳"，派兵登岸，占山头、割电线、占邮局，勒令中国驻军撤走，拘捕总兵章高元，接着向清政府提出定罪、惩凶、租借胶州湾等无理要求，作为了结教案的条件。

德军强占胶州湾事件发生后，光绪帝"力持'不战'二字"，电令山东巡抚"我兵勿先开炮"，饬驻德公使许景澄同德国进行交涉。11 月 20 日，又派翁同龢与户部右侍郎张荫桓前往德国使馆，办理交涉。当时翁同龢的想法比较单纯，对德国出兵山东的复杂国际关系尚未看清楚，只是认为德军强占胶州湾，缘教案引起，办结教案，事即可平息，结案的前提条件是德国先撤兵，殊不知德国是利用教案出兵，目的在于强迫清政府同意租借胶州湾。清政府刚兵败不久，根本不是德

国的对手,其交涉的结果可想而知。

翁同龢与张荫桓会见德使海靖时,首先抗议德国武力强占胶州湾,要求德国先撤兵,然后再开谈判。海靖不但蛮横地拒绝撤兵要求,而且反过来向翁、张提交了一份有六项内容的照会,并以发动战争相要挟。这六项要求是:严惩山东巡抚李秉衡,革职永不叙用;赔偿教堂损失,抚恤被杀传教士;清政府谕饬地方官切实保护教堂;日后中国开办山东铁路和路旁矿藏,应尽先由德商承办,等等。在翁同龢看来,其中以严惩李秉衡为"要害"。李秉衡是朝廷命官,官员的任免,权操中国,岂容外人干预,何况李是个"忠臣",他坚持不可。从外交上看,六项中的核心条款是德国在山东修铁路、开矿藏,德国看中的是经济权益。会晤的第二天,海靖又提出索兵费、租让胶州湾、加惩兖沂道及所属七州县的知州和知县等要求,并派兵占据即墨县城。要求越来越多,交涉棘手。12月2日,翁同龢向海靖提议将教案与胶澳撤兵分为两案,先办教案。关于撤兵,海靖以未奉政府训令,不能接受。关于李秉衡的处分,翁同龢要求去掉"永不叙用"四字。关于租让胶澳,翁同龢、张荫桓表示不能,但又表示考虑到德国在"还辽"一事中有功于中国,当别指一岛以"抵换胶澳"。至于索兵费,翁同龢声明:中德并未交战,不合赔偿。最后双方就教案达成协议,作初步了结。李秉衡革职,调离山东,另杀了四名"凶犯",赔偿德国教堂损失。翁同龢为教案了结感到欣欣鼓舞,他特地以个人名义向德国使馆赠送了一个景泰蓝和一个大红龙瓷瓶,并说:"皆珍品也,大局既定,区区不惜也。"

正当翁同龢认为"大局既定",庆幸教案已结时,德国就是拒绝撤兵,坚持定要强占胶州湾。海靖声称:奉本国政府训条,中国若不租让胶州湾,德国绝不撤兵,定当与中国开仗。以武力相要挟。

德国的恐吓,使清政府大起恐慌。此后就租借胶州湾一事展开谈判交涉。关于租借胶州湾,交涉中,翁同龢先后提议将胶州湾口外的陈家岛仍归中国管理;辟胶州湾为国际商港;中德各占湾的一边;在湾内入口处划定一处辟为德国租界,界中原有中国营垒移于租界对面,海靖拒不答应,力持由德国独占,由德国"建租界、盖船厂、煤厂、炮台"。关于在山东修路开矿,翁同龢提议中德合办,又提议中国可尽先购买德国武器,雇用德人帮助中国修建炮台,聘用德国军官帮助中国训练军队,提议租借期为 50 年,等等。翁同龢说,如是数千言,种种迁就,一让再让,海靖就是不答应,铁路坚持由德国单独建造,租期必须 99 年,一年不能少。谈判中,海靖"态度狂悖,恣意咆哮"。声称中国若不答应就下旗归国,以两国绝交相威胁。弱国无外交,中国刚经甲午战败,在西方列强眼中已无足轻重,根本不把清政府看在眼里。翁同龢久侍帷幄,虽贵为帝师、军机大臣,但毕竟不谙外交,缺少与外国打交道的经验。面对海靖的蛮横无理,身感人格受到侮辱,既少与外国周旋谈判的耐心和办法,又不能放下"高贵"的身段架子,所以,每次赴德馆谈判,总是累得"气塞神昏",后来他干脆不去德馆,拒绝与德使谈判。

不去不是办法,也不能解决问题。光绪帝曾数度劝令翁同龢前往德国使馆与海靖重开谈判,翁同龢就是不去。奏对中,"语多愤激",有失大臣在君前起码应有的常度,在场大臣无不"讶之"。翁同龢的抗旨行为令光绪帝不快,也不为恭亲王奕䜣所谅,引起同僚的不满,他的狂傲和谈判乏术,使他陷于孤立。

户部侍郎张荫桓,广东南海人,虽非正途出身,但熟悉洋务外交,曾任驻美公使,有着丰富的外交经验。甲午战争后期,曾派他与邵友濂为专使,前往广岛议和,足见其外交能力。德国强占胶州湾事件发生后,他是作为翁同龢的副手一起奉旨办理对德交涉的,交涉之初,事事依从翁同龢,但随着谈判的深入,张荫桓深感翁同龢外交谈判乏术,认为他不懂外交,所坚持的意见在事实上根本做不到,同海靖这些外国列强谈判讲面子、耍脾气、摆架子没有用。由此对翁同龢变得轻视起来。他深知自己的身份,不敢得罪翁同龢,也不赞同翁同龢的意见。在此后的谈判中,他很少发言,态度消极,甚至装着若无其事的样子,或与翁同龢意见相左,翁同龢虽也觉察到张氏的态度变化,但却从未从自身方面来检讨和审视这种变化的原因。而张氏此时态度已倾向李鸿章了。

甲午战后,李鸿章奉旨以文华殿大学士留京供职,孤身一人栖于东华门外的贤良祠内,实际是赋闲,但也参与总理衙门的有关外交活动。1896 年沙皇尼古拉二世加冕典礼,李鸿章奉旨作为专使前往祝贺,并在俄国的诱惑下签订了《中俄密约》,俄国以中俄共同防日为诱饵,是想通过这一条约将西伯利亚铁路直接穿越中国境内直达海参崴,并通过修建支路至大连、旅顺湾,直接控制辽东半岛。

中德胶州湾谈判陷入僵局后,德国陆续增兵来华,企图以武力胁迫清政府就范。李鸿章认为德军强占胶州湾"此事非一二人(指翁同龢、张荫桓)所能口舌争也"。想利用《中俄密约》,请俄国来帮助中国解决,"藉俄逐德"。他找到俄国公使巴甫罗福,请其转告俄国政府"代索胶澳"。俄使当即表示同意。俄、德是盟国,其实在德兵强占胶州湾之前,俄、德已达成某种"默契":德国向俄国表示,承认中国东北和朝鲜为俄国的势力范围,以作为俄国不干涉德国占据胶州湾的交换条件,俄国则表示将派其舰队至旅顺过冬,德国表示同意。对于俄、德两国的幕后交易,清政府懵然无知。1898 年 1 月,俄舰来华,并未"诘德",并且趁机强占了旅顺、大连湾,驱赶中国驻军,盖屋屯煤,企图作永久占领。俄、德的举动引起了英国的警觉,为了抵制俄国势力南下,英国也将军舰开进烟台和大连湾。至此,德国强占胶州湾已演变成各国对中国新的掠夺和瓜分。俄国压迫清政府尽快答应德国要求,并警告说:"骑虎不得,须速了,否则火星复燃,非中之福。"清政府面对如此局面也一时陷入恐慌,战不能,议又不成,光绪帝和奕䜣等均担心中德胶州湾交涉如此拖下去,夜长梦多,对中国不利,决定迅速结案,接受德国的要求。1898 年 3 月 7 日(光绪二十四年二月十五日)光绪帝任命翁同龢与李鸿章为画押大臣,在总理衙门同德国公使海靖签订了《中德胶澳租借条约》。条约分"胶澳租界、铁路矿务、山东全省办事之法"三大部分,共计 10 条。规定将胶州湾租与德国,归德国管辖,租期 99 年;允许德国在山东修造铁路,所有铁路沿线三十里内的矿藏允许德国开采;日后中国若在山东兴办各项事业,须先借贷德国资本和聘用德商承办,等等。至此,山东成了德国的势力范围。

德国强占胶州湾,划山东为其势力范围后,随即俄国也强迫清政府签订了旅大租借条约,将辽东半岛视为俄国势力范围。继之,英、法、日、意也相率提出划分势力范围和租借港湾的要求,掀起了瓜分中国的狂潮。先前翁同龢从未参加中外交涉的谈判,或在丧权辱国的条约上签过字。这次奉旨是和李鸿章一起在条约上签字,他认为派他去签字是奕䜣、李鸿章有意同他过不去,故意为难他,仍将自己置于正人君子的位子上,认为这种事只有李鸿章这类人去干。殊不知自己也是清朝臣子,有赴国难的责任。弱国无外交,谁也不能无视这个事实。光绪帝派他去也含有对他抗旨的不满和对他办理不善、自命清高的惩处。翁同龢开缺后还赋诗此事:"掣电飞驰墨数行,居然批敕立庙堂;桑榆难补东隅失,尚有人争海舶香。胶澳事,呕尽心血,卒被人数语割弃,愤惋欲绝。"将胶州湾交涉一事的失败轻率地归咎于李鸿章、张荫桓等人"数语割弃",而不承认自己"办理乖谬",实际上是对复杂历史的曲解,为自己的外交无能和交涉乏术的辩护,实不足取。

中德《胶澳租借条约》和《中俄旅大租地条约》签订后,翁同龢眼见各国纷起效尤,索要这,索要那,瓜分之祸即在目前,对于王朝前途深感忧虑。3 月 28 日(三月初七日),他主张干脆将全国向世界开放:"先许各国屯煤处所,然后定一大和会之约,务使各国不占中国之地,不侵中国之权,共保东方大局,庶几开心见诚,一洗各国之疑。"这种积极主动全面开放政策实质上是消极退让、无可奈何之举,这种不切实际的"乖谬"建言,其他总理衙门大臣"皆不谓然",实际上也根本做不到。

"今春力陈变法"

今天的历史研究,对翁同龢鼓动光绪帝实行变法是持肯定的看法。然而在当时,特别是戊戌政变后,却是另一回事。在罢黜翁同龢的谕旨中,"力陈变法",是被列为罪名之一的。

翁同龢与戊戌变法的关系有二:一是"力陈变法",二是"密保康有为",两者相互联结。甲午战后,康有为主张变法,挽救危亡,翁同龢表示赞同,于是向光绪帝"密保康有为"。在翁同龢和康有为推动下,光绪帝发动了戊戌变法。

翁同龢为什么要向光绪帝"力陈变法"呢? 一是形势的压迫。甲午战败,清朝统治的弊端暴露无遗,军队腐朽,不堪一击。吏治败坏,民生凋残,国库空虚,靠外债度日。外患日迫,危机四伏。"深以旧法实不足恃",必须变法更张。早在1896 年初在给友人的信中,他就曾表示过:"不变法、不大举,吾知无成",萌发变法的主张。二是舆论呼吁变法。当时不独康梁维新人士呼吁变法,不少官僚,诸如盛宣怀、伍廷芳、胡燏棻等也与翁同龢函论变法,认为"户政、兵政、工政当须改","印花税、银行、邮政、铁路当行"。一些人如陈炽撰写《庸言》、汤寿潜(即汤震)撰写《危言》鼓吹变法。甚至外国传教士如英国的李提摩太、美国传教士李佳白也致函翁同龢,希望他聘用西人,仿效西法,就"币制、设立新政部、教育部、筑路开矿、举办实业、整顿海陆军、开办报纸新闻"交换看法。李提摩太还为翁同龢代拟了一份维新计划,供其参考。在与翁同龢见面时,规劝他"放胆干事"。三是与统治集团内权力斗争有关。甲午战后,慈禧对所谓的光绪帝的"羽翼"(实际上是一些同情光绪帝的官僚)进行了剪除和清算,先后将汪鸣銮、长麟逐出政坛,将志锐远官西北。翁同龢当时的处境也好不了多少。甲午年间为了遮断他与光绪帝书房"造膝独对",慈禧下令裁撤书房,并恶狠狠地表示:"今日令吾不欢者,吾将使其终生不欢。"门生沈曾桐、唐文治等劝他"急流勇退",趁此告老,息影家园。张謇也曾劝他回籍息影。他都未接受。他说:"弟之庸鄙,久欲引退,而苦无其闲,同僚卧病,外患未平,岂敢养闲自适?!"又说:"譬如一家茕茕孤寡,其西席恝然去耶?!"为了辅佐光绪帝,他不想离去。当时恭亲王生病在家,军机同值李鸿藻、钱应溥"卧病",是事实,但尚有刚毅,大学士有李鸿章、麟书、荣禄、徐桐、昆冈等人。翁同龢向来自视甚高,不把他人,尤其是满洲权贵放在眼里,自认为朝政非我不行。这种"唯我是能"、"非我不行",平日议政"唯我是听"的独断专行作风,反而使自己日陷孤立,最终断送了前程。

翁同龢是在光绪帝宣布维新变法第四天,即四月二十七日被开缺回籍的。它实际上只参与了戊戌变法的准备阶段和变法初期的事务。变法准备阶段,主要是舆论宣传和推行部分变革。他多次在军机会议上或光绪帝召见时,大力倡导实行变法。据梁启超在《戊戌政变记》一书中说,翁同龢曾于1895年12月(光绪二十一年十一月)令户部郎中、自己的亲信陈炽草拟十二道新政诏书,让光绪帝颁行。内容包括汰冗员、停捐纳、修则例、裁绿营、改科举、练新兵、办学堂、筑铁路等方面。但此举遭到恭亲王奕䜣的阻挠。奕䜣认为国家新挫,虚弱已极,不宜再有新的变动,结果未行。1897年12月(光绪二十三年十一月),贵州学政严修(范孙,南开大学创始人之一)奏请仿从前博学鸿词科之例,开设经济特科。翁同龢认为这不但可以"藉此增长科以阴去八股",而且还可发现人才,推动变法,表示赞同。光绪帝召见时,他为之呼吁,并主张立即开办,建议以外交、内政、军事、理财、格物、考工等六个方面出题开考。由于他的坚持,"此事遂成"。1898年2月(光绪二十四年正月),光绪帝颁谕,令京官三品以上、外官督抚、学政,各举所知,悉送总理衙门定期考试。梁启超对此评论说:"当时八股未废,得此亦足稍新耳目,盖实新政最初之起点也。"按照翁同龢与其他大臣的计划,待内外大臣奏荐人数达到100人,即奏请择期举行考试,旋因不久翁同龢开缺和政变发生,此事遂成泡影。直到1903年(光绪二十九年)6月才举行首次经济特科考试,参加考试的约186人,梁士诒等48人初试录取为一等,正场复试录取的仅张一麐一人。同月,沙俄继德国强租胶州湾后,强占了旅顺大连湾,强迫清政府与之签订旅大租地条约。此后英、法、日等相率效尤,恣意勒索要挟,掀起了旨在瓜分中国的狂潮。光绪帝见此焦虑万分,"帝知非实行变法,不能立国,其时同龢主政,力赞其说。"[1]2月23日(二月初三日),光绪帝召见王公大臣,极言时危,痛斥大臣们因循守旧,一事不办,坐使国家蒙侮受辱,讲得悲愤欲绝,以致"声泪俱下",主张以变法为当务之急。在这次召对中,翁同龢力主变法"须从内政根本变起",改制度,"尽革天下弊政"。这一时期,恭亲王奕䜣虽因病在家静养,但他在政坛上的影响仍很大。奕䜣自甲申被逐居家,对于翁同龢移情于醇亲王奕譞多所不满。甲午复出后,对翁同龢诸多行政不以为然。他对变法始终持保留态度,认为翁同龢诱导光绪帝变法,有"揽权"之嫌,"居心叵测,并及怙权"。一直不予支持。

1898年5月(光绪二十四年四月),恭亲王奕䜣去世。这虽使变法减少了阻力,但也使朝政失去了一位"镇石"和稳定剂,慈禧因此对朝政的干预得以进一步增强,对变法构成了更大的威胁,后来的事实证实了这一点。奕䜣去世的第二个月,御史杨深秀由康有为代拟于6月1日(四月十三日)向光绪帝进呈《请定国是、明赏罚以正趋向而定国祚折》,要求"定国是,以示臣民之趋向",希望光绪帝"明降谕旨,著定国是,宣布维新"。内阁学士徐致靖于同月8日,也向光绪帝进呈了《请明定国是折》,"请特申乾断,明示从违,以一众心,而维时局"。随后康有为也呈递了《请告天主誓群臣以变法定国是折》,"请上告天主,大誓群臣,以定国是而一人心"。光绪帝采纳了这些意见,于6月11日(四月二十二日),令翁同龢代为草拟宣布变法的国是诏。经过反复思考,翁同龢代拟了以下谕旨:

> 谕:数年以来,中外臣工讲求时务,多主变法自强,迩者诏书屡下,如开特科,裁冗兵,改武科制度,立大小学堂,皆经一再审定,妥议施行。惟是风气尚未大开,论说莫衷一是,或狃于老臣忧国,以为旧章必应墨守,新法必当摈除,众喙哓哓,空言无补。试问时局如此,国势如此,若仍以

---

〔1〕 苏继祖:《清朝戊戌朝变记》,中国史学会编:《戊戌变法》(一),上海人民出版社1957年版,第330页。

不练之兵,有限之饷,士无实学,工无良师,强弱相形,贫富悬绝,岂真能制挺以挞坚甲利兵乎? 朕维国是不定,则号令不行,极其流弊,必至门户纷争,互相水火,徒蹈宋明积习,于国政毫无裨益。即以中国大经大法而论,五帝三王,不相沿袭;譬之冬裘夏葛,势不两存。用特明白宣示:中外大小诸臣自王公以及士庶,各宜努力向上,发愤为雄,以圣贤义理之学植其根本,又须博采各学之切于时务者实力讲求,以救空疏迂谬之弊,专心致志,精益求精,毋徒袭其皮毛,毋竞腾其口说,务求化无用为有用,以成通经济变之才。

翁同龢认为变法的根本在作育人才,人才之兴,首在办教育,开办新式学堂。所以,他在国是诏中又写了有关开办京师大学堂的内容。正好这天晚上,门生张謇来访,"亲见"翁同龢所写谕旨:

京师大学堂为各行省之倡,尤应首先举办。著军机大臣、总理各国事王大臣会同妥速议奏。所有翰林院编检、各部院司员、各门侍卫、候补、候选道府州县以下各官、大员子弟、八旗世职、各武职后裔,其愿入学堂者,均准入学肄习,以期人才辈出,共济时艰。不得敷衍因循,徇私援引,致负朝廷谆谆诰诫之至意。将此通谕知之。

第二天,光绪帝正式以诏书的形式,颁布国是诏。国是诏以变法为号令,以西学为臣民之讲求,著为国是,把学习西方、推行新政作为国策。它的颁布,标志戊戌变法正式开始。然而,就在国是诏颁布的第四天,翁同龢突奉谕旨,开缺回籍。随后便离开生活了四十多年的北京回到故乡常熟,从此脱离维新变法运动。

举荐康有为，毋庸置疑

戊戌年间，翁同龢的荐康之举是列为罢黜他的主要"罪名"之一。罢黜的谕旨中写道："今春力陈变法，密保康有为，谓其才胜伊百倍，意在举国以听，朕以时局艰难，亟图自强，于变法一事，不惮屈己以从，乃康有为乘变法之际，阴行其悖逆之谋，是翁同龢滥保非人，已属罪无可逭。其余陈奏重大事件，朕间有驳诘，翁同龢辄怫然不悦，恫喝要挟，无所不至，词色甚为狂悖，其跋扈情形，事后追维，殊堪痛恨，前令其开缺回籍，实不足以蔽辜。翁同龢著即革职，永不叙用，交地方官严加管束，不准滋生革端，以为大臣居心险恶者戒。"1998 年 9 月，笔者参加北京大学举办的戊戌变法一百周年国际学术研讨会，参观北京故宫博物院举办的戊戌变法文物展，亲见展出的光绪帝朱笔撰写的这道谕旨，将翁同龢戊戌变法中"力陈变法"、"密保康有为"列为将他革职的罪名。

谕旨是当时国家的最高最重要的文书。天语昭昭，不容虚假。所以，这道谕旨向我们证实了翁同龢在戊戌年间确曾"密保"过康有为，至于在毓庆宫书房还是在军机会议上，是口奏还是书面，具体都无从知道，但不论在何场合，采用何种形式，都不重要，重要的是"密保"为历史事实。而密保的内容也很清楚，那就是谓康有为之才"胜伊百倍，意在举国以听"，光绪帝"以时局艰难，亟图自强，于变法一事，不惮屈己以从"，说明光绪帝是接受了保荐的意见，这在戊戌变法史上也能得到验证。1897 年(光绪二十三年)冬，德国强占胶州湾事件发生后，康有为深感时危，连忙从广东赶到北京，向光绪帝上了一道长达五六千字的《上清帝第五书》。这次上书比前几次言词还要激烈。他说：现在各国天天开会，讨论如何瓜分中国。中国的情况就像"地雷四伏，药线交通，一处点燃，四面响应，胶警乃其借端，德国固其嚆矢耳。"危险极了。希望光绪帝以胶州湾事件为起点，发愤图强，明定国是，与海内更始。"以俄国大彼得之心为心法，以日本明治之政为政法，纡尊降贵，延见臣庶，尽革旧俗，一意维新。"康有为此时已授为工部候补主事，上皇帝书是想通过工部尚书松溎代为呈递。但遭其拒绝。康有为这次上书虽未上达光绪帝，但上书的内容在京师传开了。见过康有为上书的御史高燮曾上奏光绪帝，弹劾松溎压制部属，阻隔言路。称赞康有为忠君爱国，谙于西法，才堪大用，请皇上破格召见，委以重任。光绪帝自上次见过康有为的上书（第四次上皇帝书）后，就想召见。他将高折发交军机会议讨论。会上，恭亲王奕䜣首先表示反对。理由是：本朝祖制，非二品不得召见，现在康有为只有六品，不能召见。如果皇上有所询问，可由诸臣传语。此后遂改为在总理衙门向康有为问话。参加者有李鸿章、荣禄、翁同龢、廖寿恒、汪鸣銮等。五人中，荣禄是满族权贵，思想保守。问话中，荣禄坚持祖宗之法不能变。康有为回以祖宗之法是用来治理祖宗的国土的，现在祖宗的土地都保不住，祖宗之法还有什么用呢？就拿我们现在说话的地方总理衙门来说吧，也并非是祖宗之法所规定的。法律因时而定，祖宗之法也不得不变。其他与会问话大臣询问了有关变法的步骤、财政改革等方面的问题。问答中，康有为强调日本维新有成效，中国变法须仿效日本。次日，翁同龢与其他参加问话大臣如实向光绪帝奏报了情况，自此，光绪帝对康有为"倾心向用矣"。由于不能召见，光绪帝传谕康有为：以后有所建议，随时条陈上奏。命令总理衙门此后凡有康有为的章奏可直接送呈，任何人不得借口阻拦扣压。国是诏颁布后不久，光绪帝就破格召见了康有为，以后任命他在总理衙门章京上行走，直接参加维新变法工作。可见，光绪帝在行动上接受了翁同龢对康有为的"密保"，而在事实上"屈己以从"，采纳了康有为许多变法意见，推行变法。

翁同龢为什么要"密保"康有为呢？理由有三个：

一、康有为的变法主张适应了甲午以后清朝统治的需要，翁同龢清醒地认识到只有通过变法才能从内忧外患煎逼的困境中找到出路。时代的客观要求，让他们走到了一起。

二、翁同龢与康有为在学术旨趣方面比较接近。康有为早年受业于著名学者朱之琦(九江),"鄙弃程、朱,崇奉顾、黄、龚、魏经世之学","以经营天下为志"。少年时代,除了学习应试所必须的《四书》、《五经》等,还泛览各种中外史地典章制度方面的书籍,尤其"酷好《周礼》"。此外,对于《王制》、《太平经国书》、《经世文编》、《文献通考》、《天下郡国利病书》、《读史方舆纪要》等也颇多研究。此后,又漫游香港、上海,涉猎西学书籍,有凡《西国近事新编》、《环球列国纪要》以及西方自然科学方面的著作无不阅读。康有为这些爱好和经历与翁同龢颇为相似。翁同龢少年时代在常熟游文书院读书时,也好谈历代典章制度,尤好谈《周礼》,认为周公、孔子所讲的道理"必可行之于今日","士大夫立志当以周公、孔子为法"。[1]翁同龢仰慕顾、黄,推崇龚、魏,入仕后多次与潘祖荫等人祭扫京师顾祠,奏请将顾、黄入祀京师文庙。与康有为一样,多次游览上海"夷场"(租界),了解"夷情"、购买阅读汉译"夷书",购阅《申报》,了解社会。在关注西方、关心国家前途命运方面,两人有异曲同工之处。康有为把他学习所得锤铸为变法理论,翁同龢则将他的观感、学习体会通过书房教育去影响光绪帝。在翁同龢的影响下,光绪帝在书房学习英语,阅读改良主义著作和相关西学书籍。这就是他们后来为什么能走到一起,共演维新变法一幕的原因。

康有为在学术思想方面推崇公羊学。曾埋头研究过《公羊春秋传》,梁启超说:"《公羊传》,今文学也。""今文经学的中心在《公羊》。"东汉时本有今古文之争,《春秋》之《左传》及《周官》等书皆晚出,称古文,学者不信。汉末古文经学特盛。阎若璩考证《伪古文尚书》为学者承认,渐开疑经风气。于是,刘逢禄大疑《春秋左氏传》,魏源大疑《诗毛诗传》,康有为乃综合多家之说,严划今古文之野,认为凡东汉晚出之古文经传,皆刘歆所伪进,不足信。他专治公羊,这点又与翁同龢以及潘祖荫等人相近。翁、潘早年也是崇尚今文经学,研究公羊,兼治诗古文辞,并以此倡导后进。一时,从部郎到翰林编检,靡然从风。章太炎曾指出:"翁喜谈《公羊》而忘其他经史,潘好铜器款识而排《说文》。……以二子当路,能富贵人,新进附之如蚁,……其流渐盛。康有为起,又益加厉。"[2]至于其他维新人士,如梁启超当时则为"今文学派猛烈的宣传运动者"。可见翁同龢"密保"康

---

〔1〕 翁同龢:《孝廉方正俞君墓表》,《翁同龢瓶庐丛稿》卷六,上海远东出版社2014年版。
〔2〕 章太炎:《救学弊论》,朱维铮等编:《中国现代思想史资料简编》第三卷,浙江人民出版社1982年版,第62页。

有为，同主变法，是与他们在学术思想方面彼此"有着相互汲引之处"分不开的。不过，有一点需要注意的，翁、潘研究公羊学，大致还是循着龚、魏的路径，为"经学而治经学"，旨在阐明经义原理，从今文经学中寻找改革现存政治的依据。而康有为力倡今文经学，不过是"借经术以饰其政论"，只是从今文经学家理论武库里"非常异义可怪之论"中寻找他宣传维新变法的理论武器，也即一种假借。这一点是两者的歧异之处，也是后来翁同龢与康有为分手的原因。康有为既要用今文经学为武器，又要利用崇奉今文经学的翁同龢，达到他实现维新变法的目的。

三、翁家与康家早有往来。康有为了解翁氏与其叔祖康国器有关。1826 年（道光六年），翁同龢的父亲翁心存任广东学政，在按临各道府州县和主持岁、科两试时，就识拔了一大批士子，康国器就是其中的一个。康国器后来赴京，曾登门拜访过翁心存。1843 年（道光二十三年），翁同龢的兄长翁同书任广东乡试正考官，主持是年广东乡试，此次共录取了 74 名举人。因为这些缘故，广东的大多数士子对翁心存、翁同书和翁同龢非常熟悉。康有为更是如此。所以，他在 1888 年（光绪十四年）第一次上皇帝书时，同时也投书时为帝师的翁同龢，寄希望于他能洞彻中外大势，厉行变法。翁同龢自中法战争后，目睹列强侵略势力向中国四境推进，"日志并朝，俄涎吉、黑，英占缅甸"，忧心忡忡。1885 年 8 月某日，匹马独游西山秘魔崖，在墙壁上题诗一首：

> 衮衮中朝彦，何人第一流？苍凉万言疏，悱恻五湖舟。
>
> 直谏吾终敬，长贫尔岂愁？何时霜叶下，同醉万山秋。[1]

诗句充满了感时忧世的激情，流露了作者对历史的追忆和遐想，盼望能有第一流的俊彦之士出现，来力挽大清王朝的衰朽趋势。诗中的"何人"虽未明指，但呼唤治世大才的出现是明显的。是年，康有为入京参加顺天乡试。与试期间，以南海布衣康祖诒的名字第一次上书光绪帝，指出从中法战后，国事日蹙，外患日

---

[1]《翁同龢集》，第 760 页。

迫,此时变法图强犹可及,过此以往恐不可为矣。同时,他认为变法需有大僚赞同,于是又投书潘祖荫、翁同龢、盛昱、徐桐等人。同光年间,翁、潘齐名,翁氏状元出身,贵为帝师;潘氏风流倜傥,清德雅望,重于士林。盛昱和徐桐为满族文人中有影响者。康有为想通过他们"请间言事,直达光绪"。后来戊戌变法期间走的仍是这条路子。因书中直言时势,且无同乡作保,翁同龢"恐因此获咎",没有将上书纳呈上达。但在收到投书后,特将要点摘录下来,这在他与士子交往中是较为少见的。而康有为又投书国子监祭酒盛昱和礼部尚书徐桐,想通过他们"以通于天听,具封事,极陈时局艰危,请变成法,通下情,慎左右,以图自强,乞为代奏"。盛意"欲成均代递",其时,翁同龢以户部尚书兼管国子监事务,盛氏商之翁同龢,但翁"恶其讦直",认为"无裨时局,徒增乱耳"。潘祖荫、徐桐等以其"为一少年监生,初到京师,遍谒朝贵,实属躁进无品,皆甚鄙之",也都拒绝了他的要求。康氏给翁同龢的投书不见传世,或许在后来戊戌政变中,为了避祸,被翁氏焚毁,也未可知。但康有为向潘祖荫、盛昱和徐桐投书的内容,今天尚能看到,以此推测,给翁同龢的投书内容与之大同小异。其致潘祖荫的函中称潘氏"雄略柱天,真气惊膈,胸中纵横九流之学,眼底在经纬八表之思,好士若渴,而能容度外之说,诚可谓魁垒耆艾之大臣也"。在致盛昱的函中说:"今宗臣中魁垒骨鲠,忧国如家,议论通古今者,惟有公耳。"其致徐桐的函中则写道:"以方今公卿耆丈,忧国如家,通古今之学术者,舍公无以为归也。"[1]康有为的这些信件,虽不乏谀颂之辞,但说到底还是想通过他们将自己的变法主张上达到最高统治者那里。

这里还顺便说一下梁启超与翁同龢认识的过程。直到现在,许多人都以为梁启超是在戊戌变法时期因康有为的关系才认识翁同龢的,其实不然,早在此前,梁启超就对翁同龢很了解了,他们相识与李端棻有关。梁启超17岁那年参加广东乡试中举,主考官李端棻出于爱才,把自己堂妹李慧仙许配给梁氏。当时被视为一桩佳话,广为流传。李端棻,为翁同龢兄长翁同书任贵州学政时的门生。翁同书在《使黔日记》中记述他查考贵州阳明书院时,发现诸生李端棻"文思敏捷,非常才可比"。[2]因这层关系,翁李两家早有交往。1892年5月(光绪十

---

[1] 参见上海市文物保管委员会编:《戊戌变法前后——康有为遗稿》,上海人民出版社1986年版。
[2] 谢俊美:《翁同书传》,华东师范大学出版社1998年版,第39页。

八年四月），翁同龢在《赠李苾园阁部》一诗中曾写道：

> 高文竟说传衣重，昔梦空嗟折戟沉。君为先兄文勤公所取士。
>
> 闻道且兰旧桃李，至今犹识爱才心。先兄任贵州学政时及门士今在者无几。[1]

梁启超非常熟悉翁同龢，甚至知道翁同龢擅画，认为很有水平，"惜为书名所掩"，以致人们罕知。

由此可见，早在戊戌以前，翁同龢就与康、梁有了往来，康、梁寄望于翁同龢出来赞助变法，而他"密保"康有为是顺理成章的事，一点也不奇怪。

翁同龢既向光绪帝"密保"了康有为，光绪帝也采纳了他的举荐，所以，翁同龢对变法活动给予支持，尤其在维新人士的改革活动遭到守旧势力反对和阻挠的情况下更是如此。1895 年 5 月，康有为上清帝第三书，备陈变法先后缓急次序和下手之方，献上富国、养民、教士、练兵四大救国方策。翁同龢见后，大为赞赏。他决定亲自去拜访康有为。在户部主事、康有为的南海同乡陈炽的陪同下，乘坐轿舆，不顾自己一品大员的高贵身份，屈驾走访下榻于粤东会馆的康有为。但这次拜访因事先未曾通报，康有为外出未归，彼此没有见到。待到康有为得知，真是受宠若惊，立即回拜。两人就变法一事作了长谈。据康有为回忆，"常熟锐意维新，而仆之说常熟以变法，亦颇犹西乡、大久保、木户之拥三条、岩仓、近卫而维新也。"把自己比作日本的维新志士西乡隆盛、大久保利通、木户孝允，而把翁同龢比作三条美实、岩仓具视、近卫笃麿等拥护天皇、赞成维新的元老重臣。交谈中，康有为还详述了列国纷争、非变法不能立国的道理。翁同龢表示赞同，并向康有为"面索论治之书"，向其透露了皇上亲政后扼于太后、手中无权的忧虑。临分别前，康有为送给翁同龢两本他自己写的变法著作：《俄彼得变政记》、《日本变政考》以及历次上书抄本。这是翁康首次见面，从此建立起联系。据梁启超《戊戌政变记》说，自此以后翁同龢"议论专主变法，比前判若两人。"而光绪帝也开始留意起康有为等维新人士。翁同龢客观上充当了康有为与光绪帝之间

---

〔1〕《翁同龢集》，第 801 页。

联系的线人,有凡康有为的变法著作、意见往往经翁同龢传给光绪帝。有史书说:"康有为之受知清帝载浩,实出常熟翁同龢之汲引"。这是对的。此后,在康有为的推荐和影响下,梁启超、谭嗣同、林旭、杨锐、汪康年及黄遵宪、容闳等人先后拜见了翁同龢。黄遵宪撰写过《日本国志》,对明治维新很有研究。翁同龢与他四次见面,就练兵、边防、外交、内政等变法问题交换意见。与此同时,与翁同龢平日较为接近、主张变法的部分部院官员和翰林编修,如李盛铎、徐致静、文廷式、盛昱、沈曾植、沈曾桐,阔普通武、陈炽、丁立钧等与康、梁等进行接触联系,这些人构成了日后维新变法的积极鼓吹者和参与者。《近代史事与人物》一书中《戊戌联语》的作者从翁、康两者的角度,归纳了翁同龢"荐康"和康有为竭力得到翁同龢举荐的原因:"光绪二十四年戊戌变法,倡自康有为。而有为之受知清帝载湉,实出常熟翁同龢之汲引。若给事中高燮曾之奏请召见,侍读学士徐致靖之荐疏擢用,大抵皆出同龢授意"。"甲午中日一役,同龢主战最力,以身居帝师,欲佐少主而张国威,然于中日两国军事准备,未尝深悉,遂为时所讥。然其忠诚结主知,以和平剂群嚣,清德雅望,仍为朝野所重,天下之士,胥本走其门,亦有为之所呕欲藉重以要君者。"而后来翁同龢力言与康氏不往来,"力剖无荐(举)之事,并委责于张荫桓,实近于事后掩饰"。这一说法比较中肯和可信。

自《马关条约》签订的消息传到国内、康有为发动"公车上书"的那一天起,康有为的宣传变法活动就引起了朝野的关注。同年8月,康有为、梁启超与文廷式、陈炽在京师发起成立强学会,创办了《强学报》,发行了《中外纪闻》。强学会以民族自强相号召,一时参加者遍及京内外,不少地方督抚大员如湖广总督张之洞、两江总督刘坤一、直隶总督王文韶捐银资助,上海还设立了强学分会。翁同龢代表户部拨银1 500两作为强学会常年活动经费,予以支持。但强学会成立不久,即遭一些人反对,御史杨崇伊上奏弹劾强学会"结赏敛钱,大干法纪",请旨查封。强学会查封后,杨氏还参劾原强学会副会长文廷式"广结同类,相互标榜,议论时政",结果文氏被革职,永不叙用。翁同龢对查封强学会颇不谓然:"南城因禁强学会,众汹汹有烦言,盈廷之是非如此。"随借御史胡孚宸奏请设立官书局一事,向光绪帝请旨,建议将查封的强学会改为官书局。"国势之强弱,视乎人才;人才之盛衰,视乎学校。政由人才而理,人才由学术而成。""该御史请将强学书局改归官办，自系为讲求实学培养人才起见。臣等公同商酌，拟援照八旗官学之例，建立官书局，钦派大臣一、二员管理，聘订通晓中西学之洋人为教习，常川驻局，专司选译书籍、各国新报。"折尾还表示由户部每年拨银 1 000 两，作为该局经费。并说"设有不敷，再由臣衙门设法筹措。"对官书局表示全力支持。

德国强占胶州湾事件发生后，康有为上光绪帝第五书，因工部尚书松溎拒绝代呈，心灰意冷，决意南归。翁同龢得知后，又一次前去劝阻挽留。据康同家在《康有为与戊戌变法》一书中说：这次翁同龢对康有为讲，今日我在皇上面前保举你，请皇上破格擢用，委以重任。现在皇上正考虑要用你，你不能走。目前尚无正式资料证实这些，此处只能作参考。据说康有为听了这番话，沉闷痛苦的心情一下子变得振奋起来，当即表示留下不走。[1]康有为后来还赋诗记述此事：

> 胶州警近圣人居，伏阙忧危数上书。
>
> 已革九关空痛苦，但思吾党赋归欤。
>
> 早携书剑将行马，忽枉轩裳特执裾。
>
> 深惜追亡萧相国，天心存汉果何如！

1898 年（光绪二十四年）春，又逢三年一度的会试。从是年 1 月起，各省应试举人陆续抵京。康有为决定联络各省来京举人再次组织学会，大造变法舆论。4 月 17 日，在他与梁启超的策划下，以御史李盛铎领首，在京师成立了保国会，以保国、保种、保教为宗旨，以救亡图存相号召。在他们的影响和推动下，粤学会、蜀学会、陕学会、关学会、南学会、保滇会、保浙会、保川会、保苏会等相继成立。各种学会的成立，虽然有力地推动维新变法运动的深入开展，但也遭到守旧势力的仇视和反对。荣禄公开表示："康有为立保国会，现在许多大臣未死，即使亡国尚不劳他保也。其僭越妄为，非杀不可。"[2]御史洪嘉愻惠浙江举人孙灏上折，弹劾康有为组织保国会是"厚结党徒，妄冀非分，形同叛逆，莠言乱政。"要求立予解散该会。御史文悌在弹劾康有为和保国会的折中竟说："徒欲保中国四万万

---

〔1〕康同家：《康有为与戊戌变法》，台湾文海出版社 1973 年版，第 64—65 页。

〔2〕苏继祖：《戊戌朝变记》，中国史学会编：《戊戌变法》（一），上海人民出版社 1957 年版，第 305 页。

人,而置我大清国于度外。"此即所谓"保中国不保大清"之说的由来。在翁同龢的影响下,光绪帝则表示:"会可保国,岂不大善?"对于这些弹章一概置之不问。

还在是年2月(正月),康有为第六次上书光绪帝,建言仿南书房、会典馆之例,设制度局于宫中,妙选天下通才数十人为修撰,派王大臣为总裁,皇上亲临,共同讨论,将旧制新政斟酌其宜。另外开设法律、学报、农商、工务、矿政、铁路、邮政、造币、武备、社会,游历各局。革旧图新,匡救危局。光绪帝见后,据说表示赞同,并发交总理衙门讨论。康有为在自订年谱中也说,"常熟欲开制度局,以我值其中。"让康有为参加变法的决策层,而非让他主持。如果真的按照这个建议,设立制度局和下设各局,不仅将使现行的军机处及各部院架空,而且也将削弱甚至剥夺翁同龢的权力,这是他不愿看到的。由此引起了翁同龢对康有为变法动机的疑虑和警觉,甚至认为其"居心叵测",不可不防。设制度局于宫中涉及权力大转换,几同和平夺权。此议一出,举朝"震愕",群起反对。又是荣禄,公开大骂:"开制度局是废我军机、内阁、六部,决不能答应。"刚毅等也散布说康有为要尽废所有衙门。以致一时人心惶恐,朝内朝外大小官僚对康有为无不恨之入骨。他们在痛恨康有为之余,也隐含对翁同龢的愤懑。在这种巨大的压力下,翁同龢开始转向,企图通过与康有为疏远,表示自己不赞同其开设制度局的做法,以减轻政治上的压力。

翁同龢政治态度的变化不为光绪帝所理解,而在召对中,他常持与光绪帝相反意见也使光绪帝对他多所"诘责"。当时在华外国公使要求清朝改革觐见礼节,要求允许外国公使觐见中国皇帝时,舆马可以出入禁门;觐见的殿宇地面应铺设红地毯;觐见时,外国公使向中国皇帝行平行礼,等等,光绪帝认为可以"曲从"接受,翁同龢则认为礼仪属一国内政,外国要求"实属非礼",不能接受。光绪帝认为翁同龢不与他配合,对他"颇加诘难"。4月19日,讨论俄国公使巴甫罗福觐见礼节,光绪帝同意俄使可以"纳陛亲递国书",翁同龢认为此举大可不必,表示不同意。光绪帝对之很不以为然。在讨论德国威廉皇帝弟弟亨利二世接待礼节时,光绪帝主张在毓庆宫东配殿内举行筵宴,并允许亨利二世一行乘轿入东华门。翁同龢对以东配殿内供奉孝静皇后御容,配殿地隘,随行人员无处歇息,前星门百年未曾开启过,框木朽坏沉陷,轿舆经过很不安全,等等,至于"握手赐坐,尤碍体制,万万不可"。光绪帝不听则已,越听越光火,遂借细故,表面上斥责刚毅, 实则发泄对翁同龢的不满:"尔等总不以为然, 试问尔条陈者能行乎?! 否乎?!"4月(闰三月)中旬, 光绪帝要翁同龢传令康有为再抄呈有关变法著作, 翁同龢当场拒绝, 抗旨不遵。他在日记中记载了这件事:

> 上命臣索康有为所进书, 今再写一份递进。臣对: 与康不往来。上问: 何也? 对以此人居心叵测。曰: 前此何以不说? 对: 近见其《孔子变制考》(即《孔子改制考》)知之。(闰三月初七日)
>
> 上又问康书, 臣对如昨。上发怒诘责。臣对: 传总署令进。上不允, 必欲臣诣张荫桓传呈。臣曰: 张某日日进见, 何不面谕?! 上仍不允。退乃传知张君。张正在园寓也。(初八日)

这两天日记没有讲在何处, 是朝房还是在召见时。当时书房已裁撤, 造膝独对已不可能。所以只能是朝房或群臣召对时。群臣召见, 当有其他大臣在场, 到目前为止, 尚未见到相关记载。因此, 如果确有此事, 至少张荫桓日记应有记载, 但查阅张氏日记, 没有。当然也不排除张氏因怕受康有为牵连, 故意不记, 或记而删去。因此怀疑这两天的日记所记这方面内容是翁同龢事后添加的, 目的是在证明自己与康有为不是同一路人, 说康氏"居心叵测", 想以此减轻舆论对他的不满与指责。不过添加的这些内容却不打自招地承认自己与康有为早有往来及"密保"康有为这一事实。光绪帝驳斥他"前此何以不说?"正好反衬了他先前曾向光绪帝介绍过康有为。说明他"与康不往来"是谎话, 连光绪帝都不信。

不过有一点, 我们也不得不承认, 康有为当时的儒学水平并不具备权威性, 再加上他"借经术以饰其政论", 更不为众多士大夫所认同, 难怪翁同龢看了他的《孔子改制考》一书, 指斥他是"说经家之野狐禅"了。

反过来, 看看康有为有关翁同龢与他交往的记载, 虽言词有夸大的成分, 但所记基本属实。而且康氏的这些记载都是在上个世纪20年代前发表的, 有些甚至在翁同龢开缺和革职后就发表了, 虽经戊戌政变也未改口否认。1904年8月(光绪三十年七月), 康有为流亡瑞典, 从报纸上得知翁同龢去世的消息, 心中十分难过, 特作哀词十四章, 叙述两人的交往与合作, 并对翁同龢在戊戌变法中的历史功绩给予高度评价。哀词《自序》说:"戊戌为中国维新第一大变,翁公为中国维新第一导师,关系至重,恐人间不详,故详咏之。此虽诗也,以为翁公之传,以为新旧政变之史,皆可也。"其十四章如下:

中国维新业,谁为第一人?王明资旧学,变法出元臣。
密勿谋帷幄,艰难救国民。峨峨常熟相,凿空辟乾坤。

仲舒学纯悫,第一冠贤良。贤傅推萧望,公才属马光。
韦平勋再世,陈窦党重伤。仙鹤青霄泪,霜毛竟不翔。

师第而臣主,宁闻二十年?成王新莅辰,尚父授经筵。
尧舜天人圣,熊盘启沃贤。痛心伤良辅,一老不遗天。

马江经败绩,谬上万言疏。辽失忧薪火,韩亡虑沼鱼。
审时求变法,痛哭辄当车。绛灌非公意,长沙空里闾。

甲午东和后,纡心世变更。高轩咨下士,长揖对前荣。
不信徙薪策,今为割地盟。岂闻师相贵,谢过问鲰生。

考求中外事,救国决更张。进御新书本,培才大学堂。
苦心营铁路,凿空启银行。十二策犹未,经帷逐太忙。

金轮久临御,玉宸类潜阳。虽割三台岛,仍张万寿觞。
舞歌扶力士,鼾醉挟相王。爱国惊谗毁,沉沉只自伤。

胶州忽见割,伏阙我陈书。荐士劳推毂,追亡特枉车。
辟门咨在下,决策变维初。廷议终为梗,椒兰谁为陈?鄙人上书不达,束装南归,翁公晨下朝来追。朝命王大臣见之于总理衙门,以上宾相待,咨问变法。

恭王忧死日，华夏复生年。一德君臣合，千秋新旧缘。

耻为亡国主，誓欲复君权。戊戌当初夏，深谋变法全。恭王守旧，挠变法，三月薨逝。四月，公与上即决变法。

四月廿三诏，维新第一辞。大号明国是，独力扫群疑。

五日相遂罢，千年弊尽披。新潮今卷海，开幕可忘之？公以二十三日请上下国是诏，中国数千年，新基本于是定。廿七日，即革职逐归，永不叙用。公以变法救国民，罢相之速，古今未有。

神州大一统，文化五千年。守旧盈廷论，攘夷举国传。

弓刀经改试，经济特求贤。变法身为导，罹灾公遂先。

痛绝瀛台变，忧深京室墟。老臣编禁后，圣主幸巡初。

几被张华戮，徒为殷浩书。七年警党祸，惨淡谢兴居。庚子正月，荣禄请那拉氏杀公。军机大臣王文韶、廖寿恒叩头固请免，乃令常熟县监禁。七月，京师破，遂有西幸之事。（按：康有为此注有误，当时翁并未交常熟县监禁。是翁的门生沈颂棠被监禁。）

上相犹居士，幽囚现老僧。闭门惟读画，游寺或行滕。

待死一生乐，忧时百愤腾。房州未复辟，目瞑亦何能。公七十无子，寡欲绝交，茕茕无欢，惟好画或游山寺耳。（按：康注有误，翁时年七十五）

他日新中国，元功应尔思。铸金范蠡像，遣祭曲江碑。

洒泪随欧海，招魂仗楚辞。乾坤何日正，生死论交悲。[1]

写罢哀诗，尤感意而未尽，复作"哭常熟三章，以抒悲怀"：

---

〔1〕 转引自沈云龙：《康有为评传》，台湾传记文学出版社 1969 年版，第76—77 页。

长天黯黯海萧萧,欲溯凄风赋《大招》。

东望江南云断处,空将老泪洒寒潮。

海山凄断冷风酸,忽听山颓最痛辛。

荐士岂闻才百倍,救公直欲赎千身。

萧何过举登坛将,王猛曾为入幕宾。

岂料七年悲党锢,竟成千古痛维新。

昔日胶州北上书,冰河凌晓欲归欤。

追亡竟累郑侯屦,变法真成商鞅车。

党祸千秋见苏马,波涛万里泣灵胥。

拊心君国惭无救,辜负明扬恨有余。[1]

康有为在诗中叙事如绘,情真意切,如果没有亲身经历,是写不出来的,更不可能有此深切感受,我们相信他所写是真的。翁同龢去世后,他在民国初年还专门去常熟凭吊过翁墓,1918 年 5 月,康有为"偕谊友数人间关莅止,栖息寺前街临安旅馆。于本月二十号午后,偕同人等乘藤轿至白鸽峰瞻谒翁师佳城,袖出祭文一篇,跪诵一通,继之痛哭,旋由同往友人劝止。闻二十一号晨即登轮赴昆山,未知抑将他往与否。噫!吾邑翁相平生识拔者,只康先生一人,今康先生道与时违,落落寡合,此来哭墓,既为追怀师谊,亦所以痛泻牢骚也。"[2]康有为因参加张勋复辟,为世所弃,故心情不好。但来虞山哭翁墓,却反映了戊戌当年翁氏荐康这一事实。反之,翁同龢的说法并不靠谱。翁同龢日记影印出版是在 1926 年,发行时间还要后一些,值得注意的事,翁同龢日记影印出版的第二年,1927 年康有为就在青岛去世了。他死前是否看过翁氏日记?抑或看到又有何想法?我们均不得而知。总之,翁同龢"密保"康有为是个不争的事实。

---

[1] 梁启超:《饮冰室诗话》,人民文学出版社 1998 年版,第 119—121 页。

[2] 参见 1918 年 5 月 22 日《刍言日报》,常熟档案局编:《民国报纸记忆常熟》,古吴轩出版社 2015 年,第 20 页。

革职编管与康有为"围园杀后"一事有关

翁同龢的开缺与革职编管是在两种不同背景下发生的。先说开缺。开缺谕旨内容是这样的:"协办大学士翁同龢近来办事多不允协,以致众论不服,屡经有人参奏,且每于召对时咨询事件,任意可否,喜怒见形于词色,渐露揽权狂悖情状,断难胜任枢机之任,本应察明究办,予以重惩,姑念其毓庆宫行走有年,不忍遽加严谴,翁同龢著即开缺回籍,以示保全。钦此。"

这个谕旨有两处值得我们注意,翁同龢的开缺是因为:一、"近来办事多不允协";二、"每于召对时咨询事件,任意可否,喜怒见形于词色,渐露揽权狂悖情状"。"近来办事多不允协","近来办事"主要是指他办理山东胶州湾事件、中俄旅大交涉事件不善,以及他主张变法。"以致众论不服,屡经有人参奏"。参奏者不止一人。徐桐与他共事多年,是三朝元老,密参他"身膺枢寄,植党营私,不辨贤奸,以致人才不出,宵小滥进,既未能作养于先,即不能收效于后。"[1]说他"植党营私,不辨贤奸",以致"宵小滥进",指他保举康有为等人,这是很严重的问题了。安徽按察使于荫霖、御史王鹏运、文悌先后参劾他"误国无状"[2]、"结党乱政"、"狂悖揽权"。王鹏运在奏折中无中生有地诬陷翁同龢在筹措对日赔款活动中,与张荫桓"朋谋纳贿,狼狈相依"。光绪帝深知其妄,将此折留中未发,并欲

---

[1] 中国第一历史档案馆藏军机录副,光绪二十四年四号(二)戊戌变法卷。
[2] 王鹏运:《权奸误国请立予罢斥以弭后患折》,中国第一历史档案馆藏奏档,军机录副,光绪二十四年戊戌变法卷。

"加罪鹏运",只是由于翁同龢"力请宽之",才未将王氏交部议处。至于召对时咨询事件,任意可否,喜怒见形于词色,这些事前面已有提及,如中德交涉中多次抗旨不遵、讨论外国使臣觐见礼节、接待和筵宴德皇威廉弟弟亨利二世的地点礼节时"任意可否",光绪帝令其传令康有为再抄呈所进著作一事,抗旨不遵,等等,其"喜怒见形于词色",虽不能说"渐露揽权狂悖情状",但至少无视皇帝尊严,有失大臣议政应有的常度,这是皇帝绝不允许,也无法容忍的。光绪帝对翁同龢虽多不满,但尚念旧情,更无加害于他的意思,所以谕旨有"本应察明究办,予以严惩,姑念其毓庆宫行走有年,不忍遽加严谴,翁同龢著即开缺回籍,以示保全。"这样写,这样处理,是符合当时光绪帝的心情的。"姑念其毓庆宫行走有年,不忍遽加严谴。"翁同龢入值毓庆宫近二十年,与光绪帝几乎朝夕相处,情同父子,彼此感情太深了。就在下令将翁同龢开缺的同一天,光绪帝仍命书房太监给他送去赐给军机大臣端午节的葛纱、围帽等物。"此事亦可征圣眷矣",可见光绪帝此时对翁同龢仍存有眷恋之情。

翁同龢的开缺,从守旧势力方面来说是少了一个"误国"(即力主变法)之人,用梁启超的话说,"同龢去,皇帝股肱顿失。"此时,康梁乃至社会上尚不知道光绪帝与翁同龢之间在对待康有为的问题上已存在分歧,所以,翁同龢的开缺对光绪帝而言,也可以是说少了一个障碍,此后可以放开手脚去进行变法。但开缺不是革职,开缺还可以开复。而翁同龢开缺后,也并未立即离京,守旧官僚势力担心他东山再起,卷土重来,因此,继续弹劾他。6 月 24 日(五月初六日),御史胡孚宸参劾他在中俄密约谈判中,与张荫桓"得贿二百六十万,两人平分"。慈禧太后"批示极严,责以当办"。光绪帝深信翁同龢操守很好,将折"留中未发"。翁同龢深感"熏莸同器,元规污人",只好自叹。事实是俄国为了强占旅顺大连湾和建造通往旅顺的中东支路,减少中国方面的反对力量,不惜用金钱收买了李鸿章和张荫桓以及旅顺地方有关官员。[1]门生张謇有见于此,"引朱子答廖子晦语劝公速行",用宁武子"邦有道则智,邦无道则愚"的故事,劝翁同龢速即离京,免遭不测。于是翁同龢便于 7 月 1 日(五月十三日)坐海轮回到常熟。

---

〔1〕参见《1898 年 3 月 21 日七等文官璞科第由北京致财政大臣密码急件》,《红档杂志有关中国交涉史料选译》,生活·读书·新知三联书店 1957 年版。

翁同龢回常熟后，维新变法继续进行。他开缺的次日，光绪帝冲破种种阻挠，在颐和园勤政殿召见了康有为，任命他在总理衙门章京上行走，允许他专折奏事。不久继赓召见了梁启超和谭嗣同等人。赏谭嗣同、杨锐、刘光第、林旭以四品卿衔，在军机章京上行走，参与新政事宜。先后颁布了一系列新政谕旨，宣布废八股，兴学校，裁并机构和一系列奖励工商、发展资本主义的诏书，罢免了阻挠新政的礼部六堂官。9月初，怀塔布、荣禄等密谋，预定10月底慈禧太后与光绪帝同到天津阅兵，举行政变，废黜光绪帝。康有为、梁启超、谭嗣同决定请新授兵部候补侍郎袁世凯举兵围攻颐和园杀掉慈禧太后，救出光绪帝。结果袁世凯未能配合。9月21日（八月初六日）凌晨，慈禧太后从颐和园赶回紫禁城，直入光绪帝寝宫，拿走一切文件，幽禁光绪帝于中南海之瀛台，并假其名义，发布吁请太后训政的诏书，再次临朝"训政"。随即捕杀谭嗣同、林旭、杨锐、杨深秀、刘光第、康广仁等六人。通缉康有为、梁启超，罢免和逮捕维新派官员李端棻、陈宝箴、江标、黄遵宪等数十人。在围剿维新派、捉拿康有为的过程中，慈禧太后和荣禄及刚毅等对翁同龢也未放过，对他恨之入骨，遂假光绪帝之口，颁谕将翁同龢"著即革职，永不叙用，交地方官严加管束，不准滋生事端，以为大臣居心者戒"。

这道谕旨，"革职永不叙用"不难理解，就是将他永远逐出政坛。但"交地方官严加管束，不准滋生事端"这一惩罚却大有文章在内。翁同龢立朝四十多年，且处清朝统治的最高层核心部位，对于朝廷内尤其是帝后之间的宫闱内幕了解得太多太多了，"交地方严加管束"，就是剥夺他言论自由，不许他说出宫廷内幕和人事上的矛盾是非。翁同龢多次主持乡会试，任职多部，担任要职，故弟子门生、门人、部下僚属遍布朝内外，影响很大，他的言论动关朝局。谕旨规定"不准滋生事端"，就是剥夺他的行动自由，禁止他与一切官员接触交往，不准他参加和组织不利于慈禧"训政"的任何活动，并以"大臣居心险恶者戒"来警告一切同情他，特别是同情光绪帝、对慈禧重新"训政"不满的官员。

翁同龢是在前往南昌看望侄儿、时任江西布政使翁曾桂时得知戊戌政变发生的。9月23日（八月初八日），当他看到慈禧太后再度临朝训政的电传谕旨，顿时"战栗罔知所措"。同一天，电旨谕令捉拿他的门生文廷式"押解来京"，他见后说如雷轰顶，几乎昏了过去。9月29日（八月十四日），他又听到光绪帝被囚、谭嗣同等"六君子"被杀、通缉捉拿康、梁,新政尽废的消息,"心悸头眩,几至投地"。在急速回常熟途经上海时,他从亲家恽莘耘那里又得知"近日京师情形",当听到康有为等人策划兵围颐和园捕杀慈禧太后的事(康有为对此矢口否认,史学界对此亦有存疑。),"大为惊惧",表示"鼠辈谋逆,陷我神明,并贻无穷之祸,真堪痛哭"。对于康有为等"设谋以图太后,实为翁所逆料"。[1]翁同龢称此举为"鼠辈谋逆",显然表明了自己的反对态度,而说"陷我神明,并贻无穷之祸"确是一句含蓄不尽的话,既是对光绪帝安危的担忧,又是对个人祸福不测的恐惧心理的反映。后来一系列的事实证实了他的这些担心。次年慈禧太后宣布择立端王载漪之子溥儁为大阿哥,准备废除光绪帝,只是因电报局提调经元善透露消息,遭到全国反对,才未立即实施。翁同龢个人也整天处于惶恐之中,据说他从当地周九林刀剪铺买了一把剪刀,又在瓶庐旁挖了一口深井,随时作自裁之用。不过他的命运似乎要比明代的张居正要好一些,张居正死后被焚尸、查抄家产,株连族人,命运极为悲惨。慈禧太后最终没有杀死翁同龢。翁同龢毕竟担任过他的儿子同治帝的师傅,岂有杀自己儿子的老师之理?! 这将为天下所不容。现在将他"革职编管",活罪难受,与死囚也差不了多少,所以,没有下令杀他。

---

〔1〕 参见濮兰德等:《慈禧外纪》,辽沈书社 1994 年版。

张荫桓"密保"康有为质疑

由于"密保"康有为是翁同龢被罢黜的主要罪名之一,因此,在戊戌政变后就有人说翁同龢没有举荐过康有为。常熟文人丁国钧在《荷香馆琐言》、张謇之子张孝若在《南通张季直先生传记》中都持此说。张孝若说"那时候颇传说康有为是翁公引进的,其实完全不对,我们看翁公当时及后来的两段日记,都可以证明了。"这两段日记前面我们已经运用并作了分析,大有存疑,不能用来证明翁同龢没有"密保"过康有为。张孝若在该书中还讲到康有为与张謇在京时,"其时相识,很有往来",康有为还做了好几首诗送给张謇。不过,张謇看到"康的居处见客,排场很大,意气过嫌豪放,不大平正,心里不很赞成。所以他尽管送诗,我父都没有回答。"康有为当然知道张謇是翁同龢的得意门生,他如此"恭敬",其中显然有翁同龢的因素和他的意图;而张謇与康有为"很有往来"很有可能受了翁同龢的某些影响。这些都从一个侧面反映了翁同龢与康有为有来往是完全可能的,翁同龢"密保"康有为很难说没有。[1]丁国钧和张孝若都是依翁同龢的日记为据而说的,个中难免有为其开脱的成分。

既然翁同龢"没有""密保"过康有为,那么是谁向光绪帝"密保"的呢?前几年有人提出是张荫桓。

达园位于北京西郊,坐落在颐和园和圆明园之间,据说当年曾是吴三桂的府第。现为国务院机关宾馆。1998年8月,纪念戊戌变法100周年国际学术研讨

---

〔1〕 张孝若:《南通张季直先生传记》,南通张謇研究中心2014年版,第66—67页。

会在此举行。会上，中共中央党校资料室的马忠文先生提交了一篇论文，说戊戌年间向光绪帝举荐康有为的，并非是翁同龢，而是张荫桓。后来在常熟召开的翁同龢与戊戌变法的研讨会上，他再次重申了这一看法。

同乡、同年，是封建时代官场中拉近关系的重要途径。张荫桓与康有为同为广东南海县人，康有为鼓吹变法，运动高层，将他的变法主张上达帝听，走同乡京官的路线是情理中的事。康有为找过张荫桓没有，我认为肯定找过，而且为此请求过，问题在于是不是所有京官都可以如此接近，很难说。封建社会是一个等级森严的社会，举荐人员有严格的限制。就当时张荫桓的条件来看，尚不具备向光绪帝"荐康"的资格。

张荫桓，字樵野，非正途出身，是由捐纳（即纳赀买官）跻身官场的。商承祚、商志谭先生在保存的《张荫桓奏稿家书》中说道："张荫桓因初为簿尉，流为外官，入京后，却身居卿贰，又因非进士出身，为朝士所轻，故在京都，做事多谨小慎微。以做朝服为例，书信中令其子在广州缝做，不仅把蟒袍式样送去，而且叮嘱'恐粤中花样疏密不伦，又太恶俗，故以此为式耳'；以免为朝贵耻笑，并举李文田在广州制作朝服，被朝贵们讥笑为戏服为例。在人情世故上亦多阿谀权贵。信中言时为左副都御史徐致祥于光绪十七年被命为广东乡试主考官，虽然前一年张已任此职，故信中言与徐为同堂。但是，因为徐与当时权臣、时任兵部尚书，军机大臣的孙毓汶为'儿女亲家'，乃令其子俟徐到粤时，以张名义，送上等燕席，在徐离粤前更赠送粤地特产八件，以'修地主之谊'。实际上是讨好对方。……但是对副主考周树模态度却大不相同。周时为翰林院编修，仅为七品衔小京官，官阶较低，于是言周'与我无一面之识，可不理耳'。……另一方面，张荫桓依附当时朝廷重臣，如结交翁同龢。……张在变法之前，因与康有为乃同乡之谊，交吐往来甚密，尝介绍走谒翁同龢之间。虽然变法后，张一再否认是'康党'，但先是与康梁交往甚密，再是为他们搭桥引线，熟悉上层，对促成变法有不可推卸的责任。"[1]

从这里可知，戊戌变法前，张荫桓因与康梁同乡关系，彼此虽有交往，只是将

---

〔1〕太平天国历史博物馆编：《清季名人稟牍奏稿函札——甲午中日战争新史料》，江苏人民出版社 2006 年版，第 130—132 页。

他们引荐介绍给翁同龢等大僚,希望借助力量,将康梁变法主张送到光绪帝那里。他绝对不可能越过翁同龢直接向光绪帝举荐康有为。况且他本人尚需依附翁同龢呢。

因广东开放较早,得风气之先,对于"夷情"比较熟悉,张荫桓在同治年间就被誉为当时中国四大洋务高手之一,与盛宣怀、马建忠、丁日昌齐名,深得曾国藩、李鸿章的赏识。后以芜湖道保荐在总理衙门大臣上行走。1882—1889年间,以三品卿衔出任驻美、西公使。回国后,任户部左侍郎,在总理衙门大臣上行走。张氏喜收藏碑帖,也擅画,这点与翁同龢可称得上是"志趣相投",又同在户部为官,所以彼此关系较近。张氏在出使美、西前夕,(闰五月初六日),曾将其收藏的一幅恽南田(寿平)山水画请翁同龢题签。翁氏在上面题诗三首,其第三首的内容是:

> 丁藏古籍雨生李藏碑若农,画又能兼画癖奇。樵野喜聚书并能画,盖兼两公三兼之。一篚云烟九万里,归来龙气尚淋漓。樵野以芜湖道留译处,加三品卿衔将出使外洋。

张氏回国后,授户部左侍郎。因职事上的关系,与翁同龢往来日益密切。

张氏与康有为虽同为南海人,但在甲午前,因张氏地位不高,康有为与他的关系达到什么程度,不得而知。但我们知道,康氏是素怀"澄天下之志"的人,他目光聚焦于翁同龢和光绪帝。甲午战争后,康有为考中进士,来京下榻粤东会馆和南海会馆,宣传变法,其间与张荫桓的交往一定不少。但他深知要通过张氏来说动光绪帝实现自己的维新变法主张是根本不可能的。张氏与光绪帝的关系只是一般的君臣关系,这非翁同龢与光绪帝的关系可比。因为后者可以在毓庆宫书房"造膝独对",而几乎所有其他大臣都不可能做到。光绪帝倾向维新变法是翁同龢诱导鼓动的结果,欲实行变法也离不开翁师傅。因此,荐康之举,非翁莫属。

康有为走翁同龢的路线,既有主观原因,也有客观原因。客观原因我们前面已经说过,康家与翁家早有交往,而梁启超夫人李慧仙的堂兄李端棻又是翁同龢兄长翁同书的门生,凭着李氏这条线,康、梁均可与翁氏往来,建立联系。有了这些关系,康、梁通过翁同龢,与光绪帝发生联系就有了可能。

另外,清朝有规定,非二品以上大员不得保举。张氏当时只有三品卿衔,当然没有资格保举康有为。又,张系一侍郎,除了入值召见时方可与皇帝见面,平时很难有直接接触,而翁同龢官居一品,贵为帝师,身膺军机大臣、总理衙门大臣、户部尚书协办大学士,几乎天天与光绪帝见面,由他荐康是不难的事。退后一步说,即使张氏想"荐康",也非通过翁同龢不可。张氏当然知道康、梁与翁家的历史渊源,向翁同龢"举荐"康、梁倒是极有可能的,向光绪帝"举荐"则是不可能的。官方史料也能证实这一点。在罢斥翁同龢的谕旨中说他:"今春力陈变法,密保康有为,谓其才胜伊百倍,意在举国以听。"皇帝诏书是严肃的政治文件,不会随便乱说。可见,"荐康"的不是别人,正是翁同龢。

至于翁同龢在日记中竭力否认自己的"荐康"之举,甚至有诋毁康氏的言论,主要还是避祸。而他对康有为《孔子改制考》的批评,说是"说经家之野狐禅"则显示了他与康有为在学术上持有不同的看法,倒并不能视为攻击康氏。至于说康梁等策划派兵围园杀后救帝之举是"鼠辈谋逆",则是表明他对此持反对的态度。

康有为是位了不起的宣传鼓动家,他虽有言大而夸的缺点,但对翁同龢举荐他一事从未否认过,也从未讲过系由张荫桓举荐。康有为第一次公开讲他系翁同龢举荐是在戊戌政变后,他在英舰护送下逃到香港对外国记者发表谈话时。那时他已逃出虎口,不存有什么顾忌。他在自订年谱中也如是说。1904年他在悼念翁同龢的长诗中还是这么说,盛赞翁同龢为"中国维新第一导师"。总之,证之光绪帝的谕旨、康有为的文字记述,戊戌年向光绪帝举荐康有为的只能是翁同龢而非张荫桓。

王崇烈谈翁同龢革职原因

翁同龢曾为同光两朝帝师,担任军机大臣、总理衙门大臣,户部尚书协办大学士,权重望深。他的开缺在朝野引起了巨大的震动。而晚清官员中,被皇帝连续颁发两道谕旨进行处罚的,除翁同龢外,也极为少见。因此,百年来围绕着这两道谕旨,特别是后一道谕旨究竟出自谁手,他获咎的原因究竟是什么,众说纷纭,莫衷一是。这里就此作一分析。

关于翁同龢获咎遭谴的原因,百年来大致有以下几种说法:

一、认为与他支持变法、举荐康有为有关。《清朝野史大观》、王伯恭的《蜷庐随笔》、苏继祖的《戊戌朝变记》、陈夔龙的《梦蕉亭杂记》、费行简的《慈禧传信录》、黄鸿寿的《清史纪事本末》等书多持此说。

二、认为与荐康无关。前面提到的丁国钧的《荷香馆琐言》和张孝若的《南通张季直先生传记》两书均持此说。

三、认为是满族权贵刚毅、荣禄排斥打击所致。如赵炳麟的《光绪大事汇鉴》、叶昌炽的《缘督庐日记》、费行简的《慈禧传信录》诸书就持这一说法。

四、认为是见恶于慈禧太后,典型的说法为张元济的《戊戌政变的回忆》。

五、认为是由恭亲王奕䜣临终遗言所致。金梁在《四朝佚闻》一书中就持此说。

六、认为是光绪帝将其革职。持此说的有金陵江楚编译书局所编的《国朝事略》一书。

七、认为系康有为所为,王伯恭在《蜷庐随笔》中就是这样看的。

此外,还有其他一些说法,不再一一列举。

在上述诸种说法中,第二、六、七三种说法较少,而且多半含糊。如第六种说法,一语带过,不讲缘由。持第二、七种说法的为翁同穌的门生和门人,其说主要依"据翁氏日记"和"闻诸翁氏口述",目的在为其洗刷和开脱。正如汤志钧先生指出的:"余以为日记历政变而自删,口述则故为饰词耳。"[1]第四、五种说法有一定的道理。恭亲王地位崇隆,势力很大;慈禧执掌清朝大政,操生死予夺大权在手,要打倒翁同穌太容易了。持第一、第三种说的较多,也比较接近事实。但历史是多元的,任何历史事件的形成都是多种合力的结果,因此很难断定是何种说法是最终导致他开缺和革职的主要原因。

1988 年,笔者应出版社之约撰写《翁同穌传》。在撰写过程中,曾得到翁氏后人翁万戈(兴庆)先生的大力支持,为我提供和复印了他珍藏的翁同穌生前遗留下来的一部分手稿和有关档案资料。其中有三件与翁同穌开缺革职有关的重要史料。通过它们可以使我们对事实真相有一个大致的了解。

民国初年,北京政府设立清史馆,任命赵尔巽为馆长,主持编纂清史。1914年编写工作正式启动,1927 年大体编成,这就是我们今天所能见到的《清史稿》。其中大臣列传中的翁同穌传由协修王崇烈(字汉甫)负责撰写。王崇烈于清末曾任道员,在津任洋务委员,端方任直隶总督时,做过其幕僚。王家与翁家"累经交谊,不仅有通家之雅"。王氏本人虽因身份关系(官职低微)与翁同穌"向来踪迹甚疏",但对于翁的情况相当熟悉,"窃以为能知常熟为人及了解此事(指翁同穌开缺革职)始末者当不亚于高明之士。"[2]也许正是由于这些原因,清史馆才将翁同穌传交由他去写。

王氏接受任务后,惟恐把握不准,为慎重起见,致函翁同穌侄孙、翁同书之孙、翁曾源之子翁斌孙,请其先撰拟一稿,供自己参考。翁曾源去世后,翁斌孙的教育主要由翁同穌负责,平日与翁同穌关系最为亲近,他又是进士出身,任过翰林院编修,官至直隶提法使,对翁同穌的情况最为了解。让他来写,最合适不过。翁斌孙接到王氏来函后,很快撰写了一份《翁同穌传》,于1914 年 10 月托人送给王氏,并随稿给王氏附上一信。信中说:"先文恭公传稿遵命拟上,事实粗备,乞公删定而

---

〔1〕 汤志钧:《戊戌人物传稿》,中华书局 1961 年版,第 22 页。
〔2〕 王崇烈:《翁文恭公传书后》,未刊,翁万戈藏。

润色之,或更撰一篇付馆。"信后还附列了八条"未入传事",供王氏采择参考。[1]

翁斌孙所拟《翁同龢列传》约 3 000 字。内容基本上是参照翁同龢生前手定的《松禅年谱》。传中写了有关翁同龢开缺、革职前后及开复处分的情况,其中有几点比较重要:

一、翁同龢在开缺前,曾被给事中王鹏运参劾:"四月,给事中王鹏运言同龢与张荫桓朋谋得贿,上知其妄,将加鹏运罪,同龢力请宽之。"王氏参劾同龢受贿之事,当然没有。光绪帝知其妄,要加罪王氏,幸得翁同龢的请求,才得以"宽之"。这一记载,一方面证明翁同龢清白无辜,反映了他作为一个政治家的宽广胸怀;另一方面也反映了当时光绪帝对翁同龢的操守绝对相信,一点怀疑也没有。

二、翁斌孙在所拟传中征引了罢斥翁同龢的两道谕旨后,紧接着写道:"同龢于书无所不读,邃于性理之学,处事必诚必敬,立朝有古大臣风,侍讲帷四十年,寒暑风雨未尝一日请休沐,朝夕纳诲,于列圣遗训、古今治乱,曲尽其理;其调和宫廷则以圣孝为本;阐明政要则以忧勤为先,又尝手写《夙兴夜寐箴》及画沿海要隘图进呈备览。"这段文字饱蘸翁斌孙对翁同龢的无限崇敬之情。但细细观之,又别具深意,它实际上是对谕旨中强加给翁同龢的诸如"授读以来,辅导无方,从未将经史大义剀切敷陈","咨询事件任意可否,喜怒见于词色,渐露揽权狂悖情状"等罪名的否定。从某种意义上说,也是告诉人们,这些都不是翁同龢开缺、革职的原因。

三、在传中,翁斌孙明确地提出,翁同龢的开缺、革职是为"小人所忌",这个"小人"不是别人,就是刚毅。他说翁同龢"生平坦白,同官有过,恒面规之,卒以是为小人所忌,遭谗罪废,朝野惜之。戊戌十月之旨出大学士刚毅手。先一日,刚毅独对,褫职编管皆其所请。尚书王文韶于述旨时争之曰:'朝廷进退大臣自有体制,编管奚为?!'刚毅谬其说,曰:'慈圣意也。'文韶叹曰:'吾曹他日免官可以此为例矣。'"这段有关刚毅构谗陷害的文字记载证实了前列第三种说法。翁斌孙这样说,当然不是臆造,也不是出于一时的感情冲动,而是有根据的。且清史列传文字严肃,非同一般文字可比。因此,我认为这个说法是可靠的。现存王

---

[1]　翁斌孙致王汉甫函,10 月 7 日,未刊,翁万戈藏。

文韶日记虽缺了光绪二十四年这一年（原因不详，据我推测可能与戊戌政变有关，担心牵连进去。）但文中所引王文韶同刚毅抗争这一段，并非虚构。翁、王两家是世交，且有亲谊。翁斌孙上述说法很可能得自王氏之口，或当时在朝、平日与翁同龢关系较近的其他军机大臣如廖寿恒、钱应溥、孙家鼐等人。由此可知，翁同龢的开缺、革职确实与刚毅一伙的打击有关。至于刚毅一伙为什么要打击陷害翁同龢，翁斌孙在传稿附录文字中未说。

王崇烈在翁斌孙所拟翁同龢传稿的基础上，又根据清史馆提供的官方档案资料，草成《翁同龢传》，这就是后来《清史稿》中翁同龢传的蓝本。王氏所拟传稿约 4 000 字左右。同翁斌孙所拟传稿不同的是，王氏在几个关键的地方提出了自己的看法：

一、关于翁同龢开缺、革职的原因，王氏明确认为系因"荐康"。他说："（翁同龢）生平拘谨坦白，亦多忌者，卒以面对（指与光绪帝召见面对）有'工部主事康有为才具胜臣之言'获罪"。

二、认为翁同龢的开缺并非出自光绪帝旨意。他说："然同龢戊戌四月既罢官，端午节例赏仍奉特旨颁给，亦可征圣眷矣"。查翁同龢光绪二十四年四月二十八日日记写道："南书房王监赏到端阳例赏葛纱，余告以已出军机，不敢领。对曰：'奉旨仍赏。'余告以此须单衔具折，恐不便。伊曰：'当具折，因此故，太监自送。'酬以二金，并以一切内廷开发付之。函与仲山（指廖寿恒）商酌，吾欲令同事诸公代陈，较具折为妥。"王崇烈这一看法在当时并非他一人，不少人以此为例，深信翁氏开缺并非出自圣意。但后来揭示出来的史料征实，开缺谕旨就是出自光绪帝之手。前有论列，此处不再赘述。

由于国史"体例矜严"，传稿在字数上有所限制，不可能将传主生前所有活动以及相关内容都写进去，所以，王氏在写成《翁同龢传》后，又将许多"事属琐屑，例不应引入正传"、但十分重要的内容，写成《翁文恭公传书后》一文，"用述颠末，作为书后，存以纪实"，以便"使后人窥知当日政局之实际"。《书后》录了有关翁同龢开缺、革职的史料，透露了当时朝廷内部的矛盾斗争以及刚毅一伙为何打击陷害翁同龢的事实，它实际上是正文中"亦多忌者"一语的补充说明。《书后》文字冗长，兹将其中有关部分摘录于此。

《书后》首先叙述了翁、刚交往与结怨始末："光绪戊戌四月二十七日,常熟翁相国罢值,邸抄一出,朝野疑诧,以常熟两代帝师,圣眷素隆,为咸同以来汉臣之冠,何以一旦罢职,谕旨严厉一至于此,且是日为常熟生辰,故于是日予以罢斥,又似先有成见以辱之者。常熟赋性拘谨,人所罕知。当国时毁誉参半,多以其人为深沉,实则非真点破常熟者也。然常熟之蹉跌,亦坐是故。夫身系朝野之重望,负钧衡之大任,岂一谨小慎微之心即谓毕乃事乎?!刚毅之入参军机也,常熟保荐之力为多,刚抚苏有清廉之名,清赋清漕饶有成绩。初入枢廷亦甚感激师谊。一日拟保苏抚中军龙殿扬其人,常熟未置可否,刚乃于面对时力为推举,常熟见其称誉溢量,未予赞同,刚自此遂与常熟有隙矣。刚又尝于市肆得一抄本兵书,中多'朕'字,盖前代帝王方略之书也,刚毅遂袭此书为己作,虽屡改'朕'字为'余'字,而其中语气仍属帝王口吻,且有漏涂'朕'字之处,遂付手民,遍示朝贵。刚为翻译进士,本如伏猎者流,于汉文深意初不能解。凡见此书誉之者则刚喜,常熟见之,恐其贾祸,乃告以书中口气不合,且晚近以来,'朕'字非臣民所应用,刚于是因羞成怒,衔恨刺骨。"

接着,《书后》介绍了翁同龢"荐康"的真相和刚毅如何借此打击陷害翁同龢。文中说:"康有为成进士后,感愤时事,急于致用,每作危言论天下事,康实具有世界知识者,造次上书常熟不报后,以所著《日本变政考》乞为奏进御览。夫此岂常熟所肯为者乎? 康固不知也。忽一日,德宗于常熟独对后,示以《日本变政考》,意甚愠常熟之不为奏进,并谕以试论康有为之才如何。常熟见天颜不霁,惶悚对曰:'康有为才具胜臣十倍,其他非臣愚所能知也。'当刚、翁同值时,自亲王外,满臣以刚居首,圣眷亦隆,自刚衔怨之后,其于常熟早蓄排挤之计,至是得其间矣。故说者谓常熟罢相之旨特于其生辰传宣,盖刚之有意辱之耳! 常熟既罢相,行将出都,荣文忠(指荣禄)以旧日监好,特修馈赆之礼,词意殷挚,而常熟峻谢之,以满人习惯,至交不应出此,是亦常熟拘谨太过之一端也。十月,再奉编管之谕,是日系刚独对后入朝房传旨,使非有授德宗读一层,几罹不测矣。若以戊戌四月罢相后端午节仍照例特给观之,似两宫恩眷意犹未尽,乃一再贬黜而严旨未指实罪,案既曰'滥保匪人',又不明指为谁某,故洞悉当时情势者知此中必有谗构之人,第刚、翁不合,外间无知其真相者。"

纵观王氏所拟传稿及稿后所附《书后》,可见,在他看来,造成翁同龢开缺、革职的原因有三条：一、"生平拘谨坦白，遂多忌者"，"人多以其为深沉"，其"蹉跌"亦因此而起；二、因"劝善规过"得罪刚毅，遭刚毅衔恨报复；三、"卒以面对有'工部主事康有为才具胜臣之言'获罪"。三条中，前一条，有些史书也有所论及，如金梁在《四朝佚闻》中说：翁之为人，"好延揽而必求其为己用，广结纳而不能容异己。"〔1〕"不能容异己"，这对一名政治家来说显然是个缺陷。第二条，翁、刚不和也实有其事。但我认为仅有这两条尚不足以造成翁同龢的开缺、革职，只有第三条才是根本要害。他的开缺，归根结底与他援引康梁维新人士、支持光绪帝变法有关。有史书说：戊戌变法开始后，"朝中守旧大臣皆忌之，呼翁为老奸巨滑"。"在光绪二十四年四月以前，力主变法之翁同龢，业已数次被劾，劾之者即为后党。"〔2〕在戊戌变法前，翁同龢是朝廷中最具影响力的大臣，是光绪帝的师傅，且弟子门生遍布朝内外，以刚毅为代表的守旧势力'担心光绪帝在翁同龢的秘密指导下，起用年轻人从事改革，不但危及他们的权利，甚至危及他们的地位。'〔3〕所以，要拼死攻倒翁同龢。待到康有为、梁启超、谭嗣同等维新志士策划兵围颐和园，"设谋以图太后"一事败露，他的"荐康"便成了"大逆不道之举"，成了守旧势力置他于死地的重磅炸弹。"刚（毅）首先奏翁同龢曾面保康有为，……此而不严惩，何以服牵连获咎诸臣？！"〔4〕结果遭到革职永不叙用，交地方官严加管束的重惩，"终以导景皇帝（指光绪帝）行新政罪废于家"。〔5〕

这里顺便说一下，康、梁、谭究竟有没有策划兵围颐和园的事，长期以来史学界存在争论。《四朝佚闻》一书的作者金梁"尝以兵劫颐和园事问康南海，康怫然曰：'乌得有此？我朝以孝治天下，小臣面对，谁敢妄言！此皆荣、袁辈不学无术，藉危词以邀权势耳。"我的看法，康、梁、谭可能有此想法，但绝无此行动。当时维新派是想拉拢和争取袁世凯，但毕竟自己手中无兵权，而荣禄对变法非常仇视，并曾扬言要康有为小心脑袋，对其进行人身威胁。所以，我认为康氏的这一说法是可信的，维新派并无派兵围园杀后之事。

〔1〕 金梁：《四朝佚闻》卷二。
〔2〕 康同家：《康有为与戊戌变法》，香港环球文化服务社 1959 年版，第 120 页。
〔3〕 中国史学会主编：《戊戌变法》（四），上海人民出版社 1957 年版，第 384 页。
〔4〕 汤志钧：《戊戌变法人物传稿》，中华书局 1961 年版，第 226—227 页。
〔5〕 罗惇曧：《宾退随笔》，《庸言》，第二卷第五期。

六、人际交往

翁同龢的父亲翁心存历道光、咸丰、同治三朝，立朝四十多年，先后任广东、江西学政，主持浙江、福建、四川乡试，多次担任各类考试阅卷大臣。他三掌国子监祭酒，历官工部、户部尚书，官至大学士，为诸王子和同治帝的师傅，有着广泛的人脉。而翁同龢自1830年（道光三十年）担任小京官后，因父亲的关系，就与各色人等相识和接触。而他本人自1856年（咸丰六年）状元及第后跻身官场到开缺回籍，立朝也有四十余年。他任过两朝帝师、军机大臣、总理衙门大臣，职掌多部要职，数度担任乡会试正副考官，多次奉旨批阅各类考试试卷，参与许多重大政事活动，因此，交往的人特别多，其中有书房同值、王公贵族、中央部院同事及僚属、地方督抚司道、同年、同乡京官、弟子门生亲朋好友等，不下数百人，构成了一个庞大的人际网络，这些一方面反映了晚清高层复杂的人际关系；另一方面也透露了翁同龢在处理各种政务时的态度、观点、作为，以及对当时社会的影响和人们的评价。人际交往，是他四十多年从政活动的重要组成部分，有必要加以介绍和论述。

（一）帝师"仙班"：弘德殿

1866年7月（同治五年八月），因李鸿藻嗣母去世，在京丁忧，翁同龢在弘德殿书房颇受徐桐等挤压排斥，一度萌发辞差的念头。他的兄长、远在湖南任盐法常宝道的翁同爵得知后，写信劝他千万不可辞差，信中说："吾弟日侍讲帷，虽甚劳苦，然得偿先人未竟之志，似亦未可言退，宜俟圣主亲政后，再陈情归养"，且"师傅尊崇，与外任道府，有仙凡之别，正不宜舍此就彼也。"[1]人臣高贵，莫如帝师，与一般道府官员有"仙凡"之别，而造就一代贤君圣主更是千古不磨的大业，因此，士子对担任帝师特别看重，人们对帝师则表现得非常尊重。

清朝前期的几位皇帝都是文学涵养较深、武功过人的君主。他们都希望后继有人，皇基永固，因此，对皇子的教育十分重视。

雍正朝不立太子，实行秘密立储。皇子皇孙都在上书房读书，如翁同龢的父亲翁心存在道光朝就曾授读过惠亲王绵愉，恭亲王奕䜣、钟郡王奕诒、孚郡王奕譓等，殷兆镛（号谱经）、孙瑞珍（符卿）曾授读过醇亲王奕譞、杜受田授读过奕𬤊（即咸丰帝）等。咸丰帝只有一个儿子载淳，秘密立储已不可能，1861年（咸丰十一年）临终前册立其为太子，择立翰林院编修李鸿藻为师傅，进行授读。

咸丰去世后，载淳为帝，改元同治。同治帝尚在冲龄，不能亲政，于是两宫皇太后安排同治帝在弘德殿入学读书。除了李鸿藻外，又特简前任大学士祁寯藻、翁心存、工部尚书倭仁为师傅，（三人死后均谥"文端"）在弘德殿授皇帝读。"朝

〔1〕 翁同爵：《致六弟书》，北京图书馆藏《翁氏家书》第八、十二册。

夕纳海,同心启沃。帝王之学不在章句训诂,惟冀首端蒙养,懋厥身修,务于一言一动及天下民物之赜,右今治乱之原,均各讲明切究,悉归笃实,庶几辅成令德,措正施行,宏济时艰,克光大业。""至于国语清文,系属我朝根本,皇帝尤应勤学谙习,绍述心传。"[1]但翁心存入值的第二年,就因病去世了,祁寯藻长期生病在家,很少到书房,后来添派了徐桐。

李棠阶去世后,留下军机大臣一缺。李鸿藻办事勤勉,又是帝师,深得两宫皇太后好感,于是在1865年11月(同治四年十一月),被命在军机大臣上学习行走,仍兼弘德殿行走。军机事务繁忙,书房功课不克照料。经恭亲王奕䜣和醇亲王奕谭商请两宫皇太后,于是又增派了翁同龢。待翁同龢入值弘德殿后到1871年(同治九年)回籍丁忧,前后负责书房教育的亲王、师傅和谙达主要有以下数人:

师傅:翰林院编修、军机大臣李鸿藻,工部尚书倭仁,翰林院编修徐桐,詹事府右中允翁同龢。主要任务负责同治帝的授书、包括写汉字、读汉书、学写诗、作论、批阅奏章等。1871年(同治十年)翁同龢母亲去世,荐林天龄(锡三)以自代。据翁氏光绪四年十一月十九日日记记载:"林锡三,江苏学政,以病遽殁,旨以曾在弘德殿行走,赏伊子举人。"证明师傅中还包括林天龄。

谙达:礼部尚书倭什珲布(崇庵)任总谙达,礼部左侍郎、上书房行走伊精阿,兵部尚书爱仁(丽川,倭仁弟),广寿(绍彭),奕庆(馀斋),负责教授同治帝满文、满语、骑马、射箭、习武等。桂清(莲舫)是同治五六年前后进入书房的。

陪读:惠亲王绵愉之子奕祥、奕询陪同同治帝读书。

亲王照料:惠亲王绵愉"辈分最尊,品行端正,著在弘德殿常川照料,专司督责,其寻常一切应派差使,除朝祭大典外,俱著毋庸开列,以示体恤"。

恭亲王奕䜣"谊属贤亲,公忠弼亮,素为皇帝所敬重,当就学之初,尤资夹辅之力。所有皇帝读书课程,及弘德殿一切事务,均著总司稽查,以收实效"。

醇亲王奕谭与奕䜣一并在书房照料。

日常照料:奕山等。

---

[1] 参见《穆宗毅皇帝实录》卷一,转引自《翁心存日记》第四册,同治元年二月初二日,中华书局2011年版。

李鸿藻

李鸿藻是翁同龢步入政坛后第一个打交道的人，也是在晚清政坛上彼此共事最久的人。

翁同龢入值弘德殿，授读同治帝，是因为李鸿藻授任军机大臣，军务繁忙，书房一时照料不过来，所以，慈禧才增添他为书房师傅，使他成为天子近臣。他的入值，凭他的学问、家庭背景，当然是没话说的，他是状元出身，父亲是大学士，学问优长，也是同治帝师傅，他本人的学问，京中士大夫中有口皆碑，属于一流。但他是一个插班师傅，别人早就把一切安排好了，你就按别人的要求去做。实际书房满族官员占上风，汉官仅李鸿藻孤身一人，因此，翁同龢倍受排斥，不太得志。幸得李鸿藻的大力维护，再加上自己的努力最终博得了同治帝和两宫皇太后的青睐。鉴于徐桐教授《孟子》同治帝着实听不懂，经李鸿藻提议，改由翁同龢教授。满功课时间原则上安排在上半截，因谙达拖迟，使汉功课受到挤压，经李提议满功课改为下半截，并严格限定时间。同治作论困难，是翁提议先由师傅编语启发，李鸿藻完全赞同，同治帝进步很快，也十分高兴。有见同治帝写字欠佳，实因笔不太好，翁同龢便亲自到城内得水龙笔店购买上等笔送上，同治帝大为感动。同治帝亲政后，读书改在昭阳殿，翁同龢服阕回京，同治帝仍令他在昭阳殿书房入值，就是明证。翁李从弘德殿入值相知相积，进而在朝政上进一步汲引，从而成为政坛上举足轻重的人物。

李鸿藻，字寄云，一字兰生，又写兰荪，别号砚斋，祖籍山西洪洞，后迁直隶（今河北）高阳。咸丰二年进士，授编修。四年，充功臣馆纂修，分录《贞观政要》，深受魏征等唐代名臣影响，敢言直谏，为咸丰帝所激赏，调任上书房行走。咸丰七年，河南学政俞樾因"轻浮乖谬，出题割裂"被御史曹登庸参劾革职，李鸿藻奉旨接任。十年，

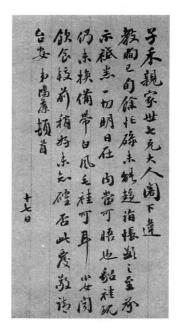

李鸿藻手迹

咸丰帝命大臣为长子载淳择师,大学士彭蕴章力荐李鸿藻堪膺此任。十一年三月,特诏为大阿哥师傅。同治改元,同治帝在弘德殿书房读书,李著在弘德殿授读。在对同治帝的教育上,他与倭仁的看法较为接近,强调人君应"节嗜欲,慎游观、省兴作、减浮华、崇节俭",主张恢复旧秩序。同治六年,李鸿藻嗣母姚氏去世,当时正是书房需人之时,正如翁同龢所说,"兰生于书房最吃重,今以忧去,益难措手矣。"他坚持守孝三年之例,在京丁忧,为慈禧、奕訢所不快,奕訢传达慈禧懿旨,说明留他不得已之苦衷,要他事贵从权,效法曾国藩、胡林翼、阎敬铭夺情起用,移孝作忠,宝鋆还"以明代迂腐方严之习,皆不中事理"相劝,但他仍援雍乾时孙家淦、朱轼、于敏中之例夺情守孝,坚守先王之例。认为自己身为帝师,肩负教育皇帝重任,不能先已违礼,负罪名教。"今皇上富于春秋,典学正关紧要,使以不祥之身,而日侍经纬,冒不韪之名,而虚言启沃,在臣心则无以自安,于圣学则何所裨益",俨然一副遵守礼教、维护道统的气势。为了在籍丁忧,他又请倭仁、徐桐、翁同龢联名上折。两宫皇太后批评三人此举,仍要李鸿藻恪遵前旨,毋庸拘泥常情,百日后回到书房。李氏最终没有应命,"以称疾得终制"。[1]李氏此举赢得了京中士大夫的嘉许。当时有一批官僚敢言直谏,评论时论,弹劾权臣,其中著名的有张佩纶、张之洞、陈宝琛、黄体芳等,并尊李鸿藻为首领。李氏此举对于翁同龢也有不小的影响。1870年(同治九年),翁同龢母亲去世,有李氏之例在先,也坚持回籍丁忧。李、翁的丁忧对同治帝的学习均带来了不小的影响,同治帝到亲政前书无成诵,语言蹇吃,连话都说不清楚。

李鸿藻崇奉理学,这点与倭仁接近。他们都认为道咸以来,天下大乱,人心涣散,道德沦丧,社会亟待治理。主张恢复传统秩序。同光之际,在他身边聚集了一批人,议论朝政,对于社会尤其是官场中不良现象不遗余力加以纠弹,李鸿藻由此被称为清流领袖。清流议政、评政对于维护社会风气、净化官场秩序具有一定的积极意义。但他们坚持恢复旧传统、旧秩序,同当时日渐开放的社会发生矛盾冲突,彰显了僵化、保守的一面。在倭仁反对开设同文馆一事中,李鸿藻、翁同龢、徐桐为倭仁修改折件,劝倭仁不要任总理衙门行走,就显得非常不合时宜

---

〔1〕 陈毅:《军机大臣协办大学士吏部尚书李文正公家传》。

了。翁同龢参加这些活动，虽属随波逐流、"机智自用"，但反映了他在学术上有欠纯正，在政治上有投机的一面。

同治亲政后，李鸿藻仍旧在书房入值，讲书。光绪改元后，仍任军机大臣，并命在总理衙门大臣上行走。那时边疆形势日渐严峻，"俄涎吉、黑，英窥缅、藏，法占越南"。八年，法国把侵略战火延烧到两广边境，给中国西南地区构成严重威胁。中法越南问题交涉开始后，负责交涉的直隶总督兼北洋大臣李鸿章认为法国侵略越南，对中国腹地尚构不成威胁，主张对法妥协，放弃对越南的宗主权。此时翁同龢已授为军机大臣。在军机处内部，奕䜣因病常常不到，李鸿藻、翁同龢的观点比较接近，均主张维护中国在越南的宗主权，主张出兵越南，抗击法军，并主张援助在越的刘永福黑旗军共同抗法。1884 年 1 月（光绪九年十二月），由于形势日益严重，李鸿藻和翁同龢建议饬令两广总督张树声、云贵总督岑毓英率重兵出关迎敌，阻止法军侵犯。但终因奕䜣畏葸不前，主张"勿轻起衅端"，早日和平了结，形势对中国越来越不利。十年正月，北宁失守。二月，法军进至镇南关一带。军机的无能，前敌军事的败北，早已引起朝野的不满。4 月 8 日（三月十三日）慈禧借国子监祭酒盛昱一折乘机改组军机处，另建以礼亲王为首的新的军机处。在这次改组中，李鸿藻以"办事竭蹶，开去一切差使，降二级调用"。翁同龢以"甫及枢廷，适当多事，惟既无建白，亦不无应得之咎"，退出军机处，仍在毓庆宫行走。李鸿藻出军机后第三年 1887 年（光绪十三年），黄河在郑州决口。翁同龢时任户部尚书，负责为堵口筹措经费，李鸿藻奉旨前往堵塞决口，两人为救灾又走到了一起。决口堵塞力尽艰难，李鸿藻以督率无方，奉旨革职留任。直到光绪大婚礼成后才开复处分。

1894 年日本发动甲午战争。7 月，翁同龢、李鸿藻奉旨列席军机会议，参加会商处理中日朝鲜争端事宜。"著令与军机大臣、总理各国事务衙门大臣会同详议，将如何办理之处，妥议具奏"。[1]李鸿藻、翁同龢因此又走到一起。在会后的奏报中，两人均力主"添兵"，调东三省及旅顺兵由平壤北路进发，速赴朝鲜，请旨饬令李鸿章立即派兵迅速前进。兵权在李鸿章手里，他正忙于请各国调停，对军

---

〔1〕　翁同龢：《翁文恭公日记》第三十二册，商务印书馆 1925 年版，第 57 页。

事并未作积极部署。此后随着军事形发展,议政的需要,两人又奉旨双双授为军机大臣。平壤、黄海两战失利后。翁同龢与李鸿藻要求严惩李鸿章:"余与李公抗论,谓不治此人罪,公论未孚。"李鸿藻指责李鸿章有意贻误战局,坚持要治其罪。翁同龢支持李鸿藻,认为"高阳正论",李鸿章"事事落后,不可谓非贻误"。结果慈禧太后只给了李鸿章以褫夺黄马褂、拔除三眼花翎的处分。甲午战争后,李鸿藻以礼部尚书协办大学士,并在总理衙门大臣上行走。他"体貌清腴似先帝(同治帝)",1897 年 7 月 26 日(光绪二十三年六月二十七日)去世,谥"文正"。翁同龢得知李鸿藻去世的消息,立即前往李宅,"哭李兰荪,入门不禁长恸,为朝廷惜正人,为吾侪悲直道,噫,天也!""其家不诵经,似无所谓接三。"七月初三日,李氏遗疏上,光绪帝"为之动容易色,凡褒恤之典皆具,最后曰宜特谥文正。臣不胜感涕,备言李某之为人也。"[1]对于这个谥号,张謇后来将他与翁同龢死后结局比较说:"公其命何如?! 可以为朱大兴(指朱轼)并弗能比李文正(指李鸿藻)。"李氏虽无大的成就可言,但谨饬自持使其平稳地走完了一生。

李鸿藻生前喜藏碑帖,因此偶尔也与翁同龢讨论碑帖的真伪。翁同龢曾为其所藏《十三行汝帖》题诗数首。1889 年 6 月(光绪十五年五月)翁同龢、李鸿藻、徐桐奉旨批阅考中书试卷,翁氏大为感慨,用聚奎堂壁间诗韵赋诗一首"呈徐、李两相国":

> 回首西清岁月深,璇闱何幸又同临。
>
> 倦飞却接鹓鸾翼,衰朽还依杞梓林。
>
> 醉罢评文书字大,夜阑选卷篆烟沉。
>
> 林花落尽朋游少,惆怅杨园话旧心。[2]

甲午战争后,因职事关系,翁李关系逐渐变稀。对于政治他似乎感到厌倦,对于王朝前途深抱忧虑。1896 年 4 月 27 日(光绪二十二年三月十五日),翁同龢独游京郊乐氏园,巧遇李鸿藻,两个人依凭小阁坐看玉泉山色,有股说不出的

---

〔1〕《翁同龢日记》,第 3068—3070 页。

〔2〕《翁同龢集》,第 776 页。

感慨。李氏此游为择寓而来："一笑欲为终老计，问公何地有楼台？公欲寓此园。"真实反映了他彼时的消沉心境。

李氏后人知名的有李宗侗等。李宗侗援据翁同龢日记等资料，编有《李鸿藻年谱》。1994年笔者《翁同龢传》出版，多年后李氏后人、时任中国驻南非开普敦总领事李先生见到书后特致函笔者，希望也能为李氏写部专著，以彰其事迹于后世。惜笔者忙于教书和其他研究，最终未能应命。

倭仁

倭仁，字艮峰，乌里格齐氏，蒙古正红旗人，河南驻防。早年是理学家唐鉴的弟子，素以理学大师闻名。道光九年成进士，其资格与翁同龢的父亲翁心存差不多。咸丰即位后，应诏陈言，倭仁在奏中力言"行政莫先于用人，用人莫先于严辨君子与小人。……天下治乱系于宰相，君德成就责诸讲筵，惟君德成就而后辅弼得人，辅弼得人而后天下治。然则开讲幄以赞宸修，致治要图莫切于此。"咸丰帝以其言切直，要大小臣如有所陈，当以倭仁为法。同治改元，擢为工部尚书。同治帝在弘德殿进学，他被选派担任授读师傅。翁同龢入值弘德殿时，他在书房中资历最高，其他师傅谙达都听从他的安排。他曾进呈手辑《古帝王事迹》及《古今臣工奏议》（后赐名《启心金鉴》），置于弘德殿书房，"从资讲肄"，并要求同治帝时时阅览。他坚持一国之君行为为人臣师表，因此对同治帝要求甚严。据翁同龢日记记载，他讲课既生又涩，同治帝听不懂；课间同治帝嬉戏，"言动"、"耍笑"在所难免，他大声呵斥，"发声征色"。一次，同治陪两宫皇太后游览诸王园庭，

心安理得行于还家

情深文明大月出海

倭仁书

倭仁手迹

他立即上奏劝阻,以圣学为重,要求停止临幸,弄得太后与同治帝很不高兴。同治帝对读书感到畏惧。翁同龢虽对同治帝读书、写字、作论百方鼓舞,但收效甚微。倭仁希望同治帝成为贤君,主观愿望不错,但实践证明,他的生硬、僵化、教条、死板式的教育方式很不适合还处在孩提时的皇帝,同治帝学而无成,性格怪僻,在很大程度上与倭仁的教育有关系。

理学向来以程颐、程颢、朱熹为正统,倭仁当时是程、朱一派的首领,主张规复旧传统、旧秩序。因而对于当时兴起的学习西学的举措极力排斥,视西学为异学。1866年(同治六年),恭亲王奕䜣奏请开设天文算学馆,延聘外国教师,挑选满汉"举人及恩、拔、岁、副、优贡"等科甲出身的人"投考入馆学习"。开设同文馆一事,实际上是由军机大臣文祥一手策划、恭亲王竭力支持的。因为这时洋务活动已在多地开始,总理衙门开始派遣官生到欧洲留学,沈葆桢在福建马尾建立船厂,制造轮船。此外,曾国藩、李鸿章也先后在沪筹设机器局、制造局,讲求坚甲利兵,"师夷长技以制夷",这样就必须自己动手培养人才。在奕䜣看来,设立同文馆、天文算学馆是顺理成章的事,不料此举却遭到倭仁的坚决反对。倭仁搬出他那一套所谓的理学大道理:什么立国之道,尚礼仪不尚权谋;天文算学是六艺之末,为益甚微;西人为我大仇大敌,延聘西人为教习是忘仇弃耻;而挑选正途科甲出身人员入馆学习,上亏国体,下失民心,万万不可,要求朝廷立罢此议。折中甚至说以中国之大,人才之众,何患无此人才?如果朝廷坚持要开设,不妨博采旁求。倭仁是有名的理学家,被士人尊崇为宗镜。由于他出面反对,一时社会上议论纷纭。有一副对联直指奕䜣和军机处:"鬼计本多端,使小朝廷设同文馆;军机无远略,诱佳弟子拜异类为师。"倭仁是慈安太后秉承咸丰帝遗旨,特简入阁的大臣,恭亲王并不想让他难堪。为使他不再固执己见,奕䜣把总理衙门关于设立同文馆的原奏,曾、左、李和各省督抚赞成此举的条陈奏折及军机大臣的函件交倭仁去看,让他知道疆臣的意见与昧于外势的京官大不相同。至于倭仁的奏折打算发交总理衙门议复,如他不再坚持和作梗也就算了。两宫皇太后同意奕䜣这个意见,但倭仁坚决不同意,奕䜣只得草折驳斥,并抓住他折中"博采旁求""何患无人",要他择人另行开馆,以与同文馆相砥砺。倭仁见此,知道事情闹僵,而全城士人众目集中于"酌保数员,择地开馆",于是徐桐与倭仁商量,找来阮元的

《畴人传》，推荐了宣城梅家父子、祖孙、叔侄，说是一门精于历算。又提到嘉庆时蒙古族学者明静庵、近年的江苏嘉定人时日淳、湖南长沙人丁取忠和江西南丰的吴嘉善（即后来任留美幼童监督吴子登。进士出身，官至翰林编修）。倭仁认为这样不妥，埋怨自己不该说没有把握的话。他又找到翁同龢，翁对他说："要看中堂的意思，是不是以相国之尊去提倡天算之学。"并给他出了个点子："此事照正办，中堂切不可有所保留，只说'意中并无其人，不敢妄保'就是了。"又受倭仁之托，代拟奏稿。起草后又请教了李鸿藻，并与倭仁一起去东江米巷的徐桐家，经过几番修改、琢磨之后，交给倭仁。折中倭仁声称自己是随便说说，心目中并无其人。但奕䜣并未就此休手。此时两宫皇太后要倭仁在总理衙门大臣上行走，他惶恐不安。

倭仁请徐桐、翁同龢再为他润色辞折。徐桐认为"以宰相帝师之尊，在总理衙门行走，似非体制所宜"，表示反对。翁同龢则认为仍应以不欺为本，洋务非所习，人地不宜，故请收回成命。这样实话直说，不失以臣事君之道，或者能取得谅解，支持倭仁写辞折。折上，但上谕执意不准。奕䜣传懿旨，仍要倭仁到总理衙门上任。翁同龢对倭仁说：现在只有"力辞"，说自己"素性迂拘，恐致贻误。"因为倭仁的搅局，报考同文馆的人寥寥无几，奕䜣大为恼火，就是不放过倭仁，他"以总理衙门关系重要，倭仁身为大臣，当此时事多艰，正宜竭尽心力，以副委任，岂可稍涉推诿？著毋庸议。"翁同龢再次建议倭仁此时应"'上表乞骸骨'，以去就争政见，才是正直立朝的古大臣之风"。但倭仁虑不及此，要求廷对，当面向太后要求，请收回成命。翁同龢劝他不要再犹豫了，"去则去矣，何疑矣"。奕䜣说，朝廷任命倭仁在总理衙门大臣上行走，原意是借重其老成宿望，为后辈倡导，作出一个上下一心、奋发图强的样子来。倭仁是朝廷重臣，总理衙门日常事务当然不会去麻烦他，他也不必常川到班，只是在洋务遇到重大事项请他参与决大疑、定大策时，老成谋国的倭仁说几句话就可以了。除非倭仁觉得总理衙门根本不该有，不然说什么也不必辞这个差。廷对时，慈禧太后劝倭仁：你是先帝特别赏识的人，总要体谅朝廷的苦衷，要他不必固执己见，领命上任。倭仁回书房后深感委屈，不觉暗自流泪。同治帝不知底里，惊骇莫名。翁同龢对此亦为之叹气。后来倭仁借口骑马摔地，趁机请假，就此甩掉总理衙门这一差使。

关于同文馆开设争论这件事,翁同龢认为是"朝堂水火"的"口舌之争","甚属无谓",认为奕䜣让倭仁到总理衙门任职的做法,做得有些过头了。他尚未认识到这是一场新旧之争、中西之争。

在李鸿藻坚持为庶母丁忧、拒绝夺情一事上,倭仁也是关键人物。他全力支持李的立场,徐桐、翁同龢随他而行。倭仁平日对翁同龢也颇为关注,对其缺点毫不留情地加以指出。1870年1月21日(同治八年十二月二十日)书房散值时,倭仁对翁同龢说:"凡事瞻首顾后,必成乡愿。"又曰:"立志不定,心随境迁,即学问中人亦不能免。"同龢说:"此二语皆对证发药,书以敬识。"〔1〕

1871年6月8日(同治十年四月二十一日),倭仁因身患肿瘤,"误于医生动刀剪"感染不治,呕血去世。翁同龢、李鸿藻、徐桐闻讯后,立即前往倭宅,遗折由仓场侍郎游百川代拟,中段系倭仁口述,略云:"方今旸雨失时,民生凋敝,西陲未定,夷患方深,值兹时事艰难,端赖宸衷兢惕,伏愿皇太后敦崇节俭,毋忘庚申之变,皇上恪尽孝道,奉养两宫,为治平之本,懋修圣德,益勉圣功,毋以诵读为具文,毋以诗书为迂阔。至于亲理庶政之后,存心务极宽大,御下务宜仁厚,声色好玩屏之务绝,匪僻小人斥之务严云云。"翁同龢为之删改,并感叹说:"呜呼!哲人云亡,此国家之不幸,岂独后学之士所仰哉!"〔2〕倭仁去世后,慈禧谕弘德殿无庸添人,责成翁同龢、李鸿藻、徐桐三人"尽心辅导"。

倭仁在当时为士子所重,他死后,不少人书联哀悼。吴大澂的挽联写道:

> 告我后非孔孟之道不言,诚意正心,惟此四字;
> 在本朝于汤陆诸儒而外,守先待后,如公一人。

徐桐

徐桐,字豫如,号荫轩,自题观复道人。汉军正蓝旗人。出生在官僚世家,父

---

〔1〕《翁同龢日记》,第769页。
〔2〕《翁同龢日记》,第883—884页。

亲徐泽醇，字梅桥，曾任礼部尚书。
徐桐为道光三十年进士。咸丰二年
授编修。同治二年七月，在上书房行
走，授读钟郡王奕詥。次年，潘祖荫、
鲍源深等所辑《治平宝鉴法编》编成，
奉懿旨与瑞常、宝鋆、载龄、李棠阶、
单懋谦等轮流进讲。1865 年 3 月（同
治四年二月），又奉旨在弘德殿行走，
授读同治帝。同年十一月，翁同龢亦
奉旨在弘德殿行走。从此翁、徐开始
交往，这种交往一直持续到 1898 年
（光绪二十四年）翁同龢开缺回籍，前
后约有三十多年。

徐桐像

　　论资历，徐桐比翁同龢老；论学问，翁同龢比徐桐好。徐桐也标榜理学，和倭
仁是一个路径，守旧得莫名其妙。他以《太上感应篇》为大学问，对西人西学极为
仇视。他家住东江米巷，每次坐轿上朝，经过外国使馆，"以扇遮面，不见洋人"，
装着没有看见。他迷信扶乩之类怪诞行径。有一次设饮款待荣禄、翁同龢、广
寿。席上颂诗二首，说是"仙皇笔"："无愁毕竟是多愁，独倚阑干叹未休。忽忆闲
情好风调，晚云微雨不胜秋。二首之一。荫轩所传仙皇笔也。姑识于此。第一
首有'旧地重游'及'夜深更听淋铃曲'之语。"[1]如此迷信仙佛，荒唐怪诞，他后
来欺骗利用义和团也就不奇怪了。

　　徐桐虽是进士出身，但学问鄙陋。从翁同龢日记记载来看，翁同龢着实看不
起他。在弘德殿授书，徐桐进讲《孟子》，讲得又生又涩，同治帝无法听懂，后经李
鸿藻提议，改由翁同龢授读。徐桐认为此举大失面子，气得吐血。有一次，他请
翁同龢为他校书，书中的舛误多达十余处，翁氏当面订正。又有一次，翁同龢帮
他审阅书稿一册，其中"宫闱预政"条下，"编语全错"，翁氏毫不客气地令其重写。

徐桐平日参加翰林阅卷，读错字，说错话很多，被士林传为笑柄。

徐桐在政并不是全无作为，也做过一些善事。他曾和翁同龢、李鸿藻、崇厚等创办义仓，通过向地方官员募捐，购粮存储。每逢京师顺直州县遭灾，或冬季，通过圆通观施粥赈济或购衣赈恤。1893年4月（光绪十九年三月），京师和顺直地区，连月暴雨成灾，徐桐与翁同龢发仓米施放。山西一带饥荒严重，徐桐募捐米两万石赈之。在重大朝政和对外交涉上，徐桐亦有自己的表现。1878年（光绪四年），同治帝灵柩奉安惠陵，吏部主事吴可读以同治帝无嗣进行死谏，要求慈禧为其豫定大统之归。事件发生后，懿旨饬廷臣会议。徐桐与翁同龢、潘祖荫合疏，建议"宜申明列圣不建储之彝训，将来……绍膺大宝之元良，即为承继穆宗毅皇帝之圣子，揆诸前谕则合，准诸家法则符。使薄海内外，咸晓然于圣意之所存，则诒谋久远，亿万世无疆之业实基于此。"疏上，为两宫皇太后所采纳。同年，中俄伊犁交涉发生，徐桐认为崇厚与俄国所订条约当废，甚至主张出兵收复伊犁，反映了他反对外来侵略、维护国家领土主权的一面。他就崇厚误国一事为例，抨击崇厚、丁日昌等洋务官僚藉办洋务以自固，要求朝廷慎选洋务人才。六年，他恭奉同治帝遗像、实录等至沈阳故宫，见沿途防务空虚，为防俄日侵吞，奏请沿渤海湾重要口岸设防，在事关国家安危的问题上表示了高度关注。

正因为徐桐在一些重大问题上有与翁同龢相似的共识，所以，至少在甲午战争前，彼此保持着友好交往，诗文吟唱不断。徐桐收藏有《梅屋读书图》和《秋林觅句图》，前一幅是有关书房师傅披星戴月进宫图，后一幅是西北边塞秋林地区的风光，系张某所画，上有尹杏农（耕云）题词。1869年8月，应徐桐之请，翁同龢先后为两图各题诗一首。前图的题诗为：

夜气空明万籁沈，掩书不读且长吟。天容月色无从写，略缀幽花意自深。疏星澹月绕枞棱，玉殿趋班午夜兴。传语诸臣勤讲肄，九重早炷读书灯。铁骨森然自不孤，几人天眼识清癯。墨池尚有蛟龙气，请咏先生观复图。[1]

---

〔1〕《翁同龢集》，第675页。

诗中将皇帝早起、书房师傅摸黑入宫的情景描绘得逼真，给人以身临其境的感觉。1874 年 11 月（同治十三年十月）为徐桐松风水月小照题诗。诗中讲到其"最爱'同不诡俗，异不伤骨'"二语，斋中"清风明月"四大字，为"仙人所赐"，反映了徐桐又是位思想怪异、行为怪诞之人。

1878 年 5 月（光绪四年四月）徐桐六十岁，翁同龢特赋诗称祝，诗中对其每多颁扬。清代曾有人说过周曲文言无如奏折，无聊文字莫如寿诗。奏折是给皇帝看的，使他相信你讲得有道理，有才而大加任用，而祝寿之类的文字则几近阿谀奉承。翁同龢写道：

> 耿耿君亲结念诚，识君忠孝是平生。世家阀阅同寒畯，绮岁文章已老成。百炼刚柔真性足，一官进退俗缘轻。典衣沽酒寻常事，肯道臣心似水清。斋阁深严迥绝尘，玉虚笙鹤往来频。清风明月原无尽，绛阙云台信有因。心为苍生中夜起，手调元化一家春。箧中别录长生诀，何止区区活万人。当代韩欧是史才，汉廷副相是三台。神羊不触威棱在，一鹗高骞气象开。谏草安危关大计，荐书匡济揽群才。召公平格中兴佐，泂酌卷阿作颂来。[1]

1898 年 4 月（光绪二十四年三月）徐桐八十岁，翁同龢又一次送诗称祝：

> 玉堂□□舞联翩，宦海相从四十年。抵几奋髯犹健甚，闭门敛膝自萧然。能扶正气调元手，不堕顽空担道肩。四海未清公未老，天教眉寿似增川。[2]

"宦海相从四十年"，这时徐桐对翁同龢的施政，尤其是支持光绪帝变法颇多不满。当初，徐桐依附于倭仁，倭仁死后，附着李鸿藻。李鸿藻死后，与崇绮弄到一道，并与刚毅搭上关系。与翁同龢始终不能和衷相处。戊戌变法的前一个月，

---

〔1〕《翁同龢集》，第 731 页。

〔2〕《翁同龢集》，第 819 页。

徐桐奏请调湖广总督张之洞入京，企图用他把翁同龢赶走，以此削弱维新势力，破坏变法。张之洞窥透徐桐的意图，借口长江沿岸哥老会滋事，一时无法离任来京，才使其计划未能得逞。茅海建对于徐桐此举也有一段分析，颇为可取。他说："(徐桐)在当时属思想守旧一派，并在政治上与李鸿章、翁同龢、张荫桓等趋新趋洋派人士格格不入。此时的中枢，以徐桐的眼光来看，已是大成问题：李鸿藻已于光绪二十三年去世，奕䜣病重，将不久于人世，世铎力弱而少见识，翁同龢的权势太盛，刚毅、廖寿恒难以相敌。也就是说，奕䜣若因病不能入值，权力将落在翁氏手中。若逐翁出军机，中枢即无一有能之人。由此需要一位新人能抵消翁氏的力量；若有机会逐翁，其人也能顶替上去，在中枢起到中流砥柱的作用。徐桐此时不满翁外，更嫉恨权臣张荫桓。张虽未入军机，但频频入见，对光绪帝的影响力极大。在多人上奏参劾张荫桓未成后，徐桐后于闰三月二十七日亲上一折《请将张荫桓严遣折》，明言攻张，仍暗中稍涉及翁。然此折上后，张荫桓依旧未能撼动，光绪帝优宠有加。在徐桐看来，如果奕䜣一旦过世而翁、张联手，政治局势的发展更不知伊于胡底。徐桐正是在这种背景下，推出张之洞的。"[1]

继后，徐桐又向慈禧密奏，参劾翁同龢"身膺疆寄，植党树私，不辨贤奸，以致人才不出，宵小滥进，既不能作养于先，即不能收效于后"。[2]蔡尔康在《中东战事》一文中也说："徐桐密参张荫桓，诋为罪魁，旁及翁同龢。""谮翁同龢与太后，太后恶之，又追咎中东战事。"[3]俞小川(近之)在《松禅老人轶事》一文中讲到翁同龢的门生沈颂棠奏参"三凶"(指李莲英、荣禄、刚毅)，"徐桐恐祸将及己(徐时为翰林院掌院)，乃露章劾奏，随奉旨严遣夺职"。[4]两人终因维新变法而变成仇敌。戊戌政变后，慈禧执意要废除光绪帝，立载漪之子溥儁为大阿哥，在弘德殿和颐和园万善殿读书，徐桐奉旨在书房常川照料。1900年(光绪二十六年)义和团运动兴起，徐桐、刚毅欺骗利用义和团围攻使馆。八国联军进攻北京，徐桐自缢身死。次年和议告成，奉旨革职，撤销恤典。在籍的翁同龢闻悉后，"为之永叹"。

---

〔1〕 茅海建：《戊戌变法史实考》，生活·读书·新知三联书店 2005 年版，第 189 页。
〔2〕 中国第一历史档案馆藏奏档，军机录副，光绪二十四年四月(二)戊戌变法卷。
〔3〕 中国史学会编：《戊戌变法》(一)，上海人民出版社 1957 年版，第 359 页。
〔4〕 未刊，藏常熟市文管会。

林天龄

林天龄手迹

林天龄，字受恒，号锡三，福建长乐人。咸丰十年庶吉士。1871年（同治十年），翁同龢母亲去世，翁同龢执意回籍丁忧，当时弘德殿书房需人正亟，翁氏临走前举荐林天龄与张之洞以代替，最后奕䜣与两宫皇太后选中林天龄。1874年4月（同治十三年三月）翁同龢服阕回京，仍在弘德殿行走，林天龄则外放江苏学政，1878年12月（光绪四年十一月）病死任上。1890年12月16日（光绪十六年十一月初日）翁同龢在《题林锡三阁学天龄遗照》一诗中回忆了他与林氏的交往，举荐林氏入值弘德书房的情形，以及对林氏的评价。诗中写道：

林君吾故人，开卷见须眉。颇欲作文字，纪我合与离。凄然家国感，把笔落涕洟。忆当辛未冬，吾母病阽危。上书乞侍养，沥血肝肠披。圣慈未听许，令举替厥司。觥觥林夫子，直节好风仪。行在通介间，文笔双葳蕤。英英南皮彦，编修张君之洞。秀特余所师。遂以两君荐，并堪侍经帷。君独入承明，我旋复芳茨。执手三嘱我，我默无一词。洎我免丧还，君又秉节驰。泊舟隔一江，见子桅上旗。大哉毅皇德，微陋罔或遗。楸梧间榍棘，蘼芜逮菉葹。侧闻君在朝，谠直无所私。又观经世文，举笔不忘规。谓当佐太平，出入伴皋夔。奈何遽沦逝，戢恨沧江湄。[1]

倭什珲布

清语清文是满族的根本，是皇帝必须学会掌握的。因此，弘德殿专门抽调几

---

〔1〕《翁同龢集》，第790页。

位满族官员负责教授同治帝的清语清文,学习骑马射箭,满族教员不称师傅,而称谙达。当时的总谙达为倭什珲布,号崇庵,满洲镶红旗人。曾任礼部尚书。谙达先后有广寿、桂清、爱仁、伊精阿等人。倭什珲布,为人老成,办事稳慎,循规蹈矩,从不自作主张,因此和师傅们相处很好,翁同龢与他保持友好交往,但也因此遭到其他谙达的排斥。1866 年(同治五年)病免,次年病逝,谥"端恪"。按照书房规定,师傅可以坐着授书,谙达只能立着讲课,对于这一规定,谙达们自感低人一等,要求与师傅一样坐着授读。谙达伊精阿首先打破这一规定,一次奕庆授书,伊公然旁坐,因违规制,结果遭到申斥。谙达们对倭什珲布不能站出来维护他们的利益诉求表示不满。据翁同龢日记记载,倭什珲布后来被排挤出京,调任盛京礼部侍郎,后来死在那里。

桂清

桂清,字莲舫,满洲正白旗人,是端方的叔父,开始在盛京任职,后来京为太后祝嘏,遂留京供职,官至仓场侍郎。桂清与铭安、富明阿、倭仁、徐桐等人都很熟稔,这也是他留京入值弘德殿的原因。桂清满汉界限很深,但与翁同龢的关系不错,除了佩服其学问外,还有另外一些原因。那时翁同龢任职工部,桂清的侄子端方正在翁的手下,端方喜爱收藏碑帖字画,与翁氏志趣相投,因这层关系,翁同龢与桂清一家走得较近。另外,同治亲政后,谕令大修圆明园,桂清认为大乱初平,国家元气未复,上折谏阻,此举令同治帝很不高兴,将他调往盛京任职。同治帝去世后,他"以叩梓宫来京,留补侍郎,允矣"。翁同龢称他"为君子人也"。[1]桂清曾请人画了幅他奉旨前往文安查工的《晓行图》,请翁同龢题诗。1870 年(同治九年)翁氏为之赋诗四首:

> 十年瑯槖老征途,手数青钱付酒炉;
> 记得霸州城下路,担夫同宿夜呼卢。尝于役文安,宿霸州逆旅,略如图中景象。

---

〔1〕《翁同龢日记》,第 1148 页。

关吏谯诃问姓名，开门何止待鸡鸣；
画师惯写承平景，野店山桥自在行。

早行诗句知无数，唐宋于今几辈传；
只有晓风残月曲，教人肠断柳屯田。

驼褐轻鞯逐暗尘，东华门外往来频；
红纱笼烛趋朝客，争及村墟趁晓人。[1]

借题诗描绘了入值弘德殿早起赶路的情景。1879 年 2 月 2 日（光绪五年正月十二日）翁同龢在家中设宴招待徐桐、桂清、广寿，说"旧雨温寻，恍然疑梦"。数天后桂清旧疾复发，"脉细而弦，目赤头疼"，此后一连数日，翁同龢、李鸿藻前往桂宅探望，和其侄端方商酌药方。然延医抢救无效，桂清于 2 月 27 日去世。翁同龢闻悉，退朝后专程前往致哀，"晚往哭之，不觉过恸，君子道消，可叹，可叹。"

广寿

广寿，字绍彭，满洲镶黄旗人。在谙达中，翁同龢与他关系最好，两人还结拜为弟兄。广寿任过京师崇文门监督，1874 年（同治十三年），翁同龢服阕回京，行李进城在崇文门过关纳税，被守关官吏敲了一把，他得知后，追缴返还给翁同龢。翁同龢购买甜水井屋，钱款不够，是向广寿借贷才得以买成。翁曾源曾作为中人，担保岳家蔡义臣与他人借贷一事，蔡氏违约逾期不还，债主上门找中人，是翁同龢向庞钟璐、广寿夫人等人临时借贷，才暂时渡过难关。可见翁、广两人关系至深。广寿又曾任西山健锐、火器等三营营房事务，以旗丁生

---

〔1〕《翁同龢集》，第 679 页。

计艰难,请求户部增加补助。翁同龢时任户部侍郎,对于广寿的请求,他认为旗丁不置产业,补助无法满足,不能因私谊而有碍公务,最终没有同意。广寿收藏一幅《金城图》,视为至宝。是图描绘康熙年间高邮知州金君组织民众抢险的,翁同龢每次坐船回南都要经过此地,对高邮这段历史也较熟悉。图中题咏者甚多,其中包括他父亲翁心存在内。1871 年 11 月(同治十年十月),翁同龢回籍丁忧。离京前夕,特为其图题长诗一首,并借此叙述了百年来人们治淮治运(河)的历史。诗中写道:

> 康熙初元河患始,銮辂巡方亲莅止。微禹畴成万世功,当尧亦有频年水。是时治河推靳公(指靳辅),中河创论才力雄。惜哉高堰东西决,竟似淮流南北通。淮流本有淘沙力,争奈黄流日相逼。藉使重堤果筑完,谁云清口无淤塞。……一从倒塘挽运艰,洪湖吞吐荆涂山,并将三十六陂水,蓄入淮扬徐府间。近来群公习河事,曾(国藩)、马(新贻)、张(曜)、丁(宝桢)互咨议。三策平生笑腐儒,一言深契钦贤吏。……嗟余屡蹑过江舟,独客难为借箸筹。闲吟甓灶堤边月,冷啸淮阴市上秋。披图不觉惊心魄,况有遗诗珍手泽。西舫凄凉池馆荒,北邙迢递云山隔。卷有先公题诗,辛卯作于澄怀园直庐。南台直节古名卿,郑重题诗为赠行。风尘才俊知多少,要使辎轩达姓名。[1]

1884 年 9 月(光绪十年八月),广寿因病去世,翁同龢特送挽联:

> 贞节立孤叹君今不死,登庸虚左待人之云亡。[2]

广寿生前无子,其两弟争抢遗产。是翁同龢、李鸿藻、徐桐、英豪卿及惠郡王奕详等一手为其解决继嗣事,新定夫人及三月大的嗣子过门守节。翁、李又代为起草遗折。看到广寿临终如此悲惨,深表同情,故书此挽联。

---

〔1〕《翁同龢集》,第 683—684 页。
〔2〕《翁同龢集》,第 934 页。

爱仁

爱仁,字丽川,倭仁弟。官至兵部尚书。入值书房不久,奉旨前往山西查办事件,次年事竣回京,病死正定途次。

奕庆

奕庆,字馀斋,宗室。为人老成,曾任太常寺少卿。后被排挤出弘德殿外任盛京工部侍郎。同治十二年因病老。奉诏回京。

伊精阿

伊精阿,官至兵部右侍郎,同治八年因病去世。

奕山

奕山,爱新觉罗氏,字静轩,满洲镶蓝旗人,康熙第十四子恂郡王允禵四世孙,为道光帝内侄。虽不是谙达,但也是弘德殿书房行走。同治改元,任御前大臣。同治帝在弘德殿读书后,以宫内大臣上行走,负责弘德殿书房的日常具体事务。奕山曾是风云一时的人物。第一次鸦片战争失败后,他被革职圈禁。道光二十三年(1843年)释放,任和阗大臣,迁至伊犁将军。1855年(咸丰五年)调任黑龙江将军。1858年屈服沙俄,签订丧权辱国的"瑷珲条约",再次被革职。寻补正红旗蒙古都统。同治改元,两宫皇太后以其年老,调任宫内大臣,照料弘德殿。1878年7月1日(光绪四年六月初一日)病死。翁同龢闻讯,特前往其宅致吊,"数十年同值","弘德殿旧侣也,为之鸣咽"。

（二）帝师"仙班"：毓庆宫

1876年1月8日（光绪元年十二月十二日），翁同龢刚从惠陵工次回京，即奉懿旨，与夏同善在毓庆宫书房行走，授读光绪帝。懿旨说："皇帝冲龄践阼，亟宜乘时典学，日就月将，以裕养正之功，而端出治之本。著钦天监于明年四月内选择吉期，皇帝在毓庆宫入学读书。著派署侍郎、内阁学士翁同龢、侍郎夏同善授皇帝读。"[1]翁同龢曾具疏力辞，未蒙允准。此后，光绪帝先在养心殿识字。翁同龢与夏同善、御前大臣、亲王伯彦诺谟祜、贝勒奕劻、额驸景寿每天入殿讲授《帝鉴图说》一段，教满、汉字各五六个。四月二十一日，正式在毓庆宫授读。从那时候起，到1896年（光绪二十二年）书房裁撤，翁同龢几与毓庆宫书房相始终，前后长达二十多年。

同弘德殿书房不同，这次毓庆宫书房实际由翁同龢主持，光绪帝的教育，包括课程设置乃至思想教育全由他一人安排。慈禧太后明确表示："书房你主之"，"皇帝身边有不守法度者，翁同龢可参之"，把光绪帝的教育全权交给他。因为慈禧对翁同龢表示无限的信任，所以他为书房教育倾注了巨大的心力，对光绪帝的影响最大。

翁同龢入值毓庆宫期间，还担任军政要职，事务极为繁忙。此外，不少课程也需要他人教授，因而毓庆宫先后添了几位师傅。当时的内部人员构成大致是：

师傅：翁同龢、夏同善、孙家鼐、张家骧、孙诒经。

---

〔1〕 中国第一历史档案馆奏档，军机录副，光绪元年二号内政职官卷。

谙达：伯彦诺谟祜、景寿、松溎、松寿。

亲王贝勒照料：贝勒(后为庆亲王)奕劻、光绪生父醇亲王奕譞、恭亲王奕䜣。

太监总管：范长禄。

同弘德殿相比，谙达显然弱了许多，伯彦诺谟祜是蒙古科尔沁亲王僧格林沁之子，同治四年僧格林沁被捻军击毙后奉旨承袭王爵，人称伯王。景寿系额驸。这两位都不同于倭仁、徐桐，他们安静守分，都没有明显的学术倾向。松溎原是翁同龢任工部尚书时的部属，后升刑部尚书，比较好相处。而师傅基本上都是与翁同龢平日关系较近的人，但他们与翁氏在行政作风等方面还是存在差异，不过尚能与其保持一致。毓庆宫书房日常照料，翁同龢日记没有明确是谁，但提得较多的是太监范长禄。

夏同善

夏同善，字舜乐，号子松，浙江仁和(今杭州市)人，一说余杭人。1855年(咸丰五年)中举。1856年(咸丰六年)成进士，授庶吉士，旋因连遭父母之丧，颠沛流离。1860年(咸丰十年)太平军攻陷杭州，他疏请曾国藩统率诸军。1861年(咸丰十一年)太平军再陷杭州，他间关逃至乌镇，后又逃至上海，曾与其他官员联名遗书曾国藩，"派兵乞援"。服阕寓京后，生活极为困苦，据说平时每天只吃两顿，甚至一顿。同治即位，擢詹事。1867年(同治六年)，因继母去世，回籍丁忧。服阕后，授兵部右侍郎，兼顺天学政，后卒于江苏学政任上，赐谥"文敬"。

夏同善为人正直。杨乃武案件发生于1873年11月(同治十二年十月)，浙江省、府、县三级七审七绝，都是刑讯逼供，屈打成招。杨氏姐姐杨菊贞与杨妻杨詹氏先后来京诉冤，并向浙江在京官员诉说冤情，引起了夏同善等人的同情，决定出面干预此事。1875年(光绪元年)，他和浙江在京同乡官汪树屏、张家骧等30多人联衔上奏，要求将人犯等提京审问，昭示天下，以释群疑。后来经刑部复审，"开棺验尸"，证明"小白菜"毕秀姑的丈夫葛品连并非毒死，案情大白，他又要求为杨乃武平反昭雪。因为此案疑点首先由翁同龢发现，要求重新复审，而案件

夏同善手迹

改由刑部直接审问后,是翁同龢的侄儿翁曾桂亲自参加审理,因此夏同善与翁同龢的关系更加靠近。由于两人的坚持,案件的最后得以平反,这其中还不乏奕䜣和慈禧的支持。奕䜣和慈禧欲藉此整肃官场,压压湘淮人物中少数人的嚣张气焰。因为这件事,翁同龢、夏同善为奕䜣和慈禧所赏识,双双被谕命入值毓庆宫。翁同龢是弘德殿旧傅,留给慈禧印象很好;翁同龢又是奕䜣上书房读书的师傅翁心存的儿子,当时奕䜣对他信任有加,遇事每多諮求他的意见。夏同善则是因为杨乃武一案才走进奕䜣、慈禧的眼帘的。杨乃武一案平反后,浙江巡抚杨昌浚、学政胡瑞澜以下一批官员被革职,杨、胡籍隶两湖,夏同善因此开罪于湘系。

夏同善入值毓庆宫时间很短,从1876年1月(光绪元年十二月)被命在毓庆宫行走到1878年11月18日(光绪四年十一月十八日)被突然宣布外放,前后不到四年。夏同善缘何外放,过去从未有人研究过。他入值期间,并无过错,翁同龢听到这个消息也"为之骇诧"。其实夏的被放固然有个人的原因,如多次上奏,谏止临幸王府之举不为奕䜣、慈禧太后所喜等,更主要的还是与翁同龢有关。当初廷命夏同善"承值写仿"之类的事,将他作为翁同龢的副手。1876年6月(光绪二年五月)后,因写仿之类事简,翁同龢安排他给光绪帝授书。但"因子松子口音不对",临时增派戈什爱班陪同,以便翻译解释。然而戈什水平有限,光绪帝还是听不懂。师傅讲课,皇帝听不懂,这就注定授读不可能长久。

当时翁同龢与夏同善相处得还不错。光绪三年六月,翁同龢、夏同善、邵亨豫、祁世长等人相约先后游览彰仪门南泡子和后湖,坐乌篷,玩秋水,观赏池中荷花,远眺西山景色。翁氏在一首《简子松》诗中写道:

　　一刹那中现佛昙,十年前梦侍龙骖。薄云只酿霁微雨,下士难闻要眇谈。新政共扶乾德健,旧游还恋井泉甘。一言定静终身诵,合使先生叹道南。君诗有"学问大原期定静,国家元气酿和甘"之句。[1]

　　夏同善做事认真,也很体贴关心光绪帝。1877 年 8 月(光绪三年七月),翁同龢回籍修墓,一去五十多天,其间书房教学全由夏同善负责。待到翁同龢回京重返书房,光绪帝虽然也说"思汝久矣"之类的话,但让翁同龢看到的是他不愿看到的情景:书房退值时,光绪帝"执子松手而不欲言"。翁同龢似乎感到一种失落和怒不可遏。他在当天日记中写道:"此弊不除,断难为力矣。"[2]言下之意,如果不解决,以后光绪帝未必听他的,这是他绝对不愿看到的。另一件事也引起他的高度警惕。就在第二年正月十二日,两宫皇太后单独召见夏同善,这是先前从未有过的。"夏侍郎独对,前此未有。"经翁同龢询问,"略如昨语",是有关书房的事,这使他更生疑窦。在翁同龢看来,书房以我为主,为什么两宫皇太后撇开我,单独召见夏同善? 他认为显然两宫皇太后对自己还不是完全信任。翁同龢越想越感到不对劲,他虽无将夏同善挤出京师的想法,但绝对不允许其妨碍自己的前程。当时要马上中断光绪帝与夏同善之间的感情还不行,得慢慢来。果然不久,即二月二十八日,懿旨突然宣布"孙家鼐在毓庆宫学习行走",翁同龢在日记中写道:"书房学习,亦新例也。"[3]孙家鼐任毓庆宫行走,事前恭亲王奕䜣和醇亲王奕譞肯定征求过翁同龢的意见。翁同龢不可能不知道。孙家鼐是安徽寿州人,同治状元,翁心存的门生。翁同龢虽与他早已相识,但对他一时还看不准,所以用了"学习行走"字样,意思是有待进一步考察。经过观察,翁同龢觉得可以。1878 年 4 月 2 日(光绪四年二月三十日),孙家鼐头一次入值。"是日(光绪帝)读颇好,虽拘泥亦亲近,此大好消息,为之喜慰。"三月初二日,"子松腹疾未入,读尚好,爕臣颇合式也"。[4]在翁氏看来,已找到代替夏同善的人了。这些夏同善当然不知。自孙家鼐入值,夏同善显然心事重重,尤其看到孙氏代替自己授课,预感将有某种不测发生。夏氏因缺少营养,"脾胃有病,食甚少,颇瘦也",加上心情不好,身体益加支撑不住,多次请假。待到十一月十八日(12 月 11 日),朝廷终

---

〔1〕《翁同龢集》,第 725 页。

〔2〕《翁同龢日记》,第 1362 页。

〔3〕《翁同龢日记》,第 1384 页。

〔4〕《翁同龢日记》,第 1385 页。

于借江苏学政林天龄去世，突然宣布夏同善外放江苏学政。翁同龢“入署，闻子松放江苏学政，为之骇诧”。“诣子松坐谈，百感交集，辞受两难矣。”晚上“再诣子松夜谈。彻夜不眠”。〔1〕外放也就是将他逐出毓庆宫。按清朝规定，学政放缺，即不得入乾清门。次日在书房，“上（光绪帝）问夏某何以不来，敬对已放学臣，为之不适良久，百方开譬始读，盖自夏迄今皆余带生书，子松看读，至是始复旧式也”。〔2〕“始复旧式”，也就是仍由翁同龢一人授读，这样，光绪帝的书房教育又完全处于翁氏的掌控之下了。

夏同善外放前，据说经向太后请旨，由伯王（伯彦诺谟祜）带引到书房同光绪帝见了面，“一跪即退”，这也是他与光绪帝的最后一面。

关于夏同善的外放，也有说是与失宠于奕䜣有关。夏平日对朝政得失每多纠弹，因而为奕䜣所不喜，遂仿效当年排斥弘德行走林天龄（锡三）的方法，将其挤走。凑巧的是，正好又是林氏出缺，夏氏第二次补授江苏学政任，两个人前后相续，命运竟如此相同。

夏同善这次任江苏学政已是第二次了。据《清史稿·夏同善传》说，第一次是在1867年（同治六年），旋因继母萧氏去世回籍丁忧，未赴。此次在任期间，“尝割俸浚江阴城河，植松五万于君山，民德之”。但不到二年他就去世了。在任时间虽不长，也颇有政声。据唐文治《茹经堂文集》一书中说，他“督学江苏时，……先生正直庄严，人伦师表，专心一志，整风端化”，甚得民心。1880年9月11日（光绪六年八月初七日）因“久患痢转痱”，不幸去世。噩耗传到京师，翁同龢“不觉失声”，并说“朝失正人，我失良友，天乎，伤哉！”〔3〕光绪帝此前尚不知夏同善去世，“写字时问夏某何日归来，臣因备对夏某已故矣，上嗟叹陨涕者两次”，〔4〕可见，夏同善作为师傅留给光绪帝的印象多么深刻。循例赐谥“文敬”。夏同善有子二：夏庚复，进士，官至户部主事；夏敦复，举人，官至刑部主事，均有父风。

---

〔1〕〔2〕《翁同龢日记》，第1426页。
〔3〕《翁同龢日记》，第1541页。
〔4〕《翁同龢日记》，第1542页。

孙家鼐

孙家鼐,字燮臣,号蛰生,又号澹静老人。安徽寿州人。官至武英殿大学士。他死于宣统元年,赐谥"文正"。

1859 年 5 月(咸丰九年四月),孙家鼐参加会试,殿试一甲第一名,状元及第。他是己酉年(道光二十九年)的拔贡。咸丰元年,应顺天乡试,考中举人,其房考官为翁同龢的父亲翁心存。因此,他是翁心存的门生。当得知孙家鼐考中状元时,翁心存在日记中喜不自禁地说:"余及门中尚无殿元,为之一快。"翁同龢是咸丰六年的状元,与孙家鼐的

孙家鼐像

功名经历差不多,又均授为修撰,同时供职翰林院,多次奉旨充任乡会试考官,共同承担翰林院长院交下的缮写文书等任务,因为这些原因,两人过从甚密。孙家鼐排行老五,比翁同龢年长,"凝厚而开展,余以兄事之,冀其有所箴益"。[1]所以称他"孙五兄"。

1878 年 4 月 1 日(光绪四年二月二十九日)上谕:"孙家鼐在毓庆宫学习行走",成为光绪帝师傅,与翁同龢一道,为培养君王呕心沥血,直至 1896 年书房裁撤。

孙家鼐入值毓庆宫后,虽然也同时兼任部院的职务,但总的来说,这些任职并不是军国政要之类,因此没有像翁同龢那样繁忙。他在毓庆宫书房入值时间相对来说要长一些,对光绪帝的要求也很严。据翁同龢日记记载,针对光绪帝不好好读书,他仿照起居注的形式,搞了一本"内省录",说白了,就是记事簿,类似今天的学生手册。将光绪帝在书房内的表现逐日登记在上面,必要时呈给太后看,目的是想借此约束光绪帝。谁知这一招将光绪帝惹火了,因为他在宫中最怕

---

〔1〕《翁同龢日记》,第 227 页。

的是慈禧。他当着师傅的面大骂,甚至将案几上的杯盘茶具掷在地上,不顾一切,离开书房,回到宫中,掀起了一场"闹学"风波。翁同龢说:"盖新立一本,曰'内省录',将以记过也,而过不免,稍用力持之则不能自禁,此孙公所为,所谓多一事不如少一事也。"[1]直到师傅们宣布取消"内省录",当面向他道歉,承认有错,光绪帝这才重新回到书房读书。光绪五年后,光绪帝开始喜欢"弄表",影响读书。孙家鼐又发明"'静坐法'矫之",顾名思义,就是让光绪帝坐在即里,不许乱动,去反思自己的不是,最终也因光绪帝的"大龃龉",不了了之。为了缓和与光绪帝的紧张关系,孙家鼐专门买了一只指南针送给他。[2]为了让光绪帝读好书,他确实动了不少脑筋。他与后来入值的张家骧主要负责配合翁同龢讲书,指导光绪帝作论、写评,学批奏章等。为了感谢孙家鼐等对光绪帝的尽心教导,1884年(光绪十年)慈禧五十寿辰,推恩赏翁同龢、张家骧及孙家鼐御书匾额各一方、朝马各一匹。

孙家鼐待人处事向持中庸之道,主张不偏不倚,中正和谐,为人沉稳。遇到重大的朝政活动,他持有个人独特的见解,但从不轻意表态,更不用说出头露面了。于式枚在一副祝寿联中写道:"寿州相国寿者相,天子师傅天下师。"真是文如其人。孙氏入值上书房如此,入值毓庆宫尤为如此。在许多场合,他是不介入、不参与、不附和。在中外交涉中,我们很少看到他的身影。也就是说,他在重大朝政活动中并不与翁同龢站在一起。就在孙家鼐毓庆宫入值的同年八月,翁同龢就与他发生一次矛盾冲突,翁同龢八月二十二日日记写道:"与同人争闲气,殊无谓,切戒之。"二十三日日记则明白写道:"余与燮臣略有痕迹,不值一笑也。"[3]因何事与同人"争闲气",没有说;与孙家鼐"略有痕迹","痕迹"是什么,也没有说。但这一记载说明翁、孙存在某种隔阂,翁的某些作风恐不为同人和孙家鼐所认可。针对翁同龢急功好名之病,孙家鼐有一次对他说:"读阳明书,当知入九华山静坐一段为最不可及,他人处此必以死生争之,则事或败矣。又曰:吾辈当体圣人中和之旨,勿与人竞尺寸之功,则私念自消。"[4]劝翁同龢读陈廷敬

〔1〕《翁同龢日记》,第1546页。
〔2〕《翁同龢日记》,第1584、1586页。
〔3〕《翁同龢日记》,第1412—1413页。
〔4〕《翁同龢日记》,第352—353页。

"五种遗规"。苏廷奎(赓堂)对翁同龢则说:"诚敬二字一刻离不得,一生做不尽。又曰:宽以取人,严以律己。""易理须求中字否,曰然,又曰一刚字亦不可忽。"[1]光绪二十年中日朝鲜争端发生后,"朝议主战,家鼐力言衅不可启"。在整个甲午战争过程中,我们很少看到他的身影。在戊戌变法中,"时方议变法,废科举、兴学校、设报编书,皆特交核复,家鼐一裁以正"。认为维新议论乃至建议没有什么不好,可以"资政",但实行时"当执两用中,精择审处,尤赖圣知"。在变法问题上始终保持个人的看法。但官场以利害为原则,隔阂归隔阂,平日依旧和睦相处。孙家鼐在毓庆宫书房默默地授读近二十年,做了什么,本人很少说起,外间人也很少知道,甚至有不少人不知道他曾入值毓庆宫,只知道翁同龢是光绪帝师。直到甲午战后,特别是戊戌以后,翁同龢被逐出政坛,他才逐步显露头角,特别是出任京师大学堂总办后,人们才逐渐知道和了解他。清末新政中,作为帝师,三朝元老,他受到了重用,《清史稿·孙家鼐传》多有介绍,此处就不再重复了。

当然,在入值毓庆宫期间,孙家鼐也有与翁同龢合作的一面,这在他们对某一个问题观点比较接近的时候尤其如此。1879年(光绪五年)中俄伊犁交涉发生后,内阁会议。孙家鼐与翁同龢联衔呈上一折"三条,缓索伊犁,抚慰蒙古,收回索伦,又避火器用地营、购洋炮"。[2]1885年(光绪十一年)江西学政陈宝琛奏请将黄宗羲、顾炎武入祀文庙,许多官僚认为不可。孙家鼐和潘祖荫、翁同龢、孙诒经等十人联衔两次上奏要求谕准。1888年(光绪十四年),李鸿章奏请修建津通(天津到通州)铁路,很快获得慈禧太后谕准。但谕令一经宣布,就遭到强烈反对。由于反对修路的人多,慈禧太后要求六部九卿和地方督抚复议。翁同龢与孙家鼐联衔上了一道复议折,折中主张缓修津通铁路,认为当今中国边疆危机空前严重,边患无处无之,北有俄、东有日,南与西有英、法,一旦有事,兵饷器械转运极为困难,若于边地试行铁路,既利运兵且无扰民之害。津通一路滋议沸腾,且目前国家财力有限,似宜暂缓开筑。当时正逢太和门被火,在附片中他们又借此大声疾呼:"停工作(指修建颐和园和津通铁路等工程)、惜经费、开言路、杜幸

〔1〕《翁同龢日记》,第317、323页。
〔2〕《翁同龢日记》,第1503页。

门。"〔1〕缓修就是停修、不修。对此,醇亲王奕譞非常不满。翁同龢在给侄儿翁曾荣的信中说道:"津通铁路,民间哗然,六曹有联名入告者,余亦稍稍论列,与孙兄(指孙家鼐)游联衔,大拂邸意。而事竟难回也。郁攸之警,至今忡忡。"〔2〕

1886 年(光绪十二年),光绪帝十六岁,照当时的说法已长大成人。皇帝的成人,预示着将要接替太后,亲裁大政。同年 6 月 15 日(五月初十日),慈禧太后召见礼亲王世铎、醇亲王奕譞及军机大臣,以皇帝典学有成,宣布归政。著钦天监选择吉期,明年举行皇上亲政典礼。其实当时慈禧太后并无归政的意思,她只是摆出一副还政的样子。奕譞先后找到军机大臣孙毓汶和翁同龢,孙表示可以请太后训政,翁同龢则主张呼请太后暂缓归政。翁同龢将自己的意见同书房的伯彦诺谟祜、贝勒奕劻、钟郡王奕诒、孙家鼐、淞湄等商量,"三王及同人咸以为当",于是一起联衔上奏,以皇帝典学,经史诸书,虽曾学习,然经义至深,史书博极,断非一日之穷;清文清语,书写虽工,记诵虽博,然文义贯串,尚需时日。为君至难,万机之重,多一日养正,则多一日之功。希望再等一二年,待圣学大成,再行亲政。奏折呈上后,慈禧太后并未同意。这时翁同龢、孙家鼐等鼓动光绪帝回宫后当面祈请,这一招果然灵验,没过几天,慈禧太后就宣布接受王公大臣的意见,"勉允所请,于皇帝亲政后再行训政数年"。这是孙家鼐参加的一次由翁同龢主导的议政活动,上下满意,十分成功。

作为一名文人,孙家鼐常常与翁同龢研摩碑帖,究析唐人写经,参加翁同龢等同人组织的消寒雅集之类的活动,彼此赋诗吟唱。他还懂医,常常为翁同龢治病。1883 年 11 月(光绪九年十月)孙家鼐喜得"日本唐写经"一册,欲赠翁同龢,同龢坚持不受,三次赋诗却之,其中第一次赋诗写道:

> 天平书迹永徽人,天平年当唐永徽年。若较欧虞隔一尘。倭佛夷风犹近古,钞经僧派屡翻新。壁中郑注知非伪,火后秦书倍足征。日本近日用泰西法,易衣冠焚书籍。闻道剖肝有奇士,海东文献未全沦。自改法后彼国有一士剖肝抱经而死。

---

〔1〕 参见翁同龢.《松禅自订年谱》,《翁同龢集》。
〔2〕 《翁同龢集》,第 373 页。

凄绝趋庭问字人,儿嬉制笔已前尘。云泉遗笑诗难和,渤海真书墨尚新。法华、随喜、灵飞、六甲经,皆余家旧藏。颇愧凤麟称国士,敢夸鸡鹜作家珍。孙郎帐下才如海,漫道珠光易隐沦。[1]

江淮地区,民食多艰,常用屑麦片和菜入釜调成一种叫菜糊涂食之。孙家鼐仕京后,仍保持这种家乡生活方式。翁同龢祖父任海州学正时,一家也常常以菜糊涂为主食。翁同龢小时常听说但未吃过。孙家鼐家住南横街,与翁同龢隔巷相邻,1885年11月(光绪十一年十月)某日,孙家鼐"以此见饷",翁同龢尝后,感慨不已,并赋诗《咏菜糊涂》记之:

再拜惊呼麦一盂,老来才识菜糊涂。海州学舍斋厨味,柔滑香甘似此无。一饭艰难世岂知,当年豆屑杂麸皮。道光三年吾邑大水,母执爨以米奉大母,而全家食糠核。孤儿有泪无从咽,不见耶娘吃粥时。隔巷孙兄德有邻,炊藜饷我倍情亲。夜长月落尖风紧,多少穷檐忍饿人。[2]

翁、孙议事论人虽各抱己见,但彼此尊重,互不干扰,所以几十年来,和睦相处。翁同龢曾写一诗赠孙家鼐,时间是在中法战争结束不久。诗文如下:

吾爱孙夫子,清谈动入微。昼眠时隐几,风生屡添衣。
海国兵初罢,畿疆雨又稀。司农慎金谷,第一恤民饥。
白首论昆季,相期耐雪霜。山姜馀辣性,圃菊抱寒香。
讲职叨联袂,经师敢抗行。吾衰多缺失,何以立朝廊。[3]

1898年6月15日(光绪二十四年四月二十七日),翁同龢奉旨开缺回籍。对于此事,孙家鼐事前显然不知。翁开缺的第二天从颐和园回城。第三天,孙家

〔1〕《翁同龢集》,第749页。
〔2〕《翁同龢集》,第762—763页。
〔3〕《翁同龢集》,第760页。

蕭即来探望。翁启程回籍前夕的五月初二日,循例给翁赠送"路菜"。五月端五
的当天,谕旨就宣布孙家鼐以吏部尚书协办大学士,王文韶授为户部尚书、军机
大臣。这些都是翁同龢开缺后留下的空缺。协办大学士是个虚衔,虽说是论资
排队,按资历大小授予的,但也说明光绪帝对自己的这位师傅心存好感。此后,
孙家鼐又两次前往翁宅与翁同龢"话别"。之后两人再也未曾见面,此别竟成了
他们的永别。孙家鼐以沉稳著称。1899年慈禧决定废除光绪,另立大阿哥溥
儁。"及议废立,家鼐独持不可。旋以病乞归",表现了他识大体的政治家风度。
清末资政院设立,举为总裁。宣统元年因病告归。死后谥"文正"。

张家骧

张家骧,字子腾,浙江鄞县(今属宁波市)人。同治元年,为了庆祝同治帝即
位,清政府特举行恩科会试。翁同龢这次担任房考官,在他推荐的士子中有十三
人考中进士:"杨先荣最快意,张家骧写得好,于腾、况桂森、周德润、童德中、简宗
杰亦平平,……许星叔庚身、朱逌然、龙湛霖,此拔来三人,皆珠玉矣。"[1]张家骧
等十一人正式成为翁同龢的门生。其中"张子腾家骧最清挺",从此与翁同龢开
始往来,并建立亲密的关系。新进士引见,张家骧以庶常任用。不久丁忧回籍。
1864年(同治三年)张服阕回京。9月,经人保举在南书房行走。同时被保举的
还有孙诒经和李若农(文田)。1879年3月11日(光绪五年二月十九日)张家骧
被命在毓庆宫学习行走。翁同龢见到谕旨后,非常高兴。特地"访晤子腾,同志
同值,可喜也"。如果说,孙家鼐采用传统的教育方式如"内省录"、"静坐法"之类
逼迫光绪帝读书的话,张家骧则针对光绪帝年幼好奇的特点,采用讲故事来激发
光绪帝的学习兴趣。张家骧祖籍宁波府,第一次鸦片战争后,宁波列为五口通商
口岸之一,开埠较早,得风气之先。他的思想比较开通。他的祖父在同治初年曾
被举为乡贤。一次,张家骧无意讲起西方人吃饭不用筷子,而是"以手抟饭",光
绪帝听了十分好奇,很感兴趣,在宫中用膳时,居然"以手抟饭",太后追问,则言

---

〔1〕《翁同龢日记》,第229页。

张师傅说的,吓得张家骧"力白无之"。又有一次,他不知听谁说(后来光绪帝说也是听张师傅说的)"守庚申"居然也加以模仿,一夜未睡,坐在寝宫院中,仰观星空。次日进书房,便徙椅而卧,呼呼大睡。张家骧的教育方法对光绪帝日后关注西学西事具有一定的影响。戊戌政变后,谕旨指斥翁同龢在毓庆宫"辅导无方,从未将经史大义剀切敷陈,但以怡情适性之书画古玩不时陈说",是因为翁同龢援引康梁,鼓动皇帝变法,而康梁竟设谋企图"围园弑后",而迁怒于翁。毓庆宫书房授读并非翁同龢一人,按理均应追究,尤其是孙家鼐还在朝,且擢为大学士,朝廷并未谴责他"辅导无方",反而大加重用。也由此可见,翁同龢的开缺革职与荐康一事有关。

1884年9月(光绪十年八月),张家骧因患严重的痔疮,步履艰堆,书房屡屡告假。11月,慈禧五旬万寿庆典推恩,赏他与翁同龢、孙家鼐匾额各一块和朝马一匹,"盖异数也"。自入值毓庆宫以来,他与孙家鼐一起主要配合翁同龢给光绪帝讲书,如《开国方略》、《大学衍义》、《东莱博议》、《吕子》、徐继畬的《瀛环志略》等,指导学习批阅奏章、作诗作论等。同年11月22日(十月十六日),因失血过多,疮口感染,引发高烧,不治去世。临终前嘱翁同龢代草遗折,处分家务,翁同龢表示"后事朋友任之,折底即日拟送",予以一一办理。连夜起草遗折、谢折,次日又与孙家鼐会商,略加修改。遗折稿中有"君亲两负,不为乞恩"之句,谢折稿中有"卧雨相如,自嗟病渴;近天韦杜,终易寻医"联句。[1]后又为张家作告启,告以丧事"断以不丰不俭,勿太陋。"张家骧去世后,亲为点主,"怆念故人,不能自己"。开悼之日,又与孙家鼐前往夕照寺致哀。灵柩启行南归,亲自送行,尽了亦师亦友的责任。

孙诒经

孙诒经,字子授,浙江钱塘(今杭州市)人。咸丰十年进士。是年李秀成率太平军攻陷杭州。他迄假回杭,奉父至宁波。同治元年参加宁绍台道张景渠组织

---

〔1〕《翁同龢日记》,第2015、2020页。

孙诒经手迹

的团练进攻太平军。三年回京供职，在南书房行走。先后任国子监司业、刑部、户部侍郎。平日与翁同龢、潘祖荫、童华、朱学勤等江浙在京官员往来较多。光绪六年，中俄伊犁交涉事件发生，他与潘祖荫、翁同龢、童华、殷谱经、徐颂阁、孙家鼐、张家骧等九人联衔上折，请易人赴俄，重新交涉，大力推动曾纪泽的改约谈判。1885 年 9 月（光绪十一年八月），福建学政任满回京。十一月，张家骧病逝，毓庆宫书房缺少人手，他遂被命在书房行走。入值后，与孙家鼐负责指导光绪帝做律诗、进讲圣训、史鉴，如进讲《魏郑公谏录》、《大学衍义补》、批阅《明史》等。次年六月，慈禧太后以皇帝典学有成，表示明年正月归政。他与孙家鼐参加翁同龢、伯彦诺谟祜等人的连衔折，力言暂缓归政。

1887 年 3 月（光绪十三年二月），署吏部右侍郎。山东巡抚张曜以黄河工程领部库银一百万两，银库书吏史恩涛索银一万两。孙诒经知道后，将其斥革交坊，令其缴还银两，再行请旨审办。御史王赓荣等以孙诒经办理轻纵，上奏弹劾。旋奉旨以其办理失当、交部议处，罚俸一年。并令毋庸在毓庆宫行走。对于孙的这一处分，翁同龢先在书房询问光绪帝，"臣入即问此事如何，上曰不准抵销，然有不豫色"。待到晚上看到邸报："孙诒经毋庸在毓庆宫行走，孙诒经罚俸一年，不准抵销。"翁同龢不由感慨道："孙公惩一蠹吏，何至如是。嘻！异矣。"〔1〕而上"有不豫色"，流露了光绪帝对翁同龢过多地"过问"、"插手"政事，间接地表达了自己的不满。

孙诒经平日干事利落，不阿权要，嫉恶如仇，不讲情面，少有官场的圆滑气习，因此为同列所忌，得罪不少人。1890 年 12 月 17 日（光绪十六年十一月初六日）因病去世。翁同龢闻讯特"驰往哭之"。"子授亦谅直之友哉。明日恤典下，照侍郎例。毓庆宫一节竟未叙及，子孙未赏官。"〔2〕

---

〔1〕《翁同龢日记》，第 2128—2129 页。

〔2〕《翁同龢日记》，第 2452 页。

毓庆宫书房负责光绪帝清文清语教育的主要有：

科尔沁亲王伯彦诺谟祜。博尔齐吉特氏，蒙古科尔沁旗人。僧格林沁之子。1865 年（同治四年）僧格林沁被捻军击毙后，他奉旨承袭亲王爵。1876 年 3 月（光绪二年二月），光绪帝在毓庆宫入学读书，奉旨与景寿在书房教读光绪帝清文清语。伯王为人谦和，处事谨慎，很少发表个人政见。1886 年（光绪十二年）慈禧太后以皇帝典学已成，宣布明年归政，他与翁同龢、孙家鼐等人联衔上奏，请暂缓归政。他曾赠送翁同龢丹顶鹤一对，同龢很是喜欢，甲午年某月，其中一只破笼飞走，翁同龢写零丁帖到处寻找，后在海岱门附近一户人家找到，用八两银子取回。据说，有人看到翁同龢写的零丁帖，因爱其书法而将帖取下收藏。虽系民间传说，很难说没有其事。1891 年 11 月（光绪十七年十月），伯彦诺谟祜奉旨赴关外查办事件，不幸病死途次。翁同龢感叹地说"此书房二十年来旧交也，其人质直坦白"。[1]

谙达前后有：额驸景寿、松溎（寿泉）、松寿（鹤亭）。三人依次先后入值毓庆宫。景寿早卒于光绪十五年七月，翁同龢在日记中有一段记载："吊景额驸寿，此公与先公同在弘德殿，龢亦同直者十余年，感怀凄恻，不能已已。景公有异相，终日兀坐，而食饮皆无声息，有仆事之十五年，仅与语一句耳。四五次崇文门税差，贫不能自活。"[2]基本是在贫病中去世。

松溎曾任工部尚书，与翁同龢相处不错。翁同龢在光绪十一年四月曾写一诗赠松溎，记述他们入值毓庆宫书房、松溎地方任职的事：

櫜笔朝朝讲幄亲，臣居只隔凤城闉。炉烟不动槐阴传，静里工夫有日新。经术商量大义明，吾侪求友重嘤鸣。赏花垂钓寻常事，漫说儒生稽古荣。威棱端在抚绥中，清到无尘气自雄。无数羌戎争控马，愿留玉节梵王宫。却俗轩临菜圃前，抄书读画小神仙。何时同泛昆明棹，一看西山雨后天。[3]

---

〔1〕《翁同龢集》，第 1057 页。

〔2〕《翁同龢日记》，第 2337 页。

〔3〕《翁同龢集》，第 757 页。

松寿入值书房约在 1889 年（光绪十五年）景寿去世后，1895 年（光绪二十一年）满书房裁撤后，他外放山东按察使。以后一直在地方任职，直到 1902（光绪二十七年）才奉召回京。1907 年（光绪三十三年）再次外任闽浙总督。辛亥革命中吞金自杀。

毓庆宫书房设立后，书房日常照料的有恭亲王和醇亲王。恭亲王总管朝政，所以不时到书房查看料理。醇亲王是光绪帝生父，当遇到皇帝厌学不愿读书，或淘气，或体有不适时，翁同龢常常请他协助，凭仗父亲的威严，醇亲王的管教确实起过有效的作用。1884 年（光绪十年）军机处改组，奕䜣被勒令居家闲居，不复再到书房。1890 年（光绪十六年）醇亲王也去世了。书房实际由奕劻照料。奕劻为庆僖亲王永璘第六子绵性之子。永璘为高宗乾隆帝第十七子。奕劻奉永璘祀。咸丰二年封贝子，继封贝勒。同治十一年加郡王衔，授御前大臣。光绪改元，在毓庆宫书房入值。开始时，他的角色介于谙达与照管大臣之间，类似于伯彦诺谟祜的角色。光绪十一年由贝勒授为庆郡王，光绪二十年再授为庆亲王，变成事实上照管书房的亲王。奕劻平日与翁同龢相处不错，对翁比较尊重。奕劻擅长书画，曾赠送张家骧一幅风景扇面画，翁同龢应张氏要求，曾题诗两首：

> 曲径通瑶圃，高斋坐翠微。石森松拥笏，苔绣壁生衣。池上逍遥惯，花间往来稀。朝朝分玉馔，为念侍臣饥。谁写蓬壶景，居然叶带霜。好诗先有兆，宿墨尚馀香。邸题诗似为今日发。本具烟霞兴，应陪剑履行。敬承天语重，且莫走风廊。子腾在告，屡蒙垂询，命勿入直也。[1]

翁同龢依前诗原韵，题赠奕劻诗一首：

> 朱邸新开府，今年晋封。聪明妙洞微。家家画团扇，字字绣弓衣。词翰之妙海东知重，王时总理各国事务也。体国谟猷重，忧时笑语稀。云帆齐转海，差喜

慰辋饥。海运放洋，赖王筹策。一挥三十幅，写遍洞庭霜。笔势万钧重，墨花五色香。琼瑶应接席，紫琼瑶华道人。王石谷恽寿平俨分行。更乞摹云手，来图绿意廊。北海直庐在绿意廊。[1]

1894 年中日朝鲜争端发生后，有见军机怠忽无布置，是他首先奏请增派翁同龢、李鸿藻与军机一起筹商对策。1904 年翁同龢去世，遗折呈上后，据说奕劻曾奏请开复翁氏的处分，但慈禧太后没有允准。可见奕劻对翁同龢的一生还是较为肯定的。

毓庆宫书房从设立到裁撤，前后存在二十多年。汉书房的师傅前后有五位，然而与书房相始终的只有翁同龢和孙家鼐二人。其他三人中，夏同善、张家骧只有四五年，孙诒经时间最短，只有一年多。所以书房基本上由翁同龢负责，慈禧后来在罢斥翁同龢的谕旨中追究他书房教育的"责任"也就不奇怪了。毓庆宫书房谙达的人事安排，远没有当年弘德殿那样重视，谙达的人选除伯王外，其他三个人的地位和文化水平均不高，在学术思想倾向方面不存在与师傅争夺光绪帝的问题。在毓庆宫，汉功课的安排突出，重视程度明显超过满文课程，谙达们大都听从翁同龢的安排。光绪帝喜欢读汉书，甚至喜欢碑帖字画、珍本书籍，显然与翁同龢对他的影响有关。

奕譞

对于毓庆宫的事务，光绪帝的教育，关心最多的除了慈禧外，就要数醇亲王奕譞了。所以，这里要专门讲一讲奕譞与翁同龢的关系。慈禧对书房的关心是为便于自己对光绪的控制。醇亲王是光绪帝的亲生父亲，这种关心既有亲情上的因素，孩子太幼小，孤身居住宫中，心有不舍；也有政治上的需要，即配合慈禧，将孩子教育好。因为这些，所以，醇亲王同翁同龢的关系非同一般。从某种意义上讲，翁同龢对光绪帝的"亲如父子家人般"的关爱，具有替代奕譞的作用。

---

〔1〕《翁同龢集》，第 759 页。

醇亲王奕譞像

奕譞写有许多家训,其中一则写道:"财也大,产也大,后来子孙祸也大,借问此理是若何?子孙钱多胆也大,天样大事都不怕,不丧身家不肯罢。财也少,产也少,后来子孙祸也少。若问此理是若何?子孙钱少胆也小,些微产业知自保,俭使俭用也过了。"从这则劝诫子孙诗里,我们不难看出奕譞是个态度谦抑、谨小慎微、害怕招灾惹祸的人。慈禧太后正是看中了这点,后来择立他的儿子载湉为帝,让他恭恭顺顺地充当其秉政的工具。

醇亲王奕譞(1840—1891),爱新觉罗氏,道光帝第七子。字朴庵,号退潜居士,又号九思堂主人。"九思"出自《论语·季氏》:"君子有九思:视思明、听思聪、色思温、貌思恭、言思忠、事思敬、忿思难、见得思义。"咸丰在位时,他因年岁小,除了被循例封为郡王外,并没有得到什么恩典,更未参与什么重大朝政活动。但在咸丰死后,他却突然官运亨通,因为他的福晋是慈禧的亲妹妹,他参与了慈禧与奕䜣发动的祺祥政变,并立下了汗马功劳。肃顺就是由他从承德押送到北京的,并率军查抄了载垣、端华、肃顺等人的家产。咸丰死前,遗命载垣、端华、肃顺等八人为赞襄政务大臣,辅佐载淳。但慈禧权欲心极盛,试图垂帘听政,把持朝政,可是遭到载垣等赞襄大臣的反对。慈禧当时势单力薄,只得强忍。其时奕譞也在热河,其福晋可以入宫陪伴慈禧,得闻慈禧与载垣等人争权斗争情形,了解慈禧除去赞襄大臣、临朝听政的强烈意向。奕譞得知这些信息,便有意寄知其兄恭亲王奕䜣,促成他与慈禧的联合。稍后奕䜣便以叩谒大行皇帝梓宫的名义前往热河,与慈禧接头,密商政变计划,事后由奕譞秘密起草了宣布载垣、肃顺等人罪状的上谕。政变后,载垣、端华、肃顺先后被处死,其他赞襄大臣分别被革职充军,慈禧最终夺得了政权,改年号"祺祥"为"同治",与慈安太后垂帘听政。奕譞也因此被授为满洲都统、御前大臣、正黄旗领侍卫内大臣、管理神机营事务等要职。

慈禧垂帘听政后,同治帝改在弘德殿读书。由于奕譞在政变中办事心细沉稳,深得慈禧的赏识和信任。同治三年,加亲王衔,命他与恭亲王一起负责稽查、照料书房事务,辅佐同治帝读书。1872 年(同治十年)正式晋封为亲王。

1862 年 12 月(同治元年十一月)翁同龢的父亲翁心存去世,奕譞奉旨前来翁宅祭奠,这是两人首次正式见面。由于常熟为太平军占领,翁同龢在京丁忧。1865 年(同治四年)李鸿藻被命在军机大臣上学习行走,弘德殿书房一时需人,奕譞与恭亲王商量结果,并经两太后同意,命翁同龢在弘德殿行走,授读同治。其实,在翁心存入值弘德殿时,因翁同龢曾代父书写描红簿,奕譞已知道他的学问了。同年 12 月,翁同龢正式入宫授读。也就是从这时候起,两人开始相知相识,直至 1891 年(光绪十七年)奕譞去世为止。

翁同龢入值弘德殿期间,因奉旨参与有关朝政活动,对奕譞的为人和道德逐渐有所了解。同治四年,御史蔡寿祺参劾恭亲王揽权纳贿,徇私骄盈,慈禧颁谕"恭亲王著毋庸在军机处议政,革去一切差使,不准干预公事。"事情发生后,奕譞单衔上奏,"极言恭邸之才为政府所不可少","恭亲王渥荷深恩,事烦任重,其勉图报效之心,为臣民所共见,至其往往有失于检点之处,乃小节之亏,似非敢有心骄傲,且被参各款查无实据,若因此遽尔罢斥,不免骇人听闻,于行政用人殊有关系",请求太后"逾格施恩,宽其既往,将恭亲王面加申饬,令其改过自新,以观后效。恭亲王益当仰体圣意,深自敛抑,力避嫌疑,以赎前愆,用副圣主教诲成全之至意。臣因关系国家大局,不敢缄默不言,更不敢以手足私情妄议朝廷大事"。[1]翁同龢认为奕譞这道奏折入情入理,公私兼顾,写得很好,对他表示敬佩。

1870 年(同治九年)天津教案发生。曾国藩奉旨查办,认为民间所指法国传教士的种种罪行皆属乌有,奏请严惩肇事人犯和天津地方官员。内阁讨论时,奕譞"极言民心宜顺,并天津府县无罪,陈国瑞忠勇可用,并诋及总理衙门照会内有'天津举事者及大清仇人'之语,斥为失体。"[2]奕譞这些看法和翁同龢基本一

---

〔1〕《翁同龢日记》,第 414 页。
〔2〕《翁同龢日记》,第 815 页。

致,翁同龢也认为民为邦本,民心失则天下解体。但两人都认为自咸丰十年以来,素来无备,因此,不可轻启衅端。经过这一事件,两人在治国理念方面有了一次真正的交流。

奕譞在书房,对师傅比较尊重。书房规矩,师傅可以坐着授书,谙达只能站着讲说。一次奕馀斋授书,谙达伊精阿公然旁坐。事后奕譞对之参劾。翁同龢对奕譞此举不以为然,认为有点苛刻。谙达讲满书,与汉人师傅争抢时间,他表示不满,奏请满功课每次不得过四刻。但当徐桐讲《孟子》,同治帝听不懂,李鸿藻改用翁同龢后,他又指责李、翁有意倾陷徐桐,摆出一副维护满人的样子。

在书房师傅中,奕譞更看重翁同龢的学问,这可能与翁氏的特殊背景有关。翁同龢的父亲翁心存当年深受道光帝的宠信,入值过上书房,是恭亲王的师傅,晚年在弘德殿授读同治帝,留给奕譞的印象最深,而翁同龢又是状元出身。所以,在授读期间,每遇重大朝政活动,翁同龢常常应邀到醇王府,彼此交流看法。《次韵醇邸招游西山别业》虽是后来写的一首诗,但反映了翁同龢出入醇王府已非一日。

> 别筑幽栖置小窗,入门豪气已全降。
>
> 百围树色古时碧,十里樵歌新制腔。
>
> 客路相将陪研席,诗坛何敢敌麾幢。
>
> 近天咫尺城西路,准拟看花到曲江。[1]

有时与奕譞作深谈,有时谈诗论画,相处十分融洽。同治九年二月,翁同龢在《醇邸示近作次韵三首》一诗中写道:"贤王夙悟道,示我寒花诗。澹语写幽致,意恐居高危。出入白苏间,直令读者疑。"[2]对奕譞的诗作表示肯定。翁同龢还为奕譞的一幅小像专门题诗,《次韵醇邸小像》对奕譞识大体顾大局的品格极为赞许:

---

[1] 《翁同龢集》,第708页。

[2] 《翁同龢集》,第677页。

亮直端严大体持，万民所赖四方维。殊恩久已隆三锡，累疏犹闻儆十思。试展图画知有志，等闲诗句亦无欺。俗工岂识丹青妙，会向麒麟阁上移。从来德业贵操持，抑抑常严礼义维。学到反求方是学，思如不合且深思。先朝彝训求无忝，入告嘉谟矢勿欺。更愿贤王调玉体，忧时容鬓已潜移。[1]

在《次韵上醇邸》一诗中写道：

小邃庐下墨花催，一幅吟笺酒一杯。笔力纵横馀地破，襟怀超旷自天来。国朝首数王文简，近日无如袁子才。倘欲诗家图主客，故应未许两人陪。[2]

也就是在醇王府，翁同龢结识了荣禄，并在奕譞的介绍下，两人结拜为弟兄，荣禄后来将自己的女儿嫁给奕譞的儿子载沣，即宣统帝的母亲。后来有人说，翁同龢在光绪初年是因巴结奕譞才当上光绪帝的师傅的，其实不正确，早在同治年间，两人关系就已经非同一般了。

翁同龢与奕譞关系进一步发展是在同治帝去世、慈禧择立奕譞之子载湉为帝之后。据说当慈禧宣布择立载湉为帝时，奕譞大惊失色，竟在朝廷上碰头痛哭，当场晕倒过去。"维时醇郡王惊遽敬唯碰头痛哭，昏迷伏地，掖之不能起。"[3]他深知慈禧生性狠毒，让自己儿子当皇帝绝不是一件福事，只能是一个受虐待的傀儡，因为心中的悲苦无法自制，才做出如此失态的举动。既然事已至此，无法改变，只好先为自己儿子日后的教育考虑起来。弘德殿书房同治帝的教育留给慈禧和奕譞的印象都很深，他们几乎都不约而同的想到一个人，这个人不是别人就是翁同龢。在弘德殿的师傅中，他们认为翁同龢除了授课好外，最能领会他们的意图，在慈禧看来，这一点是最重要的。翁同龢完全可以按照她的意图

---

〔1〕《翁同龢诗集》，第678页。
〔2〕《翁同龢集》，第715页。
〔3〕《翁同龢日记》，第1123页。

去教育光绪帝。这就是为什么后来择翁同龢为光绪帝师的原因。

在列席军机会议起草择立载湉为帝谕旨时,"潘伯寅意必宜明书为文宗嗣,余(翁同龢)意必应书为嗣皇帝,庶不负大行付托,遂参用两人说定议"。在讨论奕谭以后的安排时,"与荣仲华、潘伯寅论此事,余曰礼隆于缵绪则义绝于所生,与伯寅合;又曰他缺皆开,惟神机营重镇不可离,与仲华合。"〔1〕翁同龢这两件事完全摸透了慈禧和奕谭的心理,因而博得了他们的好感。同治帝生前没有修陵,驾崩后的当月,慈禧太后"命醇亲王、魁龄(华峰)、荣禄和翁同龢于东西两陵旁近相度山陵吉壤,一切事宜与恭亲王商酌"。此后四人带着张元益、高士龙、廖润鸿、李鹿、李振宇等五名风水官,奔驰于东西两陵近旁的山山水水,最后择定东陵双石峪旁的山头为陵址,定名惠陵。这次勘察陵址的四人中,翁同龢是唯一一名汉大臣,就君臣关系而言,大臣为已故君王勘察陵墓墓址是很正常的事。但这项差使对翁同龢来说,无疑表示了慈禧和奕谭对他的信任和看重,同时也是对他的一次考验。勘察期间,奕谭和翁同龢诗兴大发,在短短的一个多月中,两人写了不下四十多首诗,其中奕谭先送诗,而后翁同龢和诗,和后,奕谭再送诗,翁同龢再和。奕谭往往一日能写数首乃至十首,这在当时亲郡王中极为少见。在一首题为《奉和醇邸简园小坐》诗中,翁同龢写道:

> 澜翻浪激百篇催,惭愧坳堂水一杯。满幅烟云题字湿,漫山松栝送诗来。遗弓同抱天人痛,是日殡殿颁遗念。听鼓犹思将帅才。极目渝关青不断,六边形势帝京陪。示诗有"对山能起筹边志"之语。

白天驰骋丛山峻岭间,勘察陵址,晚上,翁同龢等人常常应奕谭之约,一起围炉夜话。或漫步无名河畔,畅谈前朝贤君圣主往事。《次韵醇邸见简》诗中写道:

> 风物已全移,春归信有期。食贫因放鹤,避谤每删诗。
> 至道能容直,深谈为济时。霜毛已萧瑟,何事赏权奇。〔2〕

---

〔1〕《翁同龢日记》,第 1123—1124 页。
〔2〕《翁同龢集》,第 708 页。

在和奕谟赋诗唱和同时，有时也偶尔赋诗记载与载龄、荣禄的友情。《华峰示诗，次韵奉答》一诗写道：

> 诗律精严味道充，斫轮端让老宗工。伤心屡奉山陵使，定陵工程，君在事最久，今奉命相度吉壤。大度能容宰相风。御史大夫，汉之副相。旧事凄凉悲石马，频年来往类宾鸿。谁知绶带轻袭客，治剧能收第一功。君任热河都统，时盗风顿戢。[1]

在《偕荣侍郎步月桥上，次醇邸韵》一诗中写道：

> 忆从髫龄到如今，山自岧峣水自深。
> 可怜卢沟桥上月，一番照我一番心。
> 芒鞋竹杖两人俱，画着卢沟看月图。
> 数遍栏杆三百柱，不知世上有仙无。[2]

奕谟能诗，与他当年在上书房读书有关，他的师傅是吴江人殷兆镛（谱经）。殷氏读书多，诗写得也不错，奕谟可能受其影响。但据我所知，奕谟与奕䜣兄弟俩均喜欢唐诗。因为有如此良好的文学修养，故能写出一手好诗。奕谟有《朴庵诗稿》、《航海诗草》曾请翁同龢为之审读润色。

这次翁同龢奉旨勘察同治帝陵址时，心情特别好，自然少不了赋诗抒怀。在《通州和壁间韵》中写道：

> 少壮才名第一流，老来皮里有阳秋。
> 缘何唤作瓶居士，不贮膏油只贮愁。
> 纵未书名世已知，几人有此性情诗。

〔1〕《翁同龢集》，第695页。
〔2〕《翁同龢集》，第711页。

一言还讯瓶居士，长颈粗腰几入时。题壁瓶居士。[1]

真是好一副踌躇满志、春风得意的样子。就在勘察陵址尚未结束，他就奉旨与兵部侍郎夏同善在毓庆宫行走，授读光绪帝。这一切都是慈禧、奕譞、包括奕䜣等事先安排好的，当然也在翁同龢的预料之中。但翁同龢还是上奏，请求太后收回成命，另行择人。"本日奉懿旨派臣及夏同善于毓庆宫授皇帝读，闻命感涕，不觉失声。……午后始勉强属词恳请收回恩命。"次日慈禧懿旨有"'凛遵前旨，毋许固辞'语，遂具谢折，兼略陈病状"。[2]明知慈禧不允，翁同龢还是要表示一下。但讲实在的，要把一个虚龄五岁的孩子培养成一位符合慈禧的意图和要求的皇帝，谈何容易。翁氏此举并非完全是忸怩作态，其中还是有一些真实的想法和担心，左宗棠、刘坤一当时和后来都注意到翁同龢所扮演的这一"特殊"角色，认为很不好做。1884年9月14日（光绪十年七月二十五日）左宗棠授为钦差大臣赴福建督师抗法，临行前向翁同龢辞行，"极言辅导圣德为第一事"。同龢听后说："默自循省，愧汗沾衣也。其言衷于理而气特壮，曰凡小事精明必误大事，有味哉，有味哉。"[3]1895年1月19日（光绪二十年二十四日），刘坤一奉旨为钦差大臣赴山海关督师对日作战，翁同龢前往刘氏住所送行。"送客留余，深谈宫禁事，不愧大臣之言也，濒行以手击余背曰：'君任比余重。'"[4]后来的史实也证实了这一点。

翁同龢毓庆宫书房授读的头几年，困难不少。光绪幼小、又离开父母，偶尔淘气、调皮，不好好念书，怕读怕背是常有的事。碰到这种情况，翁同龢、夏同善、孙家鼐等只能劝说，或以"怡情适性"之类的书画古玩陈说，以换取光绪帝好好读书。实在解决不了，只好求助于醇亲王出面帮忙。每次醇邸"到书房，上见之不免敬畏，多方激励，始如常也"。[5]不过总的来看，光绪帝读书的自觉性较高，特别是到了少年阶段，开始懂事，深知自己的身世和将要担任的角色，"自欲振励，勿毋人扶"，又"好求新知"，读书更加勤奋，刻苦。每天黎明前就进书房读书写

---

〔1〕《翁同龢集》，第723页。
〔2〕《翁同龢日记》，第1211页。
〔3〕《翁同龢日记》，第1903页。
〔4〕《翁同龢日记》，第2814页。
〔5〕《翁同龢日记》，第1251页。

字，一年四季，率多如此。每天下书房后，行立坐卧皆诵读诗书。除了完成师傅布置的功课外，又常常"发宫中珍秘，弹精探讨，由是学识益进"。甚至生病期间，仍去看书。其"勤学如此，非人间所及"。就连慈禧也不得不承认"皇上实在是好学"。光绪帝如此勤奋读书，除了翁同龢等师傅认真授读外，也与奕譞的严教督教分不开。

从1875年（光绪元年）翁同龢奉旨与奕譞勘查同治帝陵陵址到1890年（光绪十六年）奕譞去世，这十六年中，翁同龢与奕譞交往，除了配合毓庆宫书房教育外，还有几件事值得提一提。

每遇重大内政、外交、军事活动，翁同龢常常前往醇王府，与奕譞作"深谈"。光绪六年八月，中俄伊犁交涉发生，奕譞与翁同龢就交涉一事进行交谈。醇邸"谓和则所索无已，战则兵未齐，莫若以电线既断为词，告凯阳德展限三个月，一面备兵云"。主张武力收回。翁同龢当时则主张"弃守伊犁"，两人看法不一致。广寿曾劝告翁同龢放弃这一主张，以免舆论的批评指责。

1883年（光绪九年）中法越南问题交涉发生。还在这年九月，奕譞就已经非常关注中法交涉了。当时"中枢一无布置"，奕譞不断写信给翁同龢，打听和了解军机处的决策情况，同龢如实复之。9月18日（八月十八日），"得朴庵书，即复"。25日讨论张树声折，"醇邸亦入"。10月20日（九月二十一日）军机处同人议"添兵添饷。原打算与醇邸商酌，但"仍不决。入对，仍以空语促唐（炯）出省，徐（延旭）进扎而已。如何如何，愤懑填膺也"。10月30日（九月三十日）翁同龢"得朴庵书"。翁同龢将军机决策情况以及从周德润、张荫桓等总理衙门大臣那里获得的前敌情况于11月2日（十月初三日）函告奕譞。1月17日（十八日）翁同龢"问醇邸疾，未见。复醇邸书"。次日，"醇邸送菜，并以函来，言战事"。此后几乎每隔两三日，不是翁同龢去看望奕譞，就是"醇邸书来"，翁同龢"复醇邸书"或"致醇邸书"、"醇王信，即复"。而醇邸已迫不及待"致书恭邸海防三条"，御史吴峋弹劾军机"疾老瘦累，请派醇邸赴军机处稽核，别简公忠正大、智略果敢大臣充枢密云云"。[1]到了光绪十年，随着战事已迫在眉睫，奕䜣为首的军机处对迎

---

〔1〕《翁同龢日记》，第1825页。

战无备,奕譞欲夺取军机处主导权已变得迫不及待了。由此可见,奕譞早已对奕䜣领首的军机处软弱无能强烈不满,他的态度在一定程度上代表了慈禧的看法,可以肯定地说即使没有盛昱的奏折,军机处的改组也是迟早的事,可以说奕譞就是这次军机改组的幕后推手。在这次改组中,翁同龢处分最轻也与奕譞有关。翁同龢的处分是带有陪衬性质。奕譞最关心的是毓庆宫光绪帝的教育,就这一点,他和慈禧也不会给翁同龢严厉的处分。

翁同龢退出军机处后,不久总理衙门也进行改组,张荫桓、周德润也退出了总理衙门,使他失去消息来源。他虽专职讲帷,但仍与奕譞保持密切的联系,并利用盛宣怀提供的信息和情报,随时向奕譞密报。当时他的同年孙毓汶以工部左侍郎入参军机处,在军机大臣上学习行走,孙的父亲孙瑞珍曾在上书房行走,授读奕譞,孙的入参军机,有此背景。这里同样可以看到这次军机改组,奕譞是幕后推手的身影。不过这位同年与翁同龢的往来甚稀,在政治上几乎对立。新的军机处名义上是礼亲王世铎为领袖,但实权操在奕譞手里。奕譞曾致函翁同龢,说明不得已之苦衷,请翁同龢随时给予缄函指导。所以翁的出军机与在军机,就其与奕譞乃至与慈禧的关系而言,并无多大变化,这是他后来为什么能再次入参军机的原因之一。

1886 年(光绪十二年)光绪帝已是虚龄十七岁了,照中国传统的说法已长大成人,然而慈禧丝毫没有归政光绪的意思,奕譞因焦急而患病几死,翁同龢曾多次前往探视。中法战后,为了统一指挥全国海军,成立了总理海军事务衙门,新的总理海军衙门由奕譞主持,李鸿章、曾纪泽为会办大臣,张曜、刘铭传、刘坤一、定安为帮办大臣。每年由户部拨发专款,作为海军建设经费,发展海军。奕譞为了能让慈禧早日交出政权和晚年有一个憩息之所,竟不惜挪用海军经费去大修颐和园。1886 年 11 月 19 日(光绪十二年十月二十四日),"庆邸晤朴庵,深谈时局,嘱其转告吾辈,当谅其苦衷,盖以昆湖易渤海,万寿山换滦阳也"。[1]由此可见挪用海军经费修建颐和园确有其事。"颐和园工程从 1888 年到 1895 年,八年中共耗银 3 000 多万两,其中至少有 1 100—1 200 多万两挪用了海军经费和海防

---

〔1〕《翁同龢日记》,第 2100 页。

经费,难怪当时有人把总理海军衙门讥讽为'颐和园工程处'"。[1]当时阎敬铭、翁同龢同为户部尚书,尤其是翁同龢"当谅其(奕譞)苦衷",自然不为舆论所容。次年黄河在郑州决口,在筹措堵塞决口经费时,经奏请停止海防捐,使海防和海防建设更加拮据,而筹饷六条中竟又规定暂停向海外购买船舰枪炮,致使中国在此后的数年中未向国外购买过新式船舰,待到甲午战败,这些都成了李鸿章及其同伙推卸战败责任的借口,将它说成是翁同龢在经费上"卡扣"李鸿章的证据。慈禧的荒淫奢侈,奕譞的以私害公,是导致中国战败的根本原因。

1886 年 7 月 11 日(光绪十二年六月初十日),慈禧迫于舆论,以皇帝典学有成,谕明年正月即行亲政。奕譞"恳求再三,上亦跪求,由邸指示。未蒙俯允"。奕譞找到翁同龢,翁同龢说:"此事重大,王爷宜率御前大臣、毓庆宫诸臣请起面论。邸意以为不能回,且俟军机起下再商。一刻许军机下,礼王等皆言力恳且缓降旨,而圣意难回,已承旨矣。余再请醇邸同枢廷请起,邸以殿门已闭竟止。定十二日王公大臣会商,再行训政。"[2]翁同龢与其他大臣们看得明白,慈禧这样做,不过是摆摆样子,其实是绝无交出政权的意思。

第二天,翁同龢"谒醇邸,谈一时许"。归后,孙毓汶来访,"以王公大学士六部九卿公折请训政折稿见示。早晨入,以余所拟稿与三邸及同人商酌,金以为当,遂定议连衔上,亦以示醇邸,邸意亦谓然。邸折前半请于上二旬时归政,后半则专言亲政后宫廷一切事仍请太后裁决,上不问,始可专心典学云云,意甚远也。一片,请将海军办成一枝后再交卸。"[3]奏折呈上后,慈禧直到第三天才表态:"晚诣莱山,知今日折件均未允许,仍于明年正月十五日举行亲政典礼也。"有鉴于此,翁同龢也不免着急起来,他明知慈禧并不想交出政权,如果此时真的接受,将对光绪帝及作为帝师的他将非常不利,可能在慈禧看来,光绪急于掌权是翁同龢等人的意思。于是在书房内对光绪帝进行开导:"余进讲时力陈时事艰难,总以精神气力为主,反复数百语,至于流涕,上颇为之动也。"并劝光绪帝入宫后自行吁请:"早间于上前力陈一切,请上自吁恳,或得一当也。"同时将这些做法告知

〔1〕谢俊美:《政治制度与近代中国》,上海书店出版社 1995 年版,第 170 页。
〔2〕〔3〕《翁同龢日记》,第 2069 页。

奕譞和礼亲王世铎、庆郡王奕劻等,得到他们的首肯。此外,翁同龢又与诸王议定,"拟随公折申请,余谓宜以海防事及一切紧要事请起见太后,并准臣工封事直达储秀宫,诸王以为然"。"公折仍是军机处拟,首言垂帘虽权,仍是守经;次颂二十年中功德;末言外国交涉事,战守机宜,非仰承慈训,何以悉合机宜。"[1]经过翁同龢这一番活动,慈禧最终接受了奕譞、光绪帝及翁同龢等臣工的请求,同意暂缓归政。奕譞对翁同龢在处理此事的表现非常满意。

"归政"一事刚告结束,慈禧又交下一件任务赶办制钱,以替换行使多年的大钱。"有旨交户、工二部、军机及醇亲王议,上意欲复制钱也"。"与醇邸会议钱法,邸意在必行,反复数四,始定筹款购洋铜三百万,于津沪试以机器制造,统俟三年后察看情形,再定行使。"铸钱需铜,购铜需款,当时户部罗掘已穷,且大钱行使数十年,官私混杂,要废弃不用,谈何容易。户、工二部感到难办在情理之中,但专横的慈禧并不顾这些,最后竟以罢斥全体户部堂官(后改革职留任)以威逼。直到后来市面因谣传大钱不用,商人拒受,民众恐慌,造成金融市场极度振荡,才将户部堂官开复处分。

自经"归政"一事,奕譞深知慈禧绝不会将政权轻意交给自己的儿子,深为光绪帝的前途担忧。因忧成疾。光绪十三年,大病一场几死。"精神短","食极少,夜不能寐","手足发颤","四肢不能转动",急得光绪帝在书房流泪。翁同龢一边安慰,一边检出乾隆帝颁发的《濮议辨》一书让他阅读。此后应光绪帝要求,翁同龢多次去醇王府探望邸疾,传达慰问。"因传上意,请斟酌服药,总以得力者常服,不必拘。""回奏可云当斟酌服药,请勿惦记,好读书。"同龢说:"前此来,邸似皆童心,今观此语实有深心。""又曰医劝吸烟,知之乎?曰知之。曰所恶有甚于死者。"[2]可见,奕譞因忧惧而致疾,但头脑还是清楚的。

就在奕譞病情略有好转不久,八月,李鸿章奏请将唐胥铁路从天津展筑至通州,这就是通常所说的津通铁路。津通铁路顺着运河而建,若此路筑成,将使运河沿线靠运河为生的数十万民众失去生计,因此遭到朝内朝外强烈的反对。但奕譞为了换取李鸿章对修建颐和园的支持,竟然表示同意。当时颐和园工程正

---

[1]《翁同龢日记》,第2070—2071页。

[2]《翁同龢日记》,第2200—2201页。

紧锣密鼓地进行,经费严重短缺。奕譞以总理海军衙门咨文的形式在致李鸿章的函中说:"弟经费实在棘手。……不催工作则明年春夏间不能依期报齐,催则各商亦纷纷催款。既不敢琐渎天听,又无法商诸同事。……又不愿居借洋款之名,即使借洋,还亦不易,且受谰语訾议,殊为不值,万不得已商诸台端:可否指称创建京师水操学堂(即昆明湖水师学堂)或贵处其事借洋七八十万之谱,定议后由王(指奕譞)奏准分派闽海及江海各关按年报销,而以闽海常年十万内徐为发还,此为转移,非有事轧勒捐也。此银一来,全局立定。"[1]李鸿章对此心领神会,当无异议。经奕譞奏请,慈禧正式批准了修路的请求,谕令户部每年拨银二百万两交李鸿章。这时户部正忙于筹款堵塞黄河决口,又要赶办制钱,筹措光绪大婚典礼的费用,搞得身心疲敝,焦头烂额。翁同龢对奕譞此举颇感为难,颐和园的修建与铁路已捆在一起,两者之间,在他看来,当然是前者重要,但皇帝大婚在即,筹费比修铁路更重要。所以他既不能公开表示反对,而面对舆论又不能缄默不语。他借看望奕譞,多次与之深谈,但不了了之。最后他采取了一个折衷办法,与孙家鼐联衔,建议缓修。而缓修就是不修,奕譞对翁同龢此举表示不满。但由于反对修筑此路的人多,慈禧不得不接受臣工建议,宣布停修津通,改筑芦汉。这一决定除了使翁同龢同李鸿章的关系变得日趋紧张,也使李鸿章对奕譞产生不满:"殿下之崇论闳议,与皇上之新政远猷,自必息息相关,岂可因局外浮议而摇之,凡事深思则自明耳!"[2]

就在津通之争风风雨雨过后,迎来了光绪十五年,是年光绪帝大婚典礼,皇后不是别人,正是慈禧的亲侄女叶赫那拉氏(即后来的隆裕太后)。慈禧这样安排就是为了控制光绪,同时也是为了自己的家族。奕譞对此虽有不愿,但也只好接受这一事实。光绪大婚典礼,翁同龢十分卖力,不仅仅是为了奕譞,而且也是为了自己。看到自己的"门生天子"即将亲政,自然有一种成就感和自豪感。大婚共提拨京饷银550万,实际用款至少在600万两左右,几乎占了是年清政府财政支出的十分之三,对民众无疑是一次巨大的剥削。然而慈禧满意,奕譞更

---

〔1〕《清季园苑建筑与海军经费》,引见包遵彭等编纂:《中国近代史论丛》第一辑第一册,台湾正中书局1956年版。

〔2〕《致醇亲王》光绪十四年十二月二十八日。引见宓汝成编:《中国近代铁路史资料》(上),中华书局1963年版,第150页。

满意。

大婚典礼前，翁同龢为了向奕譞表示祝贺，特向他赠送了珍藏多年的唐代张符画牛一幅。张符同韩幌齐名，专擅画牛。清代世传张符所绘牛有三幅：《水牛》、《牧牛图》、《渡水牛图》。翁氏送的是其中哪一幅，不得而知。是否是当今故宫博物院藏的那幅，亦无从知道。

光绪亲政不久，御史屠仁守上了一道奏折，"请归政后臣工密奏仍书皇太后圣鉴，仍乞裁夺"。奉懿旨，"以垂帘乃不得已之举，深鉴前朝弊政，故立志坚定行之，该御史所奏乖谬，撤去御史，交部议处"。在次日养心殿召见时，慈禧则进一步表示"吾家事即国事，宫中日夕皆可提撕，何必另将明发"。[1] 屠仁守，字梅君，湖北孝感人，同治进士，是翁同龢任都察院左都御史一手提拔起来的，为人正直，不畏权贵，对官场中贪纵枉法之事多所弹劾，是同光间有名的御史。光绪十三年，他得知慈禧动用巨款，修建颐和园，非常不满，毅然上书谏净，请罢三海工程，停止园工之举，并引道光帝"杜声色货利"之谕，矛头直指慈禧。慈禧对之愤懑，欲予重惩，但碍于舆论而一时未敢下手。这次见他再次上奏，挑明她的心迹，认为是有意同她过不去，决定制裁。

屠仁守被革职、永不叙用后，又发生吴大澂奏请尊崇奕譞为皇帝本生父典礼事件。这一奏着实把奕譞吓得不轻，慈禧遂将光绪元年正月奕譞所书的预杜妄论一疏发钞公示。（钱基博先生在《吴大澂传》中认为醇王此折系慈禧、孙毓汶一伙伪造，顾廷龙先生在《吴愙斋先生年谱》一书中也持此说。）经过这两次政治风潮，奕譞的精神高度紧张，身体终于垮了下来。在缠绵数月之后，终于 1890 年 12 月 30 日（光绪十六年十一月二十日）去世。病重期间，翁同龢多次奉光绪帝之命前往探视，慰问。七月某日，"午刻问醇邸疾，……见昨日脉按，始悉昨午正抽风，口眼歪斜，遗溺，神识不清，视物不见等症"。[2] 八月初某日，"退诣邸，闻昨日巳正厥四刻，夜亥正复厥四刻，胸胀神不清，小水数，大便不下，医云攻补两难。"稍后又"遣人问邸状，按云脉兼代，神虽清，目直，指凉，胸胀，言语气怯神

〔1〕《翁同龢日记》，第 2297 页。
〔2〕《翁同龢日记》，第 2425 页。

倦"。[1]九月中旬，"闻醇邸又发厥痰塞"。十一月二十日，"午后遣人问邸疾，见脉按，云六脉垂绝"。光绪帝闻悉"嗷然长号"，"臣等亦失声"。奕譞死后，慈禧、光绪皆诣邸视殓、祭奠，光绪还辍朝十一日，缟素持服一年。奕譞赐谥号曰"贤"，配享太庙。翁同龢奉旨，会同孙毓汶办理奕譞饰终典礼。二十二日，翁同龢遵旨拟定一道醇贤亲王奕譞饰终典礼疏。二十六日，又与孙毓汶等会议奏呈醇贤亲王庙制及葬祭事宜折，对王庙及园寝的规制、碑亭砖瓦色彩、祭礼读文、飨殿神牌、一年四季园寝致祭、官员兵役看守等均请旨作了规定。翁同龢还亲自为光绪帝代拟醇贤亲王碑文。文中叙述了奕譞的一生，不无歌功颂德。文中写道：

　　我本生考醇贤亲王，皇初宣宗成皇帝第七子，母庄顺皇贵妃。生而明敏，敦厚孝谨，为皇祖所钟爱，以为有大福泽。六龄入书房读书，十岁能骑马，习火枪、逐牲兽。皇宗成皇帝御极，封为郡王，恩眷优渥，乘舟赋诗，或从猎行围，一如家人礼。穆宗毅皇帝嗣位，两宫皇太后垂帘听政，晋封亲王，授御前大臣，命在弘德殿照料读书。入则辅导圣躬，出则规划武略。创立神机营，选八旗兵丁之材者，亲加训练，教以枪炮，由是京师有炮队劲名。同治十三年穆宗升遐，皇太后命予（光绪帝自谓）入承大统，我本生考深怀谦抑，于皇太后前辞免职务，懿旨俯允，命以亲王世袭罔替，倚畀益隆，凡军国重大之事无不咨焉。既仍管神机营，又以创设海军，命综其事。岁丙戌，躬阅沿海形势，遂由天津至烟台、旅顺，轮泊驭风，海波不兴，各国使臣鳞集羽凑，争睹颜色。于是讲求船械，议开铁路，恢恢乎经营六合之规。盖上禀慈训，下集群言，殚心竭思，未尝一日释也。至于规划大工，百废俱举，如菩陀峪万年吉地及惠陵寝殿，皆亲历相度，昕夕程督，嗣一切兴作，靡不董正。而雄文丽句，浩若江海，初若未尝构思，而下笔遂与古人相抗。每年章疏，手自缮写，前后凡数十通。予小子嗣服之初，我本生考鉴宋明仪礼之失，密奏皇太后谓历代继嗣之君推崇本生父母者，以宋孝宗不

〔1〕《翁同龢日记》，第2431页。

改子偁秀王之封为至当,将来如有援引治平、嘉靖之说进者,务加屏斥,俾千秋万世勿再更张。迨光绪十五年,大臣中有请议尊崇典礼者,仰蒙皇太后宣示此疏,褒扬贤王心事,以为古今莫及。呜呼!仪礼为人后者之义,高宗纯皇帝《濮议辨》阐明于先;我本生考预杜妄议疏继述于后,实是尽人伦之极则,而立臣子之大防,此所谓一言定论,万世法者也。所著《朴庵文集》、《诗集》、《竹窗随笔》、《滦阳日记》、《航海吟草》、《退潜别墅存稿》、《窗课存稿》,为世宝贵。吉(地)在京师西山妙高峰庚山中,而地本生考二十年前所钦定。灵筵规制如亲王礼,遵遗志也。生平伟绩,书不胜书,其大者见于历次懿旨中。[1]

奕譞同乃兄惇亲王奕誴相比,才智要高,但与恭亲王奕䜣相比,见识才智要逊色得多。持政多年,政绩平平,难与奕䜣相比,尤其在儿子载湉亲政后,他的处境尴尬,与慈禧位逼势均,为了免遭猜忌,更是忧馋畏讥,缩手缩脚,少有作为。因此,他秉政期间,诚惶诚恐,小心谨慎,一方面处处做出一副没有政治野心的样子,另一方面又要向慈禧极力表白自己的忠贞不渝,以巩固地位。结果被慈禧玩弄于股掌之间,沦为她擅权专政的工具。

奕譞的去世对光绪帝影响很大,使他失去了保护伞。奕譞在世时,慈禧虽然专横,尚不敢公开凌辱光绪帝,待其一死,光绪顷刻孤立无援,加上皇伯父惇亲王奕誴去世、恭亲王奕䜣被逐居家,左右无人,理政无助,一切都在慈禧的掌控之下,成为名副其实的任由慈禧摆布的傀儡工具,命运极其悲惨。

奕劻

奕劻,爱新觉罗氏。乾隆第十七子永璘孙。咸丰十年正月,咸丰帝三旬万寿,册封为贝勒。同治十年六月,被命在御前大臣上学习行走。同治帝病危前,曾与恭亲王等王公联名,以政事旷误,吁请两太后披览裁定各衙门陈奏事件,由

---

〔1〕《翁同龢集》,第983页。

此获得慈禧太后好感。

光绪改元，两宫皇太后垂帘听政，光绪帝在毓庆宫读书。奕劻作为御前大臣与伯彦诺谟祜（伯王）、额驸景寿一起负责照料书房事务，同翁同龢开始发生接触。奕劻平庸，其才识远逊恭、醇等亲王，但奉事惟谨，小心翼翼。在光绪十年前，奕劻常与翁同龢同时被召见，所谈多半为书房教育方面的事情。光绪二年，奉旨与翁同龢等共同阅看同治朝实录。奕劻对翁同龢才能极为赏识，有时请翁同龢题写扇面，

奕劻像

翁氏也从未拒绝。光绪七年三月东太后突然去世，奕劻和诸王、贝勒负责恭理丧仪，汉大臣中因翁同龢时任工部尚书，惟其他一人参与。在观德殿守灵和灵柩奉安定东陵的数月中，两人配合默契，常常彼此交谈，相处得很好。奕劻嫁妹、嫁女，翁同龢均前往祝贺。光绪九年，慈禧利用军机处在中法交涉中软弱，引起舆论不满，趁机罢免以奕䜣为首的军机处，次年三月，又撤换总理衙门大臣。奕劻奉命管理总理衙门事务。尽管如此，在光绪帝亲政前，奕劻仍负责照料毓庆宫书房事务，与翁同龢保持往来。光绪十一年，奕劻晋封为庆郡王，翁同龢特赋诗称祝。

光绪十七年，醇亲王去世，奕劻被命总统海军，主持总理海军事务衙门事务。当时慈禧正挪用海军经费，修建颐和园，奕劻助力不少。而光绪帝已经在勤政殿"亲政"，奕劻被命带同文馆教习张德彝为其教授英文。[1]

光绪二十年六月，中日朝鲜争端发生，日本源源增兵朝鲜，奕劻面奏："朝鲜事，关系重大，亟须集思广益，请简派老成练达之大臣数员会商"，奕劻看来，醇亲王已死，恭亲王在家，朝中主持乏人，仅靠他的能力是不够的。光绪帝派翁同龢、

---

〔1〕《翁同龢日记》，第2526页。

李鸿藻列席军机会议,这样奕劻找到了替手,同时也可借此解脱责任。在整个甲午战争中,奕劻先是依靠翁同龢、李鸿藻,奕䜣复出后,继而依附恭亲王,个人主动出面做主的事很少。奕䜣去世后,又依赖翁同龢及荣禄、刚毅等人。但有一件事,翁同龢对奕䜣和奕劻表示不满,即他被派与李鸿章在中德胶州湾租借条约上签字。"此事两邸主之,诸公成之,臣衷殊疚,而恭邸力请派臣。"[1]翁同龢耻与李鸿章为伍,又不愿担负卖国骂名,但他负责中德胶澳租借一事谈判,恭亲王派他去参加签字并没有错。在戊戌变法和戊戌政变中,奕劻的表现如何,不甚清楚,翁同龢日记也少有这方面记载。对于翁同龢的开缺乃至革职,按理奕劻是早已知道的。

翁同龢开缺后,奕劻当然不会再与之联系。1909年(宣统元年)翁同龢开复处分,恢复原官。据说奕劻等曾提议予以赐谥,但摄政王载沣不愿得罪死去的慈禧和自己的兄长载湉(光绪帝,开缺谕旨系其亲拟),所以没有同意。直到宣统退位,才于1914年予谥"文恭",这是清代大臣中最普通的谥号。

辛亥革命后,奕劻移居天津租界,1918年病逝。

---

[1]《翁同龢日记》,第3874页。

（三）军机处、总理衙门、督办军务处同值

　　翁同龢曾两次奉旨在军机大臣上行走，第一次在 1882 年 12 月 14 日（光绪八年十一月初五日）至 1884 年 4 月 8 日（光绪十年三月十三日），恭亲王奕訢为军机领班，成员除翁同龢外，还有宝鋆、李鸿藻、景廉、潘祖荫。第二次在 1894 年 11 月 3 日（光绪二十年十月初六日）至 1898 年 6 月 15 日（光绪二十四年四月二十七日），军机领班的有礼亲王世铎、恭亲王奕訢，成员除翁同龢外，先后有额勒和布、张之万、孙毓汶、徐用仪、李鸿藻、刚毅、钱应溥、廖寿恒。翁同龢这两次担任军机大臣，正好在中法战争、中日甲午战争和戊戌变法三个重大历史事件前后，由于军机处主要处理军国要政，所以翁同龢与其他成员的主张直接影响了当时乃至后来的政局。此外，在光绪二十一年六月至光绪二十四年四月期间，翁同龢还担任总理各国事务衙门大臣，与他同值的先后有恭亲王奕訢、庆亲王奕劻、福锟、徐用仪、廖寿恒、孙毓汶、张荫桓、敬信、汪鸣銮、荣禄、吴廷芬、李鸿藻、李鸿章、崇礼、许应骙等人，翁同龢的政见及他与这些同值的交往活动同样具有重要影响。

奕訢

　　奕訢是道光帝第六子，自号鉴园主人，其书斋名乐道堂，因此，又号乐道堂

恭亲王奕訢像

主、乐道主人。道光帝注重孝道，身行恭谨，对子弟的教育十分重视。奕訢在上书房读书时的启蒙师傅为翁心存。翁心存回籍告养后，接替师傅为贾桢（筠堂）。在翁心存、贾桢、孙瑞珍、杜受田等人的指导下，奕訢对历史和诗词很有兴趣。认为"贤者在位，能者在职，大臣法，小人廉，以之事君则忠贞笃实，以之治国则谟猷宣，以之化民则德教洽"。[1]在一切上了轨道的国度里，无所作为是中国传统政治的最高境界。墨守成规、因循守旧，遵章办事，被看成是一种政治美德。然而在世道纷纭、天下扰攘的局面下，如果依然故我，不思变计，那就是一种很坏的政治。少年时代的奕訢亲眼目睹了父亲道光帝在位时英国侵略中国的第一次鸦片战争和道光末年社会纷乱的社会局面，萌发了经世济国的思想，决心有番作为。他对历史上的名君贤相如汉武帝、唐太宗、魏征、李纲、宗泽、王安石、范仲淹等非常仰慕，并写了不少论文。他认为中和之道是治国之要素，"众之不和，财之不丰，不可以为国。足国必先足民，国之富藏于民者也"。主张一代有一代政治，不必拘泥固守。据记载，魏源《海国图志》出版后，奕訢对该书"胥能成诵"，表示了对西方的高度关注。魏源提出的"师夷长技以制夷"的主张对奕訢后来从政显然具有很大影响。文学方面，他特别喜欢晚唐诗文。他后来能编《歌唐集》，是与他在上书房打下良好的诗词修养的基础分不开的。此外，奕訢"能琴，尤精鉴别书画骨董"，是一位有政治抱负、多才多艺的封建政治家。

咸丰帝即位后，奕訢封为恭亲王。授军机大臣、都统、宗人府宗令。1855 年（咸丰五年），因办理生母孝静成皇后丧仪"疏略"，为咸丰帝所不满，开去军机大

---

〔1〕 参见奕訢：《为政以人才为先论》，《乐道堂续文钞》卷二。

臣等职务,仍在内廷行走。1860年(咸丰十年)英法联军进攻北京,咸丰帝携妃嫔逃往热河,他奉旨留京办理"抚局",同英法签订中英、中法《北京条约》,奏准设立总理各国事务衙门。同年咸丰帝病逝热河。他与慈安、慈禧联合发动政变,诛杀咸丰帝生前遗命赞襄同治帝的载垣、端华、肃顺等人,夺取了政权,史称"祺祥政变"。政变后,奕䜣被授为议政王,在军机大臣上行走。起用了被肃顺排斥打击的老臣,其中就包括他在上书房读书时的师傅翁心存,任命他以大学士管理工部事务。同治帝在弘德殿读书后,奕䜣又任命翁心存在弘德殿行走,授读同治帝,对师傅的道德学问表示无限的敬重。翁心存去世后,奕䜣不忘屋乌之爱,又于1865年(同治四年)任命翁同龢接替乃父遗任,在弘德殿行走。这一任命直接奠定了翁同龢在朝的地位和此后的人生旅程。

权力加道德可以演绎出感人故事。为了庆祝同治帝接位,清廷特于1863年(同治二年)举行恩科会试。身患癫痫(俗称羊角风)的翁同书之子翁曾源殿试居然一甲第一名,状元及第。会试的正考官为倭仁,凭他当时的身份还不足以决定大魁,只有奕䜣才可决定此事。所以翁同龢得到这个消息,"悲喜交集,涕泪满衣矣",认为这是朝廷有意的安排。也就在是年底,因办理寿州绅练仇杀事件不善、被判为斩监候、关在刑部大狱里的翁曾源父亲翁同书改判遣戍新疆。又过了四个月,督办陕甘军务的满族将军都兴阿以"翁其前在扬州战功卓著,士民至今感颂,实为知兵大员",奏请"留营效力",得旨谕允。将一个判为死囚的人,一步一步地改判为充军,再留在军营"效力赎罪",死后又照军营立功例,给予厚葬,赐谥"文勤",这在晚清并无先例。若非奕䜣之力,谁也办不到。奕䜣对翁师傅的报答可以说是尽心尽力了。

奕䜣对于翁同龢也是拭目相看,处处提携。在甲申军机改组前,充分运用自己手中的权力提拔翁同龢,凡是重大的朝政活动,乃至军国要政,尽量推荐他参加,甚至亲自斟求和听取他的意见。同治去世后,派他参加陵址的勘查,陵址确定后,又任命他为监修大臣,当时参与此事的汉员仅他一人。同治帝画像要供奉列圣享殿,但因享殿位挤无法安放,内阁久议不决,奕䜣亲自斟求他与潘祖荫的意见。光绪帝在毓庆宫书房读书,又是奕䜣与醇亲王奕譞一致推举翁同龢主持书房事务,把光绪帝的教育全权交付于他,表示了对他的无限信任。1878年(光绪四年)中俄伊犁交涉事件和中日琉球交涉事件发生后,又是经奕䜣奏请,让他与潘祖荫会同三王(恭亲王、惇亲王、醇亲王)一起阅看折件电报,研究商量对策,请旨定夺。云南军费报销案了结,一手将他拉入自己主持的军机处,让他担任军机大臣。

奕䜣在对外关系方面,主张实行"怀远"政策。他以春秋时期攻伐为例,认为兴师伐"戎",虽一战而克,一时征服,但由此"构怨成仇","戎"协以"谋我",则国家四境从此不得安宁。指出"戎不足虑,患在绥戎不得其道"。[1]自经第二次鸦片战争,清朝战败,奕䜣认定中国不是西方的对手,所以竭力反对对外"轻启衅端"。中法越南交涉发生后,翁同龢主张出兵越南,抗击法军,阻止法军把战火延烧到中国境内。奕䜣虽然也看到法国侵越"此不特边疆亡患,抑亦大局之忧。目前之计,惟有令滇、粤防军守于城外,仍以剿办土匪为名,藉图进取",[2]不主张出兵入越,抗击法军。在这里,翁同龢与奕䜣之间明显存在分歧。"王与军机大臣不欲轻言战,言路交章论劾,太后谕责王等委靡因循"[3]待至北宁失守,遂引起舆论的不满。与奕䜣争权已久的慈禧太后便利用盛昱一折趁机罢免以奕䜣为首的军机处,另行组织名义上以世铎为首、实际权力操纵在奕谟手里的新的军机处。奕䜣被勒令"居家养疴",权力丧尽。万般无奈,只能在西山戒台寺捐建房舍一所作为自己憩息之地,日读乐天长庆等诗集,消磨岁月。有时自比屈原,一次次朗诵年轻时写的吊屈原诗,以抒悲怀:

> 牢落天涯客,伤哉志未申。独醒空感世,直道不容身。
> 忠荩遗骚雅,高风向楚滨。怀沙数行泪,饮恨泪罗津。

宝鋆与他共事多年,情趣相投,最为莫逆,同案遭罢黜。罢斥后,两人时相往还。光绪十二年元夕,他在《寄宝佩蘅相国》一律中写道:

---

〔1〕 奕䜣:《魏绛和戎论》,《乐道堂续文钞》卷一。
〔2〕 故宫博物院编:《清光绪朝中法交涉史料》,中国史学会编:《中法战争》(五),上海人民出版社 1983 年版,第 103—104 页。
〔3〕 参见蔡冠洛:《清代七百名人传》,中国书店 1984 年版。

只将茶藓代云觥，竹坞无尘水槛清。

金紫满身皆外物，文章千古亦虚名。

因逢淑景开佳宴，自趁新年贺太平；

吟寄短篇思往事，一场春梦不分明。[1]

据文廷式说，"吟寄短篇思往事"原句是"猛扑栏杆思往事"，出版时，奕䜣后人害怕触犯忌讳而改之。追怀往事而生无穷感慨，以表示自己内心的闷郁难堪，悔恨自己当初为什么要帮助慈禧，以致今天误国害己，落得个如此下场！每一念及，令人腐心切齿。什么爵禄、华贵，都不过是过眼云烟，根本不值得留恋。

翁同龢虽然也被逐出军机处，但他仍主管毓庆宫书房事务。光绪是醇亲王的儿子，醇亲王即便为了自己儿子的教育，也不会冷落翁同龢，所以仍旧与翁同龢保持密切交往，在处理中法战争的许多问题上听取他的看法，翁同龢也将从盛宣怀、周德润、张荫桓等人那里得到的情报随时提供给醇亲王。甲申军机改组前，翁同龢同奕䜣与奕谡并持等距离的交往，这增加了他在朝的分量。现在奕䜣失势，他不得不面对现实，深感处理好与醇亲王及慈禧太后的关系对自己的前程是何等重要。醇亲王是皇帝生父，光绪是慈禧太后一手择定的，因此开始由当初对恭、醇两亲王等距离的交往，逐渐倾向醇亲王一边，对醇亲王和太后表示无限忠心。虽然每年春节也到恭王府叩贺新年，或遇恭王府有婚丧喜事，也去往贺祝吊，但已大不如前。相反地对醇亲王则是另一番态度。1886 年（光绪十二年）慈禧以皇帝典学有成，决定明年归政光绪。其实慈禧恋权不放，根本无意交出政权。翁同龢与醇亲王商定请太后暂缓归政，此举深得慈禧欢心。当时翁同龢任户部尚书，不顾国家财政如何拮据困难，仍拨巨款，筹办光绪大婚，使醇亲王非常满意。醇亲王去世后，他亲自参与决策饰终典礼事宜，在光绪帝面前展示了自己对醇亲王的无限爱戴之情。对于翁同龢所做的一切，恭亲王当然了然于心，人臣的忠诚与向背随权力的转移而改变，自古以来就是如此，他只能无可奈何地面对。

---

〔1〕奕䜣：《萃锦吟》卷二。

1894年(光绪二十年)日本一手挑起中日甲午战争。9月平壤、黄海两战,清军水陆皆败。10月,战火延烧到山海关一线,战场形势对中国严重不利。在舆论的要求下,经过翁同龢、李鸿藻的呼吁,慈禧太后不得不重新起用奕䜣,命他主管总理衙门,总理海军事务,会同办理军机,督办军务。奕䜣东山再起,最不安于位的是孙毓汶,孙趋炎附势,是攀援醇亲王而得以重用的,奕䜣最瞧不起他。奕䜣在对外交涉中,不轻意言战。对于翁同龢坚持要利用严冬日军给养困难,继续与日军交战,将战争进行下去不以为然。由于赋闲十年,在事臣僚将帅多非熟悉,难以指挥。深悉慈禧揽权自私专擅,自己难有作为,所以任事更加模棱,因循推诿,对于扭转战局也拿不出什么有效的办法。复出后,不是继续备战而是加速主和,这使欲挽回战场颓势的翁同龢大失所望,感到"竟不足恃"。而翁同龢在军机处、督办军务处的诸多言论和主张也不为奕䜣所认可,对于翁同龢在马关议和活动中如三国干涉还辽后主张推迟换约等主张更不表赞同。有书说奕䜣认为甲午中国对日开战是"铸九州之铁铸此大错",间接对翁同龢主战表达不满。翁同龢并未意识到,由于奕䜣的复出,政坛的权力结构已发生变化,不论奕䜣如何主张,他应顺势收敛原先以自己意见左右政局的架势,主动谦卑地听取和服从奕䜣,可惜他没有这样做。在后来维新变法的问题上,他更没有听取奕䜣的意见。奕䜣认为国家新受大创,元气未复,目前不宜再行折腾,尤其是把人事搞乱。奕䜣的意见有一定的道理,而且他也赞成开办经济特科,不拘一格选拔人才。但时不我待,列强强索租借地、划分势力范围日亟,不变法、不改革无以挽救民族危亡。奕䜣与翁同龢的分歧说明甲午战后清朝高层对应对战后新的严峻局面缺乏应有的认识,缺乏战略调整和自身的磨合与统筹,内部逐渐呈现分裂。1898年4月(光绪二十四年二月),奕䜣因严重的肺病去世,慈禧颁赐谥曰"忠",多少表达对奕䜣帮她发动祺祥政变夺取政权这段历史的肯定。奕䜣死前没有留下让王朝如何绵延的建言献策,而据说倒是有对翁同龢"怙权"之类的遗言。他死后不久,翁同龢立即催促光绪帝力行新政,但此时朝堂已呈水火不容之势,翁氏屡遭人弹劾,日形孤立,最终光绪帝也不得不"姑念其在毓庆宫行走有年,不忍遽加严谴",顾恋旧情,将他体面地放逐回籍。

奕訢毕竟是晚清史上重要人物。幼时聪颖，"就傅日授千言，少读即成诵，帝钟爱之，欲使继体"。据说道光帝"尝于晏居，从容示意。訢跽谢，谓文宗长当立，即才武德量亦非己所敢望。帝嘉其让，遂罢前论，且属之曰：'尔兄少偏急，尔后当辅之为令，辟庶毋负予意。'而訢退，未以告人"。宣宗临终前，"再封为恭亲王。赐予辄超诸王上，奕谅忌之，而訢怡怡无矜色，文宗愈重之，大事多令参议"。甲午年复出后，赞政三年，"颇阻挠变法，为德宗所弗喜。独能湔故习，屏馈遗。盖亦晚节小补矣"。

"訢广颡秀眉目，举止安详，仪表清超，对人无多语，而辄中窾要。勤学能文，魏源《海国图志》等书胥能成诵。书法率更诗学晚唐。……《滦阳道中》诗有'舳棱回望知何许，秋水秋山路万重。'皆不愧风人。尤精鉴别书画骨董，以屋十五楹盛之，咸真品，端州石砚尤富，凡石中砚材与否，訢一望知之，肆商所弗逮也。能琴，间亦倚声。"[1]

经过百年纷乱兵火，奕訢墓早已不存，惟有墓前华表尚在，供人凭吊。

宝鋆

翁同龢第一次入参军机时，宝鋆早已是军机大臣。从翁同龢日记及其他史料来看，两人并无私谊，他们的交往主要因公务而生。宝鋆，字锐卿，号佩蘅，别号东宫、鉴园。索卓络氏，满洲镶白旗人，世居吉林。道光进士，供职翰林院。累迁至尚书、大学士。

1861年（咸丰十一年）奕訢与慈禧联合发动祺祥政变，夺得政权后，宝鋆被授为军机大臣和总理衙门大臣。至光绪甲申军机改组，在任达二十多年。平日与恭亲王奕訢最为莫逆，"议事一阿奕訢旨，无所建白"。[2]其实在许多重大朝政问题上，宝鋆能见其大，拥有个人的见解。太平天国起义爆发后，他建言起用汉族官员，开办团练，镇压起义。在同文馆开设一事上，他批评倭仁偏执己见，思想

---

〔1〕沃丘仲子：《近代名人小传》，中国书店 1988 年版，第 52—54 页。

〔2〕参见沃丘仲子：《近代名人小传》，中国书店 1988 年版。

宝鋆像

迂腐，支持开馆。在李鸿藻为嗣母丁忧一事上，认为是无可非议的。《清史稿·宝鋆传》中讲他在军机处"偕文祥和衷翊赞，通达政体，知人让善，恭亲王资其襄助"。这一评价比较客观，接近事实。

宝鋆平日对汉族出身的官员较为谦让，"重汉人，对湘淮诸勋尤退让，疆臣交颂其贤，所属辄不拒，鋆益得以荐牍鬻官取资，遂致巨富"。[1]因奕䜣的关系，对担任同光帝师的翁同龢尤其尊重。1878年（光绪四年）内阁学士张佩纶奏参宝鋆之弟、四川候补道宝森，翁同龢侄儿、刑部郎中翁曾桂均为大员子弟，京察不应列一等，要求吏部查明具奏。后经据实陈，并不违例。这是宝鋆、翁同龢第一次缘事遇到一起。有意思的是，翁同龢在日记中记载此事时，只字未提"宝鋆"二字。宝鋆资格老、辈分高，且此事与翁同龢无关，所以不提不记。

1882年7月（光绪八年六月）翁同龢奉旨和宝鋆、李鸿藻、徐桐、麟书等筹议整顿国学和八旗官学。道咸以后，国家多故，财政匮乏，为了筹措镇压农民起义的战费，清政府一再削减学校经费。同光之际，军务虽平，又借口百废待兴，国家无钱，把教育当成不急之务，以致官学废弛，教育萎缩。以国子监为例，因经费不足，修理无费，学舍倾圮；教习薪俸微薄，不足赡家糊口；学生因贫不能住学乃至弃学。翁同龢、宝鋆、李鸿藻等经过调查了解，最后汇成一道《复陈官学情形折》，提出政府拨款修理校舍（包括南学在内）；增加教习薪俸；增加贫苦学生"膏火"；向社会募集资金、图书；改进监生分配事宜，少数优秀生员可奏请破格授以知县、主簿等官职。经过多年努力，国学面貌有了很大的改变。

---

〔1〕 参见沃丘仲子：《近代名人小传》，中国书店1988年版。

甲申军机改组时,在罢斥的谕旨中,宝鋆被勒令"原品休致"。[1]自罢斥后,唯读书消磨岁月,"时偕恭亲王西山游览唱和",以发泄心中的愤懑。在1885年（光绪十一年）所写的《鉴园遣兴三十首》中藉物抒怀,借景志慨："积感深于海,抛杯泻玉缸。"（之三）"眼看过半百,心事竟谁知?"（之四）"芦苇声兼雨,孤灯点夜斋;眼看人尽醉,直道事难谐。"（之九）"新诗久不写,往事只堪哀。"（之十）等。[2]

景廉

景廉,字秋坪,号俭卿,一字季泉、隅斋。颜札氏,满洲正黄旗人。父亲彦德曾任绥远将军。咸丰二年庶吉士官至兵部尚书,光绪十年,降内阁学士,光绪十一年卒。

咸丰六年,翁同龢参加会试,殿试一甲一名,状元及第。景廉是这次会试的房考官。翁同龢的房师为贡璜,后卷拨金钧房。朝考时,景廉为阅卷官之一。按科举考试不成文的规定,翁同龢与景廉为师生关系,因而平日又称景廉为景秋坪师。景廉科名比翁同龢早,有时也称景秋坪前辈。

光绪二年,举行会试。景廉被命为正考官,麟书和翁同龢、许应骙同被命为会试副考官。四人衡文评校,十分相得。闱中唱和不绝,为在紧张劳累中减压,平添乐趣。

景廉画作

翁同龢用聚奎堂壁间诗韵呈景廉诗一首:

> 玉节珠钤智略深,天山翰海旧经临。久闻制诏推边锁,岂独文章重士林。四海人才归进退,一言题品判升沉。区区衡校真馀事,尚识更阑剪烛心。

〔1〕《翁同龢日记》,第1859页。
〔2〕引自庄练:《中国近代史上的关键人物》（上）,中华书局1988年版,第283页。

回首沧江岁月深，燕台何事又登临。驽骀久合辞华毂，病鹤犹知恋禁林。虀雪婆娑新学改，眼花错莫夜光沉。海棠落尽清明过，枨触天涯万里心。[1]

咸丰八年后，景廉先后任伊犁参赞大臣、叶儿羌参赞大臣，诗中歌颂了景廉率军戍边，能文能武，是难得人才。同治二年，景廉缘事落职，遣往宁夏都兴阿军营，参与戎幕。翁同龢兄长翁同书病死后，景廉奉檄代领其军，继续作战。同治十三年，授钦差大臣，督办新疆军务。因忧勤致疾，奉召回京。这次会试，是景廉、翁同龢师生第一次合作共事。1877 年（光绪三年），任左都御史，遂奉旨授为军机大臣。1882 年（光绪八年）云南军费报销舞弊案发生，身为户部尚书的景廉和工部尚书王文韶受到了牵连，被怀疑收受巨额贿赂。江西道监察御史洪良品弹劾王文韶、景廉久历军务，历任封圻，甘心受贿，有失重臣名节，奏请朝廷罢斥。谕旨遂派翁同龢会同惇亲王奕谅查办。经过查询，此次云南军费报销舞弊共用去八万多两，查证有着落的为五万多两，尚有三万多两仍存在天顺祥汇兑庄内，许多人包括惇亲王在内，怀疑这三万两银子就是贿赂王、景二人的。但判定须有证据，翁同龢和后来参加办案的刑部尚书潘祖荫询问了办理报销的云南永昌知府潘英章以及承办报销的户、工两部经手书吏和天顺祥、乾盛亨两钱庄老板，都说"并无分送王、景巨万之款"。于是翁同龢和其他参加查办的大臣据实奏复结案。王文韶以母老，经旨准回籍告养。景廉因查无实据，仍留任军机大臣和总理衙门大臣。也就在这年十一月，翁同龢奉旨授为军机大臣，和景廉同值军机处。军机大臣论班次，谕旨翁同龢在景廉之次。据翁同龢日记记载，在甲申军机未改组前的一年多中，军机处除了承旨、办理皇太后交下来的事项、日常折件、官员的任免、重大案件的审理等之外，主要议决以下几件事：一、整顿杭州、山西、河南进贡的缎、绢、布存在的积弊。杭州所进缎绸混在一起，而缎匹库亦含混收进。二、会议顺天府贡院增建号舍事宜。三、会议八旗官学。四、会议云南军费报销舞弊案涉事官员的处分事宜（景廉未参加）。五、会议修浚山东境内黄河。而就中法

---

[1]《翁同龢集》，第 734 页。

越南问题一事则多次会议，"初定合肥督师之议"。[1]稍后又寄谕二道：拨款四十万两给粤、滇两省，"募士勇，稳扎固守，此为正办"。[2]军机会议虽作了如此决议，但"粤、滇之兵亦未能锐进，合肥相亦无回电"。[3]到了七月，军机处会议复电李鸿章，我军在北宁不能退，刘永福黑旗军不能撤回，无处安插，宝胜开埠不可。[4]9月3日（八月初三日），张佩纶以越南大败，"恐无识者遂欲罢兵让地"，陈奏"备不可弛，和不可亟"。其意在指李鸿章。奕䜣、宝鋆、李鸿藻、翁同龢、景廉（潘祖荫丁忧回籍）等军机大臣会议连衔复奏："枢寮本无退葸意，因寄知云、粤坚守北宁，饬粤督添水师，筹大款也。"[5]当李鸿章电告法国强迫越南签订第二次《顺化条约》，翁同龢代表军机处明确回复："此宜坚持划江而守之说，仍明告法国，此约断不从，兵断不撤两语而已。"[6]李鸿章妥协退让制约了军机处坚持抗法的方针，但奕䜣因病，对于战局"不甚介意"，景廉也一直生病在家，使"中枢一无布置"。[7]御史吴峋弹劾军机"皆疾老瘦累，请派醇邸赴军机处稽核，别简公忠正大、智略果敢大臣充枢密"。[8]1884年3月30日（光绪十年三月初一日），北宁失守消息传到北京，舆论哗然，对军机无能表示强烈不满。4月8日（三月十三日），慈禧太后遂借盛昱一折罢免全体军机大臣。景廉因"只能循分供职，经济非其所长，均开去一切差使，降二级调用"，翁同龢革职留任，仍在毓庆宫行走。此后两人再未一起共事。1885年10月4日（光绪十一年八月二十六日）正在主持顺天乡试的翁同龢在邸报上得知景廉去世的消息，"感涕不已"。出闱后，亲自诣景宅，"为之长恸"哭吊。

景廉有子名治麟，字舜臣，1876年（光绪二年）中举。中举之日，翁同龢亲自登门祝贺。治麟后来官至国子监司业，当时翁同龢任国子监祭酒，因职事之故与景廉关系又进一层。治麟生有至性，其学术以宋儒尹焞为宗，律己教人，鞭辟近里。同治初年，景廉任伊犁参赞大臣，当时年仅二十岁的治麟匹马单骑，往来省

---

〔1〕《翁同龢日记》，第1775页。

〔2〕《翁同龢日记》，第1787页。

〔3〕《翁同龢日记》，第1777页。

〔4〕《翁同龢日记》，第1801页。

〔5〕《翁同龢日记》，第1806页。

〔6〕《翁同龢日记》，第1807页。

〔7〕《翁同龢日记》，第1810页。

〔8〕《翁同龢日记》，第1825页。

视。景廉回京供职后,治麟"承侍左右,色养无违"。景廉久病,不喜别人侍奉,治麟"屏息户外,听于无声,有呼则敬唯,有所苦则抑搔扶持。终夕徘徊风露中,履迹重沓,倦则倚檐柱以息",前后长达四十余日,因此而成"忧劳羸困之疾"。景廉去世时,治麟病已很重,父亲死后,他又坚持茹素守孝,"古人居丧有疾之礼","盐酪不入于口",由是羸弱不堪。医生建议饮猪肉汁,可以"脂膏五脏",治麟"屏而不饮"。守孝期间,又"编次景廉遗稿,一字之误,反复审订",最终呕血而死。治麟死后,1887年7月(光绪十三年六月)翁同龢以治麟"事亲尽孝,无愧人师",奏请将其事迹列入国史孝友传,用以风励天下,得旨允准。[1]

潘祖荫

经过协助惇、恭、醇三亲王会商中俄伊犁问题、中日琉球问题交涉和查办云南军费报销舞弊案,潘祖荫和翁同龢的才华进一步得到了王爷们的赏识,光绪八年十一月,两人双双被授为军机大臣,入参军机。但潘祖荫入值不到三个月,就因父亲去世,回籍丁忧,离开了军机处。

潘祖荫手迹

潘祖荫,字郑盦、东镛,小字凤笙,号伯寅,江苏吴县(今苏州市)人。十六岁时到京,受业于内阁学士陆增祥(星农),继受业于翰林编修钱世铭(警斋)。祖父潘世恩是乾隆状元。潘世恩历仕四朝,迭掌文衡,备蒙恩遇,官至武英殿大学士。入值军机前后有十多年。第一次鸦片战争期间,穆彰阿主抚,排斥林则徐,潘世恩"心以为非,不能显与立异"。遂以病告归。咸丰帝即位,奉召陈言,疏言林则徐历任封疆,有体有用,请求启用。诏如所请。潘祖荫的父亲潘绂庭,举人出身。道光二十八年,潘祖荫因祖父八十赐寿,恩赏举人。咸丰

〔1〕《翁同龢集》,第68—69页。

二年会试一甲三名进士。唱名之日，因病未能到场。翁同龢与潘祖荫首次见面是在道光二十九年三月，翁同龢随父服阕返京，途经山东茌平时相见。此后两人相知相识，又因在学术志趣相投，"经通公羊春秋、尔雅，史通、范氏后汉书"，遂成莫逆。

翁同龢与潘祖荫第一次共事，是在咸丰八年奉旨典试陕甘（陕甘尚未分省）乡试。潘祖荫为正考官，翁同龢为副考官。此时翁同龢夫人汤松刚去世不久，心境特别凄凉。在前往西安途经直隶定兴时，特赋诗一首，以抒悲怀：

> 燕台回首树冥冥，尚见西山未了青。
> 薄醉岂能消积痗，远游终是逐浮名。
> 凤低蝉薄知成梦，渔沉兔灯唤不醒。
> 人事变更谁料得，涿州城下看双星。[1]

潘祖荫是过来人，更世比翁同龢早，当能体会到此时翁同龢的痛苦心情，当即奉和一首：

> 征轺初发晓烟冥，杨柳离亭眼尚青；
> 惜别昨犹萦短梦，冷痗今始悔时名。
> 青天碧海感离合，绿酒红灯几醉醒；
> 只凭晓风残月里，催人霜鬓几星星。[2]

这里顺便说一下，编写潘祖荫年谱的潘祖同，系潘祖荫族兄，因在这年顺天乡试科场案（即戊午科场案）中递条子、通关系，被革职永不叙用，充军新疆，后用款赎回。

这次乡试结束前，翁同龢被命为陕甘学政。考试结束后，潘祖荫返京，翁同龢独自留下。潘祖荫很理解翁同龢的心情和感受，行前，特意携酒来到翁的住

---

〔1〕　翁同龢：《七月七日定兴道中　七夕同潘郑盦作》，《翁同龢集》，第666页。
〔2〕　潘祖同：《潘文勤（祖荫）公年谱》附《秦輶日记》。

处,与他作竟夕谈,以示安慰,并填词《金缕曲·留别叔平殿撰》一首相赠。

次年,翁同龢因足疾奏请开缺,获旨允准。二月,重新回到北京。

因为是同乡,志趣相投,翁同龢平日与潘祖荫吟诗唱和,研摩碑帖,品评书画,往来不绝。同治八年,潘祖荫奉旨前往山海关查办事件,有人为其绘制一幅《渝关望海图》,翁同龢见后,欣然题诗二首:

> 朝辞天北斗,暮看海东霞。龙辅司空节,鸡栖使者车。君以单车就道。
>
> 环瀛随地窄,古驿控山斜。奇绝张融赋,应知胜木华。
>
> 勃碣关山壮,营平道路难。谁言船算事,又设水衡官。时新改监督为海关道。
>
> 战伐今藏甲,功名老伏鞍。鸣笳无限意,送客过卢濡。濡,师古音乃官反,当入此韵,即溧水也。[1]

潘祖荫喜收藏考证不同版本的碑帖。《瘗鹤铭》的拓本不少,他藏有一本精拓本。同治九年二月,翁同龢观后题诗三首:

> 多事良常写作图,较量分寸分名姝;江潮洗出碑趺字,自古文人考证疏。
>
> 残画封埋古墓边,萧梁碑录漫重编;莫子偲近辑《梁碑录》。谁能沉石空江底,留与中冷证墨缘。
>
> 螶气连云草树深,此山无地瘗仙禽;裹毡煮墨寻僧话,销尽江南独客心。余于戊辰冬泊舟焦麓,风景殊异,江山凄然。[2]

同治末年,为了入值方便,他们曾租赁静默寺僧舍,又曾租借东华门外酒家同屋居住。互商政事,研摩帖画,诗酒唱和:

---

〔1〕《翁同龢集》,第676页。
〔2〕《翁同龢集》,第677—678页。

朝回日日阻轻车，喧杂轩窗众所于。

小吏漫欺曹相国，邻人解爱毕尚书。

偶谈天宝年中事，顿忆澄怀旧直庐。

闻道薰莱侵浴殿，更无人问玉泉鱼。[1]

有时翁同龢也为潘祖荫所藏碑帖书画题诗。同治十三年十月在题潘氏所藏《万柳堂补柳图》诗中写道：

平桥流水古城隅，廉相园林迹巳芜。不信此堂真万柳，且看我辈第三图。朱野云有《访柳》、《补柳》二图。朱陈修禊频来往，翁阮题诗今有无。最忆萧山觞客处，短辕轻杖路人扶。己酉春夏，屡陪汤文端公游宴于此。

长条斫后换新枝，要插樊篱好护持。万事尽如栽柳法，一官难得看花时。君方左降，再入翰林。琴樽小集人还健，裘帽来游我已迟。不用张罗且沉醉，问惟能解郑盦诗。[2]

同治去世，两人同时奉旨参与办理葬仪。同龢以南书房盆梅一枝红白相杂为诗记下了他们的失君之痛：

琐窗北望殿帷缁，秉笔词臣痛不支。绝笔俄惊秋影句，今年九月被召赋《菊影》。残魂忍对岁寒姿。缟衣偶尔来三宿，血泪无端集一枝。怜尔孤根太枯槁，问谁还向玉阶移。[3]

在另一首《次韵郑盦》诗中则写道：

上阳宫里白头人，眼见宫花日日新。野老不知天宝事，错疑宫怨是伤

---

〔1〕《翁同龢集》，第682页。

〔2〕《翁同龢集》，第688页。

〔3〕《翁同龢集》，第689页。

春。回首舳棱咫尺天，每闻钟鼓一潸然。可怜香案持书吏，已似阊门解缆船。[1]

1878 年 4 月（光绪四年三月），同治帝后灵枢奉安惠陵，随同行礼的吏部主事吴可读在蓟州三义庙吞食鸦片自杀，遗书"请预定大统之归"。懿旨交内阁会议。潘祖荫会同翁同龢、徐桐联衔复奏，"以为宜申明列圣不建储之彝训，将来皇嗣蕃昌，默定大计，以祖宗之法为法，即以祖宗之心为心，总之，绍膺大宝之元良，即为承继穆宗毅皇帝之圣子。揆诸前谕则合；准诸家法则符，使薄海内外咸晓然于圣意之所在，则诒谋久远，亿万世无疆之业，实基于此"。内阁复奏稿最后采纳了他们的建议，以此复奏。

1879 年 2 月（光绪五年正月），翁同龢授刑部尚书。刑部办案繁难，费时费力，翁同龢又要每天入值毓庆宫，授读光绪帝，倍感吃力。经慈禧太后谕准，四月，与潘祖荫对调，改任工部尚书，由潘祖荫任刑部尚书。1880 年 10 月（光绪六年九月），中俄伊犁交涉发生，翁同龢、潘祖荫同时奉旨偕惇亲王、恭亲王、醇亲王会商办理，条陈善后诸事：一、练兵，二、简器，三、造船，四、筹饷。中俄交涉复杂而困难，为了阅看电报奏稿，草拟电旨寄谕，他们常常是刚脱衣而卧，军机章京或宫中太监又来叩门叫起，须立刻更衣坐轿，冲寒入宫。翁同龢在给家人函中曾说："时势艰难，家事已置之度外矣"，[2] 表达了他们忠勤国事的忘我精神风貌。

在会商中俄伊犁交涉期间，翁同龢、潘祖荫还奉旨参加中日琉球问题的交涉活动。1879 年（光绪四年）日本吞并琉球王国，改为日本的一个县。琉球是中国的属国，自明代以来就同中国保持朝贡往来。中国就此对日进行交涉。日本提出分岛改约说，同意将琉球南部宫古、八重山群岛划归中国，以修改中日通商条规，给予日本最惠国待遇。中国提出琉球三分说，北部归日本，中部存球祀，南部划给中国，中国的目的是南、中两部合起来可以保存琉球。由于中俄交涉尚无眉目，又担心日俄勾结，总理衙门大臣主张对日交涉采取延宕一法，待到中俄伊犁

---

[1] 《翁同龢集》，第 690 页。

[2] 《致斌孙》，《翁氏家书》第十六册，国家图书馆善本部藏。

问题交涉结束再议结琉球问题。惇亲王、醇亲王、翁同龢认为此议可行，但潘祖荫不表赞同，"伯寅具奏片力驳其说，余（翁同龢自谓）疑措语太峻，而两邸皆不谓然，伯寅大怒，以余言迂而钝也。余笑辩，仍请伊改一稿，以总署既与成议，具有苦衷云云，两邸阅之遂定"。[1]为了国事，两人有不同看法是正常的，从中也使我们看到潘祖荫质朴敢言、光明磊落的精神风貌。

翁同龢、潘祖荫在会商中外交涉期间，念念不忘提倡纯正的学术风尚。自顾炎武主张经学即理学之后，到乾嘉年间，许多学者一反晚明空疏之习，专力于古籍的注疏考证。其中同治年间苏州学者陈奂所作的《诗毛诗传疏》成就最大。陈奂，字硕甫，号师竹，晚号南园老人，江苏长洲（今苏州市）人，诸生，咸丰元年举孝廉方正，从学者江声治古学，协助段玉裁校订《说文解字》。与高邮王念孙、王引之父子，安徽泾县胡承珙等人订文字交，在咸同年间被学界公认为经学大师。1863年（同治二年）去世。

陈氏在经学方面用力最多的是《诗经》，前后用功三十年，写成《诗毛诗传疏》一书。他力反先前学者的研究方法，"专毛废郑"，对《诗经》逐字逐句进行释注，广征博引，观点鲜明，毫不含糊，成为疏家的典范。潘祖荫与陈奂同乡，早年两人曾互相推阐经义，称为莫逆。翁同龢则在咸丰初年就与陈氏相识，对他严谨的治学态度、刻苦钻研经训的精神表示敬佩。潘祖荫、翁同龢深感在学风窳败、士风日下的今天，有必要标榜陈奂的研究，于是两人于1881年正月（光绪七年正月）向慈禧太后呈上了一道《进呈已故孝廉方正、江苏贡生陈奂所著〈诗毛诗传疏〉一书事由折》，折中说，此书"洵属有裨经义，请饬翰詹衙门刷印，广为流传"。慈禧太后以潘祖荫、翁同龢"力倡经学以矫士风"之意表示褒奖，并将所呈陈奂《诗毛诗传疏》一书发交南书房行走"留览阅看"。[2]

1882年7月（光绪八年六月），云南军费报销舞弊发生，翁同龢奉旨会同惇亲王一起查办。潘祖荫作为刑部尚书理所当然地参加案件的审理。就在这年的十一月，翁同龢、潘祖荫同时授为军机大臣。但潘祖荫入参军机未及两月，就因父亲去世回籍丁忧。临走前，云南军费报销舞弊案中涉及人员大致已查清楚，就

---

〔1〕《翁同龢日记》，第1555页。
〔2〕《翁同龢集》，第21页。

如何定罪,他与翁同龢的意见一致:照章办事,按律治罪。案内一个不徇情,案外一个不牵连,及早了结。在后来御前讨论涉案人员罪名会议上,惇亲王当面指责翁同龢、麟书、阁敬铭、张之万、薛允升等五大臣徇私不公,硬说潘祖荫丁忧回籍前,先已定下完赃减罪的意见,临行时又把这个意见密示给五大臣,现在拟定的罪名就是按这个意见做的。翁同龢当面反驳:潘祖荫早已离任,即使他在,案子也不是一个人说了算的,并指责惇亲王不懂律例。此外,针对惇亲王企图罗列罪名,打击众多受贿官员,翁同龢又区分了"枉法"与"不枉法":以云南报销案为例,受了贿,不应销的销了,就是枉法;虽受了贿,于公事并无关系,就是不枉法。翁同龢这样讲,显然是为受贿官员辩护,贪赃枉法,收受贿赂,是封建官场腐朽黑暗面,根本不值得肯定。由于中法战争在即,民族危机严重,清朝最高统治层已无心思专注此事,遂照翁、潘确定的办法了结此案。

1885年5月(光绪十一年四月)潘祖荫服阕回京。9月,奉旨派为顺天乡试正考官,翁同龢、奎润、童华为副考官。是年12月,江西学政陈宝琛以黄宗羲、顾炎武"家传忠孝、学有渊源、博瞻通贯,为一代儒宗",奏请将黄、顾从祀文庙。慈禧太后谕令大学士、六部九卿、翰詹科道会议复奏。翁同龢、潘祖荫表示完全赞同,认为黄、顾两师原本忠厚,实事求是,一洗明季空谈心性之弊,古圣遗经赖以不坠,其生平学术著于国史,彰于记载,服于天下学士大夫,从祀文庙,当之无愧。早在此前,他们就每年参加京师慈仁寺旁顾祠的纪念活动。他们遵旨联络孙家鼐、孙诒经等人呈上连名折。折中指出:"黄宗羲、顾炎武卓然为世大师,其学经世致用,开启来世,有传经之功,卫道之力,崇正歇邪之实效。其学广博,精研小学,淹贯群经;深通天算,博稽地志,凡朴学之专门,皆二儒之遗绪,迄今著述,炳在人寰。传授既繁,渊源有在。是凡读其书、习其言者皆以二儒为转相授受之师。俎豆馨香,用昭崇德。陈宝琛奏请从祀文庙,诚属盛举,……以政奖励学术人心,大有神益"。[1]要求降旨允准。但徐桐、李鸿藻及额勒和布等对陈宝琛的奏请表示反对,认为黄、顾"仅著述家言,非有躬行实践之语"。结果内阁作出了不予从祀的决议,翁同龢、潘祖荫等以"不敢庇议,随声附和",没有在阁议上

---

〔1〕 中国第一历史档案馆,军机录副,光绪十二年四号:内政礼仪卷。

签名。

内阁会议后，翁同龢、潘祖荫认为内阁仅以《四库全书提要》上批评黄、顾著作中一二个不足之处作为依据，进而否定黄、顾从祀，完全没有道理。于是他们又于次年二月，再次联衔上了一道《遵议先儒黄宗羲、顾炎武从祀疏》，重申了他们要求将顾、黄从祀文庙的理由：一、有清一代，经师辈出，代不乏人，诸经各有专家，然而推论始原，无不是该二儒之遗绪。人心所在，即定论所凭，所谓将习其道必各祭其师，旨发于人心之不觉，准之古谊，二儒理应从祀。二、黄宗羲编定《明儒学案》，综二百年学术升降之原，会通融贯；顾炎武不立讲学之名，而有蹈道之实，所著《日知录》，足当学术精纯之目。二儒阐明圣学，传授道统，其经济文章流传二百余年，至今读者犹思取法，可见其经纶卓越，理应从祀。三、奏折也引用了钦定《四库全书提要》一书中对黄、顾二儒著作的"褒许"之语，并引钦定国史《儒林传》、《黄宗羲传》、《顾炎武传》中对黄、顾二儒的学术著作的评语，说明将黄、顾从祀文庙，当之无愧。奏折针对徐桐等人对黄顾二人的指责，指出《四库全书提要》为叙录之体，提要系在解题，是专为一书而发，不是对他们所有的著作的评价。若按徐桐等人的标准，提要对如陆世仪的《思辨录》、孙逢奇的《观书近指》、张伯行的所著理学各书均有批评之语，这些人就不能从祀了，但他们都先后获准从祀文庙。所以，所谓黄、顾没有资格从祀文庙是不能成立的。奏折最后说："臣等稽之古训，求之舆论，以为该故儒之从祀，实顺人心而不违成例，况我皇上缉熙典兴，正当审辨学术，以风示天下，将因以求所谓师以贤得名、儒以道得名者，以为平治天下之本，是该故儒从祀之典，似亦系乎时政，而非徒滋议论者也。"[1]奏折呈上后，内阁再次会议，由于满大学士额勒和布为首以所谓慎重从祀、前谕宜遵及参考同官之议论为借口，再次否定翁同龢，潘祖荫等人请将黄、顾从祀文庙的要求。徐桐、额勒和布等人反对将黄、顾从祀文庙，除了他们顽固守旧的理学思想主张外，还因黄、顾在明末都参加反清武装斗争，入清后，拒不奉仕，拒绝与清朝合作有关。像他们这样具有强烈的反满、排满意识的汉族知识分子，清政府当然不会把他们尊为阐扬圣学道统的大师加以释典崇奉。

---

〔1〕 盛康：《皇朝经世文编续编》卷六十四，《礼政 学校》上。

　　1887年10月(光绪十三年九月),黄河在郑州决口,黄流溜头一直冲至洪泽湖,洪泽湖形如釜底,地势北高南低,因年久淤塞,无法蓄积,于是,入灌大运河。而大运河自咸丰以来,历尽兵火战乱,堤坝诸多破坏,运河水位增高,结果使堤东里下河七州县多被水浸,一时淮甸震恐。岌岌可危,亟待修浚。翁同龢、潘祖荫籍隶江苏,现在家乡受灾,情况紧急,岂有不管之理? 于是翁同龢在筹措堵塞郑州黄河决口大工巨款的同时,又与潘祖荫一起联衔条陈了《筹堵郑州决口并设法补救疏》,要求朝廷对于黄河决口给苏北地区的民生、漕运、盐场造成的严重危害予以高度重视,疏中说:

　　现在黄水决渠,直注洪泽,而清河以下淮口久形淤垫,吴城十四堡久不通水,仅张福口引河,阔不过数丈,其大溜由旧礼坝(俗名三河)之处并而东注,以宝应、高邮、邵伯诸湖为陂泽,以运河为尾闾,里下河一带数百万生灵,仅恃东岸一线之堤以防护,业已岌岌可危,今忽加一黄河,则运河东堤必不能保,大患一。洪泽淤垫以后,涸出数千顷柴滩,昔已设立湖滩局,按亩升科。吴城七堡一带石工,又已拆筑清河城垣,高家堰久不可恃,黄河势悍,入湖以后,难保淤滩不立时坍卸。昔潘季驯河臣议曰:"高家堰较宝应高丈八尺,较高邮高二丈二尺,高宝堤较兴化、泰州高丈许或八九尺,后来湖垫益高,高家堰且高于宝应、高邮诸水数倍,挟数倍建瓴之势以灌千里之平原,故俗有'决高堰,淮扬不复见'之谣。"明隆庆四年,高堰溃,全淮东注,决宝应之八线山,盐、高、宝、兴、泰江东诸县悉为巨浸,命潘季驯治之,久而后安,然彼时尚只一淮水也;若黄、淮并合,不东冲里下河,即南灌扬州,是江、淮、河、汉并而为一矣,东南大局何堪设想,大患二。

　　里下河州县为产米之区,各处起解,胥取于宝应,江北一带万一被水淹及,漕米何从措办? 可虑一。即令漕米如故,或因黄水挟河淤垫,运河不能浮送,或因积水漫溢,纤道无存,漕艘停滞,且山东本系借黄济运,黄既远去,沂、汶微弱,水从何出,河运必废,可虑二。两淮盐场胥在范公堤东,东运一溃,范堤亦不能保,盐场淹没,淮盐国课何从征纳? 可虑三。颍、寿、徐、海之地,好勇斗狠,凤称难治,小民荡析离居,无所得食,难保不滋生事端,可虑四。黄汛合淮，势不能局于湖潴，必将另开一地，自寻入海之路，横流猝至，朝东暮西，江乡居民，莫保旦夕之命，可虑五。此郑州决口所以不得不速筹堵塞者也。[1]

鉴于以上五可虑，翁同龢、潘祖荫建议不妨顺里下河就下之势，进行疏导，由兴化以北历蒙童、傅家坞等处开河，入旧黄河身，避开云梯关以下淤河，横穿西北，开浚大通口四十余里，入于朝河，以达灌河海口，如此则取径直接，形势较便，经费亦不太巨。谕旨将翁、潘的奏折发交两江总督、江苏巡抚参酌办理。同年10月，两江总督曾国荃、江苏巡抚崧骏复奏，并请款三十万两，组织宝应、兴化、盐城等县民工数十万，大力疏通里下河入海水道，使南浸黄水很快宣泄入海，避免了因黄河决口给苏北地区带来的危害。

1887年10月（光绪十三年九月），潘祖荫以工部尚书兼理顺天府尹。1889年（光绪十五年），江浙水灾，奏请由顺天府各拨银一万两助赈，又自捐廉为苏常本籍助赈。1890年7月（光绪十六年六月），顺天府二十四州县水灾，和顺天府尹陈彝（六舟）等筹放义赈。"一闻灾信，先行拨款，飞饬印委，办理急抚。内则沥请入告，疏请择地设立粥厂，以便灾民就近给食，并饬派官员驻札稽察。"外则函电四驰。手写告灾乞赈之书。为民救灾，无微不至。终因积劳成疾，一病不起于12月11日（十月三十日）去世。病重之日，犹屡传地方士绅询问赈事。临终前夕，口中犹喃喃言赈务。顺直灾区官民闻耗，无不痛哭。灵柩奉移之日，致吊者不下数千人。

潘祖荫病重期间，翁同龢多次前来探望。去世之日，潘执翁手说："痰涌恐难治矣"，"尚手执眼镜看凌（医）方，汪汪然也"。翁同龢刚告辞，尚未到家，潘家仆人追来告之，潘已去世。翁同龢遂"徒步往哭"，为其料理后事。"余所定三事：曰棺木则呼赵寅臣嘱之；八百金。（潘祖荫生前无子嗣），曰过继则呼仲午（潘祖年）写一字，以其子树孽（小名石头）为伯寅后；曰夷怀。伯寅危坐告终，不平卧，则将龛敛矣。馀事为写一单，嘱同乡办。"[2]次日，"送伯寅敛，为改遗折"。遗折上，

---

〔1〕《翁同龢集》，第75—77页。
〔2〕《翁同龢日记》，第2450页。

赐谥"文勤"。12月30日,灵柩奉移之日,又亲送挽联:

> 金石录十卷人家,君有此小印。叹君精博;
> 松陵集两宗诗派,剩我孤吟。[1]

潘祖荫去世后,翁同龢助其家人检点遗札,发现手书致各地乞赈函札多达一千数百件,他和潘祖荫生前友好无不感叹。1896年8月20日(光绪二十二年七月十二日),翁同龢仔细翻阅后写下了以下一段话:

> 岁庚寅大雨水,永定河决,浸近畿各州县。时吴县潘文勤以尚书兼顺天府尹事,而仪征六舟陈公(指陈彝)为府尹,请粟于朝,告粜于各行省、求助于京师之士大夫,不遑寝食,活命无算。此四巨卷皆文勤与六舟筹赈书,最后两纸则公绝笔也。余与文勤久故,余性迂缓而文勤敏捷相左也。然自总角交至垂暮,意气之合无如吾两人者。余尝以振务问文勤曰"六舟何如?!"文勤举手曰"仁人,仁人"今观其书,自六月至十月已累百幅,则六舟之相与往复筹度者可知也。已方咸丰癸丑之冬,粤"贼"窜天津,顺天府设粮台,是时先公莞府事,与河南宗公小棠同察,日至府署治事,事毕归,归则宗公以手札至,一夕数返,寒夜灯昏,先公披衣起,和侍侧,呵墨而书之,使者旋辄闻叩门,则后书狎至矣。迨先公去官,继之者若无事焉,而贼亦旋灭。然则事之有无固视乎其人耶?比年永定河频决,六舟再任京兆,值癸巳大水,其劳瘁有过于庚寅者。今年六月,六舟告归,而永定又决,朝廷发粟急赈,一二好义之士或冒巨险相呼吸,不知当事者亦遑遑劫劫如文勤与六舟耶?抑澹然镇静而事无不举耶?展此卷因记所闻见于后。光绪丙申七月十二日翁同龢。[2]

---

〔1〕《翁同龢日记》,第2454页。

〔2〕 上海图书馆编:《上海图书馆藏翁同龢未刊手稿》,上海科学技术文献出版社2010年版,第624—627页。

世铎

翁同龢第二次授任军机大臣是在 1894 年 11 月（光绪二十年十月），但是列席军机会议是在 7 月（六月）。此前的军机处成员是甲申军机处改组时，慈禧太后一手安排的，当时由礼亲王世铎领首，成员包括额勒和布、阎敬铭、张之万、孙毓汶、许庚身是学习行走。后来慈禧又谕令，以后有重大事件，军机处会同醇亲王商议，这一来，军机处的大权实际操纵在醇亲王手里。左宗棠从西北回京后，被授为军机大臣，但因醇亲王的排斥，不久出任两江总督。不久，阎敬铭也告老还乡。1888 年（光绪十四年）光绪帝亲政，按亲政时所作的保证，原来太后的人事安排一律照旧，事实是光绪帝不能（也无权）更动，所以原先的军机处成员基本没有变化。1889 年（光绪十五年），醇亲王去世后，军机处实权落到孙毓汶手中。1893 年（光绪十九年）许庚身病死后，孙毓汶将他叔叔孙楫乡试的房师徐用仪拉入军机处。礼亲王世铎虽然辈分高，但不谙政事，慈禧让他主管军机处，实际是弱化军机，便于自己操纵控制。世铎平日收受贿赂，因此日常事务都交由孙毓汶来主持处理，孙毓汶事实上把持了军机处。1894 年（光绪二十年）中日朝鲜争端发生，光绪帝急于想掌控局面，作出决策，但他还无权更动军机处，只能以自己的名义派遣翁同龢、李鸿藻列席军机处会议，事后向他汇报。这时，翁、李都还不是军机大臣。直到战争爆发，战事扩大，军事形势复杂多变，经向太后请旨，翁、李才被正式任命为军机大臣。也就是从这时候起，翁同龢才开始他的第二次参与军机的决策活动。军机人员的组成，直接影响了当时进行的中日甲午战争。

1901 年 8 月（光绪二十七年七月），礼亲王世铎离开军机处，军机处改由荣禄领首。1911 年（宣统三年）辛亥革命爆发前夕，授宗人府宗令兼奕劻内阁弼德院顾问。

额勒和布

额勒和布，字筱山，觉尔察氏，满洲镶蓝旗人。咸丰二年翻译进士。历任户部主事、盛京户部侍郎兼奉天府尹、察哈尔都统等。1874 年 5 月（同治十三年四月),改任定边左副将军,西北苦寒,因病乞休,于光绪三年回京。1880 年(光绪六年)起任镶白旗汉军都统,调任理藩院尚书、户部尚书、内务府大臣。1884 年 4月(光绪十年三月)军机处改组,被授为军机大臣,直至 1896 年(光绪二十二年)罢值,致仕居家。四年后去世,谥文恭。

翁同龢与额勒和布平时除了官场上的往还外,有一件事不能不提,就是 1885 年 12 月(光绪十一年十一月)江西学政陈宝琛奏请将黄宗羲、顾炎武从祀文庙,翁同龢、潘祖荫两次复议表示赞同,他和徐桐从维护满族统治者立场出发,顽固地加以反对,致使黄、顾从祀一事未获通过。翁同龢平日与额勒和布踪迹甚稀,少有往来,故日记中有关额勒和布的记载甚少,相比之下,张之万比较多一些。

张之万

张之万,字子青,直隶南皮(今河北南皮县)人,张之洞堂兄。道光二十七年一甲一名,状元及第。咸丰二年出任河南学政。任满召回入值上书房,授读锺郡王奕诒。同治改元,慈禧为了解历代帝王统治得失和太后垂帘事迹可法戒者,命

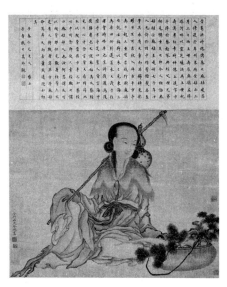

他和潘祖荫、许朋寿、鲍源深等搜集编成《治平宝鉴法编》一书。奉旨赴河南查办事件,留任巡抚。调任河道总督和漕运总督,授江苏巡抚,迁闽浙总督。以母老,乞归告养。

因为张之万在上书房行走,又曾任河道总督、江苏巡抚,所以与翁同龢往来较多。1868 年(同治七年)翁同龢扶送父兄及亡妻的灵柩回籍安葬,张之万极尽地主之谊,亲至翁心存灵柩致祭。并与翁同龢共同讨论根

张之万画作

治河运问题，"在子青幕中谈河务极细，以为荥泽不合，则长淮必涨，长淮涨而洪泽溢，淮场不可问矣"。[1]1872年（同治十年）翁同龢母亲去世，回籍丁忧。载送翁母之舟行至苏州时，时张之万刚升任闽浙总督，尚未离苏，亲率司道进行公祭。

光绪八年，张之万被授为兵部尚书。九年，潘祖荫丁忧回籍，他接任刑部尚书。云南军费报销舞弊案发生后，他与翁同龢等一起参加了案件的审理，在案件整个审理过程中，彼此配合得比较好。此后授为协办大学士，官至东阁大学士。十年，军机处改组，授军机大臣。1896年（光绪二十二年）以病致仕。死后谥"文达"。

张之万任事循谨，待人谦让不争。最有名的一件事就是张謇中元。光绪二十年三月，为了庆祝慈禧太后六旬万寿，清廷特举行恩科会试。张謇参加了这次考试，通过了会试、复试。四月举行殿试，读卷大臣依次为张之万、麟书、翁同龢、李鸿藻、薛允升、志锐、汪鸣銮、唐景崇。阅卷中，翁同龢看中一卷试卷，认为是"非常手"，并执定"此卷非元不可"。张之万以为其他卷子还未看完，前十本还未选出，怎么先定大魁呢？翁同龢就同他争论起来。照例，张的科名比翁同龢早，也是状元，又是主考官，进呈的前十本卷子应该由他综核最后裁决，但看到翁同龢是皇帝的师傅，觉得不便和他争执，就推荐李鸿藻代为主持。李与翁过从甚密，也就顺从了翁的看法。结果翁同龢看中的"非常手"不是别人，正是张謇。

张之万擅画。早年师法董思白，后学戴鹿床。董思白即董其昌，字思白，号香光，明代著名书画家。戴熙，字醇士，莼诶，号鹿床，道光进士，曾入值上书房。不仅为官正直，而且是一位著名的画家。他曾说过，书画同源，用笔愈拙，其画愈奇且有风骨。1860年（咸丰十年）李秀成率太平军攻陷杭州，他投水自杀，谥"文节"。张之万师法戴熙，用笔细腻，并以小幅为主。张氏曾为诸多同事绘画，其中翁同龢为之题诗的画就有四五幅之多。也就是在甲午会试任读卷官期间，张之万为汪鸣銮画了一幅扇面。1896年（光绪二十二年）汪氏以"离间"罪名被革职回籍，应汪氏之请，翁同龢在上面题诗一首：

〔1〕《翁同龢日记》，第673页。

> 重茵列坐矮几横，大官宴罢时飞觥。
>
> 醉中诗画互唱赓，玉堂萧条阒铃索。
>
> 君归我留谁与乐，孤负阶前红芍药。[1]

诗中回忆闱中唱和之乐和汪氏惜别的心情。

在送给克勤郡王的一幅画上，翁同龢题词道：

> 直庐灯火夜沉沉，走檄飞符计划深。
>
> 谁道东华门外路，退朝有个老云林。
>
> 朱邸清贫莫与俦，买书往往典貂裘。
>
> 寻常鉴画谈诗诀，已较时贤胜一筹。[2]

诗中不仅讲他具有军事谋略，而且将他同元代大画家倪瓒相比，称赞他清贫自守。其绘画有理论，画技胜过时流。

在为松泩绘的一幅扇面，翁同龢题诗：

> 白发江南旧使君，诗篇酒盏意殷勤。
>
> 故将筐里丝纶笔，闲写江天锦绣云。
>
> 南宗零落北宗多，其奈当时赝本何。
>
> 无数鹊华秋色卷，几人能识赵鸥波。
>
> 三年持节走锋车，看遍蓬婆塞外花。　寿泉尝为往藏大臣。
>
> 一角蜀山黄似赭，不知何处是金沙。[3]

这是一幅以四川某地为背景的山水画，诗中再一次将张之万比之宋元之际的画家赵孟頫，以示对他绘画水平的肯定。

---

〔1〕《翁同龢集》，第815页。
〔2〕《翁同龢集》，第755页。
〔3〕《翁同龢集》，第759页。

一次,翁同龢看到张之万画册,欣赏赞叹之余,欣然为之题诗:

凌晨入紫微,跨马晚言归。炎景赤穿伞,暗尘缁染衣。掉头巢父路,失脚钓人矶。忽睹空明镜,飘然一鹤飞。

畏炎成小疾,喜雨得新题。原题云:病暑初起,喜雨作此。民望崇朝慰,天心万物齐。墨痕沾纸滑,花气入帘低。却怪云林景,晴光卷画溪。

南皮老词客,画笔最清苍。远法董思白,今师戴鹿床。室内藏帖窄,官为作诗忙。一角西山碧,澄怀意未忘。[1]

1898年5月(光绪二十四年四月)后,翁同龢因革职编管在籍,行动不能自专,只能读书,观摩所藏书画,消磨岁月。一次检点画匣,偶然见到当年张之万为他画的一幅扇面,不无感慨地写道:"张南皮曾为余作数寸小画,精妙无匹,时在殿庐拟题未下,闲坐清谈,就题纸为之。弹指十年,不免今昔之感。偶见扇头手迹,漫系小诗。"

鹿床不可见,遗韵有南皮。谈笑云山出,情怀花鸟知。

匆匆批敕际,缓缓退朝时。尺幅重开看,苍凉系梦思。[2]

在收藏的另一幅张之万所画扇面,就人生的沉浮、政艺关系赋诗志慨:

台省声名重,云山凤志违。风情垂老在,福泽近人稀。

豚酒随缘吃,缣藤信手挥。江南春水绿,佳话到蔷薇。有春水绿波一种。

莫道闲无事,茅堂手自开。观云知世态,护笋似人才。

山近田锄懒,村荒县牒催。旧游回首尽,溪上独徘徊。[3]

〔1〕《翁同龢集》,第791页。
〔2〕《翁同龢集》,第817页。
〔3〕《翁同龢集》,第883页。

晚清官僚擅画者大有人在,钱陈群、张之万,甚至像翁同龢、张荫桓等人均能画。惜因不是为政事所隐,即或为书名所淹,以致世人罕知。如翁同龢的画很有些功力,其锡笔,花卉绢洁明净,树石丛郁而不乱;其用墨,浓而不痴纯,淡而不模糊,有虚有实,灵运秀奇,着意点染,皆成佳品。再配上一首题诗,常被人视为至品,加以收藏。见过翁画的梁启超就说过"松禅本擅画,为书名所掩耳"。社会上人很少知道。

这里还讲一个翁张的小故事。翁同龢养有几只丹顶鹤,据其日记载,其中两只为伯王所赠,另为翁曾荣从江南购买。1894 年 12 月 27 日(光绪二十年十二月初一日),"鹤笼为风所败,一鹤南飞而去"。这可急坏了翁同龢。"一鹤既去,因作零丁帖求之,得于海岱门外人家,白金八两赎归,一足微损。"据说还是张之万从中帮的忙,这户旗人才将鹤还给翁氏。由于当时正值中日甲午战争形势吃紧之际,翁同龢此举颇引起外间的非议。有人见到翁宅门口和前门城楼贴出的"零丁帖"后,在帖的旁边赋诗一首:

> 军书旁午正仓皇,又见尚书访鹤忙。
>
> 从此儒林传雅话,风流犹胜半闲堂。[1]

半闲堂是南宋奸相贾似道修建于杭州西湖边的一处别墅。诗中将翁同龢比作贾似道当然不妥,但翁同龢此举很不得人心是显而易见的。又比如,在六月二十八日的日记中也有一段记载,"鹤笼编就,得展两翅,对之一笑。范升(翁家仆人)为我致珠帘两幅,与樵野(指张荫桓)所赠略似,悬诸客座,必为有识所讥"。当时平壤清军溃败消息刚刚传到北京,翁却写道:"又平壤已为彼(指日军)踞,得失胜负之数未可较也。"[2]身为帝师、军机大臣和户部尚书,且素有直声的翁同龢尚且儿戏如此,其他人更可想而知了。

翁同龢被革职后,将鹤送给安徽人刘聚卿饲养。张謇开办南通博物苑后,刘氏又将其送给张氏。后来一鹤病死,张将其制作标本,并赋诗追忆。

---

〔1〕 引见王忠和:《中日痛史》,东方出版社 2015 年版,第 244 页。

〔2〕《翁同龢日记》,第 2759 页。

孙毓汶

孙家与翁家是世交，在晚清政坛上两家都具有一定影响，但若就孙毓汶与翁同龢的关系和政见而言却是另一回事。

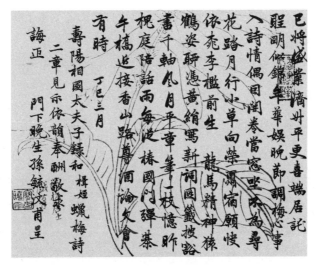

孙毓汶手迹

孙毓汶的祖父孙玉庭，字寄圃，山东济宁人，乾隆四十年进士。嘉庆时先后任广西、广东巡抚，云贵总督。今日越南国名，即其奏报得旨认可。道光朝奉调京职，拜体仁阁大学士。后因借黄济运无效，予编修休致。孙毓汶的父亲孙瑞珍，道光三年进士，官至户部尚书，曾与翁同龢的父亲同值上书房，授读诸王子，死后谥"文定"。孙毓汶的伯父孙善宝举人出身，官至江苏巡抚。兄长孙毓桂，道光二十四年一甲一名状元及第。孙毓汶本人则是咸丰六年的一甲第二名进士。侄子孙楫科名比孙毓汶还早，是咸丰二年进士，官至顺天府尹。孙家一门四世并列清要，家门之盛，在北方士族中可称得上首屈一指。

孙毓汶，字莱山，号迟盦，与翁同龢同年，都是咸丰六年的进士，翁同龢一甲第一名，孙毓汶一甲第二名。这次会试，殿试时翁同龢的试卷本来列为一甲第二名，后经大学士裕诚复勘，认为其文俱优于第一名，遂互为置换，这样翁同龢就由第二名变成第一名。待到拆弥封，方知第二名为孙毓汶。翁同龢在自订年谱里曾说："复试一等第二名，殿试一甲第一名。余卷本列第二，裕相国诚复试，拔第一。卷入,上谕读卷官曰:'今科所取甚允洽。'及折封奏龢名,上喜动颜色曰:'此翁某之子,深知其才。'奏:第二名孙毓汶,上曰:'好,其父孙瑞珍与翁某皆上书房师傅,诚佳话也。'〔1〕翁、孙名次的变化,纯属偶然,但民间却将此演义为翁、孙争状元。刘成禺在其《世载堂杂忆》一书《爆竹声中争状元》中详细地描绘了当时社会上的传闻,说是在这次会试前,孙家为了能让自己的儿子考上状元,颇作了一些手脚,以"延请同龢来家吃饭,深谈入夜,使之疲倦,燃大爆竹终宵,使不能入睡,皆为翌日书殿试策论无精采气力地步,孙莱山独占鳌头"。舆论对于孙家的作法"颇为不齿",指为"心术不正"。"说者谓瑞珍(孙毓汶之父)不应出此,非君子所为"。查阅翁心存与翁同龢的日记,均未见有翁同龢殿试前到孙家吃饭的记载。而所谓翁孙争状元很可能从裕诚复勘试卷一事衍伸出来的。

孙毓汶中进士后,供职翰林院,任编修。与翁同龢保持友好交往。咸丰八年,父亲去世,回籍丁忧。十年,捻军起义波及山东,僧格林沁号召地方官绅捐资开办团练,孙毓汶"抗捐被劾,革职遣戍"新疆。"恭亲王以毓汶世受国恩,首抗捐饷,深恶之。"〔2〕据翁心存日记记载,后孙家捐银数万两,走通京中显贵,才于同治初年释回,开复原官。但从此名声扫地,为士林和官绅所瞧不起。"已革编修孙毓汶迭次报捐,数逾万两,著准其开复原官。"〔3〕开复后曾任福建学政。1874年6月(同治十三年五月)翁同龢与兄长翁同爵丁忧服阕回京,途中因盘资告罄,途经济宁时,曾冒风雪前往孙家庄向孙毓汶商借,孙氏"慨然以四百金见贷"。〔4〕翁孙两家毕竟是世家,翁氏兄弟此行有安慰孙氏之意。光绪元年,孙毓汶丁母忧,服阕仍复原官。擢内阁学士,授工部左侍郎。1884年4月(光绪十年三月)慈禧太后借盛昱参折,罢斥全体军机人马,另组以礼亲王为首的新的军机处,孙毓汶被命在军机处学习行走,兼总理衙门大臣。当时孙毓汶正奉旨在湖北查办事件,并不在京,因此没有参与策划这次"甲申军机改组"。他的入参军机与醇亲王有关。此后走的也是醇亲王这条路线,表明他在醇亲王的庇护和识拔下,开始在政坛上崛起。孙的入参军机和翁的罢出军机是慈禧与奕䜣权力斗争的结果,

〔1〕《翁同龢集》,第1028页。
〔2〕参见《清史稿·孙毓汶传》。
〔3〕《翁心存日记》,第1739页。
〔4〕《翁同龢日记》,第1086页。

反映了政坛的新变化，直接影响了翁、孙两人的关系。

孙毓汶入参军机后，当时正值中法战争，因他"奔走于醇亲王，渐与闻机要"。《清史列传·孙毓汶传》中说，醇亲王以尊亲参枢密，不常入值，疏牍日送邸阅，谓之过府。谕旨陈奏，皆毓汶为传述，同列或不得预闻，故其权特重。翁同龢虽出军机，但因光绪帝是醇亲王的儿子，翁同龢是光绪帝的师傅，醇亲王对翁、孙同时拉拢。因为醇亲王的关系，孙还不能不有所顾忌，所以翁、孙尚能平静相处。光绪十六年十二月醇亲王去世，翁同龢、孙毓汶奉旨承办醇亲王饰终典礼事。两人查阅清朝有关礼仪、文献记录，听取其他满汉大臣意见，商订醇亲王祭奠事宜十二款，光绪十八年又会商醇亲王墓前碑文文字，在对待醇亲王方面，翁、孙是较为一致的。

孙氏毕竟有才。但从翁同龢日记来看，彼此往来踪迹甚稀。只有 1891 年 11 月（光绪十七年十月），两人诗文往来达六首之多，先是孙楫擢湖南按察使，翁同龢为其《昆仑关图》题诗，为之送行。孙毓汶见后，和诗一首。翁同龢再以《迟庵见和题〈昆仑关图〉韵述先世旧德，循览泫然，次韵奉酬》：

> 君诗宛转骨节灵，我诗朴直君其聆。白头每说少年事，况有师训常镌铭。庚戌余受知文定公。我昔分曹莅讼庭，澜翻讼律口不停。师言此事非汝急，勉旃归试秋闱扃。澄怀池馆隔一陉，杂花芳草通斑玲。叶亭虽小最幽胜，二老同看西山青。先公与文定师同寓淀园。君时下帷挈众经，我亦未暇扬吴舲。玉泉山前殿门下，泥首微带蜗延腥。壬秋榜后，余与君在玉泉山前谢恩，是日微雨。丙科联翩对大廷，我车西迈嗟劳形。临分咭君悯君病，麻衣血泪吞声零。沛州访君乞一瓶，杀鸡炊黍山庄厅。潦深桥窄马又蹶，淋漓衫袖黏浮萍。甲戌五月事。两家先芬播德馨，宜蒙天鉴邀神听。艰难会合不复道，吾侪努力今晨星。[1]

这是一首叙史诗，是说翁同龢与孙毓汶两家人的交往。道光末年，翁心存、

孙瑞珍同时入值圆明园的澄怀园上书房。翁同龢拔贡后以七品小京官供职刑部江西司,当时孙毓汶的父亲孙瑞珍正任刑部尚书,对翁同龢倍加呵护。两人中进士后,又一同冒雨在玉泉山行礼。诗的最后还回忆了同治十三年翁同龢返京途经山东济宁,到孙家庄借贷受到孙氏热情接待的情景,充满浓密的人情味。在另一首和韵诗《迟庵三叠韵见示,益进而语益奇,不觉叹服,呼余曰紫芝主人,又不禁失笑也,勉事攀和,谢不敏矣》中谈了两人同朝为官的事。其中写道:

> 清词三叠发一笑,粲然重睹长眉青。城南顾祠我凤经,兔翁蝂叟偕诗
> 舲。……今我与君并侍廷,同搔白发劳神形。自惭金谷非所习,东南民力嗟
> 凋零。朝来大风欲冻瓶,纸窗尚敞司农厅。散衔轻车坐摇兀,真同尘海漂秋
> 萍。小斋静闻药火馨,右臂乍槁耳重听。愿君且收画日笔,我亦匣研藏
> 涵星。[1]

诗中翁同龢叙述了担任户部尚书为难情形和与张祥河、何绍基交往事。以及翁、孙退值归寓吃药、研画的业余生活。此后,翁同龢与孙毓汶唱和虽不多,但还有一些。如光绪十八年十一月,曾为孙毓汶收藏的《散花图》题诗一首:

> 聪明不说云门捧,洒脱能传雪窦风。
> 不是迟盒有慧眼,如何来闻鹿皮翁。
> 纤纤初月映窗时,短短鸦叉手懒时。
> 只见一张好东绢,不知何处可题诗。[2]

1893年9月(光绪十九年八月),为庆祝慈禧六旬万寿,清廷特举行顺天乡试,翁同龢被命为正考官,孙毓汶、陈学棻、裕德为副考官。同龢说:"是科闱中唱和最乐。孙莱山,平生故人;内监试李莼客,庚辰门人也。"[3]闱中,孙毓汶就阅

---

〔1〕《翁同龢集》,第797页。
〔2〕《翁同龢集》,第803页。
〔3〕翁同龢:《松禅自订年谱》,《翁同龢集》,第1059页。

卷中的问题致翁同龢的便笺即达到八十多函。当时光绪帝已"亲政"有年,醇亲王也早已去世,孙毓汶不能不向翁同龢靠拢。但两人在政见上却是各行其志。次年中日甲午战争爆发。翁同龢支持光绪帝主战,武装抵抗日本侵略。孙毓汶则倾向李鸿章,主和避战,主张挽请列强调停。马关议和前,军机见起,李鸿章说:"割地之说不敢担承,假如占地索银,亦殊难措,户部恐无此款。"翁同龢则奏言:"但得办到不割地,则多偿当努力",认为"偿胜于割",反对割地。孙毓汶则认为不割地则"不能开办(指谈判)",结束战争。李鸿章甚至用带有轻侮的口吻要翁同龢与他"同往议和",翁同龢只得老实地表示:"若余曾办过洋务,此行必不辞,今以生手办重事,胡可哉?"李鸿章则云"割地不可行,议不成则归耳"。孙毓汶、徐用仪则"怵以危语,意在撮合"。马关议和后,军机议及日本侵台事,翁同龢力言"台不可弃"。认为若割台,"恐从此失天下人心"。孙毓汶则"谓陪都重地,密迩京师,孰轻孰重,何待再计"。翁同龢气愤至极,"盖老谋深算,蟠伏于合肥衔命之时久矣"。[1]《清史稿·孙毓汶传》中说:"二十年,中日媾和,李鸿章遣人赍约至。廷臣章奏凡百上,皆斥和非计。翁同龢、李鸿藻主缓,俄、法、德三国亦请毋遽换约。毓汶素与鸿章相结纳,力言战不可恃,亟请署,上为流涕书之,和约遂成。"战后,屡遭弹劾,为舆论所不容,加上严重的"乳核和脱肛",精神委顿,遂奏请开缺,得旨允准。

据翁同龢在日记中说,孙毓汶擅长下围棋,而且水平很高。1863 年 7 月 13 日(同治二年五月二十八日),翁同龢"观刘叔伦与孙莱山围棋,两君皆高手也"。[2]此外,孙毓汶还喜好鉴藏字画,尤其喜爱虞山画派四王的作品,这点与翁同龢接近。同龢说他"论画精入骨髓,近来所无",[3]并说这一评价并"非谀语"。品评四王的绘画遂成为两人平日谈得较多的话题。1889 年 4 月(光绪二十五年三月),孙毓汶去世,谥"文恪"。翁同龢从《新闻报》上得知这一消息,"为之于邑"。

讲到翁、孙关系,不能不提到 1893 年 1 月(光绪十八年十二月)翁同龢与徐

〔1〕《翁同龢日记》,第 2826、2837 页。

〔2〕《翁同龢日记》,第 306 页。

〔3〕赵平笺释:《翁同龢书信笺释》,中西书局 2014 年版,第 537 页。

桐奉旨查办孙楫被参案。孙楫字驾航，是孙毓汶内侄，徐用仪乡试的房考官。中法战后，特别是醇亲王去世后，孙毓汶把持军机，孙楫依仗权势，平日专横跋扈，沉湎于嗜好（吸食鸦片）。被擢为湖南按察使，因嫌外任多辛苦，改任顺天府尹。上任后，懒于治事，公事积压，下属多所不满，所用之人，强半贪纵，正直僚属，倍遭排斥打压。因此屡遭人弹劾，均因有孙毓汶庇护，最终不了了之。光绪十八年十二月，御史李慈铭根据调查所得，奏参孙楫近来骄怠益甚，前东路厅同知郝联薇被其辱詈，迫而自杀，要求朝廷追究孙的责任。谕旨交由翁同龢、徐桐查办。孙楫是孙毓汶的侄儿、徐用仪的房师，如何查办？最后翁同龢与徐桐以"现查郝联薇报病全卷，该家人具报原呈，确系因病出缺，经通州知州据呈通禀有案，是郝联薇并非被辱缢，已有原卷可凭，原参自系风闻之误。""至府尹署中应办公事……尚非积压，有收文各簿可据，应请勿庸置议。"[1]这两个"可凭"就使孙楫免于降调处分。为了对翁、徐表示感谢，孙氏叔侄让徐用仪出面，于4月（三月）某日，以九卿团拜为名，在安徽会馆宴请了翁、徐，孙氏叔侄也"应邀作陪"。孙楫这次虽未遭到处分，但终因"辜恩溺职，不思改过"，1894年1月，再次被参，光绪帝不得不改派大学士麟书、尚书薛允升查办，查办结果说：所参各节查无实据，但屡遭人参劾，声名太臭，不宜再任。谕旨遂免其顺天府尹的职务。孙毓汶家族虽历官嘉道同光四朝，位列清要、不乏才能，终因贪腐，名节有厥失，而不为社会所认可。

徐用仪

徐用仪死于义和团运动中。光绪二十六年，慈禧太后欲废除光绪帝，另立端郡王载漪之子溥儁为大阿哥，担心列强干预，于是利用义和团反洋教，招引入京。徐用仪表示反对，并奏请严禁。八国联军进攻北京，廷议和战，徐用仪、许景澄和袁昶及立山、联沅主张剿灭义和团，不可与外国开战。徐用仪奉慈禧太后之命，前往各国驻华使馆商议缓兵，但载漪等坚主向各国宣战，视徐用仪等人的行为为

---

〔1〕　翁同龢、徐桐：《遵旨复查顺天府尹孙楫被劾折》，《翁同龢集》，第104页。

"奸邪"。许景澄、袁昶遇害后，义和团民将徐用仪押至庄王府，徐说"天降奇祸，死固分耳"，遂与立山、联沅同时被杀。庚子议和，得以昭雪。在民族生死存亡的关头，毅然保持理性和头脑清醒，直至牺牲自己的生命。宣统改元，追谥"忠愍"。

徐用仪像

徐用仪，字筱云，浙江海盐人。由副贡生纳赀为主事，分发刑部。咸丰九年，应顺天乡试，考中举人，房考官为孙楫。同治初年，任军机章京，兼总理衙门行走。光绪十年由大理寺卿迁工部右侍郎，兼总理衙门大臣。时孙毓汶为工部左侍郎。同年三月，军机处改组，孙毓汶在军机大臣上学习行走。总理衙门改组后，兼在总理衙门大臣。孙、徐同值，关系日益紧密。光绪十五年，改授兵部右侍郎。

徐用仪与翁同龢平日虽有往来，但直接打交道是在光绪十六年。是年闰二月，户部右侍郎曾纪泽去世，徐用仪由兵部改任户部，直至光绪十八年改任吏部，前后在户部三年。到任的第一年，正好碰上顺直暴雨成灾，谕令拨仓米赈济，结果发现仓头、库兵和花户勾结偷运贩卖。光绪帝令户部查仓，行文兵部配合。先对通场太平仓六廒，逐库盘点，翁同龢、续昌、孙诒经、徐用仪轮流值班盘库，备极辛苦。其中两廒斛手以少报多，夫头指出九人，交提督衙门，徐用仪"欲严究主使"，翁同龢、孙诒经、福锟、续昌、崇礼均表示同意。结果"九人者枷号仓门"。[1]继又有御史恩霖揭发仓场侍郎兴廉与碓房勾串，吞蚀仓米，翁同龢、福锟与徐用仪等侍郎据报查证，并无此事，经奏准将恩霖革职。这次查仓，前后历时半个多月，仅太平仓共盘米石十五万三千多石，距库存数尚短十六万石之多。而兴平、富新、南新、旧太平仓所查结果大致与太平仓查验差不多，除了严重亏短，尚有大量霉烂。翁同龢、福锟、崇礼、徐用仪会同吏部的贵恒、许应骙会商草坼奏参仓场，

〔1〕《翁同龢日记》，第2435页。

结果仓场侍郎游百川、兴廉革职。这是徐用仪到户部任职后与翁同龢合作所办的一件事。从翁同龢日记记载来看,徐用仪还不属于翁同龢人际圈里的成员,虽然有诗酒之会,一起品评碑帖字画,却是作为户部主管逢年过节宴请僚属的事。翁同龢在光绪十八年二月徐用仪的一次宴请时才得知孙楫为徐的乡试房师,由此对孙毓汶、徐用仪的非同寻常的关系有所认识,从此对其产生不信任感,但在场面上依旧保持友好往来,甚至为徐用仪的藏画题跋赋诗,如光绪十六年正月在为其所藏王石谷松竹长卷的题诗中写道:

> 侍郎掞藻立彤除,胸有春秋百国书。
>
> 参透画禅关掰子,试教卷去又何如。筱云深于禅而癖于画,故戏之。[1]

在光绪十九年二月,翁同龢在为徐用仪所藏唐代褚遂良所书《雁塔圣教序记》拓片的题诗中两人还探讨了韩敕、薛文清、褚遂良等所书碑帖的风格:

> 韩敕分书细入丝,褚公书势远相师。谁将飞鸟依人语,错拟棱棱谏诤姿。
>
> 薛书信行禅师记,源自龙门雁塔来。余藏宋拓薛稷书《信行禅师碑》,人间孤本,与《龙门三龛记》及此碑绝相似。不过君家蝉翼拓,尚令买褚费疑猜。买褚得薛,唐人句也。
>
> 书生泥古太无端,细字频将牍背看。是帖签乃明时官册帖。省识签题为公兆,藤花厅底注千官。[2]

当然这些都是官场的应酬之作,但也能反映官员个人的爱好。翁同龢与徐用仪之间因政见不同而首次发生矛盾冲突是在中日甲午战争期间。战争初期,孙毓汶虽把持军机处,但不懂军事,淮军和北洋海军掌握在李鸿章手里,李鸿章

---

〔1〕《翁同龢集》,第785页。
〔2〕《翁同龢集》,第806页。

"云韩事无把握……处处退后",[1]与当年中法战争前夕李鸿章不愿出战,主张议和,恭亲王深感无奈那样,如出一辙。所以,孙毓汶只能与李鸿章态度保持接近,主和避战。徐用仪也紧随孙毓汶其后。两人对各地请求出兵增援入朝清军的奏报,不是隐匿不报,就是加以修改,有选择性地呈奏,以致引起舆论的不满。有鉴于此,光绪帝不得不派翁同龢、李鸿藻列席军机处会议,以了解军机会商的真实情况。战争爆发后,志锐上奏"劾孙、徐把持",自此孙、徐不肯动笔草拟奏片。由于翁同龢奉光绪帝之命到军机处议事,代表圣意,孙毓汶、徐用仪干脆让翁同龢出面主持。一次,翁同龢因病不能与会,孙毓汶奏请"今日面谕,翁某既病,俟初四日再商看一切",[2]干脆来个不作为。八月底,李文田奏请起用恭亲王后,孙、徐惮恭亲王声威,在军机处更不想有所作为。但看到奕䜣主和,遂又改变态度,转向附和乃至追随。10 月 14 日(九月十六日),英国公使欧格讷到总理衙门"议各国保护(朝鲜)事,限即日定议,飞促恭邸到署,议至亥正散,日本索兵费至是发露矣。邸既入此言,孙、徐汹汹,以为不如此不能保陪都、护山陵。余与李公(鸿藻)谓英使不应要挟催逼,何不称上意不允以折之,俟俄使到。再商。孙、徐不可。"[3]如何挽救战局,翁同龢、李鸿藻当时压力很大。10 月 31 日(十月初三日)他们请恭亲王"主持危局",但恭亲王"卒无所发明"。翁同龢"晚访迟庵,(迟庵)亦无可如何"。次日,慈禧召见,询问诸臣有什么办法挽救当前危局?孙毓汶趁机将昨晚翁同龢与他谈的请各国调处的想法和盘托出,以表示翁也主议和。翁同龢当场表示:"余对:此事不可成,亦不欲与,盖将来无以为国也。"[4]11 月 29 日,议及宫闱事。慈禧召见,翁同龢就此对恭亲王的奏对不太满意:"恭奏对语颇杂,不得体,余不谓然。"奏对中他表示"释疑忌则可,其他未敢知,且偏重尤不可,盖速鸡不飞,亦默制之法"。退至军机处直房后,孙毓汶和徐用仪"拟密寄,自书之,不假章京手"。[5]孙、徐与恭亲王已经在军事与宫廷事务方面渐渐走近,翁同龢、李鸿藻不免有孤立之感。11 月 12 日(十月十五日),孙毓汶和徐用

---

[1]《翁同龢日记》,第 2748 页。
[2]《翁同龢日记》,第 2769 页。
[3]《翁同龢日记》,第 2783 页。
[4]《翁同龢日记》,第 2790 页。
[5]《翁同龢日记》,第 2793 页。

仪呈奏英使欧格讷推荐赫德掌中国兵权一事,盖有默许之意,翁同龢力持不可,"余谓利权、兵权悉归赫,毋乃太重"。[1]当时,翁同龢、李鸿藻与光绪帝正打算利用严冬日军行军作战和接养困难,向其实行反攻。美国公使田贝奉美国政府之命调停中日争端,光绪帝怀疑这是美国"以计误我",军机召对时,孙毓汶、徐用仪力白无此,对以"万无此事"。孙毓汶、徐用仪主和活动随着清军战败而继续,而与李鸿章的求和活动相呼应。马关议和期间,李鸿章来京请训,要求朝廷给予其割地之权,孙毓汶配合李鸿章,力主不割地便不能结束战争。徐用仪也是一唱一和,予以配合。孙毓汶、徐用仪的求和活动为舆论所不容,孙毓汶遭人参劾,徐用仪在一次入值途中,坐轿遭人枪击,这在当时是极为罕见的事。

甲午战后,徐用仪退出军机,仍在总理衙门行走。当时总理衙门、户部共同负责筹措对日赔款。徐用仪、张荫桓、翁同龢、荣禄、长麟皆奉派办理借款事宜。第一次为俄法借款,借额为四万万法郎,折合银一亿两,以海关关税担保,年息四厘,折扣九四又八分之一,偿还期为三十六年。在借款谈判中,徐用仪一意亲俄,故引起翁同龢的不满。1895 年 6 月 11 日(光绪二十一年五月十九日),两人发生第一次冲突。"与小云论事不合,至动声色相争,既而悔之,平生受侮类如此耳。"[2]在借款折扣上,徐用仪发致俄电时竟言"九三扣",这是严重的错误,将导致中国损失银数百万两。1895 年 7 月 4 日(光绪二十一年闰五月十二日),翁同龢为此与徐用仪发生第二次激烈争吵。"与徐小云谈借款事,彼此龃龉,竟致纷争,此余之过",并说:"观其意殆将引去,是日见起彼未上,云有疾,比退则拂衣去久矣。"军机召见,正好徐会沣及七御史连衔上奏,"皆劾猛乌分界事,专攻嘉兴,语极重",御史张仲忻上奏弹劾徐用仪"以俄款九三扣一事",内侍传徐用仪不必见起。光绪帝大怒,"谓故意将百数十万畀俄,并参同官何以不举发,当分赔"。翁同龢召对,"力辨徐用仪错误实有,不得诬为故意"。"上意解",乃命再专电询许使(景澄)与俄重商改订。[3]后来翁同龢为同徐用仪争吵一事,专门挽请孙毓汶出面向其打招呼,表示歉意,两人重归于好。由于孙毓沃已以病请辞,徐用仪

---

〔1〕《翁同龢日记》,第 2794 页。
〔2〕《翁同龢日记》,第 2854 页。
〔3〕《翁同龢日记》,第 2860、2863 页。

终究不安于位,随后也退出总理衙门。直到 1898 年 5 月(光绪二十四年四月)翁同龢开缺回籍后,徐用仪才又重新被命为总理衙门大臣。

翁同龢开缺消息传出后,徐用仪"拳拳通讯",表示慰问。翁离京回籍前,徐又特地赠"送文衡山(即文征明)画卷"和"罗源汉写经",翁同龢不便拒绝,只收了画卷,退还了经卷,另"以张叔末隶屏四条答之"。这是两人的最后一面。庚子事变中徐用仪被害,蛰居虞山的翁同龢事后从报端得之,为之唏嘘。并于 1901 年 5 月 17 日(光绪二十七年三月二十九日)给海盐徐氏后人寄去他亲笔撰写的"祭幛",以表示悼念。徐用仪死后,时人写联哀悼。沈玉麟在挽联中写道:

> 骨肉生死离,卅载功名浑是梦;园林今昔感,万竿烟雨亦含愁。

他与同时遇害的许景澄、袁昶三人同被浙人称为"三忠"。盛宣怀特赋挽联两副:

> 主圣臣忠,视汉延熹宋熙丰明天启诸朝,祸及群贤,宬史他年休误似;
> 贞穷元启,有苏相国朱制军王中丞成例,恩加后命,湖山终古共争辉。

> 方事之殷,得数子据理力争,使知吾国达官,大有人在;
> 痛定而后,读几行诏书褒恤,可见朝衣东市,非出天心。

刚毅

刚毅,字子良,号木讷,满洲镶蓝旗人。也是死于义和团运动中,与徐用仪之死不同,他是作为"祸首"而被处死的。刚毅以笔帖式进入政界,开始分发刑部,迁至郎中。因谙悉案例,参与河南王树汶案和杨乃武与葛毕氏(小白菜)一案复审事宜,使王树汶、葛毕氏获得平反,按律定拟,获旨嘉奖。其时参与审案的还有翁同龢的侄儿、刑部郎中翁曾桂。由是刚氏获得翁同龢的赏识。经刑部尚书张之万和翁同龢的保举,京察一等,出任广东惠潮嘉道。光绪七年授江西按察使,旋调直隶。光绪十一年升山西巡抚,光绪十四年改调任江苏,一直到光绪十八年四月。由于任事谨慎,颇多作为,光绪二十年慈禧六旬万寿,来京祝嘏,遂留京授为军机大臣。

1885年11月3日(光绪十一年九月二十七日)刚毅擢山西巡抚时,缘事来京,翁同龢特地前往刚毅住所看望,相与晤谈。翁同龢在日记中写道:"拜刚子良晤谈,以所刊《牧令须知》、《兵事闻见录》见赠,并《律例总纂》。此君清廉明快,特沾沾自喜耳。"[1]从这一记载来看,刚毅操守清廉,任事明快,但又沉稳不足。旗人大多文墨浅陋,不学无术。刚毅入值军机、担任大学士后,每每闹出一些笑话,丁国钧在《荷香馆锁言》中说他平日称"舜"为"舜王",将"皋陶"的"陶"字读成本音,把道员刘萧读成刘萧。保举将才龙殿扬,面奏时说,"此臣之黄天霸也"。刘声木在《苌楚斋随笔》中说,刚毅,有一次竟把"瘐死"读成"瘦死","聊生"读成"耶生",以致被人谐诗讥之:"一字谁能争瘦死,万民可惜不耶生"。类似的事还很多,不胜枚举,翁同龢常常当面指出,予以纠正。刚毅自感难堪,因此对翁同龢心怀不满。后来有人说,翁同龢曾指出他所写的《兵事闻见录》一书颇多舛误。又有人说,刚毅任军机后,翁同龢未与他换帖。俞敬之(小川)在《松禅老人轶事》一文中说,或云光绪初,翁同龢任职刑部时,刚毅为刑部郎中,以平反浙江余杭葛毕氏案得保外简,对举主例行门生帖,但日后显贵或过之者,俗有璧还其帖,以示谦逊,至交谊深厚者亦不拒此例。刚毅补授刑部尚书后,翁同龢并未退还其帖,刚毅以衔怨在心。待见翁同龢鼓励光绪变法,遭慈禧猜疑,遂趁机进谗言,挑拨离间,用金梁在《四朝佚闻》书中话说,作"下石之举"。因两人结怨已久,遂成仇敌。事情真相到底如何,当事人均未留下任何文字,我们已无从猜测。这里多有道听途说成分,难云真实。有关翁、刚构怨我们已在翁氏开缺革职部分论述过了,这里不再重复。和翁同龢与荣禄一样,自甲午留京,刚毅与荣禄完全倒向慈禧太后,惟慈禧之意行事,这才是翁、刚交恶的背景。

刚毅与翁同龢、李鸿藻同时于光绪二十年十月授为军机大臣,且班次在翁、李之后,加上长期任职地方,朝中人际关系尚不熟悉,所以议事论政,还比较谨

---

〔1〕《翁同龢日记》,第2011页。

慎。当时正是中日甲午战争期间。无论是军事部署，还是稍后的马关议和军机内部的争论，尚未出现与翁同龢、李鸿藻意见两造的情形。但因系满族出身，逐渐与荣禄靠近，这也是在情理中。同年十一月，刚毅补授户部右侍郎，成为翁同龢的同值。但次年升任工部尚书，旋调刑部尚书。翁、刚同为同一个职级的官员，尽管如此，刚毅仍对翁同龢保持相当的尊重。光绪二十三年七月，在颐和园的一次活动，翁同龢突然生病，"刚公扶我出户"，作为刑部尚书的刚毅体现了对翁同龢的关心。两人关系发生变化，始于戊戌变法前夕。光绪二十四年三月，德皇弟弟亨利来华访问，光绪帝欲让德国公使"著上纳陛亲递国电"，翁同龢认为德使"并无格外请索，似不必加礼"，但光绪帝则不谓然，认为"此等小节何妨先允，若待请而允便后着矣，并有欲尽用西礼之语。又云德亲王进见，在园不便，恐其请见慈圣，懿旨著在宫内。又云著在毓庆宫，开前星门，于东配殿赐食，准其乘轿入东华门。"翁同龢认为这样接待"优待极矣"，提出各种理由加以阻挠和反对："毓庆前殿曰惇本殿，东间供孝静皇后御容，万不能辟中间为过路，一也；配殿极隘无容席地，二也；参随无别处可见，三也；前星门近百年未启，框木沉陷，四也；乘轿入门非礼，五也。"光绪不听则已，越听越恼火，不觉勃然大怒，他不便当面责骂翁同龢，就别指刚毅，借以发泄心中的愤懑："上皆驳之，并盛怒，责刚毅，谓尔总不以为然，试问尔条陈者能行乎否乎？"[1]明明是翁同龢抗旨，而光绪帝却责怪自己，刚毅深感委屈，因而对翁同龢产生不满。此后随着戊戌变法和戊戌政变的发生，他彻底改变了对翁同龢的态度。

翁同龢开缺的那一天，刚毅与钱应溥、廖寿恒因入值在园，便一起看望翁同龢，翁同龢也以"衣冠诣三处辞行"，晚上又"与三公痛谈"。从这些记载来看，翁同龢把刚毅当做钱应溥、廖寿恒这样较为亲近的人来看待的，否则不会"痛谈"，但也说明刚毅对翁同龢相当了解。翁同龢出京前，刚毅曾到翁宅送行，但翁同龢"未见"，刚毅也未有如荣禄向翁同龢"赠赆"之举，由此也可见刚毅与翁同龢关系一般，这种送行与不见足以证明这一点。

翁斌孙说翁同龢革职的谕旨出自刚毅之手，但我们从上面的分析看不出刚

---

〔1〕《翁同龢日记》，第3157—3158页。

毅对翁同龢那样"恨"的理由。刚毅由地方改任京职,与翁同龢相处不过三四年,且彼此之间并无深仇大恨,不知翁家为什么要恨刚毅。据翁同龢的门生张一麐说,光绪二十五年,慈禧欲废光绪帝,另立大阿哥,曾派刚毅到江苏一带活动,了解情况。刚毅当时驻在苏州,翁同龢曾头戴小帽,坐蓝布小轿前往拜见。刚毅接待与否,若接待,见中又谈了什么,外间不得而知。张氏对翁同龢此举极为贱视,认为翁氏极无骨气。翁家恨刚毅是否与此次见面有关,我们同样不得而知。只能留待今后去挖掘资料加以考证了。

光绪二十六年,刚毅、庄王载勋奉慈禧太后之命统率京师义和团与清军攻打外国使馆。联军入城,慈禧逃往西安。刚毅一路扈行。闰八月,迫于联军的压力,清廷将其交部议处,旋奉旨革职。因路途劳顿,刚毅途中"遘疾",自缢于侯马镇,从此结束了一生。翁同龢从报端得知这一消息,只是淡淡地记下了此事,什么置评之类的文字都没有。同年十二月,各国请惩办祸首,谕旨以其先死免议,宣布追夺原官,革除他一切职务,作为罪臣,载入史册。

钱应溥

钱应溥,字子密,号葆慎,晚号闲静老人,浙江嘉兴人。曾祖父钱陈群是乾隆时著名学者,母亲是著名画家,钱陈群曾将其父母书画进献乾隆帝,乾隆在上面题诗以"赵孟頫、管道升为比"。

钱应溥的父亲钱泰吉,字警石,曾任浙江海宁州训导,质行朴学,是一位治行较严的学者。缘事革职,经州人吁请,留任海宁书院三十年任教。钱应溥和翁同龢一样,均为1849年(道光二十九年)的拔贡生,朝考列一等,以七品小京官,一个分发刑部,一个分发吏部。他们的座师均为载龄(鹤峰)。同时为拔贡生出身的还有谭继洵、麟书、徐郙、孙家鼐等人,因为这个缘故,每逢己酉年,他们都要举行团拜,宴请老师,互相联络,增强感情。

咸丰末年,钱应溥在军机章京上行走。1860年(咸丰十年),太平军进军江浙,连陷杭嘉湖地区,钱应溥闻警,吁请回籍侍奉父母,得旨允准。回籍后陪同父母四处转徙，流离江淮一带，须发尽白。当时曾国藩设大营于安徽安庆，久知钱应溥文名，遂招之入幕。应溥"工为文檄，敏捷如夙构"。曾国藩屡欲请旨特荐，他力辞逊谢。后随曾国藩镇压捻军起义，乃至曾国藩任两江总督，有凡重大举措，文告、奏折、条陈大都出自他手。

光绪初年，养亲事毕，重回北京，仍入值军机处。恭亲王、醇亲王秉政期间，对其都十分赏识，称其"谙练"，"每承旨缮诏，顷刻千言，曲当上意"。自回京后，便与翁同龢发生交往。以后经常聚会往来的多为南书房及江浙、皖等地京官，如孙家鼐、徐郙、陈彝、汪鸣銮、陆润庠、廖寿恒、张荫桓、张百熙等人。

钱应溥手迹

钱应溥对翁同龢的才能较为尊重，经常请翁氏为其祖辈的遗作题诗。1884年8月6日（光绪十年六月十六日），以其父警石（钱泰吉）先生《冷斋勘书图》属题，又以衍石（钱仪吉）先生集相赠。翁同龢在题《冷斋勘书图》中叙述了警石先生守贫读书不辍，饱经战乱流离之苦，赞扬了钱应溥辞官归籍奉养父辈的高贵品质：

> 我本海角人，少游浙海涯。稍窥振绮堂，亦过别下斋。独我丈人行，缘疏一面乖；海昌故学舍，修篁杂高槐。不足容轩车，颇容百签排。晚年遭寇乱，扁舟落江淮。船头置图书，柁尾载米柴。云山浩无穷，寄我万古怀。寂寥风雨晨，鸡鸣声喈喈。
>
> 家世事诗书，父兄有遗言。慎守冷官风，毋改雀罗门。近者通宾客，颇闻车马喧。典衣买破书，欲读席不温。老眼艰识字，况乃性道尊。莫言客不来，客至我逾垣。俗客我所畏，嘉客苦我烦。千章杞梓林，何处著穷蠖。永愧乡邦人，著书老丘园。
>
> 钱君归奉亲，糠秕视通显。少年逐文字，知君盖已浅。谓子密同年。贻我甘泉稿，再拜泪涕泫；侑以衍石集，苦者读者鲜。二书信宏博，所得在实践。

儒林与文苑，史笔强分辨。先生与衍石翁事迹著述并付史馆。要知忠孝性，一行贯百善。世无颐性老，斯义孰与阐。卓哉冷斋题，足配征慎匾。衍石翁有征慎斋匾。[1]

1888年9月（光绪十四年八月），翁同龢应钱应溥所藏钱籊石闹中画兰题两首。1889年3月23日（光绪十五年二月二十二日），又为其所藏梅道人（吴仲圭）竹谱卷和钱陈群《谢表》题跋。1890年5月18日（光绪十六年三月三十日）为钱应溥题《甲申年极乐寺看海棠图》诗二首，中有"顷因文字识名驹，谓哲嗣新甫。仍世交情与众殊"之句，即钱应溥之子钱骏祥，字新甫，光绪进士，历官翰林侍讲、山西学政。1893年7月11日（光绪十九年五月二十七日）钱应溥七十岁生日，同人往祝，钱氏出示一卷画轴，乃太夫人南楼老人陈书所绘水仙画长卷，他说我的生日与母亲同一天，诸君"题此即寿我"，于是翁同龢特作五古一首，诗句中有："吾生与钱君，譬若兰与芷。同邀拔萃科，亦同肄经史。虽然涸郎曹，颇不染泥滓。……君于揽揆辰，闵默怀母氏。壶觞谢宾朋，感泣动邻里。苟非至性深，垂老乃如此。"[2]叙述了他为己酉年的拔贡生，同时以小京官分部为吏，而不甘沉沦，矢志奋发的相似经历。1894年6月2日（光绪二十四年四月十四日）为钱应溥的父亲钱泰吉所临《多宝塔册》题诗。

当年乾隆帝曾赠给钱陈群一幅《石芝图》，由于年久，不幸失落，正巧为翁家所收藏。翁同龢得知后，特题诗于上，并于1890年11月24日（光绪十六年十月十三日）归还钱应溥。翁同龢说诚"一段佳话也"。题诗写道：

> 天上图书聚大罗，臣家缉颂首猗那。
>
> 欲知圣藻超唐宋，不屑长笺斗颖坡。
>
> 一骑送诗烦唱和，十年佚老自婆娑。
>
> 从来忠孝流贻远，多少丰碑字已磨。[3]

〔1〕《翁同龢集》，第754—755页。
〔2〕《翁同龢集》，第807页。
〔3〕《翁同龢集》，第790页。

钱应溥在公务方面与翁同龢也密切配合。但在重大军政外交方面，却能保持个人的独立见解，不予苟同。光绪十九年六月，顺直暴雨成灾，翁同龢、徐桐、孙家鼐、廖寿恒等义仓赈款五千两交钱应溥，嘱其办理西路急赈。钱应溥率带樊增祥等四人深入灾区办赈。平时，对于民生事宜，乃至同年、门生遇到困难，两人均能和衷相商，配合很好。光绪二十年六月，钱应溥授为军机大臣，与翁同龢为同值。是年中日朝鲜问题交涉发生，面对廷议主战，钱应溥"造膝敷陈，多人所不敢言"。主张用兵慎重，旋奉旨授为军机大臣。入参军机后，始终保持低调。随着战局对中国越来越不利，他忧危不已。战后，列强强索各种权益、划分势力范围，他因忧成疾，头晕，目眩，一次入值，竟致跌倒。因而时常告假。同龢每次前去看望，"谈及时势，（他）辄复流涕"，"谈及时事，涕泗滂沱"，[1]表现了他的忧国情怀。

1898 年 6 月 15 日（光绪二十四年四月二十七日），翁同龢开缺回籍。当天退值下朝，钱应溥就急忙到翁同龢寓所看望慰问。次日，又与廖寿恒一起前往翁宅看望。翁同龢回籍后，他也一直惦念。次年五月，钱应溥因病呈请开缺回籍。四月，翁同龢生日前夕，他特寄缎幛向同龢祝寿。得知钱应溥回籍后，同龢则以所藏钱应溥"五世祖秋浦公细楷礼观音文、南楼老人所画观音像合轴"相赠，并托其侄女婿叶茂如带去一信，要钱应溥静心养病。[2]1902 年 2 月（光绪二十八年正月）钱应溥在嘉兴原籍去世。赐谥恭勤。翁同龢闻讯后，特送去挽联："平生洒尽忧时泪，临绝犹闻访旧言。"其后又应其子钱骏祥（新甫）之请，为其祠堂题写匾额"子密祠堂"。钱骏祥还两次来虞山看望翁同龢，送来钱应溥的墓铭、行述，以示对翁同龢的感谢。

廖寿恒

廖寿恒，字仲山，晚号抑郁斋老人，江苏嘉定南翔（今上海市嘉定南翔镇）人。父亲廖树成是有名的风水先生，翁同龢家的几个墓穴就是请他勘定的。兄长廖

---

〔1〕《翁同龢日记》，第3114、3148 页。

〔2〕《翁同龢日记》，第3258 页。

寿丰,字谷似,晚号止斋,官至浙江巡抚,今日的浙江大学(前身为求是学堂)就是他奏请开办的。廖寿丰也精通风水,光绪十三年四月来京,翁同龢就请他为自己头条胡同屋相宅,"据云大段好,东院斌住屋小有修饰,艮门宜塞,庭中作一屏,满铺砖,东廊西头一门加板扉可也"。廖寿恒是同治二年的进士,这年的状元徐郙也是嘉定人。同治七年散馆考列一等,授编修。后任湖南学政。

光绪元年,廖寿恒授司经局洗马。他敢言直谏,屡屡上书言事。翁同龢入值毓庆宫,授读光绪帝。光绪九年,他根据耳闻上奏和当年同治帝身边太监导引同治帝冶游的教训,指出光绪皇帝身边虽有师保匡维,而近侍之妄为揣摩者,或任意以迎合,恐日久遂不自觉。"臣愚以为崇德之要,典学为先,而慎选近侍,尤不可缓。"奏请慈禧太后一定要慎选光绪身边太监,"务取厚重朴实之人,其有年纪太轻、性情浮动者,一概屏勿使近,饬下总管,敬谨遵行,并请懿旨,时加训饬"。[1]慈禧太后根据他的这道奏折,面谕:"宫内太监皆守规模,如皇帝左右有不守法度者,翁同龢即可指名具奏。"对于廖寿恒关心圣学此举,也深表敬佩"是日廖寿恒封事,圣学宜勤,官专宜择老成者,并论及土木之工、传办之件,以为耳濡目染,有累聪明,其言诚恳,不愧修士矣。"[2]中法战争爆发前,有见奕䜣衰病,军机软弱无能,他率先上奏"请派醇亲王会同军机处议法越事"。他主张对法国侵越必须持强硬立场,支持刘永福抗法斗争,这点与翁同龢态度一致。"一、布告各国,以法欺属国之罪,将所立新约全行改削,令大臣驰护越都;一、令刘团(指刘永福黑旗军)力攻河内。"[3]在后来的中日甲午战争中他又多次上折,主张对败将置以重典。

廖寿恒屡秉文衡,仅和翁同龢一起参加各类乡会试、贡士复试、殿试读卷、朝考复试,考荫生、考御史试卷的批阅即不下二十多次。平日与之往来较多的大多为同乡京官翁同龢、徐郙、洪钧、汪鸣銮、陆润庠、陆宝忠等人。在职事上,与翁同龢配合默契。光绪十八年六月顺直暴雨成灾,他与翁同龢、徐桐、陈彝全力投入救灾。为筹赈款,终日手不停书,致函各处。光绪二十年,一度调任仓场侍郎。

---

〔1〕 蔡冠洛:《清代七百名人传》,中国书店 1984 年版,第 521 页。
〔2〕 《翁同龢日记》,第 1826 页。
〔3〕 《翁同龢日记》,第 3614、3652 页。

这是一个吃力不讨好的职务，先前的仓场侍郎宋晋、游百川、兴廉均因管理不善，革职丢官。他到任后，根据了解到的问题、积弊，专门到翁同龢家中同他筹商量办法。光绪二十三年七月任左都御史，在总理衙门大臣上行走。协助翁同龢与英德会商借款谈判，筹措对日赔款，当时正处于戊戌变法前夜，光绪帝在翁同龢的鼓励下，决定召见康有为，询问有关变法事宜。但奕䜣以清朝祖制非二品以上不得召见，光绪遂令改为在总理衙门问话。次年正月，廖寿恒参加了这次问话。二月，被命为军机大臣上学习行走。变法与反对变法十分对立，赞成变法的在廷臣中只有翁同龢等少数人。廖寿恒虽未公开表态，但他对变法持赞同态度，因此，与翁同龢基本保持一致。四月二十七日，翁同龢被开缺回籍，他退朝后，立即与钱应溥、刚毅看望翁氏，晚上，四人又一起"痛谈"。当天翁同龢仍蒙恩受赏，不便具折谢恩，便函倩廖寿恒代为具折，廖氏遂为代奏。翁同龢离京前，应廖寿恒的请求，为其藏画《嵩山揽辔图》题诗一首，以寄托怀念之情。翁同龢欣然为之题五古一首：

> 四岳皆峥嵘，惟嵩独逶迤。俨如古德士，一静天人师。
> 周代降神颂，汉室祷雨辞。山灵应大笑，纷纷徒尔为。
> 洛阳冠盖地，车骑争交驰。独我廖夫子，清游却旌麾。
> 平生不骑马，兹行鞍镫随。马与人一心，跽拜肃厥仪。公马蹶而不坠。
> 遂登春雨门，敬展万寿祠。天中测姬圣，一画参皇羲。
> 和气所包孕，天下皆熙熙。乃知峻极处，不在险与巇。
> 贱子嗜奇癖，泰华曾访碑。雪花满襟袖，猛进犹忘疲。
> 未窥太少室，浪走终非宜。今将浮海去，颇思良友规。
> 渺观大河滨，黄流入㳽㳽。早搴茭竹防，毋使东南趋。
> 离情有万端，乘安不忘危。愿告嵩山云，洒润遍海陲。[1]

诗中回忆了自己登华山、游岱山的经历，企盼自己的良友，"乘安勿忘危"，这

〔1〕《翁同龢集》，第820页。

是一句含蓄深刻、意义深长的话。因变法而生的政潮正在发生,良友多加小心才是。

　　翁同龢回籍后,维新运动继续轰轰烈烈地开展,康有为被命在总理衙门章京上行走,而谭嗣同、林旭、杨锐、刘光第也被命在军机章京上行走。廖寿恒充当了康有为与光绪帝之间的桥梁角色,有凡维新派的条陈奏折大多由他转呈光绪,而光绪帝有所谕则也通过他转告康梁维新人士。因此被人戏称"廖苏拉"。当时他这样做并没有什么不对,只是感到压抑。他将书房改名抑郁斋,以表达自己内心的苦闷。他有《抑郁斋日记》十册,手写直书,主要记载入参军机后至戊戌年间的朝政活动。当是"文革"中抄家后送到上海图书馆的。汤志钧先生阅看时是全十册,待我去看时只有七册,因何少了三册,不得而知。幸好有关戊戌政变的军机召对内容还在。据日记记载,10月戊戌政变发生。杨锐、杨深秀、刘光第、林旭、谭嗣同、康广仁先后被捕。军机召对时,慈禧太后神情激动,执意要诛杀杨锐等六人,要军机大臣草拟懿旨,军机们吓得直发抖,迫于慈禧专制淫威而被迫拟旨。当时还有奏折参劾廖寿恒,说他与康梁有关,幸亏头脑活络的王文韶劝其早退,并为其开脱,才使他免遭牵连。经戊戌政变这一场风暴,廖寿恒深知朝政已不可为,自己再列朝班,凶多吉少。废立事件发生后,彻底灰心失望,屡屡告病不入值。光绪二十六年初,便告病请求开缺回籍,得旨允准。据说他回籍时,带回了一百多箱经史著作和大量诗词书籍,准备在籍以书为伴,度过晚年。

　　廖寿恒告归后,于1901年8月8日(光绪二十七年六月二十四日)给隐居虞山的翁同龢写了一封信。这年是辛丑议和之年,当年反对变法的大臣大多在庚子事变中不是死难,就是因支持义和团向联军进攻而被列为祸首,被处死,被革职。加上慈禧宣布实行新政,政治空气不再像先前那样凝重。这大概是廖寿恒致函翁同龢的原因。翁同龢日记记载了这件事,但至今我们也未看到这封函札,也许当时就被翁同龢毁掉了,但它反映了廖寿恒一直在挂念着翁同龢。

　　1903年5月28日(光绪二十九年五月初二日)廖寿恒来到虞山看望翁同龢。翁同龢在是日日记中记载了他们彼此相见的情景:"得佑莱函,云廖仲山欲见访,已而庞绱堂来。午初仲山、佑莱从剑门来,午正邵伯寅(来)。是日佑莱备席,在山庐邀诸君饮。诸君酉初散,仲山又留数刻,意甚拳拳,以竹杖、竹笔筒、提笔二、嘉定四先生墨刻见赠，于时事未谈一语。"次日，同龢一早坐船"至西门南门访廖仲山舟不可得"，"检得新刻石鼓及琅琊刻石、晓方墓志各一纸，又谢其竹杖一诗，遣人送大东门"回赠。[1]其竹杖诗云：

> 三尺提携轻若无，琉璃根节翠肌肤。
>
> 久闻规削烦良匠，独立安闲饷老夫。
>
> 湖海楼高聊共倚，石头路滑莫频扶。
>
> 桄榔栗楖皆凡品，拟画江村篆竹图。[2]

从这段日记和竹杖诗，可见翁同龢对他们的相见，是多么的高兴了。然而这也是他们的最后一次见面。就在三个月后，即10月20日（九月初一日）传来廖寿恒"八月十五日因感微疾而逝"，得知这个消息，翁同龢伤心不已："回念旧游，零落都尽，今年一见，属书之件犹未报也，为之哽塞。"[3]他派专人送去挽联，上面写道："垂白相逢，与我同挥家国泪；汗青已就，羡君能续父兄书。上联谓今夏一见，下联则其尊人椅城有《路史注》，其兄縠士补之，仲山又补之，方付刊也。"[4]从挽联中"同挥家国泪"句推之，他们相见时还是言及时事了，日记所云"于时事未谈一语"明显是为避祸，惟恐别人看到对他不利。这是有违真实的记载，可以理解。

不知由于什么原因，廖寿恒去世后，清廷竟未赐谥。这是否与他同戊戌变法有关，不得而知，这一疑团尚有待人们去进一步解开。

甲午战争期间，清政府为了统一对战争的指导，专门设立了督办军务处，以刚刚起用的恭亲王奕䜣为督办，庆亲王奕劻为帮办，翁同龢、李鸿藻、荣禄、长麟为会办。同时仿照第二次鸦片战争的做法，又设立巡防处，也以上述六人为之。光绪二十一年六月，翁同龢被命在总理衙门大臣上行走。与之合作共事的，除了

---

[1]　《翁同龢日记》，第3501页。
[2]　《翁同龢集》，第904页。
[3]　《翁同龢日记》，第3525页。
[4]　《翁同龢日记》，第3528页。

奕䜣、奕劻、徐用仪、廖寿恒、孙毓汶、李鸿藻与翁同龢的关系在有关章节中均已介绍外，尚有福锟、敬信、荣禄、汪鸣銮、吴廷芬与翁同龢的关系未作介绍。敬信、吴廷芬与翁同龢关系一般，无多论列，这里就荣禄、汪鸣銮、长麟等作一论述。

荣禄

荣禄，字仲华，瓜尔佳氏，满洲正白旗人。祖父曾任喀什噶尔帮办大臣，父亲是总兵。荣禄以荫生赏为主事，分发工部。咸丰末年捐输军饷，充神机营文案处翼长。同治改元后，仍在神机营当差。当时神机营事务由文祥、醇亲王奕谭负责管理，文祥曾疏荐荣禄，称其忠节之后，爱惜声名，若畀以文职，亦可胜任。文祥去世后，荣禄依附于醇亲王，深得信任。同治病逝后，慈禧太后立奕谭之子载湉为嗣统，改元光绪。光绪帝在毓庆宫书房读书后，翁同龢被命为书房行走，授读光绪帝，加上为同治帝修建陵墓，翁同龢遂与奕谭建立密切关系，又因此关系而与荣禄发生交往，并在奕谭的主持下，两人结拜为弟兄，由此开始长达二十多年

荣禄像

非同寻常的交往历程。

据翁同龢日记记载，翁同龢约在同治九年前后与荣禄认识并建立联系，但此后相当长的一段时间内主要在醇亲王家中碰面，从那时起，两人关系就非同一般。同治九年十一月某日，醇亲王生病，翁同龢前去看望。日记写道："问醇邸疾，晤谈良久，皆深谈也。荣仲华在坐。"[1]可见两人，应该说三人关系已经很深了。同治十一年翁母去世，灵柩发引，荣禄步行二里许为之送行，翁同龢说"极可感"。后来荣禄太夫人去世，翁同

---

[1]《翁同龢日记》，第848页。

龢执礼也同样甚恭。

翁同龢与荣禄在政事上发生交往始于同治帝去世。同治死后，光绪继统，承嗣咸丰。光绪帝父奕𫍯如何称谓？将来光绪帝位继承何人？与同治帝关系如何？内阁议而不决。翁同龢、荣禄、潘祖荫议论此事："余曰礼隆于缵绪则义绝于所生，与伯寅合。又曰他缺皆开，惟神机营重镇不可离，与仲华合。"[1]不久，翁同龢奉旨与醇亲王、魁麟、荣禄前往蓟州和易州东、西山地相度同治帝陵陵址。四人中只有翁同龢一人为汉臣。此事凸显了其在朝地位。四人联辔往来于崇山峻岭间，甚为相得。陵址确定后，又一起命为承修大臣。此间，翁同龢与醇亲王赋诗唱和不下数十首，间亦有赋赠荣禄的。

荣禄收藏有镇江焦山寺僧芥航画竹，光绪元年八月，翁同龢特为之赋诗一首：

> 风梢月影是清才，自劚琅玕自剪裁。
>
> 却笑东坡风雨笔，一枝掀舞为谁来。
>
> 谈诗说剑暂句留，看月无因更倚楼。
>
> 一角青山浓似墨，让渠占断马兰秋。
>
> 祇树林中有所思，莲畦画笔芥航诗。
>
> 焦山楼观风涛响，记取横江独往时。[2]

光绪元年，翁同龢署理刑部侍郎，发现浙江葛毕氏一案疑窦甚多，要求复审，时任步军统领的荣禄给予翁同龢大力配合。"函致荣侍郎，托催提督衙门抄送杨詹氏（杨乃武之妻）京控原呈，荣君以所抄折底原呈见示，则余所签与原程数条适吻合"。[3]

光绪二年，顺直晋鲁豫地区大旱成灾，户部尚书董恂以豫鲁向有义仓，迟迟不肯拨款赈济。荣禄、翁同龢同为户部侍郎，"荣与余断断而争，董始允拨银十万付直隶、顺属，又争不已，乃拟截东漕尾帮于直隶。余曰河南、山东竟置不问乎？董

---

〔1〕《翁同龢日记》，第1124页。

〔2〕《翁同龢集》，第720—721页。

〔3〕《翁同龢日记》，第1202页。

以河南有义仓,山东有团练经费未裁,坚不欲拨。余拂衣而入。……散(值)后福建诸君来,称董公允将河南、山东藩库不论何款酌留备赈"。[1]

光绪四年十二月,懿旨突然宣布免去荣禄工部尚书、内务府臣。同龢对此不解,"不知何故,意昨日封奏言差使较繁耳"。[2]荣禄的开缺当时说法很多,有说是出于自请,理由是职事太繁,蔡冠洛在《清代七百名人传·荣禄传》中就持这一说法,但说职事太繁,显然是个托词。因为六部中,工部事最简,管理内务府大臣亦非一人。到了次年十一月再次"以病固请开缺",懿旨允准。此后缘事处分不断,旋降旋复,翁同龢日记有关他与荣禄来往的记载亦少。光绪十一年十二月,日记中写道:"荣禄捐输,开复降二级处分。"直到光绪十三年二月才重新授其都统。翁同龢说"其罢官几十年矣"。[3]荣禄在光绪朝的十多年中为什么罢官,有史书说与他和同治帝妃懿妃通奸有关,而此事又据说与翁同龢有关,是翁同龢向慈禧告的密,于是慈禧一怒之下,下令罢斥荣禄。英人濮兰德、白克浩司在《慈禧外纪》一书中就持此说。1892年1月(光绪十七年十二月)又将他逐出京师,外放西安将军,翁、荣是结拜弟兄,如此之举,被人指为"卖友",说荣禄含恨在心,伺机报复。我一直怀疑一个住在紫禁城外的汉族官员怎么会知道宫闱内暧昧之事,所以,对此始终持否定的态度。到目前为止也未看到翁、荣交恶是因为此事的资料和证据。还有一说,是有关军机大臣沈桂芬外放山西巡抚的事,也说与翁同龢有关。罗惇曧在《宾退斋随笔》一书中说荣、翁交恶实因同治年间军机大臣沈桂芬外放山西巡抚一事。沈的外放是荣禄进言的结果。荣禄曾将此事告诉过翁同龢。1875年(光绪元年)翁同龢与奕𫍯、魁麟、荣禄奉旨相度同治帝万年吉地,荣禄在一次酒后漏言:"沈吴江失宠,伊实进言。"翁同龢又将此话告诉沈的好友李鸿藻。李是同治帝师,清流派主脑,随即策划报复,于是将其逐出政坛。对于这一说法,我也有存疑,光绪改元,弘德殿书房已成过去,李鸿藻虽是旧傅,但已不再是政治中心人物,翁同龢入值毓庆宫书房,作为政治新星正与醇亲王、荣禄走到一起,即使他听荣禄讲过,似乎没有必要去告诉李鸿藻,何况荣禄本与他无恩怨。沈桂芬虽与他同乡,但

---

[1] 《翁同龢日记》,第 1248 页。
[2] 《翁同龢日记》,第 1433 页。
[3] 《翁同龢日记》,第 2130、2133 页。

若将他同醇亲王和荣禄比较，后者对他政治前程关系更要至重，他去告诉李鸿藻似无必要。

　　荣禄在同光年间被罢斥，与他巧营两面、狡猾多疑的个性有关。同光年间，荣禄在政治上，尤其是在慈禧、奕䜣、奕譞三人关系中，采取见风使舵、惟权是依的方针。他的被罢斥与奕䜣有关。而后被重新起用、外放西安将军与奕譞有关。奕譞创立神机营之初，荣禄因献其祖上所遗战阵图，得到奕譞的信任，而在神机营当差。并逐年超擢，外放将军。但他又惟恐慈禧太后忌其为醇王识拔，故而貌示光绪帝，攻击奕譞，以表明其非奕譞私人的心迹，在慈禧太后面前邀荣取宠。荣禄的行径深为翁同龢所不满，这是翁、荣交恶的背景。甲申军机改组，奕䜣失势。荣禄周旋于奕譞与慈禧太后之间。待奕譞去世，则完全倒向慈禧。甲午年间，帝后因"和""战"各执一是，矛盾已露端倪，翁同龢佑帝，使慈禧深感不安，于是起用荣禄，以加强己身力量。荣禄惟慈禧之意行事，与翁同龢相对立，以后翁、荣的矛盾便围绕着帝后关系而展开。

　　荣禄外放将军时，在京师还是具有不小的影响。1892 年 1 月外放西安前夕，徐桐为纪念苏东坡诞辰，发起"五老会"，参加者除徐桐外，有张之万、李鸿藻、谭钟麟、翁同龢、荣禄、豫锡之。荣禄出京前，翁同龢还专门设宴代他答谢上述同僚，可见翁、荣当时相处得还不错。

　　1889 年 5 月月 26 日（光绪十五年四月二十七日）翁同龢五十岁生日，光绪帝特遣使往祝。"天子祝寿"期间，荣禄作为"天使"的陪同，亲自来到翁宅，帮着料理接待事宜，向翁同龢表示祝贺。

　　1894 年 7 月（光绪二十年六月）荣禄来京祝嘏，奉旨留京，旋授步军统领。此后又与翁同龢合作共事。当时正值中日甲午战争中国军事水陆惨败之际，荣禄和翁同龢同时被命为新设立的督办军务帮办大臣和巡防大臣。鉴于湘淮军腐朽不堪一击，直隶按察使胡燏棻奏请编练洋队三万人，并举荐德国退伍军官汉纳根主持其事，海关提供经费，翁同龢表示赞同，并拟订了编练章程。但在督办大臣会议讨论时，荣禄"力争不可"，表示坚决反对。以后几乎无日不与翁同龢争论。由于荣禄阻挠、反对，"编练洋队事议未成"。最后只通过胡燏棻，后由袁世凯招募五千人在天津小站编练。荣禄反对汉纳根训练新军，从理论上说，是坚持军权不能落入外人之手,这是堂而皇之、没人反对的,而究其内心,还是从维护满族权贵建立的清朝出发的,他本人也有渴望操控清朝的海陆军政大权的野心。不久,荣禄就被授为兵部尚书协办大学士,在总理衙门大臣上行走,权力进一步膨胀。翁同龢说:"昆冈有服而大拜(指授为大学士),荣禄在后而协揆,皆异数也",[1]表达自己的不满。经过甲午战败,清朝统治大为削弱,清朝统治者自觉形势危迫,拼命加强集权。荣禄又奏请设立武卫军,以聂士成驻芦台为前军,董福祥驻蓟州为后军,宋庆驻山海关为左军,袁世凯驻小站为右军,而自募万人为中军,驻南苑,最终将军事大权掌握在手,俨然成为在朝的举足轻重的人物、慈禧专制权力的忠实维护者。

在甲午以后的几年中,荣禄也曾与翁同龢一起参加对外借款活动,参与会商中德胶澳铁路交涉谈判等,但凡翁同龢赞同的事,他多数情况下不表赞同。1896年(光绪二十二年),盛宣怀奏陈自强大计折,提出开设中国通商银行,他百般刁难,提出种种责难:设使将来办理未善,亏空赔累,彼时谁任其咎?上海为总行,京师为分行,何以崇体制?银行总行应设京师。甚至提出报效国家之款,似于每年提给八成官利并公积花红之外,按十成分派,甚至还提出银行平日进出之款不得超过十万两,否则要报部立案等等。[2]充分反映他对新式金融的无知和专制颟顸。在对待维新变法问题上,也是同翁同龢对立,持反对立场,对维新派采取敌视态度。康有为被传在总理衙门问话,他大讲祖宗之法不能变,被康有为驳得无言以对。康有为组织保国会,荣禄竟说,现在大臣们还未死,即使亡国,也不用他保,并威胁康有为小心脑袋。种种迹象表明,翁、荣已从昔日的结拜兄弟完全沦为生死相搏的政敌。

1898年5月(光绪二十四年四月),戊戌变法前夕,荣禄被授为大学士兼管户部事务,旋署直隶总督,此举无疑宣布剥夺了翁同龢户部尚书的权力。果然到了四月二十七日,翁同龢就遭到罢免,奉旨开缺回籍。翁同龢的开缺,固然与当时朝廷内复杂的权力斗争有关,但在很大程度同他行政无能分不开。从他在甲午战争中及战后一系列的内政外交活动措置来看,他虽有趋新思想,但缺乏治国之才,更无包容各式人才的宏大气度,用他自己的话说,臣之衰残"庸懦,自揣万不足以仰

---

[1]《翁同龢日记》,第2951页。
[2] 谢俊美:《翁同龢传》,中华书局1994年版,第492页。

赞庙谟"。[1]翁同龢乃至他的父兄，操守都可以，父亲翁心存有"清廉传四海"之誉，翁同龢也以不贪知名，但在晚清严重内忧外患的情况下，这些才德都不足以担当治理国家的重任。他们决非治世之能臣，翁心存因"五字号"事件革职，若不是祺祥政变，恐一世难以翻身。翁同书办理寿州绅练仇杀事件不善，被革逮判为斩监候，也不是无因。翁心存早就担心翁同书书生典兵，文臣理军务，不以为然。咸丰六年，江北大营兵溃，翁心存就说："吾儿文弱，恐不能有挽回拔救之才，如国事何，真令人忧愤填膺也。"[2]翁同龢本人生于藏书、读书、教书这样的家庭，缺乏社会尤其是政事方面的历练，根本不足以担当军国大政，他的被弃置并不奇怪。各种猜疑甚而归咎于他人都未说到要害。倒是翁同龢自己对此有清醒的认识，他在《春申舟次偶成》一诗中曾写道："老韩合传谁能辨，刘李同官君莫疑"，[3]这里借用韩愈的诗话，意存忠厚地诉说自己的被斥逐罢官，告诫朋僚亲友、弟子门生不必再去致疑于是否是某人某官的进谗。这是光明磊落的胸怀，应予肯定。

翁同龢开缺后的第六天，6月20日（五月初二日），荣禄"遣人致书，厚赆"，翁同龢"却之"。22日（初四日），"又专使来赆"，这次翁同龢"受之"，并致"答书"。书中写道："略园青览：日来憧憧，觚棱之恋与邱陇之思一时并集，徂暑不得不早发，今拟趁早车直奔塘沽矣。修壤兼筹，昼夜无暇，惟望善时自卫，以慰远怀。此行深仗康济，勿念羁栖。敬上，略园棣台阁下。"[4]

这是他们最后一次书信往来。此后再也没有联系。1903年4月13日（光绪二十九年三月十六日）翁同龢从报上得知荣禄去世的消息，在日记中写下了："报传荣仲华于十四日辰刻长逝，为之于邑，吾故人也，原壤登木，圣人不绝，其平生可不论矣。"[5]这是他对荣禄的评价，也是他有关荣禄的最后一处文字记载。

戊戌政变前，光绪帝召见袁世凯，"超授侍郎，统练兵，荣禄不自安"。政变后，慈禧重新秉政，荣禄授为军机大臣管兵部，节制北洋陆海军。奏设武卫军，自募万人为中军。慈禧太后因翁同龢保举康梁而对他衔恨不已，于是对其再加严谴。荣

---

〔1〕翁同龢：《自请为甲午战败罢职呈折稿》，谢俊美：《翁同龢传》，第437页。

〔2〕《翁心存日记》，中华书局2011年版，第1103页。

〔3〕翁同龢：《瓶庐丛稿》卷六。

〔4〕《翁同龢文献丛编》之六：《外交、借款》，上海远东出版社2014年版，第266页。

〔5〕《翁同龢日记》，第3493页。

禄在慈禧面前多次攻击翁同龢"居心险恶",据说他还把这四个字写进罢黜翁同龢的谕旨里,以作为"大臣者戒"。慈禧议废光绪,立载漪之子溥儁为同治帝为嗣,担心内外反对,荣禄建言改称"大阿哥"。义和团运动中,荣禄采取两面派手法,当董福祥率军和义和团围攻外国公使馆时,他又派人向外国使馆送去西瓜等物,以达左右逢源、进退自如之效。他的圆滑和奸诈,被时人视为晚清满洲权贵中的"翘楚"。

这里对荣禄还可多说两句,慈禧太后得知荣禄去世后,据说"老泪纵横,数日哀思不绝"。颁谕赐陀罗经被,银三千两治丧,予谥"文忠",入祀京师贤良祠,其生平事迹宣付国史馆。又赐祭一坛,派奕䜣之子前往府第致祭,可见倍极哀荣。

慈禧对荣禄的去世如此伤痛,据民初野史小说披露,荣禄与慈禧有暧昧关系。按辈分说,荣禄是慈禧的内侄,不过他们年纪相当,且都为旗人,忌讳没有汉人多。传说两人从小一起长大,这些闺幕之事已无从考证,也毋须去考证。不过荣禄的一生与慈禧的政治生涯紧密相连,是一个不争的事实。祺祥政变中,慈禧护持同治帝回京途中,载垣等欲加害慈禧,荣禄率军随侍在侧,致使阴谋无法得逞。他初涉宦海,在户部员外郎任上,因涉嫌贪污库款差点被肃顺处死。戊戌政变时,密报康、梁、谭图谋请袁世凯率兵围攻颐和园一事而使慈禧又逃过一劫,因而深受厚爱,以致对他的死如此悲痛,这些史书上均有不少记载,毋须再说了。

汪鸣銮

汪鸣銮,字柳门,号郋亭,晚号渔溪客,浙江钱塘(今杭州市)人。世居苏州桃花坞,因此,与浙籍和江苏籍京官往来较为密切。

汪鸣銮少年时因其弟汪李门双瞽,所以父母便把希望寄托他身上。他自幼刻苦自励,力学能文。同治四年考中进士,授庶吉士,分校至翁同龢门下,遂成为其门生。散馆授编修。这次会试同时中式的还有吴大澂(清卿)、洪钧(文卿)。同治七年,迁国子监司业,钻研经学,认为"圣道垂诸六经,经学非训诂不明,训诂

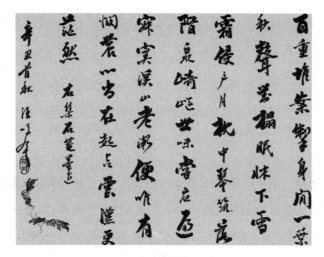

汪鸣銮手迹

非文字不著"，治经当从许学开始，主张将许慎入祀文庙。在光绪十四年前，多次担任陕西、江西、山东、广东学政，河南、江西、山东乡试考官，对地方吏治、民生、文教较为熟悉，同时也养成独立不群、质朴、谨慎的个性。光绪十四年擢工部右侍郎，次年改为左侍郎，直到是年才到工部任职。由于长年任职地方，对京中人事不太了解，故与之往来的多为同乡京官，翁同龢、徐郙、吴大澂、洪钧、陆润庠、陆宝忠及翁同龢的同年、好友、门生如孙家鼐、谭钟麟、周德润等人。仕京后，始终未任部院要职，较多的活动是担任各类考试的考官、阅卷官。且大多数与翁同龢在一起，因此与其赋诗唱和较多。如光绪十五年六月阅考试汉内阁中书卷时，翁同龢曾用聚奎堂壁间评韵赋赠汪鸣銮诗一首：

> 侍郎才望海天深，东国南溟使节临。一品集名家作式，十年树好士成林。茶瓜小集雄谈剧，灯火虚堂夜漏沈。拜疏独陈浚长学，知君能扶五经心。许君（指许慎）从祀两庑，君所陈奏也。[1]

阅卷期间，两人还讨论了书法，为酬汪鸣銮"论书"，仍用前韵，再赠汪诗一首：

---

[1]《翁同龢集》，第776页。

　　近时隶法道州深，越骑公方锐意临。每恨世人矜笔阵，更嗤帖贾炫碑林。奴书愧我毫端弱，能事输君臂力沈。同展黄封题目以黄纸封下瞻圣藻，敬从羲画见尧心。[1]

　　翁同龢与汪鸣銮的关系可分为开缺前和开缺后两个阶段。开缺前有几件事值得提一提：

　　一件是光绪二十年四月，担任殿试读卷大臣，配合翁同龢录取张謇为状元的事。这次殿试读卷官分别是张之万、麟书、翁同龢、李鸿藻、薛允升、志锐、汪鸣銮、唐景崇。在批阅前十卷时，翁同龢"得一卷，文气甚古，字亦雅"，认为是"非常手也"，坚持为元。张之万说大家手中的卷子尚未看完，怎么就定您手中的卷子为元呢，同他争论起来，最后一想，他是皇帝的师傅也就不同他争了。在争论中，"兰翁、柳门，伯愚皆以余处一卷为最，惟南皮不谓然。已而仍定余处第一。"待到拆弥封，方知第一名是张謇。[2]凭着他们的这一举，从此奠定了张謇日后的社会地位，张謇就是拿着状元的头衔开始他的近代化事业的。

　　一件是同年七月被命在总理衙门大臣上行走。十月，团防局成立后，汪鸣銮被命为团防大臣。调任吏部右侍郎，兼署刑部。因为翁同龢是次年才在总理衙门大臣上行走，所以，在此期间，他主要向翁同龢提供有关总理衙门方面的信息以及有关甲午战况如日军进攻台湾方面的消息，为翁同龢在军机决策时提供参考。日军进攻台湾，马关议和前，他坚决反对割让台湾。"日人坚索台湾，鸣銮力陈不可，称上意。"

　　光绪帝虽亲政有年，但慈禧仍时时干预朝政。据说汪鸣銮在召对时，请求皇上收回政权，并以"西后于穆宗为生母，于皇上则为先帝之遗妾耳，天子无以妾母为母哉。"另一位户部侍郎长麟也与汪鸣銮持相同的看法，主张皇上应当自操政权，亟图振起，如再泄沓，势将有亡国之忧，"扬言当唆百官上表，请太后外居热河，帝独专政。"有人将汪氏和长麟的上述佑帝言论向慈禧密报，太后信之，光绪帝颇"不自安"，遂于1895年12月3日（光绪二十一年十月十七日）将其革职。上谕："侍郎汪鸣銮、

────────────────

[1]《翁同龢集》，第776页。
[2]《翁同龢日记》，第2738—2739页。

长麟,上年屡次召见,信口妄言,迹近离间。本欲即行治罪,因军务方棘,隐忍未发。今特晓谕诸臣,知所儆惕,汪鸣銮、长麟并革职,永不叙用。"〔1〕当时翁同龢在场,"臣等固请所言何事,而天怒不可回,但云此系宽典,后有人敢尔,当严谴也"。翁同龢退朝回寓,汪鸣銮等候已久,翁说:"伊甚坦然,可敬也。"〔2〕此后一连彼此往访,时作深谈。光绪二十二年七月,汪鸣銮离京南归,应汪的嘱请,为其《题桂聆先生像卷》诗一首:

> 君家宅相出韩门,司寇高名物望尊。骏议已编刑法志,鸿泥偶印宦游痕。
> 重来台阁无侪辈,老去江湖有弟昆。一笑问公坐何事,他年史笔费评论。韩
> 公敭历中外,屡谪屡起,卒为名臣。

又题柳门纨扇诗一首:《题柳门扇,扇为南皮相国(指张之万)甲午殿试读卷时画》:

> 重茵列坐矮几横,大官罢宴时飞觥。
> 醉中诗画互唱赓,玉堂萧条闟铃索。
> 君归我留谁与乐,孤负阶前红芍药。〔3〕

对汪的去国感到依依不舍。汪鸣銮临行之日,翁同龢又亲诣东安门,为之送行。

汪鸣銮革职南归后,先后应邀主讲杭州诂经精舍和敷文书院,过着授书自给的生活。好友陈蓉曙在汪氏六十岁生时所送诗中曾写道:

> 离讲席十有一年,最欣花甲初逢,依然布袜芒鞋,归作西湖教主;
> 订说文九千余字,特请上丁从祀,应与玉裁泉友,并称南阁功臣。

汪氏回南的第三年,翁同龢也被开缺回籍、戊戌政变后再遭严谴,革职永不

---

〔1〕 参见《清史稿·汪鸣銮传》。
〔2〕 《翁同龢日记》,第2900—2901页。
〔3〕 《翁同龢集》,第815页。

叙用,并交地方编管,言行都失去自由。在这种情况下,汪鸣銮多次前来常熟看望翁同龢,知翁同龢贫困,每次都带来诸多食物。每逢翁同龢生日、新年、中秋,他总要前来祝寿,特别是听到有关京中的消息,如废立事件、义和团运动和八国联军入侵北京等,他总要通过信函及时告知翁同龢,使寂寞苦痛中的翁同龢得到一丝慰藉。偶尔两人以诗叙旧,追忆往日京华岁月,或谈碑论书。光绪二十六年四月,汪鸣銮专程来山为同龢祝寿,并以扇请翁同龢书己丑闱中用壁间韵诗,事隔多年,翁同龢一字不记得,遂临时另赋诗一首:

> 一笑公何避客深,江干车马竟遥临。
>
> 抛残吴郡新诗本,漫说苏州旧翰林。
>
> 影事久随春梦断,爪痕还付雪泥沈。
>
> 蚕丝正熟新秧绿,聊话量晴课雨心。[1]

1902年5月(光绪二十八年四月),汪鸣銮又一次来虞山,这次携带史晨前后碑,请翁同龢题诗,翁同龢用碑中黄再同诗韵题诗一首:

> 君来叙棹西山下,我忆开函宣武南。此碑在京时屡得观。更补郑斋残字五,后碑缺五字,余以沈均初残本足之。同看孔庙古碑三。郇亭得古拓乙瑛碑,与此而三。荡邪反正群公事,感怀旧人一席谈。谓再桐,愙斋。寄语当年过岭客,吾侪乐事考槃谙。孝达(指张子万)戊子年题记,谓"过岭五年,无此闲情"。[2]

1904年7月4日(光绪三十年五月二十一日)汪鸣銮得知翁同龢去世的消息后,无限伤痛。他了解朝中的权力斗争,深知翁同龢遭受严谴的原因,加上自己也遭革职,难以发抒内心的感慨,便从翰墨的角度来撰写挽联:

> 黄扉归去白云身,翰墨流传自有神。

---

〔1〕《翁同龢集》,第840页。

〔2〕《翁同龢集》,第882—883页。

千载是非君莫问，即论八法亦传人。[1]

用"翰墨流传"而代之"千载是非莫问"，是当时历史的写照，实属无奈之举，汪鸣銮与吴大澂系表兄弟，其妹婿则为《孽海花》一书的作者、常熟人曾朴。翁同龢去世的第二年，汪鸣銮也去世了。因系革职，当然什么恤典也没有。若不是翁同龢日记中留下有关他的活动，恐怕后人很少知道他。

黎庶昌

黎庶昌，字莼斋，贵州遵义人。廪贡生。翁同龢与黎氏发生交往是因"其兄乃先兄（指翁同书）门人，其侄去年（为翁同龢）所得士"。[2]由这双重关系而保持往来。

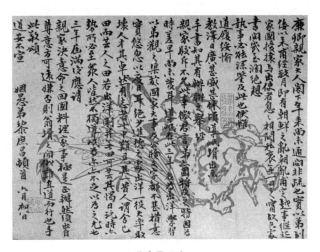

黎庶昌手迹

黎氏初学于郑珍，后入曾国藩幕，与张裕钊、吴汝纶、薛福成誉为"曾门四弟子"。光绪二年随郭嵩焘出使英法，为参赞。1879年（光绪五年）代表中国，出席在

---

〔1〕 汪氏藏：《郋亭侍郎与松禅老人函稿》附录。
〔2〕 《翁同龢日记》，第 1660 页。

巴黎召开的有关建造巴拿马运河的国际会议。1881 年 10 月（光绪七年九月），黎氏被命为驻日公使。翁同龢"访晤黎莼斋庶昌于总署，其人开展笃实，眇一目，今充日本正使也。"[1]黎氏素怀经世之志，平日钻研学问，关心社稷安危。驻使期间，除了办理公务外，他还拿出一定的时间来研究日本，搜集和出版流落日本的唐宋时的中国书籍。光绪十年二月，翁同龢"在值房见黎莼斋新刊日本古书数种，凡十八册，惟左秋穀梁注见过。皆影宋精本及唐人抄本，为平生所未见。"[2]

光绪十三年七月，黎氏第二次任驻日公使。十七年二月任满回国，前来看望翁同龢，这次除了向翁氏赠送了"汗筒（抽烟用）、日本花笺"外，还向其讲述了日本当时的内政情况以及自己对中日关系的看法："言日本兵政修，商务广，新立议院不和，大臣屡告休，与中国和洽，而深忌俄之垂涎东海也"。并告诉翁同龢："伊有密奏，谓宜固中日之交，而冲绳可置勿议云。""宜与连衡"。[3]日本久想侵吞朝鲜，称霸亚洲，"忌俄"是事实。黎氏主张"宜固中日之交"，中日连衡，实未看透日本"兵政修"的真正目的和意图，此时日本扩军备战，是为发动大规模的侵华战争做积极准备。

同年五月，黎氏授任川东道。离京前夕，又一次拜访翁同龢，两人作了长谈。就在黎氏奔走于川东的崇山峻岭大小州县，忙于"劝农种桑"、"敦化民风"的第三年 1894 年（光绪二十年），日本一手挑起了侵略朝鲜和中国的甲午战争。黎氏于1897 年病逝。遗著有《养拙园丛稿》、《西洋杂志》等。

薛焕

薛焕，字觐堂，一写觐唐。四川文兴人。道光举人，纳赀捐知县，分发江苏，历任金山知县、松江、苏州知府，迁江宁布政使，擢江苏巡抚、署两江总督，任总理衙门大臣等。

咸丰八年八月，桂良、花沙纳奉旨前往上海，同英法代表会商海关税则和通

---

〔1〕《翁同龢日记》，第 1660 页。
〔2〕《翁同龢日记》，第 1850 页。
〔3〕《翁同龢日记》，第 2476 页。

商细则。海关总税务司李泰国找到桂良,指名要薛焕参加会谈。咸丰遂加派薛氏为随员,并令桂良沿途秘密考察他。桂良询问了沿途接送官员,询问了两江总督何桂清,得出的结论是:薛氏平日居官谨慎,在苏松太道任上素为夷人所信服,办事甚为得体,桂良遂以此作了奏报。此后的谈判基本上都由薛氏出面进行,最后与英法代表签订了"通商章程善后条约"和"海关税则"。御史蒋志章认为薛氏在对外交涉中富有胆识,为洋人所折服,奏请将其调京差委。桂良是恭亲王的岳丈,他对薛焕的好感直接影响了恭亲王对薛的任用,这是以后的事情。

咸丰九年,薛焕升任江宁布政使,加巡抚衔。十一月,江南大营兵溃,太平军东下苏常,两江总督何桂清弃守常州,最后逃至上海,奉旨革逮。廷旨调薛氏任江苏布政使,署钦差大臣,办理五口通商事宜,复命兼署两江总督。苏州失守后,授薛氏为江苏巡抚,仍兼署两江总督。太平军进攻上海及其附近地区,薛氏任用杨坊、吴煦等招募美国退伍军人华尔组织洋枪队进攻太平军,与英法租界当局"联防"上海,阻击太平军。咸丰帝以其保守上海有功,特赏给头品顶戴。

薛焕通过参与第二次鸦片战争中的交涉,进一步加强了与外国势力的联系,他"借夷助剿"的作法遭到曾国藩为代表的地主武装势力的强烈反对。薛氏出重金支持洋枪队而不愿向湘军助饷,使曾氏一直耿耿于怀,伺机去而代之。咸丰十一年十一月,御史杨荣绪奏劾薛氏驻节上海,贪墨受贿,请旨查办。侍讲学士颜宗仪秦参劾薛氏安驻海隅、享福不战。谕旨交曾国藩查办。曾氏复奏如同弹章,又将其痛诋一番,历数其每月糜银二十万两,不能办一路太平军;设立书画局,专门收购名画;江浙绅民流寓沪上,每有差委,率由营求所得。说薛氏进京觐见时,途次有失银之案,在京有馈遗之情(曾氏自己何尝不是如此)。后来又将他同何桂清逃跑事联在一起。何氏在刑部审讯时,出示公禀,供认其弃守丹阳是出自薛氏和按察使查文径、盐运道英禄、江安粮道王朝伦等人联衔公禀,曾国藩指为意在"同逃",认为苏省为财赋之区,又是太平军久占之地,军务浩繁,薛氏担任江苏巡抚恐怕不能胜此重任。薛氏依据事矣,逐一澄清。但曾氏复奏不久,一些苏省官绅就嗅出其中的政治味道,派出钱鼎铭等人前往安庆乞师,于是曾氏冠冕堂皇地派李鸿章率兵来沪,并荐其担任苏抚,遂将江苏地盘控制在自己的手中。当时朝廷知道薛氏的实际处境,但正视曾国藩为重石柱臣,希望他率湘军早日剿平太平军,所以也就认可曾氏的作法了。

同治元年年底,薛焕奉旨来京,另候简用。次年四月,命署礼部左侍郎,在总理各国事务衙门上行走,地位反升不降。于是引起曾氏集团的妒忌和不满,对他继续追剿。御史兼军机章京王拯(少和)参劾薛氏贪邪,委琐龌龊。认为其外任且不胜任,现在反而俨然高位,玷辱朝班,奏请将其裁抑。薛氏上折,直揭王氏吸食鸦片,结果查证属实,王氏被撤去军机章京。同治四年三月,御史蔡寿祺弹劾恭亲王贪墨受贿,指名薛氏、刘蓉行贿夤缘得官。经肃亲王华丰查证并无实据。为了调和各方意见,将薛氏降五级调用,但仍在总理衙门大臣上行走,寻以内阁侍读补用。

翁同龢不仅关注薛焕的行踪,而且与他有直接往来,这在江苏同乡京官中极为罕见。内中原因虽不甚清楚,但肯定与曾国藩有关。是同情薛氏还是通过薛氏进一步了解曾氏,这两种因素均有。开始,翁同龢只是从邸报报道镇压太平军的消息出发,记录薛氏在江苏的活动。后来直接与其书信来往。同治元年正月,翁同书到京第三天即遭曾氏参劾,革逮下狱。就在此事发生后,翁同龢突然"复薛觐堂书"。薛氏何时与翁同龢发生联系不清楚,这次复薛氏书内容是什么也无从知道,但也肯定与曾国藩有关。次年,薛氏来京供职,署礼部侍郎,在总理衙门大臣上行走。五月,翁心存去世,薛氏"至庙中亲奠"。此后翁、薛彼此还有往还。只是翁同龢在日记中罕有记载。

自蔡寿祺参劾恭亲王、词连薛焕后,薛焕心中很是不平,遂上奏请假三月,回籍省亲,得旨允准。四年五月,薛氏起程回川,翁同龢亲自"送其行"。薛氏回籍后,借口父母年老,经奏准在籍"告养"。同治六年,父母相继谢世,在籍丁忧。十一年服阕回京。光绪元年,英国翻译官马嘉理在云南被杀,经李鸿章奏请,薛氏作为随员随同儿女亲家、湖广总督李瀚章前往查办。事后称病仍回四川老家。光绪六年在籍去世,终年六十六岁。

文祥

文祥,字博川,瓜尔佳氏,满洲正红旗人。父亲曾任辽阳笔政,文祥遂生于辽阳。自幼由岳父资助读书。道光二十五年考中进士，引见后以部曹用，分发工部。平时操守严格，遇有馈赆，概不收受。每遇出差，皆不受地方供应。咸丰五年，随工部尚书全庆前往天津验收海运米石。此差不仅有厚馈，名曰"薪水"，而且地方供应甚丰，事后复有升阶花翎厚奖，人多求之不得。文祥了解后，预先禀明不要薪水，不受地方供应，事后不邀褒奖。全庆及同行对其深为见重。全庆后以若尔如此，则其他同人难以请奖，文祥为顾全大局，勉从所请。于是以道府用，京官俸入微薄，生活清苦，同值多劝其外任，文祥以母老在堂，请留京职。此后历任内阁学士、工部、户部、吏部侍

文祥像

郎、工部尚书，官至军机大臣，总理衙门大臣、武英殿大学士。用翁同龢的话说，是朝中不可缺少的人物。

咸丰十年七月，英法联军进攻北京，咸丰帝逃往热河，文祥力阻不得，奏请身先士卒，亲与一战。奉旨留京署步军统领，并随同恭亲王奕䜣办理和局。祺祥政变后，任军机大臣。总理衙门成立后，任总理衙门大臣，主持衙门日常工作，成为奕䜣行政的得力助手。同治四年三月，蔡寿祺上折弹劾奕䜣揽权纳贿，慈禧趁机罢免奕䜣议政王，文祥立即上奏，以恭亲王事烦任重，共勉图报效之心为臣民所共见，遽尔罢斥，骇人听闻，请太后逾格施恩，宽其既往。在他及其他大臣努力下，恭亲王虽失去议政王头衔，仍主持朝政。同治十一年七月，同治帝以奕䜣召对言语失仪，再次罢斥奕䜣，又是文祥出面请求面见，以朝廷大局为重，宽其对恭亲王的责罚。在此后同治帝病危时刻，他和翁同龢等吁请太后披览章奏，主持朝政。

同治年间，因奕䜣与翁心存的关系，文祥对翁家颇多了解。自翁同龢入值弘德殿，常常奉旨召对，由此与文祥有了较多的接触。当时文祥身兼数职，十分劳累，由此患下严重的哮喘及其他疾病。同治五年，法军侵略朝鲜，要求中国"助师

法国攻打朝鲜"，遭到拒绝。文祥因与法使辩驳致旧病复发，翁同龢得知后，亲自前往文祥住处问候。文祥夫人和母亲因家贫，无钱治病先后去世。翁同龢均前去吊唁。文母归葬时，翁同龢亲自前往送行。"晤谈良久，其言恳切，可敬。"[1]据翁同龢说，文祥经此打击，身体更差。中风不能言语，只能食粥，连走路都很困难。

日本侵台事件发生后，清廷开展了一场海防大讨论。文祥上了一道统筹洋务全局折，指出方今夷人乘我虚弱无备，对我发动侵略，进行种种要挟勒索，如不甚其忿而与之为仇，则有旦夕之变；若忘其为害，而全不设备，则贻子孙后代之忧。惟今之计，只能以和好为权宜之计，筹备战守为切要之务。与奕䜣先后条陈练兵、简器、造船、筹饷、用人、持久等筹办海防六事。并指出目前尤以防日为尤亟：日本东洋一小国，略施西洋兵法，购一铁甲船，竟敢公然与中国为难，而沿海疆臣金以仓卒无备，不便决裂。若不及今亟求整顿，一旦变生，必更棘手，请饬南北洋悉心筹备防务，购铁舰，筑炮台，毋稍松懈。同治去世后，光绪帝即位，文祥再次上奏，指出强军备边的必要：纵观世界大势，西方各国火器技艺日益进步，列强之间相互勾结益固，使臣久住我京师，对我政情民俗了如指掌。边疆危机日益严重，幸亏中国根本尚未动摇，人心尚未涣散，列强才未大张伐挞。现在有不少士大夫官僚张口闭口说列强"性近犬羊，未知政治"，然而事实并非如此，其国中偶有动作，必由其国主交付上议院议之，即所谓谋及卿士也；付下议院议之，即所谓谋及庶人也，议之可行则行，否则止；总期事事必合乎民情而后决然行之。中国天泽分严，外国上议院、下议院之设，势有难行，而其义可采取。凡我用人行政，一举一动，揆之至理，度之民情，如此人心永结，国家永固，列强侵略既不能得逞，中国自能自立。

就在这道奏折上呈不久，文祥病情加重，屡请开缺，谕旨先是准假三个月，继而两个月，他不得不辞去了诸多职务。期间，翁同龢多次抽暇看望，"问文冢宰疾，仍未瘳"，一次，文祥竟然带病看望翁同龢，使其感动不已。

文祥久病不瘳，终于光绪二年五月初四日去世。翁同龢在日记中写道："荣

---

〔1〕《翁同龢日记》，第755—757页。

仲华来，知文相国竟于昨日申时星陨，不觉惊呼，盖为国家惜。此人忠恳，而于中外事维持不少。至于知人之明则其所短也。""开吊之日，亲自前往致祭"，"一哀出涕"。[1]文祥被赐谥"文忠"，后与崇实、都兴阿合称"奉天三忠"，于沈阳建祠纪念。

罗丰禄

罗丰禄，字稷臣，福建闽侯（今福州市）人。据翁同龢日记载，罗氏早年"由船厂（当为马尾船政局）留英，从郭筠仙出使归。在直（李鸿章直隶总督）久，著名能员，貌伟而语滑，闻读书颇多。"[2]

光绪二十二年初，李鸿章奉旨出使俄国，庆贺俄皇尼古拉二世加冕典礼。在出使随员中，李氏点名要李经方和罗丰禄，但朝臣中有人反对，认为此二人"不宜随行"。李鸿章大为着急，找到李鸿藻："谓非此两人不可，置辩不已。"九月，李氏回国，保罗丰禄为出使人员，罗氏出于礼貌，前来翁宅，拜访翁同龢。同龢说其"人甚聪明"。[3]

同光年间，出使使臣的任命与派遣，虽由皇帝任命，但具体事务由总理衙门负责。甲午战后，翁同龢兼在总理衙门行走，因而有关使臣的任命事项他也参与。光绪二十二年十月，罗丰禄以记名海关道赏四品卿衔，被命为驻英、法、意、比公使。总理衙门章京于晦若（于式枚）告知翁同龢："罗丰禄奏带十九名员，内有之缮名"。翁同龢听后说："余从不以私干人，矧吾家子弟而吾不知耶？当严究之"。[4]次日，在总理衙门，翁同龢遇见伍廷芳（新任驻美公使）和罗丰禄，询问有关之缮出使事。伍氏对翁同龢说："伍云所带随员无翁姓，并云炯孙虽相识，绝未请托。"罗丰禄云："之缮乃杨荩芳所荐，傅相（指李鸿章）与闻之。"翁同龢说："忝在政地，以子弟属人可乎？且何以不令其家长知也？""罗逊谢，允再斟酌。"[5]翁同龢"告罗

〔1〕《翁同龢日记》，第1243—1246页。

〔2〕《翁同龢日记》，第2886页。

〔3〕《翁同龢日记》，第2992、3000页。

〔4〕《翁同龢日记》，第3001页。

〔5〕《翁同龢日记》，第3002页。

撤之"。[1]翁之缮,号炯孙,翁同爵之孙。自翁同爵去世后,翁同龢担起教育其子女(包括翁同书子女)的责任。当天他回家,就"呼之缮痛斥之"。之缮,"似亦感悔"。据笔者分析,翁同龢不同意翁之缮为出使随员,除了他讲的"忝在政地,从不以私干政"的原因,恐怕还有"傅相知之"的因素在内。李鸿章任用私人亲信,以己谋私,翁同龢"深恶之",他不想因自己的子弟被卷入其中。自污己名。次日晚,杨艺芳闻讯亦来解释,翁同龢与杨氏"谈至暮"。之缮出使不成,情绪低落,"欲南归,(同龢)留之过冬再行,递呈辞出洋差"。[2]

同月,总理衙门举行公宴,为伍氏、罗氏送行。翁同龢出席作陪"庆邸(奕劻)先去,余等陪之,半酒余辞归"。临行之日,伍氏、罗氏又至翁宅,与翁同龢辞行,翁同龢均未见。"罗、伍皆送别敬,皆麾去之。"[3]表现了他既不谋私,又不收礼,公私分明、光明磊落的优秀品德。

伍廷芳像

伍廷芳

伍廷芳,字文爵,号秩庸,广东新会人。生于新加坡,道光二十五年随父归国。咸丰十一年毕业于香港圣保罗学院。同治十三年自费赴英留学,入林肯法律学院学习,回国后在香港担任律师,受聘为香港法官兼立法局议员。光绪八年应清政府之聘,入李鸿章幕。

伍氏引起翁同龢关注是在光绪六年七月,翁同龢的门人、广东人卢庆云一天来看他,"极言粤人伍秩庸者熟洋人律例,有志气,非征召不至,不应诸侯

---

〔1〕《翁同龢日记》,第3867页。

〔2〕《翁同龢日记》,第3002、3003页。

〔3〕《翁同龢日记》,第3003页。

之聘也。"[1]

翁同龢与伍氏交往是在光绪二十一年中日马关议和前夕。四月,伍氏来京,拜访翁同龢。"答伍廷芳,号秩庸,此次随李到长门(即日本马关),未晤。"马关条约签订后,俄国联合德、法要求日本退还辽东半岛,当时三国对日声明中声言若日本拒绝,"则另有办法",翁同龢担心"别有办法"或即列强瓜分此地:"三国虽电告中国,中国未尝与日本言明,设换约后各国瓜分此地,所谓别有办法也奈何?!"最后经翁同龢多方努力,总理衙门就此照会日本,由伍廷芳转交伊藤博文。七月,伍廷芳再次拜见翁同龢。"来谈商务","伍说:印花、加洋税,此两云确可行。(再)银行、银元、邮政、铁路。"[2]伍廷芳赴美后,仍时时关注国内形势:伍来电,"云英美合谋图粤南境"。光绪二十四年三月,总理衙门"代递伍廷芳密件二,各国情形,教案办法。片二,联美借款,京兵练洋操。"[3]翁同龢开缺回籍后,伍廷芳仍念念不忘于他。光绪二十四年十二月,伍氏专门从美国给翁同龢寄来"洋参",并附慰信。次年二月,翁同龢"答杨子通(即杨儒,驻俄代办)、伍秩庸两君海外书及蔡和甫钧书"。[4]

袁昶

袁昶,原名袁振蟾,字重黎,一字爽秋,浙江桐庐人。光绪进士,分发户部。因其在户部任职,后又一度任总理衙门章京,而翁同龢久任户部尚书,甲午战后又兼总理衙门大臣,因此袁与翁为上下级关系,同他相识,且走得很近。

光绪五年,一次钱振常与袁昶发生口角之争,袁氏声称要杀钱氏,"并作丑语痛诋"。钱氏是翁同龢二姊夫钱振伦的弟弟,翁听了钱的诉说后,"力劝不足介意,将往平之"。这是翁同龢日记中首次有关袁昶的记载。

翁同龢早在其他友人处听到有关袁昶的评价,光绪十年六月,一次钱应溥看

[1]《翁同龢日记》,第1533页。
[2]《翁同龢日记》,第2877页。
[3]《翁同龢日记》,第3121、3161页。
[4]《翁同龢日记》,第3243页。

袁昶像

望翁同龢，谈起浙江人才，"称袁爽秋能诗，沈子培力学，其弟亦博学"。[1]葛士浚编过《皇朝经世文编》，翁同龢对其才能极为赏识，葛氏也跟翁氏讲起袁昶，"谈次云袁爽秋，朱编修一新兄弟为文字交"。这些都引起翁同龢对袁氏的关注。

光绪十一年，袁氏随吏部尚书锡珍赴天津参加中法有关《天津条约》补充条款的谈判。十五年袁氏参加御史选拔考试，翁同龢为考官之一，袁氏考中御史。十八年三月，翁同龢担任会试正考官，袁氏为同考官。两人关系更近，袁氏常出现在翁同龢宴请的客人名单上。光绪十九年四月，袁氏外任安徽芜湖道，赴任前特与翁同龢告别："袁爽秋来辞行，十五日行矣，甚拳拳也。"[2]同年，袁氏条陈言事，提出理财、开矿、兴学校、改官制等意见，引起光绪帝对他的注意。

光绪二十四年四月初，袁氏擢为陕西按察使，旋升江宁布使。此时翁同龢已开缺在籍，袁氏赴京前夕，特地前往常熟看望他。十月，经彼此商定，翁同龢将京师二条胡同屋租给袁氏居住。"京寓已租与袁爽秋，月三十金。"[3]翁同龢虽再遭严谴，革职永不叙用，并交地官管束，但袁氏对他仍敬礼如初。光绪二十五年四月，翁同龢生日，袁氏特寄来鹿茸、官燕为祝。同年八月，又寄"函并寿言一册，屠寄文"，翁同龢虽认为袁氏此举"殊无谓"，但反映出袁氏对翁同龢诚敬之意。[4]

光绪二十四年九月，袁氏改调直隶，旋任总理衙门大臣。光绪二十五年四月，任光禄寺卿。六月，改任太常寺卿。光绪二十六年六月，义和团运动发生。

〔1〕《翁同龢日记》，第 1891 页。
〔2〕《翁同龢日记》，第 2641 页。
〔3〕《翁同龢日记》，第 3192 页。
〔4〕《翁同龢日记》，第 3274 页。

七月，八国联军攻陷大沽。朝议和战，袁氏与许景澄反对围攻外国使馆和对外宣战，认为衅不可开，和慈禧意见相左，遂以"任以妄陈"、"语多离间"的罪名，被斩杀于京师宣武门菜市口。翁同龢从《申报》上得知袁氏被杀的消息，十分悲痛。他借诗抒怀，在《题"传笏图"次文勤公韵》一诗中，将袁氏为国赴难之举比作唐代名臣魏徵："袁公竟不愧文贞，碎首阶前争国是。"后来在《书杨德兴舒城殉难题辞后》一诗中再次对袁昶等人被害表明态度："赤眉碧眼互睢盰，此事苍茫近代无；死节死忠同一哭；千秋风慨是吾徒。睹此册因感谓门人王祭酒（懿荣）、袁太常（昶）诸公。"几天之后，又将最后两句改为"毕竟到头同一死，后来公论看何如！"以此表达对慈禧残害忠良的不满。光绪二十七年五月，袁氏之子袁允肃来常熟看望翁同龢，翁氏未见。"送以食物，告以老病，见之徒伤情也。"[1]

　　袁氏、许氏以及同时被杀的徐用仪，毕竟为国事被害，且反对攻打外国使馆、对外宣战，历史证明他们的意见是对的，再加上庚子议和，列强勒索巨额赔款，给中国带来空前的巨大灾难，更加引起人对他们罹难的深切同情，挽诗哀之。汤寿潜在挽袁氏联中写道：

　　　　孰谓中原无人，极古今未有变局，居然转圜，还仗先生，曾抗三疏之力；
　　　　庸知正命非福，莽乾坤到处横流，谁与共济，自怜后死，未定千秋若何。

许景澄

　　许景澄，原名癸身，字竹簛，浙江嘉兴人。同治进士。授编修，曾任四川等省乡试考官。光绪六年，中俄伊犁交涉发生，他上折言事，建言交涉备战并行，慈禧认为"其折可择取"。"折中其次尚可行，又其次不可许，同人附之如一。"参加会商的翁同龢，潘祖荫及恭亲王、醇亲王、惇亲王采纳了许氏部分意见。[2]同年奉命出使日本，因丁忧，未成行。中法战争期间，曾奉旨随曾国荃、陈宝琛前往上海

〔1〕《翁同龢日记》，第3385页。
〔2〕《翁同龢日记》，第1548页。

许景澄像

与法使议和。初步展现了他的外交才能。

在晚清，外交使臣中能知外交的只有薛福成、曾纪泽、许景澄、杨儒等数人。尤其是庚子年间，义和团运动初兴，许景澄不惜犯颜力诤，终因刚毅、载漪等一伙嫉忌而遭杀身之祸，他的死重于泰山，令人同情。许景澄非常羡慕曾纪泽，出使英法，能通西国语言文字。光绪十年，许氏被命为驻法、德、意、荷、奥、比公使，就潜心学习法文。三年任满回国。光绪十七年，出使俄国。在向俄皇呈递国书时，俄皇即以"闻说到过欧洲，能说西语"为问，许氏答辞很谦虚，"年纪渐大，不及学习"。实则许氏法文存稿不少。光绪十八年，沙俄武力强占中国帕米尔冈萨雷斯岭以西二万多平方公里领土，两国驻军对峙。许氏奉旨交涉，要求俄国撤兵，遭到拒绝。事后他提议暂且维持现状，待最后解决为止，得旨允准。

光绪十八年再次出任驻俄公使。光绪二十年十月，甲午战争，清军败局已成。他指出"泰西之强，专从学问而彼致其精而我恃其粗，一旦有事，焉能与敌?！是未可狃粤捻成迹而概之也。"当时北方天气开始变冷，侵华日军行军接养发生困难。许氏致电翁同龢等军机大臣："言倭畏寒，宜急击，令兵出关。"又言"倭愿奢，和议难卜。"要清军利用气候等有利条件向敌人发起进攻，并提醒朝廷，日本的侵略野心很大，张、邵前往广岛议和，未必成功。他的这些意见和建议直接影响了当时朝廷的决策，翁同龢等主战官僚采纳了许氏建议，实行和战并行的方针，令刘坤一率军迅即出关，向日军发起进攻，冀图以此改变战场危败的形势，为和谈奠定一些筹码。日军看到清政府既调兵出关，尚不愿完全投降，借口张、邵"全权不足"，拒绝和议，并向清军发动新的进攻。光绪二十一年三月，中日草签《马关条约》，俄国公使喀希尼向清政府表示："俄政府云辽地不准倭占，请缓批准约章。"翁同龢等奉光绪之命，发电报致许氏："传感谢之意，并告以批不能过缓。"[1]当

---

〔1〕《翁同龢日记》，第2841页。

时日军占领旅顺。许氏回电告知翁同龢等："谓旅顺亦肯还,至换约一节,中国换约大臣自能办理。"[1]俄德法三国干涉还辽后,一部分士大夫官僚又燃起了保台、拒绝割让台湾的念头,翁同龢对此表示支持,致电许氏请其与俄国接洽。"余与高阳(李鸿藻)谓姑致许氏,请三国保护(台湾)。"[2]许氏虽表达了朝廷挽请俄国帮助保台的意见,但因德、法两国明确回绝,俄国也同样表示拒绝。许氏指出"俄之东境僻远,忌倭一得陆地,形势相共,不得不争,法俄方睦,自必从之。德恐俄法之独得志于东方,故肯合谋,此举不关与我交往之厚薄。"三国干涉还辽,都是各有图谋而一致采取联合行动。其后,俄国欲造西伯利亚铁路,直接穿越中国吉、黑两省,许氏提出中国自己建造铁路,以阻止其阴谋,终因半年后,李鸿章出使俄皇加冕典礼时被俄国外交大臣维特用重金收买其子李经方而答应了俄国要求。

光绪二十二年十一月,许氏调任驻德公使。次年十一月,德国借口两名传教士被杀,武力强占胶州湾,翁同龢、张荫桓奉旨办理对德交涉,又一次和许氏打交道。"即草电旨,令许景澄向德外部理论"。交涉中,许使向翁同龢转告"德外部愿早了结教案",于是翁同龢予以采纳,随后向德国公使海靖提出先了结教案的建议。[3]俄国强占旅大后,翁同龢又代拟致许氏电报,要许氏前往俄国,据理力争,"屡发电令许力持"许氏曾"见俄皇,论旅大事",终"不能挽回"。[4]

光绪二十五年许氏回国后,任都察院左都御史。次年义和团运动发生。许氏奉命赴杨村劝阻联军入京。中途被义和团非法逮执,在经过烧纸灰的法术后再释放回京。到京之日,八国联军已攻陷大沽。正赶上御前会议,许氏与袁昶反对围攻使馆和对外宣战,认为"中外断无成案",力陈保护使馆、痛剿"拳匪"。与慈禧意见相背,令其往告各国使臣在二十四小时内离京,光绪帝不愿轻启衅端,擎着许氏手说:"此时宁可战耶? 更妥商量。"慈禧大怒,"皇帝放手! 勿误事!"退值后仍与袁昶联名上疏,请饬荣禄剿清城内义和团。清廷对外宣战后,他与袁昶再次上疏直陈徐桐、刚毅等人误国。载漪等遂以"任

〔1〕《翁同龢日记》,第 2841 页。
〔2〕《翁同龢日记》,第 2848 页。
〔3〕《翁同龢日记》,第 3120 页。
〔4〕《翁同龢日记》,第 3874 页。

意妄奏"、"语多离间"等莫须有罪名，将许、袁逮捕，杀死于京师宣武门外菜市口，并枭首示众，极其残忍。事后，他的冤案得平反。驻俄代办杨儒挽以长联悼念他：

> 同治丁卯试，京兆获解，我附公乡贡题名。光绪丁酉鿎墨峤移轺，我替公俄都驻节。中外交游什百辈，何独天假吾两人邂逅相遇之缘，偶共避暑森堡近郊，论将来隐忧，必在党祸，劳臣莫知死所矣！乃归甫逾年，而内讧遽作，朝市赴菜市，成仁取义，竟与徐尚书、袁太常被极刑，遗腹未生男，瀛海畴传专对稿；

> 伯利帕米尔，屡构违言，公示我据图争界，旅顺大连湾顿失重镇，公偕我衔命寻盟，前后奏议十余篇，每因日蹙国百里，痛哭流涕以告，记曾引观彼得故像，谓此君雄志，欲并亚洲，边衅其无已时乎？斯语足垂诫，而老臣云亡，使辙历环球，伟绩宏文，当合曾侍郎、薛副宪为一传，私家先拟谥，湖山终建表忠碑。

（四）部院同僚、司员

翁同龢仕宦京师四十年，曾先后担任都察院、国子监、刑部、工部、户部等部院侍郎和尚书，其中又以在户部任职时间最久，事务也较繁杂，同僚之间在不少重大问题上存在纷争。这里就上述部院中与他同值的主要官员程祖诰、童华、董恂、殷兆镛，袁保恒、阎敬铭、福锟、万青藜、陈兰彬、曾纪泽、张荫桓、崇礼、陈学芬、及僚属李文田、那桐、溥颐、王先谦、王懿荣等作一介绍。

阎敬铭

阎敬铭，字丹初，陕西朝邑人。道光二十五年进士。散馆授主事，分发户部。在部以廉洁自砺，任事严整，为吏胥所畏。咸丰九年署湖北巡抚胡林翼慕其名，奏调总办湖北前敌后路粮台，兼理营务。次年胡氏奏荐人才，力推阎敬铭综核窃名，公正廉明，实心任事，为鄂省仅见之才。同治改元，继任巡抚严树森、湖广总督官文均力荐其堪以大任，为湖北第一贤能，"善理财，在鄂治军需，足食足兵，佐平大难。"[1]遂升为湖北按察使，署布政使。不久擢山东巡抚。"虽贵，望之若老儒"。因其"精校财赋"，为慈禧所赏识，遂于同治八年奉调京职，授工部右侍郎。光绪八年八月任户部尚书。也就是从这时起，翁同龢同阎敬铭合作共事前后达七年之久，直至阎氏自请开缺回籍为止。

---

〔1〕 参见《清史稿·阎敬铭传》。

阎敬铭手迹

1882年6月27日（光绪八年五月二十日），阎敬铭到户部任。翁同龢在日记中记载了他们相见的情景："晤阎丹初于九卿房，须鬓虽白，精神如昨，退居十六年，在中条山中讲学也，可敬可敬。"[1]对其人品表示敬佩。

阎敬铭到任不久，就与翁同龢等合作审理了云南军费报销舞弊案。1886年1月3日（光绪十一年十一月二十九日）翁同龢调补户部尚书。理财非其所长，压力很大。"菲材当此剧任，可惧哉?!"阎敬铭知道后，当天即前往翁宅看望，彼此作"长谈"，对翁同龢的任职表示支持。在翁同龢看来，阎敬铭是理财高手，有这样一位"管理者主持"户部事务，可使自己少去很多困难。他说"是月，调补户部尚书，管理者阎相国，相国虽以理财为务，然持大体，节冗费，与余最契，君子人也。"[2]

翁同龢到户部任上后，与阎敬铭首先办的一件事是解决西征军饷的问题。自左宗棠平定新疆回民起义和阿古柏叛乱后，新疆仍驻扎着一百多营，五万多军队，这些军队的饷需主要由内地各省协济，每年协饷约在1 180余万两。而中原各省因久经战乱，民生凋残，经济亟待恢复，在在需款，因此协饷拖欠现象相当普遍。不得已，西征军被迫向商家举借，或求户部先行垫拨。到光绪十一年底，各营累计仅商借，连同息银已高达千万两。协饷已成为各省的沉重负担。为了从根本上解决西征军饷的问题，翁同龢与阎敬铭、孙诒经上奏提出：一定兵额。将五万人中分为勇和制兵两部分：二万人为勇，改行粮为坐粮。出征时以行粮支给。一万数千人为制兵，照士勇章程支给。其余给资遣散。二定额饷。每年以三百数十万两为额。三实行屯田，寓兵于农，平战结合，所产粮食，大部分留作军用，剩余部分可在市场出售。奏上，得旨允行。

翁同龢上任后，与阎敬铭共同办理的第二件事就奉旨规复制钱。咸同年间，

为了筹措镇压农民起义的战费,开铸大钱。官铸大钱开铸后,私家也趁机开铸大钱和私铸制钱,以致公私混杂,信用极差。民间一直盼望能早日恢复制钱。光绪改元后,再度垂帘听政的慈禧太后为了巩固政权,也想早日能铸出一种新的制钱以取代社会流通了几十年的大钱和收回劣质制钱。1886 年 7 月 23 日(光绪十二年六月二十二日),慈禧太后在召见翁同龢时说:"制钱当及吾之心,尔等尽心商议,迅速筹办。"但规复制钱需要大量铜,而铜需去购买,先前慈禧太后曾面谕阎敬铭去开办,但阎以部库空虚无钱,结果未办。翁同龢深知此事难办,懿旨无法违抗,退朝后遂与阎敬铭及其他户部堂官商量,决定先由部暂挪银四十多万两购买日铜三百万斤,在天津、上海两地以机器试铸,以后投入京师市面。次年二月,懿旨正式宣布将整顿大钱。懿旨一经宣布,立即引起巨大骚动。"大钱已行三十年,一经更制,民间猜疑。"民众以利害为取舍,于是市面上不仅私版大钱不用,即官铸俗呼二路钱亦不用。由于商号拒收大钱,一些手持大钱的商贩,以至一般市民"不得食",由此引起的"争斗"比比皆是。翁同龢、阎敬铭等有见于此,一面请步军统领安民告示,晓谕商民不准拒收和挑剔大钱,稳定市面;一面联衔陈奏,吁请太后俯允暂停收回大钱,折中还以京师制钱一时难铸,请先提湖北、三江及浙省制钱解京,以靖人心而维市面。奏折呈上后,慈禧太后认为这是翁同龢、阎敬铭等"不能仰体朝廷裕国便民之意,饰词延宕",一怒之下,将户部六堂官翁同龢、福锟、嵩申、孙诒径、景善、孙家鼐及阎敬铭交部议处,部议革职,旨改革职留任。光绪十四年正月,为了消除民间疑虑,户部奉旨向京师市面上投放了价值近百万两的新铸制钱和数十万两小银元,市面的骚乱才逐渐平息下来。但正如翁同龢所指出的那样:这些辛苦所聚之制钱藉奸商一贩,大钱仍不能废,制钱还是接不上,物价不平,结果受累的还是小民。直到光绪末年,大钱才从货币流通的市场上退出。

阎敬铭对地方官员的作弊行为毫不手软,一经查实,坚持严参。一次山东藩司报效册漏据齐河等三处议抵之款,"阎相大怒,令所司具折严参该藩司"。1886 年(光绪十二年),户部复核各省关洋药税厘收数,发现津海关道周馥在册报洋药厘金时,以多报少、私自节留的问题。此时阎敬铭虽告病在家,但他坚持要对周馥严参。津海关是直隶总督兼北洋大臣李鸿章管辖范围,周馥敢这样做,显然是得到李的认可的。李见事已败露，于是公开出面上奏为周馥辩护："征收洋药税与厘金本属两事，互有参差，不能每结一律，即以近六结索算箱数厘数并不短少，其中确无弊混"，"查明津海关道征收洋药厘金并无中饱情弊，请将关道免议。"〔1〕但阎敬铭态度坚决，坚持严参。"入署，遇阎公，画加收洋药税一奏稿，又与合肥大龃龉也。"〔2〕李鸿章深知阎敬铭铁面无私，不讲情面，于是派周馥携款"拜访"翁同龢，企图通过贿赂收买翁同龢，结果同样吃了闭门羹，"周馥有赠，却之"。反而增加了对李氏和周氏的恶感："甚矣，皖人之护局也。"也同意严参，结果周馥奉旨革职。李鸿章认为翁同龢太不给他面子，因而心怀怨气，而周馥则含恨在心。戊戌政变后，翁同龢被革职永不叙用，周馥趁机加以报复，甚至将甲午战败归咎于翁同龢利用户部尚书职权在经费上卡扣李鸿章所致，真是一派胡言。其实，周馥被参，系因瞒报洋药厘金收数，户部严参纯属公事，绝非私交。此后因为其他事项如津通铁路、华美银行等彼此意见分歧，矛盾日深。正如刘厚生先生所指出的那样："同龢因做户部尚书之故，因财政上立场不同，遂酿成与李鸿章之水火而并非由于私怨。"〔3〕这一说法是十分中肯的。

阎敬铭了解各省钱粮进出，深知"部库支绌，寅吃卯粮，且洋债不可支"，本着开源节流，进行大力整顿，裁局所、参贪员、立科条，令出期必行。对于朝廷的银钱出入亦同样如此，力求撙节，毫不通融。因此与满尚书福锟议事时相龃龉，弄得翁同龢左右为难，只好两面调解。不过在多数情况下，阎敬铭对翁同龢的施政不持反对的立场，"相国待余最密，愧不能副所期也。"〔4〕翁同龢这样讲，自是实情。文章可能是他胜于阎敬铭，但理财绝对不是阎敬铭的对手。当然，阎敬铭有时也与翁同龢发生争执，如漕粮海运价格、漕运、俸饷、官钱铺开设等问题上彼此争论得相当厉害，各执己见，一直谈不拢。"入署事繁，以海运价直一事，余画先行，阎相来又欲驳诘，余稍与违言，不免发声微色矣，彼勉从余。"〔5〕为了筹办光绪帝大婚典礼，翁同龢深感户部承办人手不够，福锟、翁同龢力主增加，阎敬铭就

〔1〕 中国第一历史档案馆藏军机录副，光绪十三年，十八号关税财政卷。
〔2〕《翁同龢日记》，第 2095 页。
〔3〕 刘厚生：《张謇传记》，上海书店 1985 年版，第 56—57 页。
〔4〕《翁同龢日记》，第 3146 页。
〔5〕《翁同龢日记》，第 2040 页。

是不同意。"商量添派大婚处司员也。此事丹老极不愿而福公必欲添,余调停其间。"[1]阎敬铭因任事不遂心愿,萌发引疾回乡念头,同龢劝之不可:"晚访阎相,闻将引疾开缺,余以明年上亲政,而老成人先去位,非国之福,相对流涕,彼颇为之动。阎公毕竟君子,我所服膺也。"[2]当然,阎敬铭对翁同龢毓庆宫书房授读光绪帝也很关心。有人建议光绪帝召见群臣后不必再去书房,慈禧亦认可这个说法,翁同龢力持不可,阎敬铭表示支持,"阎公力争,以为早晚不拘,究与儒臣讲论有益,并可令诸臣进讲,上静听不费力也。"同龢感慨地说:"阎公此论,真切实可感。"[3]

"文介治事刻核,故人多怨之",[4]有凡"各省藩司督催交代不力,委解饷项迟延,均请旨议处,以为通同徇隐者戒。"[5]慈禧太后对他开始颇"信仗之",看到他如此"戆直",渐渐对他失去信任。他自感不为众人所谅,不安于位,屡屡称病不朝,光绪十三年后,"阎相屡病,部事余主之"。[6]由于阎敬铭不入朝视事,翁同龢只好担起户部重任,先后筹措光绪大婚典礼费用,黄河在郑州决口后,又筹措堵塞决口的巨额费用。忙得几乎是焦头烂额,倍极辛劳。在此期间,翁同龢对阎敬铭保持敬畏,或登门看望,或致函请教,向他汇报部务,听取和斟求对有关决策的意见。"此老独居深念,谈时事涕泗横流,毕竟君子,毕竟读书人,吾滋愧矣。""退后访丹初相国,足疾未平,但谈锋如故。""书问阎公疾,得其手复尚好。""晚访晤阎相,面目瘦,自云血枯,其实谈次尚有精神","函询阎公疾,则称晦日肝痛几死,筹款束手莫展云云,意盖不足于我也,一笑置之。"[7]偶尔也谈谈字画,还请他挑选一些奏折带到毓庆宫书房,让光绪帝学习批阅。阎敬铭先后四次奏请开缺,1889年4月22日(光绪十五年三月二十二日),慈禧正式允准他回籍。为了"避喧",不打扰其他官员,阎敬铭特派其子阎成叔前往翁宅辞行:"云丹相已赴新店,余曰:相公一骡去,余能匹马追,乃告尚未行,为避喧耳。"临行之日,翁同龢亲

---

〔1〕《翁同龢日记》,第2163页。

〔2〕《翁同龢日记》,第2080页。

〔3〕《翁同龢日记》,第2055页。

〔4〕《翁同龢日记》,第3013页。

〔5〕蔡冠洛:《清代七百名人传》,中国书店1984年版,第613页。

〔6〕《翁同龢日记》,第3845页。

〔7〕《翁同龢日记》,第2287、2179、2183页。

自送行,互相赠物,留作纪念。同龢"以影宋《管子》、石印《华山碑》、葛布、芒履赠阎公。""阎公赠醋两瓶、鼻烟半瓶、牙章四方,为余题汪退谷泰伯庙碑墨迹。"[1]

阎敬铭回乡后,曾给翁同龢来过一信。以后翁同龢亦曾托人捎信向其表示问候。1892年12月(光绪十七年十一月),阎敬铭因"染时气卒于虞乡",同龢闻讯,"为之哽塞",并说"人之云亡,邦国殄瘁,可叹也。"又亲至京师广慧寺阎氏灵堂致哀。[2]

福锟

福锟,字箴庭,宗室满洲镶蓝旗人。咸丰九年进士,官至体仁阁大学士,光绪二十一年去世,谥文慎。他先后担任过工部、户部满尚书,与翁同龢合作共事。翁同龢曾说过:"箴亭与余同在工部,同日调户部,又同充戊子(光绪十四年)乡试考官,极契洽也。"[3]在所有满族出身的高层官员中,除了广寿、那桐等人外,数福锟与翁同龢关系最为融洽了。福锟为人谦和,户部事繁,而阎敬铭办事又十分苛刻,碰到这种情况,他常常与翁同龢商量,或由翁同龢出面调解,所以福锟与翁同龢、孙家鼐等其他同僚相处还不错。

翁同龢和福锟任职户部尚书的十多年里,有几件事值得提一提。一是前面曾讲过的,关于收回大钱、恢复制钱的事,当时福锟与翁同龢的看法一样,大钱行销三十多年,要一下子收回不易,收回要铸新币,铸新币需要购新铜,购新铜需要银两,但部库空虚,罗掘已穷,所以主张逐步推行,先由津沪用机器制造,再在京畿推广。慈禧对此表示不满,以抗旨不遵,给予所有堂官革职留任处分。二是为了筹措堵塞郑州黄河决口的费用,经他和翁同龢奏准,将《海防事例》改为《郑工事例》,又奏请裁长夫、扣廉俸、停购外洋船舰等,以致引起李鸿章等的不满,甲午战争后,又将其作为战败的原因加以指责。三是甲午战争期间,舆论呼吁停止太后万寿庆典活动,福锟和翁同龢等在舆论压力下,也联衔要求停止宫中油饰和点

〔1〕《翁同龢日记》,第2317、2318页。
〔2〕《翁同龢日记》,第2553页。
〔3〕《翁同龢日记》,第2987页。

景、翻修跸路部分工程。"拟奏片,写明臣福锟、臣同龢查停工一条,系指以后寻常工程,其业经兴办之工毋庸停止。"这件事引起慈禧太后的不满,她曾恶狠狠地表示:"今日令吾不欢者,吾将使其终身不欢。"福锟因此忧闷成疾。光绪二十一年正月,福锟突患中风,"口眼歪斜,不食不语",以后病情虽有所好转,但"咽哑而不能语",不得不奏请开缺,廷旨允其以大学士致仕,赏食全俸。次年九月初四日去世。福锟五十三岁时才生子,死时孩子均尚未成年。他虽任官多年,仍是一贫如清。翁同龢闻其去世消息,"驰往哭之",所见"门庭若水,宾客寥寥,闻极贫乏"。[1]出殡之日,又亲去致悼,为之送行。

万青藜

万青藜,字文甫,号照斋、藕舲,江西德化人。是翁心存任江西学政所识拔,为其门生。由此缘故,后来在京师与翁心存、翁同龢交往颇多。道光二十年进士,历任编修、礼部、兵部尚书,官至翰林院掌院学士。卒后赐谥"文达"。

万青藜与翁家有三件事是必须要说的:第一件是咸丰十一年十二月,奉旨复查户部"五字号"案件。咸丰年间,为了筹措镇压农民起义的战费,户部设立宝钞处,推行票钞。由于票钞没有信用,商家拒绝领用,户部只得开设官钱号,以"乾"字编号者四处,以"宇"字编号者五处,即宇升、宇谦、宇丰、宇泰、宇恭。分别招商佐理承用,通过折价、减成、搭放等办法强行推行。咸丰八年,肃顺就任户部满尚书后,翁心存与他在鸦片种植及其他诸多问题上意见相左。肃顺因之"大恨",伺机对翁氏进行打击报复。他发现宝钞处"宇"字号票钞所收钱款与官钱总局存档不符,于是掀起大狱,囚禁和查抄户部司员及有关商家达四十多人,矛头直指户部堂官翁心存等人,翁氏因此被革职。祺祥政变后,肃顺等被处死。十一月,詹事府詹事许彭寿、御史林寿图先后陈奏:户部五字号钞票案,系由载垣、肃顺等人主持,专务罗织,案内人证,均由宗人府密札查传,收禁空屋,独自研讯,不令户部堂司各官闻知。肃顺派员办理奏销,任意牵混颠倒,送到册籍,多系架空诬陷,株

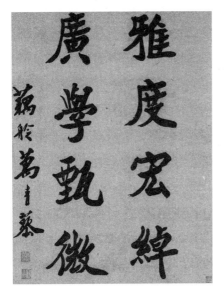

万青藜手迹

连太甚，请饬清理。刚刚垂帘的两宫皇太后遂奉旨和爱仁会同户部堂督同原委各员及经手书吏重新审核，查阅案卷，讯问当事人员。次年一月，查办结束复奏，凡案内株连官员、商人分别予以甄别、平反。翁心存也被重新起用，以大学士管理工部事务。翁心存及其一家对万氏心存感激。第二件是为翁心存治病。翁心存因奉旨在弘德殿行走，授读同治帝，冲寒入值，加上儿子翁同书因办理寿州绅练仇杀事件办理不善，被革逮判为斩监候，精神处于高度紧张状态，遂于1862年12月（同治元年十一月）就去世了。万青藜是翁心存的门生，又精医，在其病危期间，他几乎每天退朝后都要来看视翁心存的病情，开方，与其他医生会诊。翁心存在病中仍一再提起主持江西乡试如何识拔万青藜，"夜分痰动，语言虽不十分清楚，而言从前按试江西所得士，如万藕舲'流民图赋'为试帖中所无，余言人品学问亦甚细。"[1]万青藜知道后十分感动。为了挽救恩师的生命，作为门生，他尽了最大的关心。翁同龢说："先公病，服其药不效，然尝言其意可感，小子能无动于衷耶。"[2]

第三件是翁同龢奉旨会同载龄查办万青藜被参案。万青藜在担任部尚书时，一直兼任顺天府尹。光绪五年十一月，御史孔宪毂上折弹劾万青藜说："吏部尚书万青藜自任兼尹二十年，平日惟以揽权纳贿为事，按缺肥瘠，收受节寿，有能格外赊遗，立予调剂。纵容家人在外招摇，勒索规费。其门丁朱二，即朱韵山，捐有五品官职，尤为跋扈，竟敢指缺说情。该兼尹认候补通判张兆丰为义工，多次委署固安、顺义等县。府尹衙门公事率由该兼尹独断。"又，御史文谲奏现在派出查办顺天州县王某之案的兵部司员季邦桢系万青藜女婿，人人窃议，万青藜并不

〔1〕《翁同龢日记》，第276页。

〔2〕《翁同龢日记》，第1767页。

回避。要求朝廷查办。谕旨令翁同龢、载龄会同都察院堂官据实查明，毋庸回避。同龢奉旨后呈奏，说自己与万青藜"谊属懿亲"，查办事件，应否回避，声明请旨。旨以仍著会同查办，毋庸回避。清代的地方官员大多私人聘用幕友（私人秘书或顾问）、书吏（起草抄写文字方面的事情）、衙役（缉捕、行刑、抬轿、传递、守卫等事情）、长随（俗称跑腿、跟班、照顾生活的角色）这类人为自己办事，这些人的收入主要来自雇用他们的地方官，而地方官的收入除了政府的薪俸外，主要来自各种陋规。下属要求办事，门丁、书吏、衙役勒索自然不免。万青藜兼任顺天府尹长达二十多年，府下辖有数县，求府尹办事的多，纵容其家丁、书吏勒索遭人弹劾已非第一次。翁同龢曾指出万氏早当辞去兼尹，"当退不退，以致于此"。次年二月，查办结束，翁同龢等复奏："兹据查明所参揽权纳贿，收受节寿各礼，及门丁朱二捐有五品官职、指缺说价，并丁符九、张兆丰补署各缺皆其关说各节，均查无其事，即著毋庸置议。惟门丁朱二虽无招摇勒索等弊，辄敢得受州县赏银，实属有干例禁，朱二即朱韵山，著杖八十递解回籍，交地方官严加管束。万青藜于门丁朱二得受所属赏银，失于觉察，著交都察院议处。"[1]万青藜不安于位，遂奏请病假并奏请派员署理其缺，得旨允准。光绪七年六月，以吏部尚书为翰林院掌院学士。詹事府左庶子陈宝琛上奏，谓其众望未孚，旋奉旨开去掌院学士一职。十一月，御史陈启泰再次奏参其背公徇私为其女婿季邦桢谋求补缺，请旨罢斥。八年正月，京察届期，察典公布，以其"屡被人参奏，众望未孚，年力就衰，著令开缺"。万氏遭此打击，精神崩溃，从此一病不起，次年二月二十日在忧闷中去世。同龢闻讯，"感叹不已"，并亲自前往万宅吊唁。

陈兰彬

　　陈兰彬，字丽秋，一写荔秋，广东吴川人。咸丰三年会试二甲第七名，进士及第。此科同时中式的还有孙如仅、朱学勤（即朱智）、汪承元、丁宝桢、高延祜等。朱学勤、汪承元、高延祜都是翁同龢的好友，因此，翁同龢对陈兰彬也较为关注。

---

〔1〕　参见《德宗景皇帝实录》（二），卷105，卷108。

陈兰彬像

咸丰六年庶常馆散馆,陈兰彬以主事用,分发刑部。此时翁同龢以七品小京官供职刑部已经六年多,是年会试一甲第一名状元及第,功名虽高,但辈分比陈兰彬低,所以称其为前辈。

光绪元年七月,翁同龢署理刑部侍郎。此时陈兰彬任刑部清吏司主稿,提调。不过,他因曾国藩奏调,早于同治二年就奉旨在直隶总督衙门办理文案兼管保定莲池书院学务。因此与翁同龢虽为上下级,实际并未共事。马新贻被刺后,曾国藩回任两江,陈兰彬也随曾氏南下,到了上海,协助曾国藩、李鸿章办理洋务。他"为人持躬谦抑,品行亦端正无邪"。因此倍受曾、李的赏识,1872 年(同治十一年)被举荐为赴美幼童留学事务所正监督,其间为了秘鲁虐待华工一事,回国协助总理衙门和李鸿章进行谈判。光绪元年海防大讨论,丁日昌来到北京。丁日昌与翁同龢为结拜弟兄,也是陈兰彬任留学监督的举荐人、广东同乡,而陈兰彬又是翁同龢当年在刑部的老前辈。因为这些关系,翁同龢于1875 年 5 月 13 日(光绪元年四月初一日)专程出城拜访了陈兰彬。九天之后,应丁日昌招饮,再一次与陈兰彬相见。"荔秋名兰彬,癸丑庶常,其人磊落,尝至美国及古巴国,古巴诱致华民五六万,伊欲以口舌争令归国,犹未得要领也。"[1]这两次接触交谈,使翁同龢对中国人在外国的情况有了进一步了解,也对陈兰彬解救受虐华工的努力感到由衷敬佩。

1876 年(光绪二年)陈兰彬授为太常寺寺卿。太常寺是个闲散衙门,主要负责祭祀活动,参与国子监释菜典礼、耤耕、祈雨、祭天活动,当时翁同龢负责国子监事务,因此彼此颇有往来。陈对此任颇有失落感,多次主动拜访翁同龢。1878年(光绪四年)陈兰彬以四品京堂出任中国首任驻美、日(日斯巴尼亚即西班牙)、秘鲁公使,翁同龢亲自为之送行。1881 年(光绪七年)任满回国。临行前,众多被

---

〔1〕《翁同龢日记》,第 1162 页。

解救的华工为了感谢他,特送他一副对联:

> 盛德永难忘,身经九万里重洋,济人苦海;
>
> 奇功真不朽,手订十六条和约,出我生天。

又赠他一笔巨款,据说他并没有将这笔赠款携回,而是存在一家美国银行。因他以后再未回美国,这笔巨款最终不知下落。

次年三月,以都察院左都御史兼在总理衙门大臣上行走。翁同龢当时为军机大臣,正奉旨参与中法越南问题交涉,所以同总理衙门大臣联系较多,时常听取陈兰彬、张荫桓等曾任驻外公使对时局的看法。4 月 26 日(三月初九日),翁、陈两人“长谈至日落”时分,且所谈均为“泰西事”。翁同龢还设家宴专门款待过陈兰彬。1883 年(光绪九年)两人曾一起奉旨参加会试复试阅卷以及充任殿试读卷官,彼此合作得非常愉快。

1884 年 5 月(光绪十年四月),慈禧太后罢黜奕訢及全体军机大臣,改组军机处。翁同龢被逐出军机。二个月后,也以总理衙门在对法交涉中“以赔偿等词进呈,有违圣意”,将全体总理衙门大臣一并罢斥。以陈兰彬“年力渐衰,难胜繁剧”为由,“著毋庸在总署行走”。

陈兰彬对朝廷的作法不以为然,9 月 11 日(七月二十二日),在与翁同龢的交谈中,认为“现在战局绝非计也”。[1]陈兰彬当初为奕訢所赏识,出使美、日、秘,经过此次军机、总署大臣大换班,尤其是奕訢倒台,使他对政治彻底失望,深感自己日后已很难再有大的作为,遂于八月,上折“称病乞休”,得旨允准。[2]此后他回到家乡吴川,主讲高州书院,编纂《高州府志》、《吴川县志》,直至终老。

2008 年 12 月为了纪念陈兰彬出使美、日一百周年,吴川市特地举办了专题研讨会,以纪念这位杰出的外交家、教育家。会上,作者提交了《一个大写的中国人——陈兰彬与近代中国留学教育暨华侨关系》一文。充分肯定了陈氏对留学教育和保护华侨的贡献。

---

〔1〕《翁同龢日记》,第 1902 页。
〔2〕《德宗景皇帝实录》(二),卷 192。

曾纪泽像

曾纪泽

曾纪泽,字劼刚,湖南湘乡人。曾国藩之子。同治九年由二品引见,以员外郎用,签分户部。卒后谥"惠敏"。

翁同龢与曾纪泽的交往可分为两部分。一是间接接触,二是一起合作共事。无论是间接接触,还是一起共事,两人关系相处得均不错。

同治十三年,曾国藩去世,曾纪泽回籍丁忧。庐墓期间,凭借传教士编的《英华词典》自学英语。光绪三年服满,袭侯爵。光绪四年七月,以四品京堂任驻英法公使。次年中俄伊犁交涉事件发生,崇厚违训越权,擅自同俄国签订丧权辱国的《里瓦几亚条约》,根据这个条约,中国收回的仅是伊犁部分地区,作为伊犁屏障而且经济上最富饶的霍尔果斯河以西以及特克斯河谷一带地区,概由俄国所有。此外,俄国还获得俄船可在松花江自由航行、中俄重划分有关疆界、增开通商口岸和领事馆等诸多权利以及中国须向俄国支付数百万两"兵费"等,结果形成了俄国有"归地之名",而"中国无得地之实"的事实。消息传到国内,朝野一片哗然。在舆论的压力下,清政府罢免崇厚,于1880年2月12日(光绪六年正月初三日)另派驻英法公使曾纪泽兼任驻俄公使,同俄国重开谈判。任命翁同龢、潘祖荫会同恭亲王奕䜣、醇亲王奕譞、惇亲王奕誴在南书房共同办理伊犁交涉事宜。因为这个缘故,遂是翁同龢同曾纪泽有了间接联系,有凡王公大臣的奏疏、说帖、节略、曾纪泽发来的电文、奏稿,先由翁同龢、潘祖荫两人阅看,将其主要意见摘要录出,与三亲王会商,如果五人意见一致,就写成奏片呈送太后,重大问题交军机内阁会议。当时慈禧患病,"谕及俄事,以为实无主意,惟军机及尔三亲王、两大臣为佳,必始终其事,条约万不可许勿许,其余斟酌之"。经过曾纪泽与俄国数月的艰苦谈判,终于在1881年1月14日(光绪六年十二月十五日)同意签订新的伊犁条约。在领土方面,沙俄同意归还特克斯河谷及通往南疆的穆札尔山口；在通商方面，俄国同意放弃俄货由嘉峪关经西安或汉中直达汉口的要求，仅要求俄货至嘉峪关贸易。关于设领事，减为嘉峪关、吐鲁番两处；赔款增至 900 万卢布。15 日，曾纪泽将约稿内容电告朝廷，经过御前会议讨论，翁同龢、潘祖荫代拟电旨，令曾纪泽在条约上签字。改订条约虽然还是一个丧权失地的条约，但已挽回不少领土和权利，这对软弱的清政府做到这个地步已是很不容易的了。1881 年 3 月 20 日（光绪七年二月二十一日），曾纪泽正式在条约上签字。签字后，曾纪泽电寄奏折两道："一历陈讲约之难，一言将来勿懈邦交，勿轻视约章为可改。条约一件，洋字西边地图四张，缩本地图两分。"〔1〕经过这次中俄改订条约谈判，翁同龢、潘祖荫对曾纪泽不辱使命、成功改约，为国家挽回不少领土和权利表示由衷的敬佩。

中俄谈判极其艰难，加上俄罗斯恶劣的气候，严重损害了曾纪泽的健康。待条约签订，曾纪泽已累得多次"咯血"，经请旨允准，他到法国休养了两个月。中俄虽重订了新约，但具体细节还须继续协商处理解决，因此，曾纪泽仍兼任驻俄公使。

中俄交涉刚告一段落，因法国侵略越南，中法最终爆发战争。当时翁同龢为军机大臣，曾纪泽为驻法公使，曾纪泽通过与英、俄等国人士交往，获取了不少法国方面有关中法越南交涉的情报，电告军机处，军机处也随时指导曾氏。军机改组前，翁同龢、潘祖荫曾代拟电旨，要其有关中法交涉勿先电告李鸿章，应先电告朝廷，请示机宜。谅山大捷后，1884 年 11 月 5 日（光绪十年九月十八日）曾纪泽电告改组后的军机处"法密英，云：津约究可仍用否？ 茹相急欲罢兵之云。旨则令曾（纪泽）从中许之，若仅照津约可就绪。"11 日（二十四日）军机处曾拟八条寄曾纪泽，内容包括津约仍准、法派大臣与曾商办、立约以中文为主、法不应有保护越南之名、中国在越之兵暂扎不进、中国暂不索偿等。翁同龢虽出军机，但对曾纪泽的对法交涉活动仍予以很大的关注。

1882 年 7 月（光绪八年六月）曾纪泽奉旨回国。当年十二月，被命为兵部左侍郎。1887 年 2 月（光绪十三年正月），改任户部右侍郎，兼管钱法堂事务，并在

---

〔1〕《翁同龢日记》，第 1607 页。

总理各国事务衙门上行走。翁同龢时任户部尚书,同曾纪泽正式有了接触,两人作为户部同僚开始合作共事。由于曾纪泽出使过英、法、俄多年,到过西方许多国家,熟悉了解西方的政情、民情以及经济等情况,所以翁同龢对他的许多建议和意见较为重视。他们曾一起讨论过外国金镑、银元事。讨论过李鸿章与美商合股开办华美银行事,认为华美银行有损中国金融,不可开办。"曾劼刚来谈天津银行事,合肥合同第七、八、九条最谬,大抵有铁路一条藏其中。"[1]第七、八、九条是关于银行由美国任总办,为中国旨准银行,可以发行钞票、债券,资本来自美国。银行名为中美合办,实际上是一家美国金融资本控制中国的银行。就在这一年 9 月,黄河在郑州决口,如何筹措堵塞决口的费用,翁同龢访晤生病在家的曾纪泽,斟求曾纪泽的意见。"散后访晤曾劼侯,福公(指尚书福锟)亦来,其屋内陈设皆西人式也。彼谓大治黄河非三千万不可,莫若由京至扬州造一铁路,以三十年利息归洋人,而河工即包在内云云,未敢置可否也。"[2]曾纪泽的意见显然具有世界眼光,不失其重要价值,可惜除他之外的户部堂官,包括翁同龢在内均无此思维,也无此魄力,所以对曾纪泽的意见"未敢置可否"。曾纪泽自己虽患病,但对翁同龢也很关心。一次翁同龢胃病发作,曾纪泽特地给他送来从国外带回的治胃病的药,使其深受感动。曾纪泽因在西方生活多年,行事方法受到不少影响,回国后对国内生活一时不能适应,尤其对官场办事的虚浮现象非常看不惯,因而不为一些人所谅。由于不行其志,加上有病,精神抑郁,竟于 1890 年 4 月 12 日(光绪十六年二月二十三日)去世。"起访劼刚问其疾,则鼓在门矣,惊悼返车告颂阁,颂阁已至曾处。访燮臣,慰其失孙。因偕往曾处入哭,改其遗折数处。嗟呼!此人通敏,亦尝宣劳,而止于此,可伤也。"对曾纪泽英年早逝感到无比伤痛。次日,翁同龢专访军机大臣张之万,"告以曾侯遗折明日上"。"寻枢廷告以劼侯遗折所叙二子幼者在前,勿误认也"。曾纪泽长子广铨系过继,次子广銮系后来亲生。[3]事后,翁同龢与徐郙一起筹办了曾纪泽的丧仪。曾纪泽夫人为了感谢翁同龢的关心,特派其弟刘麒祥送来貂褂等贵重礼物,被他拒绝。

---

〔1〕《翁同龢日记》,第 2175 页。
〔2〕《翁同龢日记》,第 2188 页。
〔3〕《翁同龢日记》,第 2397 页。

　　曾纪泽生前留给士人的印象非常好,这在他去世后人们送他的挽联中也有所反映。

　　李鸿章的挽联是:

　　　　师门相业,常在九州,惟公西使归槎,独恢张海外功名,从此通侯尊博望;

　　　　京国朋友,又弱一个,自我南行持节,正萦绕日边魂梦,忍听哀些赋长沙。

　　许振玮的挽联是:

　　　　门馆托师恩,拜北平于马前,何堪哭其父子兄弟;

　　　　海隅张国体,召长沙而鹏赋,能无惜此博达忠勤。

　　黄体芳的挽联是:

　　　　得此佳使臣,万国方知天节贵;

　　　　真堪续名父,一官可惜地卿终。

　　杨诚之的挽联是:

　　　　为张博望易,为富郑公难,挫折强邻,拓地远逾分水岭;

　　　　通方言以文,治舟师以武,扶持弱国,问天何夺济川材。

　　张博望就是张良,“椎秦博浪沙”是很难的,而像富郑公那样舌战对手亦是不易,但曾氏却做到了,联袂对曾氏在中俄伊犁交涉中的表现给予了高度评价,十分中肯。

张荫桓像

张荫桓

在翁同龢担任户部尚书期间，有一个人对其任职非常重要，那就是户部侍郎张荫桓。作为翁同龢的得力助手，张荫桓不仅协助其完成谕旨交办的许多重大事情，而且本人也参与了晚清不少重要内政外交活动。有关他在戊戌变法期间是否荐康，前面我们已作了论述，此处就翁同龢与他相识及在户部任职期间的合作共事情况作一介绍。

翁同龢有一次曾说过，他"广东有三友：许筱庵（应骙）、李若农（文田）、张樵野（荫桓）"[1]，其实若加上先前的丁日昌（雨生），他的广东朋友远不止这几个。这里的"三友"是指光绪二十年前后与他交往最多的三位广东籍京官。将张荫桓称为"友"，可见他们的关系非同一般。

据翁同龢日记记载，他是同治八年因丁日昌的关系，与张荫桓相识并建立联系的。光绪十年五月、张以三品卿衔在总理衙门大臣上学习行走。当时正值中法战争前夕，张几乎每隔两天就要到翁宅与翁同龢交换对时局的看法，尤其是军机处改组、翁同龢出军机后，他和另一位总理衙门大臣周德润提供的信息成为翁同龢了解中法交涉的主要来源。张氏似乎还会算命，翁同龢"以新得侄孙命庚示孙（家翿）、张两君，皆以为金白水清，极贵之征"。[2]同年七月，张荫桓因私自致书上海道，谈了有关中法交涉的情况，因而遭到御史孔宪瑴的弹劾，全体总理衙门大臣奉旨革职，张氏本人则被降为大顺广道。次年六月，驻美公使郑藻如生病，张以三品卿衔接任驻美公使，兼驻西班牙、秘鲁公使。张任公使期间，翁、张时有书信往来，互致问候。光绪十六年闰二月，张荫桓任满回国，仍在总理衙门大臣上行走。因此，与翁同龢的接触增多。张荫桓与徐郙相处也很好，张、徐

曾邀翁同龢"吃洋菜"，翁吃了说"很可口"。张荫桓也喜藏碑帖字画，尤爱虞山画派的画，这点与翁同龢爱好相似。所以平时两人时常品评字画，辨别真伪。张荫桓收藏有一幅《运甓斋话别图》，特请同龢为之题诗一首。

　　翁同龢与张荫桓真正合作共事是在光绪十八年。是年六月，张荫桓被命为户部右侍郎，在总理衙门大臣上行走。两人职事涉及财政、外交、借款乃至文教，如同文馆岁考、国子监录科考试等无不参与，一起共事，直到光绪二十四年四月翁同龢开缺，时间前后有六年多。这六年中正是甲午战争前后和戊戌变法前后，清朝内外交困，对外交涉繁难的时期，我们不妨以时间为序，逐项论述翁同龢与张荫桓共同办理的内外要政以及他们在相关问题上的不同意见分歧，以此折射清朝高层的政情与军情。

　　翁同龢与张荫桓合作办理了有关广东录科考试一事。根据清朝科举考试制度的规定，士子要参加乡试或其他公职人员考试必须参加国子监录科考试，取得监生资格。因此每年各省均有许多士子参加国子监录科考试。其中又以广东参加录科考试的人数最多，最多时一次达一千三四百人，按规定二十人录取一名，因此，广东一次就可以录取六七十名。而其他省份如云南、贵州每次参加录科人数只有数十人，录取只有二三名不等，这就未免吃亏，引起舆论的不满。广东参加录科考试的不仅人数多，而且弊窦也多。士子参加录科考试须由两名广东省籍京官出结（担保），所以参加录科考试的士子几人或十几人的出结官往往是同一个广东籍官员。对于这些士子的情况出结官也不清楚，有些士子甚至用已故广东籍京官出场应考，有些水平差的考生干脆花钱收买水平高的士子冒其名充当枪手，入场代考；甚至有枪手出钱给出结官在其屋内代考；亦有录取后觅同姓同乡出售，而后花钱剜改榜名的，不一而足。[1]鉴于广东录科考试中存在严重弊窦，经礼部与国子监商定，规定从光绪十八年起，广东每次录科考试人数"以七百名为额，考试时卷首如有冒名顶考者，即将该生送礼部法办；并将出结官从严参劾，以肃功令"。[2]这一规定造成数百名广东士子无法参加考试。士子们一时群

---

[1]　翁同龢查核广东录科《防弊办法杂记》，《翁同龢文献丛编》之二：《考试、国子监》，上海远东出版社 2014 年版，第731—732 页。

[2]　《翁同龢文献丛编》之二：《考试、国子监》，上海远东出版社 2014 年版，第731 页。

情激愤,有冲击考场的,亦有藏匿考场院内树丛的,广东籍的京官从许应骙、李文田、张荫桓等以下均先后出场,致函翁同龢希望能从广东士子实际出发,增加考试名额;或为某士子说情。1891年3月13日(光绪十七年二月初四日),"张樵野来,为广东监生录科事"。[1]六月三十日,张氏再来"谈广东京官出结事"。七月,录科考试,翁同龢调请步军统领衙门派兵前来弹压。这次广东补录科考试,人数为一千二百四十名。翁同龢亲自坐堂,先"呼书吏姚姓一一详问,今早判定广东提堂号数,又以木戳印卷内骑缝,卯正出堂点名"。次日,"先发通天下之榜,广东榜不发,留,王云舫再看广东备取卷,搜出十馀本"。第三天,"是日大收,二百四十馀人,广东十四。余点名,亦于当点名时查出口音不符者数名,仍坐堂不退。午看卷,先发一榜,考到卷。晚看榜,黄昏发大收榜,乃合广东三次卷而甄核之,共补出二百本"。榜发当晚,翁同龢访问张荫桓,说明录科考试情况,"粤人纷纷欲增人,欲扣换,一切拒之,即若农(李文田)亦有书来也"。[2]因为历年广东监生录科考试弊窦太多,社会影响不好,张、李虽是翁的好友,一再求情,但翁同龢最终并未徇私情而是遵照礼部和国子监的整改意见。

1892年7月(光绪十八年六月)张荫桓升任户部右侍郎,兼管钱法堂事务。两个月后转为户部左侍郎。次年八月,京师和顺直地区连降暴雨,"大雨如倾如泻,不啻漏天",大批房屋倒塌,好的砖瓦房"庭院积水,声如万杖"。翁同龢,张荫桓等户部堂官全力投入救灾活动。翁同龢高兴地说:"张樵野、汪柳门募赈款极出力,书札极多。"张公"令云南司据六厂放粥来文知照仓场,画稿甚多"。[3]这是他们一次协调得很好的合作。

1894年6月(光绪二十年五月)中日朝鲜交涉发生,日本趁机挑起甲午战争。当时张荫桓任总理衙门大臣,消息灵通。是他首先将有关日军增兵朝鲜的消息告诉翁同龢。此后他几乎隔几日就来翁宅,向翁同龢通报有关中日在朝的动态,有时并致函,"云韩事无把握,盖合肥处处退后也。日添兵二万"。[4]表示自己的担忧。张荫桓的介绍,也引起翁同龢对时局的严重的关注。平壤失陷和

---

〔1〕《翁同龢日记》,第2472页。
〔2〕《翁同龢日记》,第2506—2507页。
〔3〕《翁同龢日记》,第2668页。
〔4〕《翁同龢日记》,第2748页。

大东沟海战前后,翁同龢、张荫桓之间往来手札极多,由于翁同龢此时正列席军机会议,协助光绪帝指导战事,极需各方信息,所以,张荫桓提供的情报消息,对于决策无疑起了重要作用。10月,日军将侵略战火延烧到中国境内。为了筹措战费和添购船械,翁同龢派遣张荫桓先与天津、上海的外资银行、洋行接洽商借,但结果未成,只得与海关税务司赫德商借。赫德先答应借贷500万两,随后借口中国信誉低落,只允借300万两。其间张荫桓和景星曾前往天津,顺途看望直隶总督兼北洋大臣李鸿章。回京后,张至督办军务处,"盛称合肥之健及惶悚之忧,所事遣德璀琳径赴倭国寻伊藤也"。由于湘淮军均不堪一战,翁同龢接受胡燏棻举荐,同意聘请德国退伍军人汉纳根为中国编练新军。张荫桓参加了总理衙门大臣同汉纳根的见面。

张荫桓虽不是督办军务处成员,也不是巡防处成员,不是高层决策圈内人物,但在当时"和战并行",即一面利用严冬日军给养、行军作战困难,继续对日作战,争取挽回战场颓势,一面不妨同日本开展接触谈判、借此摸清日方要求,对此方针,张荫桓大体与翁同龢、汪鸣銮等能保持一致,在稍后的和议外交活动中更是充当了重要角色。是年冬,山海关前敌清军连连败北,旅顺、大连、金州相继失守,威海北洋海军基地也岌岌可危。张荫桓、邵友濂奉旨前往日本广岛议和。翁同龢亲自为张送行。日本感到还未到对中国进行更大勒索的时候,借口张、邵全权不足、拒绝谈判。待到威海失守,北洋海军覆灭,清政府最终派遣李鸿章为全权,同日本签订了丧权辱国的《马关条约》。

《马关条约》割地之广,赔款之巨,空前旷古。规定中国须在两年内分六次向日本赔偿兵费库平银两亿两、若加上稍后的赎辽费则为两亿三千万两。1895年5月14日(光绪二十一年四月二十日)翁同龢、张荫桓、徐用仪、荣禄、长麟奉旨"派办借款"。实际负责借款事宜的主要是翁、张两人。由于俄国领首联合法、德干涉还辽,有"恩"于中国,翁、张等议借款,"以俄为最先",先借五千万。因俄国无力独借,于是联合法国并借,这就是俄法借款。1896年3月(光绪二十二年二月),清政府面临第二次支付对日赔款,这次翁同龢、张荫桓决定向英德贷借。张荫桓等主张联英拒俄制日,翁、张的意见得到与英美利益有联系的两江总督刘坤一、湖广总督张之洞的赞同。翁、张代表清政府、英国驻华公使欧格讷、德国驻华公使绅珂分别代表两国政府,具体借款谈判由汇丰银行大班熙礼尔与户部北档房主稿那桐等进行。这就是后来的英德借款。这次借款"索息五厘,用钱厘半,杂费四厘,较俄款吃亏。"除了息重费用折扣多外,英国还提出云南开埠、开矿、筑路、中缅重新划界等、德国则提出租借海澳泊船等无理要求。最后被迫同英国签订《中缅条约附款十九条》,英国的勒索要求刺激了法国,法国也趁机提出了西江开埠、怒江通航、独占海南岛、代造谅山至龙州铁路等无理要求。为稍后的列强划分势力范围埋下伏笔。

《马关条约》规定,中国如从条约批准互换之日起,三年内能将偿款全部清还,除将已付利息或两年半或不及两年半于应付本银扣还之外,余下部分偿款全部免息。根据这一规定,中国可节省银一千多万两。这对财政万分拮据的清政府来讲,是一笔非常可观的数目。鉴于英德借款严重吃亏。翁同龢、张荫桓、熙敬、敬信等户部堂官决定从内外着手,筹借最后一笔对日偿款。先后奏请裁勇、去米折、盐斤加价、裁减官俸、开征土药税、续开捐例,加重对人民的搜括剥削;对外绕过各国政府,直接同外商接洽商借。国内已穷,搜括有限;外商背后均有政府,大多谈不成,而偿款期日益临近。就在筹措款处于焦灼万难之际、正好这时翁同龢的门生状元黄思永(慎之)奏请仿照外国办法,发行股票,解决偿款。"特旨严责中外臣僚,激以忠义奋发之气,先派官借,以为民倡,合天下地力民力财力,区分类别,各出其馀,以应国家之急。"[1]张荫桓在海外多年,对外国发行股票非常了解,所以表示赞同。翁同龢也表示同意,随经奏准,决定开办昭信股票。由户部印造部票一百万张,每张注明库平纹银一百两,合计共筹集库平银一亿两。年息五厘,时间二十年,前十年每年还息一次,后十年本息并还。在讨论股票式样时,张荫桓"必欲照俄式,令日本造之"。又主张将办理股票的昭信局设在太医院,因翁同龢不同意而作罢。"樵本欲占太医院衙署,余力驳之。"对于股票章程,张修改得"甚细密",翁同龢很满意。[2]这次开办昭信股票原意不错,但因时间紧,任务急,大多人对股票不熟悉,不少省份的发售几乎形同摊派,以致这次开办最后未能成功。万般无奈之下,最后还是向英德借贷,这就是后来的英德续

〔1〕 参见《光绪朝东华录》。
〔2〕《翁同龢日记》,第3142、3145、3146页。

借款，又称第二次英德借款。

　　翁同龢、张荫桓在负责办理对日偿款期间，还负责译述传递李鸿章与俄国签订中俄密约往来电商文稿和电旨等事项。1896 年 5 月（光绪二十二年四月），俄皇尼古拉二世举行加冕典礼，清政府派遣李鸿章为头等钦差大臣前往祝贺。在俄国外交大臣罗拔和财政大臣维特笼络、劝诱和贿赂收买下，同沙俄签订了《中俄密约》。密约规定一旦日本侵略中国、朝鲜和俄国，彼此互相援助。战争期间，所有口岸均应向俄国军舰开放。为便于俄国运送军队至被威胁地区，中国允许俄国越过黑龙江、吉林以达海参崴建造一条铁路。该约以军事同盟为诱饵，不仅攫取在中国东北修筑铁路的侵略特权，而且为日后俄国军事力量入侵中国打开了方便之门。翁同龢、张荫桓奉旨负责密约往来电文的译述事宜。5 月 14 日（四月初二日）"访樵野，在彼吃面，与彼排发李相电，一时多始毕。电本留樵处，电稿余带回。"19 日（初七日），"译李电，送稿与恭邸。"21 日（初九日），"午正二到樵野处排发电旨及总署电信，共二百五十余字。……归后又得李二电，幸景官（侄曾孙）能译，交之，余倦卧矣。"27 日（十五日），"邀张樵野、吴蕙吟来会商俄事，二邸（指奕䜣、奕劻）、李（鸿藻）、荣（禄）皆集，惟敬君（敬信）该班未至，将所有密电录稿公阅，遂议照办。既定议，乃拟旨一通"。28 日（十六日）"是日请旨寄李相定约事。抄电旨，明日递。"与樵野"将约文全篇改定排发"。6 月 1 日（四月二十日），"申初总署送李码来，译之，写两分，明日递"。[1]

　　1897 年 11 月，德国公使海靖向中国提出"租借"山东胶州湾，遭到拒绝。正好这时曹州、巨野教案发生，两名作恶多端的德国传教士被中国人杀死，德国遂借此兴师问罪，把军舰开进胶州湾，派兵登岸，占山头、割电线、占邮局、驱赶中国驻军，武力强占胶州湾，接着又向清政府提出惩凶、租借胶州湾等要求。翁同龢、张荫桓奉旨与德国交涉。经过多次交涉，教案处理大致谈妥，但德国就是拒绝撤兵，除了坚持租借胶州湾外，又提出修筑山东境内修筑铁路等要求。此时李鸿章已留京办事，并在总理衙门大臣上行走。李鸿章主张藉俄逐德，张荫桓表示反对，11 月 18 日（十月二十四日），他找到翁同龢，"云藉俄伊不谓然，若俄德称兵，

---

〔1〕《翁同龢日记》，第 2946—2949、2950 页。

法必来助,东方起战事,岂中国之利耶"。翁同龢说:"今日不赴令晤,盖有深虑云,其言亦有理"。[1]对于李鸿章的请求,俄国立即答应。"樵野书来,云今日俄巴使到署,李相竟托代索胶澳,彼即应允发电。廖(寿恒)欲尼之,而许(应骙)助李说,直情径行,且曰此事非一二人所能口舌争也。事在垂成,横生枝节,可叹可叹。"[2]俄国政府接到公使巴福罗甫来电后立即从海参崴派兵船前来。翁同龢、张荫桓想力图阻止俄国派兵来华,"樵发许(景澄)电,二百十四字。详告源委,令转电杨使咨外部,中国不欲俄为华事与德失欢,若议不成再电告,此时勿调船云云,我二人名发之。樵又拟旨,谓已派某二人与海(靖)商办,此后如非该大臣之电,国家不承认云云。"[3]但他们的努力补救未能成功。俄国军舰还是开来了,不过不是来胶州湾驱逐德舰德兵,而是径赴辽东半岛,趁机强占了旅顺大连湾,并要求限五日内答复。由德国强占胶州湾,又陡添出俄国强占旅顺大连湾。此后,张荫桓的态度发生于很大变化,是否是对中德胶州湾谈判已失去信心呢?还是另有原因,不得而知。翁同龢说:"张君与余同办一事,而忽合忽离,每至彼馆(指德国公使馆)则偃卧谈笑,余所不喻也。"[4]在这种情况下,清廷只好答应德国要求,将胶州湾租与德国。在奕䜣的授意下,廷旨派翁同龢与李鸿章在条约上签字,翁同龢平日以"天子近臣"自居,从不愿以"和议"为天下唾骂,有凡与外国人谈判签约之类事,常以"从未办过洋务"、外交是"生手",不愿去办,但论事调门又很高,奕䜣和李鸿章对此很有看法,遂借此对他傲岸自封,只顾自己清名的任事作风加以折辱。这是翁同龢一生中签订的唯一一个卖国条约。翁同龢心里明白,这是对他有意的排斥打击,"今日之事,盖有意排挤,书以志慨。""以山东全省利权形势拱手让之腥膻,负罪千古矣"[5]这使翁同龢体会到当今办理外交并非易事,高调好唱,具体办理谈何容易。而让他与李鸿章一起去签字画押,在他人看来,他比李鸿章已好不了多少了。

廷旨派李鸿章、张荫桓同俄国会商旅大租借交涉,交涉中,俄国又提出修建

[1]《翁同龢日记》,第3108页。
[2]《翁同龢日记》,第3115页。
[3]《翁同龢日记》,第3116页。
[4]《翁同龢日记》,第3117页。
[5]《翁同龢日记》,第3148页。

一条贯穿中国东北直达营口的中东支路、道胜银行中俄合办等要求,并限一日内答复,否则与中国绝交。李鸿章、张荫桓奉旨对俄交涉。俄国为了确保所索要求得以实现,由道胜银行天津分行的璞科第出面负责,贿赂收买了李鸿章、张荫桓,各向他们酬谢银五十万两。张氏贪贿有名,虽对李联俄不甚赞同,对他在筹措第三次对日偿款中对外借款作法也深为不满,"张樵野来,抵暮去,言借款须与英使商量,不可自坏门面,合肥办法声名扫地,而必无成"。[1]但在外国巨额金钱诱惑收买下,也就无政治操守可言了。李、张在俄国重金收买下,向璞科第保证"在此事及以后的事件上可以完全信赖他们"。3月27日(三月初六日),李鸿章、张荫桓同俄国驻华公使巴甫罗福签了《中俄旅大租地条约》。就这样,沙俄未费什么周折就轻易将旅顺大连湾强租到手,并获得了中东铁路的支线修筑权。张氏对于当时收受贿款一事感到害怕,"据说对他的受贿已有无数的控告,他宁愿等到闲话平息之后。"同年9月,张荫桓遣戍新疆前夕,曾要求璞科第再付给他一万五千两,俄国表示同意,并如数付给。

1898年4月(光绪二十四年三月)德皇威廉弟弟亨利二世来华访问。光绪帝欲在宫中接见,允许坐轿进东华门,开前星门,在毓庆宫延宴,并想"尽用西礼"接待。翁同龢提出种种理由加以阻挠,以致光绪帝非常恼火,"上皆驳之,并盛怒,责刚毅(实际指翁同龢),谓尔总不以为然,试问尔条陈者能行乎? 否乎?",传令张荫桓将所开礼节呈上。张荫桓出使美国多年,对西方礼仪了如指掌,对于光绪帝采用西方礼仪接待亨利感到很正常。退朝后,翁同龢向张荫桓传旨,"樵野斟酌,以为毓庆宫似未宜,不如西苑"。最后接待方式还是采用了张的提议。由此一事可见,翁同龢思想比张荫桓保守很多。

经甲午战败和甲午战后列强无休止的勒索,光绪帝深感统治垂危,力图振作,亟思变法。自康有为总理衙门问话后,光绪帝更加想进一步了解其变法主张。1898年4月13日(光绪二十四年闰三月二十三日),总理衙门代康有为进呈了一道有关变法的奏折和变法著作《日本变政记》、《各国振兴记》、《泰西新史揽要》三部。光绪帝看后,又"命将康折并书,及前两次折并《俄彼得变政记》皆呈

---

〔1〕《翁同龢日记》,第3106页。

慈圣"。5月26日(四月初七日),光绪帝命翁同龢"索康有为所进书,令再写一份,臣对与康不往来","上问何也,对以此人居心叵测。曰前此何以不说,对臣近见其《孔子改制考》知之"。[1]如果翁未向光绪帝荐过康有为,光绪帝怎么会将此事交翁去办呢?翁说不与康往来的话,显然连光绪帝都不相信,而责问"何以前此不说",正说明翁此前曾向光绪帝讲了不少康有为的事。第二天,光绪帝"又问康书,臣对如昨"。光绪帝十分恼火,"上发怒诘责,臣对传总署令进。上不允。必欲臣诣张荫桓传知。臣曰张某日日进见,何不面谕,上仍不允。退乃传知张君,张正在园寓也"。[2]当时张荫桓正遭徐桐等参劾,光绪帝"又以张荫桓被劾,疑臣与彼有隙,欲臣推重力保之。臣据理力陈,不敢阿附也,语特长,不悉记"。康是翁同龢密荐的,张被翁称为"广东三友"之一,待到遇到麻烦时,却说与康"不往来"和与张"不敢阿附",如此滑脱,连光绪帝也看不下去了,后来还是张荫桓传知康氏,将光绪帝所索书通过总理衙门呈送上去。

经过索书一事,光绪帝对翁同龢的人品有了进一步了解,渐渐对他失去往日的信任。当时有不少人参劾翁同龢,仅翁氏开缺前,参劾他的就有徐桐、于荫霖、王鹏运等人,而且参劾他的这些人不是他多年的同值,就是他的弟子门生。徐桐参劾他"身膺枢寄,植党树私,不辨贤奸,以致人才不出,宵小滥进,既不能作养于先,又不能收效于后。"[3]王鹏运参劾他在筹措对日偿款活动中,与张荫桓"朋谋纳贿,狼狈为奸",光绪帝虽知翁同龢的操守廉洁,"深知其妄",将这些弹章"留中不发",但是将一个屡遭人弹劾、同僚疑忌的师傅留在身边,势必将对自己施政带来不利的影响。就在索书一事后的第五天,就将翁同龢开缺回籍了。

翁同龢开缺后,仍遭人参劾。6月26日(五月初八日),张荫桓来翁宅,告诉翁同龢:"初六与军机同见,上以胡孚宸参折示之,仍斥得贿二百六十万与余平分。蒙温谕竭力当差。又云是日军机见东朝起,极严责,以为当办,廖公力求始罢。又云先传英年将张某围拿,既而无事,……余漫听漫应之而已。"[4]对于这件事,慈禧先是震怒,派英年查抄张宅,继而又不了了之。茅海建在其《戊戌变法

---

〔1〕《翁同龢日记》,第3162、3177页。
〔2〕《翁同龢日记》,第3177页。
〔3〕中国第一历史档案馆藏军机录副,光绪二十四年四号(二)戊戌变法卷。
〔4〕《翁同龢日记》,第3185页。

史事考》一书中对慈禧为什么最后未追究下去，没有分析说明，只是将事情的过程叙述了一下。

五月初三日，御史胡孚宸上奏参劾张荫桓，称其在办理英德续借款时，受贿二百六十万，与翁同龢平分。根据重要折片上呈的制度，胡折当日即送慈禧太后。慈禧太后见之大怒。五月初五日，军机大臣廖寿恒到张寓，告之当日光绪帝与慈禧太后同召见，慈禧太后为胡孚宸折"盛怒"，并让其第二天早晨递牌子，光绪帝召见。初六日光绪帝召见张时，军机大臣同在。光绪帝问张看过胡折没有，张答之："阅过。总是奉职无状，辜负朝廷，乞恩治罪罢斥。"随后又为自己辩解："胶澳事奉派与翁同龢同办，旅大事奉派与李鸿章同办，借款事与敬信、翁同龢同办。"

上听毕，问廖寿恒："昨日在太后前说是他一人经办，何以今日不说？你们什么事不管，问起来绝不知道，推给一人捱骂。"上词色甚厉，仲山碰头不已。上又诘廖寿恒："昨在太后前说他行踪诡秘，到底如何诡秘，今日为什么不说？"仲山碰头不已。子良（刚毅，时任军机大臣）解之曰："廖寿恒说话太呆。"上又诘廖寿恒："昨言许景澄（原驻德公使，已奉召回国）回来换他，今日何以不说？"仲山奏言："昨因太后盛怒，且亦奏明与张荫桓时有意见不投处。"上顾礼邸（礼亲王世铎，时任军机大臣，恭亲王去世后为军机领班）："尔传张荫桓不必忧虑。"[1]

茅氏这一叙述有疑，光绪帝召见张荫桓时，军机同在，后面对礼亲王讲的话完全可以直接对张氏讲。其中只有一个可能，光绪帝问过张后，张氏退场，再问军机大臣，否则无法解释。

关于这件事，张荫桓在日记中也有一段记载："关咏琴来为余慰藉，历言昨崇受之（崇礼，时任步军统领）到署，谓初五日早英年奉太后懿旨查抄余宅，拿交刑部治罪。与之耳语：'仍令候军机处旨意'。受之叩节时趋前跪，冀有懿旨，寂然无闻。及军机退值，受之询礼邸有无交派事件，礼邸答以无有。受之又询仲山，亦云无有。受之犹恐不实不尽，复令提督衙门章京赴仲山寓所询之，仍云无有。受之乃返。德和园听戏，仲山问受之所询交派何事，受之具以

---

〔1〕　茅海建：《戊戌变法史事考》，生活・读书・新知三联书店 2005 年版，第 36—37 页。

英年之说告仲山,谓无所闻。豫甫(立山,时任内务府大臣)劝受之以若事则不宜喧嚷云。"[1]

茅氏把英年传懿旨将张氏抄家并交刑部治罪的作法解释为"不合体制",而将慈禧对此事最后不了了之解释为"慈禧太后政治权力也有其限制"。这两个解释还难以令人信服。慈禧专权,手段残忍,只要妨碍她的权威,从不宽恕。她从不按规矩办事,真要惩办张荫桓还不是小事一桩? 显然她后来对此事不深究下去,可能另有考虑。依我之见,她对受贿二百六十万,张、翁二人平分说法很可能就不信,一是数目大,二是她认识翁同龢几十年,对其操守非常了解,况此时翁已开缺,可能因此不再追究,终而不了了之。至于派英年率兵围抄张宅并交刑部治罪,皆因张是光绪帝的亲信大臣,此举主要是发泄她对张荫桓的忌恨。

张荫桓一时虽无危险,但到 9 月,戊戌政变发生,慈禧当然不会放过他,她认为除了自己,任何人都不能左右和影响光绪帝,就像先前放逐翁同龢一样,此时她心中最恨的人是康有为和张荫桓。康有为已前往上海,加以追缉;而张氏在京,遂将其逮捕,不过因其曾作为专使前往英国庆贺女王在位六十年典礼,英国公使馆出面相救,才幸免于一死,最后被遣戍新疆。政变发生后,后党欲置张于死地。"英国公使窦纳乐为此事,致函日本代理公使林权助营救张。林漏夜访李鸿章,谓'如杀张,将引发列强之干涉。'李懦怯,乃授意林权助函告荣禄。禄又言于慈禧,遂改流戍新疆。"传说张氏被革逮前几日,曾为人作画一幅:"画面有湿云欲雨之态,云中露纸鸢一角,有童子牵丝于危石之上。"题诗曰:"无边任尔风雨变,握定丝纶总不惊。"反映张氏对变法的心境静远以及在临危不惧的决心。张氏于二十五年二月到达戍所,途中王懿荣曾给他一函,述及张氏百石斋藏书楼和其子近况。张氏奉答诗一首:"覆巢几见能完卵,解网何曾竟漏鱼。百石斋随黄叶故,两家春与绿杨虚。"内心充满凄凉。至戍所后,在致儿书中赋诗道:"远送两三人,昏灯写遗嘱。理乱暂不闻,余生甘窘辱。"后人为其编有《西戍遗诗》,为出关赴戍所沿途所作。诗中每每写到"月堂"、"南园",乃喻指徐桐、崇礼为唐代李林甫、宋代贾似道之流。张氏在戍所两年后,义和团运动发生。据说张氏曾上

---

〔1〕《张荫桓戊戌日记手稿》,转引自茅海建:《戊戌变法史事考》,生活·读书·新知三联书店 2005 年版,第 37 页。

折，极言"拳匪不足恃，外衅不可开"，这正触载漪，刚毅等大忌，"矫诏僇异己"，一说他"私通俄国，即矫旨处死"，在张氏戍所将其秘密处死。[1]1901年开复原官。

纵观张氏一生，因为生在广东，得风气之先，与西方接触较早，故脱颖而出，出使西方，对西方政情有了更多了解，因此思想趋新，加上为人机警，办事敏捷，逐步跻身政坛。又因了解中外大势，深得光绪帝信用。但由于不是正途出身，加上操守有损，最终不幸罹难。翁同龢与他的交往，在很大程度上是借重其才能，而非真正信赖。

那桐

如果说甲午前后，翁同龢在户部决策行事主要依赖张荫桓的话，那么户部内部日常事务则主要依靠那桐以及溥颋、宝棻、延锡之、王黻卿、陈宗妫等人，其中那桐最被翁同龢看中，他在一次召对时公开保荐那桐："极陈宜破格用人，保毛庆蕃、那桐、德方，并言赵舒翘宜外任。"[2]在翁同龢的关心和识拔下，那桐于光绪十八年京察列举一等，其考语有"有才有识，为守

那桐像

兼优"。[3]由户部员外郎做到户部南、北档房，俸饷处的主管，户部银库监督，一步步地登上晚清政坛，成为一名大员。

那桐，字琴轩，满洲镶黄旗人。光绪十一年顺天乡试举人。父亲浦安，字远帆，咸丰三年庶吉士，为翁心存的门生。曾带小门生拜见心存，所以翁同龢早已知道那桐。咸丰八年顺天乡试，主考官为柏葰，浦安为房考官。作弊考取举人的平龄就出在浦安一房，后来竟演变成戊午科场案，柏葰被杀，浦安被革去编修，与

---

〔1〕 太平天国历史博物馆编：《清季名人隶牍奏稿函札——甲午中日战争新史料》，江苏人民出版社2006年版，第132页。

〔2〕《翁同龢日记》，第3136页。

〔3〕《那桐日记》，新华出版社2006年版，第133页。

已革举人罗鸿绎、已革主事李鹤龄"照例斩决"。[1]浦安死后，那桐便依附叔父铭安。铭安，字鼎丞，咸丰六年进士，与翁同龢同年，因这层关系，使那桐与翁同龢发生往来。铭安曾给那桐银三万五千两，供他赡养母亲及在官场中使用。"光绪十七年正月二十六日，叔父曾分赏桐京平松江银三万一千六百两，吴各庄地合银三千四百两，二共合三万五千两，作为赡养之资。"[2]日后只要他的上司提拔他，他事后总要以"银"感谢"栽培"。如光绪二十年，那桐户部京察列一等，事后他送给部堂官熙敬（淑庄）银五百两，立山银百两，立山未要，并"退还兰谱"，张荫桓二百两，崇礼二十两，陈学芬（桂生）二十两，陈未要。这五人均是那桐亲自登门拜谢呈送。翁同龢因为是座师，不须拜送。[3]光绪二十年后，那桐经手钱粮，任职较多，"活钱"来得容易，最终全部还清叔父这笔银两，叔父对此非常满意。

根据翁同龢日记记载，他是光绪八年十二月认识那桐的。铭安时任吉林将军，寄全庆（小汀）银二百两，派那桐交给翁同龢代为转交。全氏系翁同龢与铭安在翰林院的座师。当时那桐是候选主事，补缺无期。光绪十二年十月，翁同龢授为会典馆副总裁，那桐向翁氏要求"派兼馆差"，并转达铭安邀请，前往西山巴沟铭安养年别墅观赏荷花，兼看海棠。铭安与崇厚、崇实兄弟、都兴阿、穆图善关系较近，而都兴阿又曾营救过翁同书，无论是同年，还是这些原因，翁同龢都愿意与之交往。他如约而至，此后还去过多次。屋乌之爱，人之常情，在翁同龢的关爱下，那桐到户部任职，比较顺利，有凡谕旨派发的具体差使，翁同龢大多交由那桐随他等去办理，如光绪十六年九月，随翁同龢一起查估西山圆明园八旗营房，承修醇贤亲王庙宇工程与其他王妃陵寝等以及户部日常具体事务。那桐大多做得很好，每完成一件事，总要"到翁堂宅回事"，"到翁堂宅画稿"。有时"翁师约谈公事"，"商量部务"，总是如约而至。因为那桐办事稳重，甚至光绪帝发给翁同龢的"密谕"也由他直接送达翁氏，由是赢得翁氏的信任。先后委任他为南档房总办、俸饷处总办、户部内仓监督、银库司库等，除了将户部内部日常事务全权交他管理外，还让他直接参与谕旨交派的重要事情

---

〔1〕《翁心存日记》，第 1365、1402 页。
〔2〕《那桐日记》，第 163 页。
〔3〕《那桐日记》，第 212 页。

的审理。

光绪十八年八月,翁同龢奉派与怀塔布复审桂永氏一案。案件发生在光绪十六年。桂永氏原为旗女,丈夫桂成是旗丁,因为生活贫穷,丈夫请人帮忙介绍桂永氏外出佣工,在桂永氏不知情的情况下,她先后被恶棍宝环贩卖多次,最后被卖给一个名叫文勋的旗人,桂永氏向提督衙门控告宝环,并怀疑自己丈夫可能知情。桂成因恐牵连,加上多病,遂自尽而亡。案子先由孙毓汶、薛允升、嵩申、清锐等人承办,结论从“妻从夫”的三从四德观点出发,认为桂永氏有失妇道,控告和逼死丈夫,将她判为绞立决。案子公布后,当事人桂永氏不服,而许多旗人对此判决也表示不满。八月二十四日,御史洪良品上奏认为此案“疑窦甚多,请派大员复审”。由于此案纯属旗人之事,光绪帝遂谕令翁同龢与怀塔布“详加复审,妥拟具奏”。两人奉旨后,作了分工。因事涉满员,遂委派那桐、延锡之、王敬臣等具体协同办理。经过多次复审,调阅人证,确认桂永氏被人拐卖的事实,对其重新判决。“看承审桂永氏案,灯下构思甚苦,与斌孙商定,夜以底送那琴轩。”[1]“十月二十五日,随同翁大人到都察院亲提永氏一案犯证十一名口,画供。未刻画奏稿。申刻同敬臣、振卿、锡之对奏折。酉刻到翁大人宅阅折归。”[2]那桐等人经过调查访问,向翁同龢作了如实汇报:“永氏与宝环先有奸情,十六年闰二月逃出与宝环不知在何处藏匿,四月中到文奎家。荣林、文奎皆与宝环亦一流人,后同将永氏卖给南城外娼寮。九月中,永氏不愿,因卖与孙氏。后又不愿,始到高氏,经那氏作中,卖与文勋作妾。文勋有表弟充文勋厨子,永氏又与奸好,其人唆令永氏赴提督衙门喊告,意在挟制文勋。后将桂成传案。提督衙门勒令桂成领回。桂成业已具结,而宝环、文奎、荣林等转向桂成索钱酬谢,桂成情急自尽。此琴轩得自于广东掌印□君,又问之于宗人府司员。所闻如此。”[3]翁同龢调集了桂永氏、桂成以及宝环、文奎、荣林、李孙氏、刘高氏、那永氏、文勋等人的供词,怀塔布派给事中文英,御史荣升、京畿道御史徐树钧、巡视北城御史冯某等一起会审,翁同龢指示对桂永氏等“不可刑讯,跪链尤

---

〔1〕《翁同龢日记》,第2609页。
〔2〕《那桐日记》,第97页。
〔3〕《访问始末大概》,《翁同龢瓶庐丛稿》(二),上海远东出版社2014年版,第176—177页。

不可。"经过数月复审,于十月复奏:"查桂永氏因伊夫桂成托令宝环为伊觅主佣工,被宝环等诱拐价卖。该氏事后查知,心怀不甘,辄喊告宝环,时心疑伊夫知情,牵连妄诉,实属有关名分。至桂成服毒自尽,讯系因病重,自愿毕命,与该氏控告无涉。自应仍按本律问拟,桂永氏合依妻依夫、诬告者绞律拟绞立决。然该氏怀疑究属有因,且系控告宝环将伊夫牵连在内,与有心诬告者大有别,其情不无可原。应否将该氏量减为绞监候,秋后处决,仍恭候钦定。"绞监候,秋后处决就是不杀,待到一定时候或遇大赦,即可减为有期徒刑。两年后,慈禧六旬万寿庆典,对在押犯人大赦,桂永氏终于改为终身监禁。[1]

同年十二月,福锟、熙敬、翁同龢派为办理慈禧六旬万寿庆典大臣。三人商定那桐、溥颋、延祉、宝棻、葛宝华、王用钦、尹序长、陈宗妫等八人随同办事。后来西直门外至颐和园石路工程和点景分段后,翁同龢承修部分别由那桐,溥颋、王用钦、陈宗妫四人为监督招商督工,承包的石路工和点景段共用去银三万多两,光绪二十一年十二月初七日,庆典工程结项,"翁堂点景款项清单今日在署标画存案,并呈给翁堂什物清册本、款项请单一分,留宅存查。"[2]那桐这里讲的清册和款项清单,我们在翁氏遗留文札中没有发现。这次翁氏承包的石路工程和点景用款尚余银四百多两,翁同龢分别赏给了那桐和延祉,以感谢他们的督工。那桐还为之代表延祉专门到翁宅向翁同龢表示感谢。次年延祉被放为广东粮道,那桐则奉旨任户部江南司员外郎、户部银库郎中。对于那桐的银库郎中这项任命,翁同龢在日记中记道:"户部带缺两排,银库选那桐,上询及何员可去? 臣以那桐对,即圈之,然首座(当指麟书或熙敬)不以为是。"[3]江南司掌控江苏、安徽两省钱粮收支数目,并兼管各省"平余"银两,(动支经费每千两扣十二两五钱留存备用为平余),亦由江南清吏司兼管。清吏司有郎中、员外郎、主事,一般为七八人,最多达十余人,另有笔帖式等分别办事,江南司职显权重,那桐的被命,显然与翁同龢的力荐有关。而银库郎中是专职,例应离开户部原任职务,但经翁同龢与麟书、熙敬、立山、张荫桓、陈学芬、瑞良等户部堂官联名专折奏准,仍留部

〔1〕《翁同龢瓶庐丛稿》(三),上海远东出版社,第 147—177 页。
〔2〕《那桐日记》,第 196 页。
〔3〕《翁同龢日记》,第 2962 页。

兼办部务。那桐对此万分感激："凡此逾格恩施，皆翁、张两堂素昔之拔植"。事后专门登门一一致意，感谢"翁师栽培也"。[1]

光绪十八年十二月，翁同龢还奉旨查办顺天府尹孙楫被参案。是月七日，御史李慈铭上折弹劾孙楫"近来骄怠益甚，遇事任情，接见僚属，动辄呵斥。前东路厅同郝联薇素有政声，被其辱詈，愤而自缢。其署中公事尤多积压。"[2]要求朝廷对郝的死因彻底查明，并追究孙楫的责任。

孙楫，字驾航，山东济宁人，进士出身，前大学士孙过庭曾孙，尚书孙瑞珍之孙，现任军机大臣孙毓汶的内侄。此外，他还是现任军机大臣、户部侍郎徐用仪的乡试房师。声势显赫，来头不小。孙楫屡遭弹劾，因有这一背景，所以对他奈何不得。朝廷一度曾打算任他为湖南按察使，待其行至天津，又将召回，并任命为顺天府尹，俗称大京兆，类似今天的北京市市长。因为就是有孙、徐的关系。他上任依然懒于治事，半年内到任不逾月，公事积压，下属率多不满。所用之人，强半贪纵，正直僚属，倍受排斥打击。郝联薇因遭其辱骂，不堪忍受，愤而自缢。这次孙楫再遭弹劾，因为要查办的人"特殊"，光绪帝不得不将之交给翁同龢与徐桐去查办。

翁同龢与孙氏叔侄不仅认识，而且有交往。对于孙楫骄横、贪纵、懒政也早有所闻。而对郝联薇也颇多了解，同光之际每次从潞河回南，都受到郝的关照。现在奉旨查办孙楫，只要查清郝氏死因即可，至于其他任职疏懒、公事积压都好查办。由于事务繁忙，翁同龢责成那桐、宝棻、王用钦、孙景裴协助查办。那桐在光绪十八年十二月二十三日日记中写道："早同宝湘石（宝棻）、王敬臣（用钦）、孙景裴同到翁堂宅，翁堂交钦派查办孙大京兆事。"[3]随即四人根据参折内容到吏部会同相关人员溥倬云、李辅廷、何小雅、常少渔等"商办查办京兆事"，[4]展开调查，到次年正月十一日结束。其间先后五次到翁宅汇报调查结果。翁同龢、徐桐在复奏中说："兹据查明复奏：前任东路厅同知郝联薇系属因病出缺，并非被辱

〔1〕《那桐日记》，第197页。

〔2〕1893年1月25日《申报》第四版《京中要闻》。

〔3〕《那桐日记》，第102页。

〔4〕《那桐日记》，第103页。

自缢。至府尹公署中应办公事,检查簿书,亦无积压,即著勿庸置议。"[1]

光绪二十年六月中日甲午战争爆发后,那桐等主要协助翁同龢筹措饷需和支付对日赔款。战争爆发不久,翁同龢就邀那桐和延祉商量筹饷事,"因日本胁韩、北洋,由户部海署筹饷三二百万两,今拟海署筹百五、户部筹百五,日内复奏……连日阴,将成灾浸,水灾兵成一起并起,户部能无杞忧乎"。[2]八月十一日,"赴票号二十六家天福堂之约,议定息借商款事"。进行商借。平壤战役和黄海海战失利后,"事势甚坏,饷事益急。慈禧发内帑三百五十万两、制钱二万串佐军需。农曹邀此殊恩大可周转,幸甚幸甚"。那桐代表户部承领了慈禧这笔拨款。同年,他受翁同龢、张荫桓责成,与赫德接洽,向汇丰银行借银一千万两,借银还银,年息七厘。由户部和总理衙门会奏,具体事宜由那桐、启续、周文令办理。[3]同一时期,翁同龢还嘱其购买铜斤,为鼓铸制钱之用。此事到了甲午战后,仍在接洽。光绪二十一年六月十八日,那桐"未刻同湘石、锡之、璞孙、玉屏、卢笙到总理衙门会同锡闰生、俞君实(即俞佑莱)会晤日本翻译官郑永昌、三井洋行吴永寿商议购洋铜事,户部各堂派余等八人办理此事也"。[4]马关条约签订的当月,那桐又随翁同龢一起筹措第一次对日赔款。四月二十日,"未初,翁堂到督办军务处会商借款事宜,未初同路宾、锡之、春谷到督办处。闻两王(指恭亲王、庆亲王)及诸大臣议借俄国五千万两,申正散归。"[5]此后,那桐等人还应翁同龢责成办理开办和加收土药(指中国生产的鸦片烟)税厘事宜。光绪二十四年正月,户部采纳黄思永息借华款开办股票,筹措对日赔款的奏请,经旨准开办昭信股票。受翁同龢等责成,那桐参加了股票开办的全过程,并亲自办理了恭亲王认购股票二万三千两一事。由于昭信股票招股半途中辍,最后被迫向英德借贷交付对日最后一次赔款,那桐参加了这次借款合同的签字仪式。光绪二十四年二月初九日,"奉翁中堂手谕,巳刻到总署画英德借款合同押(即英德续借款,又称第二次英德借款)。巳刻与各堂先后到,总税务司赫德,翻译官、戈颁、福兰格,又

---

[1] 参见《光绪朝东华录》。
[2] 《那桐日记》,第149页。
[3] 《翁同龢日记》,第2768页。
[4] 《那桐日记》,第182页。
[5] 《那桐日记》,第175页。

汇丰董事,共来洋人五人。李相、翁相、敬(信)堂、张(荫桓)、余(那桐)与舒春舫十一人同坐于西花厅长桌。赫出合同四份英汉文者。系汇丰、德华两银行代中国借英金一千六百万镑,八三扣四厘五周息,四十五年还清,以关税、厘金、盐课共七百万为每年还本息。合同内十七条,惟指定厘金、盐厘归税务司代征一条最为关系。余与云舫(应为春舫)在合同上书汗(汉)字:本日　年　月　日　户部银库郎中那桐。又画押。春舫亦如是,画讫用印,洋人看过各散。余亦散。此事系奉户部堂谕来画押,无可如何,实非余之本心也"。〔1〕可见,那桐在赢得了翁同龢等堂官的高度信任的同时,在精神上又同时承受了巨大的压力。他上面的话充分反映了当时经办此类事情的官僚"其奈国事何,不办亦得办"的无可奈何的心境。

光绪二十四年四月二十七日是翁同龢生日。那桐像往年一样,提前于二十六日向翁氏拜寿。但因军机大臣全在颐和园,翁同龢不在家,"未得见"。第二天,传来翁同龢被罢黜的消息:"今日上谕翁中堂开缺回籍,朝廷去此柱石之臣,可叹可忧。"三十日,"酉刻到翁师处长谈时许,别泪纵横,不可道矣"。五月初二日,他又去翁宅,"未刻到翁师处送程仪千金,辞不受,谈许久"。十二日,"卯刻到翁师宅送行,明日南旋也"。十三日,"卯刻到永定门外马家堡火车站送翁师南旋。送者数十人。卯正一刻翁师揖拜登车,同有别离之感"。〔2〕从此一别,两人再未见面。

光绪二十六年义和团运动发生,接着八团联军发动侵华战争,慈禧挟光绪逃往西安。闰八月,那桐补授礼部右侍郎、正黄旗汉军副都统,后又授为右翼总兵,奉旨派为留京办事大臣,办事公所临时设于柏林寺。当时总理衙门已为联军占据,临时改在亮果厂,李鸿章、奕劻被派为议和大臣。那桐委派了十名随员,配合李鸿章、奕劻办事,随时听候调遣。在十名随员中就有常熟人李士瓒(升兰)。

光绪二十七年二月,义和团运动中被杀的徐用仪、许景澄、袁昶三大臣昭雪,开复处分,在妙光寺设奠为三大臣致吊,那桐"送徐奠分四金,许四金,袁八金"。

---

〔1〕《那桐日记》,第267页。
〔2〕《那桐日记》,第276—278页。

三月二十六日，发引当日，那桐负责前往照料："辰刻徐、许、袁三君子发引，各国钦使致祭。合肥嘱余前往照料，观者万人，死有余荣也。徐次舟有挽联云：'旧梦记西泠，浩气同随忠肃去；归程指南海，怒涛遥逐子胥来。'诚杰作也。"[1]徐、许、袁三人同为浙江人，被称为"浙江三忠"。

同年五月，那桐改任左翼总兵，以户部右侍郎赏给头品顶戴，授为专使大臣，前往日本，就义和团运动中日本书记官杉山彬被杀一事向日本谢罪。随团的成员中有曾任翁同龢家庭教师的唐文治（蔚之）。使团由京坐火车至塘沽，换乘海轮先至上海，然后再坐轮前往日本。在沪期间，那桐通过唐文治向翁同龢致意，从日回国，由沪返京时，那桐托人给翁同龢送去一笔"赠赆"，以示不忘昔年的栽培之恩，这使贫病中的翁同龢大得宽慰。

那桐毕竟出生有教养之家，对于日本强迫中国签订的丧权辱国的《马关条约》颇多伤感，他在《东使日记》中记游览马关春帆楼时写道："辰正到马关，又名下关停泊，偕同人乘小火轮登岸，至春帆楼茶点。楼居半山，亭榭轩敞，名妓数人款客周挚，坐落之处即甲午年李傅相与伊藤侯议约之所，曾几何时，余又奉使此邦，不禁触我忧怀耳！"[2]国耻连连，能不令人伤怀！此后，他还第二次奉旨赴日，不过这次是前往大阪参观世界博览会。

光绪三十年五月二十一日，那桐得知翁同龢去世的消息，在日记中写道，"闻常熟师今日仙逝，不胜惊悼。"十二月初五日，由在京任翰林院编修、翁同龢侄孙翁斌孙主持，在京师龙泉寺为翁氏开吊，那桐亲自前往致祭，"供席痛哭"，[3]寄托了对翁同龢永远的哀思。

时平多名士，世乱多伟人。那桐因参与庚子外交而跃上晚清政治舞台。光绪二十九年，擢为户部尚书，旋调外务部尚书，兼步军统领。新政开展后，他"创警政，缮路政，平反王维勤冤案"，颇多作为。光绪三十一年，晋大学士，仍充外务部会办大臣。后来美国退还庚款，创办清华学堂，其"清华园"三字就是出自那桐手笔。清末立宪，他几乎参与了厘订官制、修订法律、变通旗制等所有新政活动。

---

〔1〕《那桐日记》，第374页。
〔2〕《那桐日记》，第390页。
〔3〕《那桐日记》，第508、524页。

宣统改元，命为军机大臣，又一度署理直隶总督。宣统三年，官制改革，授内阁协理大臣、弼德院顾问大臣等，辛亥革命后，一度移住天津租界内。1927 年去世，享年六十九岁。

那桐受叔父铭安的影响，从光绪十六年开始逐日记日记，直至民国十四年，共三十六年，约九十余万字。其中前二十三年由自己亲笔书写。1912 年 7 月后因患中风，改由他人代笔（内容经他认可）。这三十六年中，中国社会先后经历了甲午战争、戊戌变法、义和团运动和八国联军侵华、庚子议和、清末新政、预备立宪、宣统改元、辛亥革命、洪宪帝制、张勋复辟、军阀混战等重大历史事件，日记所记内容言简意赅，具体而翔实，又因其位处高层，多关清廷核心机密和决策事宜，因此该日记可以说是《翁同龢日记》的延伸和补充，对于研究晚清史和民国史具有重要的参考价值。

桑春荣

桑春荣，字百侪，一写白斋，号仙根，顺天宛平（今北京市）人。道光进士。历官河南道、四川道、监察御史，云南临安知府、迤南道、云南巡抚、刑部尚书。

桑春荣是翁同龢的前辈，又因长期在地方为官，与翁同龢几乎没有往来。他们发生交往是光绪元年八月以后的事。是月，刑部右侍郎钱宝廉临时调任顺天学政，廷命翁同龢署理刑部右侍郎的职务。此时刑部汉尚书为桑春荣。

翁同龢在状元及第前，曾以七品小京官在刑部江西司任职七年，对审案、问案极为熟悉。奉旨后，便到刑部秋审处调阅堂议秋审不符案卷。其中有疑十九处，需与其他堂官面议。"晤桑百斋前辈，以昨日所签秋审册质诸桑白翁，以为宜，然未与秋审处讲论也。"[1]在查看浙江杨乃武一案时，发现二疑："葛氏娶妻毕氏，用洋钱八千，折筵六十元，葛氏系豆腐店帮工，乌得有此巨款？此一疑也。葛氏脚患流火，以皮毛之疾，竟用千钱买药，亦属不伦，此二疑也。"又，知县之子刘海昇曾奸污过毕氏，"今结案仅据皂役供本官之子早已回籍，并未取有该县亲

---

〔1〕《翁同龢日记》，第 190 页。

供,亦属疏漏"。[1]为此,他专门登门拜访桑氏,"与白斋语,白斋以为此案外枝节也"。[2]认为这些都是节外生枝,可勿论也。翁同龢又相继访问了提审处主稿林拱枢、浙江籍京官朱智、夏同善、张家襄、余君撰等人,多数认为杨乃武案"有疑",朱智认为此案纯系"覆盆之祸"是有人蓄意对杨乃武进行陷害。调查访问坚定了翁同龢认为杨案有疑的看法。堂官会议上,翁同龢向桑氏提出杨案驳令浙省重审。桑氏开始不肯,认为翁同龢是"节外生枝",力主坚持原判,经过反复辩驳,只得同意"驳令再审",并由翁同龢代为起草奏折。慈禧太后批准了刑部的奏请,传谕浙江巡抚对杨乃武一案"再行详鞫"。也就在此时翁同龢被命与醇亲王等勘查同治帝陵基,不久又命他为毓庆宫行走,授读年幼的光绪帝,离开了刑部。不过由于他的侄儿翁曾桂参加此案审理,所以,他对此案仍予以极大的关注。

桑春荣当时已是快八十岁的人,自光绪二年起,就一直生病。光绪五年正月,桑氏再次续请开缺,得旨允准。也就在同月,翁同龢被命为刑部尚书。光绪七年,桑氏去世,翁同龢亲诣桑宅吊唁。

孙楫

孙楫,字驾航,山东济宁人。大学士孙过庭曾孙,尚书孙瑞珍之孙,军机大臣孙毓汶内侄。道光进士,据说朝考时,原定一甲前十名内,但将"常雯"写"犬雯",道光帝认为孙氏系世家子弟,其祖父孙瑞珍为上书房师傅,学问如此荒忽,不应如此,遂将其卷降为二甲末,以示照顾。从后来的事实看,孙楫学问殊陋,为任懒惰,人品较差。

早在道光末年,因翁心存与孙瑞珍均在澄怀园上书房上任职,翁、孙两家早有来往,翁同龢早与孙楫相识。孙毓汶与翁同龢同科进士,分别为一甲第一、第二名,但翁、孙关系并不亲密,政见分歧,矛盾冲突不断。中法战后,孙毓汶依仗

---

[1]《翁同龢日记》,第 1191、1194 页。
[2]《翁同龢日记》,第 1021 页。

醇亲王的支持，当上了军机大臣，并将孙楫的乡试房考官徐用仪拉进了军机处，而孙楫也被擢为顺天府尹。

孙楫依仗家势显赫，平日专横跋扈，沉湎于嗜好（吸食鸦片），懒于治事，此前曾几次遭人弹劾，因有孙毓汶庇护，最终不了了之。任顺天府尹后，半年内治事不逾一个月，公事积压，下属率多不满。所用之人，强半贪纵，正直僚属，倍受排斥打击。东路厅同知郝联薇是一个清廉正直的官吏，东路厅负责通州一带的水运、陆运及社会治安，许多从潞河来往的官员都认识他，得到他的关照。但就是这样一位官吏倍遭孙氏打压，甚至当众辱骂，郝氏不堪忍受，于光绪十九年十二月在家上吊自杀。事涉府尹，御史李慈铭很快对孙楫进行弹劾。

郝氏自杀的前因后果不难查清，问题是被参府尹是孙毓汶的内侄，而孙毓汶俨然是一个炙手可热的人物，要查办孙楫，或是扳倒孙楫谈何容易。此案参劾对象是军机大臣孙毓汶内侄，军机大臣例应回避。光绪帝最后决定派翁同龢与协办大学士徐桐去查办此事，要他们确切查明，据实复奏。

翁同龢深知光绪帝的意图，若孙氏并无大错，尽可置之不问。况且自己与孙楫并无恩怨，尽可照皇帝意思去做。孙毓汶的父亲孙瑞珍曾是光绪帝父醇亲王在上书房读书的师傅，光绪此举有"撮合"翁、孙的意图。但翁、孙两人政治见解、政治气质、道德操守迥异，根本无法"撮"到一处，这在稍后的甲午战争中看得非常清楚。

翁同龢与徐桐彼此交换了看法，循例查看了李慈铭参劾的内容，询问了府尹衙役，阅看了府尹办公的笔述记录，又找到东路厅的办事人员，就郝氏死因进行查证。经过四五天的调查，于次年正月，联衔上了一道复奏折，折中指出：郝氏自缢系因病出缺，并非被辱身死，有其抱病全宗原卷和家人供词为证。李氏所参系风闻所误。至所参懒于公事和接见属员，经查公文簿录，并无其事。有收文各簿为凭，请勿庸置议。奏折呈上后，谕旨明发，孙楫著毋庸议。

孙楫虽免遭革职处分，但后来终因"辜恩溺职，不思改过"，再次遭人参劾。御史蒋知章（式笏）参劾孙氏顽视民瘼，所用属员非庸即贪。光绪帝只得派大学士麟书、尚书薛允升查办。光绪帝看了复奏后，不得不表示，所参各节虽查无实据，但屡经人参劾，声名太劣，不宜再任，旋将其改调他职。

邓承修手迹

邓承修

邓承修,字铁香,广东惠州人。咸丰十一年举人,纳贲为郎中,分发刑部。光绪初年转御史。

邓承修因隶籍广东,对闱姓之害深为了解,多次上书要求取缔。与闱姓相连的是录科考试,每届乡试之年,广东士子前往国子监参加录科考试者不下数百人乃至千人之多,只要有两名同乡京官推荐即可报名参加录科考试,合格者即可应顺天乡试。因此,请托、贿略、冒名顶考、以闱姓相赙者层出不穷。屡禁而不止。邓氏数次上奏,要求严查禁止。

邓承修自任御史后,以职事所在,对官场腐朽现象多所纠弹,且专以权贵为对象,毫不留情,因其字铁香,人称"铁汉"。

光绪五年五月,中俄伊犁交涉发生,邓承修上折指出"崇约万不可从"。军机会议,军机大臣宝鋆借口家中有事,不出席会议,他知道后上折严参。又劾军机大臣王文韶只有"斗筲之才,无所表见,前当司员以奔竞为能,今其子在工部屡得优差"。[1]光绪九年云南军费报销舞弊案发生,王文韶再受牵连,邓氏再次参劾王氏有失重臣名节,王氏不安于位,遂借"告养"母亲回籍。

光绪九年三月,邓承修上折参劾广东墨吏多至十四人,包括已故大学士瑞麟、崇礼、何廷谦、俊义、张丙炎、方浚师、冯端本等,皆一时名流。请勒罚巨款助饷,旨交彭玉麟查办。又劾协办大学士文煜在京师阜康银号存银七十余万两,当究从何来。旨交顺天府尹查办。

光绪十年,中法越南交涉发生,邓氏上折言战,战争爆发后,首劾广西巡抚徐延旭、云南巡抚唐炯丧师失地,总兵赵沃、黄桂兰拥兵偾事,请伸国宪,严加惩办。奉旨列席御前会议。八月,命在总理衙门大臣上行走。同年十二月,与翁同龢首次相见:"始识邓铁香,谈粤东事,甚不满香涛开闱姓之禁。"[2]此后还相见数次,

〔1〕《翁同龢日记》,第1627—1628页。
〔2〕《翁同龢日记》,第1937页。

并无交谈，大多与中法越南交涉会议有关。

光绪十一年，邓氏奉旨同锡珍前往天津，参加李鸿章同法使巴德诺会商中法条约。次年七月，奉旨前往广西，会同张之万、倪文蔚办理中越分界事，广东粮道王之春、直隶候补道李兴锐随同办理。邓氏主张关外划界，与李兴锐意见不合。邓氏主张改期再勘，遭朝廷申斥。事竣，擢鸿胪寺卿。光绪十四年因病开缺回籍。晚年主讲丰湖书院。光绪十七年病逝惠州。

黄体芳

黄体芳，字漱兰。咸丰进士。历任侍讲、学政、兵部左侍郎、通政使等。因任江苏学政，翁同龢才与之发生交往。在朝政方面，虽然在一些事情如中法战争，看法接近，但彼此从未交谈。

黄体芳在同光之际是有名的谏官，在重大朝政问题每多直言，上奏参劾不法官员。光绪四年秦晋顺直大旱未久，上奏禁止烧锅，并以户部有烧锅饭银，要求查复。又奏禁止士大夫观剧，官员请假续假需有时限，得旨允行。次年参劾侍郎贺寿慈与书贾李寄山交往违例，请旨查办。

黄体芳多次上奏弹劾李鸿章。光绪九年六月，中法越南交涉，黄氏力主用兵，痛诋在事诸臣，以为漠然坐视，李鸿章在沪日日赴宴，不宜驻扎上海。保刘铭传帮办，主张援助刘永福。1886年（光绪十一年十二月）奏请撤去李鸿章管理海军事务，谕旨"斥其迹近乱政，交部议处"。[1] 光绪十三年八月，再次上奏弹劾李鸿章擅自与美商立约兴办华美银行。表现了他对国家金融的关注。

黄体芳在光绪八年至光绪十年间任江苏学政。其间有人主张徐州府岁科分试，廷旨交黄氏体察情形，黄氏托人转告翁同龢，想听取意见。自道光咸丰以来徐州、海州一直沿袭岁科合试，因士子来自各县，路程远近不一，士子一直要求岁试、科试分开举行。翁同龢向黄氏表示了自己的看法，而对黄氏所参朱寿镛在籍

---

〔1〕《翁同龢日记》，第2028页。

干预地方公事一事,因有专门机构查证,则不置与否,不予表态。光绪十七年,黄氏去世。

钱宝廉手迹

钱宝廉

钱宝廉,字湘吟,浙江嘉兴人。咸丰进士,历任詹事府赞善、工部、吏部右侍郎。为翁同龢工部尚书时的同值。

研究和熟悉中国近代史的人,都知道钱能训(干臣),他在1911年辛亥革命前夕曾护理陕西巡抚,民国后曾任北京政府总理。殊不知他就是钱宝廉的长子。

翁同龢与钱宝廉相识是在1862年(同治元年)庶常馆散馆考试。同年为庆祝同治帝即位,举行恩科会试,两人同时被命为同考官。平日时有往来,彼此就官场吏事作"交谈"。

1877年(光绪三年),内阁会议太庙神龛规制,议将册宝箱每案叠三层安放。钱宝廉力主"增建四室",翁同龢与潘祖荫则主扩建殿宇安放。会后,翁同龢访问钱氏,交流了多数大臣和恭亲王奕䜣的意见。

1879年(光绪五年)二月,钱宝廉与广寿奉旨前往山东查办峄县知县朱永康杀害委员高文宝事件。广寿与翁同龢是结拜弟兄,翁同龢从广寿、钱氏那里得知案件的全过程。一致认为这是一桩报复杀人案,刑部对朱永康判得太轻,"应以朱为首谋严办。""按律则罪无可加,衡情则罪在不赦。"[1]最终经谕准,将朱氏改判为斩立决。

同年,发生崇厚违训越权,擅自与俄国签订丧权辱国的《里瓦几亚条约》。内阁会议崇厚罪名,钱、翁均主"崇厚所议万万不可从"。但钱氏在公折之外,另呈

---

〔1〕《翁同龢日记》,第1454—1456页。

奏折,其内容为"慎兵"、遣使重新"交涉"。[1]

　　1882 年(光绪八年三月)4 月,钱宝廉因病在京去世,翁同龢亲往其居所吊唁。其时,"遗孤才十四岁",钱能训尚未长大成人。钱宝廉灵柩后由其弟护持回籍安葬。1890 年(光绪十六年)清廷举行会试,翁同龢为殿试读卷官。钱能训考中进士,成为翁氏门人。[2]

---

〔1〕《翁同龢日记》,第 1521 页。
〔2〕《翁同龢日记》,第 2407 页。

（五）成均同僚

　　翁同龢曾于同治年间担任国子监祭酒，后又长期兼管国子监事务，与他同值的僚属在晚清政坛和文坛上较有影响的有盛昱、治麟、王先谦、王懿荣、沈曾植和沈曾桐兄弟等，现就他们与翁同龢的交往分别作一简述。

盛昱

　　盛昱，字伯熙，号意园，满洲镶白旗人。肃武亲王豪格七世孙。祖父敬徵，协办大学士。父亲恒恩，都察院左副都御史。盛昱少慧，十岁时，用唐《阙特勒碑》证《新唐书》突厥"纯特勒"为"特勤"之误，尤是显名。光绪二年进士，授编修。其学涉及经、史、舆地、数算等领域，在京朝士大夫中颇具盛名。光绪十年擢为国子监祭酒。

　　盛昱还是敢言直谏的人。太平天国起义失败后，一批湘淮人物由功臣变为疆臣，居功自傲，甚而貌视朝廷，抗不从命。1883 年（光绪九年），彭玉麟奉召，久不至京。盛昱看不下去，上奏参劾："彭玉麟久不到京，不足励仕途退让之风，反足启功臣骄蹇之渐。"[1]同年，中法越南问题发生，弹劾云南巡抚唐炯畏葸无能，要求"宣谕明示助刘团（刘永福黑旗军）"。对于奕䜣主持的军机处对法国侵略消极退让更是表示强烈不满，于是也上了一道《为疆事败坏，责有攸归》的奏折，折中直指奕䜣及包括翁同龢在内的全体军机大臣俯仰徘徊，坐观成败，苟安旦夕，

置朝纲于不顾，要求将军机大臣交部严加议处，责令戴罪图效，以振纪纲而图补救。奏折呈上后，慈禧太后遂借他的折中意见罢免了军机处全班人马，这就是震动当时朝野的军机大换班。4月8日（三月十三日）："闻有朱谕一道：'钦奉懿旨。恭亲王奕䜣、大学士宝鋆入直最久，责备宜严，姑念一系多病，一系年老，兹特录其前劳，全其末路。奕䜣著加恩仍留世袭罔替亲王，赏食亲王全俸，开去一切差使，并撤去恩加双俸，家居养病。宝鋆著原品休致。协办大学士吏部尚书李鸿藻，内廷当差有年，只因囿于才识，遂致办事竭蹶；兵部尚书景廉，只能循分供职，经济非其所长，均著开去一切差使，降二级调用。工部尚书翁同龢甫

盛昱手迹

直枢廷，适当多事，惟既无建白，亦有应得之咎，著加恩革职留任，退出军机处，仍在毓庆宫行走，以示区别。等因。钦此。'"翁同龢毓庆宫书房退值后，"小军机送来谕旨，前后数百字，真洞目怵心矣。焚香敬告祠堂，省愆念咎，无地自容"。同一天又任命了以礼亲王世铎为首的、包括户部尚书额勒和布、阎敬铭、刑部尚书张之万，工部左侍郎孙毓汶在内的新的军机处。第二天又颁懿旨一道："军机处遇有紧要事件，会同醇亲王商办，俟皇帝亲政后再降懿旨。"[1]

这场政治风暴刮得如此之大，远远超出了盛昱原先的设想，尤其是"军机处遇有紧要事件，会同醇亲王商办"一事，盛昱认为有违祖制，大为不妥。于是他又上了一道奏折，折中"引圣训诸王不得在军机处行走各折"，指出"醇亲王不宜参与军机事务"。但这次慈禧太后未采纳他的意见、并加以驳斥："醇亲王与军机会商事件……并非寻常诸事概令与闻，亦断不致能另派差使，所奏毋庸议。"[2]

同年，盛昱被命为国子监祭酒，与翁同龢共同管理国子监事务。对翁同龢来说，如何同一个参劾过他的人和衷共事，是一个考验。在翁氏看来，盛昱是一个直谅之友，胸无城府，心底光明，且学问纯正，完全合作得很好，后来的事实也证

〔1〕《翁同龢日记》，第1859—1860页。

〔2〕《翁同龢日记》，第1861页。

实了翁同龢的这一看法。

1885年12月6日(光绪十一年十月一日),内阁会议讨论将黄宗羲、顾炎武从祀京师文庙一事,翁同龢、潘祖荫认为黄、顾两先生原本忠厚、实事求是,一洗明季空谈心性之弊,古圣遗经赖以不坠,其生平学术著于国史,彰于记载,服于天下学士大夫,俎豆学宫,当之无愧。但礼部尚书徐桐认为黄、顾两人"仅著述家言,非有躬行实践",满族大学士额勒和布及恩承、李鸿藻也发表了类似意见,结果黄、顾从祀未能通过。在黄、顾从祀文庙的问题上,盛昱完全赞同翁同龢等人的看法。就在内阁会议否定不久,翁同龢与盛昱、孙家鼐、孙诒经、周家楣、徐树铭等十人联衔又上了一道《遵旨会议黄宗羲、顾炎武从祀文庙折》。折中说:黄宗羲、顾炎武卓然为世大师,其学经世致用,开启来世,有传经之功,卫道之力,崇正歇邪之实效。其学广博,精研小学,淹贯全经;深通天算,博稽地志,凡朴学之专门,皆二儒之遗绪,迄今著述,炳在人寰。传授既繁,渊源有在,是凡读其书、习其言者,皆以二儒为转相授受之师。俎豆馨香,用昭崇德,陈宝琛奏请从祀文庙诚属盛举,……以此奖励学术人心,大有裨益。要求"降旨允行。"[1]

在事关国家权益的重大问题上,盛昱也能同翁同龢保持一致。1887年8月(光绪十三年七月),李鸿章擅自计划同美国合资开设华美银行。从李鸿章方面来看,是为了解决洋务活动的资金,因为洋务新政需要大笔钱,而当时国家财政困难,无法满足其要求。但从这家银行章程来看,尤其是第六、七、八条,它实际上是一家美国资本控制的银行,银行由美国总办,可以发行货币,开铸银元,在各城市开设分行,有凡中国重大工程项目如开矿办厂、修筑铁路等均由该行提供借贷,所有中外通兑业务亦由该行负责,等等,严重侵犯了中国的主权。银行与户部关系最大,作为户部尚书,翁同龢闻讯后立即奏请谏阻。盛昱得悉后,立即上折表示反对。10月2日(八月十六日),"今日黄体芳、盛昱、黄煦皆有封事,皆论津沽洋银行也。"此间,翁同龢与盛昱彼此往访,就时事作"长谈",交换看法。[2]

中法战争后,"英窥缅藏、俄涎吉黑、日志并朝",边疆危机日趋严重。康有为

---

〔1〕 中国第一历史档案馆,奏档,军机录副,光绪十二年四号:内政礼仪卷。
〔2〕《翁同龢日记》,第2179、2202—2204页。

有鉴于此,于1888年11月(光绪十四年十月)上书光绪帝,呼吁变法图强。认为现在"若上下发愤,及时变法,国势犹可支持,过此不治,后欲为之,外患日深,势无极矣。"他来到京城,致书徐桐、翁同龢、潘祖荫、盛昱,希望他们代为上书,转呈光绪帝。11月30日(十一月二十七日),"盛伯羲以康祖诒封事一件来,欲成均代递,然语太讦直,无益祇生衅耳,决计复谢之",[1]结果康有为的这次上书未能成功。后来翁同龢解释他为何拒绝代呈,认为康有为上书活动无人担保,不合常例。这个说法固然是一个理由,在清代,大臣代人呈奏,要承担政治责任,万一皇上怪罪下来,代呈大臣往往因此获罪,所以,一般多不愿代呈。但若上奏折者有人或同乡京官为之担保的话,代奏大臣方肯代奏。翁同龢这个解释,实际上还是怕事,生怕由此而带来的政治风险。

1889年(光绪十五年)后,盛昱身患"怔忡",请假屡屡,甚至准备奏请开缺。翁同龢时常去看望他,劝令继续请假,不必开缺。盛昱一直没有子嗣,心情不好。1893年(光绪十九年),从别房抱来一子,很是高兴。翁同龢得知后,特送去银器、纱绸、鞋袜,表示祝贺。

1898年5月(光绪二十四年四月),翁同龢开缺回籍。临行前,盛昱特来送行,赠文文水(文嘉)画卷,并题诗于后。翁同龢非常感动。

1899年十一月(光绪二十五年十月),盛昱在京去世。次年正月,翁同龢从邸报上看到这一消息,十分难过:"故人连殒,悲惋不已。"1903年7月(光绪二十九年六月)他取出当年盛昱送他的文文水画幅,题诗志慨。《题旧藏盛伯羲祭酒赠文和州卷,用卷中韵》:

萧萧落木下亭皋,意与孤云独鹤高。
只感眼前多罢碍,乱山无次涌波涛。
山斋雨坐漫焚香,几净窗明竹树凉。
午睡起来无一事,自磨残墨写潇湘。[2]

〔1〕《翁同龢日记》,第3175页。
〔2〕《翁同龢集》,第905页。

龙湛霖

龙湛霖,字鲍轩,号芝生,湖南攸县(原属长沙)人。既是翁同龢的门生,又曾担任国子监祭酒。但从政见上来看,师生并不一致,关系也远非像翁的其他门生如张家襄、周德润等亲密,甚至还不如盛昱和王懿荣那样对翁敬重。

龙湛霖手迹

龙湛霖同治元年会试中式,这次会试,翁同龢为房考官。他这一房共录取八人,有张家襄、周德润等;另拨房三人:许庚身、龙湛霖、朱逌然。翁同龢说他们"皆珠玉矣"。同他们见面时,对龙氏的印象是"伟而厉"。[1]龙氏朝考得馆选,授编修。其书法师法董香光,颇有些水平,曾手抄《三礼注疏》成帙。同治十三年七月,龙氏主持云南乡试,回京后,看望翁同龢,并赠银六十两,翁同龢以"试差回京从无此应酬,却之"。其次,不知什么原因,光绪二年十二月某日,龙湛霖忽然向翁同龢借银一千两,门生向座师借贷在当时官场上一般少有,何况翁也无此巨款。翁同龢说"晤龙鲍轩,鲍轩欲借千金,所谓'安能万顷池,养此横海鳣'也",但出于面子,还是借给他三百两。[2]但从此对他的印象很差。

在政见上,翁同龢对他的一些观点主张也颇不以为然。1884年2月(光绪十年正月),龙湛霖上了一道奏折,"请选宗室贵戚于书房后在养心殿辅导圣学,仿御前大臣云云",慈禧太后看后颇不以为然,认为"小臣不谙体制也"。醇亲王则"言

---

〔1〕《翁同龢日记》,第230页。
〔2〕《翁同龢日记》,第1296页。

此时涵养圣性，他日终当去隔绝为要务"。[1]1886年8月（光绪十二年七月），当时翁同龢与户部正奉旨恢复制钱，取代行使已久的大钱。铸造制钱需要铜，购铜需钱，但当时国库如洗，户部根本拿不出钱来。这时龙湛霖上了一道奏折："龙意大致与余等所议合，惟谓以大钱之铜铸制钱，无虑不足，真臆说也。"翁同龢要负责承办铸造制钱事宜的户部广西司"立即回堂"，届时面奏。[2]当然龙湛霖也不是在所有问题上与翁同龢持相反意见，同年。会议黄宗羲、顾炎武从祀京师文庙，经翁同龢、潘祖荫、盛昱等做工作，龙湛霖同意列名联衔复奏，要求内阁通过。"是日内阁递会议黄、顾从祀折，予与潘伯寅、孙燮臣、孙子绥、周小棠、盛伯羲、龙芝生七人连衔申前折语，其余尚贤等一折，徐致祥一折皆请准。奉上谕：兹据额勒和布等仰稽列圣垂谟，参考廷臣议论，请照礼臣原奏驳，即著毋庸从祀文庙，仍准其入祀乡贤，从重明禋而昭矜式。"[3]

1888年8月（光绪十四年七月）龙湛霖外放江西学政。1894年9月（光绪二十年八月）再放江苏学政。任满回京，任刑部左侍郎。1898年（光绪二十四年）因病开缺回籍，得旨允准。1902年（光绪二十八年），留日学生胡元倓在长沙创办明德学堂，该学堂仿效日本学校，以传播西学为主。学校开办时，龙氏由两子出面资助千元。由于当时科举未废除，学校的开办遭到王先谦等人反对。学校请龙氏担任校董和学堂总理，龙氏欣然接受，并将自己住宅西侧房屋租借给学校作校舍，因他是在籍侍郎，王先谦等不敢公开反对。民族民主革命家黄兴是明德学堂学生。1903年黄兴与该校部分师生秦毓鎏、苏曼殊、张继、姚宏业、吴禄贞、宁调元、胡瑛、仇亮等秘密组织革命团体华兴会，准备明年发动反清起义。不幸事泄，军警搜查时，黄兴正藏在龙氏家中。后在龙氏两个儿子的帮助下，坐轮至沪，逃往日本。此事见于黄兴史料集，如果属实的话，说明龙氏的思想并不守旧，尚有趋新的一面。1905年（光绪三十一年）在籍病逝，终年六十九岁。

---

〔1〕《翁同龢日记》，第1844页。
〔2〕《翁同龢日记》，第2076页。
〔3〕《翁同龢日记》，第2041页。

王懿荣

王懿荣,字正孺,号廉生,一写莲生,山东福山人。祖父王兆琛,曾任山西巡抚,父亲王祖源,字莲塘,官至四川成绵龙道。王懿荣少时议叙授户部主事。光绪五年中举,七年考中进士。关于他散馆大考,中间还有一段趣闻。据徐兆玮光绪二十年三月十五日日记记载:"莲生师大考时,因诗中'堠'字误书'侯'字置三等末,翁瓶生阅卷时,将'侯'字改去,然后请旨,奉旨置一等末,然嫉妒者已不少矣。"徐兆玮召见时,光绪帝问徐:"王懿荣认识否?"徐答:"是馆中教习,认识。"光绪帝又说:"王懿荣这本卷子便好,经也有,史也有。"徐答:"是。"[1]正是翁同龢的赏识、关爱,才使王懿荣的才能得以发挥,受到重用。

王氏喜好金石,尤喜收藏孤本,哪怕是残篇只页,均注意收存,并加考订。1888年5月(光绪十四年四月),一次他向翁同龢出示收藏:"看其所买旧书,宋版《后汉书》,不全,郑元传;宋版《纲监》,大字不全,旧版《刘后村集》,皆可爱。"[2]又有一次他请翁同龢看其收藏,翁同龢说:"廉生所藏无一不精,唐人所写《转轮经》卷,又残字二段,刘文清跋,亦琴泉寺物,而飞动不似吾所得者也。又一卷,五代写经六册,彰义节度使布施,金字。沈石田《口庵图》,一时名流题。吴仲圭《草亭诗意卷》《松横秋日》,乃北海物。黄鹤山画卷,元人陈口口口山水卷,仿北苑。"[3]翁同龢、潘祖荫称其博学。

1885年(光绪十一年),王懿荣第一次任国子监祭酒,此后还担任过两次,因此人称"三祭酒"。在任期间,他对教习要求非常严格,南学学生不认真读书,他主张遣散。翁同龢对他既敬之,又爱之。一次他病得很重,翁同龢闻之,连夜函请潘伟如为之诊治。王懿荣有子名翼北,聪明可爱,不幸夭折,翁同龢三次前往王宅慰问。1894年5月31日(光绪二十年四月二十七日)翁同龢生日,王懿荣送给其唐人写经,明拓寇谦之《西岳碑》帖,翁同龢"皆璧之"。次月,王懿荣被命在南书房行走。他负责《图书集成》一书审校,看得极为认真仔细,发现缺页,立即与总理衙门联系查补。次年,日军进攻山东半岛。他奏请回籍办理团练,翁同

〔1〕《徐兆玮日记》第1册,黄山书社2013年版,第4页。
〔2〕《翁同龢日记》,第2234页。
〔3〕《翁同龢日记》,第2470页。

龢亲自前往送行。因和议开始，随即返京。此后他协助刊印《吴氏新刻金文》九册，进呈光绪帝。翁同龢因忙于甲午战后借款外交活动，有关翰林院发交批阅的课卷往往交由王懿荣批阅。光绪二十四年四月，翁同龢开缺回籍。王懿荣为之送行，并送给他一幅周东村为吴匏翁所绘《咏雪图》、周康儇《金焦诗》、陈白阳图。翁同龢只收下了《咏雪图》，其余诗画一概未收。这是他们的最后一次见面。

1900 年（光绪二十六年）义和团运动发生。王懿荣拜命团练大臣，奏对时，他说"拳民不可恃，当联商民备守御。"他预感形势危险，事先在居所院中挖井一口，以防不测。八国联军入城，团众溃散。他归寓后在壁间题句："主忧臣辱，主辱臣死，于止知其所止，此为近之。"然后跳井自杀，其妻及儿媳同时赴井殉之。诸生王杜松等醵金为之安葬。事闻，赠侍郎并追谥"文敏"。翁同龢是在是年九月陆凤石、徐祺致汪鸣銮的信中得知王懿荣被难的，他说："汪鸣銮携陆凤石、徐花农信稿来，知……王莲生夫妇及子妇皆殉，阅之愤叹不能已。"〔1〕

治麟

讲到盛昱，不能不提到国子监司业治麟。据《清史稿》，"盛昱为祭酒，与司业治麟究心教士之法，大治学舍，加膏火，定积分日程，惩游惰，奖朴学，士习为之一变。"道咸以后，国家多故，士多失学，国子监因经费严重短绌，教舍破敝，教习生活困苦，监生大多弃学。这种情况到了同治年间，依然如故。在翁同龢的支持下，盛昱和治麟的努力下，对国子监进行了大力整顿。奏请政府增拨经费，修建校舍，增加教习薪俸和学生膏火，并致函各省督抚捐款赠书。"现在费责诸各省，常年费责诸各关。"〔2〕当时两江总督兼南洋大臣左宗棠曾捐银万两，两广总督刘坤一曾捐银十五万两，其他督抚也有捐数十万两不等的。这些资助，使国子监的经济状况有了很大的好转，教学、学风也随之有了很大的改变。其间盛昱与治麟作出了巨大的努力。

治麟，字舜臣，军机大臣景廉之子。光绪三年进士。曾任蒙古付都统。平日

---

〔1〕《翁同龢日记》，第 3343 页。
〔2〕《翁同龢日记》，第 1768 页。

学术以宋代学者尹焞为宗，律己教人，鞭辟近理。事亲尽孝，为同族称敬。同治初年，景廉任新疆伊犁参赞大臣，身染重病，其时治麟年刚二十岁，知道后，匹马出关，前往探视。景廉回京后，治麟承侍左右，"色养无违"。1885 年（光绪十一年），景廉病重，"不欲人侍"，治麟守于门外，"有呼则敬唯，有所苦则抑骚扶持"，终夕徘徊风露中，倦则依檐柱而息，前后长达四十余日，因此忧劳成疾。景廉是翁同龢的座师，翁同龢称治麟为世兄。盛昱曾上门告知翁同龢有关治麟病状，翁同龢得知后，"致函舜臣，劝其闭特室、遮阳光默坐"。[1]景廉去世后，治麟又援古人居丧茹素之礼，荤腥不沾，以致"骨瘦柴立"。守孝期间，亲手纂辑父亲遗稿，"一字之误，反复审订"。并请翁同龢书景寿神道碑，同龢感其"纯孝诚敬"，答应其请求。而治麟终因忧丧劳累，于 1887 年 6 月（光绪十三年五月）呕血而死。翁同龢闻讯，深感悲伤，"闻治麟竟于昨日病殇，纯孝也，为之感叹"。[2]翁同龢与盛昱认为像治麟这样文行兼优、忠孝两全的人目下太少，如果将其史迹加以宣扬，可以"风励天下"。于是进呈了一道《奏为已故儒臣孝行可风，吁请列入国史馆〈孝友传〉以彰至行折》，请求将治麟事迹宣付国史馆，列入《孝友传》。折中说：

> 臣等以为鲁襄亡而子野毁，不见绝于《春秋》，此圣人教孝之微意。然则即死于毁，历代史册犹且褒扬之，况该故员蒸蒸之孝，征于平野，孚于舆论，众著于宗族师友之间者乎！我朝功令，孝子有旌闾之典，国史列传特立孝友一门。……臣等窃惟太学为教化所出之地，该故员事亲尽孝，无愧人师。臣等谊属同官，见闻确实，合无仰恳天恩特降谕旨，准将前国子监司业治麟列入国史馆孝友传，仍由馆臣咨行该旗查取事实清册，以备纂辑，用以风励天下。

折呈上后，获旨允准。翁同龢"为之感怆"不已。

王先谦

王先谦，字葵园，号益吾，一写逸吾，湖南长沙人。同治进士，授编修。早年

治古文词，师从曾国藩，后泛览群经，步阮元之后，辑刊《续皇清经解》，凡二百十种，一千四百三十卷。又仿姚鼐，编《续古文辞类纂》二十八卷。王闿运尝谓："《经解》纵未能抗行芸台(阮元)，《类纂》差足以比肩惜抱(姚鼐)。"仕宦后，在翰林院，他利用在实录馆任职的机会，仿蒋良骐编辑《东华录》办法，参阅有关档案资料，增补删剔，厘订史实，整理编辑清朝天聪、崇德、顺治、康熙、雍正、乾隆、嘉庆、道光的历朝历史，名之《东华续录》，翁同龢曾将它同日本人编辑的《清鉴易知录》对照，发现日人所编"漏略多矣，然间有一二朴实语，则(从王书上移来)未经润色者也"。[1]1881年6月（光绪七年五月），王先谦调至国子监任司业，正值国子监奉旨大力整顿，他配合翁同龢、盛昱，做了以下三件事：

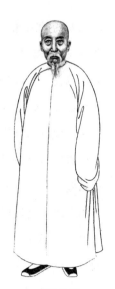

王先谦像

　　一件是致函各省督抚、将军、学政、知名书院向国子监捐赠图书文献资料。自咸同以来，因战事连年，国子监常年经费一减再减，无力购买图书仪器资料供监生研究参考使用。现在战事结束有年，各省书局多有恢复，许多典籍被重新印刷。王先谦认为国子监是政府培养人才的最高学府，理应储有大量的儒家的经籍，现在国子监虽经费有限，不妨奏请或致函有关督抚、将军、学政、知名书院向本监捐赠。他的建议得到了翁同龢、盛昱等人的支持。"王益吾托吾致函闽、粤、楚各督抚索取官书，储于成均。"[2]由他一手经理，国子监先后获得数千册来自两江、湖广、四川、两广、直隶等多个省份的捐赠图书，其中两江捐赠的图书就有不少来自江南机器制造局的译书。

　　另一件是建议翁同龢将各省督抚的捐款发商生息，以息银充作生员膏火经费。当时左宗棠曾向国子监捐银万两，刘坤一捐廉十五万两，作为储备边才馆经费，其中一万两捐赠国子监。其他如四川总督刘秉璋，陕甘总督谭钟麟、云贵总督岑毓英也各捐了数千两不等。捐款虽只有数万两，但若发商生息，对国子监也不失为生财之道。王先谦致函翁同龢，建议仿效广东学海堂、应元书院、四川锦

<hr />

〔1〕《翁同龢日记》，第3092页。
〔2〕《翁同龢日记》，第1618页。

江书院的做法,信中说:"太学虽分京内外,其为培才兴学未尝不同,……义利本非两截,用以利物则公而溥,是利即义也;用以自利则贪而隘,是利即害也。……此事以公济公,谅不至贻牟利之诮。现在储款伊始,岁获尚微,若以十年二十年累集之计,所储甚巨,以息之款,便可推广住学额缺。"[1]翁同龢、盛昱采纳了他的这一建议。将筹集到的捐款全部发商生息,并将此事交王氏负责。

再一件事是,他建议凡曾任国子监堂司官而今已外任地方官员,以及每届乡试试差回京的官员可否仿翰詹衙门之例,"酌量捐赀,归并一处,俾日新月旺,储为不急之藏,但总须发商生追之例可行,然后能交通尽利,事虽不易,全赖人为,若束手坐观,终无兴举之日"。[2]这一条涉及很多官员,且各地方官薪俸微薄,翁同龢最终没有采纳。

1882年6月(光绪八年五月),王先谦回籍丁忧,临行之日,翁同龢为之送行。"送王益吾行,甚凄恻。益吾长于经学,人开展,可用才也。"[3]1885年(光绪十一年)服阕回任。不久,外放江苏学政。在苏多年,延请硕学通儒主讲南菁书院。再次对所辑《东华续录》进行了修订,并寄给翁同龢数十本,一些分送京师友人,一部分捐赠国子监储存。王氏任职勤慎,治学严谨,为士林所推崇。1897年(光绪二十三年)某月某日,任保定知府的陈启泰拜访翁同龢,品评当代人才时,首推王先谦。而王氏自苏回京,即请病回籍,主讲城南书院,继续从事著述活动。1898年(光绪二十四年)翁同龢开缺回籍,从此二人中断了联系。

沈曾植

沈曾植,字子培,浙江嘉兴人,光绪六年进士,出于祁世长门下,祁与翁同龢关系很近,就这样沈曾植及其弟沈曾桐(字子封)与翁氏有了交往。沈曾植任刑部主事多年,潜心研究历代律例,著有汉、晋刑法志补等书,其学兼综汉、宋,尤谙历史掌故。此外他还懂医,是一个多方面的人才。"钱子密(钱应溥)来,称袁爽

---

〔1〕〔2〕 参见王先谦:《致翁叔平前辈》,《虚受堂文札》。
〔3〕 《翁同龢日记》,第1703页。

秋(昶)能诗,沈子培力学,其弟亦博学,今在合肥幕。"[1]因此,翁同龢对他十分敬重,遇事常常向他咨询。而沈曾植也时时到翁宅,与之作"深谈"。1888 年 9 月(光绪十四年八月)某日,沈曾植到翁宅长谈,翁同龢说:"此人博雅,惜稍呆气。"[2]甲午战争期间和甲午战后,几乎每遇重大交涉,诸如黄海海战后、李鸿章赴日议和前、中德胶州湾交涉等,他都要登门与翁同龢交谈分析形势。1895 年 12 月 15 日(光绪二十一年十一月初十日),"饭后沈

沈曾植像

子培来长谈,意在开学堂、设银行也"。翁同龢说:"此人有深识,而语蹇涩。""沈子培来长谈,此人思虑深,不免过虑,然待我之殷殷。"[3]据说甲午战后不久,他就提出"请自借英款创办东三省铁路,时俄之韦特西伯利亚铁路尚未建设也"。结果清廷未加采纳,事"不果行"。1892 年(光绪十八年)后,翁同龢因事务繁忙,常将国子监南学课卷请沈氏兄弟批阅,这种情况一直持续到翁氏开缺回籍前夕。翁同龢此举还有重其才、怜其贫的意思,当时因沈母常年卧病,生活十分贫困,翁氏请他批阅课卷,借此贴补其家用。他虽不是国子监官员,但代翁同龢批阅国子监生的课卷多年,所以将他放在这里介绍。1897 年 10 月(光绪二十三年九月),沈母去世,翁同龢亲自前往吊唁题主。沈氏回籍丁忧期间,曾受张之洞之聘,主讲两湖书院。自京师一别,翁同龢便与他中断了联系。据清史记载,义和团运动期间,他曾参与东南互保活动。辛亥革命后,清帝宣布退位,他痛哭不能止。张勋复辟,被授为学部尚书。事败隐居上海,遗著有《海日楼诗文集》。

---

〔1〕《翁同龢日记》,第 1891 页。
〔2〕《翁同龢日记》,第 2264 页。
〔3〕《翁同龢日记》,第 2859、2976 页。

（六）满蒙将帅

在翁同龢的人际交往中，有不少是满蒙将领，而且往来密切，关系非同一般。出现这种情况，有多种原因，有的是他会试的同年，如铭安；有些与他兄长同书有关，如穆图善、都兴阿、英翰、长庚等，尤其是都兴阿，是他兄长由谴戍改为军营效力、由罪臣改为功臣的关键人物；有些是因职事上的关系或家庭临时墓地的原因，如崇厚、盛昱、延煦等；有些是他的僚属，如廷雍、端方等；还有的是因光绪帝、珍妃的关系，如志锐、志钧兄弟等。不管何种原因，根子还在于翁同龢在朝的显赫地位和帝师的重要身份，这些满族将军及权贵往往借年节向其馈赠食物，翁同龢则以他的书法相回报，偶尔彼此诗文吟唱，以诗相赠。翁同龢与他们的交往，扩大了他在满族权贵中的影响，并借此提高了自己在朝的地位。

铭安

铭安，字鼎臣，叶赫那拉氏，满洲镶黄旗人。兄长浦安，因戊午科场案被杀。铭安本人为咸丰六年进士，是年会试翁同龢殿试一甲一名，状元及第，两人入选庶吉士，分在翰林学士全庆（小汀）门下，因此彼此而成同年。其后因浦安之子那桐在户部当差，翁同龢是户部尚书，爱屋及乌，同铭安的关系进一步走近，较为密切。铭安卒于宣统三年，谥"文肃"。

根据翁同龢日记记载，他和铭安交往始于咸丰十年以后，当时一起交往的还有延煦(树南)、潘祖荫、谭钟麟、桂清等人。同治元年十一月,翁心存去世,灵柩移至南横街,铭安等亲自步行相送。次年二月,清廷举行恩科会试,翁曾源状元及第。铭安是会试的房考官,事后特前来往祝。经过多年的接触了解,翁同龢觉得这位同年气度不凡,颇有作为。后来的史实证实了他的看法。

1871 年 8 月(同治十年七月),铭安外任吉林将军。满族进士出身的文职人员外放将军的属于例外,并不多见。当时除了铭安外,还有崇实(崇厚的弟弟)。翁同龢亲自为铭安送行。铭安到任后,条呈四事:"剿马贼,禁赌博、设民官、稽荒地",诏旨准行。"吉林武备久弛,寇盗充斥。铭安莅任后,严治盗。复募猎户为炮勇,号吉胜营。"又"练西丹部队八百,入山穷搜",一时军威大振。"默念吉林幅员四五千里,断非十数委员能济事,且旗员未谙民治,请破积习,调用汉官,部臣尼之,铭安抗疏力争,始谕允。"此后"增置民官,画疆分治,先后奏改伯都讷同知、长春通判,理事,为抚民,置知府、巡道各一,宾州、五常同知二,双城通判、伊通知州、敦化知县各一,并请无分满、汉。又奏弛秩参禁,免山兽贡,增各旗义学,士民利赖之。东北与俄接壤,旧设卡伦,无兵驻守,乃遣将分扼要塞,并筑营伯力、红土崖、双城子,守以重兵,因上安内攘外方略。称旨。"长春久称难治,铭安稔知锺彦才,奏请以通判用。部臣以其此举违例,请将铭安交部议处,铭安盛气抗辩,慈禧为此两解之。铭安终不自安,遂引疾回京。[1]1878 年 12 月(光绪四年十一月)侍卫倭兴阿控告铭安不办马贼,收受贿赂,旨派崇绮、冯誉骥前往查办。事后崇绮查办复奏折"高达盈寸"。寻因失察部属受贿,降三级调用。此间,铭安与翁同龢多有通信。1885 年 1 月(光绪九年十二月),翁同龢在京与铭安见面,"晤铭安将军,意气如昔,喘尤未平"。[2]

1886 年 6 月(光绪十二年五月),铭安为了养病,在圆明园左近乡下巴沟一带修建别墅一所,在光绪十三年六月和十四年三月,曾两次邀请翁同龢前往观荷与看海棠。三月十七日,看海棠期间,翁氏应铭安之请,为其《养年别墅图》赋诗一首:

---

〔1〕参见《清史稿》卷四五十三。
〔2〕《翁同龢日记》,第 1766、1839 页。

与君相从何所似，骏马联镳鸿雁起。伤心莫赋浕陂行，投老聊寻铁沟水。珠茵绣憩驰华辀，洛阳名园公与侯。宫花寂寂无人问，禾黍离离知我忧。别墅距南淀二里。一丘一壑君能有，且斫白鱼买村酒。箬冠藤杖试行吟，落日孤云重回首。六年边琐志匡时，世上纷纷那得知。金城三对皆长策，上郡孤军是健儿。白头我亦嗟憔悴，堆案文书无处避。偷闲饱看海棠花，不惜归处逢醉尉。[1]

1888 年 6 月 23 日（光绪十四年五月十四日），翁氏又为其扇面题三绝句：

万绿丛中点一螺，此亭真是小盘陀。
名园多少看山阁，其奈青山偃塞何。此园无墙。

苍莽群山接大同，龙沙雁碛渺难穷。
莫嫌一角溪堂浅，容得人间万里风。

日日朝衫倚画船，鬓丝惭对镜中天。
偕君缚竹三间屋，著我看花两散仙。[2]

铭安赋闲期间，国内形势颇多变化。中法战争之后，边疆形势日亟，"英窥缅、藏，俄涎吉、黑，日志并朝"，引起了有识之士的严重不安。在此前后，铭安多次致函翁同龢，表示对时局的关注和担忧。翁同龢也应铭安邀请，多次前往巴沟铭安别墅，彼此"深谈时局"。光绪十六年六月，翁同龢的《小诗代柬呈铭鼎臣同年》颇能反映这一时期的交往。

五月书来约看花，岂知六月雨如麻。
巴沟一曲泥三尺，何况城南十万家。

---

〔1〕〔2〕《翁同龢集》，第 770 页。

闲官饱粟未全贫，饥鹤无端夜唳频。

送与养年精舍主，云山西北渺无垠。仆有病鹤，拟送养年别墅。[1]

中日甲午战争爆发后，特别是日军将战火延烧到中国东北境内后，翁同龢又应铭安之约，交换对战场形势的看法。甲午战败，人们在对战败进行反思的同时，益觉得铭安当年在吉林的谋划具有远见，光绪二十三年，光绪帝以其治吉有功，部民感念，恢复原官。是年三月，适逢铭安七十寿辰，翁同龢亲自往祝并送去寿联一副：

投绂归来，将军未老；拥书高隐，公子多贤。

又另赠一联：

屯田充国千言策；别墅香山九老图。

光绪二十四年四月，翁同龢开缺回籍，离京前夕，铭安专程从巴沟入城来到翁宅"送路菜"，为其送行。这是两位同年的最后一次见面。此后，那桐对翁同龢的关心多少也反映了铭安对翁的感念。

都兴阿

都兴阿，字直夫，郭贝尔氏，满洲正白旗人。祖父阿那保、父亲博多欢均曾任正黄旗蒙古都统。都兴阿由荫生于道光三年赏给三等侍卫。咸丰二年，太平军北伐军进军至天津附近，他随僧格林沁在独流、连镇一带围剿林凤祥军。叙功赏副都统衔，在乾清门行走。次年四月，授京口副都统，率马队随钦差大臣西凌阿在湖北一带同太平军作战。六年五月，授江宁将军。此后一直在长江以北鄂皖

一带与太平军交战。咸丰十年四月,奉旨督办江苏江北一带军务。其时寿州被围告急,廷旨令其救援,也就是在这时与时任安徽巡抚、翁同龢的兄长翁同书发生了接触。都兴阿到达扬州后,安营驻扎翁同书当年的旧战地瓜州。经与各方接触,对翁同书在江北大营期间的治军情况有了进一步了解。

同治三年五月,多隆阿因病去世,廷旨以都兴阿为钦差大臣督办甘肃军务。正好此时翁同书因办理寿州绅练仇杀事件办理不善,遭曾国藩参劾,被刑部判为斩监候。是年改为遣戍新疆赎罪。当时都兴阿正需人协助围剿西北回民起义军。副都统衔镶黄旗头等侍卫三等辅国将军谦禧、乌什办事大臣伊昌阿因道途受阻,无法到任,均应其请求留营"参与兵机,藉资襄助。"已革前叶儿羌大臣景廉、已革前广东布政使文恪皆因其奏请留在其军营效力。得知翁同书的情况后,遂也奏请翁同书留营效力。原奏称:"并有已革安徽巡抚翁同书发遣新疆,似此路梗,谅未赴戍,亦必间阻中途,该革员前在江北琦善军营充当翼长,熟谙戎机,颇称得力;复帮办军务,屡次克复城池,筹划精良,战功卓著,至今江北声誉犹存。可否仰恳恩施……饬赴奴才军营,以资臂助。至翁同书系获遣人员,自应前赴戍所,未便截留军营,以启他人之渐,惟该员素抱韬钤,尚为知兵之士,今既阻于中途,急切未能前进,莫如饬赴军营暂为效力,一俟道路稍通,仍令起解赴戍赎罪,奴才非敢滥举废员,实为军营人才起见,是否有当,伏候圣裁。"[1]恭亲王奕䜣当政,翁同书的改判就是由他决定的。所以见到都兴阿的奏请,立即批准,并寄谕"令该将军行文直隶、山西、陕甘各督抚,该员行抵何处,即调取赴营。"[2]翁同龢得知这个消息,顿时热泪盈眶,都兴阿奏折中对翁同书的评价更使他激动无比。"闻信举家感泣,敬告先灵。"同年9月,翁同书到都兴阿军营报到。"都帅相待有加礼,委以总办营务,督催粮饷。"惟时西北苦寒,"米珍薪贵,旅况不支耳。"12月,都兴阿、穆图善合军围攻宁夏回民起义军。任命翁同书统率直晋军一千四百多人驻守花马池。次年6月,又令翁同书"统各路满兵马队,俨然帮办体制"。同治四年四月,固原回民起义军与灵州起义军围攻灵州,翁同书率军迎击,在红柳沟一带,击毙"伪王"孙义保,都兴阿为之请奖,奉旨晋四品顶戴。然终因天暑,奔

〔1〕谢俊美:《翁同书传》附录《都兴阿奏留翁同书于军营折》,华东师范大学出版社1998年版。
〔2〕《翁同龢日记》,第357页。

驰在烈日砂碛中,积劳成疾,遂患血痢不止,于同年十月病死甘肃花马池。都兴阿闻讯后如实呈奏,并"恳请优恤",礼部遵旨将翁同书开复原官,议赠右都御史衔,并荫一子入监读书,六月期满,以知县注册铨选,并照提督病故例给恤银200两。翁同书由一名遣戍新疆的罪臣,临终再变为军营立功大员,这完全归功于都兴阿的奏留和帮忙,翁同龢对此心怀感激可想而知。1866年4月8日(同治五年二月二十三日)翁同龢到昌平为父扫墓,在清河碰巧遇见回京的都兴阿。翁氏见之,当即向其"叩头涕泣不能自已也。"都兴阿幼承家教,爱贤惜士,任事沉稳,深得军心。翁氏称他"朴实通达,为满族将军中少见"。

翁同龢入值弘德殿后,都兴阿十分高兴,对其非常尊重。在京期间,或回京度岁,都要给翁同龢送去蜜饯、江鱼、山鸡之类的年货,以示馈岁。同年十二月,都兴阿奉调盛京将军。七年调京师,管理神机营事务,仍与翁同龢保持往来。翁同龢也时常去其京寓看望,互作交谈。1875年3月(光绪元年二月)都兴阿因病去世。赏银千两治丧,并赐谥"清悫"。后来他与已故署盛京将军崇实、已故大学士文祥被誉为"满洲三杰",在盛京专祠供奉。翁同龢是从邸报上得知都兴阿去世消息的。"阅邸报,都直夫将军故矣,为之感慨。"[1]

穆图善

在满族将领中,穆图善、英翰、英桂同翁同龢的往来也比较多。穆图善,字春岩,世居黑龙江齐齐哈尔,隶满洲正黄旗。翁同龢与之相识在同治初年。穆氏与荣禄、广寿相识,荣、广两人都与翁为结拜弟兄,翁同龢是在荣禄一次宴请穆氏时与之相识的,加上翁是帝师,其后彼此便有了往来。穆图善在京期间,翁同龢不时前往拜访。穆氏曾向其赠送马匹,翁氏照价还之。1880年(光绪六年)穆氏调任福州驻防,临行前,翁同龢将自己的仆人曹升荐于穆氏,并赠送对联送行。穆氏为人淳朴,无政治欲望,虽与翁同龢交往,很少谈及时政,多数情况下的交往是属于礼节性的。死后谥"果勇"。

---

〔1〕《翁同龢日记》,第1147页。

英翰

英翰与翁同龢的交往则有所不同。英翰,字西林,萨尔图氏,满洲正红旗人。道光二十九年举人。咸丰四年,以知县分发安徽。咸丰八年翁同书擢安徽巡抚,因英翰是其下属,遂引起翁同龢的关注。不过在苗沛霖率众围攻寿州时,廷旨多次令英翰率兵救援,但他以颍州吃紧,一直未予救援,率致寿州城破,翁同书后来被曾国藩参劾、革逮。事后英翰从心里感到一种内疚,又看到翁同龢入值弘德殿,为同治帝师,想通过与翁同龢的交往,有所弥补。同治七年八月,翁同龢护持父亲翁心存、兄长翁同书、夫人汤松灵柩回乡安葬,在直隶临清首次与英翰见面。当时英翰已是巡抚,他用兵手辣,曾因所部兵勇为当地南乐村人所杀,竟统兵"血洗南乐一村"。"十张村居民杀皖勇十人,中丞怒之,围之,陶令叩马而谏,后缚八人正法,始撤队。"同年十一月,英翰因父亲去世,回京办理丧事。翁同龢前往拜访。1869 年 7 月 4 日(同治八年五月二十五日),英翰以贺节为名,赠翁同龢银二百两。翁氏"却之,明日再送,使者三返,乃受之,廉丧矣"。7 月 9 日(六月一日),翁同龢回拜英翰,彼此"深谈时事",翁氏说"看其气甚静,语皆笃实",[1]对他印象还不错。其实英翰自视很高。同治十三年擢两广总督。次年因奏请闽姓弛禁助饷,加上随员招摇,为广州将军长善所劾,被议褫职。奉召还京。未几,命还世职,但又因失子,从此闷闷不乐。1877 年 1 月(光绪二年十二月),他被命为署乌鲁木齐将军,令其岁末赴任。他认为这是有人故意排斥他。翁同龢极力安慰,并为之送行。他冒着风雪严寒,带着无限悲伤的心情赴任。次年七月,他一连给翁同龢两封信,"忧谗畏讥,情见乎词"。不久他的夫人在京病故,"西林在西域,而堂有老母,无子,有义子宗胜偶然在,可悯也"。1878 年 2 月 13 日(光绪四年正月初七日)英翰本人竟在乌鲁木齐忧郁而死。翁同龢闻讯说:"英西林竟卒于乌鲁木齐,恤典甚厚,然其母老矣,惨甚。"死后谥"果敏"。开吊之日,亲自往祭,"致赙及饽饽桌供",[2]以表达对逝者的悼念。

---

〔1〕《翁同龢日记》,第 727—728 页。
〔2〕《翁同龢日记》,第 1374—1376、1422—1424 页。

英翰生前与左宗棠亦有交往，英翰去世后，左宗棠特送一联，以示悼念：

> 遗诀酸辛，嗟膝下无儿，堂前有母；
>
> 殊勋彪炳，看大江东去，冰岭西来。

英桂

英桂，字香岩，赫舍哩氏，原系贝子载容包衣，因后来补放福州将军，著加恩抬入满洲正蓝旗。死后谥"文勤"。英桂道光元年繙译举人。考取内阁中书，充军机章京。后历官知府、道员、咸丰二年擢山西按察使，旋升河南巡抚。当时英桂忙于镇压太平军北伐军和苏豫皖一带的捻军，自八年翁同书任安徽巡抚后，因其军事与安徽军务息息相关，遂引起翁同龢的关注。但真正引起翁同龢注意的是，同治七年担任福州将军时，在处理英人与台湾驻军的矛盾冲突中，与福建巡抚卞宝第严重分歧。是年台湾民众因与传教士发生冲突，互相斗殴并焚烧教堂。经英国驻打狗领事交涉后，基本了结，不料英国领事反悔，纵令英军向我驻军进攻、焚烧我军火库，杀伤我兵勇。卞宝第主张对英强硬交涉，但英桂仍主答应英国领事要求。两人意见严重对立。卞氏"却持不肯俯就"，并以病奏请开缺。[1]意见一直闹到总理衙门，总理衙门也持息事宁人态度，主张妥协。卞氏是翁同龢父亲的门生，平时为人耿直，办事认真，翁同龢早就与他相识，所以在这件事情上，他比较赞同卞宝第的意见。但后来出人意料的是，朝廷竟支持英桂兼福建巡抚。此后英桂不降反升。内调后步步高升。因有王公贵族支持，光绪二年授为大学士。翁同龢其时虽为帝师，毕竟位卑权轻，对于满汉权力斗争了然于心。所以虽与之往来，决"无深谈"，只是周旋、应付而已。1879 年 11 月（光绪五年十月），先是英桂弟弟英朴先卒，继而英桂和英桂夫人去世，是否得了传染病，不得而知。所以翁同龢发出"可怪也"的惊叹。[2]

---

〔1〕《翁同龢日记》，第 704 页。

〔2〕《翁同龢日记》，第 1493 页。

端方像

端方

端方,字午桥,托忒克氏,满洲正白旗人。在与翁同龢交往的满族权贵中,端方可说是往来关系最为密切的一位。翁同龢认识端方与其叔叔桂清有关。桂清,字莲舫,与翁同龢同为同治帝师,入值弘德殿。桂清兄弟三人:乐舫、莲舫、月舫。月舫名桔和,即端方的父亲,在奉天任职。光绪四年,端方就开始出入翁宅。是年十一月,桂清病重,翁同龢、李鸿藻等不时前去探望。1879 年 2 月 11日(光绪五年正月二十一日),桂清病重,当晚端方持王、唐二医及潘祖荫所开药方请翁同龢定夺。翁氏"答以此事太重,不敢知,从兰荪(李鸿藻)来字看",表示此事生命攸关,不敢随便作主。又过了数日,端方又来,告知服王医所开药的情况。翁同龢说"莲舫服王药,头疼而燥,殆不可治矣"。知道桂清病危,次日即前去看视。"看莲舫,脉细而弦,目赤头痛,语甚含糊。"不久,桂清去世。翁同龢得悉,退朝后即前往桂宅"哭之,不觉过恸,君子道消,可叹可叹"。桂清死后所谓"接三",他再次前往凭吊。[1]可见与其友情不浅。

桂清死后,端方继续同翁同龢保持联系,不时前来翁家走动。端方原来在工部供职,光绪五年四月,翁同龢由刑部尚书改任工部尚书后,端方成了翁同龢的下属,因职事上的关系,彼此接触的机会更多。光绪八年,端方考中举人,纳赀为员外郎。在翁同龢的关心下,端方受到了重用。端方"性通敏,不拘小节。笃嗜金石书画",志趣与翁同龢相近。读书也多,是位饱学之士,在满族权贵中极为少见。他常常向翁同龢借书阅读:"端午桥来,借《史通》读,勤学可嘉也。""其人读书多,与名流往还甚稔。"[2]端方的志节和才学为另一位满族才子、国子监祭酒盛昱

---

[1]《翁同龢日记》,第 1439—1442 页。
[2]《翁同龢日记》,第 1877、1889 页。

所看重，认为此人日后必成大器，愿将自己的堂妹许他。翁同龢其时兼管国子监事务，盛昱请他出面说合。1885 年 11 月 17 日（光绪十二年十月二十二日），"盛伯羲来，伯羲请我为端午桥说亲。伯羲堂妹。"翁同龢愉快地答应了这件事。[1]

1889 年 5 月 26 日（光绪十五年四月二十七日）翁同龢六十岁生日。是日"天子祝寿"。慈禧太后和光绪帝派上驷院卿德庆为天使，前来翁宅祝寿，端方和英济臣、那桐、启仲履作为迎接天使的代表，帮忙照料一切。其时荣禄和崇礼作为陪同天使的代表，户部满尚书福锟则负责"照料一切"。[2]

端方与李文田、延煦、盛昱、徐颂阁、王懿荣、续燕甫等多有交往，彼此"谈碑读画"，甚为相得。有时翁同龢也向端方借其收藏的书画阅看。1895 年 3 月 18 日（光绪二十一年二月二十二日），被甲午战败弄得焦头烂额的翁同龢向端方借阅其所藏书画，"看《礼器碑》《醴泉铭》，皆端午桥处借来者也，聊以遣闷。"[3]此后他还多次借看端方所藏碑帖字画欣赏。1897 年 3 月 17 日（光绪二十三年二月十五日），他"见端午桥所藏宋元人书简册，谢希曾物。极佳。又米书挽词墨迹，廿年前尝摩挲者也"。[4]由于翁同龢对端方的才干比较了解，有时也会将一些重要文字交由他去处理。1898 年 4 月 2 日（光绪二十四年闰三月初二日），大学士麟书去世，翁同龢"归后草芝庵遗疏，付端午桥持去斟酌"。[5]对端方的才干表示了充分的肯定。

同年 5 月，翁同龢开缺回籍。翁同龢离京回籍前，端方特地前往翁宅送行。"端午桥方赠行，以土礼居所藏元人词曲旧本两种、古佛造像二尊为赠，收其词曲，佛璧还。"[6]这是他们最后一次见面，但以后彼此仍保持书信联系，这在当时是极为少见的。

这年 6 月，端方被命为直隶霸昌道。不久，京师创设农工商局，他因赞同变法，奉旨召回，主持局务。10 月，授陕西按察使，护理巡抚。1900 年义和团运动发生，八国联军入侵北京，慈禧挟持光绪逃往西安，以"长安为自古帝王州，著端

〔1〕《翁同龢日记》，第 2100 页。
〔2〕《翁同龢日记》，第 2323 页。
〔3〕《翁同龢日记》，第 2831 页。
〔4〕《翁同龢日记》，第 3031 页。
〔5〕《翁同龢日记》，第 3165 页。
〔6〕《翁同龢日记》，第 3185 页。

方于西安省城内选定驻跸之所,妥为筹备"。次年和议成,两宫回銮。端方调任河南布政使。旋擢湖北巡抚,摄湖广总督。同年 10 月 29 日(九月十八日),端方给翁同龢一信,[1]什么内容不得而知。1903 年 2 月(光绪二十九年正月),端方委托常熟人宗子戴请翁同龢为其一拓本题词,"宗子戴嘱题瞿忠宣致刘、李两相启,各书一观款。又秦权拓本,其大径□寸馀,云是端午桥乞题者"。[2]借题以寄思,可见端方对翁氏念恩之情不减。次年端方调任江苏巡抚,摄两江总督。寻调任湖南巡抚。预备立宪运动开展后,奉旨与载泽、戴鸿慈、尚其亨、李盛铎等为考察各国宪政大臣,赴欧美各国考察宪政。大力推动清末立宪运动的开展。

1906 年 8 月(光绪三十二年七月)端方调任两江总督。其时翁同龢已去世两年。翁同龢死后,遗疏上闻,据说庆亲王奕劻曾面奏请为抚恤,但遭慈禧拒绝,"故无恤典"。翁同龢革职编管的处分如同一个巨大的阴影压在翁氏后人的心上,急切地想寻找机会开复处分。1908 年(光绪三十四年),光绪帝、慈禧太后相继去世。三岁的溥仪接位,改元宣统,由其父载沣监国。载沣与端方关系密切。而此时的江苏巡抚又为翁同龢的门生陈启泰(伯平)。政治上的变化和人事上的更迭,为死后的翁同龢的开复带来了可能。在其侄孙翁斌孙的奔走努力下,同年 5 月,由翰林院检讨陆懋宗领首,苏、常地区的一部分官绅联名呈请江苏巡抚陈启泰和两江总督端方,吁恳为翁同龢上奏朝廷,开复原官,其呈词说:

> 翁同龢系已故大学士翁心存之子,一门两世,俱入纶扉,历仕四朝,并参机务。同龢遭逢显庙,擢冠琼林,既乃侍穆宗毅皇帝于弘德殿,侍德宗景皇帝于毓庆宫,再为帝师,前后三十余年。两预机衡,恩遇之隆,世无伦比。迨奉旨罢斥以后,闭门思过,督教子孙,念及时艰,辄复流涕不食。身故之后,家无余财,吴中士民见其忠清,莫不嗟惜。今者冲皇御极,首布恩纶,昔年缘事罢谴诸臣,每荷圣慈,曲早湔被。翁同龢旧臣世德,效力多年,迹其讲书之劳,宜在矜原之列。合词恳为奏请施恩湔雪。[3]

〔1〕《翁同龢日记》,第 3339、3403 页。

〔2〕《翁同龢日记》,第 3483 页。

〔3〕参见《常熟文史资料辑存》第三辑,1983 年版。

由于翁同龢生前同端方关系密切，与此同时，翁斌孙也直接请求端方鼎力相助。端方同意帮忙。不过据翁氏后人讲，这种帮忙，翁家是花了代价的。据1909年8月23日翁斌孙的《笏斋日记》记载，端方曾向翁同龢后人索借翁氏生前收藏的海内孤本《娄寿碑帖》，作为他具疏奏请开复的条件。事后翁家曾答应以三千元(后增至五千元)赎回此帖，但未能如愿。辛亥革命中，端方被杀，所藏字画碑帖散佚。《娄寿碑帖》亦不知下落。幸此碑帖有复本存世，现今市场上看到的即是它的复本。1909年7月8日(宣统元年五月二十一日)，端方具疏奏请开复翁同龢原官，疏稿由其幕僚、常熟人宗舜年执笔，疏中说：

> 伏念翁同龢以甘盘旧学，我穆宗毅皇帝恩礼备至，德宗景皇帝眷顾尤隆。当甲午、戊戌之交，时局艰危，宫廷旰食，翁同龢身膺枢要，责有攸归，乃循绎二十四年十月严旨，独咎同龢辅导无方，仰见先人责躬之微意。盖当五洲交通之时代，本中华未有之艰难，在当时不可宽责备之文，在今日似宜有原情之论。翁同龢起家世胄，博学能文，屡柄文衡，得人最盛，天下英俊之士，多出其门。我朝厚泽深仁，最隆师傅。同、光两朝之圣学，既已垂耀千秋，经筵启沃之世臣，或当掩其一眚，我皇上继志述事，至孝至仁，上体在天降鉴之心，定生故旧不遗之感，合应似恩俯准将已故革职户部尚书协办大学士翁同龢开复原官，以昭恩意。[1]

奏折呈上后，由于庆亲王奕劻以及盛宣怀、鹿传霖、那桐等人的大力疏通，载沣表示同意。同一天，硃批："翁同龢著加恩开复原官。"[2]

清代重臣死后如无特殊情况，一般都还要由皇上赐予谥号，但由于当时"载沣不愿意得罪死去的慈禧"和"实行皇族集权，……不想甚至反对行宪"[3]，所以，没有给当年支持光绪帝变法的翁同龢赐谥。直到翁同龢去世十年后的1914年，才由已是废帝的溥仪补谥"文恭"。至此，翁同龢因支持戊戌变法被慈禧罢官

---

〔1〕端方：《奏已故褫职大学士翁同龢请量予恩施折》，载《常熟文史资料辑存》第三辑，1983年版。

〔2〕《宣统政纪》卷十一。

〔3〕凌冰：《爱新觉罗·载沣——清末监国摄政王》，文化艺术出版社1988年版，第103页。

禁毁的冤案才得到彻底昭雪。总而言之,端方在翁同龢开复这件事情上功不可没。

宣统元年四月,御史胡思敬参劾端方侵吞赈款十万两,旨派两广总督张人骏查办。因端方与载沣关系非同一般,结果不降反升,调任直隶总督,张人骏调任两江总督。十月,慈禧梓宫奉安定东陵,端方派人照相,在陵园树上架设电线,乘舆横穿神路而过。农工商部右丞李国杰参劾他非礼。当时光绪帝后隆裕太后与载沣正在争权夺势,遂借李国杰一折,将端方罢免,以此削弱载沣的势力。宣统三年,四川保路运动发生,谕命以侍郎督办川汉、粤汉铁路,率军入川。途经资州,新军中革命党人起义,端方为军官刘怡凤杀死。其弟端锦,曾赴各国考察路政,著有《日本铁道纪要》。此次亦随兄入川,事变发生时,曾以身护其兄长,结果同时遇害。事后,清廷赠端方太子太保,赐谥"忠愍",端锦则被赐谥"忠惠"。有人以佚名集句挽之:

风流文采今安在? 故国平居有所思。

端方生前文采风流,在任时,常常高朋满座,与文人雅士诗酒吟唱,若不是隆裕太后与载沣争权夺利,他的人生也许是另一种结局。

廷雍

廷雍,字邵民,满洲正红旗人。以贡生初分发工部,为翁同龢的部属,后又供职户部。1887年(光绪十三年),京察一等,累迁热执河道、直隶布政使。他不忘翁同龢的培植,一直与之保持往来。廷雍擅画,1893年6月(光绪十九年五月)曾自绘《江南春图》送翁同龢。"廷邵民观察画《江南春》横幅见寄,意在耕烟西亭间"遂"口占漫答"三绝句:

又到颠风落絮时,轻舟小桨尚迟迟。

谁知塞北诗人笔,偏写江南倦客思。

小队弓刀已解严,绿荫无恙上层檐。
剧怜画稿诗篇里,尚有官书杂米盐。时议官兵米折。

溪山亭子章侯有,今尔溪山空复情。
开卷独吟还独笑,研笺朱印太分明。君新镌一印甚奇。[1]

1900 年(光绪二十六年)八国联军进攻北京,直隶总督裕禄兵败开枪自杀,廷雍奉旨护理总督。联军进占保定,他和一批士绅被捕。他向联军要求"保绅夙从令,可释,事皆由我",自道光以来,吾民忍气受侮已久,"今至此,斧钺皆由汝,奚问为?"遂被斩首。并将其首悬于城头,"郡人尚多哀之"。翁同龢从《申报》上转载的邸报得知这一消息:"洋兵入保定,讯廷雍等三人,枭首城下,此信似确矣,噫!"[2]表示悲愤。

崇厚

崇厚,字地山,完颜氏,内务府镶黄旗人、道光二十九年举人。说起崇厚与翁同龢的关系,还得从崇厚父亲麟庆说起。麟庆,字见亭,嘉庆进士,曾任两江总督、南河河道总督,对于运河治理贡献不小,所以江南大小官员都知道他,翁心存更是如此。每次出京回京,路经淮安,彼此都要拜访一番。麟庆死后,崇厚、崇实兄弟也不时到翁家走动。有一件事让翁同龢父子印象很深。咸丰三年因镇压太平天国兵饷不继,三月,御史文瑞奏请勒令京城十八名富厚官绅捐款助饷,麟庆就是其中一名。当时被传唤到场的有穆彰阿、耆英、陈官俊、孙瑞珍、潘世恩、潘锡恩、恩禧、璧昌、钟祥、李鸿宾、崇恩、钟灵、德额、沈拱辰、卓秉恬、但明伦、长庚

---

〔1〕《翁同龢集》,第806—807页。
〔2〕《翁同龢日记》,第3348页。

崇厚像

等,这些人不是借口无银,就是说只有房产,有的还哭哭啼啼,弄得主持会议的恭亲王奕䜣很不高兴。其时麟庆已去世多年,崇厚弟弟崇实代父赴会。崇实,字朴山,进士出身,历任翰林院编修、都统、成都将军、盛京将军。其时崇实尚未中举,当场填写捐银五千两,续捐五千两。奕䜣对崇实小小年纪,以国难为重,慷慨捐款的行动表示钦佩。经此一事,翁心存、翁同龢父子对崇厚、崇实兄弟刮目相看。而崇氏兄弟也一直同翁氏父子保持交往,并持续到光绪初年。

根据翁同龢日记记载,咸丰九年十二月,翁同龢从西安回京,途经保定时,时任清河道的崇厚派差来接,他还陪同翁氏游览了莲池书院。次年,崇厚以三品京堂候补,帮同武备院卿恒祺办理海口通商事宜(即三口通商事务)。在津期间,崇厚组织民众开荒辟苇,兴修水利,推广种植水稻,颇多建树。因太平天国起义和捻军起义,当时许多贫民流落津、京街头,以乞讨为生,情形极为悲惨。翁同龢与崇厚、军机章京朱修伯等人决定以开办京师圆通观粥厂的名义,向社会进行募捐赈恤。崇厚负责在津募集,仅咸丰十一年十二月,他一次就"在津募粥资银百两"。同治三年,改调京职,任都察院左都御史。是年他募得粥资银二百八十四两。[1]同治七年四月,捻军起义军逼近津、京,都兴阿率神机营前往围剿,崇厚奉旨帮同办理。事后授予头品顶戴,深得恭亲王奕䜣的赏识而大加任用。

崇厚因办理通商事务,思想比较开通。同治七年八月,翁同龢护送父兄灵枢回籍安葬,途经天津,崇厚前来拜祭,并"劝泛海,余对以不欲;又劝由德州陆行至王家营,余漫应之;又云张秋断流,黄流南徙,为之辗转不释。"[2]相比之下,翁同

〔1〕《翁同龢日记》,第115页。
〔2〕《翁同龢日记》,第660页。

龢反显得有些拘谨。

同治九年五月,天津教案发生。崇厚协助曾国藩办理交涉。曾国藩认为教堂迷拐幼童等事不存在,主张严惩肇事者,并追究天津道、府、县责任,奏请将张光藻、刘杰交刑部治罪;"力言兵不可恃,沿江沿海无不空虚,即李鸿章所部较雄,然非洋人之敌,故以力持和局为主。"议和了结。醇亲王奕谭"极言民心宜顺,天津府、县无罪",倭仁也表示,"张、刘既是好官,不宜加罪"。翁同龢认为"杀民谢罪"将失去民心,也表示反对。7 月 26 日(六月二十八日)崇厚奏报法国"兵船九只驶入海河,声言速杀天津道、府、县三人再讲他话"。[1]天津知府张光藻,字翰泉,安徽广德人,翁同龢的同年。在危急时致函翁同龢,直指崇厚陷害,"子禾(祁世长)以张翰泉光藻函见示,措词急切,大略谓崇公陷害,必欲将此案解部,且恐有意外之变也"。[2]吁请其设法相救。张氏革职,流放宁古塔后,对未来悲观失望,多次写信给翁同龢。翁氏在一封回信中写道:"翰泉仁兄同年左右:绝塞寓书,珍如球璧,三年不灭岂虚语哉! 前从子松(指夏同善)处得见手书具悉近况。退而忾叹,以为士君子以一肩担道义之重,劳苦患难、穷愁困辱,皆天之玉成眷佑,此境最不可草草虚过,窃愿努力自爱,无为戚戚也。昔吴汉槎之在柳边也,其友顾君寄以金缕曲二阕,见者以为山阳思旧、都尉河梁不足喻其凄怆,然所言者不过呢呢儿女之情耳! 不足为贤者道,故以古义相勖,幸深鉴焉。龢以母病请假一月,如天之福,幸即渐安,自惟庸下无涓埃以答知遇,犹得躬耕十亩以养以教,庶几寡过而已。冬暖雪稀,龙沙以北,别有天地,体中何如? 珍重千万。津门大水,数十年所未有,想执事闻之,为之於邑也。敬候道安不一。年愚弟翁同龢顿首。十二月朔。"[3]还附函慰问同时流放在宁古塔的天津知县刘杰:"戊辰(同治七年)之秋,龢扶柩南归,道出津门,承刘侯亲至河干慰问备至,感不能忘。今在辰韩(代指吉林),起居何如,乞道相念。弟龢再顿首。"[4]在天津教案处理上,翁同龢与崇厚意见明显对立。十月,崇厚奉旨出使法国"谢罪",到法之日,正好碰上巴黎公社起义,他是唯一一位亲眼看见巴黎公社起义的中国高级官员。直到起义失败,他

〔1〕《翁同龢日记》,第 814—816 页。

〔2〕《翁同龢日记》,第 827 页。

〔3〕上海图书馆编:《上海图书馆藏翁同龢未刊手稿》(上),上海科学技术文献出版社 2010 年版,第 2—6 页。

〔4〕上海图书馆编:《上海图书馆藏翁同龢未刊手稿》(上),上海科学技术文献出版社 2010 年版,第 6 页。

才完成"使命",匆匆回国。

1778年(光绪四年),左宗棠平定西北回民起义,俄国仍不愿交还中国伊犁。清政府决定派人前往俄国交涉。自天津教案之后,一般人认为崇厚"深谙外交",而翁同穌等人认为他不行,但畏事的总理衙门大臣极力推荐崇厚,所以,最后慈禧也就同意派他去。结果他在俄国的诱骗下,签订了丧权辱国的《里瓦凡亚条约》。当时有人气愤地说,与其如此,还不如不收回。崇厚而且未奉旨就擅自回国。由于条约给中国造成损失太大,崇厚交刑部治罪,定为斩监候,另派曾纪泽赴俄重开谈判。后应俄国请求,慈禧将崇厚"著加恩即行开释"。

释放后的崇厚无事可做,急于恢复官职。1884年(光绪十年),慈禧五旬万寿,崇厚捐银三十万两,随班祝嘏。廷旨依原官降二级,赏给职衔。由于名声太臭,不为众谅。晚年托迹空门,以示忏悔。1890年10月(光绪十六年九月),翁同穌与清安奉旨查验圆明园八旗营房。某日,过蓝靛厂,抵达灵光夺,只见"寺塔新修,其后闳一巷曰'韬光',楼观甚丽,崇厚所建。白塔,恭王府何长奎所修。僧慧一,旧识。静一。内监,识余。崇厚亦称主持,号纯一。"[1]1893年(光绪十九年)崇厚在忧闷中去世,终年六十七岁。

志锐 志钧

志锐,字公颍,号伯愚,他塔拉氏,世居扎库木,隶满洲正红旗,祖父裕泰,曾任陕甘总督。父长敬,官至四川绥定知府。弟志钧,号仲鲁,曾任江苏知府,宣统改元后,授散佚大臣,封三等承恩公。辛亥革命爆发后,率妻子对缢于家中堂内。后追谥"贞愍"。

志锐、志钧的伯父长叙曾任广州将军、户部侍郎,长叙是光绪帝瑾妃、珍妃的父亲,志锐志钧就是瑾、珍二妃的伯兄。这层关系直接影响了他们日后的政治生涯。

据翁同穌日记记载,志锐是翁同穌的门人,志钧是翁同穌的门生。自光绪九年彼此就有来往。1888年(光绪十四年)光绪帝大婚,册立长叙女为瑾、珍二妃

---

〔1〕《翁同穌日记》,第2442页。

后,翁同龢与志锐、志钧兄弟的往来更加
密切。有凡乡会试复试、朝考、翰詹大考
阅卷、殿试读卷,志锐经常奉旨参加,并
与翁同龢保持一致。光绪十八年,志锐
有感于壮志难酬,谋求出使,请翁同龢帮
助。十月某日,"志伯愚来,近日请派出使日
美大臣（指驻日斯巴尼亚即西班牙、美国公使）,伊
未得,派杨儒。"[1]

志锐像

　　志锐和翁同龢的关系发展最紧密是
在中日甲午战争时期。还在光绪二十年
六月,中日朝鲜问题刚刚发生,志锐就与
翁同龢交换看法,"志伯愚来,大略皆论倭
韩事"。[2]甲午战争爆发后,光绪帝一意主战,翁同龢"佐少主",全力支持。志锐
也经常到翁宅,与其交换对时局的看法,彼此作长时间的"深谈"。他不但支持光
绪帝主战,而且多次上奏弹劾主和的王公大臣。8月4日(七月四日),志锐上折:
"一意主战,所论甚多,往往陈醇贤亲王商略之语,谓庆亲王、李鸿章未能善体斯
意,不得谓为无过。末言袁世凯何以不来京。"[3]矛头直指奕劻、李鸿章。8月16
日(八月十六日),上折"劾孙(毓汶)、徐(用仪)两君,斥为把持"。[4]8月23日(七
月二十三日)上折指出"北洋举止改常,其子李经方、其婿张佩纶因论朝鲜事被斥,
属员季邦桢亦然。请派重臣视师兼察其病,如竟不起,可留津统其军"。[5]平壤失
陷和黄海海战后,奕诉被重新起用,他多次致函奕诉,献计献策。日军将战火延烧
至辽东半岛后,他建言"关外小洋河、芦台盐滩、山东利津均须严防偷突"。[6]得旨
允行。针对孙、徐主和,志锐再次上折:"劾枢臣主和议欺上。"[7]当时御史安维

〔1〕《翁同龢日记》,第 2609 页。
〔2〕《翁同龢日记》,第 2740 页。
〔3〕《翁同龢日记》,第 3742 页。
〔4〕《翁同龢日记》,第 3749 页。
〔5〕《翁同龢日记》,第 3751 页。
〔6〕《翁同龢日记》,第 3763 页。
〔7〕《翁同龢日记》,第 3766 页。

峻(晓峰)也上奏,直接指名参劾"和议出自皇太后",矛头直指慈禧。慈禧大怒,立即报复。借惩罚瑾、珍二妃,打击光绪帝;下令裁撤书房,打击翁同龢。对于志锐也未放过,将其逐出京师,任命其为乌里雅苏台参赞大臣,[1]藉以削弱帝党势力。

志锐外任后,仍同翁同龢保持书信往来。1896年10月(光绪二十二年九月),托人赠送翁同龢马一匹并附上一函。翁氏复函中"勖以读书养气"。[2]当时有人曾奏请光绪帝召回志锐内任,未获同意。翁同龢说,在他人看来,可能认为光绪帝过刻,其实并不知"深意"。由于慈禧揽权不放,直至去世,光绪也未能将志锐调回京中加以重用。

1898年5月(光绪二十四年四月),翁同龢开缺回籍。行前,他受志锐、志钧兄弟委托,为他们收藏的《同听秋声第二图》题诗一首:

> 和林秋风起何处,不入江南万行树。江南亦自有秋声,械械萧萧苦征戍。廿年离合亦常事,万种悲欢难共喻。时伯愚在北,仲鲁在南。大圆洪钧覆万物,独以金天妙陶铸。或愉或戚或萧散,或托歌词或骚赋。老夫平生无不可,到处安闲欣所遇。曾从华顶作重九,又向秋江问官渡。今年忽扫旧巢痕,径往乡关守祠墓。计惟仲子当一见,车马江干劳小驻。伯兮开府渺天北,瀚海黄沙隔烟雾。渥洼名马已分赠,阙特勒碑书莫附。古来志士重坚节,肯为浮名感迟暮。君看独鹤与大鹏,岂愿啁啾一方聚。不然坡颍好连床,何事梧桐秋雨句。题诗相勖兼自励,明日飞轮指归路。[3]

同年九月,戊戌政变发生,翁同龢再遭严谴,革职永不叙用,并交地方编管,从此失去了自由。戊戌政变期间,任江苏知府的志钧(仲鲁)一度致函翁同龢,想将家小暂住常熟,翁氏自身处境已很困难,当然无法满足门生要求,此事最终不了了之。

宣统改元,人事的变迁为志锐带来了希望。1910年(宣统二年),志锐迁杭

〔1〕《翁同龢日记》,第3779页。
〔2〕《翁同龢日记》,第2988页。
〔3〕《翁同龢集》,第820—821页。

州将军。因他对西北军情、政情极为熟悉，为了稳定新疆，一年后，摄政王载沣再调他为伊犁将军，加尚书衔。行前，以边疆危机严重、立宪靡费，要求停止，告诫载沣。到新疆不久，适逢武昌起义爆发。伊犁协统杨缵绪议举他为都督，响应革命，志锐严拒，结果为新军所杀。事闻，赠太子少保，赐谥"文贞"。

奎俊

奎俊，字乐峰，满洲正白旗人。笔帖式出身。原为翁同龢任工部尚书时的属员，光绪六年以工部一等外任。历任知府、道员，盐运使、山西布政使等。1891年（光绪十七年），山西巡抚刘瑞祺病故，他护理巡抚。次年调任江苏巡抚，成为翁同龢家乡的父母官。因为这个原因，翁同龢家乡遇到灾荒或人事上遇到为难之事，一般都商请他协助解决。光绪十九年正月，常熟五乡七十图旱荒，翁同龢应地方官绅的要求，致函奎俊："请委员勘访采实，则或于赈捐中筹拨若干，并动积谷济之，仍嘱勿发记室，恐传播也。"[1]1898年6月（光绪二十四年五月），翁同龢开缺回乡的当月，常熟因干旱严重，发生西乡抢粮事件，常熟县准备请调淞沪水师营前来镇压。翁同龢力持不可，指出切不可把饥民当乱民。他与当地士绅严厚培、叶茂如、赵价人多次在孙七祠堂会议，请省府救助，他致函新升任四川总督、尚未离任的江苏巡抚奎俊设法拨米三千石，进行平粜，并要求"平粜缓归款"，[2]以解民困。翁氏的请援得到奎俊的大力支持，西乡抢粮事件很快平息了结。当然奎俊在政治上也与翁同龢紧密配合，全力支持。珍妃兄长志钧以知府分发江苏后，翁同龢致函奎俊，请设法安排，如皋知县童某外调多年要求回任，致函翁同龢求助，翁答应帮助，这些奎俊都一一落实，做得很得体。甲午战争爆发后，江防吃紧，渤海防务更紧，为了加强苏北到上海海上一带安全和便于运送漕粮，奎俊订购了三只快船，翁同龢同意奎俊留下两只使用。"新购三快（船）南洋可留二只否？冬漕雇洋船包送。"[3]奎俊任职平稳，光绪二十八年后由四川总督

〔1〕《翁同龢日记》，第2633页。
〔2〕《翁同龢日记》，第3201页。
〔3〕《翁同龢日记》，第2766页。

兼成都将军改调京职,先后任理藩院、刑部、吏部尚书,内务府大臣。1911年(宣统三年)奕劻内阁成立,被聘为弼德院顾问。辛亥革命后,家居以终。

荫昌

荫昌,字午楼,一写五楼,满洲正白旗人。荫昌"此人曾入德、奥两国兵队,曾与德现在王同学,今在天津武备学堂帮办挑带八旗子弟百五十人入学,此次调来充吾随员,颇鲠直,无习气"。[1]

荫昌像

翁同龢与荫昌来往是在甲午战后。光绪二十一年七月,督办军务处在决定编练新军的同时,了解他又决定挑选八旗子弟进武备学堂学习、指定由荫昌负责其事。在督办处,翁同龢与荫昌多次接触。到八月,督办军务大臣"所定三事:一胡燏棻造铁路;一袁世凯练洋队;一荫昌挑定旗兵入武备学堂也"。[2]

光绪二十三年十一月,德国武力强占胶州湾事件发生,因为荫昌会说德语,经翁同龢要求,调荫昌为其随员,负责双方交涉,往来传递信息,类似今日的口译和笔译等。同时调来为随员的还有梁诚(字震东,广东人,后任驻美公使)。

光绪二十四年三月,荫昌充任罗荣光所部中军,负责来华访问的德王弟弟亨利二世的接待和安全工作。清末,奕劻内阁成立,荫昌被授为内阁陆军大臣。荫昌留学期间,曾娶委内瑞拉一名女子为妻,在晚清满族年轻权贵中,他是属于开放型一类人物。

---

〔1〕《翁同龢日记》,第3122页。
〔2〕《翁同龢日记》,第2896页。

（七）内阁、翰林院

同光之际，祁寯藻、全庆均为大学士，他们都是父辈，均与翁同龢有往来。而何绍基、宝廷等科名均较同龢早，与其亦多有往来，至于像李文田、何如璋、冯煦等后来与翁同龢一道供职翰林院的人就更多了，这里只能就其中几位与他关系密切，与晚清朝局有关的人略作一述。

祁寯藻

祁寯藻，字叔颖，淳甫，号春浦，一写春圃，山西寿阳人，嘉庆进士，官至军机大臣，大学士，谥"文端"。

祁氏是翁同龢的父辈，与翁心存是挚友。当年曾一起入值上书房。"道光初年，先君子值上书房与歙程（程恩泽，字春海）侍郎、寿阳祁（寯藻）相国，同在澄怀园，往还最乐。"[1]因此，翁祁两家平时互相走动，关系密切。

翁同龢自幼就对祁寯藻表示敬仰。在常熟翁氏彩衣堂内有一所书房叫晋阳书屋，就是根据祁寯藻少年时代的故事命名的。少年时代的祁寯藻颖悟异常，小小年纪就考中秀才，乡里有名，自感了不起，变得得意忘形。母亲见他如此，手执拐杖，狠狠地教训说，你的目光如此短小，竟变成这个样，将来如何为朝廷做事?!经过母亲的训诫，祁氏头脑冷静下来，读书更加勤奋，最终考中了进士，并成为大

---

〔1〕《翁同龢集》，第 969—970 页。

祁寯藻手迹

学士。这个故事当然是祁氏讲给翁心存听的。翁心存想通过"晋阳书屋"来教育儿孙，以祁氏为榜样，认真读书，志存高远，将来成为对朝廷有用之才。"晋阳书屋"至今还保存完好。

祁氏对翁同龢的影响主要是精神层面的，虽然他们有时也品评碑帖，如《醴泉铭》、《大观帖》，但并不多。祁氏对翁同龢常讲一些易理方面的道理。咸丰八年翁同龢被命为陕甘学政（当时陕甘尚未分省），当时，父亲因户部五宇号事件被肃顺整得奉旨革职留任，他无心做官，为了安抚年老的父亲，毅然辞官。祁氏对此举大加肯定。翁同龢回京后去拜访他，他对翁同龢讲《睽》、《蹇》二卦义。相国曰：'知进退退之而不失其正者，其唯圣人乎？二氏则知之，而不免失正耳。'又曰：'释氏之学原出老子，老子以圣人之道为可道，故卑而弃之，然不能以之治末世。'又曰：'圣人之以礼治天下，圣人之不得已也。人情日开，节文以日密，然礼之本不外仁义，仁义之本不外一心，养心之道，圣贤仙佛无二致也。'"

咸丰四年，祁氏因"病"告老回乡，其实是与一些满洲权贵政见不合而去。咸丰帝去世后，载淳继位，改元同治，两宫皇太后垂帘听政。祁氏奉旨回任，以大学士衔补礼部尚书。此前翁心存也开去革职留任处，以大学士衔管理工部事务。同治帝在弘德殿读书后，翁心存与祁氏又一起入值弘德殿，任同治帝师。但一年后翁心存就去世了。

1862年7月6日（同治元年六月初四日）内阁会议何桂清罪名，"刑部引失守城池律斩候律，从重斩立决"。当时翁同书也因寿州绅练仇杀事办理不善，判斩监候，关在刑部狱中。何、翁两人出事情况不同，但罪名相同。内阁讨论时，祁寯藻、全庆、万青藜、彭祖贤等十多名大臣认为何氏罪名不应从重。他们另行上折，主张"请照本律，不必从重"，维持斩监候的判决。他们的意见有营救翁同书的深意，也还委婉地表达了对刑部迎合曾国藩意愿的不满。曾国藩主张将何氏置重典，立即处死。后来朝廷最终放弃了将何氏斩监候的原判，改为斩立决，将何氏处死。

同治四年，翁同龢已接替父任，入值弘德殿，授读同治帝。祁寯藻因病已于前年奏请开缺，奉旨允准，但仍以大学士衔在弘德殿行走。同治五年，李鸿藻庶母去世，奏请丁忧。朝廷要求他夺情，百日后仍回弘德殿书房，但李氏当时以理学代表人物出现在士人面前，当然不领旨，同值的倭仁、徐桐等都是崇奉理学的，也都支持李氏，翁同龢则是随溜附和。为了打消李氏的顾虑，朝廷找出李光地、朱轼、蒋廷锡，于敏中、孙嘉淦、梁诗正、王杰诸人夺情的例子，来做李氏的工作。李氏后又委托翁同龢找到祁氏之子祁世长（字子禾），请他相助。"祁子禾来，兰生（李鸿藻）之意欲求助于寿阳，为申请也。"至于祁氏怎么帮助李氏，翁同龢日记中没有记载。朝廷无法，最终同意李氏在家丁忧。

祁氏在入值弘德殿期间，辑有《史鉴摘事》一书，曾由翁同龢负责给同治帝讲授。祁氏又曾集《颜家庙碑》帖字，撰写《弘德殿铭》，该铭存放在东暖阁内。祁氏还向懋勤殿敬呈一册由他亲手题名的《醴泉铭》帖。他自己家中藏有钱南园（钱沣）临摹的一幅《论坐帖》，他对翁同龢说："试观其横画之平，昔石庵（指刘墉）先生自称画最能平，此书家一大关键也。"[1]认为平直是书家的一大关键。"不平不能直，不直不能平"，否则无佳书。

同治五年九月，祁寯藻在京去世。"归闻寿阳相国于今日未初长逝，往吊恸哭，先公挚友至此凋丧尽矣。"[2]综观其一生，祁氏在晚清政坛上并无多少政绩可言，只是一个循吏罢了。

祁世长

提到祁寯藻，不能不提起祁世长，他是祁寯藻的儿子，字子禾，一写子和，号敏斋，咸丰十年进士。官至工部尚书，卒谥"文恪"。

祁世长与翁同龢为同辈，因父辈关系，彼此时常走动，但在朝政问题上之间

祁世长手迹

少有"深谈"。祁世长家教严格，言谈举止谨慎。但在其他问题上也能与翁同龢保持接近，这在翁氏日记中有所反映。咸丰十年，肃顺等用事，借追究户部"五字号"事件中堂官的责任，执意要置翁心存于死地。当时"有谓奏入上震怒，朱批'丧心病狂'等语，将有不测"。人人均为翁心存担心，祁世长奉父命，多次来看望翁心存，此举使翁家大得宽慰。[1]同治五年七月，两宫皇太后要"李鸿藻夺情，留军机处、留弘德殿差使"。但李氏碍于清议，执意要回籍丁忧，希望弘德殿"同值诸人代为奏恳""祁子禾在坐，商酌（添改）数语而出。"[2]对李氏丁忧一事基本采取附和态度。同治九年八月，天津教案发生，祁世长对事件也极为关注，一日，"子禾以张翰泉光藻函见示，措词急切，大略谓崇公陷害，必欲将此案解部，且恐有意外之变也。"[3]张氏是祁寯藻的门生，也是翁同龢会试同年，平日彼此来往，祁世长此举意在通过翁同龢一起营救张氏，但因清政府屈从法国要求，张氏最终被流放宁古塔。光绪六年，中俄伊犁交涉事件发生。此事又与崇厚有关，在讨论崇厚罪名时，祁世长单独另奏，力言"崇厚事"，主张将崇厚置重典。

全庆（字小汀）是翰林院掌院大学士，也是翁同龢、祁世长的座师。全庆婚后一直无子，直到晚年才娶妾生了一子，其间曾过继同族铭彝为嗣，待其幼子出生后，他依例向礼部呈报解除了铭彝的继嗣。光绪八年他死时，幼子尚在襁褓之中，铭彝一家仍以继承人的身份霸占了全庆的家产。祁世长为人正直，和翁同龢、许应骙、薛允升、松桂、奎润、嵩申等人一起参加了全庆家产纠纷案，最后"议定铭彝归宗，麟、祥分产，各具一结，各画押，……余等亦画押于后，醇邸到彼，亦看此议"。[4]

---

〔1〕《翁同龢日记》，第77页。
〔2〕《翁同龢日记》，第507页。
〔3〕《翁同龢日记》，第827页。
〔4〕《翁同龢日记》，第1701页。

作为一名文人,祁世长也有附会风雅的时候,与翁同龢等人一起游览京师名胜,彼此吟咏,品评碑帖字画。光绪三年六月,祁世长与翁同龢、邵亨豫、夏同善、袁保恒等一起去彰仪门外南泡子看荷花。七月,又游什刹海后湖,"移舟入藕花中,看西山刻露见骨,徜徉两时许,……祁、邵两公酬和诸作"。[1]这对整日忙于公务的官员们来说,是难得轻松的时候。同年,翁同龢写了一首《次韵简祁子禾阁学》诗,诗中叙述了两人的友谊:

> 紫殿齐班侍禁鞭,退朝车骑共联翩。偶携碧玉筒中酒,来看红云镜里天。杜曲桑麻开异境,澄怀风雨话当年。倒冠落珮萧闲甚,错被人呼作散仙。
>
> 邻园老树自槎枒,昔我先人与寿阳相国有邻园老树酬唱之作。屹立凤霜阅岁华。天意不留将食果,路人犹看未开花。酬恩生死心难尽,涉世荣枯日易斜。各保令名须努力,长途何处是津涯。[2]

光绪十八年四月,翁同龢任会试正考官,祁世长任副考官,两人同为考官衡文选才,十分难得。闱中相互唱和不绝。当时久旱不雨,同龢赋《闱中望雨呈祁子禾用壁间韵》诗一首:

> 屯云衔雨过春深,日日瞻天切鉴临。我辈岂能分菽麦,圣人久已祷桑林。近闻畿辅频伤潦,大筑堤防为漉沈。忧水甫过还虑旱,一时并集长官心。

祁世长读后,也写了一首,同龢再奉和一首:

> 辱公知爱抑何深,险韵新诗取次临。天子意方崇学校,丈人端不愧儒林。丈押"林"字,用"学校如林",今年复试□□钦命题也。试看一字长城固,肯使群才

〔1〕《翁同龢日记》,第1333页。
〔2〕《翁同龢集》,第729页。

大壑沉。别有衷怀言不尽,溯风来往感予心。

闱中有人给祁世长送来鲥鱼,祁氏送了几条给翁同龢品尝,同龢感激之余,又赋《鲥鱼和子禾文》诗一首,以示答谢。

> 沧江春暖暮潮深,覆釜山边蜡屐临。一著残腥樱笋节,数家小市柳花林。诵君驱鳄新诗健,愧我烹鲜旧梦沈。漫举当鲑笺尔雅,虫鱼琐琐又何心。[1]

光绪十八年八月,祁世长因严重的肺气肿,在京病逝。翁同龢闻之,"为之凄哽"。亲诣往吊。"祁子禾病殁,春闱同事竟失二人(另一人为翰林编修霍穆欢[慎斋]),祁尤为朝廷惜。"[2]

杜翰　杜芸阁

在咸同之际,翁同龢还同山东滨州的杜氏发生交往,杜翰的祖父杜谔,进士出身。父亲杜受田,字锡之,号芝农,曾与翁心存入值上书房,当时杜受田授读四阿哥,即后来的咸丰帝,翁心存授读六阿哥,即后来的恭亲王奕䜣。因父辈的关系,彼此保持了交往。杜受田有两件事在晚清史上有影响。一件系据传说。道光晚年心力憔悴,身体很差。一日招奕䜣、奕䜣问话,想以此最终确定自己的接班人。两位皇子请教自己的师傅,"问询如何应对。奕䜣的师傅卓秉田说:'皇上如果垂询,应当把自己知道的都说出来。'杜受田则对奕䜣说:'皇上如果谈到自己年龄大了,又有病,将不久于此位,阿哥就趴在地上大哭,只言尽忠尽孝之语。'两兄弟均照着自己师傅说的做了。道光对皇四子奕䜣的话很满意,决定把他立为太子。"另一件据史料记载。咸丰即位不久,黄河决口,山东、江苏一带受灾严重。杜受田奉旨前往江南赈灾,病死淮安清江浦,咸丰帝闻讯,辍朝一日,而且谕令将灵柩运至

〔1〕《翁同龢集》,第799—801页。
〔2〕《翁同龢日记》,第2592、3856页。

京师。他亲临祭奠，抚棺痛哭。赠太师，入祀贤良祠，谥"文正"。杜受田因公殉职的事对翁同龢来说，影响极为深刻。

杜翰，字寄园，又写季园。道光进士，历任工部、户部、礼部侍郎，军机大臣等，咸丰十一年七月，咸丰帝病死热河，立载淳为大阿哥，遗命载垣、端华、肃顺、景寿、穆荫、杜翰，匡源，焦祐瀛八人尽心辅弼，赞襄政务。九月，政变发生，杜翰被免去军机大臣，革职，发遣新疆效力赎罪，旋加恩免戍。在此人事大变动期间，翁同龢受父亲之托，时时看望杜翰。不过经此打击，杜翰从此一蹶不振。

杜芸阁系杜翰之子，一写芸皋，字筠巢。进士。咸丰朝曾任户部侍郎，当时户部尚书为翁心存，自户部官票所"五字号"事件发生后，肃顺执意要追究户部堂官的责任，杜芸阁亦牵连在内。为了回奏有关事情经过，翁同龢多次往访宝鋆、周祖培、基博、杜芸阁，以便统一说法，不致说法歧异，为肃顺找到把柄，捏造罪名，打击陷害。咸丰十年七月，传闻翁心存"恐有不测"，翁同龢"冒雨访杜芸阁。……（得知）吏部议失察滥支经费处分，均为革职留任，奉旨依议"。[1]这一消息使翁家紧张的心情顿时平静下来。因此一事，使翁同龢与杜芸阁关系走得较近。同治元年七月，翁同龢奉杜芸阁之请，为杜受田撰写碑版。"杜芸阁来，以杜文正谕祭文来属书碑版。"[2]此外，翁同龢还曾为杜氏家谱作序，可见两家友情不浅。

同治五年十二月，杜芸阁"病疹后发毒，医不能治，而寄园先生焦急猝扑，一日而逝"。[3]芸阁在父亲死后，不久也去世了。同治四年五月初二日，翁同龢"吊杜筠巢师，师于今日寅时长逝，以腰疽卧床褥者一年矣。杜氏于道光年文端退老，文正直书房，两子皆翰林，极富贵福泽。迨显庙登极，文正云已恩泽优渥，举世无比。不数年中见其三世凋零，不能无盛衰之叹也。世兄芸阁颇孝，意者流泽未艾乎"。[4]闰四月初二日，翁同龢"诣太平街送杜筠巢师殡，步行一里余，诣顺城门大街路祭处少待，已雨，南横寓，同乡及余与徐琴舫共十人，复诣观音院，行礼毕始

〔1〕《翁同龢日记》，第88页。
〔2〕《翁同龢日记》，第245页。
〔3〕《翁同龢日记》，第536页。
〔4〕《翁同龢日记》，第424页。

归。"〔1〕送殡者人数极少,叹息世态炎凉,人情冷热。感叹杜氏一门三世,就这样在晚清政坛上和人们的视线中消失了。

同治八年二月,杜翰、杜芸阁灵柩发引回籍安葬,翁同龢特地前往长椿寺致悼送行。"诣长春寺,送杜寄园先生及芸皋之丧,设祭一坛,二世兄蕉坪者殊疲怯,非复王谢风仪矣。"〔2〕感叹滨州杜氏的衰落。

周祖培

字叔滋,号芝台,河南商城人。嘉庆进士。历任学政,礼部、工部、刑部侍郎,尚书,都察院左都御史等,官至体仁阁大学士,谥"文勤"。

周祖培手迹

周祖培曾主持内阁,是翁同龢的顶头上司。且在任上有几件事与翁家有关,所以有必要作一简述。

咸丰八年,户部五宇号事件发生后,肃顺执意要追究户部堂官的责任,翁心存、沈兆霖、周祖培、基博、杜翰均被追查。期间,为了复奏,翁同龢往来奔走于上述诸臣之间。最后奉旨均给予革职留任处分。直到同治改元,他们才被撤销处分。这次被查事件,密切了翁家与周氏的联系。

咸丰十年,英法联军借口换约,扩大对中国的侵略,发动第二次鸦片战争。七月,英法联军入侵北京。周祖培等奉旨办理团事宜,翁同龢应邀入团防局办事。咸丰帝逃往热河后,周祖培和瑞麟被命留京,驻扎城外。瑞氏扎营黄寺,派文书知照顺天府备牛羊肉等物慰劳巴夏礼,而"周相国云,宜释巴酋,处之宾馆,娱以女乐,恳其议和"。同龢说:"两相国之谋犹如是。"表示不满。〔3〕翰林编

---

〔1〕《翁同龢日记》,第 429 页。
〔2〕《翁同龢日记》,第 705 页。
〔3〕《翁同龢日记》,第 100 页。

修尹杏农对其作为同样表示不满。尹氏贬官山西，途经直隶固安县榆发旅次时，在墙壁上题诗一首，专门申斥"光州相国"（周氏河南光州商城人），中有"媚敌三熏沐，巴夏哩。筹兵一是非。谓光州相国。虚闻征七郡，未见合重围。竟启岩关钥，豺狼满帝畿。"〔1〕等诗句，斥责周氏，恒棋一流御敌无方，媚敌无耻。

祺祥政变后，周祖培被命刑部尚书，参与逮捕、处死载垣、端华、肃顺等人的全过程，此外他还是两江总督何桂清和都统胜保处死时的监斩人，判决翁同龢兄长翁同书为斩监候的刑部尚书。同治三年正月，翁同书因办理寿州绅练仇杀事件不善，为曾国藩所劾，有旨拿问，交王大臣议罪。在会议时，"周相国曰：阅某（指翁同书）亲供，交卸久矣。然则虽系失守，实无守城之责，似应于折内声明，并将亲供呈览。宋（晋）侍郎曰：苗练此时剿乎？抚乎？邸曰：未定也。曰：苗（沛霖）入城时乃川北道，而翁某则已卸事之巡抚，且抚局未定，则翁某之不死，实冀挽回大局，其情可谅。邸唯唯。张侍郎亦争数语，馀皆默然。桂相国（指桂良）则直以司官接亲供为多事矣。闻定稿时皆如周相国所云。"但"曩者具稿时既被桂相去数字，复闻定远一节仍叙'弃城'字样，盖属稿者常州余君尊衔也。"〔2〕应当说，周祖培在王公大臣会议上的表态还是比较客观、温和的，恭亲王的分析也有道理，后来翁同书改戍新疆可能与他这一看法有关。但王大臣议上罪名却是"比照'统兵将帅守备不设，为贼所掩袭，以致失陷城寨者斩监候'律，拟斩监候"。翁同龢对此非常不满，愤愤地认为，"执法者欲如是周内，真无如何矣"。王公大臣呈上会奏翁同书罪名的第二天，周祖培特地前往翁宅，看望翁心存，以示安慰。〔3〕从当时清政府的态度来看，似乎有些左右为难，一面是曾国藩，举朝上下正寄希望于他，统率湘淮军队，早日平定太平天国起义，所以对他的弹劾，不能不认真对待；另一面是大学士翁心存的儿子，加上寿州绅练仇杀事件比较复杂，与何桂清逃跑的案子还不一样。但大敌当前，镇压太平天国起义是头等大事，最终还是根据曾国藩弹劾，先定了斩监候的罪名。此事对翁心存打击很大，何桂清被杀不久，翁心存因担忧自己儿子的命运，不久就死了。父亲的死，兄长的斩监候罪名更使翁同龢悲愤不已。翁心存去世后，翁同书"仍牢固监禁"，翁同龢说"白

〔1〕《翁同龢日记》，第345页。
〔2〕〔3〕《翁同龢日记》，第214页。

发累臣,九阍难叫,不觉悲愤填膺耳"。[1]同治二年十二月,翁同书改为遣戍新疆。"白发孤臣,荷戈万里,此情此状,其何以堪,恨不沥血抒词,叩九阍而上诉也。"[2]一直认为翁同书寿州一案是个冤案。

咸丰帝去世后,周祖培与载垣、端华等奉旨承修平安峪工程,即承修咸丰皇帝陵。承修中,"相沿旧习",自行从承修经费中"扣银一成",周氏得银万两,被大学士彭蕴章奏发。周氏复奏承认属实,并缴还多占银两。其子参加会试,抄袭他人旧作,被人告发,周氏自行检举,奉旨革除进士头衔。李慈铭曾任周氏家庭教师,对其父子的作为颇多微词。

同治六年四月,周祖培"暴卒,一汗而终"。谥"文勤"。

李文田

李文田,字芍农,一写若农,广东顺德人。咸丰九年一甲第三名,赐进士及第。历任南书房供奉、内阁侍读学士、江西学政、浙江等省乡试考官。咸丰十年三月大考,又是名列在前。翁同龢说,"广东李若农编修赋甚闳丽,叹为奇材。"[3]他们在翰林院曾一起"检书",由相识到相知,遂于咸丰十一年六月"订兄弟交",结拜为弟兄。此后彼此往来不绝,直至李氏去世。

李文田不仅学问淹博,而且精通碑帖,书法也很有成就,他说他为了学写汉隶,前后用功近三十年。一生积蓄全花在买书上。"若农身后萧条,差囊尽买书矣。"[4]他常代翁同龢批阅国子监南学课卷,有时代其出策论试题。光绪十九年四月,翁同龢奉敕书万寿寺碑,但"痛臂,不能书,乃以李文田代,而仍书臣名"。[5]

李文田还精通医术和风水。"李若农来,自称能医,为源侄处一方。"根据李氏所开药方,翁曾源的癫痫一个多月未发。后来翁氏自己生病乃至母亲、侄女生

---

[1]《翁同龢日记》,第321页。
[2]《翁同龢日记》,第334页。
[3]《翁同龢日记》,第80页。
[4]《翁同龢日记》,第2902页。
[5]《翁同龢日记》,第3857页。

病也请李氏诊脉处方。李氏对潘祖荫感情很深,光绪十六年潘氏因忙于顺直地区赈灾,积劳成疾,病重期间,李氏多次为其治病。潘氏死后,翁同龢每与李氏谈起潘氏道德文章"辄复陨涕"。同治六年为翁同龢相屋,"若农来,同看对门屋,则云坤门不利,东负长河亦非宜,劝勿住"。十三年八月,李氏又为翁同龢相宅,"若农来,为余相度住宅,谓中间湖石可去"。[1]

李文田平日言寡,他人都目他是"书驵",其实不然。翁同龢一次说,"若农来谈时势,不呆"。[2]对于当时中国面临的

李文田像

形势和朝政均有自己的看法,并给予高度关注。光绪十一年十一月,李氏丁忧服阕回京,他将在乡看到的法国殖民侵略者为了征服印度支那半岛进行探察时所写的日记《探路记》抄写带回北京,提供给翁同龢。翁同龢看后,觉得很有价值,又将此书托奕劻交付同文馆用活字印行,后来还将此书推荐给光绪帝阅读。李氏乃至家中其他成员对西方的东西均很熟悉,他的一位族叔是英国商行的买办,他的侄子骊选是位西洋画家,曾给翁同龢画过像。"出城到若农处,其侄骊选为余写大像,用西法墨渲,不甚似也。"而李氏本人思想也不守旧,主张采用西方技术来研究碑帖。还在同治八年,就提出过这个主张。"若农谋以洋镜取《华山碑》真影,余(翁同龢自谓)不为然。"[3]

同治五年二月,一次与翁同龢"相与谈夷势,悲壮慷慨,莫能伸也"。[4]光绪十三年八月,一次谈时势,"言澳门事甚悉,霸才也"。[5]光绪二十年六月,日本挑起中日甲午战争。清军平壤溃败和黄海海战后,日本将侵略战火延烧到中国境内,朝野上下,舆论鼎沸,对军机无能表示强烈不满。八月,李氏领首与其他翰詹

〔1〕〔5〕《翁同龢日记》,第 2179 页。

〔2〕《翁同龢日记》,第 2755 页。

〔3〕《翁同龢日记》,第 738 页。

〔4〕《翁同龢日记》,第 477 页。

人员联名上奏"请饬恭亲王销假","上(指光绪)令看"。翁同龢等军机大臣们趁机在光绪帝前说:"李文田等所奏各节,不为无见,谨合词吁恳天恩,可否恭请懿旨将恭亲王量予任用之处,伏候圣裁。"〔1〕由于各方强烈呼吁,慈禧最终同意起用恭亲王奕䜣。这里既看出李氏的政治卓识,又反映了他的政治才干。不久,团防局成立,他被光绪帝奉命与敬信、怀塔布,汪鸣銮一起办理团防。十月为慈禧太后六旬万寿之期,九月十四日,李氏又作出一件惊人之举:"李文田等折。请停点景。此件在上前见过,请懿旨,故有军机起。次日,礼王传一切点景均停办,彩绸灯只均收好,俟补祝时用,每段四万仍领。"〔2〕就是这道奏折直接断送了李氏的生命。十月初九日,慈禧在宫中宴请大臣,李氏第一次参加,排在西边倒数第十位。可是就在参加宴席的第十天(十月二十日)晚上,在没有任何病兆的情况下,李氏突然死了。翁同龢听到后非常惊讶。"方饭,闻李若农于昨夕戌刻长逝,为之哽塞。"次日,特地前往其住处:"哭若农,为之摧绝。若农身后萧条,差囊尽买书矣。其子渊硕年十五,号诵如成人,可怜可怜。"开吊之日,翁同龢特"赙百金、幛"。〔3〕李氏自己懂医,他的暴死是否与出席宴会有关,不得而知,史料亦无记载,学术界至今更无人研究,这里只是存疑而已。

李端棻

李端棻,字苾园,贵州贵筑(今贵阳市)人。进士出身,历任内阁学士、国子监祭酒、仓场、刑部侍郎、礼部尚书等。

道光末年,翁同书任贵州学政,李氏为其所识拔。同治四年会试考中进士。同时考中者有张之洞(香涛)、边宝泉(润民)等人。次年正月,翁同书病逝甘肃花马池后,灵柩运至北京,停放天宁寺,李氏和谭钧培(旭初)等十多位翁同书贵州门生前往致祭。因李氏与翁同书有师生关系,故与翁同龢发生交往。

光绪五年,中俄伊犁交涉事件发生,翁同龢奉旨参与处理有关中俄往来文电

---

〔1〕《翁同龢日记》,第 2771、2777 页。
〔2〕《翁同龢日记》,第 3597、3762 页。
〔3〕《翁同龢日记》,第 2901、2902 页。

交涉事宜。李端棻在奏折中主张中国
"宜修战备"，武力收回伊犁。

李端棻像

　　光绪十年，李端棻擢为国子监祭酒。
十五年任广东乡试正考官，与副考官王
仁堪共同主持是科广东乡试。年轻的新
会诸生梁启超中举，为李氏所激赏，并将
自己的堂妹李蕙仙许配给他，才子配佳
人，一时成为科场佳话。

　　光绪十八年，翁同龢任会试考官，李
端棻、祁世长、霍穆欢任副考官，闱中抽
暇，彼此吟诗唱和，甚为快乐。翁同龢写
了一首《赠李苾园阁部》：

　　　落岑一气墨缘深，差喜联镳琐院临。四省频年持使节，君历典晋、粤、蜀试，
又督学滇南。几人两度入词林。君任台谏，以回避再入翰林。高文竞说传衣重，昔
梦空嗟折戟沈。君为先兄文勤所取士。闻道且兰旧桃李，至今犹识爱才心。先兄
任贵州学政时及门士今在者无几。[1]

　　在此后的几年中，李端棻与翁同龢曾多次奉旨参加翰詹大考、顺天乡试及
会试的阅卷，但平日往来较少，更未有什么"深谈"、"长谈"。光绪二十二年，他
疏情开办京师大学堂，各省府州县遍设学堂，分斋学习，并建藏书楼、仪器院、
译书局，广立报馆，选派留学生出国留学。光绪二十四年向光绪帝密荐康有
为、谭嗣同。同年四月，戊戌变法开始不久，翁同龢开缺回籍，李氏并未送行。
他因受康有为、梁启超的影响，赞同变法。主张开懋勤殿，议制度，改六部则
例，等等。怀塔布等礼部六堂官因阻挠变法被光绪帝罢免后，李氏被授为礼部
尚书。戊戌政变后，被罢斥，谴戍新疆，途中于甘肃生病，后为梁士诒等众多门

―――――――――

〔1〕《翁同龢集》，第801页。

生弟子集资赎回。晚年主讲贵州经世学堂。

吴可读手迹

吴可读

吴可读,字柳堂,甘肃皋兰人。咸丰进士。前面有关章节我们已对他作过介绍,不再重复。这里仅说一下吴氏与翁同龢的日常交往。

道光三十年,翁同龢参加礼部举行的拔贡考试,以第一名录取。旨以七品小京官,分发刑部江西司。当时在江西司任职的还有王宪成(蓉洲)、张兴仁(惕斋)、吴可读(柳堂)等。他们年资均比翁同龢要老,所以对翁比较关心,而翁同龢与他们相处得也不错。翁同龢后来回忆这一时期相处的美好岁月,说他们常常到京郊二闸坐舟荡漾,到龙王堂一带看芦蒲、荷花,饮茶于野店,"同游者张惕斋,王蓉洲、吴柳堂,感叹旧事,浩歌中流,距今已三十六年,……"〔1〕

同治四年二月,吴可读丁忧期满,服阕回京。"吴柳堂从甘肃来,言兰州得陶茂林,军势稍振。"讲述了湘军镇压西北回民起义的情况。六年,翁同龢考中进士,状元及第,吴氏很是高兴。翁同龢离开刑部江西司后,吴氏仍对其念念不忘。九年五月,他将自己写的试帖诗请翁同龢过目,翁同龢在后写道:"一题数十首,才气横绝。"翁同龢对吴氏亦是如此。咸丰三年,太平军北伐军进军至直隶一带,京师宸动,不少官员携家眷逃离出京,当时刑部也是如此。"回想咸丰四年供职江西司,司员多告假归,余每日诣实录馆校对,饭后出西长安门,赴部决事,昕夕与共者王丈蓉洲、张君惕斋兴仁,吴君柳堂可读也。"〔2〕

光绪五年闰三月,同治帝灵柩奉安惠陵。吴可读作为吏部主事随扈参加奉安典礼。事毕,在回京的途次,于蓟州马伸桥三义庙吞食鸦片自杀,并遗一折,要

〔1〕《翁同龢日记》,第2060页。
〔2〕参见《翁同龢日记》。

求慈禧为同治帝立嗣。后经王大臣、大学士、六学士、六部、九卿、翰詹科道会议，再经慈禧同意，"将来绍膺大统者，即承袭穆宗，为穆宗毅皇帝之子"。这句话采自翁同龢奏折，翁见了"感涕交集"。

光绪七年九月，翁同龢奉旨安葬慈安太后灵柩于定东陵，又一次路过马伸桥，"有怀故人吴柳堂，怆然于中"。十一年四月再赴东陵，"绕马伸桥，见道旁新祠，入揖之，乃吾故人吴柳堂也。感叹不已。道人郑某，即吴公临绝以后事付之者也。"[1]在祠内悬挂有吴氏自挽联："九重懿诰双慈圣，千古忠魂一惠陵。"我怀疑这副挽联是他人的假托，并非出自吴氏之手。他的死在当时轰动一时。张之洞赋诗挽他："奸良终痛秦黄鸟，授命无惭卫史鱼。"

何绍基

何绍基，字子贞，号蝯叟，湖南道州人，人称道州先生。进士，历任编修等。父亲何凌汉，字仙槎，号云门，嘉庆探花，官至户部尚书，谥"文安"。父子都是晚清著名的书法家。

翁同龢本人在书法上颇有成就，但从他的日记来看，在书画艺术方面，人物画他最推崇陈洪绶，书法最推崇何绍基，尤其是何氏隶书，甚至何氏的诗他也喜欢。同治十三年十一月一次逛厂肆，他说："陈老莲人物、南园信札、何子贞诗稿，皆余所喜者也。"[2]

何绍基像

〔1〕《翁同龢日记》，第1959页。
〔2〕《翁同龢日记》，第2208页。

　　何绍基与翁同龢虽未共过事，在政坛上也并无什么联系，但翁同龢对何氏仰慕已久。同治十一年，翁同龢在籍丁忧，曾专程到苏州看望客居的何绍基："子贞七十四矣，足不能行，滞留江南何为哉。"〔1〕太平军由广西进军湖南占领道州时，占领了何府，何氏财物、妻女被掳掠一空。虽说太平天国起义失败已有六七年，但对何氏而言，已无家可归了，这大概是他滞留江南久久不归的原因。

　　翁同龢与何绍基在政坛上虽无甚可言，但何氏的诗文、书法对于整天忙于政务的翁同龢来说，哪怕短暂的欣赏，也具有缓解巨大精神压力的作用。同治元年十月的一天，翁同龢在厂肆看到何氏为明代杨忠烈（杨涟，被魏忠贤迫害致死）三札遗墨的题宝，爱不释手，"遂持归一读"，并仿何氏笔迹，抄录于日记中。何氏在题字中写道："咸丰丁巳秋八月十九日，余晨过虎坊桥（今北京市《光明日报》社附近）湖广会馆，于案头见公（杨忠烈公）文集，凉风飒然，静无尘轨，绰略阅竟。晡过榨子桥至松筠庵，坐谏草堂，与心泉上人茶话，心泉忽出此卷相示，一日两逢，不胜感异。谏草堂者，余所篆题，心泉昔年刻杨忠愍公疏稿嵌石于壁处也。忠烈此迹，理宜并寿。"〔2〕翁同龢既有感于杨忠烈不畏奸邪的崇高品质，更出于对何氏书法的喜爱，才加以抄录。只要在书肆看到何氏字迹，翁同龢大多要进行鉴别和收藏。他收藏有何氏的《东洲草堂诗》刻本，何氏手书《瘗鹤铭》稿本、石刻何氏隶书《易林》拓本以及何氏与他人往来函札等。翁同龢还和一些来看他的士子、官僚讨论何氏的书法风格。他岳丈汤修（敏斋）的堂兄汤斐斋与他在同治九年闰十月，一次讨论笔法时说："言以尊笔为将军，指腕皆不动为主，则腕乃得运，运腕而后再讲藏锋，极推何子贞以为当代无二。"〔3〕

　　翁同龢革职编管在籍，几无事可做。除了日日临砚写字外，何氏的书法和诗文几乎成为支撑他度过苦难时日的宝物，通过欣赏、临摹何氏的书法作品来消磨他那没有开复希望的每一天。"习隶外，看蒙庄及蝯叟诗。""临蝯叟隶刻《易林》

---

〔1〕《翁同龢日记》，第981页。
〔2〕《翁同龢日记》，第270页。
〔3〕《翁同龢日记》，第839页。

一通"，装裱成册。和入山看望他的费念慈讨论过何氏的"楷书"，与张謇推荐的举人周谔讨论当代书法。"极服膺蝯叟直起直落，不平不能拙，不拙不能涩，石庵（刘文清即刘墉）折笔在字里，蝯叟折笔在字外。"[1]甚至在去世前夕，他还以自己收藏的刘文清所书《海印发光卷》换得赵价人收藏的何氏杂字帖。总而言之，研习、临摹何氏字帖，诵读何氏诗文成为翁同龢晚年"待罪乡里"生活的一项主要内容。

刘韫哉

刘韫哉，字韫斋，云南景东厅人。道光二十一年进士。历任编修，太仆寺卿、内阁学士、湖南巡抚等。

刘氏是翁同龢咸丰六年会试的副考官，因为这个关系，而有所往来。此外，还与翁同龢兄长翁同爵任官湖南有关：同治元年四月，刘氏被授为六品卿衔，在翰林院国史馆"效力"。次年授光禄寺少卿，三年补授太仆寺正卿。同治三年九月，翁同爵授为湖南盐法长宝道。同治六年正月刘氏擢为湖南巡抚，翁同龢"至彰仪门外送行，一时集者二十余人"。也就在这一年八月，翁同爵擢为四川按察使，仍署湖南布政使，与刘氏成为同值，彼此照应，合作得不错。但好景不长，同治十年十月，身任湖南巡抚的刘氏为满族荆州将军巴扬阿所参，奉旨开缺，另候简用。回京后，并未受到任用，一直赋闲在家。仕途失意，心境悲凉。翁同龢从师生关系出发，不时前去看望他、安慰他。刘韫哉后移居湖南省城长沙，光绪十一年十二月，病死。翁同龢闻讯，为之凄怆不已。"得刘韫斋师讣，于去年十二月二十日卒于湖南省城，可伤也。"[2]

---

〔1〕《翁同龢日记》，第3244页。
〔2〕《翁同龢日记》，第2253页。

安维峻

安维峻,字晓峰,甘肃秦安人。光绪进士,光绪九年安氏参加新贡士考试,翁同龢为阅卷官,而成翁的门生。翁同龢早年曾任陕甘学政,对甘肃士子颇为关注。光绪十一年九月,翁同龢邀客家宴,客人中就有安维峻。又是看江贯道的《长江万里图》,又是看碑帖,甚为快乐。光绪十九年,安氏转福建道监察御史。他积极上书言事,指陈时弊,敢直敢言,未及一年,前后上疏达六十多封,引起朝野瞩目。

光绪二十年六月,中日朝鲜争端发生。安氏上折,批评军机处和总理衙门"见闻不的,事多讹传"。八月,淮军进军平壤,沿途骚扰。尤其是卫汝贵一军纪律最差,烧房、抢牛、抢车多有发生。安氏据闻上折,请"禁止前敌骚扰韩民",廷旨得奏,立即"电旨严禁"。平壤失守和大东沟海战后,安氏上折揭露淮将腐朽,不堪一战。"劾叶(志超)未打仗,卫(汝贵)弃城,丁(汝昌)伤轻妄报,卫、贾(起胜)同统盛军,李经迈向索三万,卫应之,故令独统。"有见清军连连溃败,不堪一战,京中一些官员大起恐慌,有移家外地的。安氏上折弹劾,"劾李文田、顾璜、陆宝忠移家,丑诋之,有腼然人语。"湖南巡抚吴大澂弃安就危,身赴前敌,安氏上奏说:"吴大澂忠勇,未经战阵,诸将不服,请戒饬之。"军机处拟旨,"四百里廷寄"令前敌各将阅看。[1] 安氏对战事前途深表忧虑,曾特地到翁宅与翁同龢"长谈"。[2] 他上折劾奏李鸿章主和误国,北洋水师提督丁汝昌畏敌怯战。"请两宫同御便殿,同授机宜。翁同龢、李鸿藻同枢臣进见以免欺蒙。"[3] 十月底,旅顺、大连先后失守后,清廷挽请美国公使田贝调停。他上折"万言,力言和之不可,孙(毓汶)、徐(用仪)遭诋,恭(亲王)、李(鸿藻),余(翁同龢)亦称误国"。[4] 对于慈禧不顾残酷的战争形势,仍然在宫中受贺一事,同样表示不满。上折把矛头直接指向慈禧太后。翁同龢在十一月初二日日记中写道:"惟安维峻一折未下,比至小屋始发看。则请杀李鸿章,劾枢臣无状,而最悖谬者谓和议皇太后旨意,李连

---

〔1〕《翁同龢日记》,第3761—3779页。
〔2〕《翁同龢日记》,第2762页。
〔3〕《翁同龢日记》,第2791页。
〔4〕《翁同龢日记》,第3785页。

英左右之。并有皇太后归政久，若遇事牵制，何以对祖宗天下之语。入见，上震怒，饬拿交刑部议罪。诸臣亦力言宜加惩办。臣（翁同龢自谓）从容论说，以为究系言官，且彼亦称市井之言不足信。良久，乃命革职发军台。四刻退，到书房复论前事，退拟旨。午初散。"〔1〕

翁同龢代拟的谕旨大意是："是日奉上谕：安维峻肆口妄言，毫无忌惮，若不加以惩办，恐开离间之端，著即革职，发往军台效力赎罪。原折掷还，并戒饬不应具折之员连衔陈奏，以后若有似此者概行惩处。"〔2〕从翁同龢内心深处说，明知安维峻讲的是实情，但担心因此而导致慈禧对光绪帝以及他本人不利，故急急借惩办安氏以封住其他臣僚之口。

安维峻因上书言事而遭罢斥，谴戍张家口军台，引起舆论的强烈不满。内阁侍讲丁仁长上书恭亲王奕䜣，"言安维峻不可罢斥"。翁同龢说："语虽切至，然奸而狡。'有安某受离间之名，而有调护之实，恐宵小名为调护而实施离间之计。……邸见之，余等未见也。"〔3〕安维峻曾上奏力主杀李鸿章，引起李氏亲信僚属的忌恨，趁安氏遭罢斥、舆论对安氏深表同情之际，李鸿章的儿女亲家杨崇伊上奏借弹劾文廷式，再参安维峻。"弹文（廷式）与内监文姓结为兄弟，又主使安维峻言事，安发谴（军台），敛银万馀（两）送行。"〔4〕杨氏这一弹劾，不仅使文廷式遭慈禧罢斥，也使安维峻困守军台，一直不得回京。

安维峻以言获罪，名噪一时，深得人们同情。抵张家口戍所后，被聘为抡才书院讲习。清代有一不成文规定，因政治等原因或忤旨，或追责而发谴军台的，可以缴纳一定的银两，提前赎回，如当年的吴汉槎发配宁古塔、洪亮吉发配新疆等情况就是这样。吴氏是友人积资赎回，洪氏略有区别。光绪二十四年三月，安氏的友人同情他的不幸遭遇，集资将他赎回。对于"安维峻军台缴费，期满释回"一事，"上（指光绪）徘徊良久，批再留数年"。翁同龢说："浅人以为上意从劾，不知尚从宽也。"〔5〕

〔1〕《翁同龢日记》，第2809页。

〔2〕《翁同龢日记》，第3787页。

〔3〕《翁同龢日记》，第2910页。

〔4〕《翁同龢日记》，第2934页。

〔5〕《翁同龢日记》，第3754页。

1899 年(光绪二十五年)安维峻从军台释回。那时光绪帝已幽禁瀛台,翁同龢也早已奉旨开缺回籍。他已失去当年凌厉言事,锋芒毕露的气势。1908 年(光绪三十四年)安氏授为内阁侍读,充任京师大学堂总教习。1911 年(宣统三年)他厌卷政事,辞官回籍,隐居柏崖,杜门著书,隐然以维护名教纲常为己任。约在 1926 年去世。

李盛铎

李盛铎,字椒微,又字少怀,号木斋,江西德化人。光绪十五年会试,殿试一甲第三名,探花。历任编修,内阁学士,云南、福建学政,顺天府丞等。翁同龢与戴宗骞的交往集中在甲午战争前后。甲午战争爆发后,戴氏上折,奏请调"李秉衡出关","刘永福捣长崎,亦及海盗可用"[1],大东沟海战后,戴氏等六十二名御史"连衔斥和议"。[2]在反对和抵抗日本侵略这一点上与翁同龢是一致的。督办军务处和巡防处成立后,李氏奉调办理文案,此后,他又多次上奏,请"令刘坤一出关,宜兼北洋并奉天总督",请督办军务处制订章程,严明赏罚,甚至上折请杀李鸿章和丁汝昌。筑土垒,组织地营,同日军开展游击战。曾受翁同龢派遣,前往上海,与有关外国洋行接洽,购买军械。甲午战后,李氏因家人生病,暂时告归。翁同龢日记说,"晚,李木斋盛铎来辞行,长谈。木斋御史第一,在军务处文案,今告归,他日封疆选也。"[3]对李氏未来寄予厚望。特别是筹措支付对日赔款中,又奉翁同龢之命,前往上海等地与外国行商联系借款事宜。光绪二十三年冬,德国强占胶州湾事件发生后,康有为从广东赶到北京,再次上书光绪帝,力言时危。于次年三月与李盛铎等发起成立保国会,由李氏任会长,以保国、保种、保教为宗旨,以救亡图存相号召。一时参加者众多,但立即遭到荣禄、徐桐等反对。李氏在遭到座师徐桐"申斥"后,态度动摇,上疏"自劾"。此后同康、梁等维新派之间渐行渐远,与翁同龢也保持一定距离。翁同龢开缺回籍时,李氏也未看望,

〔1〕《翁同龢日记》,第 2781 页。
〔2〕《翁同龢日记》,第 2787 页。
〔3〕《翁同龢日记》,第 2843 页。

更未送行,此后便中断联系。

义和团运动后,清政府推行新政。立宪运动开展前夕,李盛铎曾作为考察大臣五大臣之一赴各国考察。辛亥革命爆发后,翁同龢门生、山西巡抚陆钟琦被杀,李氏以布政使署巡抚。民国改元,以书画自娱以终。

陈炽

陈炽,字次亮,号用洁,又号瑶林馆主,江西瑞金人。江西拔贡,光绪举人。历任户部郎中等,光绪十二年考取军机处章京,主考官有翁同龢,因而成为其门人。

陈炽早年游历各地,并到过香港、澳门,留心天下利病,钻研西学,主张中国学习西方,走富国强兵的道路。认为西方之所以强盛,主要是实行君主立宪制度,中国要富强,就须行君宪政体。著有《庸书》一书进行鼓吹,一时影响很大。

在户部任职期间,其才能深受阎敬铭、翁同龢的赏识。光绪十三年,黄河在郑州决口,陈炽条陈说帖。同龢说:"夜得阎公函,以司员陈炽用洁议河说帖见示,此子不凡。"[1]大为欣赏。其中就有停购外洋枪炮船舰一条。光绪二十一年三月,甲午战争结束前夕,翁同龢向光绪帝进呈了陈炽的《庸书》、汤震的《危言》。一个月后,陈氏"以封事送(翁同龢)看",翁同龢说"八条皆善后当办者,文亦雅",并说"吾以国士遇之,故倾吐无遗",但又认为陈氏"其实是纵横家也","此君诚奇士,然阅其书,令人不释也"。[2]陈氏在《庸书》上主张中国改行君主立宪,这在翁同龢看来是不能接受的,认为改革主张无法驾驭,这是他看后"不怿"的原因。在翁同龢有关变法的言论中,我们从未看到他有关君主专制制度方面需要改革的言论。他讲过如今"西法不可不讲,但中法尤不可忘"。对于改则例、开矿、兴学校、兴商业等他是赞同的。就在是年十一月,康有为在

---

〔1〕《翁同龢日记》,第2184页。
〔2〕《翁同龢日记》,第2848、2857、2908页。

京师发起成立强学会,陈氏被举为提调。据梁启超说,陈氏应翁同龢要求,代拟了十二道新政诏书,内容主要是汰冗员、停捐纳、修则例、裁绿营、改科举、练新兵、办学堂、荐人才、筑铁路、办银行等。翁同龢先将它送给恭亲王看,想征得同意,然后交由光绪帝颁布施行,不料却遭到恭亲王的激烈反对。奕䜣认为国家新挫,元气未复,不宜再有折腾,认为十二条新政举措有动摇国本之虞。由于奕䜣不赞同,此次新政未能施行。

光绪二十二年,陈炽曾协助翁同龢向英商奥都满商借款项,筹措第三次对日赔款,但因英国政府阻挠,未能成功。陈氏毕竟有才,正如翁同龢说:"此人有志富强,惟持论太高。"一次陈氏又条陈上折,"以折示我,全是风话,内有涉余名者一句,以墨笔捺出,不如此不能断此妖也"。[1]表示要同陈氏切割,保持距离。不久,陈母去世,陈炽回籍丁忧。同龢"赗以十金"送行。

光绪二十四年十月,戊戌变法失败,陈炽深受刺激,从此精神不振,常常高歌痛哭。次年在忧愤中去世。

陈启泰

陈启泰,字伯元、鲁生,号伯平,湖南长沙人。同治七年庶吉士,散馆授编修。历任大同、保定知府、江苏巡抚。

翁同龢认识陈启泰是在光绪八年。陈氏和另一名御史洪良品首先揭露云南军费报销舞弊案。是年七月,陈氏上折参劾太常寺卿、军机章京周瑞清案涉工部司员报销,翁同龢其时任工部尚书,遂由此关注陈氏。

光绪九年,中法战争在即,陈启泰上书言战,条陈三策:"以屯兵声援为下策,联络各国通商为中策,三道进兵、占据越地为上策。力保岑春煊、杨岳斌。"当时翁同龢已入参军机,所以对他的三策颇感兴趣,尤其是出兵越南非常符合自己的主战主张。后来清政府派军出境驻扎,多少反映了陈氏条呈的意见。战争爆发后,陈氏又一次上奏,请饬李鸿章速拨轮船,快船运兵"直指神投海口,援引越

---

〔1〕《翁同龢日记》,第3064页。

都"。当时李鸿章同法使脱利古正举行和谈,他竭力反对。上奏"毋为和局所误,不准红江通商",要求"速进兵"。同年陈启泰外任大同知府,直到光绪二十三年七月才调任保定知府。这一次,陈氏登门拜访了翁同龢,两人作了"长谈"。翁同龢在日记中写道:"陈伯平启泰,保定府。来长谈,庚辰分房,得士最多。论直隶州县,举四人,并论人物当举者。"[1]

　　陈启泰对翁同龢影响最大的一件事,就是参与了对翁氏的开复。宣统改元这年,陈氏升任江苏巡抚。是年四月,以翰林院检讨陆懋宗领首,苏、常一带的官绅联名分别呈请陈氏和两江总督端方,吁请为翁同龢上奏朝廷,开复原官。呈请书中说:翁同龢旧臣世德,效力多年,迹其讲书之劳,宜在矜全之列,合词吁恳请上奏为其施恩渲雪。在陈氏和端方等人的努力下,次月,端方正式出面上奏,请为翁氏开复处分,得摄政王"谕准"。至此,翁同龢因支持戊戌维新变法而遭到禁殁的冤案最终得以平反昭雪。

　　陈启泰抚苏期间,与江苏官绅关系处理不错,故去世后,不少人挽诗怀念他。盛宣怀在挽词中写道:

　　　　词馆有声,谏垣有声,监司疆吏有声,吴会过从,缘浅未经五载;
　　　　孝友一传,词林一传,政事文章一传,衡湘后劲,斯人已足千秋。

陈伯韬在挽词中写道:

　　　　负直声海内,历仕三朝,若论前席文词,高才不让长沙贾;
　　　　感知已平生,又弱一个,特语吴中父老,清节何如豆腐汤。

御史张仲炘的挽联是:

---

〔1〕《翁同龢日记》,第3072页。

一官中外成孤立;数语平生感久要。

好友何刚德的挽联是:

鲇竿身世辜青眼;鹤市阴霾陨大星。

黄倬

黄倬,字恕皆,道光进士。历任编修、侍讲、上书房行走、兵部、吏部侍郎、四川学政、浙江学政等,为翁同龢的前辈。

黄倬于咸丰十年二月任四川学政,翁同龢介绍家中仆人两人随之而行。在任期间,曾寄炭敬五十两给翁同龢,可见两人关系不错。同治五年回京后,命在上书房行走,授读锺郡王,因上书房与弘德殿较近,两书房师傅时常相见,彼此接触较多。逢年过节,互相聚会,品评字画碑帖,十分相得。慈安太后暴崩后,两人时常一起在观德殿值宿守夜。遇到乡会试,常常一起奉旨参加试卷评阅。同治帝去世,光绪帝即位。在讨论醇亲王的去留问题上,两人均主张保留醇亲王管理神机营事务,以资弹压。彼此在政见上往往能保持一致。

同治十年六月,孙家鼐以母亲年高,奏请"告养",得旨允行。上书房几位师傅假座黄氏寓所为之饯行,并请翁同龢作陪。翁同龢第一次到黄寓,只见"花木香鬖,奇不甚秀,京师甲观也"。[1]一眼就看中了这座处所。光绪元年八月,黄氏外任浙江学政。翁同龢在为其送行时,表示要租借黄氏京寓。光绪五年,黄氏因年老,子侄劝其出典京寓。次年九月,翁同龢偕侄孙翁斌孙再一次探看黄氏京寓,认为极合适。光绪七年四月,黄氏致函浙江巡抚梅启照(小岩),请其出面商量屋事,黄氏信中表示待病愈即来京办理,但需留五间为侄辈来京居住,结果未能谈成。光绪七年闰七月,黄氏侄孙黄在申(耕莘)来京考荫生,拜会翁同龢:"言明东屋交余,月租六金,余曰:若修理即不出租(金),若租(金)即不管修理。又请

---

[1] 《翁同龢日记》,第894页。

留一打杂看家伙，而乞余用之，并以家伙单交之，皆允之。"[1]光绪十一年三月，翁同龢致函黄氏，正式要求其"典屋"。但黄氏还留恋着京寓，且侄孙辈也不愿马上脱手。光绪十二年五月，黄氏病逝。黄氏子孙无人在京做官，还须派人看守房工，花费太大，最后不得已以银二千余两出售给翁同龢，翁同龢则通过向广寿夫人借银三千两典下此屋，并重新作了装修，这就是他后来位于东单二条胡同的一处故居。

王仁堪

王仁堪，字可庄，福建泉州人。光绪三年状元。这次会试，因翁斌孙应试，翁同龢回避。王氏状元及第后，翁同龢照例至福建馆，祝贺新殿选。王氏分在庶常馆学习，由翰林院掌院学士全庆（小汀）指导。应全庆要求，由翁同龢代为批阅指导学生馆课。翁同龢批阅王氏馆课时的批语有："王仁堪，功夫极细。""王仁堪，极好，通各家说。"[2]对其学问极为赞许。

光绪五年，中俄伊犁交涉，崇厚出使俄国，擅自签订丧权辱国的《里瓦几亚条约》。消息传回，举国震惊。王仁堪联络二十一名御史、编修上折，要求杀使臣，重开谈判，挽回国权。此后，他又上折，支持曾纪泽使俄之举。

光绪十一年八月，王仁堪主持贵州乡试。翁同龢认为是年各省闱墨"以贵州为最"，批阅最为认真规范。此后他还与李文田主持江南乡试，与李端棻主持广东乡试。每试批阅细致认真，判定公允，深受士子好评。

光绪十三年闰四月，王仁堪奉旨入值上书房。光绪亲政典礼时，被授五品衔。光绪十五年京察一等，引见后以道府用。旨分发江苏。次年任镇江知府，继调任苏州知府。江苏多水灾，他常深入灾区，察看灾情，与士绅商讨疏浚河道事宜。王氏患有严重的疝气。光绪十九年十月，王氏前往常熟察看福山沿江一带

---

[1] 《翁同龢日记》，第 1608、1636 页。
[2] 《翁同龢日记》，第 1417、1428 页。

沙洲滩涂,因巡行劳累,回苏不久,突然病死,(据张謇说系服香散药太多所致。)翁同龢说:"闻王可庄卒于苏州,可骇可怜。"[1]王氏死后,上有老母在堂下有七子待养,归无一椽寸陇,而遗下公欠私欠各七千多两,公欠由两江总督和苏抚垫还,但私欠不了,几难以为殓。后来还是翁同龢致函江苏巡抚奎俊(乐峰)设法解决,才将灵柩送回原籍安葬。张謇有见于此说:"高科荣进,修志清名,其终如此,可胜慨哉!"

吴鲁

吴鲁,字肃堂,号且园,福建晋江人。光绪十六年四月,会试殿试一甲第一名,状元及第。这次翁同龢任殿试读卷官,担任读卷官的还有徐桐、徐郙、廖寿恒、汪鸣銮等多人。考试内容为策问,策问范围分四类:圣学、舆图、茶税、边防,策题具体命题由徐郙、廖寿恒、汪鸣銮三人负责。阅卷结束,以翁卷为第一。前十卷中,竟无徐桐的阅卷。翁同龢认为这次评阅"甚为公允"。待到唱名时,方知一甲前三名分别为吴鲁、文廷式、吴荫培。在回答光绪帝询问时,翁同龢说:"吴卷本好。"光绪帝对此表示满意。

次日,礼部举行恩荣宴,庆贺鼎甲。会上,文廷式以"说文解释"为据,指出古者拜非稽首,吴鲁、文廷式和吴荫培三人拒绝向考官跪拜,引起徐桐和礼部官员愤懑,为了解围,翁同龢出面,鼎甲向翁同龢三揖,翁同龢回以一揖,在场官员无不表示惊讶:"鼎甲三抬,余一抬,观者愕然。退易衣归。徐相(徐桐)欲传三人到(翰林)院申斥之,其实何足道。"[2]这就是晚清科举史上鼎甲大闹恩荣宴事件。

庶常馆散馆后,吴鲁供职翰林院。光绪十七年后曾任安徽学政。吴氏性行刚烈,平日忧国忧民,赋诗痛斥权奸,汇成"百哀诗"。在安徽徽宁池广太道任上,购得一只传说是民族英雄岳飞、文天祥用过的砚台,他非常高兴。认为

---

[1]《翁同龢日记》,第2689页。
[2]《翁同龢日记》,第2408—2409页。

此砚得乾坤正气,将之命名为"正气砚",将自己书斋更名"正气斋",以激励自己。

光绪二十六年,义和团运动兴起,联军入城,杀人放火,无恶不作。他亲率清军与拳民同联军作战。

1912 年吴鲁去世。正气砚传至次子吴旭霖。"文革"中被抄家,正气砚不知所终。

裕德

裕德,字受田,号少云,满洲正白旗人,父亲崇纶曾任湖北巡抚。光绪二年进士。同年授庶吉士,前来拜会翁同龢。光绪十四年任山东学政。十七年学政任满,回京后拜访翁同龢,介绍山东吏治、民生、文教等情。

光绪十九年八月,孙毓汶、裕德、陈学芬任顺天乡试副考官,翁同龢为正考官。因为翁同龢是帝师,裕德对其礼貌有加,十分敬重。在这次乡试中,裕德阅卷时,每有看中的均请翁同龢定夺。按考试制度规定,只有最后确定前十名才由主考官裁定。裕德如此做,一是照章办事,二是出于对翁同龢的尊重。清代科举考试还规定,在确定前十名中的第四、五、六名,一般均留给应试的满蒙士子,在这次乡试确定这四、五、六名时,裕德有较大的发言权,但他没有这样做,而是交由翁同龢去定夺。

在是科乡试闱中,裕德共给翁同龢写了六封信。就确定第四、五、六名名单时,他写道:"满卷仅有三卷尚可观,然不足列置魁卷,兹并呈敬夫子大人鉴定。"另一函则写道:"满魁弟无之,兄处老者一本必须定魁,即照抄出改本发刻,万勿游移。桂翁(指陈学芬)处未必有此高笔,再强览必几乎矣。速定,勿再商。"[1]最后由翁同龢定宗室中式五名。

翁同龢对于主持此次乡试比较满意,正如他所说,"是科闱中唱和最乐,孙莱山平生故人,内监试李莼客庚辰门人也"。但是科录取太滥,试后御史联仳上奏

〔1〕 参见《翁同龢文献丛编:考试·国子监》,上海远东出版社 2014 年版。

指出本次顺天乡试幸中多名。旨派麟书、徐桐查办,结果查出蔡学渊、黄树声、万航三人均革去举人名号,周学熙等三人复试再定。

此后裕德还多次奉旨与翁同龢批阅乡会试卷,他依旧对翁氏抱着敬重的态度。光绪三十年,授为体仁阁大学士。次年病逝,谥"文慎"。

（八）地方督抚司道：湘系

翁同龢从政四十多年中，因职事的关系还与众多的地方官员发生交往，其中仅各省督抚即不下四五十位，有些督抚和他保持长期交往，来京时甚至和他作"深谈"视为知己；有些在他求助时如赈灾、部款支解等，给予支持。当然也有少数督抚出于政治军事的需要，参劾过他的兄长，他和这些督抚司道的交往对当时的政局均产生过不小的影响。这里我们选择部分湘淮系的督抚司道作一简述。

湘系人物中，担任督抚司道的人较多，这里主要介绍与翁同龢关系密切或利害攸关的曾国藩、左宗棠、丁日昌、郭嵩焘、曾国荃、刘坤一、刘长佑、杨昌浚、胡瑞澜、陈湜、于荫霖、聂缉椝等人。

曾国藩

曾国藩，字涤生，一写笛生，号伯涵，别号南阜，湖南湘乡双峰人。道光进士，历任编修、内阁学士兼礼部侍郎。曾国藩早年向唐鉴学习理学，并将理学与经世致用结合起来。在中进士前，两试落榜，不甘心失败，借银留住京城，一边攻读，练写制义；一边广交京中士大夫，表现了强烈的功名意识，以实现个人治国平天下的政治抱负。咸丰初年太平天国起义爆发后，他怀着对农民起义的仇视，借口太平天国破坏中国的传统文化，打着捍卫礼教的旗号在籍开办团练、编练湘军，

曾国藩像

最终一手扑灭太平天国起义,被清廷锡封为一等侯爵,世袭罔替。晚年以大学士任两江总督,俨然是中国近代史上赫赫有名的人物。有关曾国藩的著作很多,此处不详细介绍,只就与翁氏的关系作一论述。

早在道光年间,曾国藩就与翁同龢的父亲翁心存相识。据翁心存日记记载,道光二十九年,翁心存任上书房师傅、国子监祭酒。八月,监察太常寺演礼,曾国藩时为太常寺祭品官,负责保管祭礼所用的祭品。翁心存也不时到曾国藩、龙元禧等人住宅看望,这也许是出于一种礼貌,彼此几乎没有"长谈"和"深谈"。从学问上讲,他们是两种不同的倾向。翁心存偏于典籍的考证和收藏,即所谓汉学;而曾国藩则注重理学,与倭仁相近。至于翁心存怎样看待曾国藩,我们看不到这方面的资料。翁心存平日寡于言语,不轻意表露自己的心迹。1854 年 10 月(咸丰四年九月)曾国藩率湘军攻取武汉。捷报传到北京,咸丰帝非常高兴,他万万没想到一支地方武装竟能打败太平军,夺取武汉这个军政要地。立刻任命曾国藩署理湖北巡抚,并对大臣们说:想不到曾国藩一介书生,还能建立如此奇功! 他的话刚说完,祁寯藻就提醒咸丰帝:曾国藩是一个在籍的侍郎,犹如匹夫,举臂一呼,竟有万余人跟随响应,恐怕不是国家的福分。咸丰帝听罢,脸色大变,想到曾国藩手握重兵,一旦给予他地方督抚实权,将来恐怕难以驾驭,于是改变主意,收回成命。消息传到曾国藩那里,他深知朝廷对他猜忌,一班元老重臣对他也不信任,不由惊恐万分。[1]祁寯藻是翁心存非常要好的朋友,平日私下里彼此可以说说心里话的人,他对曾国藩态度如此,我们虽不能断定翁心存对曾国藩的态度如何,但从交往非常平淡,多少也能领略到一些,至少好不了多少。

---

〔1〕 谢俊美等编著:《中国近代政治家》,北京科学技术出版社 1995 年,第 3 页。

翁、曾学术志趣虽有不同，但并不妨碍交往。这种情形一直保持到 1852 年（咸丰二年）曾国藩回籍丁忧。此后两人再也未见过面。但后来曾国藩对翁同书的参劾，及翁同书的被革逮判为斩监候，给翁心存直接造成了致命的打击，致使他精神完全崩溃，不久离开人世。

1860 年（咸丰十年五月）对清朝来说是一个内外交困的年份。是年 4 月，江南大营兵溃，丹阳失守，两江总督何桂清逃至常熟。李秀成率太平军东进，苏州、杭州危急。无奈之下，清政府不得不谕令曾国藩迅速统兵驰往江苏，任命他为两江总督，钦差大臣，督办江南军务。9 月（八月），"皖省军务亦统归曾国藩督办"。[1]当时翁心存长子翁同书正任安徽巡抚，帮办军务，因此直接受曾国藩节制。同年 7 月，英法联军进攻北京。9 月，咸丰帝携妃嫔逃往热河。次年 8 月病死热河。皇位由年幼的载淳承继。其生母那拉氏联合恭亲王奕䜣发动政变，诛杀载垣、端华、肃顺等人，夺得了政权，改元"同治"，实行垂帘听政。为了笼络人心，慈禧和奕䜣起用遭受载垣、肃顺等人排斥打击的周祖培、祁寯藻和翁心存等人。翁心存曾是奕䜣在上书房读书的师傅，祁寯藻前面提过了，曾国藩对他们当然不会有什么好印象，因为当年肃顺是竭力主张起用汉臣，而曾国藩、郭嵩焘、王闿运等都与肃顺等素有往来，在查抄载垣、肃顺等家产时，抄到曾、郭、王等与之来往的信件。为了稳住曾、郭等人，慈禧和奕䜣下令将它们销毁。曾国藩对朝局变化虽有不快，但也无法，于是也向朝廷推荐了李棠阶（文园）等人。这里已隐藏了曾国藩打击报复祁寯藻等人的意图。慈禧夺得政权后，太平天国起义仍在进行，为了早日扑灭起义，进一步笼络曾国藩，慈禧授命他"统辖江苏、安徽、江西三省并浙江全省军务，四省巡抚、提镇以下悉归节制"。[2]曾国藩派左宗棠攻打浙江，派李鸿章攻打江苏，派儿女亲家郭嵩焘为苏松道，为他筹款筹粮，派弟弟曾国荃围攻南京，自己则坐镇安庆，统一指挥，将东南地区完全控制在手里。

再说翁同书。咸丰三年奉旨驰赴扬州江北大营镇压太平军，"生平未尝自诩知兵，又无大臣论荐，不知何以蒙旨特简"。[3]咸丰八年初与太平军交战于六合、

---

〔1〕《翁心存日记》，第 1341 页。
〔2〕《翁心存日记》，第 1662 页。
〔3〕翁同书：《彝斋自订年谱》，谢俊美：《翁同书传》，华东师范大学出版社 1998 年版，第 257 页。

来安一带。同年五月,陈玉成率太平军围攻庐州。六月,谕旨授翁同书为安徽巡抚,令其率军救援庐州。迨其行至梁园,知庐州已经失守,被迫退至定远。定远小县,城围八里,人口不满两万,无法坚守。九年六月,定远失守,翁同书被迫退往寿州,依附当地苗沛霖的团练武装。

1861年2月(咸丰十一年正月),翁同书奉旨回京,另候简用。然而就在他等候署理巡抚贾臻前来办理交卸手续时,却发生了苗沛霖与寿州士绅孙家泰仇杀、苗沛霖率练众围攻寿州城的事件。在苗练围城期间,谕旨曾令翁同书与城内军民守城,而寿州城内绅民也泣血恳求其留下。于是他留了下来。

苗沛霖,字雨三,安徽凤台诸生。凤台县治与寿州同城。他利用朝廷号召各省开办团练以及咸丰末年内忧外患的恶劣形势,以老家下蔡为中心,筑圩建寨,大办团练,武装自保,公开打出抗击太平军和捻军的旗号。安徽文人王则侨在上多隆阿书中说:"两淮士民皆结寨自保,与捻相抗,但其势涣散,不能御捻,往往被其焚杀。诉诸于官,官则畏捻如虎,坚闭城门不能为画一策。往诉诸将,将则掩饰弥缝,希图拘免,不能为剿一贼。以故两淮士民处心积虑,欲雪仇耻而无由,一旦苗沛霖以枭点之才起而倡之,则皆翕然归去,谨受约束,酿成巨祸几至无可收拾。"[1]苗练势力由此急遽膨胀,并得到督办军务的钦差大臣的支持,因而称霸一方。到1860年前后已是"地跨四县、练分五旗、拥众万人",名震两淮的一支地主武装。待看到咸丰帝逃往热河后,认为大清王朝即将瓦解,遂萌生趁乱占地为王的念头,企图将清朝势力逐出淮河流域。

苗沛霖想将寿州城内的团练纳入自己的势力之下,遭到士绅孙家泰和练总蒙时中的反对。孙姓是寿州望族,寿州是咸丰状元孙家鼐的家乡。家泰与孙家鼐同族,当然不买苗氏的账,由此结仇。苗练围城后,孙氏联络既通捻又与苗练对立的徐立壮前来救援,遭苗练大恨。此外孙氏又擅杀了潜伏寿州城内七名苗练,苗沛霖声言不杀孙、徐决不撤围。结果翁同书只好屈从苗氏要求,杀了徐立壮,囚禁孙家泰,交出练总蒙时中。孙在狱中自杀。蒙氏被苗练活活弄死。徐氏、孙氏、蒙氏死后,苗练围城如故,一直围了八个多月,"寿州被围日久,兵饥卒

---

〔1〕 参见安徽省社会科学院历史研究所编:《安徽史料丛刊》(三十五)《艺文志》。

疲，各营兵勇甚至挑取野菜和草根充饥"。[1]到城破前一月，城中食尽，以树叶为食，"剥树，煮胡床，牛皮为食，死者盈路衢，学宫前青云路冢累累然，居民宅隙皆为葬地。守陴者鹄立无人形"。"斗米至十万钱"，以至"人相食"，情形惨极。[2]翁同书在自订年谱中也说："率士民坚守此城逾二百日之久，有易子析骸之惨，无蚍蜉蚁子之援。"[3]曾设法派人向外求救，但当时清廷本身已自顾不暇，当然无法调兵去救。谕旨只是要求袁甲三设法解围。"不意袁帅（甲三）惑于人言，终谓苗沛霖可抚，又以兵力不足，不得不权宜笼络。"[4]结果也未援救。1861年10月30日（咸丰十一年九月二十七日）寿州城被苗练攻破。苗练入城后，将城中孙氏一族百余人全部杀害，又将凡是抗苗及守城者统加戕杀。苗沛霖将翁同书押至双桥镇，声称围城只为报仇，并非反叛，要求翁同书如此呈奏，为苗氏"辩明心迹"。翁同书处在苗练控制之下，随时有生命危险，只得依照苗氏要求呈奏，折中把寿城绅民守城之举指为不是，指斥守城的寿州士绅"作事苛横，持之过急"，"横生异议，叠起波澜，志在与苗为仇"。[5]完全颠倒了事件的是非曲直，也否定了自己与寿城绅民共同守城的八个多月的斗争。翁同书此折与先前所上奏折的立场态度全然不同，给人以诚信不足之感，因而为朝列和一班疆吏所不齿。翁同书将此折又抄录一份送袁甲三，袁氏见后信以为真，随即给翁氏一信。信中说：既然"苗氏本为报仇并不踞城，寿州一切自然听官节制。若此，则苗道（苗为川北道员）心迹不辩自明，不但褫职之案指日可复，并可仰邀天恩，不次超擢也"。[6]袁氏据此自己也上了一道奏折，以目前"彼众我寡，彼饱我饥，兵连祸结，实无制胜之方，不得不暂时羁縻"，请求咸丰帝暂不派兵声讨。咸丰帝根据翁、袁奏请，只得加以采纳。要求袁甲三"务须熟察，如果（苗氏）真心归顺，即令立功自赎……惟以后苗沛霖再有反复，朕即惟该大臣是问"，要求此旨暂不颁布。[7]袁甲三认为若谕旨不发布，祸将立至，只好求助于节制四省军务的钦差大臣、两江总督曾

---

〔1〕奕䜣：《钦定剿平捻匪方略》卷95，第5页；卷114，第16页。

〔2〕王定安：《湘军记》，《绥缉淮甸篇》。

〔3〕《彝斋自订年谱》咸丰十一年八月。

〔4〕翁同书：《苗沛霖反侧颠末纪略》，谢俊美：《翁同书传》，华东师范大学出版社1998年版，第271—272页。

〔5〕翁开庆辑：《翁同书奏议辑存》，未刊。

〔6〕《袁甲三跋翁同书函》咸丰十一年十月初十日，谢俊美：《翁同书传》附录，华东师范大学出版社1998年版。

〔7〕《钦定剿平捻匪方略》，卷117，第29、32页。

国藩。曾国藩职兼安徽军务，当然不能置之不问。于是便有了以后参劾袁甲三与翁同书的事。

翁同书离开寿州，逃出虎口，北上返京途中，又另写了一道密折，折中则言"该逆阴鸷反复，请速定计，四路会剿"。[1]如此前后两折，简直是对朝廷和奉旨"剿苗"的将领开了一个不大不小的玩笑，使他们感到被翁同书"愚弄"了。他不仅不为朝廷所容，亦为许多疆臣所鄙视，曾国藩认为"苗沛霖罪大恶极，必应剿灭，万无抚理"。而自寿州绅练仇杀事件发生以来，翁同书从未向曾国藩仔细呈报，事定之后，在给曾氏的信中也绝无引咎自责之词，这使曾氏非常不满，于是直接出面奏参翁同书。

1862年2月13日（同治元年正月十五日）翁同书到京。就在之后第三天，曾国藩参劾他的奏折也到京。参折写道：

> 前任安徽巡抚翁同书咸丰八年七月间梁园之挫，退守定远，维时接任未久，尚可推诿。乃驻定一载，至九年六月，定远城陷，文武官绅殉难甚众，该抚独弃城远遁，逃往寿州，势穷力绌，复倚苗沛霖为声援，屡疏保荐，养痈遗患，绅民忿恨，遂有孙家泰与苗练仇杀之事。逮苗围寿，则杀徐立壮、孙家泰、蒙时中以媚苗，而并未解围；寿城既破，则合博崇武、庆瑞、尹善廷以通苗而藉此脱身。苗沛霖攻陷城池，杀戮甚惨，翁同书不能殉节，反具疏力保苗逆之非叛，团练之有罪，始则奏称苗入城并未杀害平民，继则奏称寿州被害及妇女殉节者不可胜计。请饬彭玉麟查明议恤，已属自相矛盾。至其上年正月奏称苗沛霖必应诛剿折内，有"身为封疆大吏，当为朝廷存体制，兼为万古留纲常，今日不为忠言，毕生所学何事"等语，又云"誓为国家守此疆域，保此残黎"，俨然刚正不阿，字挟风霜。逮九月，寿州城破，翁同书具奏折片，则力表苗沛霖之忠义，视正月一疏判若天渊，颠倒是非，荧惑圣听，败坏纲常，莫此为甚。若翁同书自谓已卸抚篆不应守城则当早知引去，不当处嫌疑之地，为一城之主；又不当多杀团众以张叛苗之威。翁同书既奉谕旨责令守

---

〔1〕 翁同书：《彝斋自订年谱》咸丰十一年。

城,则当与民效死,不当濡忍不决,又不当受挟制而草奏,独宛转而偷生。事定之后,翁同书寄臣三函,全无引咎之辞。军兴以来,督抚失守逃遁者皆获重谴,翁同书于定远、寿州两次失守逃遁,又酿成苗逆之祸,岂宜逍遥法外,应请旨将翁同书革职拿问,饬下王大臣九卿会同刑部议罪,从肃军纪而昭炯戒。[1]

参折"言辞的凌厉、苛刻,实属罕见"。[2]不仅追究翁同书在定远、寿州两次失守的责任,甚至连其人品乃至翁氏家庭也一并讥评了。

翁同书是翁心存的儿子,而翁心存是朝廷重臣,曾国藩如此参劾,使朝廷大为棘手。但从剿平太平军和捻军而言,朝廷当然离不开曾国藩,正视若长城。当时湘军正全力围攻南京,整个统治集团正寄厚望于曾的湘勇迅歼太平军,因此不愿因翁同书一案而影响大局,于是未多加犹豫,立即将翁同书革职拿问,交王大臣会议罪名。王大臣们遂"比照统兵将帅守备不设,为贼所掩袭,以致失陷城寨者斩监候律拟斩监候,秋后处决"。而且议决还规定:"事犯虽在咸丰十一年十月初九日大赦之前,情节较重,应不准援减。惟系已革大员,仍恭候钦定。"同一天,同治帝颁布上谕:"已革前任巡抚翁同书身任封圻,督兵驻守定远,于定远失守时竟自弃城远遁,蒙恩交部严加议处,改为革职留任,应如何感恩图报,力济时艰,乃退守寿州,办理多未妥协,致令绅练仇杀,以启兵端,并曾经奉旨留守寿州,既在城中驻扎,又不能严密防堵,力保危城,卒致寿州亦被失陷。迨城陷后,该革员奏报情形自相矛盾,实属贻误取巧,苟且偷生。即照王大臣等所议,将翁同书比照守边将帅守备不设为贼所掩袭,以致失陷城寨者斩监候律,拟斩监候,秋后处决。"[3]

自翁同书外任贵州学政到这次回京,翁氏父子近二十一年未见,父子只絮话一晚,第二天翁同书就被革逮,翁心存的心情可想而知。在翁同书被逮问的当天,翁心存在日记中写道:"忽见三儿逮问之谕,奉职无状,自蹈愆尤,固其宜

[1]《钦定剿平捻匪方略》,卷289,第9页。
[2] 黎庶昌:《曾国藩年谱》,《湘军史料丛刊》,湖南人民出版社1983年,第44页。
[3]《钦定剿平捻匪方略》,卷291,第34—35页。

也。"〔1〕并将上谕抄录在当天的日记上。翁心存毕竟是三朝元老、帝后近臣,且为官清正,深受士林敬重。为了安抚翁心存,经奕䜣奏请并与两宫太后磋商,又特意于2月24日(正月二十四日)颁发谕旨,任命他为弘德殿行走,授读同治帝。在稍后为庆祝同治帝即位而举办的恩科会试中,将翁同书之子翁曾源拔为状元,是科主考官为倭仁,依倭仁当时的地位和资格,尚无权决定大魁,翁曾源的大魁显然是出自奕䜣的考虑和两宫皇太后的旨意,这对朝廷来说,可算是煞费苦心了。

翁同龢对曾国藩参劾翁同书一事反应强烈。对于会议王大臣和刑部堂官顺从曾国藩的判决表示强烈愤慨:"执法者欲如是,周内真无如何矣。"对于"将定远失守一节仍叙弃城字样"表示不满:"盖属稿者常州余君尊衡也"。后来他还专门查考曾氏这道参折为何人手拟。当时李鸿章也在曾国藩内幕,有人认为是出自李氏之手。然而李氏系翁心存的小门生,孙锵鸣为李鸿章的会试房师,而孙氏系翁心存的门生,小门生撰写有关参太师之子的奏折从封建名教角度说不过去。李鸿章即使同意曾氏的看法,但也不会执笔代拟此折,若那样做,有违封建道德,为士人所不齿。1870年8月18日(同治九年七月二十二日)翁同龢在日记中写道:"得徐毅甫诗集读之,必传之作,毅甫,名子苓,乙未举人,合肥人,能古文。集中有指斥寿春旧事,盖尝上书陈军务未见听用,虽加礼貌而不合以去,弹章疑出其手,集中有裂帛贻湘乡之作也。"〔2〕这里翁同龢也只是"怀疑",不过,我认为这样怀疑而不看翁同书在整个事件中的责任,似无必要,纵即是徐氏所拟,那还是曾国藩的观点。这件事一直成为翁同龢心中挥之不去的阴影。翁同龢始终认为兄长蒙受了不白之冤,其遭遇同历史上能人志士并无二致:"自古贤人君子、忠臣义士蒙难受辱于丛棘中者多矣。"〔3〕翁同书是不是像他说的那样,那只有让历史去评说。

翁同书被判斩监候关押刑部后,前两江总督何桂清也被关押在刑部狱中。同年7月6日(十月初六日),王公大臣六部九卿翰詹科道会议何桂卿罪名时,

〔1〕《翁心存日记》,第1699页。
〔2〕《翁同龢日记》,第821页。
〔3〕《翁同龢日记》,第213页。

"刑部原折引失守城池律,问以斩决请旨",所以以祁寯藻、全庆、万青藜、倪逸帆、林天龄、彭祖贤等一批官员另行呈折,"大抵情照本律,不必从重"。奏折陈上后,"上谕改为斩监候入于情实,秋后处决。并饬谕嗣后刑部断狱,不得于律外加增,用从重问拟等字样"。[1]这道上谕与恭亲王奕䜣的态度有关。何桂清虽不是奕䜣集团成员,但在第二次鸦片战争期间,何桂清曾同奕䜣的岳丈桂良一起在上海同英国谈判,很受桂良器重。当太平军攻占苏州府,何桂清竭力支持奕䜣的观点,上奏"借师助剿"与奕䜣配合默契。因此奕䜣主持审判何桂清时,有意网开一面,便借口何桂清曾任一品大员,用刑宜慎重,故有上面的斩监候谕旨。

对于何桂清这个判决,曾国藩、李棠阶表示强烈反对。据说,在刑部审问时,何桂清出示了前江苏按察使查文经、前江宁布政使薛焕、前江南盐巡道英录、江安粮道王朝伦等人劝他退往苏州再作抵抗的联衔禀,作为证明自己并非畏敌逃跑,但王大臣们认为"该司道皆有地方之责,当常州危急之际,应如何帮同竭力守御,乃联衔禀请退守苏州,该司道联衔说词,显见形势危急,意在同逃。"[2]曾国藩复奏中认为"大员行动不能以司道联衔之有无",亦指出司道联禀为"同逃",即集体逃跑,决不能纵容迁就,坚持要将何桂清斩立决,以正视听。此外,曾国藩还有个人恩怨,当初湘军一直饷需不足,在何桂清支持下,江苏巡抚薛焕、上海道吴煦及苏松粮道杨坊找各种借口不予援助,以致湘军将帅对他们含恨在心,现在看到何桂清如此,正想取代他,当然不愿相救。李棠阶,字树南,号文园,又号强斋,河南河内人,道光进士。平日崇尚理学,与曾国藩同道。因在籍开办团练,与太平军北伐军作战为曾国藩所赏识,向朝廷保举其人才堪大用。7月6日那天,王公大臣六部九卿会议何桂清罪名时,李棠阶因奉旨批阅汉荫生试卷,未能与会。待得知上谕将何氏罪名定为斩监候后,立即上了一道《申明公论疏》,要求将何氏斩立决。他说:"今朝政维新,正当振饬法纪之时,而之所以措置此案,布告中外者乃如此,使公论不伸,人心愤郁,恐天下有以窥朝廷之深浅,而外夷和逆匪且不免轻而侮之,气益张,心益肆。何桂清轻弃苏常,逃至沪上,廷旨将其革拿,竟逗留沪上两年半之久,如此之抗法,若不从严惩处,何以服天下人心;封疆大吏援此

---

〔1〕《翁同龢日记》,第241页。
〔2〕《穆宗毅皇帝实录》(一)卷30。

例,谁复为皇上守土哉？是非颠倒,纲纪废弛,人心从此不振,所关非细。"要求将何氏处以极刑。[1]李棠阶是曾国藩举荐而被朝廷重用的大臣,他的意见基本代表了曾氏的看法。李氏奏折呈上后,给两宫皇太后和奕䜣以极大的压力,权衡之后,决定采纳李氏的意见,并于当月二十七日,由周祖培和绵森监刑,将何桂清押于菜市口斩首。

何桂清被杀给翁心存以强烈的震撼,他看到那么多大臣出面保何都保不住,甚至连恭亲王奕䜣最后也屈从了曾、李的意见,感到曾国藩势力太可怕了,他忧心儿子也难逃厄运。因忧成疾,不久就病倒了。在他生命垂危之际,不少臣僚前来看他。但有一个细节人们往往没有注意,就是李棠阶来看望时,他的表情。但翁同龢观察得很仔细,在1862年12月25日(同治元年十一月初五日)的日记中写道:

> 李文园丈(即李棠阶)、杜筠巢师、程容伯(程祖诰)皆来视疾。大人独执筠师手,而瞠视文园丈,盖意有在也,然无一语矣。[2]

这里说得再明白不过了,"盖意有在也"也就是说我儿子翁同书的事就拜托您了。李棠阶当然心领神会。所以,待到翁心存一死,谕旨立即将翁同书开释,回家守孝百日。

1863年(同治二年)淮北战场的形势发生很大变化,继安庆克复后,湘军先后攻占了皖北大部分地区。太平军和捻军在淮北战场先后失败。是年年初,苗沛霖在蒙城为僧格林沁所部击毙,清政府重新恢复了对皖北的统治,形势的变化使清政府感到再将翁同书羁押已无必要。1863年1月9日(同治二年十二月一日)正白旗委参领恒祐呈诉孙家泰、徐立壮、蒙时中"冤抑",要求给予平反昭雪。旨交僧格林沁、曾国藩等查办复奏。孙家泰死前狱中留诗,明确地表示他的死与袁甲三有关。"今以拒苗参革锁拿监禁,皆袁漕督之意也。"[3]徐立壮,字健臣,

---

〔1〕《李棠阶日记》同治元年十月初八日,光绪十八年刻本。

〔2〕《翁同龢日记》,第278页。

〔3〕孙家泰:《狱中述怀》,光绪《寿州志》卷34,《艺文志》,第59页。

为凤台徐家圩人。捻军起义后,他率族人团练抗捻,积功授甘肃永固协副将,提名提督。因见苗沛霖专横跋扈,脱苗别立一军,而为苗氏忌恨。又因查获和杀害潜入寿州城内苗练弁目多人,苗氏立誓除去徐氏而后快,于是围攻寿城,徐氏遂借捻以抗苗。这就给了苗氏以把柄。袁甲三督办皖北军务,认为太平军捻军压境,必先稳住苗练。"以今日情势论之,欲收抚苗练,非惩办徐立壮、孙家泰不可。"看到徐立壮"招集捻匪,久踞城中,其患甚巨。"决意除去孙、徐。[1]杀徐虽是翁同书下令执行,但徐氏勾结捻军与否为能否平反的关键,如果没有,将继续追究翁同书的责任。这令翁同龢又一番紧张,到处打听询问,孙家鼐说"州人都说徐立壮勾捻是实。"查办的关键是曾国藩的态度。曾氏也十分清楚,奉旨后遂以路远不便为名,委托安徽巡抚乔松年就近查办,他列名会奏即可。有意表示不再过问寿州绅练仇杀一事。继后又疏请恢复临淮袁甲三专祠,疏内有"寿州一事虽办理不善,终不以一眚掩终身"之语。在这种情况下,清政府于 1864 年 2 月 1 日(同治三年十二月二十四日)将翁同书改判,"著加恩发往新疆效力赎罪"。其后又经都兴阿奏留甘肃军营劾力,以"剿贼"有功,赏还顶戴,终于由"罪臣"再变为"军营立功人员",死后追谥"文勤"。

1869 年 2 月 10 日(同治七年十二月二十九日)曾国藩来京,出于礼貌,翁同龢与之相见。"晤湘乡相国,无一语及前事。"[2]这是有记载的翁同龢与曾国藩首次正式见面。此后他们还见过几次。1870 年 8 月(同治九年七月),曾国藩奉旨办理天津教案,力白教堂无迷拐幼童等事,力主惩办天津道、府、县,"杀民谢罪",与法国议和了结。他的做法遭到醇亲王奕譞与翁同龢等官员的强烈反对。11 月(十月),曾国藩入觐来京。翁同龢前去拜访,交谈中,翁氏"颇诮其津事"。曾氏离京前夕,前往翁宅看望翁同龢。"曾相留别,受之。"待次日翁同龢回访,"送湘乡,已行"。[3]岁月长流,事随境迁,此时的翁同龢已任同治帝师多年,政坛面貌已发生很大改变,曾国藩、翁同龢都清楚这一点,若再纠结昔时恩怨已无必要,这是他们彼此往来的原因。

〔1〕《袁甲三致翁同书函》咸丰十年十一月二十日,未刊。
〔2〕《翁同龢日记》,第 698 页。
〔3〕《翁同龢日记》,第 835、846、866 页。

马新贻被刺案发生后,曾国藩重新调回两江原任。因办理"剿捻"失利和办理天津教案"杀民谢罪"为舆论所抨击,声名一落千丈。回到南京后,心情抑郁,晚景寂寞凄凉。1872 年 3 月 10 日(同治十一年二月初一日),他正在花园散步,忽然呼叫脚麻,回到书房,端坐而逝,终年六十二岁。几天后,翁同龢从邸报上得知这一消息,在日记中淡淡地写了"大学士曾国藩卒于两江"几个字,什么评论也没有。

左宗棠

左宗棠,字季高,湖南湘阴人。父亲左观澜,廪生,有学行。在父亲的影响下,他读书勤奋,道光十二年考中举人,以后三试不第,绝意仕途。应两江总督陶澍之聘,任其家庭教师,教授陶氏子弟,并借机遍读陶氏藏书,究心舆地和兵法。平时喜为豪言壮语,又自称"老亮",以诸葛氏自比。其家学塾长联为:"身无半亩,心忧天下;读书万卷,神交古人。"由是名动公卿。胡林翼称其"横览九州,无才出其右者"。太平军进军湖南,因协助巡抚张亮基坚守长沙有功,擢同知直隶州。继任巡抚骆秉璋视为左右手,由是名声大噪,甚至传至九重。某日,咸丰帝召见与左氏同里的郭嵩焘:"若识举人左宗棠乎?何久不出也?年几何矣?过此精已衰,汝可为书谕吾意,当及时出为吾办贼。"六年,助曾国藩攻克武汉,诏以兵部郎中用。后因打了总兵樊增祥父亲樊燮的耳光,被樊燮告到湖广总督官文那里,险遭不测。多亏曾国藩、胡林翼、潘祖荫出面维护,始转危为安。曾氏言左氏无罪,且才堪大用。潘氏讲得还要好,他说国家一日不可无湖南,湖南一日不可无左氏。日后左宗棠为了报答相救之恩,将其在西北用兵时获得的大盂鼎赠送潘氏。经此一事,左宗棠以四品京堂随曾国藩治军,同

左宗棠像

治三年太平天国起义失败,他被封为伯爵。

太平天国起义失败后,西北回民起义正方兴未艾。1866 年(同治五年)他被授为陕甘总督,督办陕甘军务。他"以炮车制贼马,而以马队挡步贼"。购买山西、内蒙古马匹组建湘军马队对付回民起义军:用两轮火炮追击回民起义马队,经过多年作战,最终镇压了回民起义军。

1876 年 10 月(光绪二年九月),左宗棠率军收复了玛纳斯城,除了被俄军占据的伊犁之外,新疆全被收复,清朝又恢复了对新疆的统治。为了收回伊犁,光绪四年,清政府派崇厚前往俄国交涉。在俄国的诱惑下,崇厚与俄国签订了丧权辱国的《里瓦几亚亲约》。结果清政府改派驻俄法公使曾纪泽,与俄国重开谈判。谈判开始后,翁同龢奉旨与潘祖荫、惇亲王奕誴、恭亲王奕䜣、醇亲王奕譞一起办理会商谈判交涉往来文电和臣工奏折。也就是从这时候起,翁同龢间接地对左宗棠有了了解,尤其是左氏的塞防观点。原先翁同龢认为中国饷绌兵单,不足抗俄,主张缓索伊犁,他的好友广寿(绍彭)劝他不要这样,认为这样恐为清议所不容。"夜绍彭札来劝余缓索伊犁一条,以为恐清议所薄,亦稍过矣。"[1]当时"论者多言自高宗定新疆,岁糜数百万,此漏卮也。今至竭天下力赡西军,无以待不虞,尤失计。宜徇英人议,许帕夏自立为国称藩,罢西征,专力海防。(李)鸿章言之尤力"。左宗棠坚决反对弃守论,他说:"关陇新平,不及时规还国家旧所没地,而割弃使别为国,此坐自遗患。万一帕夏不能有,不西为英并,即北折而入俄耳。吾地坐缩,边要尽失,防边兵不可减,糜饷自若。无益海防而挫国威,且长乱,此必不可。"[2]由于左宗棠的坚持,当政的慈禧也反对弃守,甚至说到祖宗留下的尺地寸土皆不能放弃之类的话。为了使改约谈判取得成功,使俄国归还伊犁,清政府作了和战两手准备,一面派曾纪泽赴俄谈判,一面派左宗棠率兵入疆,向俄表示武力收回伊犁的决心。光绪六年四月,左宗棠舆榇亲征,从肃州出发,五月,到达哈密。俄国闻讯,只得坐下同意谈判。次年正月,中俄重新签约,交还伊犁。新的条约虽还是个不平等条约,但比起崇厚所订条约,已挽回不少权利。中俄重开谈判,几如虎口夺食,其中左宗棠贡献大矣。

―――――――――

〔1〕《翁同龢日记》,第 1503 页。
〔2〕参见《清史稿·左宗棠传》。

　　翁同龢与左宗棠正式见面是在 1881 年 2 月（光绪七年正月）。是月 24 日（二十六日），左宗棠奉召到京。此次来京主要是商量日本吞并琉球后，中日会商交涉的事情。有关塞防和海防谁先谁后的问题，当时朝廷上下主张先解决塞防，而后再解决海防，塞防既已指日可待，于是要左宗棠回京商量琉球问题。到京次日，左氏先入觐两宫皇太后和光绪帝。3 月 3 日（二月初四日），翁同龢就前往檀帱寺拜见左宗棠。"访晤左季高相国长谈，初次识面，其豪迈之气俯视一世。微不足者，思之深耳。论天下大势，山河皆起于西北，故新疆之辟，实纯庙万古之远猷。"[1]"微不足者，思之深耳。"这两句话正是左宗棠高于翁同龢乃至李鸿章等人之处。当时朝内朝外尚无一人能有像左宗棠那样深谋远虑的。1925 年张元济和翁之熹在影印翁同龢日记时，为了"师讳"、"祖上讳"，特将这两句掩去不印。2011 年中西书局重印，才补上去。作为一位政治军事战略家，左宗棠与太平军决战过东南与华南，与捻军交战于华北、中原，与回民起义军决战于西北，具有如此丰富的实战经历的将帅独此一人，加上他熟知山川形胜，又谙悉兵法，因此在政见上高人一筹，远超李鸿章，与曾国藩也不相伯仲。曾氏富于伦理之学，而左氏为安邦靖国之才。左氏未出山前，"与国藩、林翼交，气陵二人出其上。中兴诸将帅，大率国藩所荐起，虽贵，皆尊事国藩。宗棠独与抗行，不少屈，趣舍时合时不合。国藩以学问自敛抑，议外交常持和节，宗棠锋颖凛凛向敌矣"[2]。同光之交，清王朝先后平定了各处农民起义，如果按照左宗棠的主张，整顿内治，修明政治，修船造舰，编练水师，上下一心，不忘庚申之耻，对外实行强硬方针，此后中国的历史也许是另一番景象。不幸的是这时候的清王朝已是日暮途穷，落日残照，苟且偷安，最后采纳曾、李对外妥协、屈辱求生的方针，不仅葬送了自己，而且贻害中国百年之久。

　　此后，翁同龢还多次往拜左宗棠。与左氏常常作"长谈"，谈人生，谈治国，谈治民，谈理财，无话不谈。"访左相长谈，气虽高，语皆切直，坐一时久。"[3]"访左相长谈，得力于养气，其言以死生荣辱为不足较，泛论河道必当修，洋药必当断，

---

〔1〕《翁同龢日记》，第 1585 页。
〔2〕参见《清史稿》。
〔3〕《翁同龢日记》，第 1587 页。

洋务必当振作,极言丁日昌为反复小人,余服其有经术气也。"[1]因何他对丁日昌印象很坏,不得而知。翁氏与丁氏为结拜兄弟,日记中当然不便记录。"访晤左相剧谈,伊言治乱民不可姑息,福建漳、泉械斗,匪徒曾杀过一千四百七十名,勒兵责令村人缚献也。"[2]可见手段之残忍。

左宗棠回京后,民望甚高。当时外国在蚕坛口建有教堂,从教堂楼上可以俯瞰宫殿,官民盼望早日拆除。所以,左氏一到京,民间就流传"左侯至,楼即毁矣。"后五城兵马司提督出示晓谕,流言才停止。不过因有此传言,后来清廷另行择地给教会建堂,这就是后来的西什库教堂。左宗棠仕京后,谕令为军机大臣、总理衙门大臣,管理练兵事宜。他本想有一番作为。他在总理衙门同英国公使威妥玛商谈洋药加税事宜,"欲一百五十两交洋人迫税,威则但言寄归本国商酌再定"。"谈次有风棱,差壮中朝之气。"[3]他会同"神机营王大臣议练兵法式",希望神机营提高战斗力,但"宝相(宝鋆)有一团茅草之喻",对他心存轻视,有意排斥。翁同龢听到后说:"窃恐左公不免龃龉矣,正人在位之难也。"[4]翁同龢曾找过醇亲王奕谭:"余劝以调和左相,毋令为难,王甚韪之。"[5]但翁同龢的调和并未收到太多效果,狭隘的种族心理使满族权贵们目光如豆,看不到左宗棠的伟略对清王朝统治的价值。左宗棠也深感仕京难有作为,"值军机、译署,同列颇厌苦之。宗棠亦自不乐居内",遂"引疾乞退"。[6]1881 年 10 月(光绪七年九月),左宗棠出任两江总督。离京前,奕谭特地与他合影留念,"以照像一幅与左相并坐"赠送翁同龢,并"索诗"。翁同龢没有拒绝,特题诗一首:

凤凰麒麟世所珍,辽哉不与斯民亲。云霄想象一鳞羽,纵极摹绘知非伦。泰西奇器妙圆相,一匊亭育太古春。山河大地尽倒影,馀事貌遍贤豪人。盘宗龙种不可画,俗手未试先逡巡。云舒霞卷神骨秀,萧然自放天池滨。湘阴相公最奇特,当路老黑兀不驯。经行万里历百战,却来天府垂朝

---

〔1〕《翁同龢日记》,第 1614 页。
〔2〕《翁同龢日记》,第 1641 页。
〔3〕《翁同龢日记》,第 1589、1605 页。
〔4〕《翁同龢日记》,第 1599 页。
〔5〕《翁同龢日记》,第 1600 页。
〔6〕参见《清史稿·左宗棠传》。

绅。王侯将相等闲耳，古来销歇皆灰尘。惟此一腔忠孝性，震骇耳目生精
神。吾闻周公辅相日，召公往卜洛邑新。推原天命勖敬德，恩深义重辞周
谆。洎乎召公告老去，周公留之君爽陈。曰我二人共笃斐，如洒涕泪沾裳
巾。丈夫气类各有合，焉能随俗为笑颦。图中端尾屹嵩华，世上肝胆讴越
秦。印将万本传万国，东尽日出西无垠。青云骥尾良会合，白发江湖多
逸民。[1]

左宗棠出京前，特地去翁宅与翁同龢告别，"左相留别，却之"。

翁同龢与左宗棠第二次相见，是在光绪十年。因长年投身战事，在西北用
兵，严重损害了他的健康。除了患有严重的风湿外，还有严重的目疾。"左目
云翳，渐致失明，健忘益甚。"他多次呈请开缺，谕旨赏假，要他在任上休息。到
两江总督任上不久，又因法国入侵闽、台，调任闽浙总督。旋因病再请开缺，谕
旨给假四月，回籍调理。舆论认为左氏为朝廷重石柱臣，不应让左氏引退。当
时正逢中法交战前夕，遂令左氏来京陛见。是年6月12日（五月十九日），翁同
龢前往旃檀寺拜访左氏。这次左氏来京，谕令"仍在军机大臣上行走，毋庸入
值，遇要事传问，并管理神机营。调旧部两营来京"。主要想听取他对法用兵
的意见。7月21日（五月二十九日），左宗棠到翁宅来"长谈"，翁同龢说"神明
尚在，论事不能一贯，大不满意于沅帅（指曾国荃），念汤伯述不置，云已补上海，为
沅所撤。力主战，以为王德榜、李成谋、杨明镫皆足了此也"。对于法国侵略，他
主张坚决抵抗，这与他的对外强硬强态度是一贯的。认为有王德榜、李成谋组
织指挥就行了。知兵识将，后来证明他所说有一定道理，苏元春、王德榜、冯子
材统兵在广西与法军交战，打得不错，取得了著名的镇南关大捷[2]。8月11
日（六月二十一日），翁同龢看望左宗棠，"虽神情不能清澈，而大致廓然。赠我
《盾鼻馀沈》，其所撰诗文杂稿也。反复言打仗是学问中事，第一气定，气定则
一人可胜千百人，反是则一人驱千百人矣。谈及先兄文勤，咨嗟不已。"[3]左

---

[1]《醇邸以与左侯并坐照像见示，敬题应教》，《翁同龢集》，第742—743页。
[2]《翁同龢日记》，第1886页。
[3]《翁同龢日记》，第1893页。

氏讲"打仗是学问中事",这是经验之谈,是名言。曾、胡(林翼)有治兵录,在与农民起义军交战中,他们总结了不少"经验"。左氏则留有《笑话集》,记录了与人处事,尤其是在西北用兵、在捍卫国家统一的艰苦作战的环境下与士兵讲笑话的许多故事,同样折射了他"打仗是学问中事"的思想和超人的智慧。七月中,他奉命前往福建督师。临行前,特地同翁同龢告别。翁同龢说:"左侯来辞行,坐良久,意极倦倦,极言辅导圣德为第一事,默自循省,愧汗沾衣也。其言衷于理而气特壮,曰凡小事精明必误大事,有味哉! 有味哉!"翁同龢"劝其与沅甫(指曾国荃)协力,伊深纳之,怅惘而别。"[1]这是他们最后一次见面。1885年9月5日(光绪十一年七月二十七日)左宗棠在福州病逝。次日翁同龢闻讯,心情极为沉痛。"闻左相竟于昨日子时星陨于福州。公于予情意拳拳,濒行尚过我长揖,伤已,不仅为天下惜也。"[2]后来,他还专门给左氏后人寄去挽联,以表达对这位好友的悼念:

> 盖世丰功犹抱憾;临分苦语敢忘情。

左宗棠当时被认为是中兴名臣,悼念他,送挽幛的人很多,这也多少反映了他在晚清时举足轻重的地位。

郭嵩焘送的挽联是:

> 世须才才亦须世;公负我我不负公。

李有棻送的挽联是:

> 出将入相,大名与曾李相参,岂知巨任独肩,勋业最高心最苦;
> 互市叩关,隐患非汉唐可比,太息老成不作,人才弥少事弥难。

---

〔1〕《翁同龢日记》,第 1903 页。
〔2〕《翁同龢日记》,第 2000 页。

曾国荃

曾国荃,字沅圃,因排行第九,人称老九、曾老九,湖南湘乡人,曾国藩之弟。年轻时,随兄受学京师。咸丰六年,曾国藩率湘勇在江西失利,曾国荃在籍募勇数千助兄。后统吉安诸军,积功擢知府。授为浙江巡抚。同治二年春,率湘军水师、陆师围攻南京,于次年攻陷南京,因功封一等威毅伯爵。据说金陵克复时,湘军将帅自曾国荃以下均有挟兵自重之心,欲仿宋太祖赵匡胤陈桥兵变,逼国藩称帝以去清。曾国藩力持不可,凿金陵石以铭:"穷天下力,复此金汤,苦哉将士,来者勿忘。"又赋诗铭志:"倚天照海花无数,流水山高心自知。"王闿运见到后也附一首于后:"苑鸟总知春浩荡,江山为助意纵横。"因曾国藩的阻止,湘军将帅这种危险的举动才被收起。不过曾国荃因功高多谤,初奏幼天王洪福瑱已毙,既而奔窜浙江、江西,仍为太平军诸将所拥,御史上奏据以为口实,曾国荃心不自安,遂引疾求退,遣撤部下诸军,诏温语慰留,再疏,始允开缺回籍。同治四年授为山西巡抚,仍不就,五年谕令帮办湖北军务。参劾湖广总督官文交通肃顺,查无实据。御史佛尔国春以其所参各款既虚,"应反坐"。"诏勿问,敕言官不得党援报复。"六年五月改调湖北巡抚。旋因镇压捻军师久无功,交部议处,革职。寻以病告归,得旨允准。

翁同龢关注曾国荃是在同治末年,翁同爵任湖南常宝道时。同治十三年九月,一次翁同爵在给翁同龢信中评论湘系人物时写道:"湘省人才,所见者以刘岘庄(指刘坤一)为第一。……曾沅圃中丞次之,沅圃虽谦和为抑,然气质稍浮,作事近于偏霸,且略有所好,似不如岘翁恬静矣。"在翁同龢的印象中,曾国荃的形象并不太好。

翁同龢与曾国荃首次接触是在光绪元年正月,是月,曾国荃来京叩拜同治帝梓宫,翁同龢在法源寺礼节性拜访他和郭嵩焘。4月5日(二月二十九日)翁同龢再次往访。彼此"长谈,得力在宋儒书,大略谓用人当返求诸己,名言甚多,知其成功非倖矣"。[1]翁同龢与其他大多数人认为曾氏是参加镇压太平天国起义积功而成名的,经过接触交流,方知并非这回事,时势固然造就英雄,但也不是人

─────────────
〔1〕《翁同龢日记》,第1154页。

人都可以成为英雄,关键还需要有文化思想。曾国荃的成功归根结底同宋人儒学思想对他的影响有关。同月,曾国荃任东河河道总督。此后彼此保持通讯往来。次年曾国荃调任山西巡抚。比年晋豫大旱,他极力赈恤,告贷各行省,劝捐协济,先后赈银1 300多万两,米200万石,"省中设厂赈粥,至公所不能容,分厅司以栖,难民鸠形鹄面,坐卧其傍,令子弟饲其食,俾知民生疾苦。署中亦素食,故如此奇灾,国人(指境内民众)不乱"。[1]救活灾民600多万。善后蠲徭役,减轻民众负担。待其缘事去职,"百姓攀援,涕泣,建生祠奉之"。曾氏已从功臣逐渐成为一名爱惜民生的政治人物。光绪六年,因劳累致疾乞罢,谕旨慰留,再授陕甘总督,署两广总督。1883年12月(光绪九年十一月),中法越南交涉发生,左宗棠、曾国荃先后奉诏来京,会商有关事宜。左氏主张强硬,抗击法军侵略。曾氏力主和议解决。12月14日(十一月十五日),曾氏看望翁同龢,"彼谓法越事不值露此形,且云我岂怕打仗者哉,时不可也。"[2]不主对法用兵,为此与左氏意见相左。12月24日(十一日二十五日),他再次来翁宅,与翁同龢长谈:"伊言时政三端:一、中原民生宜恤;一、越事不可动兵;一、听言宜择,不宜轻发。其谈兵事,总不以设险著形为然,多一险即多一败象。其言驭夷以柔以忍辱为主。其言用兵必先料敌,能料到数十日是名将。又曰兵法应敌要活,活则灵,预则滞。其言用人则以虚,以下人为先。真虚则善言日至矣。"翁同龢听后说:"类有道之言也。"[3]后来,曾国荃还多次来看望翁同龢,讨论学术。"沅圃之学老庄也,然依于孔孟,其言曰'抱一守中',又曰'止念息心',又曰'收视返听,是为聪明'。其养生,曰'神水华池,时时致念'。其为政,曰'顺民心'。其处世,曰'恕'。其临事,曰'简'。其用兵,则皆依乎此而已。"[4]曾氏有一套人生哲学,并非赳赳武夫。"其人似偏于柔,其学则贯澈汉宋,侪辈中无此人也。"[5]翁同龢说:"曾沅圃来,其学有根底,再见而益信,畏友也,吾弗如远甚。"[6]承认曾氏学问很深,感到自愧不如。但对其处事治兵之法,不表赞同。他说:"曾沅圃来,其处事治军未必

---

〔1〕参见《半隐庐丛稿》卷三。

〔2〕《翁同龢日记》,第1829页。

〔3〕《翁同龢日记》,第1831—1832页。

〔4〕《翁同龢日记》,第1847页。

〔5〕《翁同龢日记》,第1851页。

〔6〕《翁同龢日记》,第1833页。

有效,其言法事,则固有深识定见矣,长谈而去。"[1]左氏与曾氏因彼此政见不同而关系紧张,翁同龢从中调解,劝二氏"协力",左氏"深纳之"。随后曾氏奉旨与陈宝琛去上海同法使谈判,当时户部尚书阎敬铭力倡收束之议,主张"筹百万作为边界费,盖变去赔偿抚恤之名也,(醇)邸意可许。"[2]曾则提议以五十万两作为赔费,但不为慈禧所认同,结果双双遭到申斥。1884年(光绪十年)授两江总督。1886年(光绪十二年)军机处、户部、工部会商治理黄河事宜,山东巡抚张曜"主三分归旧河槽",另在上游拦河筑坝,两江总督曾国荃"驳之",河道总督成孚亦不赞同,翁同龢亦不赞同:"余谓拦河闸坝,古无是事,沙深不能建闸,安得刻定三分,倘掣全溜,江南鱼矣。"醇亲王同意他的看法。最后采纳翁同龢、曾国荃的意见,派大臣实地勘察,另用机器淘海口积淤。[3]

1887年10月(光绪十三年九月),黄河在郑州决口,黄水溜头一直冲至洪泽湖和高宝湖,湖水溢入运河,造成运河水陡涨,严重威胁堤东里下河地区,全淮甸震恐。针对这种情况,翁同龢一方面与户部堂司筹措堵塞决口经费,一面与潘祖荫联衔条陈《筹堵郑口决口并设法补救疏》,疏中建议顺里下河就下之势,进行疏导,由兴化以北历蒙瞳、傅家坝等处开河,入旧黄河身,避开云梯关以下入海淤河,横穿西北,开挖大通口四十余里,入于潮河,直达灌河海口,如此则取径直接,形势较便,经费亦不过巨。谕旨将其发交两江总督曾国荃、江苏巡抚崧骏参酌办理。曾氏和崧骏复奏无异议。并请拨款30万两,组织宝应、兴化、盐城等县民工数十万人,大力疏通苏北里下河水道,由于翁氏、潘氏的重视,曾氏、崧骏的努力认真治理,南浸洪水很快宣泄入海,苏北里下河地区在一个较长的时间内未发生过大的水灾,并成为清政府漕粮稻米的重要产区之一。[4]1889年3月(光绪十五年二月),常熟春荒,旱甚,赈济无着,地方士绅向翁同龢火急求援。翁同龢通过曾纪泽致电曾国荃,请其设法"拨巨款接济",曾氏接电后,派员查勘,拨赈接济。[5]

京官俸禄有限,生活清苦,曾国荃深知这一点。自认识翁同龢后,同治年间

---

〔1〕《翁同龢日记》,第1851页。
〔2〕《翁同龢日记》,第1889页。
〔3〕《翁同龢日记》,第2114—2115页。
〔4〕《松禅自订年谱》,《翁同龢集》,第1048页。
〔5〕《翁同龢日记》,第2304页。

遇到年节,有时会给翁氏寄上几十两"炭敬"。他因镇压太平天国起义和捻军起义,一身是病,翁同龢出于关心,有时也会给他寄去吉林人参和舍利角之类的药物,以示关心。1890年11月2日(光绪十六年十月一日),曾国荃同其兄长曾国藩一样,病死两江总督任所。兄弟因镇压太平天国起义而起,最后又都死于太平天国首都"天京",这也许是历史的巧合吧!

曾国荃死后,易顺鼎送去挽联:

> 干国失三贤,去大司马少司农才数月;
> 易名足千古,合胡文忠左文襄为一人。

周彦升替卜宝第也送去一联:

> 兄规弟随,功名与两江终始;
> 侄先叔后,存殁系天下安危。

刘坤一

刘坤一,字岘庄,湖南新宁人。诸生。他虽非进士出身,却是湘系人物中最为时人公论的一流人物。同治十三年九月,翁同爵在给翁同龢的信中说:"湘省人物,所见者以刘岘庄第一,岘庄议论通达,识见远大。虽由军功出身,然有静穆之致,绝无矜才使气恶习。"最为翁氏兄弟所看中。张之洞则评论说:"刘坤一起家军旅,擢任封圻,垂四十年,居官廉静宽厚,不求赫赫之名,而身际艰危,维持大局,毅然担当,从不稍事推诿,忠爱之忱,老而弥笃。每论及时事,敬念圣恩,未尝不抚膺流涕。近年以来,臣与之共事,深知其忠定明决,能断大事,有古名臣风。"[1]张之洞这一评价是真实而中肯的。

1855年(咸丰五年)太平军进攻湖南,乡试无法举行,年轻的刘坤一以诸生

---

〔1〕 蔡冠洛:《清代七百名人传》,中国书店1984年版,第527页。

刘坤一像

身份,参加族叔刘长佑(荫渠)统率的湘勇,在江西、湖南、贵州等地攻打太平军,由于足智多谋,作战勇敢,经常代替刘长佑领军督战,先后镇压了陈开的大成国起义,汪海洋的太平天国余部。而他也从一介诸生逐步由知县、知州升至广东按察使,广西布政使,1865 年(同治四年)擢为江西巡抚。他为官清廉,刚正不阿。军机大臣、都察院左都御史胡家玉(小蘧)籍隶江西,家族隐瞒地亩,积欠漕粮,影响很坏。他毫不留情,上折一参再参,迫使胡氏按亩缴粮。由此引起朝内朝外的瞩目。此后一度署理两江总督,后就任两广总督。

翁同龢与刘坤一首次见面是在同治八年,不过这次是礼节性的拜访。但真正给翁同龢留下很深印象的第一件事是国子监经费短缺,请求各省督抚拨款襄助。那时,刘坤一任两广总督,兼任粤海关监督,俸银优厚,他捐廉十五万两充作储才馆经费,相当于今天的人才基金。翁同龢和国子监祭酒盛昱等知道后,致函商请相助,刘氏慨然允诺,拨出两万两给国子监。这对年经费才几千两的国子监来说是一笔不小的数目。后来翁同龢将它发商生息,对维持国子监日常开支起了很大作用。此后翁刘彼此不时通信存问,渐增友谊。

1880 年 6 月(光绪六年五月),刘坤一奉旨来京。翁同龢首先前去拜访。"访晤刘岘庄制军,此人朴讷有道气,迥非流俗所能及。""此人具深识远见。"几天后,全庆与翁同龢又谈起刘坤一,"师言刘岘庄谈时事至于挥涕,吾侪独不能出言乎"。[1]当时正商中俄伊犁交涉和中日琉球交涉,刘坤一在召对时说:"西北沿边将军督抚,宜用亲历戎行,胆识并茂之员。以期折冲御侮。儒臣不谙武备,资望

---

〔1〕《翁同龢日记》,第 1521—1522 页。

无济时艰,诚恐贻误于万一也。……俄为封豕长蛇久矣,志图荐食,力强为我劲敌也。地广与我毗连,必须策出万全,不可轻于一试。……日本于琉球之事,似须设法弥缝,毋使乘间蹈瑕,与俄合而谋我。"[1]全庆,字小汀,当时是翰林院掌院学士,故如是说。

1890 年 11 月(光绪十六年十月),刘坤一调任两江总督。十九年十月,苏州知府王仁堪病死任上,王氏系状元出身,生前清贫,死无葬资。翁同龢特致函刘坤一,请设法帮助料理王氏的后事。刘坤一照函而行。

1894 年(光绪二十年),日本一手挑起侵略朝鲜和中国的甲午战争。九月,继平壤战役和黄海海战后,日军又将战火延烧至中国东北境内,辽东系清朝"龙兴之地",形势危急。同年十二月,刘坤一奉旨来京会商战守机宜,以其从前带兵多年,威望素著,特命为钦差大臣督办山海关前敌军务。刘坤一临危受命,身无亲兵,且所统将帅又不熟习,执定"'队不齐、械不全,不能轻试'之语,百折不回也"。[2]后谕旨以"各营将帅如有不遵调遣,不受约束者,即按照军法从事,以一事权"。直到此时,他才接受使命,前往山海关前敌指挥作战。临行前,翁同龢特地为之送行。"送刘岘庄,有客在座,送客留余,深谈宫禁事,不愧大臣之言也,濒行以手击余背曰:'君任比余为重。'"[3]刘坤一来京后,饱闻帝后不和,慈禧黜珍、瑾二妃,杀太监种种暴行,深感翁同龢夹在帝后之间,办事非常困难,所以他说翁同龢比他统兵指挥打仗的担子还要重,可为深识之见。帝后不和,统治集团难以集中全力抗击日本侵略,这是甲午战败的主要原因。刘坤一到山海关前敌指挥作战不到两个月,中日马关议和。当《马关条约》内容传到国内,他震惊了,他悲愤地说:"中国受日本欺侮已深,此恨终当报复,不知及身能见到否?"[4]当时,刘氏已是六十多岁的年纪,他死于义和团运动的第二年 1902 年,生前并未看到中国雪耻的这一天。直到半个世纪后的 1945 年中国人民取得抗日战争完全胜利,刘坤一雪耻的企盼才终于实现。

1896 年(光绪二十二年),刘坤一重新回到两江总督任上。因见王文韶软弱

〔1〕 蔡冠洛:《清代七百名人传》,中国书店 1984 年版,第 525 页。
〔2〕《翁同龢日记》,第 2812 页。
〔3〕《翁同龢日记》,第 2814 页。
〔4〕 刘厚生:《张謇传记》,上海书店 1985 年版,第 63 页。

无能,翁同龢的门生如丁立钧等人曾向其建议改由刘坤一任直隶总督。直隶临近京畿,总督位高权重,历来系由钦定,非翁同龢所能左右,况刘氏本人也不愿留在直隶,最后还是回到两江总督原任。

正如刘坤一所预见的那样,翁同龢在帝后矛盾夹击下,最终被逐出了政坛。刘坤一开始是支持维新变法的,康有为、梁启超成立强学会时,他曾捐资五千元,赞助会务。待到看到翁同龢被开缺,慈禧仍牢牢掌握着最高权力,他对变法又采取徘徊观望的态度,因而遭到光绪帝的申斥。但因维新派和洋务派在不少问题上有相同之处,所以,刘坤一有选择地执行了一些变法措施,如整军经武、育才兴学、振兴农工商等。他曾将储才学堂改为江南高等学堂,将钟山、尊经书院等旧式书院改为新式学堂。也就是在变法处于高潮的七月份,刘坤一派他的侄子、两江总督行辕巡抚江苏候补县刘思勤前来常熟,“云岘帅令专来问起居,晤谈良久,无信。意极肫挚也。刘君号挚卿,行三,荫渠胞侄,呼余年伯,人朴实土气可靠。”[1]刘思勤的看望,尤其是带来岘帅的问候,使开缺在籍的翁同龢在精神上大得宽慰。刘氏带口信而不亲书信函,显然是出于当时环境和形势的考虑。戊戌政变发生后,刘坤一曾上疏劝阻慈禧不必尽废新政,并在辖境内予以保护。但次年刚毅南下,要求停办江南高等学堂,他被迫将其改为格致书院,而内部规章制度依旧。

慈禧再度训政后,幽禁光绪于瀛台,她接受荣禄建议,打算废黜光绪,并秘密电商南方各省督抚,征求同意。湖广总督张之洞复电含糊其词,不敢表态。刘坤一闻讯,表示坚决反对。在给荣禄的信中写道:“君臣之义久定,中外之口宜防,弟报国在此,报兄亦在此。”当时康有为在海外成立保皇会,要求慈禧还政光绪,慈禧感到光绪帝并不孤立,执意要废黜光绪,并于1900年1月另立端郡王载漪之子溥儁为大阿哥。为了防止刘坤一反对,慈禧特意召其进京。刘在赴京前夕,托人专门给翁同龢送来一本自己亲笔书名的王清穆著《医林改错》,其中含义不言而喻,至少向翁氏表明了他不赞成此举。刘氏见到慈禧后,仍持反对态度。与此同时,西方各国也公开出面干预。这一切使慈禧深感掣肘,废立计划暂时搁置起来。刘坤一的态度得到中外舆论的赞誉,清廷和西方列强都对他另眼相待。

---

〔1〕《翁同龢日记》,第3198页。

义和团运动发生后,八国联军决定镇压。大沽炮台失守后,慈禧担心各国逼她归政,于6月对外宣战。刘坤一感到北方大局糜烂,相约湖广总督张之洞宣布开战以后的谕旨为伪诏,概不奉行。并通过盛宣怀与沪上各国领事订立互保章程,上海租界由各国自保,长江和苏常内地由各省督抚保护,这就是有名的"东南互保"。互保虽然有利于列强集中兵力镇压义和团,保护他们在长江流域的利益,但也客观上阻止了战火蔓延,保持了长江流域地区社会经济的稳定,为日后两宫回銮提供了必要的条件。

"互保"期间,刘坤一令驻守南京雨花台炮台管带刘文豹加固炮台。这里插一个小故事,刘文豹率兵掘壕时无意挖到三块奇特的雨花石。一块如鹅卵,椭圆形,周围光滑无瑕,中分黑白各半,黑如点漆,白如羊脂,透过日光审视,白者通明,黑者如墨。另二块,一块如观音赤足立鳌头,一块如关公立马拖刀,穷极想象,均不为过。刘文豹如获至宝,爱不释手,遂将这三块雨花石藏了起来。此事最终被上司刘坤一知道了,刘文豹不好拒绝,只好将它们拿出来,送请"大帅钧览"。刘坤一看了,大喜过望,立即对刘文豹嘉奖,把黑白分明的那一块毫不客气地据为己有,而把另外两块璧还原主。他把这块奇石命名为"两仪宝石",并赋诗一首:

> 乱世谁能知黑白,两仪正气此中分。
>
> 苍天有意垂明像,却使忠奸不遁形。

以石明志,俨然以清朝忠臣自喻。

刘坤一以江防自任,当时长江下游一带活跃徐宝山和曾国璋两支哥老会秘密武装,残害百姓、抢劫商旅,严重危害这一带社会秩序。刘坤一决定收编徐宝山,并利用徐氏去肃清曾氏势力。常熟、江阴等地濒江,是哥老会出没之地,也是江防重中之重。据说刘坤一曾将这一计划通过常熟、昭文两县令转告翁同龢,翁表示赞同。徐宝山进攻曾国璋,私自派人杀了关押在昭文县监狱中的两名曾党小头目,昭文县令认为此举不合法律,但又不能制止,更担心事后上司查问,在禀报之前将案稿先请翁同龢改定,翁氏未加拒绝,亲自为之修改。此后有关方面也未追查,事情就这样过去了。

1902 年 10 月 6 日(光绪二十八年九月初五日)刘坤一病逝。两天后翁同龢从报上得知这一噩耗,并于日记中写道:"报传两江总督刘公以本月初五日薨于位,人之云亡,邦国殄瘁,不能不为之陨涕也",[1]为国家失去这样一位重臣感到无比痛惜。

丁日昌

丁日昌,字雨生,一作禹生,广东丰顺人。贡生出身,曾任琼州训导,积功升知江西万安知县,因熟悉"夷务",深得曾国藩的赏识,与张荫桓、袁昶等人被视为"洋务高手"。授苏松太道、两淮盐运使,江苏布政使。同治六年十二月,擢江苏巡抚。抚苏期间,正是洋务运动兴起之时。在曾国藩、李鸿章支持下,他开展了一系列的洋务活动,收买了美商旗记铁厂,创建了晚清最大的军工企业——江南机器制造局。推荐唐廷枢开办开平煤矿,支持朱其昂等人创办了轮船招商局。在中外交涉时,力主收回主权,禁止外人在上海购地买房、开设赌馆,将犯事外国轮船充公,使英法驻军撤离上海,遣散数千名外国流氓。郭嵩焘称誉当时懂得洋务只有三人:"方今洞悉洋务者止三人:曾相国、沈相国、丁日昌也。"[2]为政方面,关心民瘼,敢于平反冤狱,惩治贪腐,裁汰陋规。平日酷爱读书。同治七年十月,翁同龢回籍安葬父兄及妻子灵柩事竣返京,途经苏州,

丁日昌像

---

〔1〕《翁同龢日记》,第 3459 页。
〔2〕《翁同龢日记》,第 1219 页。

拜访丁日昌，丁氏以四簋招待。"中丞与属吏约以四簋款客，身为之倡。主客两人，颇萧散，因入其内斋，得见所藏世沭堂《韩集》，宋椠《毛诗要义》，皆精刊，以新椠地图见赠。"[1]

翁同龢认识丁氏是丁氏担任江苏巡抚、驻节苏州时开始的。太平天国后，百废待举，常熟重修文庙，经费不够，政府资助，但需归还，士绅们希望减免，请翁同龢从中疏通。翁同龢致函丁氏，丁氏表示同意。

翁同龢对丁日昌进一步了解是在同治九年天津教案发生之际。事件中，丁氏奉旨协助曾国藩处理事件。丁氏不时向总理衙门透露曾国藩和他及李鸿章的意见与看法。"曾相、李协揆致书通商大臣，曾言案无确据，李言总宜一味软磨，丁雨生尤支吾。""李鸿章报，亦言断不可用兵，一味软磨为主。丁日昌言，曾相老谋深识，必当如此办理。"丁氏还"略言南丰畏清议持两端，有'国家事大，千秋事轻'之语，意谓人言不足惜也。"马新贻被刺事件发生后，曾国藩回任两江总督之前，丁氏奉旨与李鸿章、成林协助曾国藩尽速了结天津教案。丁氏"密陈获犯，力陈府县无罪，严讯究属可悯，并言传教宜立章程，以示限制，亦自请严处，并请即日回任"。丁氏在津期间，三次致函翁同龢，向其透露自己的心迹："三次得其手书，并请禁传教疏稿。"[2]

日本侵台事件发生后，震惊了中国朝野，由此开始了一场海防大讨论。光绪元年三月，丁日昌服阕到京。在海防大讨论中，丁氏提出防日、造舰、架设电报、培育将才、外交人才等主张，深得翁同龢赞赏。"言日本国变峨冠博带之旧习，师轮船飞炮之新制，阴而有谋，固属可虑，穷而无赖，则更可忧，予俄地而俄、日之交固，见英使而英、日之交固，见美国之人而美、日之交尤固，倘以数船梗于黄海、黑水洋（指黄海东海交汇处）之间，则津、沪之气不通。"建言请外国托造铁舰，中国自建水师，"设电字报（即电报）、设公司局"，兴学校，培养水师将才，"外国使才，制造通才"，又言停止实官捐纳等，翁同龢说其言"讲求吏治，语最精核"。[3]丁氏在京期间，丁氏和翁同龢多次互相往访，作"长谈"和"深谈"，谈海防筹款，"丁日

〔1〕《翁同龢日记》，第683页。
〔2〕《翁同龢日记》，第813—826页。
〔3〕《翁同龢日记》，第1150页。

昌亦力言洋债之非,拟令各省协饷,一年另四个月筹借,即足千万之数",当初左宗棠西征,通过胡光墉向外商借款,利轻息重,期短,很不合算,丁氏表示反对,被左氏骂为"反复小人"。但翁同龢并不赞同这一看法。认为丁氏操守不错,政治上也很有见解。交往中丁氏还向翁同龢赠送"新译各种书并沿海图",两人由相知相识,最终结为兄弟。"得丁雨生书,寄帖子来,以兄自居。"

同年五月,丁氏被授为北洋帮办大臣,协助李鸿章筹办北洋海防事宜。不久,调任福建巡抚。当时台湾尚未建省,隶属福建,丁氏除了向翁同龢寄些台湾土特产如龙涎香、福建桂圆等外,在给翁同龢的信中,还时常介绍台湾情况和他开发台湾的设想。"得丁雨生台湾函,洋洋千言,有八奇之说,如读《炎荒记》也。"[1]丁氏开发台湾的计划引起了慈禧的重视。在一次召见翁同龢时,"次言台湾开山事,并及丁日昌之为人"。此后翁同龢对台湾的重视和关注,与丁日昌的影响分不开。季芝昌曾任闽浙总督,同治初年去世后,一直未予赐谥。皇帝赐谥,需由大臣疏荐,根据有关规定颁赐,季士周请翁同龢致函丁氏帮忙。翁同龢遂致函丁氏,"托季师请谥事"。后经丁氏的奏请,季芝昌被追赐"文敏"。丁日昌因与左宗棠共事不协,其志难伸,打算奏请开缺。翁同龢知道后,致函劝阻,要他切勿告退。

光绪三年八月,翁同龢兄长翁同爵病死湖北巡抚任上。翁同龢前往武昌,料理后事。在武昌期间,误听人说丁氏去世的消息,十分伤心。"闻丁雨生卒于香港,为之于邑,雨生忭急其天性,而意气激昂,才不可及,又遇余独厚,斯才为世惜已。"两个月后,突然收到丁氏来信,倍感欣喜。"得丁雨生函,大约疏请开缺,寄桂一枝,夜即复函。此人尚在,可喜可喜。"[2]并赋诗两首,随函寄之:

儒林文苑今有几,丁公崛起南海滨。世人皆欲杀李白,一第竟未污元稹。藏书鉴画妙无匹,锄豪芟伏疑有神。可怜百万沟中瘠,尚待闭门卧病人。

---

〔1〕《翁同龢日记》,第1308页。
〔2〕《翁同龢日记》,第1344、1364页。

南海北海风马牛，吁嗟吾与丁潮州。白头倦听青琐语，瘦骨偏走黄茅秋。筑亭写像苦相忆，烧烛赋诗聊寄愁。安知会合不可再，沧溟来往同扁舟。[1]

光绪八年三月，丁日昌在籍办理赈捐，被人冒开钱票，他请地方官协助勒追，遂不协于乡里，因受此事刺激而"发怒吐血"，不幸去世。翁同龢得讣，"为之凄怆"，为一代洋务政治家的不幸早逝深感悲痛。他亲书挽联寄给丁氏后人，以示悼念：

> 政绩张乖崖，学术陈龙川，在吾辈自有公论；
> 文字百一廛，武功七二社，问何人具此奇事！

丁氏去世不久，丁的僚属锺德祥及丁氏长子丁惠衡、胞侄丁惠康来京，找到翁同龢与潘祖荫，请他们出面为丁氏请谥。请谥是公事，非私事，且丁氏系贡士出身，追谥要求特别严格。翁同龢与潘祖荫将此事与吴江相国沈桂芬、军机大臣李鸿藻相商，不料遭到强烈反对。翁、潘两人深感此事难办，经过反复思考，"竟未敢冒昧陈奏"。复函丁氏后人，"谢之而已"。

郭嵩焘

同光之际，翁同龢还与著名三星使之一的郭嵩焘发生交往。另外两星使分别是曾纪泽、薛福成。郭氏，字伯琛，号筠仙，晚号玉池老人。湖南湘阴人。进士出身，曾任翰林院编修、南书房行走，与潘祖荫等常有来往。太平天国起义的风暴席卷湖南时，他随曾国藩、左宗棠、彭玉麟、胡林翼等一起创建湘军，参加镇压太平军。咸丰十一年，李续宜奏请调郭氏赴其安徽军营，帮办军务。胡林翼对其才干极为赏识，也"饬催在籍编修郭嵩焘迅赴李续宜军营，随同办理军务，毋得藉

---

〔1〕《翁同龢集》，第 730 页。

郭嵩焘像

病推诿"。[1]同治元年授苏松粮储道，擢两淮盐运使，次年七月署理广东巡抚。但因与两广总督瑞麟"意见不合，郭氏参瑞幕友失人"。旨令左宗棠查办。左氏与郭氏是儿女亲家，左氏奏请回避，谕旨不允。左氏既奉旨，只得秉公查办。"左奏（瑞麟）幕友某不得力，旨令逐出，仍将郭、瑞申饬。"[2]郭氏遭罢斥后，回到家乡，主讲长沙城南书院和思贤讲舍。郭氏早年也钻研《周礼》，主张复三代圣王之法，平日推崇王夫之、黄宗羲、顾炎武，讲求经世致用，其学术思想与翁同龢等非常接近。因为两人有这个共同的政治思想基础，所以翁同龢对他心怀仰慕，对他的著作和言论特别留意。

光绪元年，在家闲居多年的郭嵩焘经军机大臣文祥的推荐，重新出山，奉旨来京引见。下榻京师法源寺。正月底，翁同龢亲自前往拜访。八月，郭嵩焘授为福建按察使，署兵部侍郎，以二品顶戴与许钤身"充当出使英国钦差大臣"，实际上是因英国柏郎被杀一事，代表清廷向英国道歉，并作为首位驻外公使派往英国。在郭嵩焘正式赴英之前，翁同龢与他多次见面，郭氏向其畅谈自己的洋务观点。"饭后郭筠仙来，其意欲遍天下皆开煤铁，又欲中国皆铁路，又言方今洞悉洋务者止三人：李相国（指李鸿章）、沈葆桢、丁日昌也。"[3]又向翁同龢谈了他的具体的洋务新政设想和对时局的看法："郭筠仙来，遂论洋务。其云：滇事将来必至大费大辱者是也。其以电信、铁路为必行及洋税加倍、厘金尽撤者谬也。"对于郭嵩焘援引古代经典证明其洋务新论，翁同龢颇不为然："至援引古书，伸其妄辩，直是失心狂走矣。"[4]

---

〔1〕《翁同龢日记》，第 162 页。
〔2〕《翁同龢日记》，第 455 页。
〔3〕《翁同龢日记》，第 1219 页。
〔4〕《翁同龢日记》，第 1222 页。

光绪二年九月,郭氏出京赴英前夕,又一次看望翁同龢。"郭筠仙送燕菜(还)、漳纱等,并示所著《瀛海论》及其子依永刻诗"。郭氏走后,翁同龢随即"看郭筠仙《瀛海论》",认为"大略亦可取,而言外推重洋法,又引乾隆四十一年十一月谕旨,以为千古治洋务之准则,言各有当,而比为同之,未惬于中也。"[1]

郭氏离京之日,特地前往翁宅,向翁同龢辞行。翁同龢"以三语赠之,曰:十年修约必须改;洋药可禁即禁,不可即加税;教事可止即止,不可即勿使吾民之犯法者入教。"可见,外国强加中国的十年修改不平等条约问题、鸦片合法化问题、外国传教士在华传教问题,已成为困扰当时中国社会和清朝统治的三大难题。光绪三年二月,郭嵩焘到英后,立即给翁同龢写了一封信。翁同龢收到信后很高兴。"得郭筠仙海外书,尤珍重。"[2]

1891年(光绪十七年)郭嵩焘因主张学习西方,遭到顽固派的攻击,所著《使西纪程》被禁毁,最后在籍忧闷而逝。知者、识者均为之惋惜。严复在挽联中写道:

> 平生蒙国士之知,如今鹤翅氄氄,激赏真惭羊叔子;
> 入世负独醒之累,到处蛾眉谣诼,离忧何必屈灵均。

陈宝箴在挽联中则写道:

> 推圣哲之心以论事,穷古今之变以匡时,绝识在几先,独抱孤忠泣苍昊;
> 病虚骄之气为士患,视标榜之誉为士耻,遗编终论定,长悬皓日照幽扃。

萧大猷在挽联中写道:

> 国无专祠而士林有俎豆,家无私谥而瀛海识姓名,真气塞乾坤,必到盖棺平众议;

---

〔1〕《翁同龢日记》,第 1240 页。
〔2〕《翁同龢日记》,第 1310 页。

功在绥边以苦口破群疑，学在传经以虚心衷一是，寒芒动奎壁，愿因修史上遗书。

陈锐联中则写道：

湘乡能见其大，合肥能知其深，力破万人咻，名士当推玉池叟；
学在汉宋之间，文在韩欧之右，目空百家说，乡贤并祀船山祠。

严复、陈宝箴等人都是戊戌变法的拥护者、参与者，他们这样评价郭嵩焘，表明了他们在二十多年前就赞同郭氏学习西方的主张，他们后来参与维新变法是丝毫不奇怪的。

陈宝箴

陈宝箴，字右铭，江西义宁（今修水）人。举人出身。早年随曾国藩参加镇压太平天国起义，积功累迁至河北道。历任浙江、湖北按察使。以能干著称。

陈宝箴像

光绪十六年六月，陈氏来京，第一次拜访翁同龢，但翁同龢"未见"。光绪二十一年正月，湖南巡抚吴大澂率军赴山海关前敌，陈氏接任湖南巡抚，并奉旨来京召见。期间，陈氏又一次拜访翁同龢。这次两人"晤谈数语"，经交谈，翁同龢始知陈氏知兵。当时正是中日战争清军水陆皆败，日军正向山东沿海发动进攻，所以两人所论均有关军事方面的事。"右铭尝从曾文正军营，颇知兵机，其言以游击之师为主，津北、津南须分两大支兵御之。"[1]月底，陈氏即将离京赴任。翁同龢特地前往送行，陈氏"未见"。晚上，陈氏自动上门辞行。"灯后右铭来辞行，长谈，为余诊脉，云肝旺而虚，命肾皆不足，牛精汁、白术皆补脾要药，可常服。脉以表上十五秒得十九至为平，余脉十八至，故知是虚。又讲《易》以中为主，今日召见时请读《周易折中》。"同龢说："其言恳切，廷臣中如此者希矣。甚服其学有根底。戌初别去。"[2]

甲午战后，有见国势阽危，陈氏多次条陈上疏，请求变法维新。一次他致荣禄长函，"一开矿，一派容闳、黄遵宪借美债集南洋股，一以三十万饷练湘兵五千"。翁同龢就此"长篇答仲华"。[3]原则上赞同陈氏的变法主张。光绪二十四年三月，戊戌变法前夕，陈氏以湖南开化为自任，与按察使黄遵宪、学政江标、候补知府谭嗣同一起力倡新政，设保卫局、讲新学，轰轰烈烈，使湖南成为当时变法的重要阵地。

同年四月，翁同龢开缺回籍后，彼此不再有往来。陈氏在湖南仍大刀阔斧推行新政。十月，慈禧发动政变，推翻新政。陈氏亦被革职永不叙用。所创新政，同时被废弃无存。陈氏革职后，回归故里，居南昌西山靖庐。据戴远传《普之文录》一书载，光绪二十六年六月二十六日，戴之父戴闳炯，时为千总，率江西巡抚松寿之命，前往靖庐，向陈氏宣读慈禧太后密旨：赐陈宝箴自尽。陈氏面北匐伏受诏，旋即自谥。巡抚令取其喉骨，奏报太后。陈死时年已七旬，竟因变法惨死于顽固守旧势力之手。[4]

〔1〕《翁同龢日记》，第2822页。
〔2〕《翁同龢日记》，第2824页。
〔3〕《翁同龢日记》，第3140页。
〔4〕陈柏生：《陈宝箴死因新说》，《求索》1987年第6期。

（九）地方督抚司道:淮系

在镇压太平天国起义的过程中,以李鸿章为首一批淮上人物趁乱而出,应了"时平多名士,世乱多伟人"这两句诗。农民起义军的鲜血染红了他们的顶子,他们由功臣一变为疆臣,由疆臣再变为权臣,其中不少人成为地方上的封疆大吏。由于曾国藩去世较早,李鸿章立朝时间较长,因而淮系势力权倾一时,翁同龢因职事关系而不得不与之打交道,植谊的有,结怨的有,不一而足。在淮系人物中,翁同龢与李鸿章、马新贻、张树声、周馥、刘铭传、吴长庆、李瀚章、李经方、张佩纶、蒯礼卿、戴宗骞等往来接触较多,此处略作论述。

李鸿章

李鸿章,字少荃,号仪叟。安徽合肥人。父亲李文安,刑部郎中。李鸿章系道光二十七年进士,房考官为孙锵鸣(蕖田),因为孙氏为翁心存的门生,所以鸿章成了翁心存的小门生。孙锵鸣曾带领鸿章等门生拜见过翁心存。翁心存在日记中记有此事,但对李鸿章什么评论都没有。

翁氏与李鸿章的关系,或者说两人的恩怨始于同治朝。其中有两件事值得说一说。一件就是曾国藩参劾翁同书的事,这虽与李鸿章没有直接关系,但曾、李同党,况李久在曾幕,曾氏的参劾文字,李氏不可能不知道,这使翁家不能不对之产生怀疑,至少对李氏感到不快。据翁同龢后来了解分析,曾氏参折系出自安

徽文人徐子苓之手，参折言辞的尖刻、
辛辣，不仅直斥翁同书宛转偷生，而且
连翁家的人品、文品也一并加以讥评
了，翁家的声誉因此而一落千丈，翁同
龢终生引为大恨，因而对安徽人大起
恶感。李鸿章系淮系首领，当然也在
仇恨之列。这件事前面已有详述，此
处就不再重复了。另一件是关于李鸿
章任江苏巡抚期间搜括苏常地区的
事。还在咸丰六年，苏州士绅冯桂芬
到常熟劝捐输，指定要十万千，常熟知
县答应二万千，但冯桂芬等坚持"至少

李鸿章像

亦须六万，又按亩捐输，每亩百文，亦近敲骨吸髓矣"。[1]冯桂芬与翁同书同科进
士，本来彼此还有往来，经此，便中断联系。后来冯氏转投曾国藩。钱鼎铭与苏
绅安庆乞师时，曾以饷需自任作保证。李鸿章任江苏巡抚后，除了强令苏常各县
捐输外，又增开厘金，引起苏常一部分士绅的不满。与翁家走得较近的上书房师
傅殷兆镛和刑部郎中王宪成等一批苏常籍官员于 1866 年 4 月（同治四年三月）
"先后陈奏江苏横征暴敛诸弊"。"谕李鸿章查办。至是复奏厘捐势难裁撤，各卡
委员均无弊窦。每月约二十万，断无岁收四千万之理。旨切责殷北镛等以离奇
荒唐之词陈奏，假公济私，要誉乡党，本应治之妄言之罪，惟当此言路宏开之际，
从宽免议。"李鸿章不但将各厘卡委员横征暴敛推得一干二净，不予承认，而且反
诬殷兆镛等所奏内容荒唐无根据。当时太平天国余部尚在，捻军起义正方兴未
艾，须赖曾国藩的湘军和李鸿章的淮军去镇压，需要搜括民众，为曾、李提供军
饷，即使殷氏所奏属实，清廷也绝不会责怪李鸿章。且一旦指责李鸿章，深恐引
起各地连锁反应，这对清廷没什么好处。申斥殷兆镛，目的是警告江南官绅要与
朝廷保持一致，同时也是向李鸿章表明朝廷绝对支持他的态度。此举使江南官

---

〔1〕《翁心存日记》，第 1130 页。

绅对李鸿章为首的淮系集团势力不无恶感。当年何桂清系彭蕴章保荐为两江总督,自何被杀,彭蕴章上奏自检,从此在政坛上失去影响力;而与江南官僚势力较近的薛焕也被淮系集团势力挤走;翁心存虽被重用,但自翁同书革逮判为斩监候后,不久也因忧惧而离开人世;潘世恩已是耄耋之人,家居不出;军机大臣、吴江相国沈桂芬(朗亭)因荣禄的排挤被外放山西巡抚,整个江南的官宦势力在咸同之际的历史大变局中早已走向衰落,新兴的淮系势力正如日中天。江南的官僚势力唯有希望的是潘祖荫、翁同龢,但他们当时的资望还浅,在政坛上不占角要,不过对翁同龢来说,他兄长的所谓的"不白之冤"这个恨是一定要寻机发泄的。参劾翁同书的奏折系在同治元年,但此后他一直关注这道奏折究竟出自何人之手,直到光绪年间才查到,中间隔了这么多年,他一直在苦苦寻觅,可见对此怀恨多深。在此后翁同龢与李鸿章的关系中我们不难觉察出这些味道来,后来人们讲翁同龢挟私报复李鸿章也并非完全是捕风捉影。

关于翁、李交恶、相倾,还有一种说法,与太平天国有关。曾士莪在《书翁李相倾事》一文中说:

> 翁、李本系江南之大同乡,在馆又为前后辈,其相倾虽由帝后党(李为太后党,翁为帝党)但两公有极端不可解之私憾,则由于洪杨时文忠攻苏常之役。洪杨宿将谭绍光等据苏常日久,即所谓八王也。(即李鸿章苏州杀降之八王)谭等为一世雄杰,在当地颇得士夫之心。苏常有八家巨绅,与谭等过从甚密,且为官绅联欢故。八家曾联衔勒碑,称颂八王在地方功德,直立官署。翁姓为苏常望族,碑端衔名,自无疑的占一部分。文忠受降后,首先获得此碑,收而藏之,为制驭士绅之唯一工具。清廷律例,附逆族诛,故八姓对于文忠,因此碑之故,咸俯首帖耳,惟命是从,此为松禅之隐憾,徒唤奈何而已。翁以师傅之尊,为德宗心膂,对李遇事每阴制其肘。且李既党后,德宗所深忌。又以其用人喜延亲故,行政难惬人心,益为翁所指责。……[1]

---

〔1〕参见《国闻周报》卷十二,第二十七期。

无独有偶,《清朝野史大观》有一篇《李文忠致谤之由》,文中也说:

> 文忠得谤之由,由苏绅起。当苏州克复之日,大兵进城,伪忠王府有牌坊
> 一座,上刊诵语,款列众绅,如翁、潘、彭、汪等名,皆一事朝贵,合肥遣兵数百
> 守之,不使拆。其实与名人,非建坊之人。无赖小绅借大绅之名,以媚伪王。
> 合肥不知,以为若辈竟暗通反寇,将穷治之。后察知其实,遂听其拆毁,然而
> 苏人竟因此恨文忠矣。所不恨者,潘文勤(祖荫)耳。文忠口无择言,亦不能
> 为之讳。光绪改元恩科顺天乡试,适文忠因事入觐,公事毕,已请训辞行矣,
> 因榜期在迩,遂勾留数日以候之。届期,文忠于贤良寺(文忠入京之住处)设
> 宴邀同乡显贵数人,秉烛通宵以候报,至天明无一来者。遣人至顺天府阅榜,
> 安徽竟无一人。文忠颇怏怏,即大言曰:咸丰戊午北闱不中吾皖一人,闹出柏
> 中堂(指柏俊被杀),不要今年又闹笑话罢,即登舆出城而去。此言传于各部
> 主司之耳,岂能不恨乎?! ……文忠之对僚属,恒倨傲侮慢,无所不至……。

太平天国郜永宽、谭绍光等诸王与苏常士绅关系如何,是否有上文中所说碑
文,翁氏是否列衔,不得其详。当初李鸿章与八王谈好投降条件,到时则将他们全
部杀死,连其部下杀了十多万人,即震骇朝野的苏州杀降事件。如此背信弃义,不
守信诺,出尔友尔,心狠手辣地残酷杀戮,从李鸿章那里讲,可说是对太平军设下的
骗局,圈套,但如此滥杀却令苏常士绅异常震撼。不能不影响他们对李氏的看法。

翁同龢与李鸿章的矛盾除了"家仇"之外,还体现在两人政见上的严重分歧,
这种分歧是时代在他们身上的折射和反映。1867 年(同治六年),主持总理各国事
务衙门的恭亲王奕诉因见洋人制造机器、火器等件,以及行船行军无一不自天文
算学中来,于是奏请开设天文算学馆、延聘外国教师,挑选满汉正途人员入馆学
习,不料遭到倭仁等反对。翁同龢亦在反对之列。当总理衙门将各省总督巡抚对
开办天文算学馆的复奏意见转交倭仁等人阅看时,翁同龢对李鸿章的复奏极为挪
揄和不满:"督抚折信中惟李鸿章四次信函推许西士竟同圣贤,可叹可叹。"[1]从

---

〔1〕《翁同龢日记》,第 553 页。

洋务运动一开始,翁、李两人态度就呈现对立。1925 年商务印书馆影印《翁同穌日记》时,张元济和翁之熹觉得翁同穌太保守了,为师讳,特地盖去不印。直到 2011 年中西书局重印,才补上去。

翁同穌尤其对李氏的人品颇为不置,这里试举一二:同治九年天津教案发生,谕旨令曾国藩、李鸿章、丁日昌等人负责办理。曾、李均言案无确据,洋人并无迷拐之事,主张"杀民谢罪",马新贻被刺案发生后,曾国藩重回两江总督任所,天津教案改由李鸿章全权办理。"李鸿章报,亦言断不可用兵,一味软磨为主"。一共杀了二十多个所谓"暴民"、"凶手"。次年天津水灾,翁同穌将水灾同天津教案联系起来说:"天津今年水患。闻金龙四大王皆赴津凡九,津人演剧祀之。凭人而言,深责李宫保之不敬。"[1]认为水灾是因李鸿章处理天津教案不当,故遭到老天爷报复,真是愚昧滑稽可笑。

翁同穌还从老庄祸福相依的观点将李鸿章家庭变故联系起来。1882 年(光绪八年)李鸿章六十岁生日,翁派人送去一副贺联:"中国相司马矣,老子其犹龙乎。"1892 年 1 月(光绪十七年十二月)李鸿章七十大寿,翁同穌特遣人送去寿礼和亲笔写的寿联"壮猷为国重,元气得春先"。李鸿章当年的裨将故吏、旧朋新友当然纷纷前去祝贺。就在祝寿的第二天,他的一个十五岁的儿子突然死了。一个月后,李的妻子也死了。翁同穌说:"相国初五日寿,将吏云集,致祝之物争奇竞异,亦已泰矣,倚福之理可畏哉! 相国笃信洋医,此亦为其所误。"[2]

也就是在李鸿章七十大寿庆典前后,有人以"佚名"写了一副对联:

　　　　宰相合肥天下瘦,司农常熟天下荒。

当时李鸿章是文华殿大学士,俗称宰相,是合肥人;翁同穌时任户部尚书,又是常熟人,所以这副对联几乎天成。天下瘦,天下荒,是借用来批评清朝统治的腐朽。因这副对联做得巧,即使翁李早已作古,但在民国初年仍很流行。常熟人、进士徐兆玮在其日记中(《梵天庐丛录》卷二十六中)记载了有关这副对联的

---

〔1〕《翁同穌日记》,第 814、912 页。
〔2〕《翁同穌日记》,第 2545 页。

一段文字:"海虞翁叔平,合肥李少荃,清末名闻中外,而皆豪富,时人为之联曰:'宰相合肥天下瘦,司农常熟天下荒。'楹联此中格式,古今罕有。"徐氏是翁同龢的同乡,对翁氏境况十分了解,见后很不是滋味,他说:"按此仅以肥瘦、荒熟取其天然配偶耳。而遽以豪富目翁,真可谓无稽之谈矣。"〔1〕

翁愚,李鸿章亦愚。1872年9月(同治十一年八月),有人见一麦多穗,呈报李鸿章,李认为是瑞兆,特向朝廷敬献,趁机颂扬同治帝和慈禧懿德嘉行,御史边宝泉看不下去了,上了一道弹章,痛斥李氏此举无耻,"旨责彼相有导谀贡媚语"。〔2〕一麦多穗是植物现象,本很自然,却被李鸿章当作政治来玩弄了。这里同样表现了李鸿章落后保守的一面。

翁同龢甚至讥笑李鸿章不会写折。甲午以后,李鸿章留京供职,照例上折谢恩。"合肥今日谢折,用封,可笑也。"〔3〕做地方官久了,哪里知道京官办事那一套规矩,翁同龢的讥笑是没有道理的。

翁同龢看不起李鸿章,李鸿章对翁同龢政治上趋炎附势同样心存鄙视。同治帝去世后,光绪帝继位。翁同龢受到慈禧太后的重用,令他与醇亲王奕譞、载龄、荣禄一起勘定同治帝陵址,让他入值毓庆宫,授读光绪帝。李鸿章认为是翁同龢有意巴结醇亲王的结果,对其心存鄙视。辛亥革命后,李鸿章之子李经迈避居沪上,一日偶然看到翁同龢光绪初年写给上海道冯峻光(竹儒)的两封信,在信的旁边写了一段跋语,其中说:"此信当作于光绪元年,时值穆宗大丧,常熟与醇亲王奉命相度陵地,故有遵化、易州之行。因忆宣统二年值班西陵,寄宿野寺,见壁间常熟题诗殆遍,与醇邸唱和者居多,推崇备至,用以结纳皇帝本生父,寻有毓庆宫授读之命。尝谓同光宣三朝圣学不如道咸以前,师傅诸臣已不能宽其责备,况离间母子,援引康、梁,邪说一兴,国本摇动,不仅清社以墟,沧海横流,且不知如何收拾,可胜概哉!"〔4〕李经迈曾多次拜见过翁同龢,他的看法多少代表了李鸿章和淮系人物对翁氏的看法。

翁同龢,李鸿章,毕竟一个是皇帝的师傅,一个是地方大员,彼此虽存蒂芥,

〔1〕《徐兆玮日记》,第2838页。
〔2〕《翁同龢日记》,第970页。
〔3〕《翁同龢日记》,第2874页。
〔4〕 上海图书馆编:《上海图书馆藏翁同龢未刊手稿》,上海科技文献出版社2010年版,第77—79页。

但在表面上还是维持和好相处的局面。同治七年,翁同龢雇船扶护父兄及妻子灵柩回籍安葬,途经沧州减河,当时李鸿章率淮军镇压捻军,正驻于此,亲自上祭,赠奠银百两,又派炮船护送至张秋。同治十一年翁母亲去世,翁同龢回籍丁忧。十三年服阙回京,途经天津时,李鸿章均"亲自行礼,馈送路菜","送席","次日来深谈良久,相与嗟诧,闻台湾兵事,又闻中国船为日本船触坏"。[1]光绪十五年七月,翁同龢回籍修墓,九月回京,上海道邵友濂行恭请圣安礼。途经天津,李鸿章率司道也行"恭请圣安"礼,"李相等跪安,(同龢)敬答曰回京代奏"。[2]因为光绪帝即将亲政,在李鸿章等看来,翁同龢地位已非同一般,故行此大礼,既表示对光绪帝亲政的重视,又表示对翁同龢的敬重。

同光之际,李鸿章坐镇北洋,编练海军、筹建海防、架设电报电线、修建铁路等,在在需款,而清政府因连年忙于镇压农民起义,国库早已空虚,根本拿不出许多银两来支持洋务建设。光绪十一年翁同龢调任户部尚书后,围绕着户部阻止李鸿章私自与美商合资开办银行、为筹措堵塞郑州黄河决口经费,奏请停办海防捐例、停购船舰、参劾津海关道周馥短报洋药厘金收数、翁同龢主张缓修津通铁路等问题,同李鸿章发生了激烈矛盾冲突。彼此矛盾虽因公而起,但已伤及感情,相当尖锐,并呈公开化,对当时乃至以后的朝局均产生了不小的影响。

前面说到,李鸿章因办洋务,常常苦于经费不足,又因为要效忠慈禧太后,为其大修颐和园提供经费,更感经费短绌。向外国银行借贷,除了利息轻重常受挟制外,还需要有可靠的担保。十分不便。1885年10月(光绪十一年九月)李鸿章曾打算自办银行,筹措修筑关内铁路的经费,但银行意见甫经动议,即遭一部分官僚反对,结果不了了之。1887年初,李鸿章在开设官办银行受阻后,打算纠集官绅,以民间私人名义开办银行,但他又发现官绅出面办银行,目标太大,易招来风险,引起"朝野物议",官府插手,认定"若合中外众商之力着实开办,可期经久"。正好这时美国国内储有大量银元闲置不用,表示愿意借款给中国,愿与中国合开银行,李鸿章遂于是年8月派周馥、盛宣怀、马建忠代表自己同美商代表米建威等会谈,并签订华美银行章程。章程第六、七、八条最为关键。第六条规

---

〔1〕《翁同龢日记》,第1092页。
〔2〕《翁同龢日记》,第2356页。

定，中国日后重大工程建设由该行提供借贷，借贷前，该行有权对项目进行考察，根据工程项目大小、获益多少来确定贷款数目。第七条规定该行日后可以在中国经济发达的地区和商业发达的城镇开设分行，有权设厂鼓铸金、银币，发行钞票；必要时还可委托中国钱庄、票号承接业务。所有中外汇兑业务统由该行负责稽查。第八条规定，该行为中国政府旨准开设银行，银行一切活动系奉旨批准。银行盈利一半归该行，一半归中国。该行章程还规定，该行由美国人任总办，称华美银行。从华美银行章程来看，名为中美合办，实际上是一家由美国金融资本"节制"，"以美国银元在华办事"向中国输入国内过剩银元，对中国实行资本输出有利于美国资本对外独占。消息一经泄露，朝野震惊，黄体芳、黄熙等八十一名御史联名上书，指责李鸿章"欺君枉法"，派马相伯赴美借款是"丧心病狂，简直要卖国了"。由于银行同户部关系特别有关，翁同龢不得出面奏请谏阻。在慈禧太后召见时，他"即极言日本以银行受累，致国用无出，反复数十万言。太后曰李鸿章曾以此事请，旋被部驳中止。臣又极言此事关天下利益，若有人再奏请即驳斥。"[1]华美银行有利于美国资本对华独占，严重损害了其他列强在华利益，因而也引起了其他列强不满。在内外压力下，慈禧两次电谕李鸿章中止华美银行活动。"与美商订约股开银行，流弊甚多，断不可行。现在交章弹劾，即行罢议。"李鸿章不敢抗旨，只得中止与美商米建威的银行筹备活动，电令马相伯中止在美的借款活动，立即回国。拟议中的华美银行计划最终流产。华美银行流产，李鸿章当然不快，对翁同龢大增恶感。平心而论，翁同龢在这件事上没有错，该银行真的创办将对中国的权益造成严重损害，翁同龢立马谏阻并不出于私心，纯粹从维护国家权益考虑。

与阻开华美银行开办的几乎同时，户部查觉津海关道周馥（玉山）短缴洋药厘金一事，经户部严参，周馥被革职。为此李鸿章与翁同龢的关系公开恶化。

第二次鸦片战争后，鸦片贸易公开化，走私更加猖獗。地方官员则通过征收厘金，从中获得一笔不小的收入，因为它不上缴朝廷。故此，洋药厘金一直被地方官列为地方财政的固定收入。但自 1886 年（光绪十二年）起改由海关总税务

---

〔1〕《翁同龢日记》，第 2086 页。

司征后,厘金的数目原则上比照税收数,按一定比例征收,因地而异,数目不等。所有海关征收的厘金款项全部上缴中央政府,作为筹建海军的经费。慈禧太后当时正在大修颐和园,苦于经费不足,正挪用海军经费,所以对税务司和户部查收洋药厘金收入十分重视。

洋药厘金改由海关总税务司征收后,使地方政府失去了一大笔收入,引起了他们的不满。仅以天津为例,每年洋药厘金一项就失去四五十万两之多,若加上烟台、营口、牛庄三口,为数更巨。李鸿章及其僚属当然不甘心,于是急谋对策,以图补救。当时津海关进出口业务由海关总税务司负责,洋药税厘征收由北洋大臣任命的津海关道周馥负责征收。周氏,字玉山,安徽建德人。早年投奔淮军,出入李鸿章营幕,办理文案,被李鸿章视为心腹,委任为津海关道。洋药进口税一般是固定的,而厘金收数虽有比例,然因地而异,变化出入较大。因此,周馥经与李鸿章密商,在册报厘金时,采用以多报少的办法,私下截留厘金银款。但此举很快就被户部档房司发现了,并随即指名参奏。周氏见到户部参折后,知事已暴露,于是请李鸿章出面上奏为之辩解:"查明津海关道征收洋药厘金并无中饱情弊,请将关道免议。"折中还强辩说:"征收洋药税与厘金本属两事,互有参差,不能每结一律,即以近六结酌算箱数厘数并不短少,其中确无弊混,请将该关道严议之案更正免议。"西太后将李鸿章的复奏发交户部,要户部再行复奏。

翁同龢认为津海关短少洋药厘金是一件公事,绝非私事,且户部六堂与阎敬铭同参,事实俱在,作为户部尚书他不能循此屈公,不能不问,并认为李鸿章没有必要为周氏开脱,于是照实复奏。折中说:"近几年来,浙海、江海等关税厘互校,均无异议,独津海一关,始则据报,自五月至七月份无误,迨后册报厘数又不按关结报。臣部按册对所报厘数,不特与进口税数大相悬殊,即核之未经改章以前常年收数,短绌亦近万两,是朝廷议加,而该关暗减,揆诸情理,实难姑容。"[1]同龢说:"入署遇阎公,画加收洋药税厘奏稿,又与合肥大龃龉也。"[2]知道李鸿章不会就此收手。

果然不出所料,李鸿章见到户部复奏后,知道这次户部动真格,短少洋药厘

〔1〕《遵议津海关短收洋药厘金事由折》,中国第一历史档案馆,奏档,军机录副,光绪十三年,十八号财政关税卷。
〔2〕《翁同龢日记》,第 2095 页。

金一事难以蒙混过关，于是一面指派海关篡改账目，增加近期每结厘金收数；一面派周馥携带他的亲笔信和巨款来京进行活动，企图通过打通私人关系，私下了结此事。周馥来到翁宅。翁同龢礼貌地接待了他，留下了李鸿章的信，拒绝了周氏的"赠贶"。对李鸿章这种同乡结帮、官官相护的做法感到讨厌。"甚矣，皖人之护局也。"于是户部第三次上奏反驳，"何以去年九个月仅收一万七千两，今年续报五个月，忽增收厘数至六万五千六百馀两，两下盈绌迥异？臣等督饬司员复加查核，该关一百结、一百一结收数实系厘金与税数大相悬殊，所有前次参款无从更正"。[1]结果周馥奉旨革职。

参劾周馥短报洋药厘金收数是户部尚书的职责，这件事是户部堂官集体行动，翁同龢没有错。"同龢因做户部尚书之故，因财政上的立场不同，遂酿成与李鸿章之水火而并非由于私怨。"[2]刘厚生先生的这个评论是客观公允的。

周馥落职后，李鸿章深知日后办事还离不开翁同龢，且明年光绪帝亲政，翁同龢在朝地位有增无减。想到此事，便积极为周馥谋求开复。正好次月，李鸿章奉召来京会商海军事宜，因为他是地方大员，又为大修颐和园作过报效，再想到光绪亲政后可能还会用得着他，所以慈禧亲自单独召见了他，垂询备至。而李氏在京期间，也遍访朝贵，王公贵族，达官显要。李鸿章在京活动，显示了他在朝举足轻重的地位，为周馥的开复创造了有利条件。周馥在《自订年谱》中说："户部以洋药税厘箱数不符，奏请严议革职，旋请李相查明奏请更正，奉旨撤销参案。"[3]这里他掩盖了事情许多细节。其实他对这次户部参劾造成他落职非常不满。"朝官皆书生出身，少见多怪。"只是因李鸿章的授意，暂时忍而未发。次年十一月，周馥登门拜见翁同龢。同龢在日记中写道："津海关道周馥，号玉山，来见，去年户部奏参革职者也。其人貌似粗疏，细看甚能而滑。"新年初，又来，"周馥有赠，却之"。[4]由于有李鸿章作后台，周馥不仅很快开复处分，而且擢为直隶按察使。当周馥再次来京引见后，志得意满去拜访翁同龢，翁同龢立即"麾

---

〔1〕《遵议津海关短收洋药厘金事由折》，中国第一历史档案馆，奏档，军机录副，光绪十三年，十八号财政税收卷。
〔2〕刘厚生：《张謇传记》，上海书店1985年版，第56—57页。
〔3〕《秋浦周尚书（玉山）全集》，台湾文海出版社，第5691页。
〔4〕《翁同龢日记》，第2199、2205页。

之而去"[1],心里很不高兴。

正如翁同龢所说的那样,"细看(周馥)甚能而滑"。他一直等待时机对翁同龢加以报复。1898年(光绪二十四年)戊戌政变后,一次慈禧太后召见周馥,问及"前败军之事",周氏说"余将户部扯军费,言者掣肘各事和盘托出……且谓彼时非北洋所能主持。……太后、皇上长叹曰'不料其(指翁同龢)在户部竟如此。'"[2]其时翁同龢已被罪归里,周馥这番奏对,不啻投井下石,置人于死地而后快。

参劾周馥短少洋药厘金收数的第二年,1887年10月(光绪十三年九月),黄河在郑州决口。堵塞决口的费用初步估算需银六百万两。这真是突如其来的天灾奇祸。当时户部正忙于筹措光绪帝大婚典礼的费用,从何处再筹到这笔巨款呢? 经过连续多天会议,户部采纳了御史周天霖、李士琨开办河工捐输的意见,奏请将海防捐停办,改开郑工捐。海防捐每年收银约四五十万两,主要用于北洋舰队"定远"、"镇远"等主要船舰的常年维护。海防捐停办,使北洋舰队失去了这笔费用,李鸿章对此很不高兴,是完全可以理解的。任何其他费用均可以节省,惟独军费不能随意节省,但是从阎敬铭到翁同龢,户部所有堂官都没有意识到它的严重性及带来的后果。七年后日本对中国发动甲午战争,北洋海军覆灭。后来李鸿章及淮系集团即以此为口实,胡说是翁同龢与户部官员用经费卡扣海军,才造成战败的。北洋舰队覆没当然并不是这区区几十万两银造成的,事情决非这么简单,但户部给人以口实,这是事实。郑工捐原订开办一年但因决口不能合龙,又展办一年。其实开办后收银并不多。这件事,虽然也属因公而事,但同后来的甲午战败扯上了,因此这次捐例一直遭人诟病。

与这次开办郑工捐的同时,户部还奏请了筹饷六条办法,其中第二条规定:

> 购买外洋枪炮船只机器等项及炮台各工拟令暂行停止也。查外省购买外洋枪炮、各项船只,以及修筑洋式炮台各工,每次用款动需数十万两,均须

---

[1] 《翁同龢日记》,第2258页。
[2] 《秋浦周尚书(玉山)全集》,台湾文海出版社,第5700—5701页。

由部筹拨,竟有不候部拨已将本省别项挪用,遂致应解京协各项,每多虚悬,迨经饬催,辄以入不敷出转请部中改拨他省。窃计十余年来,购买军械,存积甚多,铁甲快船,新式炮台,业经次第添办,且外省设有机器制造局,福建设有船厂,岁需经费以百万计,尽可取资各处,不必购自外洋。迩来筹办海防固属紧要,而河工巨款,待用尤殷,自应移缓就急以资周转。拟请饬下外省督抚,所有购买外洋枪炮船只及未奏准修筑之炮台等工,均请暂行停止,俟河工事竣,再行办理。[1]

这是一道最错误的决定,最初是由户部司员陈炽提出,但经户部堂官同意了的。以河工与国防较,孰轻孰重,自不待言。结果造成甲午战前六年中,中国未向西方购买一条新舰。其中原计划北洋购买的一条快船因为这条规定无钱购买,最后竟为日本购得,就是甲午海战中的"吉野"号。为了筹措黄河决口经费,不惜一再削减军费开支,禁止各省从国外购买新式枪炮船只,这是过去从未有过的事。北洋舰队遭遇如此,其他如长江水师、福建海军、广东海军更是如此,本来他们的船炮就很落后,这一规定更使提高战斗力成为不可能,中日之间的军事差距越来越大,其结果不言而喻。从翁同龢来说,轻则是对国防掉以轻心,重则是负有重大责任。书生当国,不懂军事。此当引为千古教训。

与阻开华美银行一事相连的,还有翁同龢阻止李鸿章修筑津通铁路,为此两人之间的矛盾进一步激化。

早在1880年(光绪六年),李鸿章就主持修建了唐胥铁路,后又将该路展筑至天津。1888年李鸿章奏请将该路接通至通州(今北京市通县),即所谓的津通铁路。奏请的理由主要还是利于运兵、运货,为海军建设提供一笔经费,于公于私均有好处。

修筑铁路是推动社会经济发展的重大举措。李鸿章奏请没有错。但当修筑津通铁路的消息一经传出,即遭到舆论的强烈反对。反对声中有认识上的问题,如同治岳丈崇绮和协办大学士徐桐等人就竭力反对,认为修铁路是"正气不伸"。

---

[1] 参见《遵旨议复河工拨款折》,《光绪朝东华录》。

但更多的是现实问题。因为这条铁路是沿着北运河而修建的。北运河长期以来是通往江南的重要水道,漕粮进入通州仓场的枢纽,数百年来数十万民众,包括船夫、水手、沿岸饭铺、车运、客栈靠它维生。津通铁路一旦筑成,将使这数十万人顿时失去生计。所以消息传出后,舆论大哗,群起反对。礼部尚书奎润认为中国人口繁衍,修铁路、用机器是"夺穷民生计"。内阁学士徐致祥(季和)认为津通铁路开筑后将毁坏民田、庐墓、沿途民多失业、迁徙,沦而为盗者有之,不利统治。御史余联沅干脆概括为有"害舟车、害田野、害根本、害风俗、害财用"五大害,"其利不在国不在民,仅在洋人",坚决反对修筑津通铁路。

但也有坚决支持的,那就是光绪帝生父、醇亲王奕譞。奕譞为了能使慈禧早日将政权移交给光绪,正大力修建颐和园,但因苦于经费严重不足,正依赖李鸿章挪用海军经费。李鸿章既要修筑铁路,他当然表示全力支持。不过由于反对者居多,慈禧决定将此事发交内阁六部和各省督抚复议。

在内阁六部各省督抚复议中,赞同修筑的只有刘铭传一人,反对的有卞宝第、奎斌、陈彝等十多人。赞同缓修的有翁同龢、孙家鼐两人,而且主张缓修的唯有他们两人。在复奏折中,翁同龢提出以下几点理由:一、外国正在中国争抢铁路修筑权,津通铁路一开,各国势必趁机提出修路要求,仿效开筑,到时势难拒绝制止;二、时值天下多突,顺直大水、晋豫大饥,河决郑州,江南大水,在在需款急赈。"忝系朝列,夙夜忧惶",当前首要任务是拨款;三、郑州黄河决口尚未堵好,皇帝大婚典礼在即,都是重大的事,津通铁路是不急之工,现在有许多人反对,目前不妨暂缓修建。缓修就是停修、不修。翁同龢的态度引起醇亲王的不满。翁同龢在给侄儿翁曾荣的一封信中说:"津通铁路,民间哗然,六曹有连名入告者,余亦稍有论列,与孙兄连衔,大拂邸意。而事竟难挽回也。郁攸之警,至今忡忡。"[1]由于反对修筑津通铁路的人多,正当慈禧太后举棋不定的时候,两广总督张之洞建议不妨先修卢汉铁路,慈禧太后最终采纳了这个建议,谕令罢建津通铁路。李鸿章见自己铁路计划告吹,对翁同龢非常不满。他在北洋大臣衙门内公开讥讽翁同龢,翁同龢的内弟汤伯述函告翁同龢,翁说:"合肥以铁路事颇讥诮余,置之

---

〔1〕《翁同龢集》,第 373 页。

不足道也。"[1]

在对外问题上，翁同龢与李鸿章意见也不一致，甚至完全对立。在法国侵略越南的问题上，当时主持军机处的恭亲王奕䜣已看出问题的严重性，"北圻实与我滇、粤毗连，若待法人尽占北圻而始为闭关自守之计，则藩篱尽撤，后患将无穷期，且环伺而起者，不止一法国，相逼而处者，不止一越南，此不特边疆之大患，抑亦大局之忧也。"[2]翁同龢其时也是军机大臣，要求派兵驻扎北圻，阻止法军推进，主张支持驻在越南境内的刘永福黑旗军的抗法斗争。但李鸿章认为法占越南，只是伏边患于将来，主张对法妥协，满足法国要求；刘永福黑旗军是土匪，坚持消灭方针。谕旨令其为钦差大臣、督办云贵军务，他拒不受命。李氏态度如此，奕䜣也就"不敢轻言战矣"。待到我军谅山大捷，李鸿章"坚持和议，谓'见好便收，不宜再战，战败而议和更难'。政府从之，安南遂为法有。其意以为非有完全战胜之把握，宁含忍以谋和，其畏战之精神，与中日之役不主战，亦自一贯也。"[3]

1894年日本一手挑起中日甲午战争。战争期间在和与战、割地与赔款等问题上，翁李立场几乎完全对立，翁同龢明确表示他"与魏绛断不阿附"，[4]绝不附和李鸿章。战争一开始，翁同龢、李鸿藻列席军机会，力主增兵朝鲜，作好对日作战的准备，"佐少主，一意主战。"李鸿章却主和避战，"日本兵势已成，知其必出于战，而李鸿章犹望邻国之和解"，待到日本挑起战争，又避战求和。平壤之战失利和黄海海战后，在军机会议上"高阳（指李鸿藻）抗论谓合肥有心贻误，……余（翁同龢自谓）左右其间，曰高阳正论，合肥事事落后，不得谓非贻误。"结果李鸿章奉旨"拔三眼花翎、褫黄马褂"。[5]日本把侵略战火延烧到中国境内后，李鸿章仍无战志，避战求和。正如李的亲信吴汝纶所说，"合肥养尊处优，平日治军不严，一闻日警，临时招募，绝无战事训练，此对日战败之最大原因。"

清军水陆皆败，引起了慈禧的不安。黄海海战不久，慈禧令翁同龢秘密前往

〔1〕《翁同龢日记》，第2293页。
〔2〕中国史学会主编：《洋务运动》（二），上海人民出版社1961年版，第37页。
〔3〕朱德裳：《三十年闻见录》，岳麓书社1985年版，第101—102页。
〔4〕《翁同龢集》，第461页。
〔5〕《翁同龢日记》，第2775页。

天津一行，以探个究竟。召对时，慈禧说："责李其何以贻误至此，朝廷不治以罪，此后作何收束，且退峰者淮军也，李某能置不问乎？"翁同龢明确表示："臣为天子近臣，不敢以和局为举世唾骂也。"[1]在天津，"见李鸿章传皇太后、皇上谕慰勉，即严责之。鸿章惶恐，引咎曰：'缓不济急，寡不敌众，此八字无可辞。'复责以水陆各军败衄情状，则唯唯而已。余复曰：'陪都重地，陵寝所在，设有震惊，奈何？'则对曰：'奉天兵实不足恃，又鞭长莫及，此事真无把握。'议论反复数百言，对如前"。[2]对于这次天津之行，尤其对李鸿章的"严责"，李氏乃至整个淮系势力均视为奇耻大辱，誓言随时随地进行报复。李鸿章对江苏官员的印象本来就很坏，据说他曾说过："我半生事业，尽在两江、山东。江苏从上海到常州，这一片膏腴之地，是我从长毛(指太平军)手中拿回来的。我哪里对不起江苏人？江苏的京官丧尽天良！"对于翁同龢更是揶揄不止："不是我，翁叔平哪里去回乡葬父？我们在前方出生入死打仗，他们在京里升官玩古董，结果是处处以怨报德，真正叫人寒心！"这段话虽出自高阳小说《玉座珠帘》一书里，难云实录，更不见于真正的史料记载，但很难说李氏及其周边的人无此心理。可见从情感上说，翁、李关系好不到哪里去，这是个事实。

待到张荫桓、邵友濂广岛被拒，日本点名要李鸿章赴马关议和，获旨允准后，李氏自认身价不凡，又神气十足起来，认为议和非他莫属，并对翁同龢立即实施报复。1895年2月(光绪二十一年正月)，李鸿章到京，御前会议讨论日本提出割地如何处理，李鸿章奏言"割地之说不敢担承，假如占地索银，亦殊难措，户部恐无此款"，首先把话头指向翁同龢。翁同龢奏言："但得办到不割地，多偿当努力。"孙毓汶、徐用仪则附和李鸿章，但言"不割地便不能开办"。到传心殿议事，李鸿章再逼翁同龢，"李欲要余同往议和"。翁同龢只好说："若余曾办过洋务，此行必不辞，今以生手办重事，胡可哉？"李鸿章要翁一起赴日议和，趁机对他进行打击报复，并以"割地不可行，议不成则归耳"[3]，企图把议和卖国的罪责强加到翁同龢头上。

〔1〕《翁同龢日记》，第2778页。
〔2〕《翁同龢日记》，第2779页。
〔3〕《翁同龢日记》，第2826页。

翁同龢认为台湾为东南门户和屏障，台湾失，则东南无宁岁。台湾绝无割弃道理。李鸿章赴日前，两次与李鸿章言"台湾万无议及之理"。[1]到了马关议和，当伊藤博文、陆奥宗光提出中国须割让台湾时，李开始还进行驳诘。据台湾《大和谈——李鸿章、伊藤博文谈判实录》一书中所载马关第四次会议，李、伊对话：

　　李：台湾全岛，日兵尚未侵犯，何故强让？

　　伊：此系彼此定约商量之事，不论兵力到否。

　　李：我不肯让，又将如何？

　　伊：如所让之地必须兵力所到之地，我兵深入山东各省将如之何？

　　李：此日本新创办法，兵力所已到者，西国从未全据，日本如此，岂不贻诮西国。

　　伊：中国吉林、黑龙江一带，何以让与俄国？

　　李：此非因战而让者。

　　伊：台湾亦然，此理更说得着。

　　……

　　李：总之，现讲三大端：二万万为数甚巨，必请再减，营口还请退出，台湾不必提出。

可见，在谈判初期李鸿章还是坚持反对弃台的。但五天之后，到第五次会议，双方所谈内容是李鸿章要求减少赔款，伊藤坚执不减和签约期限问题。至于割台，除了李鸿章讲到台湾人民迁出后的产业归属问题，并谓"我接台湾巡抚来电，闻将让台湾，台民鼓噪，誓不肯为日民"，伊藤则凶相毕露地答道："听彼鼓噪，我自有法。"由于是会议实录之外活动，伊藤未讲其"法"。从中可见，割台已成定局。伊藤逼李一个月内签约，李鸿章说时间太促，并说"贵国何必急急，台湾已是口中之物！"伊藤脱口而出："尚未下咽，饿甚"，一副凶馋相。李鸿章则说"两万万足可疗饥"。台湾就这样割让了。

---

〔1〕《翁同龢日记》，第 2829 页。

　　李鸿章当然知道台湾割让后对中国带来的严重后果。据说,《马关条约》签字后,伊藤在春帆楼举行庆功宴的同时,李鸿章及其随员正乘坐招商局"公义"和"礼祐"两船启航出关门海峡,李鸿章立船上沉默不语良久,突然回头远望春帆楼上辉煌的灯光,对着海风说:"台湾啊,台湾!"说明李氏并非没有心肝,他亦深知台湾之辱。但他没有反思造成今日台湾被割让,作为被国家视为"柱石重臣"的他负有多大责任。以和战判忠奸,固然不对,暂且不说,但造成军事如此惨败,李氏的责任是无法推卸的。[1]

　　李鸿章在马关议和期间,被日本浪人小山丰太郎行刺,险些丧命。此事更增加了李氏及其亲信僚属对翁同龢主战的憎恨,在他们看来,李氏受辱,全是翁同龢一意主战的结果,若不主战,李氏何来被刺一节,不将造成民族战争失败和李鸿章被刺归到李氏主和避战、淮军将领腐朽无用不堪一击,反而移祸归罪他人,真是历史的大笑话。李氏"开始主和避战,继而避战求和,待到和战两无办法,只有埋怨翁同龢及其他京中的主战者,以为诿卸责任的地步"。[2]梁启超在《李鸿章》一书中指出甲午战败,就李鸿章而言,由于群议之掣肘者半,由于李鸿章之自取者亦半。其自取也,由于用人不当者半,由于见识"不明者亦半。彼其当大功既立,功名鼎盛之时,自视甚高,觉天下事易易耳。大其裨将故吏,昔共患难,今共功名,徇其私情,转相汲引,布满要津,委以重任,不暇问其才之可用与否,以故临机偾事,贻误大局,此其一因也。又惟知练兵而不知有兵之本原,惟知筹饷不知有饷之本原,故枝枝节节终无所成,此又一因也"。[3]梁氏前半段分析可算是击中了李氏造成甲午战败的要害,最后讲的不知"兵之本原","饷之本原",说明李氏还不是近代军事家和政治家。

　　甲午战后,李鸿章留京入阁办事,居住贤良祠。贤良祠位于东华门外的冰盏胡同,本是雍正年间怡亲王允祥的府第,后舍宅为寺,雍正题名"贤良"。因其地精致清静,又近禁城,出入方便,所以无形中成了封疆大吏入觐下榻之处。李鸿章入住贤良祠,标志其自此开始直接参与朝廷中枢的重大活动,对晚清朝局具有不小的影响。

〔1〕　唐振常:《难忘春帆楼屈辱》,《世纪》1995年第2期。
〔2〕　刘厚生:《张謇传记》,上海书店1985年版,第63页。
〔3〕　《翁同龢日记》,第460—461页。

甲午战争中,奕䜣重新复出,但复出后不是主战,而是加速主和,这使翁同龢等主战官僚大失所望。而且奕䜣对翁同龢刻意将自己标榜成反对对日主和、反对对外妥协,有意将自己同李鸿章、孙毓汶、徐用仪等主和派划清界限的做法不满,并大加推抑,故意将翁同龢与李鸿章放在一起,去参加对外谈判交涉。1896年冬,德国借口两名传教士被杀,武力强占胶州湾,翁同龢、张荫桓奉旨对德交涉,中间,李鸿章插手进来,"请俄代索胶澳"。经这一搅局,谈判交涉变得复杂化。最后德国强迫中国签订中德胶澳租借条约。在奕䜣的安排下,谕令李鸿章与翁同龢一起代表清政府在条约上签字。翁同龢认为这是奕䜣有意让他难堪,将他与李鸿章置于同列。"今日之事,盖有意排挤也。"他力辞不就,但未得谕允。只得奉旨承命。待到换约时,他意识到"山东全境利权让之腥膻,负罪千古矣"。[1]但他始终认为德国强占胶州湾是谈判中李鸿章、张荫桓允让所致,"胶澳事,呕尽心血,卒被人数语割弃,愤懑欲绝"。他没有看到这件事与当时列强图谋划分势力范围的险恶形势有关,仍从人事上寻找原因,归咎别人显然是不够的。

1896年5月,俄皇尼古拉举行加冕典礼,应俄国要求,清政府派李鸿章为专使前往俄国祝贺。俄国为了取得中东铁路穿越中国境内,利用中国仇日心理,诱使李鸿章与之签订《中俄密约》。《中俄密约》的中方决策人是慈禧、李鸿章。签订过程中,慈禧又将翁同龢拉进去,要他参与办理朝廷与李鸿章之间往来电文的译述传递,以及有关条文的修改意见。俄国又将道胜银行改为中俄合办,"银行与铁路牵连,(俄国)百方饴我,可恨,可叹"。在中俄旅顺大连租借谈判,俄国对李、张进行贿赂,以致御史王鹏运、胡孚宸认为翁、张收贿二百六十万,两人对半平分,对翁氏进行弹劾,翁同龢感叹曰:"薰莸同器,泾渭杂流,元规污人,能无嗟叹。"[2]有些弹章干脆将他与李鸿章置于同列,指为误国无状,在慈禧、李鸿章对外妥协退让卖国求和一事上,翁同龢充当了既不愿意又不能幸免的角色。翁同龢与李鸿章、张荫桓还一起参与为筹措对日赔款而进行的对外借款活动,其中一些磕磕碰碰这里就不再论述了。

1898年6月15日(光绪二十四年四月二十七日)翁同龢开缺回籍。次日,李鸿章特意往翁宅看望,以示安慰,毕竟他们的争斗到此结束了。翁同龢出京前

---

〔1〕《翁同龢日记》,第3148页。
〔2〕《翁同龢日记》,第3178页。

夕，李氏又一次去看望，同翁氏告别，这是他们最后一次见面。义和团运动和八国联军入侵北京后，翁同龢密切关注李鸿章奉旨议和的动向，"又见催李相赴京议和廷寄，有已派庆亲王和荣禄会同办理，并有此举不特安危所系，并存亡所系之语"。[1]1901年11月（光绪二十七年九月）翁同龢从报上得知李鸿章去世的消息，在日记中表示了因李氏的去世而对和局的担忧："报传李相于本月二十七日午初病卒，而庆邸已赴开封迎銮，东三省俄约未定，嘻，难矣。"[2]

平心而论，李鸿章庚子议和是临危受命。此时他的身体已很虚弱，最终死在议和大臣任上，令人心酸，又很同情。严复在挽联中写道：

使当时尽用所谋，其成功似不至此；倘晚节无以自见，则后论又复如何。

范肯堂的挽联则写道：

贱子于人间利钝得失，渺不相关，独与公亲炙数年，见为老书生穷翰林而已；

国史遇大臣功罪是非，向无论断，有吾皇褒忠一字，传俾内诸夏外四裔知之。

李鸿章去世两年后，翁同龢也去世了，两个人长达半个世纪的恩怨争斗也就此结束，但他们的争斗，尤其是内政、外交、军事、金融等方面，给后人留下了若干思考，也一直深刻影响着当时和以后的中国社会，直到今天也远未结束。

盛宣怀

盛宣怀，既是翁同龢的江苏同乡，又是李鸿章的亲信。他长期生活在李鸿章

---

[1] 《翁同龢日记》，第3337页。
[2] 《翁同龢日记》，第3404页。

北洋幕内,是北洋集团的重要成员,所以将他放在这一部分内论述。

盛宣怀,字杏生,一写荇生,号愚斋,江苏武进(今属常州市)人。诸生,纳赀为主事。父亲盛康,曾任汉口海关道,是一位具有强烈的经世意识,熟谙商道的人,编有《皇朝经世文编》等书,对盛宣怀的影响较大。因缘际会,盛宣怀就是抓住了当时兴起的洋务运动,通过参与洋务新政,兴办实业而成为晚清重要的实业家。

盛宣怀像

1894 年 12 月 11 日(光绪二十年十一月十九日)御史张仲忻参劾盛宣怀,折中"谓盛恃翁某(指翁同龢)为奥援,翁为其所愚。称人虽不正,其才可用",要求"将盛革职,藉其家私"。[1]纵观盛的一生,在地方他依仗李鸿章,在中央同翁同龢保持密切的联系,这也许就是他成功的原因之一。

据翁心存日记记载,翁心存与盛康早在道光年间就相识,翁心存孝养期间,曾任苏州紫阳书院教习,常与盛康往来。可以说两家是世交。翁心存曾一度看中留园,但后来为盛康所得,翁同龢日记对此有所记载。翁同龢是在同治十一年因母亲去世,在籍丁忧期间,与盛宣怀相识的。是年九月,盛宣怀专程从苏州来常熟看望翁同龢、翁同爵兄弟俩。1874 年 5 月(同治十三年四月),翁同龢服阕回京,盛从上海来,向翁同龢赠送旧版《三苏文集》,为之送行。此后每逢端午前夕,盛宣怀常给翁同龢寄些家乡的枇杷之类的水果,但凡"馈赠"一皆"却之"。

1877 年(光绪三年),盛宣怀因轮航招商局收买旗昌洋行轮船一事到京,拜见了翁同龢,翁称盛是"今之卜式、桑羊也"。[2]但翁同龢对两江总督兼南洋大臣沈葆桢不经户部的做法很有看法,这一看法并非是专门针对盛宣怀。在给时任

〔1〕《翁同龢日记》,第 3783 页。

〔2〕《翁同龢日记》,第 1314 页。

湖北巡抚、兄长翁同爵的信中写道："南洋旗昌一稿当已咨行,照军饷例居然自拨巨款,不由部拨,真创格也。姑以商贾之法讫华商二百万成本,是虚是实? 若是虚数,将来获息则以虚本占实息,官受其病;若是实款,能报姓名册籍否? 此一端也。买卖有赢有折,若果亏折,谁算此账? 此二端也。十六船者必尽包海运米石,然后市准水脚可靠,而沙船数千人一旦歇业可虑,此三端也。轮船五年一修,四修之后,便不能用,今十六船中岂无一再修过者,转瞬二十年有日减矣,此四端也。"在给侄儿翁曾荣的信中也说"旗昌一事,创此官商合局,它不具论,万一折阅,孰执其咎? 此事农曹当究论之耳! 洋务不熟不可,太熟亦不可,况不尽因公乎?"[1]翁同龢的担心是可以理解的,作为国家钱粮出纳的户部当然要过问。事实上在轮船招商创办和运行中从及收购旗昌洋行轮船公司过程中,确实存在受收回扣、贪污中饱等问题。1880年(光绪六年)刘坤一由两广总督调任两江总督兼南洋大臣,经过查证,很快发现盛宣怀贪污中饱问题,随即上折严参,参劾盛宣怀假公济私,行同市侩,要求严办。盛宣怀的父亲盛康先找到李鸿章,请李出面复奏,为盛宣怀辩解。盛康又找到翁同龢,请翁同龢帮忙疏通。翁同龢说:"盛旭人自津门来见,兼以杏生被劾事,及李相复奏稿见示,此中事实未易悉也。"[2]由于招商局事务复杂,经手人员众多,涉及受贿官员不少,真要追究查清不易,最后盛宣怀总算在李鸿章的庇护下逃过一劫。此后李鸿章一度想将盛宣怀调往闽广任职,但盛均未赴任,并由直隶知州晋为道员。

盛宣怀不仅懂得经商,而且懂医。早年书院读书时,跟老师费伯蓉学医。1882年(光绪八年)他因查芦沟新筑坝工来京,看望翁同龢,翁请他诊脉开方。"盛荇生从南中到直,因查芦沟新筑坝工,过此来见,长谈,因知其为费伯蓉之徒,请诊脉。云两尺皆软,为处一方,阴阳并补。"[3]由此推及,当年慈禧生病,盛宣怀采集钓鱼岛草药以献,慈禧病愈后赏给他钓鱼岛之说并非空穴无据。

翁同龢与盛宣怀的交往主要集中于中法战争、中日甲午战争和甲午战后三个时期。

---

〔1〕《翁同龢集》,第243页。
〔2〕《翁同龢日记》,第1602页。
〔3〕《翁同龢日记》,第1684页。

　　1884年4月（光绪十年三月）军机大改组后，翁同龢虽退出军机处。不过醇亲王奕譞仍对其十分倚重，经常听取他对中法战争及其交涉的意见和建议。这一时期，翁同龢主要通过总理衙门大臣、他的门生周德润和另一名总理衙门大臣张荫桓以及在上海的盛宣怀来获取有关信息，向奕譞提供意见。但6月以后，总理衙门也进行了大换班，将奕䜣在任时任命的大臣全部撤换，周、张也随之离开总署，从而使翁同龢失去了有关消息来源，此时向翁同龢提供信息的只剩下盛宣怀这条线了。如六月某日，盛宣怀向翁同龢电告"台饷尚足，军火不给，台北已封"，建议"急由台南接济，迟则必封"，[1]建议翁同龢转告奕譞赶快援台。九月某日盛又电翁并呈说帖一件："极言法船大至，台必不保，宜趁此时有林椿说合，忽坚拒绝云云"。翁同龢见后，"夜作函致邸，并说帖送看。明日递"。[2]几乎每隔几天，盛宣怀就将获得的情报电告翁氏。翁同龢九月初六日致奕譞函中写道："盛件（指九月初四日盛宣怀致翁氏函）如已入览，即乞发还。……宁波人信（指张家骧得陈受灏函）摘录并呈。"[3]这些信息和说帖既反映了盛宣怀对中法战争的关注和看法，同时又通过电报传递给翁同龢，让他提供给朝廷，作决策参考。中法战争后，翁盛书信往来不绝。1886年7月30日（光绪十二年六月二十九日）盛宣怀来京，翁同龢与之"长谈"，"夜留杏生饭，纵谈时事，此人毕竟有才，惟热中耳（指热中做官）"。[4]

　　1894年7月（光绪二十年六月），日本藉口中日朝鲜争端，一手挑起侵略朝中的甲午战争。当时盛宣怀为津海关道，正在天津李鸿章北洋大臣幕内。又因是中国电报局负责人，手中控制轮船招商局，信息特别灵便。所以战争一开始，他就利用电报，单独与翁同龢建立秘密联系，向其提供外间的重要信息，其中也不乏反映李鸿章及他本人的意见，同时翁同龢也借此转达朝廷的有关意图。由于这次翁同龢再参军机，因此盛宣怀提供的信息和意见对于清政府的战争决策具有一定的影响。

　　8月2日（七月二日），中日宣战的第二天，盛宣怀通过北京电报局王仲良秘

〔1〕《翁同龢日记》，第1894页。
〔2〕《翁同龢日记》，第1914页。
〔3〕《翁同龢集》，第306—307页。
〔4〕《翁同龢日记》，第2074页。

密电告翁同龢，以后将建立秘密电报联系："京仲良译送翁宫保：以后密电均寄荪卿（即翁曾荣，字鹿卿，翁同龢内侄），如有可采，请作为出自钧意，勿言宣禀。冬。二号。"[1]直接向翁同龢表示愿主动提供情报，让其自行采择。这种密电往来一直持续到月底。其间，盛宣怀发来十次密电，分别电告翁同龢有关清军入朝的情况："叶（志超）军虽小胜，倭兵又从釜山、元山入，牙必重困，商船无法接济。卫（汝贵）、马（玉昆）、左（宝贵）各军行甚滞，倭已踞黄州，大同江南岸尽失，若非牙胜，倭已早达江北，目前必救牙军，方能得势。一则应严催卫、马、左，选精队星夜驰抵平壤。乘其续添兵未到，力攻北路，牙势或可稍松；一则应严饬海军全队由威海送子药，并带先锋千人，择牙山之南，觅口上岸，但责其接济，不责其进攻，然非全队齐进，亦难尝试。若不如此，牙军难全，可否摘要降电旨，乞转禀钧裁。以后密电万勿示人。"翁同龢接电后，便在军机会议上提出类似的意见，并电复盛宣怀："云护牙法必当用，但恐力薄不及"。并告知盛："今议添兵援平壤后路，并力拒大同江口。黑龙江依帅（依克唐阿）带八营由珲（春）入韩，已准办。吉林报俄三舰赴元山。"[2]此后盛宣怀利用平壤电报局获得的情报，向翁同龢密报了日军三路围攻平壤，平壤危急以及"海军胆怯"，"仅能自守，难禁敌船横行"的情况；日军击沉运兵船"高升"号情况；倭兵"或犯山海关、洋河口坏我铁道；或犯鸭绿江截我平壤后路"的形势分析及针对山海关一带防务空虚提出调兵的建议等。翁同龢在复电中告知军机处调派大同、宣化、正定驻军的情况，提醒"兵船运兵可虑、平（壤）宜稳细、急筹粮运、以顾后路"。有意思的是，在一次复电中还请盛宣怀代向李鸿章问候："傅相尘劳起居如何？乞示。"[3]待到平壤清军溃退、黄海海战之后，特别是日军将战火延烧到中国东北后，淮军节节溃败，李鸿章已失去了对战争的影响力和对军队指挥能力，整后战局变化情况也非盛氏所能了解和掌控，这种秘密电报的传递随之告一段落。

甲午战争以中国的惨败而结束，1895年日本强迫中国签订丧权辱国的《马关条约》。战后，西方各国加紧对中国资本输出，进行疯狂的经济掠夺。清政

---

〔1〕《翁同龢集》，第453页。
〔2〕《翁同龢集》，第454页。
〔3〕《翁同龢集》，第458页。

府为了"自救"，不得实行鼓励民族资本发展的政策。作为户部尚书的翁同龢，迫于筹借对日巨额赔款的压力，对民族资本企业的开办采取了积极支持的态度。全力支持盛宣怀开设中国第一家银行——中国通商银行和修筑芦汉铁路。

1896 年（光绪二十二年），盛宣怀从湖广总督张之洞手中接办汉阳铁厂，接着又经张之洞和直隶总督兼北洋大臣王文韶的保举，当上了全国铁路总公司督办。"因办铁厂，不能不办铁路，因修铁路，铁厂生产的铁轨才有销路。"所以，决定招商集股承修芦汉铁路。从理论、逻辑上看，盛宣怀想的不错。但当时的汉阳铁厂亏损严重，欠债达数百万两。且所产铁轨因含磷太多，脆而易断。张之洞不过是借盛氏接手，趁机甩掉汉阳铁厂这个烂摊子。开始盛宣怀是不想接办铁路的。是年 9 月，盛宣怀来京，告诉翁同龢"王（文韶）、张（之洞）两公保办芦汉铁路也，伊力辞，谈六刻始去"，[1]但朝廷没有同意。盛没有办法，决定一面奏请借款，一面招商集股。"芦汉借款，议者蜂起，吾与常熟力持之。"[2]得到李鸿章翁同龢的大力支持。但在招商集股时却遇到了困难，商人担心芦汉铁路工巨货少，利无把握，不敢认购。这时盛宣怀想到了办银行。认为有了银行，借款可以存放，自己其他企业如电报局、轮船招商局、汉阳铁厂、大冶铁矿、萍乡煤矿、仁济保险公司乃至自己开设的庄号、经营及房地产所入可以存储，通融，所以认定铁路银行必须同时并举，于是决定开办银行。

张之洞得知盛宣怀要办银行，表示反对。反对的原因是他担心盛宣怀的银行一旦办成，将对他的湖北铸币局不利。在翁同龢的解释下，张氏最后也不再坚持。翁同龢认为在当今能像盛宣怀这样敢想敢干的人并不多。在给翁曾荣的一封信中说："盛杏生一晤，自是彼中能手，货殖传中人，往往能尽人之材力，其静思不可及也"，甚至认为"此人综核精能，苟在农部，百事举矣"。[3]翁同龢支持盛宣怀办银行，还有他的打算。认为盛宣怀的银行办成既可代理国债，帮助国家解决筹款的困难，那应该去支持他办成。9 月 24 日（八月十八

---

〔1〕《翁同龢日记》，第 2982 页。
〔2〕《愚斋存稿》卷二十七，电报四。
〔3〕《翁同龢集》，第 255 页。

日），翁同龢复盛宣怀函，表示因银行与铁路连类相济，户部准备拨银 250 万两作为官股，支持他的办行活动。后来也受命向盛宣怀询问有关借款集股事："令询盛宣怀借洋债、集股票有把握否，并今日召对时面奏须练洋法兵三十万，此饷从何而出。"〔1〕

在翁同龢的大力支持下，同年 11 月 1 日（九月二十六日）盛宣怀向光绪帝正式进呈了《自强大计折》暨附设达成馆并开银行片，详细地介绍了自己开办银行的主张和计划。军机会议时，翁同龢、李鸿章等表示，既然铁路招股，凭借银行，干脆将两事并为一议，由盛宣怀担任银行督理。为慎重起见，光绪帝谕令张之洞、王文韶复议保举。要王文韶保举问题不大，王与翁为同乡，本来就是支持盛宣怀办铁路的。问题是张之洞。张认为盛宣怀已总司南北铁路，任寄已重，体制已崇，事权已专，忌者已多，若再督理银行，必致群议蜂起，表示他不能保举。盛宣怀见此大为着急。只得求助于翁、李、王等人，翁、王以海关总税务司赫德正在筹开银行相告，提醒张之洞以大局为重，切勿再犹豫了。直到此时张之洞才勉强同意列名保举。

1897 年 2 月（光绪二十三年正月），盛宣怀在上海轮船招商总局内设立银行筹备处，正式开始他的建行活动。3 月，向总理衙门呈上《中国通商银行大概章程》。新银行取"通商惠工"之意，定名中国通商银行。银行资本为五百万两，先收一半。银行总行设上海。章程呈上后，以荣禄为首的一批人对之大加挑剔，提出种种责难，诸如设使将来银行办理未善，则亏空赔累，彼时其咎应归何人？上海为总行，京都为分行，何以崇体制？甚至提出报效国家之款，于每年提取八成官利并公积花红之外，按十成分派，拟应提五成报效国家；至于铸钱一项所获利益，应加成报效；规定日后银行银钱出入在十万两以上者，须报明立案，等等。这些驳诘除了反映这些人颟顸、无知外，给银行的招股带来了很大的不利，入股者几乎绝迹，已入股而要求退股者几半。为了挽回颓势，盛宣怀采取以退为进的办法，以从此不再过问银行事相要挟。同时再托翁同龢等人出面相助。翁同龢电告盛宣怀："银行章程惟荣有后言，好在众皆不以为然，可速即开办，必竭力支持，

---

〔1〕《翁同龢日记》，第 2990 页。

决不掣肘。"[1]要盛宣怀"务望坚守一个'信'字,勿隳半途"。[2]4月21日(三月二十日)又代表户部拨部款100万两交存通商银行,议定长年五厘起息,存放六年为限,按年付息。限满后,分作五年归本,每年二十万,息亦递减。5月27日(四月二十六日),中国第一家银行——中国通商银行在上海正式成立。该行在外资银行的挟击下,艰难存在了数十年,直到1953年公私合营并入上海人民银行(今上海工商银行)才宣告结束。

甲午战后,翁同龢因忙于筹措对日赔款,尤其是筹措第三次赔款,弄得焦头烂额。鉴于前两次借款息重期长,损失权益太多,决定第三次借贷绕开政府,直接向外商筹借,其间盛宣怀曾协助翁同龢向福禄寿、呼利洋行筹措,虽然最终未成,但显示了彼此的配合和支持。

1898年(光绪二十四年)翁同龢开缺回籍,途经上海,盛宣怀特在金利源码头小楼上设宴款接。后又在谢家桥闲屋(专为翁同龢暂住准备的)设宴,邵友濂、吴大澂作陪。1901年盛宣怀办理两宫回銮事宜,翁同龢一度萌发前往开封迎驾之想,曾致函盛宣怀助其行,但未能如愿。其实盛宣怀尚无此能力办理此事。此时袁世凯正谋夺盛宣怀经营的电报、铁路招商局等交通企业,盛亦曾致函翁同龢求助。其时翁同龢革职编管多年,已无力为之。"衰朽无状,见弃于时久矣","仆固无足轻重之人",要求盛"谅仆可也"。[3]

1904年7月4日(光绪三十年五月二十一日)翁同龢去世,消息传到上海,盛宣怀等特在斜桥常州八邑会馆举行追悼会致哀。

1911年(宣统三年),盛宣怀任邮传部尚书,因主张铁路国有,引起四川保路运动。10月,武昌起义爆发。清廷将他作为祸首,宣布将他明正典刑处死。在日本的帮助下,他逃到日本。辛亥革命后,回到上海。1916年病死。

赵炳麟送的挽联是:

唐刘晏青史齐名,一代计臣光奕世;

---

〔1〕《翁同龢集》,第478页。

〔2〕中国通商银行编:《五十年来中国之经济》,台湾文海出版社1983年版,第4页。

〔3〕《翁同龢集》,第628页。

汉梅福丹心犹昔,九原为我告先皇。

叶景葵送的挽联是:

　　赴机之敏,抱愿之宏,实业曙光公牖启;
　　循诱如师,下交如友,平生风义我汍澜。

吕幼舱送的挽联是:

　　政治名家,实业专家,慈善大家,远仿荥阳订李赞皇遗书,自有千秋堪定论;
　　才拙用我,家贫知我,体弱谅我,近拟庸庵叙曾湘乡幕府,岂惟一恸为知音。

吴芝瑛的丈夫廉南湖素与盛氏交往,也送去挽联:

　　盖棺定千秋,未竟厥施,公为实业开山祖;
　　漏舟同一哭,倏然待尽,我亦浮家蹈海人。

沪上名人金粟香常出入盛家花园,有感知遇,也送去一联:

　　管子天下才,公论他年青史在;
　　鲍叔知我者,故交此日白头稀。

刘秉璋

刘秉璋,字仲良,安徽庐江人。咸丰进士,历任内阁侍读、江西、浙江巡抚,四川总督等。与李鸿章一样,刘氏也是翁心存的门生。因此之故,与翁同龢一直保持友好往来。尤其是刘氏外任期间,彼此书信往还不绝。

刘秉璋像

同治初年,刘氏作为淮军一支,随李鸿章在江浙一带镇江太平军。同治五年授为江苏按察使,次年升为山西布政使。同治十一年,翁同龢母亲去世,回籍丁忧,途经济宁,刘氏起复进京也正经过此地,遂特前来致祭,并赙银百两,并替潘鼎新(琴轩,安徽庐江人)代奠赙银百两。

光绪四年,刘氏回籍告养。八年回京,供职翰林院。十一年改任浙江巡抚。一手扑灭金满起义,裁汰劣员,修建海塘、兴学赈灾,颇多建树。次年,四川总督丁宝桢去世。刘氏接任。四川自古号称"天府",但从道咸从来,吏治败坏,民生凋残,加上英法殖民势力浸透,边官昏愦,也是危机四伏。翁同龢在给刘氏的一封复信中,讨论了边疆形势:"卫藏黄冠愚不可疗,然如与之措置,恐转多事端,自古驭夷,未有诚信未孚而可以气矜从事者也。"[1]光绪十六年中英签订藏印界约,虽"暂纾目前,渝城行航,必多枝节;华商之事,我得操之,华托于夷,夷庇及华,则我不得而厘剔之矣。滇黔一角,惟蜀是资,它省之饷,不以时至,可虑,可虑。蜀力既匮,部岂不知?窭贫之子不得不向大户哓哓耳!"[2]四川自古难治,"吏偷而民嚣,将骄卒惰",刘氏也未能例外,任用私人亲信,收受贿赂。遭人弹劾,旨派谭继洵查办,结果手下数人被查处。"谭继洵查复刘秉璋参案,徐春荣革职永不叙用,钱玉忻严议,徐州县降革数人,国璋(翁同龢侄孙婿之兄,翁同龢曾托刘氏关照者)亦在内,仍察看也。"[3]

光绪十六年七月,四川大足县龙水镇当地民众与教会发生冲突,教士逼知

〔1〕《翁同龢集》,第340页。
〔2〕《翁同龢集》,第426页。
〔3〕《翁同龢日记》,第2723页。

县惩办为首者,激起更大民愤,余栋臣率众起义,攻入龙水镇,捣毁教堂,起义得到大足、铜梁等县民众响应。这就是著名的大足教案。刘秉璋以赔银五万两并缉捕"凶手"了结。但余栋臣迟迟未能抓获。光绪二十一年七月,英国公使欧格讷借口四川大足教案办理不善,强行要求将刘秉璋"革职永不叙用"。初六日,"是日欧格讷来言数事,……内惟川案革刘意在必行。余坚持不许,几致决裂。"十三日,"英使欧格讷挟两翻译来,庆邸亦到,反复力争者,革刘秉璋永不叙用、发军台也,最后恫吓云自有办法,余笑颔之。"翁同龢反对并拒绝英使的无理要求是出于官员的任免是中国的内政大权,不容外人干预,旨在维护国家的主权。但到八月十一日,清政府最终还是屈从了英使的无理要求。"是日发四川教案,前督刘秉璋革职永不叙用。前日英使与两邸(指恭亲王、庆亲王)争论,必欲如此办,且恐吓我云多轮将入江,于是庆邸口语渐松。余(翁同龢自谓)创论须川省奏到始下,于是有初九日电催之事。而两邸急不能待,遽准如所请。余又持'永不叙用'四字必应去,且此后内政被人干预,何以为国,力陈于上前,而恭邸语游移,竟定如前。噫,败矣!愤懑不可支。"[1]

刘秉璋罢斥后,坐船沿江回庐江,据刘氏后人刘善龄听祖上人说,坐船上装有现银六十多万两,都是刘氏平日搜括所得,经过宜昌时,因担心海关搜查,将其沉入江底。但据作者所知,刘氏完全可以将其平日贪污搜括所得变为银票,通过庄号随时支取,不必携带大量现银,所以这一说法还不足信,既知海关要查,何必要装载?又何必将之沉入江底?完全大可不必。刘氏后人刘声木、刘晦之均住在上海英租界内,并在上海新闸路建有小校经阁,旧居现今仍在。晚清大多官僚失意后挟资移住天津、上海等地租界内,非常普遍,刘氏当然也不例外。

马新贻

在翁同龢的人际交往中,有不少是因他兄长翁同书的关系而发生来往的,马新贻就是其中一位。马新贻是近代史上赫赫有名的被刺的两江总督,用翁同龢

的话说："此三百年未有之奇事也，嘻，衰征矣。"[1]将它看成是中国社会衰败的象征。

马新贻，字榖山，山东菏泽人。道光进士，以知县分发安徽即用。咸丰二年，太平军进军安徽，先后与太平军交战于合肥、庐州、安庆等地，积功至道员。八年署安徽按察使。同年，太平军进攻庐州，马氏督练勇出城迎击，太平军间道攻入城内，马氏军溃，遗失印信。事闻，奉旨革职留任。马氏熟谙军事，平日调和将士，与属下打成一片，出征时每每身先士卒，尤得兵心。咸丰九年，翁同书就任安徽巡抚后，奏请仍将马氏暂留署任。对此，马氏一直心怀感激。同治三年，升任浙江巡抚。

同治七年七月，马氏调补两江总督。入京请安期间，登翁门拜访，翁同龢说："马榖山制军来晤。榖山为先兄识拔，曾保荐为皖省第一循吏，伊言及尚眷眷不忘也。"[2]这是他们首次见面。九月，翁同龢扶持父兄及夫人灵柩回籍安葬，座舟途经扬州，马氏特地前来向翁同书灵柩致祭，并与翁同龢"长谈，以导淮即从导河之说进，渠意深然之"。[3]谁知道，这竟成为他们的最后一次见面。九年八月，马氏阅军，由马道步行回署，突被张汶祥刺中右胁，越日殒命，这就是轰动一时的张汶祥刺马事件。经曾国藩查证，系因马氏强占朋友之妻引起，雇张汶祥谋刺致死。事后，马氏赐太子太保，入祀贤良祠，张汶祥照谋反大逆凌迟，摘心致祭。翁同龢日记中记录了事件的处理过程，未加另外评论。

袁甲三

袁甲三，字午桥，河南项城人。道光进士。翁同龢从未与袁甲三见过面，之所以发生书信联系也是因为翁同书的关系。咸丰十年正月，因胜保围剿安徽境内太平军、捻军不力，被革去钦差督办大臣，命袁甲三署钦差大臣，督办安徽军

---

〔1〕《翁同龢日记》，第825页。
〔2〕《翁同龢日记》，第645页。
〔3〕《翁同龢日记》，第674页。

务,翁同书、穆腾阿为帮办大臣。因同办一事,彼此发生了联系。翁同龢与袁甲三联系最多的是在咸丰十一年,苗沛霖围攻寿州的时候,因与寿城绅练孙家泰、徐立壮、蒙时中挟仇,拥众围困寿城前后八个多月,"三兄函,自袁处送到,被围已八阅月,飞鸟不能入,尚何可言?! 即草数语,由袁处送去"[1]。当时翁家只能通过袁甲三获取围城中的有关信息。后来城破,同书回京等信息也全是靠袁甲三提供的。同治元年翁同书被曾国藩参劾,下狱,判为斩监候。袁甲三也被追究责任。次年病死。被撤销临淮专祠。同治三年苗练势力歼除后,在孙家泰、蒙时中的平反问题上,经乔松年查证,弄清事实,翁同书、袁甲三的责任也得到相应的减轻。翁同书改戍新疆,袁氏也恢复了临淮专祠。

袁保恒　袁保龄

提到袁甲三,不能不提袁保恒。袁甲三有两个儿子:袁保恒,字小午;袁保龄,字子玖。袁保恒是长子,进士出身。因父辈的关系而与翁家保持往来。咸丰年间,随父在安徽办理军务。同治十三年,左宗棠以钦差大臣督办西北军务,袁保恒作为帮办,驻肃州办理西征转运。光绪元年七月事竣回京,授户部左侍郎,成为翁同龢的户部同值。光绪三年晋豫鲁等地奇旱,其中又以河南、山西为最,以至"人相食",急待拨款赈济。袁保恒奉旨帮办河南赈务,上折要求速拨济急,但户部尚书董恂以山西拖欠地丁银而不欲拨款,翁同龢支持袁保恒。"见袁侍郎折,派办处与河南司同办者也,董意令河南议还款而不言地丁,盖暗驳之矣,余嘱当筹一条出路。"最后由同龢出面"画议复袁公稿,无可改矣。"[2]光绪四年四月,袁保恒因病去世。慈禧在一次召见翁同龢时,"并谕及袁小午出缺,惋叹不已"。[3]

袁保龄,字子玖,一写子久,进士出身。翁同龢日记中曾多数提到,似乎并不担任部院职务,但翁氏对他印象很好。同治五年九月的某天日记写道:"拜客,晤

---

〔1〕《翁同龢日记》,第 198 页。
〔2〕《翁同龢日记》,第 1366、1367 页。
〔3〕《翁同龢日记》,第 1392 页。

袁子玖，保龄。子玖，午桥漕帅次子，慷慨议论，少年美才也。"[1]

袁世凯

提到袁世凯，中国无人不晓，无人不知，他是从天津小站练兵起家的。小站练兵是甲午战败的产物，袁世凯到小站，与翁同龢举荐有关。

袁世凯，字慰廷，一写慰亭，河南项城人，袁保恒从兄袁保庆之子。因当年吴长庆与太平军一次交战失利被围，袁保庆部主张援救。袁保庆死后，吴氏为了表示报答，特将其子袁世凯接至军营，由张謇辅导读书。

光绪八年，朝鲜壬午兵变后，清朝驻军朝鲜。其后陈树棠、袁世凯、唐绍仪等先后任驻朝商务委员，代表清政府办理

袁世凯像

有关交涉事务。光绪十一年十月，传闻朝鲜密约俄国保护，清廷为了证实此事，派袁世凯前往打听。"朝鲜密约俄之说，尚无的耗，现在袁世凯已往，听其回信如何。朝请兵之疏早到，因春间与日本约同退兵，不能独进，须知照日本也。"[2]这是翁同龢日记中首次提到袁世凯。

日本蓄谋侵略朝鲜和中国已久，终于在光绪二十年一手挑起战争。五月，朝鲜东学党起义已经失败，但日本仍借口保护驻朝使馆和改革朝鲜内政，大肆增兵朝鲜。日本侵朝的军事活动引起了俄国的不安，俄国远东海军舰只集结于朝鲜东海岸。负责朝鲜事务的李鸿章企图利用英俄调停阻止日本的军事挑衅。"樵

---

[1]《翁同龢日记》，第515页。
[2]《翁同龢日记》，第2015页。

野(指张荫桓)信来,云韩事无把握,盖合肥处处退后也。"同龢往访张氏,"谈韩事,知俄助之说已成画饼",而当时袁世凯看到日军气焰嚣张,"也电云日兵四布,我使拟退出(朝鲜)王都。"[1]六月,翁同龢、李鸿藻奉光绪帝之命,列席军机会商中日朝鲜争端事宜,鉴于对当时朝鲜情况不了解,他们提议"令袁世凯来京备询问韩事",不料此事遭李鸿章反对,要袁氏仍回朝鲜。袁氏受阻,不得入国门,只得求助于翁同龢与李鸿藻。"袁世勋敏孙为袁慰廷事来见,慰廷奉使高丽,颇得人望,今来津不得入国门,李相保令赴平壤,欲求高阳主持,因作一札予高阳,即令敏孙持去。"但李鸿章以平壤前敌需人为由,仍令袁氏办粮台。[2]此后袁世凯一直在前敌军中办理粮饷事宜。

光绪二十一年五月,马关议和前夕,袁世凯来京引见,与翁同龢第一次见面。"温处道袁世凯来见,此人开展而欠诚实。"[3]我怀疑"而欠诚实"四字是翁同龢后来修改日记时加上去的,理由是:先前翁同龢与袁世凯从未见过面,并无印象;袁氏此前也未同翁同龢办过事。"有欠诚实"显然与翁同龢对袁氏戊戌政变中的表现存有看法有关。

甲午战败,暴露了清军的腐朽与不堪一击。战后,统治者不得裁汰旧军,编练新军。战争期间,为了扭转战局,翁同龢在光绪帝支持下,曾主张由胡燏棻会同德国退伍军官汉纳根编练洋队(新军),并草拟了一份编练计划,根据计划,编练三万人。但因受阻于恭亲王和荣禄,甚至包括李鸿藻在内,最终只同意编练五千人,由胡燏棻在天津招募、编练,这就是天津小站练兵。战后,大规模编练新军已成统治集团大多数臣僚的共识,小站练兵也越来越受到重视。

同年八月,袁世凯第二次来京,与翁同龢辞别时,又一次谈起"洋队事",翁同龢认为"此人不滑,可任也",可以把编练新军的事交袁去办。一个月后,袁氏第三次来京,向翁同龢谈了自己编练新军的计划。"袁慰亭观察来谈洋队事,计七千人,每年需百万,无乃太侈乎。"经过数月的调查、了解和考察,大致确定新军编练的负责人选。十一月,由恭亲王、庆亲王、李鸿藻、翁同龢、荣禄等,以督办军务

---

〔1〕《翁同龢日记》,第2748页。
〔2〕《翁同龢日记》,第2764页。
〔3〕《翁同龢日记》,第2864页。

处名义联衔上折，正式提出仿照德、日办法编练新军计划，要求派员督练新军。折中建议可否在胡燏棻编练的定武军十营的基础上，再行扩充编练，并推荐由袁世凯负责编练。奏折呈上后，获旨允准。同月，督办军务处议决三事："一胡燏棻造铁路；一袁世凯练洋队；一荫昌挑定旗兵入武备学堂也。"[1]不久，胡、袁奉旨双双来京，由督办处宣布谕旨，袁世凯正式授命"督办天津洋队"。

光绪二十二年三月，袁世凯来京向督办军务处汇报新军编练情况，并呈递了聘请洋员为教官及新建陆军营制饷章，请求翁同龢等军机大臣及户部在经费方面给予更多支持。翁同龢日记写道："袁慰亭自天津来，以新建陆军相商。此军真练，却未可以常例绳之。痛言淮将庸劣者数人，吕本元、贾起胜、王得胜最下，孙显寅亦不佳。力保姜桂题、宋得胜为庆军廉将，余不记忆。"[2]督办军务处批准了袁氏的请求，同意袁世凯在现有定武十营（步队三千人，炮队一千人，马队二百五十人，工程队五百人）基础上，再加扩充，加募步队二千人，马队二百五十人，共足七千之数。八月，袁世凯升为直隶按察使，又一次来京，拜见翁同龢。"袁慰亭新直臬，来见长谈，此人究竟直爽可取，略言减平后难办，又米价日贵垫不起。"[3]答应袁世凯月支饷银七万数千两，允准袁世凯会同驻德公使聘请德国军官担任教练。翁同龢代表户部答应由户部核发定武军月支饷银及新军应用置办各件和从国外购买军械的费用，并表示若定武军编练有成效，尚可再形扩充，予以支持。

光绪二十四年五月，翁同龢开缺回籍，在塘沽换乘海轮时，"袁慰亭专函令其戚郡司务祝廷琛来见，赠厚赆，即复书交祝君，告以断不受也"。[4]从此彼此再也没有往来。据说翁斌孙曾与袁氏结拜为弟兄，但自袁氏当上民国大总统，翁斌孙去拜会时，却吃了个闭门羹，袁氏自以身份高贵，再也不与翁家往来。袁氏后来悍然帝制自为，此举倒也使翁家少了一个助袁为逆的恶名。

胡燏棻

提到袁世凯小站练兵，不能不提胡燏棻。从翁同龢日记的记载来看，胡氏，浙

---

〔1〕《翁同龢日记》，第2892、2896页。

〔2〕《翁同龢日记》，第3038页。

〔3〕《翁同龢日记》，第3078页。

〔4〕《翁同龢日记》，第3187页。

胡燏棻像

江萧山(今杭州市萧山区)人,进士出身,系李鸿章门生,在天津北洋大臣幕内任职。早在光绪十三年前就与翁同龢相识,曾与翁氏一起办理园通观粥捐事。光绪十七年擢广西按察使。光绪十九年四月,驻英法公使届期,李鸿章有意让胡燏棻接替,并事先向英法等国透露这一消息,对于李氏越俎代庖、干预朝政的做法,朝廷十分不满,"总署请更换驻英法大臣,保胡燏棻,上意不然,谓北洋漏言外人先知也,令重保"。[1]结果胡氏出使未果。

　　光绪二十年九月,胡氏来京祝嘏,拜访翁同龢。当时清军平壤溃败不久,胡氏上折编练洋队,挽救危败,推荐洋员德国人负责编练。在督办军务处,恭亲王、庆亲王、李鸿藻、翁同龢等会晤了胡氏,就洋队事向其面询,并一致同意编练洋队。会后,胡氏又两次单独拜见了翁同龢,所谈都是聘用汉纳根事。十月,翁同龢正式草折上奏,"拟添练洋队奏稿,并电致胡臬司,令速与汉纳根定议开招"。同月,督办处又面询徐建寅(仲虎),"谈募洋将教习,以五千人为率,四月可成,两邸颇属意"。督办处得到胡氏回复和听取徐建寅意见后的第二个月,"速议胡燏棻请拨招募费一千万,粮台四百"。但会上荣禄表示坚决反对:"督办处议洋队事,仲华力争不可。"翁同龢"乃发电致胡臬,谓三万最妙,至多不过五万,非余意也"。[2]与此同时,胡氏的态度也发生了变化,"胡直斥汉纳根贪利无厌,而汉已禀一切购定矣。"由于荣禄反对和胡氏态度变化,使翁同龢"颇费踌躇"。"夜草驳洋队稿,此事全系胡燏棻簧鼓以致中变,余不谓然也。"[3]经他努力,恭亲王、庆亲王等同意,督办处,诸公毕集定稿,"准胡燏棻练洋队五千"。[4]这就是天津小站练兵事。

---

〔1〕《翁同龢日记》,第2651页。
〔2〕《翁同龢日记》,第2791—2795、2800页。
〔3〕《翁同龢日记》,第2805页。
〔4〕《翁同龢日记》,第2814页。

光绪二十一年十月，督办军务处决定胡燏棻承造铁路，原负责的练兵事宜改由袁世凯负责。据汤伯述说，胡氏请邵作舟（班卿）及王修植（毓藻）代草条陈，介绍了自己的铁路计划。邵氏著有《危言》一书，是当时有名的思想家。王修植，浙江海宁人，后做过天津道。戊戌政变后，梁启超经天津逃往日本，王氏奉旨查缉，他有意放走梁氏。六月，胡氏致函翁同龢，"言铁路事，力排张翼议"。八月，又亲自来京，先拜会翁同龢，"长谈抵暮"，次日诣督办处："胡云楣谈铁路，荫五楼（荫昌）谈挑兵，皆动须巨款者也"。[1]胡氏自奉旨承造津榆铁路（后改李念兹承造），计划借洋债修造，翁同龢接信后，立即发电制止。胡氏亲自来京找翁同龢，"胡云楣来，亦为津芦铁路事，胡欲借款六十万以足三百万之数，余以月利七厘太多未允。其云由看丹造至南西门广安门十二里，及由看丹南至永定河造桥，则恭邸允之矣"。[2]后胡氏又提议赶办锦爱铁路，先造大凌河路段，借汇丰银行一千六百万，请公款二百万，翁同龢与督办处大臣未予同意。

光绪二十三年，胡燏棻被命为顺天府尹。当时盛宣怀正筹建中国通商银行和承造芦汉铁路，胡向翁同龢建言户部自办。"京尹胡云楣来谈银行、铁路，劝户部自办。"[3]

光绪二十四年五月，翁同龢开缺回籍。胡燏棻派人询问翁氏具体行期，继又派言酉山专程到翁宅问行期，并"言铁路火车局总，胡府尹令其来，且欲以专车送我也"。[4]尽自己的可能表示安慰。翁同龢回籍后，翁斌孙仍留京为官，胡氏仍保持同翁家的往来，并将自己的小女儿胡稚玲许配给翁斌孙的儿子翁之熹为妻。翁之熹，字克斋，喜京剧、昆剧，书法唐人写经，画宗虞山画派。民国初年任徐树铮西北筹边使总务厅司理，曾随徐氏赴欧考察军事，后在开滦煤矿任职。胡稚玲，字海秋，知书识礼，擅画花鸟，颇具大家闺秀气质，"文革"后去世。

---

〔1〕《翁同龢日记》，第2893页。
〔2〕《翁同龢日记》，第2958页。
〔3〕《翁同龢日记》，第3042页。
〔4〕《翁同龢日记》，第3185页。

聂士成

聂士成,一写聂仕成,字功亭,安徽合肥人。由武童投效督办安徽军务大臣袁甲三。当时翁同书为帮办大臣,因此,与翁同龢发生交往与联系。光绪二十三年五月,翁同龢与聂氏首次见面,"直隶提督聂仕成功亭来,曾从文勤兄于寿州,保守备,谈寿州事声泪俱下。来晤。朴实不贪财。"[1]同治年间,聂氏因参加镇压太平军和捻军,中法战争中率军赴台湾,守台有功,擢为太原镇总兵,驻防天津芦台,统率驻芦淮军。

聂士成像

聂士成自束发从戎,即立下誓死报国之志。他留心时势,对外国侵略我国的动向特别关注。中法战争后到中日甲午战争前,约有十年相对和平安定时间,"当癸巳甲午之交,边燧无警,而士成独慨然虑东边有事,亲往东三省游历,凡经过要隘,皆用西法绘图立说,山川扼塞形胜,了如指掌,著有《东游纪程》一书,阅时半载,跋涉数千里,喘息未定,果有中东之役。"[2]这在当时淮军将领中实属罕见。由于他对东北山川形胜比较了解熟悉,故能在对日交战中屡屡得胜。

聂士成的活动事迹进入翁同龢视野主要是在甲午战争期间和战后。光绪二十年六月,甲午战争爆发,聂士成随叶志超率军入朝,驻守成欢,叶军遭日军袭击,聂氏率军击退日军。平壤之役,叶志超、卫汝贵军溃败境内。经李鸿藻、翁同龢提议由聂士成统带叶、卫残部,得旨允准。日军将侵略战火延烧到中国境内后,聂统军扼守大高岭、摩天岭、连山关一带,采用突袭、游击等战术,与敌交战,多次获胜。日军逼近辽阳,关内形势危迫,根据翁同龢、李鸿藻的提议,聂氏所部调回关

〔1〕《翁同龢日记》,第3054页。
〔2〕蔡冠洛:《清代七百名人传》,中国书店1984年版,第1208页。

内驻防,以护卫津京等地。光绪二十一年六月,军事整顿,裁汰旧军,聂氏所部三十营改为武卫前军,在饷械等方面,得到翁同龢等户部官员的大力支持。

光绪二十三年五月,聂士成来京请训。专程拜访翁同龢,这是翁、聂再次见面。见面时,聂士成除了介绍将帅的优劣外,还特别提醒翁同龢要对沙俄保持警惕。"举吴宏洛、冯义和、宋得胜为可当一面,兼为朱淮森诉冤,言朔方邦交宜防。"[1]

光绪二十六年六月,革职编管在籍的翁同龢从报上得知八国联军进攻天津、聂士成战死八里台的消息。"天津城于十八日失守,聂士成阵亡,山海关洋兵上岸,皆报纸所传,然惊心动魄矣。"义和团运动兴起后,天津成为反洋教斗争中心,英法等趁机派兵干涉、侵犯津沽。"士成以十营护铁路,以十营留芦台,而自率五千人赴津防堵,连夺陈家沟武库、跑马场、八里台诸处。复由八里台径攻紫禁林,敌来益众,军士少却,士成冠服立桥上,手刃退卒,愤谓诸将曰:'此致命遂志之日也。虽及死,不得逾此一步。'未几,遍体鳞伤,衣襦尽赤,犹奋臂指挥督战,最后飞炮洞胸,肠胃溃流,遂殁于阵。"[2]壮烈牺牲。

1962年,笔者考入南开大学历史系。南开大学校门左侧即八里台,当年聂士成牺牲的桥彼时还在。桥的一侧立有纪念聂士成的砖石碑,碑高大醒目,上书"聂士成纪念碑"六个大字。书法挺秀,显然出自行家之手。碑后是袁世凯所书的碑文,叙述聂士成的生平战绩和壮烈牺牲情形,读了令人增慨,对烈士无艰崇敬。笔者曾偕同学多次去瞻拜过。"文革"中纪念碑被毁。1987年笔者应邀参加南开大学义和团运动国际学术研讨会。因会议的需要,才在原碑旧址上树了一块砖石碑,上书"聂士成殉难处"六个字。碑又矮又小,不成其碑,所书字迹极陋,可见当局极不重视。有,固然比没有好,但同当年的纪念碑相比,真是太差,黯然失色得很多。失去原碑上聂士成跃马疆场、征战嘶吼、叱咤风云、视死如归、壮烈牺牲场景的文字描写,更无激励后人的历史的呐喊和疾呼,仿佛这里似乎什么都未曾发生过,令人唏嘘不已。

---

〔1〕《翁同龢日记》,第3054页。

〔2〕 蔡冠洛:《清代七百名人传》,中国书店1984年版,第1208页。

邵友濂像

邵友濂

邵友濂,原名维埏,字小村,后改名友濂,浙江余姚人。父亲邵灿,曾官至漕运总督。邵氏举人出身,纳赀为部郎,分发总理各国事务衙门,后任驻俄公使馆随员。光绪五年,中俄伊犁交涉发生,崇厚擅自与俄国订约,引起国内一片哗然。内阁会议时,张之洞"以为(崇厚之举)重辱国体,宜先令邵友濂探其意,而由电信来。"光绪八年,任上海道。翁同龢曾函请他为病废在籍,生活拮据的翁曾源、妻弟汤伯述等人在上海谋取馆席。十年,中法战争爆发前夕,曾国荃、陈宝琛在沪与法使议约,邵氏随同办理。

光绪十二年三月,邵氏奉旨与海关总税务司赫德前往香港,与港英当局商谈洋药厘税并征事宜。行前来京请训,并拜见了翁同龢。"邵小村观察友濂来,伊调来与赫德商量赴香港办洋药厘税并收事也,此事无把握,而总署力主之,伊欲征中国罂粟,云可获大利,余唯唯而已。"[1]鸦片战争后,鸦片合法进口,不法商人为了逃避税厘,猖狂走私。当时香港与广东沿海洋面为鸦片走私最严重的地区之一。因此港英当局和总理衙门都想"解决",海关总税务司竭力想借此将鸦片进口纳入自己收税的范围内。但在厘税征收数目问题上,与两广总督张之洞发生激烈的冲突,因为洋药厘金是两广地方的一大财源,虽每届报部,但很大部分可由地方支配。税高厘少势必损害两广利益,所以从谈判一开始,张之洞就密切关注这一问题。后来谈判结果,以每箱收税八十两为断。为此,张之洞非常不满,认为此举至少每年使国家损失二百万两,并向作为户部侍郎的翁同龢表达自己的不满。翁同龢中间只得向张氏表示,此事已无可挽回,向张表示歉意。此事还成为翁张结怨的原因之一。当初邵氏向翁同龢谈此事时,翁同龢对全国洋药

---

〔1〕《翁同龢日记》,第 2050 页。

厘税征收情况并不十分清楚，所以邵氏主张持掌握不准的态度。待到后来成为事实，也才有所悔意。

光绪十五年六月，邵友濂升任湖南巡抚。七月，翁同龢回籍修墓，路过上海，其时邵氏尚未到任，仍在上海寓所。邵氏向翁同龢提出代向皇上请安。古代，皇帝身边大臣外出，地方官员往往通过该大臣代向皇帝请安，这是一种古代礼仪。翁同龢"告以途次无此礼，可不必"，但邵氏"坚请，乃登岸就金利源栈房行之"。[1] 翁同龢是光绪皇帝的师傅，光绪帝即将亲政，邵氏此举有效忠光绪帝，及亲近翁同龢的双重意思。

光绪十七年四月，邵友濂改任台湾巡抚。来京请训期间，照例拜访翁同龢。翁同龢回拜了邵氏，并举行家宴，为其饯行。在访晤中，彼此"深谈时势并台湾事宜"。[2] 自同治十三年日本悍然出兵侵台事件发生，翁同龢对台湾极为关注，曾说台湾为东南门户，"台湾失，则东南无宁岁"。后来的历史证实了他的看法。

光绪二十年六月，日本一手挑起甲午战争，台湾孤悬海上，掠夺台湾是日本发动这场战争的目的之一。为了加强台湾防守，在军机会议上，翁同龢、李鸿藻提议"以唐景崧、刘永福帮办邵友濂办台防"。但因唐氏与邵氏平日关系不融洽，军机处干脆调邵氏署湖南巡抚，台湾巡抚由唐氏署理。邵氏离台前，为购置枪械，曾奏请借洋债一百五十万镑，但谕旨不允，著令户部筹解。[3] 在翁同龢的支持下，户部拨银一百多万两寄台。日本进攻台湾后，翁同龢代表户部协助署两江总督张之洞再次接济台湾五十万两，以帮助处于危急关头的台湾军民。

同年十二月，由于清朝战败之局已定，慈禧"饬张荫桓、邵友濂为议和专使，前往日本"议和。张、邵出使前，翁同龢、李鸿藻等在军机会上指出，"如日本所请于国体有碍，及索中国力所不逮者皆不得擅许，懔之，慎之"。[4]

光绪二十四年五月，翁同龢开缺，途经上海，盛宣怀在谢家桥闲屋设宴招待，邵氏和担任龙门书院山长的吴大澂等出席作陪，"畅谈欢叙"。这是翁同龢与邵氏的最后一面。此后翁同龢虽也曾多次经过上海，但因革职编管，已不便也不敢

---

〔1〕《翁同龢日记》，第 2342 页。
〔2〕《翁同龢日记》，第 2511 页。
〔3〕《翁同龢日记》，第 2761、2782 页。
〔4〕《翁同龢日记》，第 3789 页。

公开抛头露面与邵氏、盛氏等人来往了。

刘铭传

刘铭传,字省三,安徽合肥人。李鸿章的同乡。诸生。太平天国起义进军安徽后,参加李氏团练武装,抗击太平军。淮军建立后,所部称为"铭军"。太平天国起义失败后,又率铭军随李鸿章在河南山东等地镇压捻军。

刘铭传像

同治九年七月,天津教案发生,法国声言将侵夺天津,刘铭传带铭军北上。同年十月,刘氏引见来京。刘氏两次来翁宅拜访,翁均未见。翁同龢两次回访,也均"未晤","不值"。刘氏"留别(敬)",翁同龢"受之"。[1]

光绪六年中俄伊犁交涉发生,因刘氏曾镇压过西北回民起义,熟悉西北情形,奉旨来京备询。刘氏来京后,向翁同龢"赠虢季子槃打本并其诗一册"。翁同龢感动地说:"此武人中名士也。"[2]虢季子槃是上古时的一件铜器,本是常州徐氏藏物,太平军进攻常州,徐氏避难他处,铭军占领后,虢季子槃遂落入铭军之手。刘氏将其运回安徽合肥老家刘老圩子,1949年后献给国家,现存中国历史博物馆。刘的诗集《大潜山房诗抄》,诗文苍凉卓越,颇多思古幽情,不少诗句反映江淮地区历经战乱,民生凋残的悲惨景象。刘氏临别,向翁同龢"赠敬",同龢"力却之"。[3]

光绪九年中法越南战争前夕,廷寄李鸿章:"刘铭传系李鸿章旧部,若添募数

〔1〕《翁同龢日记》,第835—837页。
〔2〕〔3〕《翁同龢日记》,第1562页。

营前往粤西,作为援军,是否有济,即迅速复奏。"李鸿章复奏,力保刘铭传,"并陈现因目疾回籍"。[1]

光绪十年五月,刘铭传应召来见,翁同龢与之相见。刘氏随即奉旨以巡抚衔督办台湾事务,镇、道以下皆归节制。刘氏到台后,率军在鸡笼、淡水等地抗击法军。战后台湾建省,刘氏被命为首任巡抚。在任推行新政,开发台湾。光绪十三年正月,慈禧在一次召见翁同龢时,询问"户部事及疆吏中粤督张之洞、台湾刘铭传、伊犁锡纶、驻藏文硕,一一具对。"[2]光绪十三年十二月,刘氏致函户部,主张"用轮船运漕,台湾亦欲买轮船助运"。[3]光绪十七年,刘氏因病开缺回籍。光绪二十年七月,甲午战争爆发。峥起思良将。御史易俊上折,请起用刘锦棠、刘铭传、刘永福、陈堤。"三刘"是抗法名将。待朝旨查询时,刘锦棠不久病逝,刘铭传也因年老多病,无法应召,最后只启用了刘永福。光绪二十一年,刘氏因病去世,谥"壮肃"。

在淮系将领中,刘铭传算是个多才多艺的,无愧为一代名将。薛时雨曾赠其联对:

> 应运毓劳臣,未冠从军,已冠登坛,起淮南,清皖北,纵横于吴楚宋郑齐鲁燕赵之交,以西窥秦陇,陈必善,战必克,彤矢分封,顺昌旗帜照行间,懿铄哉,当今名将;
>
> 多才兼众美,始精技击,继精艺事,喜绥带,爱投壶,涉猎于琴棋医卜阴阳奇遁之学,而一意诗歌,用则行,舍则藏,黑头高隐,安石莺花娱晚岁,归来兮,与我同心。

吴长庆

吴长庆,字筱轩,又字延陵,安徽庐江沙湖山人,诸生。太平军进军安徽,随其

---

〔1〕《翁同龢日记》,第3604、3611页。
〔2〕《翁同龢日记》,第1930页。
〔3〕《翁同龢日记》,第2206页。

吴长庆像

父吴廷香参加团练,1854 年太平军曾天养部围攻庐江,吴廷香情急之下曾向宿州的安徽团练大臣袁甲三求救,但袁氏担心兵力分散为太平军所袭,正当犹豫不决时,在军中的袁氏之子袁保庆力主增援,并欲独自率军前往。庐江失陷后,吴廷香战死。袁保庆虽未成行,但他救人危难,使吴长庆深为感动,后与袁保庆结为兄弟。袁保庆是袁世凯的嗣父,为了报答袁保庆,吴长庆特将袁世凯接到军中,聘张謇教他读书。这是题外话,此处不必细说。

吴廷香死后,清廷赐赏云骑尉,由吴长庆承袭。吴氏此后"自亡父殉难,以一云骑尉"统率所部。先受命于安徽巡抚翁同书,创办合肥东乡团练,后又追随曾国藩,以五百士卒自建淮军"庆字营"。待到脱湘入淮,东下上海,平定三吴,已是李鸿章淮军中得力的一支。后又经镇压捻军,到光绪六年已成为驻防山东登州的总兵。[1]翁同龢知道吴长庆是源自兄长翁同书,而认识吴长庆则源于张謇。其时张謇因孙如锦的推荐,在吴幕办理文案,兼教读袁世凯兄弟。光绪六年五月,吴氏入京,奉旨召见。其间,专程登门拜访翁同龢,彼此作"长谈"。吴氏出京之日,又托举人、庐江人霍骞甫代"致吴筱轩别意"。[2]这是翁同龢与吴氏唯一的一次见面。但此后翁对吴关注从未中断过。

1882 年(光绪八年)为中国壬午年,朝鲜发生兵变,史称"壬午兵变"。"朝鲜国乱,囚其王,逼死其相,其大院君李昰应实阴主之。遣吴长庆带兵往讨,而日本亦兴师问罪,吴长庆俘其大院君至津。大院君者,国王之本生父也。"[3]

〔1〕张謇:《柳西草堂日记》,《张謇全集》(八),上海辞书出版社 2012 年版,第 200 页。
〔2〕《翁同龢日记》,第 1523、1525 页。
〔3〕《翁同龢日记》,第 3836 页。

　　据张謇日记记载和事后张氏向翁同龢透露的信息，吴氏赴朝平叛的经过是这样的：兵变发生时，李鸿章正回籍丁母忧，由张树声署理直隶总督兼北洋大臣。张氏经过请旨，立即命令吴长庆率兵前往朝鲜平叛。七月，吴军六营三千人分乘"威远"、"镇东"、"日新"、"泰安"、"拱北"、"登瀛洲"诸舰于十二日到达朝鲜，"为延陵定戡乱策"者除张謇外，还有马建忠、薛福成、袁世凯、于式枚等。至于为什么由清朝派兵平叛，吴长庆在与朝鲜领选使金允植的笔谈中，金氏有一段话："兴宣（指大院君）十年秉政，余威尚在，且彼据私亲之位，名曰辅政，在敝邦之人，实难举兵相向，此非上国不能办也。""以势言之，现今日人滋事，彼（指大院君）不得不款附中国也。"〔1〕吴长庆则声明了清朝出兵来朝的目的："弟等奉命而来，一为贵国正名，一为贵国讨乱，非仅为和约已也。名不正则祸靡不已，乱不讨则日人藉复仇为要挟之计，呶呶不休，此弟等禀承于枢廷之大旨。"〔2〕吴氏入朝后将大院君押至天津，又派兵迎王妃闵妃入宫。"妃素英武，能佐王治其国，而昰应所深恶者。"〔3〕吴氏就将大院君押解天津，向朝鲜国王作了说明："我皇上以孝治天下，岂有为其子而失其父者？况太公（指大院君）于国王则父子，于中朝则人臣，有此一行，而全父子之恩，定君臣之分，我辈同寅协恭之谊，亦交尽而无憾……我朝素行宽大，笃伦尽恩，必能两全而无敝。"〔4〕

　　兵变平息后，庆军六营全部留在朝鲜。至于善后，吴氏推荐马建忠为之筹划，马氏建议朝鲜对外开放，同各国建交，这是李鸿章的"以夷制夷"做法，想以此保住清政府在朝的宗主地位。朝鲜大臣"赵宁真辈有请于其国开矿事"，"有借债五十万事，息八厘，六岁后归偿，此则悉仿日本所为，自弊而已，然度此等举动，必马氏兄弟（指马建忠、马良）蛊之。"〔5〕马氏的朝鲜善后做法遭到国内清流的非议，指责"吴长庆好以文墨饰兵事"。〔6〕张謇也写了《朝鲜善后六策》（见有关张謇与翁同龢关系部分），朝鲜国王很赏识，认为可行，但在国内，却遭到李鸿章的摈

〔1〕《附：与朝鲜领选使金允植舟中笔谈》，《张謇全集》（八），上海辞书出版社 2012 年版，第 176 页。

〔2〕《附：与朝鲜左承旨严世荣笔谈》，《张謇全集》（八），上海辞书出版社 2012 年版，第 179 页。

〔3〕《张謇全集》（八）上海辞书出版社 2012 年版，第 177 页。

〔4〕《张謇全集》（八）上海辞书出版社 2012 年版，第 179 页。

〔5〕《张謇全集》（八）上海辞书出版社 2012 年版，第 181 页。

〔6〕《翁同龢日记》，第 3588 页。

斥。马氏是李鸿章的洋务幕僚,对于马氏朝鲜善后做法,张謇说幸亏是马氏,如果是吴氏的主张就麻烦了。"李相(指李鸿章)以延陵军属马建忠,益叹马前书生之语。然因此离异,亦延陵之幸也,不然天下后世谁能谅其心迹哉?为之慨然无已。"[1]当时有一部分主张将庆军撤回国内,但因中法战争,为了稳住朝鲜,李鸿章没有同意,并对吴氏东征公费不予报销,"合肥不允东征公费,庐江(指吴长庆)始悔不用引退之言,然余(张謇自谓)犹以为兆之见端而已。"[2]中法战争结束后,李氏将吴氏三营撤回国内,余下在朝三营由吴兆有、袁世凯统带。吴氏又被命驻防金州,金州苦寒,经济十分落后。吴氏经此打击,从此一病不起,于1884年7月(光绪十年闰五月)病死。张謇为吴氏代拟遗疏。朝廷闻讯,谥"壮武"。后来张謇还为吴氏编写《吴壮武公行状》,专门请翁同龢审阅。吴氏入朝平乱及李鸿章对吴氏的排挤压迫,克扣军饷的情形,使翁同龢对淮军的实情有了进一步了解,他对李氏的鄙薄心态也与此有一定的关系,而对张謇也越发器重,决心择机识拔他。

戴宗骞

戴宗骞,字孝侯,安徽寿州(今寿县)人。戴氏为翁同龢所关注并与之发生交往源于吴大澂的保荐。戴氏原为绥巩军管带,威海炮台修建后,移军守卫北山角炮台。吴大澂帮办北洋防务后,发现戴氏是个人才。光绪八年十一月,吴大澂奏保戴氏,请以道员用,军机处记名"留存"。

光绪十九年九月,戴氏自威海卫来京引见,与翁同龢第一次见面。"戴孝侯观察宗骞自威海卫来引见,吴清卿所荐,盖绥巩军之统领,今驻威海也,以炮台图三见示。寿州人。"隔日,翁同龢设家宴,款接了戴氏。[3]戴氏离京前夕,又一次拜见翁同龢,并留别敬,翁同龢"受之"。经戴氏介绍,翁同龢对于威海卫防务乃至北洋舰队刘公岛基地初步有所了解。光绪二十年十一月,黄海海战后,徐建寅仲

〔1〕《张謇全集》(八),上海辞书出版社2012年版,第180页。
〔2〕《张謇全集》(八),上海辞书出版社2012年版,第181页。
〔3〕《翁同龢日记》,第2680、2682页。

虎奉旨前往威海查看北洋舰队受损情况，回京后拜访翁同龢时介绍了威海防守情况："历言丁提督不能整顿，及闽人结党状，保候补道马复恒能管带，戴宗骞知守险。"[1]

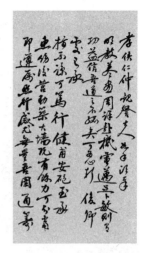

丁汝昌致戴宗骞书信（部分）

光绪二十一年正月，日军攻陷威海。山东巡抚李秉衡电告督办处："初七日倭在羊亭与孙万林接仗而潜由南岸袭北山角炮台，戴宗骞兵溃力竭，为队下拥上定远船，北岸全台俱失。"[2]"定远"舰自沉时，戴氏随舰以殉。翁同龢从李秉衡发来的电报中得知戴氏殉难后，久久沉默不语，其心情沉痛可想而知。

徐邦道

徐邦道，字见农，四川涪陵人。行伍出身。早年从楚军镇压太平天国起义，积功至参将，后迁至副将。同治六年转入淮军，随刘铭传镇压捻军。光绪三年以提督记名。光绪六年调驻天津军粮城。徐氏因早年受过翁同书的保荐，而移情于翁同龢，遂与翁氏发生交往。

同治七年，统率李鸿章亲军马队驻守淮安关。是年翁同龢护持父兄灵柩回籍安葬，事竣回京途经淮安，徐氏特地拜访翁同龢，"情谊挚切，长谈而去"。此后，两人往来不绝。

光绪十一年正月，徐邦道已是记名总兵，提督衔。他自通州来京拜访翁同龢，不期，留书，同龢随即复之。十五年，翁同龢回籍修墓，来去均经天津，徐氏在津，随队迎送，格外热情。同年十一月，授正定镇总兵。次年二月来京引见。同龢亲自"访晤"。时逢新正，徐邦道给同龢"送礼"，同龢"却之"。出于礼貌，只是

〔1〕《翁同龢日记》，第2806页。
〔2〕《翁同龢日记》，第2820、3801页。

徐邦道像

象征性地受了一些食物。以后每逢徐氏送礼,同龢率复如此。

光绪二十年八月,甲午战争爆发后,徐邦道奉李鸿章之命率楚军拱卫营进驻朝鲜义州、平壤"以应前敌",所部虽称一镇,但正定兵只有两营两哨,才750人。徐氏特派次子徐国厚持函面见翁同龢:"派赴前敌,不成一军,请求添募。"次月,翁同龢答复徐氏,准其添募"两营,加以旧马队三哨,共1 750人,将赴平壤"。[1]正当徐氏为赴朝募勇添械时,平壤于9月16日落入日军之手。失陷次日,日本海军又在黄海大东沟海面重创北洋舰队。此后日军便将侵略战火延烧到中国东北和山东境内。

平壤失陷后,徐邦道遂奉命率所部改赴辽东湾,协助姜桂题防守旅顺。十月,日军越过鸭绿江,向中国东北侵犯。防守清军虽号称八十营近三万人,实际兵力不足二万人,且多为从平壤溃退的军队,徐氏向翁同龢及时禀告了鸭绿江防线的危险情形:

> 禀翁宫保。敬禀者:窃△接奉二十七日慈谕,并蒙询问一切,足征谦尊下逮,博采刍荛,惠爱之忱,曷胜钦佩。△愚鲁庸材,忝叨鉴许,所有见闻,悉呈钧座。
>
> 近日军音左镇宝贵昨已阵亡,蒙优诏赐恤。恭读之下,感奋莫名。马镇玉昆腿受枪伤,已经折断,甚为可悯。平壤、安州、义州等处迭次沦陷,各军退守九连城地方,军火器械多半被敌人掳去,所剩无几。宋祝三宫保现奉朝

---

〔1〕《翁同龢日记》,第2771页。

命,添招队伍三十营,督办前敌。成军尚需时日,缓不济急。九连城、鸭绿江系东三省第一要隘,驻扎之军只有铭字八营,尚未与倭寇交锋,其馀皆战败馀生。以此相持,何能久固? 倘有不济,关外危矣。

北洋现时军火缺乏,傅相(指李鸿章)饬盛道宣怀在德国购买快枪二万杆,尚未运到天津,而英人悉将枪炮售于倭夷,查此之故,皆由专购德商军火,以致该夷兴怨望之心。鄙见论之,何妨兼用英国利器,一则收攻击之效,一则资连络之因。

朝鲜此刻除前月十二日日本添兵两万,共有八万之多。该逆颇肆猖獗,党羽甚众。俄夷又助马队四千,朋比之恶,不言可见。近又闻二十六日倭人用船装载精兵三万,由该国出口,不知何向。彼复调水师至黄海侧,伊之意欲水陆齐发,伺我边陲。旅顺、烟台一带虽有兵轮,能战者不过四五艘,其馀皆系木质,不堪使用。山海关永平府一带,虽有旨命吴中丞(指吴大澂)募二十营驻守巡防,暂时又难招齐。水陆两路本无把握,假使有变,不堪设想也。可否饬下盛京、吉林、黑龙江等处将军,迅速多招精壮兵丁,以慎固疆圉? 责成该将军等先行筹备,庶可无虞。

△招勇太迟,九月半间方可成军,惟虑兵力单薄,将来临敌不知所从。此皆管窥之见,局外之虑,想仗朝廷威福,将士用命,跳踉〈梁〉小丑不难指日削平也。

再,以上论条多半由△在洋行探仿相善,密告而得,傅相并未知之。实因世叔大人公忠体国,力挽时艰,故敢冒达襄听。倘使当值有闻,则性海风波生于意外,尚希默鉴,是所叩祷。专肃,虔请福安。伏乞垂鉴。△○○谨禀。[1]

李鸿章在布置旅顺、大连防务时,令毅军分统姜桂题募"桂"字四营、总兵程允和募"和"字三营来加强旅顺防务,合总兵卫汝成募"程"字六营及所部协守旅顺。命徐氏募拱卫军三营及所部协守大连湾。徐氏所招募的新兵都是来自河间、保定、天津等地的农民,未经训练即开赴前线与敌作战,结果可想而知。正如

---

〔1〕 太平天国历史博物馆编:《清季名人禀牍奏稿函札——甲午中日战争新史料》,江苏人民出版社2006年版,第6—7页。

他自己所说:"自九月间招成步队四营,即开赴大连湾,⋯⋯至由旅冲出金州,总未得空操过一日。迨至盖州招集溃勇,将'怀'字等营并归统带,新旧拼成马步十一营。正值军务紧急,时奉调遣,忽而防海(城),忽而援盖(平),东西奔驰,日无宁晷,即'怀'字数营亦未得空操过一日。"[1]金州为旅顺口第一要地。九月底,日军占领皮子窝后,进攻矛头直指金州。负责守卫的副都统连顺和徐氏四处求援,均遭拒绝,"淮"字营都统赵怀业以守炮台为借口,见危不救,最后竟弃守炮台逃走。徐氏力主分旅顺兵援金州,以保旅顺后路,驻旅顺六统领、新旧军三十营,没有一个响应。翁同龢得北洋电报,知"南关岭已失,徐邦道败退,旅顺仅半月之粮,此绝证矣。仍发电令合肥速援,毋坐视"。[2]

金州失陷后,徐邦道收集各营,边战边退,意欲至南关岭,想与赵怀业合军,重新夺回金州。但赵氏早已弃守旅顺,逃之夭夭。徐氏此一计划不成后,率部在土城子与敌交战,以图狙击日军对旅顺的进攻,但他的努力最终未能改变旅顺、大连湾的失守。当时宋庆致军机处的电报中说:"若尽徐某(之谋),则金州可保,称其胆略过人,以赵(怀业)、张(光前)、程(之伟)军悉以委之,(旅顺不至失守)"[3]

日军占领金州、大连湾和旅顺后,又攻占了海城、岫岩、析木城。海城失守直接威胁到清朝龙兴之地奉天,一时朝野震动。清政府急忙调兵遣将,企图夺回海城。为了减轻海城日军压力,日军又于十一月下旬攻占盖平。其时清军武器弹药严重不足,急需支援。情急之下,徐邦道只好向督办军务处的翁同龢紧急请求:"现在倭情狡猾,军情万紧⋯⋯窃查卑军近日攻战尚属奋勇,⋯⋯连登唐王山半,遇伏不惧,遇炮不惊。然统而筹之,马步止十一营耳,有进取之军即无接应之师,是以夺山数次,功败垂成。若得有马步三十营之多,则冲锋接应,自为部署,庶几令无□□而战无不克。为此具禀,叩祈世叔大人格外垂情,奏皇上着加募十数营,以便自打一路。若蒙俞允,则倅兵力既足,攻取较易,随应征调,到处皆得

---

[1] 太平天国历史博物馆编:《清季名人禀牍奏稿函札——甲午中日战争新史料》,江苏人民出版社2006年版,第3页朱诚如先生序引文。
[2] 《翁同龢日记》,第2793页。
[3] 《翁同龢日记》,第2801页。

施展。至大炮请给发四十尊，枪请给发一千杆，粮饷仍照拱卫旧规。"[1]

当时清军指挥亦有问题。负责指挥清军是副帅宋庆（祝三）。宋庆自退守熊岳，继而又丢失复州、海城。对于如何收复海城，宋庆是首鼠两端、毫无定见，使将领们无所适从。徐邦道奉宋庆之命，一忽儿攻海城，一忽儿援盖州。在给章高元、张光前的函中说："讵自初八起，叠奉帅檄，东南更调，以致奔命往来，日无宁晷。十四夜间，敝部到西海山寨时，并闻西海山寨贼势麇集，只得两处分扎，预备战事。惟西海山寨，距盖接仗之地殆七八里，敝部前赶来，未免稍迟。在盖接仗者，仅胡副将所统三营耳。迨弟率马队前来，已当贵军力不能支之际，大厦将倾，非一木所能支拄。""盖州之役，设非奔命连朝，但得早到两日，借资茇画，共与仲明兄（指章氏）互相防守，又有翰卿兄（指张氏）为接应，或者托天之福，不至失此疆土，亦未可知。"[2]徐氏在宋庆的指挥下，率军始终奔波在由盖平至海城感王寨、再回援盖平的路上。徐氏向翁同龢禀报了他在海城、牛庄、盖州一带作战的情况。禀中说："现奉宋副帅来谕，以另派湘军开赴牛庄驻扎，令卑军开往高坎、大石挢一带，以防营口后路。乃依将军（依克唐阿）又欲坚留卑军一同攻海。因思帅令既多，不免进退维谷（茫无适从，因思关东帅多令杂）。卑军淮勇势孤，与各军气味难容，诚恐过多功少，俾更担承不起。现时关东湘、毅各军星罗棋布，有卑军不为多，无卑军亦不为少。且卑军原系拱卫军，当日善将军（指善庆）所立，本拟拱卫京师，为神机营之前锋，现马步十一营两哨仍用拱卫名目。与其在此茫无适从，何如别图事功，藉赎前愆。拟恳世叔大人逾格垂慈，拔离水火。可否将卑军一军俯赐，从速调往通州等处驻防？将来如遇战事，愿竭驽钝以效驰驱，上报天恩，以仰报知遇之恩于万一。倘佥有不尽力处，愿甘军法。临禀神驰，实深叩祷。"[3]淮军不堪一击，在人们心目中，军中威信一落千丈，徐氏所述所部势孤，自是实情。徐氏甚至祈求督办处严饬中法之战的名将刘铭传出山，"以纾国难"，可见他是多么盼望有好的统帅，取得反侵略战争的胜利。但军队调动，非翁

---

〔1〕 太平天国历史博物馆编：《清季名人禀牍奏稿函札——甲午中日战争新史料》，江苏人民出版社 2006 年版，第46 页。

〔2〕 太平天国历史博物馆编：《清季名人禀牍奏稿函札——甲午中日战争新史料》，江苏人民出版社 2006 年版，第 7 页。

〔3〕 太平天国历史博物馆编：《清季名人禀牍奏稿函札——甲午中日战争新史料》，江苏人民出版社 2006 年版，第41 页。

同龢一人所能办到。二月初，徐氏再次禀求翁同龢，调其所部至通州。"前次禀恳恩施，将卑军调驻通州一带环卫京畿。兹因事机迫切，特再禀求世叔大人逾格垂慈，俯赐提拔，实深叩祷。如蒙调至通州，或有寸长可展，万一将来遇有缓急，定当竭力图报，以冀稍赎前愆，皆出自恩慈之所赐也。"[1]对于徐氏的请求翁同龢当然不会答应，也不可能答应。

光绪二十一年三月，李鸿章赴日议和后，中日暂且停战。十二日，徐邦道因当初辽阳吃紧，已率部移驻新民屯。他又一次呈禀翁同龢，论述中日交战何以日胜中败以及以后中国如何扩军备战。禀中说："凡在前敌各军，如能各拼死战以击之，扫尽贼氛亦甚易之。但侄历次与倭夷接仗，察看情形，该贼并无他能，惟不畏死，并军火较远。至中国前敌军数不为不多，惜各军不能同心协力，往往此战而彼不战，此败而彼不接应，以致能战者亦跟同溃退。如此制敌，即百万兵恐亦败多胜少。侄日夜筹思，不敢不设法图报。复查卑军现有马队一营、步队十营，小队两哨，亦足以当一路。奈该贼凡取一地一城，每用大股全力四路包抄，苟有一路先溃，则不溃者亦即动摇。故卑军迭次遇敌，只能小胜不能大胜，实由众寡不敌。即如前在柳公屯，已攻至唐王、亮（晾）甲两山，因无接应，功败垂成，深以为惜。刻下和约如成，不过稍纾目前之急，亦当切实练勇，以防将来。倘或决裂，则北洋更吃紧。侄现在前敌，若仅靠十馀营，万难抵倭匪大股之众，联络各军更不可恃。既蒙世叔提拔于先，仍求栽培于后。以侄愚见，非得数十营不可，至少亦须添步队二十营。每营发好毛瑟枪三百杆共六千杆，外发抬枪一千二百杆，用洋火机子。抬枪较毛瑟尤打得远，为此番军务必需之物，并拨快炮二三十尊。合之原带步队十营，共成三十营。再，马队亦须添五营，连原带一营，共成马队六营，即可自立一股。防则各路扼守，战则轮流援应，即遇大股，亦足可取胜。仰求世叔奏明皇上，俯如所请，并求不归各帅调度，以免牵制。"[2]徐氏想将所部扩练成一支独立部队，类似于今天的独立游击师，从军队建设的角度来说，不乏重大的意义。惜甲午战后，清政府及翁同龢均忙于筹措对日巨额赔款，又感到湘、淮军无用，正大规模地进行遣散，计划编练新军，根本不会去听徐氏等曾在前敌作

〔1〕 太平天国历史博物馆编：《清季名人禀牍奏稿函札——甲午中日战争新史料》，江苏人民出版社 2006 年版，第 44 页。
〔2〕 太平天国历史博物馆编：《清季名人禀牍奏稿函札——甲午中日战争新史料》，江苏人民出版社 2006 年版，第 56 页。

战的将帅们的意见。徐氏的祈求只是一厢情愿，最终成为泡影。

徐邦道因奉援盖平不力，遭宋庆谴责，并追究章高元和他的责任。事后奉旨革职。正好二月，所部翁锡九回京，在拜访翁同龢时又讲了徐氏军中的情况，"本家翁寿锡九从徐邦道营来，询以前敌情形，云湘、淮、毅三军不甚和，宋（庆）无谋略，徐（邦道）乃一勇夫，吴（大澂）只近呆"。[1]翁锡九讲湘、淮、毅三军不甚和是事实，对宋、吴的评价分析也较客观，但对徐氏的评价不全面。从徐氏致翁同龢的多次信函内容来看，虽有为个人打算的一面，还不失为一位有勇有谋、有思想的爱国将领。如在中日停战期间，徐氏听说沙俄于海参崴聚兵两万余人，欲假道宁古塔、爱珲赴沈阳"帮打倭奴，声势甚大"，他立即禀报翁同龢："伏念俄人果有此举，应否准其前来，朝廷自有权衡。但俄人代我国所争者，系为海、盖、岫、凤及营口、金、旅等处，率多沿海地方。俄果真心帮中伐倭，应用兵船收取，何必由陆来沈，未免令人疑虑。如俄人现因中日和局已定，伊亦罢兵，自毋庸议。倘仍进兵赴沈，则其意叵测。与其让伊前来，何妨统兵迎问？侄深受大恩，愿告奋勇，请再添拨十营，并现在山海关统队李道光久、方镇友升均有谋略，请各带二十营，并请伊将军（依克唐阿）为统帅，均由吉林前往迎问俄人，请其罢兵。如听则已，否则迎头抵击，以免到沈生变。"[2]可见，徐氏不仅会打仗，而且是一位很有爱国思想的将领。

徐邦道因"上无以济军国时事之艰，下无以副友朋急难之义"而"时深忧愤"，本来翁同龢和督办处经请旨允准其率所部回防芦台，聂士成仍坚守大高岭。但李鸿章不同意，坚持调聂士成回防芦台。徐氏经此打击，病情加重，终于光绪二十一年六月去世。其长子致函翁同龢，希望接统父亲生前的部队。"徐邦道既殁，其长子国俊乃欲接统其军，书来恳求，真妄人哉。"[3]

李经方

翁同龢与湘淮人物的部分子弟因职事上的关系而发生或保持交往。如因参

---

〔1〕《翁同龢日记》，第2830页。

〔2〕 太平天国历史博物馆编：《清季名人亵牍奏稿函札——甲午中日战争新史料》，江苏人民出版社2006年版，第62页。

〔3〕《翁同龢日记》，第2866页。

李经方像

与中俄伊犁交涉而与曾国藩之子曾纪泽保持交往,曾氏回国后,任户郎侍郎,与翁同龢成为户部同值。光绪十六年至光绪十八年,李鸿章之子李经方任驻日公使,而与翁同龢发生交往。

李经方,字伯行,早年游历欧洲,了解世界大势。回国后一直留在李鸿章身边工作,实际上是李的秘书兼译务。光绪中叶,清政府财政亏空严重,开始借债度日。李氏因同天津外商熟悉,牵头为户部借款。光绪十六年四月,李氏来京,与翁同龢首次见面,"李伯行经方来谈洋债事,盖三千万之议创于彼也"。[1]此后,李经方曾向翁同龢送食物、茶叶等物,翁氏只得作礼节性拜访。李鸿章与嘉定徐郙(颂阁)系儿女亲家。(李鸿章幼子与徐颂阁之女指为婚配,但未及出嫁,李鸿章的幼子就因病去世了)同年八月,徐氏招饮李氏,翁同龢应邀作陪,饭后彼此留谈数刻,李氏留给翁同龢的印象极好,"此人通敏可用也"。[2]九月,就借债一事,翁同龢与李氏正式确定下来。"使日本大臣李伯行经方来长谈,知洋债三千万已成,但彼欲六年后始归本,六年中利钱多出四百馀万。两年九十万,而利则从九十万起利,故须四百馀万。""伯行借洋债已妥,悉如我约。"[3]这是两人唯一的一次合作。

李经方出使日本后,曾给翁同龢寄来寒暑表两只,这是当时中国没有的稀物。李经方在任期间,曾大力支持阪神地区华侨创办中华会馆。1994年,笔者访日期间,由日本神户学院大学教授中村哲夫、神户大学安井三吉教授及神户商科大学教授陈来莘等人陪同参观神户华侨会馆,亲见李氏当年为会馆所写对联和贺词。

〔1〕《翁同龢日记》,第2403页。

〔2〕《翁同龢日记》,第2432页。

〔3〕《翁同龢日记》,第2443—2444页。

甲午战争爆发后，李经方与张佩纶（李鸿章女婿）因参与李鸿章幕，遭志锐、张仲炘等人弹劾。此后作为李鸿章随员，赴日本马关议和谈判。李鸿章被刺后，他代理全权与日本谈判。在向日本交割台湾问题，李氏提出"欲留台官顾肇新、杨岐珍帮同办理"，会议时，遭到翁同龢的否决，"余以为不可，遂罢"。[1]李鸿章出使俄皇加冕，李氏作为随员，与之同行。1905年任商约大臣。1907年至1910年任驻英公使。1934年病逝。

在甲午战争中，御史曾弹劾李经方娶日女为妾，确有其事。据石河干明在《福泽谕吉传》一书中说，"李经方乃倭贼之婿，想系指李经方于任驻日公使时，曾纳日女田中桂子为妾一事而言"。李经方有此一事，在甲午战争中被御史弹劾并不奇怪。

张树声

在翁同龢与淮系出身的地方督抚交往中，张树声值得一提。

张树声，字振轩，安徽合肥人。廪生出身。太平军进军皖北，他偕弟张树珊率众团练，抗击太平军。"安庆乞师"后，作为淮军一支，随李鸿章来到江浙，与太平军作战，先后光复湖州等地。积功升至直隶按察使。1868年（同治七年）随李鸿章在山东、河南、直隶一带围攻捻军。率军二千，驻节连镇、临清一带。同年八月，翁同龢扶护父兄和妻子灵柩回籍安葬，坐船途经连镇，张氏率部在运河边"迎接，……设码头，上猪羊供，谈良久"。这是翁、张的首次见面。张氏留给翁同龢的印象是"人似恳挚"。[2]1873年5月（同治十一年四月），翁同龢扶母亲灵柩回南前夕，张氏升任漕运总督，来京引见，闻讯后，亲自登门致吊。并答应致函刘铭传之侄，请其拨兵沿途照料。当时道途多阻，游兵散勇抢劫事件时有发生，行旅很不安全，张氏此举使翁同龢大得宽慰。

1879年（光绪四年）12月，张树声调任贵州巡抚，旋改广东。来京引见，登门拜访翁同龢，并作长时间交谈。这次翁同龢的印象是"其人朴诚，首以停捐为造

〔1〕《翁同龢日记》，第2850页。

〔2〕《翁同龢日记》，第663页。

滕之请,可谓知所务者",〔1〕并与夏同善、孙家鼐一起在嵩云草堂宴请了张氏。

1880 年(光绪六年十一月)12 月,张树声擢为两广总督。上年日本吞并中国属国琉球,中国正式向日本提出抗议,并展开交涉。日本在交涉中提出"分岛改约"说,即将琉球群岛南部的宫古、八重山群岛划归中国,条件是中国须修改《中日通商行船条约》,加入"利益均沾"一条,使其可以像西方那样扩大对华经济侵略。清政府将此议发交地方督抚复议。翁同龢其时奉旨与潘祖荫配合恭亲王、惇亲王、醇亲王会商此事。张氏在复议时表示"若全(琉)球不归还,则不改商约","尤主不允内地通商一层"。〔2〕琉球交涉中,翁同龢等主张"存琉祀",以保存传统的中琉藩属关系,其意见与张氏大体接近。

1882 年(光绪八年),李鸿章母亲因病去世,廷旨先是赏李氏假一月回籍为母看病,李母去世后,准李氏守孝百日。其间,所任直隶总督兼北洋大臣一职由张树声署理。不久,朝鲜发生壬午兵变。张氏派吴长庆迅即率淮军六营前往平壤,拘朝鲜国王父李昰应于中国保定(后释回),暂时抑制日本图吞朝鲜的阴谋活动。同年六月,翁同龢应张氏请求,为其弟张勇烈公树珊象赋诗表赞,张树珊是在德安被太平军打死的,被清廷追赠"勇烈"。翁同龢欣然同意,并赋长诗一首。

1883 年(光绪九年)李鸿章守孝百日期满,回任,张氏亦重回两广总督本任。此时,法国正扩大对越南的侵略,并将战火延烧到中国云、桂边境。越南是中国的属国,翁同龢、李鸿藻等军机大臣均持强硬态度,主张出兵越境,援越抗法。张氏态度亦十分积极,上奏"请身赴前敌",同龢说其"语气慷慨,杰作也"。〔3〕

军机会议时,翁同龢、李鸿藻甚至建言:"机不可失,请旨派张树声径赴越都,宣谕德威,平其乱民,以吴大澂参军谋,丁汝昌带轮船听调遣。"〔4〕但李鸿章认为法国称兵越南,只是伏边患于未来,目下对中国还构不成威胁,主张议和了结。李氏主和态度直接影响了主持朝政的奕䜣,奕䜣对主战亦不甚积极。张树声曾遣子找到翁同龢,诉说其受制于李鸿章,主战主张得不到伸张,内心苦闷,翁同龢只是记下了其子之言,但未作任何评论。

〔1〕《翁同龢日记》,第 1424 页。
〔2〕《翁同龢日记》,第 1578 页。
〔3〕《翁同龢日记》,第 1820 页。
〔4〕《翁同龢日记》,第 1830 页。

　　清政府的软弱无能,直接造成前线的惨败。同年底,清军北宁失守,法军将战火延烧至镇南关一带。前线的败北,军机的软弱无能,引起了朝野的不满,慈禧借盛昱一折,趁机罢免全体人马,另组以礼亲王世铎为首的新的军机处。在追究战败责任的同时,亦将张氏交部议处,寻予革职留任处分。张氏见自己主战主张不能准行,忧愤成疾,遂奏请开缺,得旨"允之",仍令其"办理军务"。法军挑起马江之战后,廷旨以福建军情告急,令其"速赴福建",部署战守事宜。[1]

　　中法战后,中国边疆形势日趋严峻,"日志并朝,俄涎吉、黑、英窥西藏"。康有为上书光绪,呼吁变法图强。张氏思想也发生很大变化。1884 年 10 月(光绪十年九月)张氏临终前夕,在呈送的遗折中奏请光绪帝借鉴西方国家议会民主政治:"夫西人立国,自有本末,虽礼乐教化远逊中华,然驯至富强,具有体用,育才于学堂,论政于议院,君民一体,上下一心,务实而戒虚,谋定而后动,此其体也;轮船大炮,洋枪水雷,铁路电线,此其用也。中国遗其体而求其用,无论竭蹶步趋,常不相及,就令铁舰成行,果足恃欤?"[2]

　　张氏还以马江之败为例,指出学习西方如只"求其用",只注重物质上的模仿,而"遗其体",不从制度上着手改革,中国将"常不相及",永远落后于西方。有说张氏此折系出自王韬之手。

　　中法战后,张树声便同翁同龢中断了交往。翁氏也离开了军机处。然而,和张氏一样,翁同龢有见于民族危机的日益严重,思想上也盼望有一流的俊彦志士的出现,力挽大清王朝衰朽的形势,逐渐萌发维新变法的思想。

---

〔1〕《翁同龢日记》,第 1872、1899 页。
〔2〕 谢俊美:《政治制度与近代中国》,上海书店出版社 2016 年版,第 175 页。

（十）地方督抚司道

同光年间，有少数地方督抚并非军功出身，有些非湘非淮，如张之洞；有些虽是安徽人，但出仕在道光年间，如刘秉璋；至于许振祎、许应骙均非湘、淮系统。故将他们另列论述。

张之洞

张之洞，字香涛，号孝达，直隶南皮（今河北南皮县）人。大学士张之万堂弟。同治元年，清廷为庆贺载淳继位，特举行恩科会试。张之洞参加这次会试，复试第一名，殿试一甲第二名，是科状元为翁同龢侄儿翁曾源，张慕翁氏声名，于次年八月与翁曾源"订兄弟之约"，[1] 由此与翁氏发生往来。1864年（同治三年）翁曾源父亲翁同书改戍新疆，张之洞亲自前往送行，并赋有《送同年翁仲渊殿选从尊甫药房光生出塞》诗一首：

> 玉堂春草花如雪，捧襟揽辔与君别。扶将老父辞青门，西行上陇水呜咽。陇山之外路悠悠，轮台况在青海头。岂独鞍马忧憔悴，花门千骑充凉州。云中太守行召中，吏议虽苛主恩重。出塞不劳送吏嗔，过海喜有佳儿从。君家季父天下奇，谓叔平丈。曾辞使节披莱衣。君今为亲行万里，一门

---

〔1〕《翁同龢日记》，第315页。

孝悌生光辉。幸免清瀛似叔宝，更使
白发颜正好。盐泽羽洛须纵观，桐乳
盘酥强一饱。闻道韩擒师且班，石城
青盖入中原。边尘一斗为君洗，早晚
金鸡下玉关。

张之洞像

诗很长，诗中除了赞美翁曾源万里送
父西行外，也对翁同龢一并加以颂扬了。
可见当时张之洞对翁同龢的人品学识都
是非常肯定的。后来张之洞在这首诗后
写了一段自注："药房先生（指翁同书）在
诏狱时，余两次入狱省视之。录此诗以见
余与翁氏分谊不浅。后来叔平相国（指翁同龢）一意倾陷，仅免于死，不亚奇章之
于赞皇，此等孽缘不可解也。"

"此等孽缘不可解也"，我们从翁同龢日记和有关史料中还是能找到一些线
索。翁同龢礼贤下士，多为己用，凡是顺从己意的则加信用，否则排斥，甚至敌
视。张之洞的情况即属于这种情况。在同治六年以前，翁张关系很好，翁对张之
洞的才华特别看重，认为其所作策"沉博艳丽"、"繁称博引"，"其文真《史（指〈史
记〉）》、汉（指〈汉书〉）之遗"。[1]张任湖北学政时，还曾向翁同龢寄过"节敬"，次年
翁同龢四十初度，张之洞特寄银五十两祝贺[2]。同治十一年，翁母去世，当时弘
德殿书房正处关键时候，恭亲王希望翁同龢百日后仍回书房入值，翁氏有李鸿藻
丁忧例子在先，坚持不应，最后向恭亲王推荐了林天龄和张之洞两人让朝廷选用：

忆当辛未冬，吾母病阽危。上奏乞侍养，沥血肝肠披。
圣慈来听许，令举替厥司。觥觥林夫子，直节好风仪，
行在通介间，文笔杖葳蕤。英英南皮彦，编修张君之洞。

〔1〕《翁同龢日记》，第225页。
〔2〕《翁同龢日记》，第723页。

秀特余所师。遂以两君荐,并堪侍经纬。[1]

最后朝廷选中了林天龄,但"秀特余所师",可见当时翁同龢对张之洞的才能极为推崇。而随着张之洞受到朝廷的重用,参与有关重大政事的讨论,他们的分歧日益凸显。两人的学术旨趣也明显呈现不同,张氏更倾向于李鸿藻的理学路径,对于汉学不感兴趣。两人关系开始逐渐由热变冷。

光绪初年,京师士大夫出现了一个称为清流派的政治派别。所谓清流派,即同当时清朝内存在的乌七八糟的"浊流"相对立,迎合了慈禧稳定统治的需要。清流派以敢言著称,他们评论时政,弹劾权臣,指斥宦官。对内主张整饬纪纲,对外呼吁反对侵略。清流派在这一时期以军机大臣李鸿藻为首,张之洞、张佩纶、陈宝琛、黄体芳等人为骨干。但张之洞矢口否认自己是清流派,一再声明自己"中立不倚","立身立朝之道无台无阁,无湘无淮,无和无战"。嘴上虽这样说,实际上是清流健将。在重大事件中连番搏击,使他声誉鹊起,并为慈禧所赏识,于1881年升为山西巡抚,由一名翰林谏官跃为地方大员。对于张氏的崛起,翁同龢深感他非等闲之辈,在今后政坛上要须加小心,从此渐渐改变对他的看法。

1877年(光绪三年)内阁会议同治帝配享太庙事,因龛座已满无隙地,翁同龢、潘祖荫等一批大臣主张另辟建一殿以供奉,但张之洞执意"别殿断不可行,仍以世宣为长"。这是他们第一次议事不协。翁氏已隐约看出张氏在政事上与己不同道。

1879年(光绪五年)中俄伊犁交涉发生,崇厚与沙俄擅订丧权辱国的《里瓦几亚条约》十八条,舆论大哗。内阁会议时,"张则力言宣战,略言十不可四要。四要曰计决,曰气壮,曰理直,曰谋定"。翁同龢与其他总理衙门大臣议"十八条皆驳去,另遣使臣",张以为"重辱国体",仍持杀崇厚,对俄开战的主张。在慈禧召见时,张奉特旨与议,"伊以为十八条可全从,减罪臣之议则不可从"。翁同龢听后说"真高论哉。"并与宝廷、刘锡鸿等同军机大臣展开"激辩"。疏凡七八上。

---

〔1〕《翁同龢集》,第790页。

此前词臣论政议事大率"雍容养望"，自之洞喜言事，风气为之一变，同时宝廷、陈宝琛、张佩纶辈跟踵而起。张氏议事虽对事不对人，和张佩纶对事对人不同，但异曲同工，且均奉李鸿藻为马首是瞻。张氏标榜自己非湘非淮，特立独行无岩岸，这也使翁同龢疑而不信。翁曾桂刑部京察一等，张佩纶上奏弹劾大员子弟不应保列一等。好在礼部查案，保举并不违例，但结果还是弄得翁曾桂数年后才外任衡州知府。此事虽非张之洞所为，但因张、张同调，属于一流，使翁同龢大为不快，益发加深对张之洞的不满。此后，彼此日渐疏远，少有往来。

对于张之洞的有些弹奏，翁同龢也还表示敬佩。1880年（光绪六年），慈禧派太监往母家送物，遭午门兵丁阻拦，结果酿成午门兵丁与太监互殴事件。慈禧依仗专制淫威，执定要对兵丁严惩，引起舆论不满。陈宝琛和张之洞"各有封事争此"，指责慈禧对此案颠倒是非，斥责太监不守礼法。结果慈禧只将"首犯杖一百流三千里，馀犯皆减，涣然德泽，海内欣感"。翁同龢对此感慨地说："可见圣人虚怀，大臣失职耳，既感且愧"。[1]认为张之洞"毕竟磊落君子人也"。[2]此外，张之洞还多次上奏，要求慈禧召直求言，慈禧采纳了他的意见，"以时事多艰，饬中外大臣破除陈见，……凡有言责者尤当直言无隐"。[3]

张之洞出色的才干受到慈禧的赏识。光绪七年十一月，被特擢为山西巡抚。在任参罢贪黩劣员，保举廉干官吏。三年之后再擢为两广总督，成为地方大员。

张之洞任两广总督期间，正值中法战争。他到任后，谦卑地听取彭玉麟意见，起用唐景崧、抗法名将刘永福及冯子材等，在临洮给法军以沉重打击。在谅山大捷后，拒绝朝廷停战命令，继续下令追击敌人。在抗击法军侵略、反对主和这点上与翁同龢意见接近，尤其在对待刘永福问题上，深得翁氏肯定。"法恶刘，总署恶刘、北洋恶刘、岑帅恶刘，而之洞敬其为数千年中华吐气，故竭力护持之。"中法和约签订后，刘永福被张氏要到广州，在总督府旁为他安置了住处，给他银六万两安家费，使之免遭法国、李鸿章、岑春煊等加害。

翁同龢与张之洞之间产生蒂芥是在1885年（光绪十一年）《中葡友好通商条

---

〔1〕《翁同龢日记》，第1569页。
〔2〕《翁同龢日记》，第1872页。
〔3〕《翁同龢日记》，第1623页。

约》签订和澳门问题上。澳门是中国领土,早在明代就被葡萄牙以租借为名,强行占据。这种情形一直延续到清代。英、法通过发动侵略战争,逼迫清政府签订一系列不平等条约,从中国夺取了大量领土和权益。在这一背景下,葡萄牙人也一直图谋侵夺澳门,作为其殖民地。他们多次要求与清政府签订占领澳门的条约,均遭拒绝。

1884 年中法战争爆发后,法国企图取代葡萄牙占据澳门,向葡萄牙提出用法属刚果交换澳门的议案,葡萄牙议会为此进行了讨论。法国此举引起了英国的关注。英国不愿在香港旁边出现一个同它相抗衡的西方列强,而宁可要一个软弱的葡萄牙,于是决定帮助葡萄牙实现签订占据澳门的条约计划。

1885 年 7 月(光绪十一年六月),海关总税务司、英国人赫德提出以葡萄牙方面帮助清政府征收鸦片税厘为诱饵,诱使清政府同意与葡萄牙就澳门地位问题展开谈判。当时清政府财政困难,表示同意。愿就澳门地位作为条件,换取葡萄牙在鸦片税厘并征方面的合作。并同意委派赫德的亲信、英人金登干代表清政府前往里斯本与葡萄牙政府谈判。双方于次年 3 月在里斯本签订了草约,确定清政府允许"葡国永驻管理澳门","未经中国首肯,永不得将澳地让与他国"和在鸦片征税方面进行合作等四项原则性条款。随后葡萄牙政府派葡澳总督罗沙前往北京同清政府进行正式谈判。

草约内容传到国内后,立即引起以两广总督张之洞为首的一部分官员的反对。张之洞等认为为了使葡萄牙帮助鸦片税厘并征,就让它"永远管理"澳门,实在是得不偿失之举。此外,他还对草约中"澳门及属澳之地"这个地域概念的提法表示忧虑,担心日后会成为葡萄牙人扩张的借口。赫德见有人反对草约,大为着急。一面压迫葡萄牙同意在正式条款上不提"澳门及属之地",避免刺激中国;另一面对清政府采取"连哄带骗"的手法,拼命鼓吹与葡萄牙签约的必要性,终于说服了李鸿章等人,并于 12 月 1 日正式签订了包括 54 项详细条款的《中葡友好通商条约》。条约签订的第二年三月,中葡在天津互换了条约文本。

这个丧权辱国的条约虽具体由李鸿章经手,但作为户部尚书的翁同龢也是同意了的。翁同龢此时虽离开了军机处,但仍担任户部尚书,而且可以随时面奏召对。翁氏因澳门鸦片走私严重,直接影响国家的财政收入,主张鸦片税厘并征,所以对于这个条约所带来的严重性并没有张之洞这样的地方官员的感受那样深刻。张氏曾要求朝廷不要批准该约,并致函翁同龢要求配合,但翁同龢并有做到。"归后读张香涛争洋药并征事,语极激切,此事已成铸错,何从挽回耶,然当与同事商之。"〔1〕

翁同龢与张之洞的政见分歧公开化发生在 1887 年(光绪十三年),是年,直隶总督兼北洋大臣李鸿章奏请修建津通铁路,台谏争陈铁路之害,请停办。翁同龢与孙家鼐联衔请试修边路,以利运兵。徐会沣请改修德州至济南铁路。张之洞不赞同翁同龢与徐会沣的意见,他上奏建议修筑卢汉铁路。据《清史稿》载,他说修路之利,以通土货,厚民生为最大,征兵、转饷次之。今若从卢沟桥起,中经河南,以达湖北汉口。此路为中国铁路干路,利源所萃也。此路连络数省,河北段成则山西之井陉可连,关陇之骖可交于洛口,自河以南,而东可引淮、吴,南通湘、粤,万里声息,处处可通。其利有七:内处腹地,无虑引敌;原野广漠,坟庐易避;厂盛站多,夫役和客商可舍旧就新;以一路带八九省,人货辐辏,足裕饷源;京畿有事,淮、楚精兵崇朝可至;太原煤铁甚旺,运行便,开采必多;海上用兵,漕运无梗。他任过山西巡抚、两广总督,有地方行政实际经验,这番言论分析确实高明,其识见远远超过翁同龢。所以慈禧太后大为欣赏,最终采纳了张氏这一意见,罢建津通,改筑芦汉。但这道奏折却引起翁同龢的不快。是年二月,慈禧在一次召见翁同龢,询问他对张之洞的看法,翁氏直言不讳地"谓其恢张"。〔2〕

1889 年(光绪十五年)张之洞调任湖广总督,并将在两广总督任上订购的炼钢厂移至汉阳开办,这就是有名的汉阳铁厂。汉阳铁厂从建厂到开工,工程浩大,需费众多,张之洞只得向户部和海军衙门挪借,总数不下四五百万两,因一时无法归还,引起醇亲王的不满。户部亦是如此。

1894 年 11 月(光绪二十年十月)甲午战争期间,刘坤一奉诏以钦差大臣督办山海前敌军务,张之洞兼署两江总督。翁同龢这样说:"张香涛到江督,大开张矣,添六营,调冯子材带十营,借盐商百万,勒号商四十万。"〔3〕张之洞布防是对

〔1〕《翁同龢日记》,第 2156 页。
〔2〕《翁同龢日记》,第 2130 页。
〔3〕《翁同龢日记》,第 2798 页。

的,翁同龢只是从户部尚书"惜费"、"节省开支"的角度感叹罢了。

甲午战败后,翁同龢因办理筹措对日赔款加紧对国内人民的搜括,对外交涉中造成权益丧失,引起众多官僚不满。大学士徐桐、安徽布政使于荫霖先后上奏,弹劾李鸿章、翁同龢、张荫桓"误国无状",徐桐则"保张之洞",[1]意在去翁。用所谓"公正大臣""挽回国是"。张之洞不愿卷入朝堂水火之争,更不愿"替翁"而招来物议,遂借口处理沙市大火,一时无法来京而没有成行。

甲午战败后,社会舆论日议变法,呼吁废八股,改策论。1898年(光绪二十四年)翁同龢援引康、梁,支持光绪帝维新变法。张之洞赞同变法,主张变科举,并捐银支持康有为强学会的活动。在维新变法这一大目标上,翁、张是一致的。翁氏主张改革"需从内政根本变起",虽然也讲"博采西学",但又强调"圣贤义理之学尤不可忘"。张氏则著有《劝学篇》,提出类似的主张。翁氏借变法旨在加强光绪皇帝权力,带有强烈现实性,张氏则是从民族救亡的大视角出发而发论。翁同龢在维新变法宣布不久就被开缺回籍,戊戌政变后被革职编管。张之洞因先著有《劝学篇》而免议。

1906年(光绪三十二年),张之洞内召,擢内阁大学士,授军机大臣。1909年,溥仪继位,改元宣统。其时翁同龢在籍去世已久,一直未开复处分。据许同莘《张文襄公年谱》中说,翁的开复,张之洞是帮了忙的,"宣统纪元(翁文恭)开复原官,实公在枢府斡旋之力,公与文恭分谊始终不薄如此"。此说少有记载,但我们深信有之。

张之洞一生,办事恢宏,气势雄阔,在两湖总督任上,兴办实业,不遗余力,最著名的有汉阳铁厂、湖北枪炮厂等。入值枢廷,颇想振作一番,奈宵小当国,难有作为。1909年(宣统元年)在忧病中去世。对于他的一生,后人多有不同评价,这些在当时人所写的挽联中均有所反映。

王闿运在挽联中写道:

> 老臣白发,痛矣箕骑,整顿乾坤事粗了;
> 满眼苍生,凄然流涕,徘徊门馆我何如。

---

〔1〕《翁同龢日记》,第3164、3166页。

樊增祥的挽联是：

> 廿八载身都将相，行乎中国，达乎四夷，平生东阁宏开，主旧学，宾新学；
>
> 卅一年亲受门墙，教以文章，授以政艺，今日西州痛哭，人一天，我两天。

管学大臣荣庆的挽联是：

> 生有自来，死而后已；斯文未丧，吾道益孤。

王咏霓所送的挽联是：

> 保中国存惟公在，为天下哭非己私。

徐绍桢送的挽联是：

> 为熙朝应运而生，无愧太平真宰相；
>
> 开中国维新之学，是为时势造英雄。

两江师范系张氏一手创办，所送挽联是：

> 前文襄功在西陲，后文襄公在南服；
>
> 新学界公推巨子，旧学界公推元勋。

张氏曾负责京师大学堂事务，大学堂所送挽联是：

> 竭来为国太忱勤，龙马精神千载少；
>
> 此去知公不寂寞，夔皋辅弼九原多。

湖北的张彪闻悉后,特倩柳惠春代作长联送之:

经纶侔且奭,是圣清亿万年有数名臣。试看坐镇东南,威扬夷夏,融和新旧,力转乾坤;洎八国启兵端,决策纡筹,半壁尤资保障;念弥日鞠躬尽瘁,由封疆入秉钧衡,竭忠而佐先皇,率属而扶幼主,值此竞争时代,缔造艰难,惟受命元勋,实全局安危所系,胡乃昊天不吊,柱石偏倾,揽辔涕纵横,遥知四野呼号,泪雨滴沈京洛路;

韬略愧冯岑,沐我公卅五载非常优遇,忆自枕戈狼盂,近侍瞻帷,随节龙江,久依杖履,迨两湖开帅府,分符授钺,菲材并劾驰驱;溯当年变法图强,更营制以修边备,选士荆襄之域,会师皖豫之交,方期整饬戎行,扫除敌冠,俾耄龄枢相,睹熙朝气运中兴,迨今愿望虚存。台星忽陨,抚棺肠断裂,惨听三军痛哭,悲风倒卷楚江潮。

这些挽联基本都肯定了他在甲午、戊戌年间,尤其是庚子年间实行"东南互保"及庚子之后力推新政对朝局所作的贡献。但也有对他进行嘲讽的,有人在挽联中写道:

借公债以弥私亏,人人恨之入骨;
用旧学而办新政,事事袭其皮毛。

魂兮归来乎,星海云门同怅惘;
死者长已矣,远山近水各凄凉。

李秉衡

李秉衡,字鉴堂,奉天海城人。父亲李辉德早年仕宦江苏,李氏自幼随父后捐纳县丞。光绪九年任广东高廉道。同年十一月,擢浙江按察使,后改任广西按察使。光绪十一年，广西巡抚潘鼎新被革职，李氏护理巡抚。光绪二十年任安徽巡抚，同年七月，甲午战争爆发，李氏奉饬回籍办理吉、奉团练，应诏来京面询。翁同龢第一次与李氏见面。"旨著军机及翁某等面询海防办法及东三省练兵。李云'海防须厚集兵力，海船不宜调向远去。至东三省情形不熟，伊自幼随任，仅回籍两次，不及半年，罢官后寄居满城，实不能募兵办练'。"[1]吏部询问翁同龢，

李秉衡像

李氏如何位置，翁"答以此用人行政大纲，不敢参预"。随后军机会议，将李氏改授山东巡抚。[2]在这次来京面询期间，李氏礼貌地拜访了翁同龢，留给翁的印象非常好："李鉴堂中丞秉衡来，留饭剧谈，始知其尊人辉德为丙子年伯，伊自幼在江苏也，朴实平易，兵事将材，均极留意，良吏也，伟人也。"[3]平壤溃败后，传闻李鸿章病重，廷旨特派李秉衡前往天津察看。日军将战火延烧到中国东北境内后，一度奉旨办理粮台。甲午战败后，李鸿章留京入阁办事，王文韶任直隶总督兼北洋大臣。丁立钧曾向翁同龢建言："意在以李鉴堂易北洋，或刘岘庄（刘坤一）亦可，而深诋夔石之无能。"[4]

甲午战后，因俄国领头干涉还辽，慈禧采行亲俄路线，俄国遂诱惑清政府与之签订中俄密约。李氏对之不然，提醒翁同龢对俄保持警惕："李秉衡论中俄条约，语极切直，惟所论《申报》妄传也。"[5]

光绪二十三年冬，德国借口两名传教士被杀，武力强占山东胶州湾。翁同龢与张荫桓奉旨与德国公使海靖进行交涉。海靖提出六条无理要求，第一条即罢

---

〔1〕《翁同龢日记》，第3746页。

〔2〕《翁同龢日记》，第3747页。

〔3〕《翁同龢日记》，第2766页。

〔4〕《翁同龢日记》，第2851页。

〔5〕《翁同龢日记》，第3011页。

斥李秉衡,"必须重办李抚,且永不叙用"。翁同龢,张荫桓表示不同意。李氏见情,自请开缺。翁同龢归后,"草问答,令斌(孙)写之,第一条,李秉衡止称不可做大官,去'永不叙用'四字。"但谕旨"未将李秉衡不用为大官写出",德使海靖执定"须革职永不叙用"。光绪二十四年正月,吏部议李氏处分折呈上,翁同龢主张且暂勿发表,待恭亲王病愈后再议,且如此宣布,海靖说不准又提出其他新的无理要求。但光绪帝执定要宣布,结果李氏被革职永不叙用。[1]

光绪二十六年七月义和团运动发生,革职在籍的翁同龢从报上得知李秉衡奉旨帮办武卫军。八月,八国联军入侵北京,李氏率军抗击,"兵败自尽,亦蒙恤",谥"忠节"。庚子议和后,恤典被撤销。"荆门(俞锺銮)以本月廿五日惩治肇祸诸人谕旨见示,读之感慨流涕,诸人不足惜,其如国事何?"[2]

于荫霖

于荫霖,字次棠,吉林伯都讷厅人。1859年(咸丰九年)庶吉士。1862年(同治元年),散馆授编修,供职翰林院。光绪初年授为荆宜施道,锡珍上奏,认为于氏宜改任京职。1885(光绪十一年)升任广东按察使。光绪十六年,奉旨召见来京,翁同龢设家宴款待。同年四月,擢台湾布政使,旋因病开缺,未就。

于氏好直谏,他据吉林士绅所提供资料,率行参劾吉林将军长顺。旨派人查办,于氏所参各节"皆虚",将其交部议处,结果奉旨革职。同年十二月,两弟"同时物放,可伤",翁同龢给予慰问。

光绪二十年甲午战争爆发,七月,东北形势严峻。御史高燮曾上奏,请饬李秉衡、于荫霖回籍办理团练。谕令将于氏发交依克唐阿差委。次年十月,开复处分,署理安徽巡抚。于氏来京,特地登门拜访翁同龢,彼此作长时间交谈。

于氏笃守程朱理学,对于当时兴起的变法思潮极为反感,对于甲午战后的诸多行政表示不满。光绪二十四年闰三月,戊戌变法前夕,他又一次呈上弹章,矛

〔1〕《翁同龢日记》,第3713—3737页。
〔2〕《翁同龢日记》,第3338、3361页。

头直指翁同龢："是日安徽藩司于荫霖陈时政,谓宜速用公正大臣,举徐桐、崇绮、边宝泉、陶模、张之洞、陈宝箴挽回国是,而痛斥李鸿章、臣龢、张荫桓误国无状,并谓臣之先人廉正传四海,而臣不肖如此。其词严厉,臣惟引咎,且谓于某知臣之心,不敢辨也。"翁同龢在日记中记载了于氏参劾的内容,"此折留中,所以笔于私记者,著余之罪,用以自励也"。[1]两个月后,翁同龢就奉旨开缺回籍了。

甲午战后,于氏先后任云南、湖北布政使,河南、湖北、广西巡抚,1904 年(光绪三十年)因病去世。

王榕吉

王榕吉,字荫堂,山东长山人。道光进士,翁心存的门生。又因与翁同龢的兄长翁同书一起在翰林院供职,彼此志趣相投,遂为莫逆。因此同翁家一直保持往来,并给翁家颇多照顾。

咸丰九年,翁同书自西安回京,途经直隶定州,王榕吉为知州,特派差前来接送,并"以酒米来",同龢"却之"。同治元年,翁同龢和史念祖主持山西乡试,其时王氏刚由大顺广道升授山西布政使,到任接印,百忙中特地抽暇看望翁同龢。稍后,为了解决门生陆襄钺的生计,翁同龢几次致函王氏,请其设法安排。王氏允如所请,在山西盐务方面给陆氏安排了一个职务。

同治三年三月,翁同书由斩监候改为谴戌新疆效力赎罪。万里西行,前途未卜。翁同龢特致函王榕吉,"托其于三省吹嘘"。[2]王氏未辜负翁同龢之望,当翁同书行至太原,经王氏与巡抚沈桂芬商量,让翁同书先在太原暂时停留休息数日。沈桂芬即是后来的吴江相国,做过军机大臣。他既是翁心存的至好,又是江苏苏州府同乡,对于翁同书的遭遇十分同情。当时陕甘回民起义正如火如荼,满洲将军都兴阿正奉旨率军镇压起义。王、沈将翁同书的景况说明,请都兴阿设法相助。早在江北大营时都兴阿就与翁同书相识,并对其才干也颇为赏识,听了沈

---

〔1〕《翁同龢日记》,第 3166 页。
〔2〕《翁同龢日记》,第 349 页。

氏、王氏话后，遂以西北军情孔亟，将才难得，奏请将翁同书改为留营效力赎罪，得旨允准。当王氏将这一消息告知翁同龢，翁家"举家欢忭"。翁同龢对王氏、沈氏和都兴阿无不感恩戴德。"荫堂于予甚厚，亦可感也。"[1]翁同书在太原所写家书都是由王氏代为寄递，后来在甘肃军营所写家书也一律由其代为转呈。同治四年，翁同书在甘肃花马池军中去世后，王氏一手派人沿途照料其灵柩平安运抵北京。

同治六年二月，王榕吉改调京职。十月，被命为顺天府尹。次年七月，翁同龢护持父兄及夫人汤孟淑灵柩回籍安葬。王氏责令大兴县令和通州牧派专人沿途照料。此后王氏升任大理寺卿，与翁同龢一直保持友好往来。

同治十三年九月，王榕吉因病去世。翁同龢闻讯，特前往凭吊。"哭王荫棠大理，大理与先兄文勤公交甚深，昔岁过晋时，深承敬礼。"[2]

陈国瑞

咸同年间，翁同龢还同著名将领陈国瑞发生交往。

陈国瑞，字庆云，湖北应城人，八岁而孤，太平军进军湖北，落入太平军之手，后脱逃而出，十一岁被九江镇总兵黄开榜收为义子。后从黄氏镇压太平军和捻军起义。1859年（咸丰九年）随漕运总督袁甲三克复安徽凤阳。次年太平军进攻定远，陈氏裹伤奋战。授守备加都司衔，后升游击、副将，呈请归宗，复改姓陈。

由此，他的名字引起了翁同龢的注意。

同治二年十一月，陈国瑞随僧格林沁进攻安徽蒙城、怀远一带、击毙苗沛霖，击败其地主反动武装。当初苗练与绅练孙家泰结仇，围攻寿州，翁同龢的兄长翁同书因办理此次绅练仇杀事件不善被曾国藩参劾，革逮判为斩监候。也就是苗沛霖被击毙的第二个月，翁同书改判谴戍新疆，效力赎罪。所以，翁同龢从情感上对僧格林沁、陈国瑞率军击毙苗沛霖"存有好感"，否则，翁同书的"案子"一时

[1]《翁同龢日记》，第350页。
[2]《翁同龢日记》，第1105页。

还无法了结。

同年十二月，陈国瑞部下与另一名降清任总兵的李世忠（李昭寿）部下发生互斗，陈氏所部杀死李部提督总兵朱元兴等人，由此与李氏结下仇恨。

1865 年（同治四年）五月，陈国瑞辗转托人请翁同龢为其"购书"，翁同龢遂与赵价人到京师厂肆设法寻购。

同年闰五月，陈国瑞与淮将刘铭传在济宁获胜。但陈氏与刘氏"不胁相攻"。朝廷两解之；"斥刘驻长沟，陈追'贼'赴皖"。因此与淮军形成"隔阂"而种下日后李鸿章对陈"恶感"之根。

同年六月，曾国藩参劾陈国瑞拥兵过多，限制其所部不得过三千，并请抑去帮办军务，褫去黄马褂，暂留处州总兵一职。陈氏因伤重就医淮安，欲杀其义子振邦，漕运总督吴棠出而劝阻，陈氏率勇闯进漕运总督衙门"肆口詈骂"，吴棠上奏弹劾，后旨以"其疯癫"，遂将其革职押送回籍，田产充公，存银 2.5 万两没收入湖北官库。

1867 年（同治六年）9 月，漕运总督张之万、户部左侍郎谭廷襄疏列陈国瑞"战绩"，被召至京，授头等侍卫。陈氏在京之日，翁同龢特地前去看望，并作了交谈。"出城访陈国瑞，国瑞，楚之应山人。幼从贼，受抚累战积功至提督。帮办僧邸军务，为曾帅（指曾国藩）所劾，今特旨起用。国瑞曰：'凡兵皆可用，不必择人。又曰：能奋勇者，必有英气血性，数语即知之。又曰：兵饷每月过足，人无斗志；必薄其月饷，而留馀饷作赏，死士一人兼数人饷，以资鼓舞。'"同龢说"皆切实之言也。年三十许，颇静，无嚣张气。"[1] 翁同龢还请书价徐苍厓出面作东，宴请陈氏。这次他对陈氏的印象有点差："陈君虽健者，然观其深不过偏裨之器耳。"[2] 认为他还不是统帅式人物，只能是一个"偏裨"将才而已。此后，两人还保持通信。

1868 年 9 月（同治七年八月），翁同龢扶护父、兄、妻灵柩回南安葬，途经山东济宁。陈国瑞率军驻防于此，特地亲自前至灵柩前行礼，并以"数百金见贻"，

---

〔1〕《翁同龢日记》，第 602 页。
〔2〕《翁同龢日记》，第 605 页。

同龢"一笑却之","送旗两面,受而谢之。"[1]

1871年6月(同治九年五月),天津教案发生。陈国瑞潜至天津察看,不料被人发现,为法方所知,怀疑其为"事件肇事者",急"索之"。"夷执前议,索陈国瑞甚急。"[2]陈氏只是出于"好奇"而前往天津。为释法方怀疑,后应总理衙门要求,由神机营带同一起赴津。"答陈庆云国瑞,未晤。此君为外夷索之甚急,昨至天津递一亲供,已无事矣。"[3]

1872年6月(同治十年五月),翁同龢从邸报得之:"李世忠与陈国瑞挟嫌哄于扬州,缚国瑞索钱。国瑞之侄招盐船水手二千人毁世忠寓所赀财,辱其妾,世忠遁去。命革世忠职,降国瑞都司,均交地方官严加管束,不准逗留。"[4]陈氏后又自行回扬州,1876年(光绪二年)又被一起命案牵连,其亲戚(一说表弟)胡士礼因与总兵詹启纶因金钱往来而发生纠纷,被詹氏打死。詹氏花银收买办案官吏,陈氏"鸣冤上诉",反被"诬为凶手"。清廷查实后,詹氏被判斩罪,陈氏"虽无唆使陷害各情",但认为其是"严加管束之员,辄敢擅离原籍……有干预相验情事,殊属不安本分"。将其发往黑龙江,著黑龙江将军严加管束。[5]

陈国瑞久历戎行,身受重伤,黑龙江苦寒,这对他的健康十分不利。数年后,清廷犹念旧功,询问大学士李鸿章,可否开恩准其回籍疗养。李鸿章未忘陈氏当年与刘铭传互斗、与李世忠"仇杀"往事,借口说陈氏虽是一员勇将,但不能自制,说其"性情未改,精力已衰,遂不起用"。[6]1883年1月(光绪八年十二月)陈氏因伤病死于戍所,享年四十六岁。次年8月,给事中邓承修疏论陈氏功大于过,戍死边荒,乞予追录。同时,其妻也呈诉要求将遗骸归葬,得旨允准:"复总兵,许其归葬,立兄子观全为嗣,赏还云骑尉世职。"[7]

当邓承修请旨为陈国瑞"修建专祠、开复原官"时,翁同龢说:"其折有应回避字,今日尚在花衣内,邸意(指恭亲王)颇怒,费唇舌矣。"[8]只因多数大臣同情陈

---

〔1〕《翁同龢日记》,第670页。

〔2〕《翁同龢日记》,第827页。

〔3〕《翁同龢日记》,第833页。

〔4〕《翁同龢日记》,第890页。

〔5〕《清德宗景皇帝实录》卷二十七。

〔6〕周轩:《清宫流放人物》,紫金城出版社1992年版,第250页。

〔7〕《续碑传集·陈国瑞传》。

〔8〕《翁同龢日记》,第3004页。

氏遭际,邓氏折请才未经多少周折,得以通过。

应宝时

在翁同龢的人际交往中,有一些曾是担任江苏抚司的"父母官",应宝时就是其中之一。

应宝时,字敏斋,浙江永康人。举人出身。早在1865年(同治四年),应氏担任苏松太道,就与翁同龢有了书信往来。应氏知道翁同龢喜爱书画碑帖,常常从苏州购一些毛笔寄去,仅同治五年九月,一次就寄了40支。翁同龢遇到家乡亲友"请托之事",往往请应氏帮忙。

1869年(同治八年),应氏擢为江苏按察使,引见来京,翁同龢特地前往拜访,接着又由庞钟璐、朱修伯等人作陪设家宴款接应氏。当时翁同龢的岳丈汤修也寄居苏州,翁同龢托应氏代为照料。应氏均做得很好。

1872年12月(同治十一年十一月),翁同龢母亲去世,应氏闻悉,寄赙银百两致祭。次年1月(同治十一年十二月),翁同龢扶护母亲灵柩回籍,途经苏州,应氏偕府、道以下诣南门码头船头致祭。翁氏登岸致谢。翁同龢在籍丁忧期间,每逢年节彼此嘘寒问暖,书札不断。一次,应氏率员考察白茆海塘,路过常熟,看望翁同龢,翁同龢答拜于南门码头,馈以酒食。彼此交谈白茆、福山海塘修建事宜,应氏"意欲以牙厘所入改为水利",[1]想用征收的鸦片厘金以作修浚海塘的经费。

1874年(同治十三年),应宝时已升任江苏布政使,同年,翁同龢服阕回京。路过苏州,与巡抚张树声、布政使应氏、按察使卫荣光、吴县知县高碧湄(伯足)一一告别。抚、藩、吴县"皆有赠,皆却之"。[2]

应宝时在江苏藩司任上时间较久,与苏常官绅相处关系融洽。但在政坛上并无多大作为。应氏活到七十一岁。生辰过后即逝。死后不少苏绅送去挽联。

---

〔1〕《翁同龢日记》,第886—888页。
〔2〕《翁同龢日记》,第1074页。

其中有一联云：

> 溯治绩在三吴，君宜开府开藩，与汤陆诸贤，长留民爱；
> 享遐龄刚七秩，我亦同庚同榜，哭牙期老友，兼叹吾衰。

其子应桂馨在民国初年犯下一桩震动全国的大案，受袁世凯、赵秉钧指使，参与刺杀宋教仁，最后断送了性命。

1913 年中华民国参众两院选举结果国民党在两院内占据多数。为了阻止国民党组阁，维护自己独裁统治，袁世凯派人刺杀了国民党代理事长宋教仁。事情很快查明，洪述祖是经办人，应桂馨是中间线人，武士英是凶手。在证据面前，赵秉钧只好辞去国务总理，武士英在狱中被人毒死，应桂馨开始在狱中就像住宾馆，国民党"二次革命"失败后，他自以为有功，居然北上找袁世凯要勋章，袁氏非常生气，就派人在杨村（天津附近）将其乱刀砍死。应桂馨助纣为虐，最终落得如此下场。

沈瑜庆

沈瑜庆，字蔼苍，一写爱苍、爱沧，号涛园，福建侯官（今福州）人。沈葆桢之子。举人。翁同龢乙酉门人。

翁同龢虽早知沈瑜庆，但相见却是在光绪十五年七月。是月，翁同龢告假回籍修墓，搭乘"海晏"轮，正好沈氏也乘此船，于是一路上彼此"闲话"，颇不寂寞。光绪十七年二月，沈氏来京，新捐道员，委为南洋水师学堂总办。翁同龢设家宴热情款待，使沈氏十分感动。光绪二十二年五月，经张之洞保举，沈氏升为道员，分发江苏，又一次来京，拜访翁同龢。翁同龢说："此人识略极好，且有断制，不愧为沈文肃之子。"[1]

沈瑜庆尊师感恩。在翁同龢革职在籍、贫病交加、落魄受难的日子里，他没有忘记翁氏。光绪二十六年十一月，他与沈曾桐、王旭东冒着风雪严寒，从上海

---

〔1〕《翁同龢日记》，第 2958 页。

专程前往常熟看望翁同龢。"沈瑜庆，乙酉门人，淮扬兵备道，赠百金，受之。……与三君同饭，斌（孙）来陪。"为了让翁同龢高兴，次日三人再次至彩衣堂与之相聚，"三客复集，看我宋版《施顾注苏诗》、《集韵》、《娄寿碑帖》，题名于后，纵谈古今，数年无此乐矣。留饭。申正别去"。[1]

沈瑜庆像

光绪二十八年正月，沈瑜庆给翁同龢一函，并附上他写的诗。全诗讴歌了翁同龢的一生。兹录于此：

去腊虞山师视我石谷《寒林雪霁图》，同王旭庄太守、沈子封太史诣谢，师又出王石谷《长江万里图》、宋椠施顾注苏诗，属题卷本，畅论文字，流连两日。今年岁事又届，子封来浦，告我将北行，感而有作，示子封兼呈吾师。

两朝造膝已肺腑，寂寞归来守环渚。庙堂钟簴今依然，得失箸色略可睹。两载江湖滋味深，牛衣第宅怜接武。棠甘人念召所憩，言直盗僧主所府。（都门旧邸为袁爽秋京师所居）芒刺何曾缘色悴，俯首不敢言杖杜。畀我寒林雪霁图，割爱无妨失左股。天旋地转腊又尽，隔岁题诗义何取。吾宗告我将北征，怅触旧游歌换羽。寄语虞山白头翁，侍坐何人与挥麈。[2]

翁同龢收到信和诗后，于同年四月满怀感情地给沈氏回了一封信。信中说："爱苍吾友足下：仆交游遍海内，求始终不渝者，不过三数人，而足下其一也。孙辈述足下厚意，愧叹累日。仆则欲言而不能言者矣。山中默处，椎山汲水之外，亦或展卷。旧疾频作，遂至中辍。朝夕之需，端赖汇寄。咏史评诗不特风格高

〔1〕《翁同龢日记》，第3356页。
〔2〕沈瑜庆：《涛园集》《春申篇》，第67—68页。

妙,兼得古人之心,已粘一册,藏诸名山。"[1]

光绪二十七年,沈瑜庆以淮扬道护理漕运总督。后又升授贵州巡抚。宣统三年十月,辛亥革命爆发,贵阳光复,他弃守潜至上海等地。

鲍源深手迹

鲍源深

鲍源深,字华潭,一写花潭,号穆堂,澹庵,安徽和县人,祖籍歙县。道光进士,长期任职京师,历任上书房行走,大理寺卿、江苏、直隶学政、工部、户部侍郎等,晚年担任山西巡抚,故将他放在翁同龢地方督抚的朋友圈内介绍。

鲍源深是翁同龢的前辈,早在咸丰十一年即在上书房行走。同治改元后,慈禧垂帘听政,为了解历代太后的得失经验教训,令上书房、南书房的翰林编修编写《治平宝鉴法编》一书,鲍氏参与了书的编写和统稿。同治五年,鲍氏外任江苏学政,就请杨泗孙(濒石)和翁同龢代写谢折。

同治七年,鲍源深在上书房行走,授惇亲王、恭亲王的儿子读书。那时翁同龢已接替父任,在弘德殿行走,授读同治帝。上书房距弘德殿不远,两房师傅时常碰面。每年正月,上书房的师傅照例要请弘德殿的师傅聚餐,相为甚欢,既可联络感情,又可增加议政筹码。当时在上书房行走的除了鲍氏外,还有黄倬(恕皆)、赵粹甫、孙家鼐、林锡三。后来翁同龢入值毓庆宫书房,此习俗仍相沿不改。当然翁同龢及书房的其他师傅往往举行家宴,以示回敬。鲍氏喜欢碑帖,藏有兰亭帖和争坐位帖,特地请翁同龢品鉴和题跋。同龢认为:"《兰亭》模糊而字画古厚,定为定武真系。"[2]因爱好碑帖字画,彼此时常走动,偶作"长谈"、"深谈"。

〔1〕参见沈瑜庆:《涛园集》《沈敬裕公年谱》。
〔2〕《翁同龢日记》,第724页。

　　此后鲍源深继续外任，先是担任直隶学政，继放山西巡抚。巡抚为地方大员，担负责任，很重很累，他长期于宫廷教育，对地方吏治似乎不太熟悉，因此遭黄体芳等参劾，虽奉旨免议，但不宜久任，待到光绪二年就被免职。约在光绪六年前后去世。

黄遵宪

　　黄遵宪，字公度，别号人境庐主人。广东嘉应（今梅县）人，举人出身。光绪三年任驻日本公使馆参赞。在日期间，与日本汉学家广泛接触交流，同时了解日本制度文化，研究明治维新的历史，撰写《日本国志》，光绪十三年书成，共四十卷。光绪十五年，任驻英公使二等参赞。光绪十七年任新加坡总领事。光绪二十二年，驻外公使换届，清政府原命"黄遵宪本系驻英，今日改驻美"，因英国公使对其处理新加坡有关事务不满，拒绝接受。英使窦纳乐说"黄遵宪在新加坡有扣商人四万元欲入已，今留在新加坡总督署"。[1]因伍廷芳对美国熟悉，又改黄氏任驻德公使，因德使正向清政府勒租胶州湾未遂，也"拒绝接受"，"德使海靖来，……先借沉船章程数小事引起，遂及黄遵宪，始终不肯接待，语极决绝，其他挟制诮讪语不可胜记"。[2]

　　清政府不得已，只得命黄遵宪署湖南按察使。在任，他大力协助巡抚陈宝箴开展变法活动，支持谭嗣同、唐才常等创办南学会，开办轮船航运公司、组织保卫团，推行自治等，使湖南成为当时全国各省推行变法活动最活跃的省份。

　　同年九月，清政府改任黄遵宪为驻日公使。九月二十一日，黄遵宪来京引见。翁同龢专门前往拜访，但未见到。黄氏闻讯，立即回访。"黄遵宪，公度，道员，新加坡领事，举人，诗文皆佳，新从江南来，江南官场不满。"可见翁同龢是看过黄氏诗文的，否则不会有如此高的评价。黄氏诗"上感国变，中伤种族，下哀生民"，呼唤改革，具有强烈的变法意愿，这些都是引起翁同龢对他关注的原因。五天之后，黄氏又一次拜访翁同龢，"归后黄公度来，遵宪，以所撰《日本国志》见赠，

---

〔1〕《翁同龢日记》，第2999页。
〔2〕《翁同龢日记》，第3001页。

馀物却之。"[1]黄氏外任一事,因列强阻挠而麻烦,曾纪泽嗣子曾广铨(景沂)也对翁同龢说:"言黄遵宪甚雅,然他国亦不能去。"[2]

翁同龢认真翻阅了黄遵宪研究日本的著作,"看黄公度《日本史》一册"(当是《日本国志》的一部分)。先前翁同龢对日本学西方,脱亚入欧,易服饰、改礼仪颇不以为然,曾与日使森有礼、榎本武扬就此事辩论过,现在阅读《日本国志》,既可对自己往昔的认识作一番检讨,又可增加对日本的进一步了解。后来他将此书推荐给光绪帝阅读。光绪帝当时"日思变法",在召见黄氏时,特意问:"泰西之政治,何以胜中国? 答曰:泰西之强,悉由变法。……臣在伦敦,闻父老言,百年以前,尚不如中华。"回答直截了当,是"变法致强",寓意鼓励光绪帝立行变法。黄遵宪留京待命期间,还数度拜访翁同龢,因翁氏正筹措对日赔款,国家财政极度困难,因此,彼此讨论过"加洋税"、"办银行"等问题。

光绪二十三年六月十五日,黄遵宪将转道上海,然后再前往日本赴任。特来向翁同龢辞行。翁同龢记下两人见面交谈的情形:

> 晚黄公度来辞行,明日起身矣,长谈。
>
> 第一事开学堂;二事缓海军,急陆军;十五万人已足。三事海军用守不用战;今船无用,郎威哩亦无用。
>
> 三大可虑:一教案,一流寇,一欧洲战事。有一于此,中国必有瓜分之势。
>
> 论人才少许可。于晦若(式枚)、沈子培(沈曾植)、姚子良(姚文枬)。沈尚能办事。朱之榛、盛杏孙(盛宣怀)、郑苏盦(郑孝胥)、梁□超(梁启超)、叶锡勇、杨文骏并好才。[3]

这是他们的最后一次见面。黄氏因病在沪未能就道。光绪二十四年戊戌政变时,黄氏因参与上海维新活动,遭到弹劾,被扣留于洋务局。当时伊藤博文正在中国访问,特地赶往上海,准备"营救"。但遭到黄的严词拒绝:"这是中国内政,你不必干预。"置民族尊严于个人生命之上。在社会舆论的压力下,慈禧被迫

〔1〕《翁同龢日记》,第2992、2993页。
〔2〕《翁同龢日记》,第3008页。
〔3〕《翁同龢日记》,第3064页。

下令将其释放，革职永不叙用。黄氏在离沪回乡之际，对前来送行的青年说："你不可气馁，尤不可气愤，国家不是一天的国家，事要慢慢来办。几百年积下的毛病，尤要慢慢来治。这次失败就是新派'求快'两字的失败。"

翁同龢去世的第二年，黄遵宪也去世了，享年五十八岁。他的好友，远在日本的何士杲闻悉后，特作长联悼之：

> 五千年罕觏奇才，著演孔篇，是哲学巨儒；创保卫局，是政治大家。至于画策朝鲜，参议琉球，是外交舞台屠龙妙技。此老为硕果仅存，归养故乡，曾筑精庐在人境；
>
> 一万里遥传噩耗，览公遗书，有《日本国志》；诵公遗草，有《新民诗话》，追忆送客新亭，赌棋别墅，有东晋名士挥麈风流。暮春正樱桃齐放，怆怀景物，不堪洒泪向梅州。

容闳

在翁同龢接触的一些人物中，有少数是留学生或在外国学成归国的人，他们出于国家民族利益而献身。他们虽曾借助于湘、淮势力，但非湘非淮，也不属于传统的科班出身的士人群体，容闳、梁诚就是这类人物。容闳，字达萌，号纯甫，广东香山南屏（今属珠海市）人。幼随传教士勃飒赴美学习，毕业于耶鲁大学。容闳一直想将自己学到的知识报效自己的祖国。回国后，曾找到太平天国，提出办银行、修铁路等发展资本主义的计划，但未如愿。后来经人介绍，进入曾国藩幕。为筹建江南制造局，

容闳像

同治二年,被委以江苏同知衔,赴美购买机器。这事引起朝内朝外的关注。翁同龢在日记中写道:"曾国藩保花翎同知容闳能通东西洋语言文字,亲至花旗购机器百余种。"[1]这是翁同龢有关容闳的最早记载。

甲午战后,鉴于民族危机日益加剧,士大夫呼吁变法图强,振兴民族工业。光绪二十二年四月,容闳来京活动,拜访翁同龢。这是他们的第一次见面,也是唯一一次见面。"江苏候补道容闳。纯甫,久住美国,居然洋人矣,然谈银行颇得要领。"[2]同年六月,许应骙(筠庵)与翁同龢谈修铁路、办船政、银行时,再次力挺容闳:"又言银行,曰此当急办,容闳可办。"[3]光绪二十四年初,湖南巡抚陈宝箴(右铭)致函荣禄力言练兵、开矿,建言派容闳、黄遵宪赴美借美债开办,再次力挺容闳。由于德国已强占山东胶州湾,取得在山东的铁路修筑权。而英国又谋求开筑津浦铁路,为谋抵制,于是总理衙门奏请由容闳主持修筑天津至镇江间的铁路,军机会议时,翁同龢当时表示同意。"准容闳办津铁路,容久住美国者也。"[4]在此前,容闳还向总理衙门和翁同龢呈请户部开设中国银行,由于当时已批准盛宣怀开办中国通商银行,且开办户部银行,清政府尚无一笔巨额准备金,所以没有同意。直到1905年户部银行才正式开办,这就是后来的中国银行。

梁诚

梁诚,字震东,广东番禺(今属广州市)人。附贡生。曾留学美国,纳赀为主事,兼充总理衙门章京,负责翻译和办理通信事务。因职务和同乡的原因,为张荫桓所赏识。光绪二十年十一月,张荫桓、邵友濂奉旨前往日本议和,在奏调的随员中就有梁氏。翁同龢与梁氏接触较多是在光绪二十三年二月,是月某日赴张氏招钦,在座中识之,"梁震东诚在坐。梁,广东人,保道员,从幼在外洋习语言文字。"[5]光绪二十三年冬因中德胶州湾谈判需要,奏调梁氏和荫昌为随员,得

〔1〕《翁同龢日记》,第550页。

〔2〕《翁同龢日记》,第2946页。

〔3〕《翁同龢日记》,第2964页。

〔4〕《翁同龢日记》,第3873页。

〔5〕《翁同龢日记》,第3031页。

旨允准。谈判中,翁同龢、张荫桓有关对德使的回复意见,往往交由梁氏前往德馆转述,而有关探听德使意图亦往往委诸梁氏去办理。沙俄强占旅大后,翁同龢召来梁氏,"嘱告英使暗助(中国)"。[1]德王弟亨利二世来华访问,接待中,有关礼节、"所有洋菜,一切家伙皆梁诚办理"。[2]交涉中语言文字转译工作亦由梁氏负责,在中德胶州湾谈判中起了重要作用。翁同龢开缺回籍后,梁氏不再与他来往。戊戌政变后,梁氏在大清会典馆任职,补员外郎。1902 年出使美,西(班牙)、秘鲁公使。1907 年回国后任侍读学士。1910 年任驻德公使。辛亥革命后,辞职移居香港。

---

〔1〕《翁同龢日记》,第 3155 页。
〔2〕《翁同龢日记》,第 3173 页。

（十一）海关总税务司、传教士、驻华公使等

翁同龢因长期担任户部尚书，与海关有业务上往来，特别是甲午战争中和战后，负责筹措对日赔款，与海关交涉尤为频繁，因此之故，同海关税务司赫德发生种种联系。

赫德

赫德，字鹭宾，英国人。初充宁波领事署翻译，继任英国香港总督署书记官。咸丰末年改任粤海关副税务司，曾负责赴长江沿岸新开口岸设置新海关。同治元年，总税务司李泰国因在阿思本舰队一事上越俎代庖，违背清政府的要求，被解除总税务司后，由赫德代之。同治三年，海关总税务司署由上海迁至北京，名义上隶属总理各国事务衙门。也就是从这时候开始，翁同龢与赫德有了往来。

根据翁同龢日记记载，翁同龢开始是在每年旧历年正月总理衙门举行的招待各国驻华使节新年茶话会上，以及西方各国驻华使馆举办的圣诞节会上认识赫德的。起初他对赫德印象很不好。光绪二年正月，他第一次见到赫德，觉得各国公使来贺，"就中威妥玛最沉鸷，赫德最狡桀，馀皆庸材也。""三点钟，总税务赫德。仪节踈慢，但略持其冠，于中事熟极，能京话"。[1]同年，柏郎率探险队从缅甸私自闯

---

〔1〕《翁同龢日记》，第1217页。

入中国云南境内被杀事件发生后，
英国公使威妥玛对中国进行威胁，
赫德从维护英国殖民侵略的立场
出发，"从中说合"，"赫德信致北洋
大臣，称威夷欲至燕台与北洋面
议，北洋请行，加全权大臣便宜行事。"
"赫德所要于八条外添芜湖一口，
又将来选部院大臣惋惜马酋时多
派数员前往该馆。"[1]由于赫德的
操纵，中国被迫签订丧权辱国的《烟
台条约》，直接导致了长江流域的全
部开放和郭嵩焘的使英。长江流域
逐渐成为英国的势力范围。

赫德像

　　光绪九年中法就越南问题发生交涉，并爆发战争。英国自独占印度后，又将
势力伸入缅甸，并割占了中国香港。法国殖民越南对英国在这一地区的殖民权
益构成了威胁，从这点来说，英国人，包括赫德在内，是不愿看到的。从中法战争
一开始，赫德就插足干涉。是年九月，赫德密函清政府："极言启衅当慎，知非游
说，乃衷言也。"[2]担心清政府战败，法国殖民势力进一步扩张，于英不利。他的
意见得到一部分清朝官僚的赞同。因为经过咸同年间连年战乱，清朝统治大为
削弱，不能再行开战了。待到冯子材、苏元春、王德榜等获得镇南关、谅山大捷，
重创法军，法国下议院拒绝增加军费派兵来华，茹费理急欲议和，茹费理内阁倒
台后，赫德便托他在英国的朋友金登干与茹费理讲和。表面上金登干"帮助"法
国说话，赫德"帮助"清政府，实际两人是一丘之貉。法国提出照李鸿章与巴德诺
在天津所订五条议和，这五条即"一不索兵费；一越归法属；一关外撤兵；一云南
办分界；一商税议减。"[3]中国则提出中法先在北圻进行划界，法国必须承认越

---

〔1〕《翁同龢日记》，第 1255、1256 页。
〔2〕《翁同龢日记》，第 1822 页。
〔3〕《翁同龢日记》，第 1869 页。

南为中国的属国，"最要者关外分界,北圻应分定界址,越南封贡两事"。但法国
表示拒绝。"分界不肯应,仍于边界下添'内'字,不伤体面一节亦不允。"翁同龢
说:"赫德与金登干来往之信,大约争南粮、争撤兵,赫右中国金右法国而已。"[1]
两广总督张之洞对赫德操纵中法议和之举极为不满,他先是借口龙州电线中断,
拒绝撤兵,主张乘胜前进,将法军赶出越南,接着阻止与法议和。上奏揭露赫德
"狡诈,朝廷受其欺蒙","力言法谋狡诈,赫德袒洋诸弊"。[2]被逐出军机处的翁
同龢对赫德的调停内幕基本不知,他所说的赫德的上述活动大多得自总理衙门
大臣周德润等人。但他对赫德操纵下的中法议和持有不同看法:"总之,越南全
境,中国从此不得过问,其忌各国则恐其分红江之利耳。如此下台,恐彼必有隐
忧后患,否则安肯俯就。惟先画押再详议,亦恐有失。"[3]

光绪改元后,清政府大力开展海防建设。总理衙门内设有海防司,总管海
防、海军建设等事宜。当时有大臣曾上奏建议授赫德为总海防司,但遭到一部分
官员的强烈反对。"道员薛福成以其阴鸷专利,常内西人而外中国,上书力争,议
始寝。"[4]后来的若干事实证实了薛氏的看法。

洋药就是鸦片,第二次鸦片战争,鸦片改称洋药,合法进口。海关收税,各省
加征厘金,税厘并征成为各省的地方财源之一。因为偷漏走私严重,清政府希望
由海关总税务司统一征税。"洋药每箱收税一百十两,议数年未决,去年曾劼刚
与英议允,而德使巴兰德阻挠,岁底庆王与彼议妥,今拟在香港派员稽查,并立创
办章程。"[5]从赫德来讲,他可借此将征税大权揽在手中,翁同龢此时已任户部
尚书,阎敬铭以大学士兼管户部,从户部来说,可藉以增加中央财政收入,慈禧太
后支持这种征收办法。但翁同龢又担心,这样一来,赫德的权力会越来越大,地
方必定反对。"劼刚于各国事务能得要领,其言曰:'总税务司赫德可用,但须急
觅替人,切不可令洋人接手。'"[6]翁同龢赞同曾纪泽的看法。赫德此举还有迎
合慈禧的意图。当时慈禧正大修颐和园,需要资金。光绪十二年三月,慈禧太后

〔1〕《翁同龢日记》,第 1973、1974 页。
〔2〕《翁同龢日记》,第 1974 页。
〔3〕《翁同龢日记》,第 1869—1870 页。
〔4〕蔡冠洛:《清代七百名人传》,中国书店 1984 年版,第 1918 页。
〔5〕《翁同龢日记》,第 2033 页。
〔6〕《翁同龢日记》,第 2198 页。

在一次召见翁同龢时说："洋药税厘并征可补海军用项（代指颐和园修建工程）；（翁同龢）对以各关本有洋药税厘，今归赫德，则各省此项全空，将来须划补，不能尽归海军，因陈各省空虚，民力凋敝。"〔1〕说明翁同龢既怕赫德权力太大，又怕此事开罪地方的矛盾心理。所以，他与阎敬铭在画加收洋药税厘奏稿时，就担心此事"又与合肥大龃龉也"。张之洞也是激烈表示反对赫德洋药税厘并征的做法。无奈慈禧赞同，最终得以通过。

光绪二十年，听说清廷要对日宣战，赫德前往总理衙门说："兵须慎重，处处办妥，始可宣战。"表示对开战的担忧。战争爆发后，又条陈节略，"首言'属国'二字本不能从，十年约中已落此权矣。次言西例本有各国保护之法，可照土耳其、瑞士，置朝鲜于局外。"由于他控制着中国海关关税，因此，在这场战争中再次充当了重要角色，作为户部尚书的翁同龢因借款而不得不依赖他。战争爆发不久，军需浩繁，在在需款，因慈禧有"不许借外债"的懿旨，翁同龢与户部堂官们只能向华商息借，华商虽然慷慨活跃，无如资金有限，不能解决大宗军费，无奈之下，只得通过赫德向海关借款一千万，年息七厘，借银还银。因见中国有求于赫德，英国公使欧格讷趁机向清政府提议由赫政掌握清朝兵权。翁同龢表示强烈反对。"昨英使欧格讷力荐赫德掌兵，孙（毓汶）、徐（用仪）陈于上前，余谓利权、兵权悉归赫，毋乃太重。"坚决不同意。〔2〕清军平壤溃退和黄海海战后，日军将战火延烧到中国境内，清政府不得不调用湘军，"以湘济淮"，增兵东北。饷需更形困难。翁同龢不得不代表清政府再向赫德控制的海关商借五百镑。法国见英国借赫德在中国进一步增强势力，并企图利用赫德控制中国的政治、军事，表示不满，开始将矛头直接对准赫德。"法使施阿兰来，……大略毁赫德，保庆常（清朝驻法公使）。""揭其（指赫德）短，归于（海关）不用法人。"随后"赫德求见，以两事嘱留意：一、税务司用人，请勿扰其权；一教皇如欲派使，务力持不可"。〔3〕当然清政府此时不会答应法使要求，更不会撤换赫德。

根据《马关条约》的规定，中国需在停战后两年内向日本赔款库平银二亿两。

〔1〕《翁同龢日记》，第2130页。
〔2〕《翁同龢日记》，第2794页。
〔3〕《翁同龢日记》，第2875页。

俄、法、德三国干涉还辽后,中国需支付赎辽费银三千万两。对于中国赔款,日本提出要折换成英镑支付,翁同龢对此事无把握,只得向赫德"咨询"。"明日二点钟林董(日本驻华公使)来,先以交款章程三条交来,算法却少减,与赫德所议同矣。以二万万合计,较前所开可省去一百四十万两。""林董来,镑价照赫德所拟。即请画押。余与张君(张荫桓)欲每期定价,彼不允,辩论甚久。是时赫德来,余独见之,询以镑价总算中国吃亏否?对云不吃亏。再晤林董,遂定议。"[1]据张荫桓说,中国实际上至少吃亏两千万两。但翁同龢对赫德的算法深信不疑。此后,还逐步改变了对赫德的看法,两人竟然作"深谈"、"长谈"了。谈洋税加增、谈开办印花税等,就如亲信同僚一般。

两次对英德借款,除了息重期长折扣多外,往往还附带其他勒索条件。第一次俄法借款后,法国逼迫清朝签订新约,夺得孟乌、乌得大片地区和西江的通航权。英国认为法国在西南的势力扩张影响了英国利益,英国公使窦纳乐也提出了西江开埠等要求。翁同龢与张荫桓找到赫德,赫德"尚执南宁派人察看商务之说,以软语与(赫德)与商,乃曰俟我百色铁路成则法商利大,英必在南宁开口岸,试以此语窦(纳乐)。'"[2]可见,赫德名为中国海关总务司,为中国做事,实际上处处为英国利益考虑。

中国向俄法借银一亿两,支付了第一次赔款。第二次借款、第三次借款都是英德借款,均遇到了相当大的困难。第三次借款即英德续借款,更是波澜叠叠,困难重重。"晤赫德,借款忽生变卦,称电来系九扣,一切在内,与历次所见大不符矣。""同诣赫德谈土药(中国自产鸦片)加税事,又洋税抵借款事,土药则令其思陆路稽征之法,洋税则拟拨三百万入关税内,庶几可指此为借款作抵。伊云前一事容细思,后一事果可如此办,可借一万万,但此番乃驻使主持,伊不越俎。"[3]所谓"驻使主持",驻使即窦纳乐,正要挟中国西江开埠,中国若不答应开埠,则不借款;而中国借款急待,赫德如此奸诈,中国真是没有办法了。最后翁同龢只得按其所开条件,又以宜昌、浙东、江苏几处盐厘收入为担

---

〔1〕《翁同龢日记》,第2882、2883页。

〔2〕《翁同龢日记》,第3000页。

〔3〕《翁同龢日记》,第3033页。

保。先是翁同龢托其(赫德)"与日本商量稍缓归本之期",当时英日同盟,赫德与英使完全可以劝说日本,赫德表面上答应,但实际上他知道日本不肯。日本对俄国领头干涉还辽和俄法向中国贷款非常不满,而赫德也因海关关税每年两千万支付赔款的计划遭拒心怀不满。当时他脑中盘算由英商汇丰揽借这笔生意。"今日赫德约余,予未正诣之。……纵谈时势,伊问'可商汇丰否?'答曰'可'。伊又曰:'须将厘、盐两事先商抵押',余曰:'两千万不值议及此。'又曰:'若三月一款不还,各国谓中国利权扫地,将派人来合力干预矣。'"翁同龢听后,也认为这是赫德恐吓他:余曰:"不知将谓汝为汇丰说项,以危悟怵人,余不汝凝,然汝言过矣,此事终借汝力商借汇丰而不要抵押也。"翁同龢几乎是在向赫德哀求,但赫德全不理会这个。赫德坚持"汇丰款可借,惟须派税司管厘金则外国商人始服。不得已允之。又言须指定某某处厘五百万始敷抵款,并立刻定议。答以到署查明,明日必复。"赫德还言,"本欲令少扣,……然中国声望已非昔比,再多不能矣。"在赫德的恐吓、威胁下,翁同龢只得全盘接受赫德的所有条件,"只得悉依之,仅改管理厘金为代征而已。"直到此时赫德才同意带汇丰熙礼尔等来画借款合同。

光绪二十三年冬,德国借口两名传教士被杀,武力强占胶州湾。不久,英国则派军舰强占大连湾。大连湾事件发生后,翁同龢赴总理衙门"晤赫德,因借款、大连湾事嘱其向窦解围,伊应允,并言四十年劝中国自强,乃因循至此",同龢说:"其言绝痛,有心哉斯人也",并在日记中记录下"赫德语":

> 四十馀年食毛践土,极思助中国自强,前后书数十上,无一准行者,大约疑我不实不公耳。今中国危矣,虽欲言,无可言矣。即如日本偿款,当时我献策,将海关洋税全扣,每年二千万,十年可了,而张大人(指张荫桓)驳我。我又献策,我可借银五千镑,除还日本外尚馀一千□百镑,中国可办他事,而俄法出面担借以挠我。试观今日还债两倍于本,较吾策孰得孰失耶?胶事办此榜样,各国生心,英国实欲中国兴旺,商务有益,今有此样,恐各国割据,则亦未免要挟矣。又,我再作旁观末论(赫德先前曾向清政府两次呈递《局外旁观论》)呈阅,我亦知中国万不能行,特尽我心耳。我言若行,三十年可

无大变故。(同龢注：此次语极沉痛，未能悉记。)[1]

上述这番话，可以从两面看，赫德作为中国海关总税务司，受雇于中国，有维护清朝封建统治的一面，他希望清政府作适当调整，不要顽固不化，这是他历次上书建言的原因。但赫德又是一位英国人，处处维护英国在华殖民利益，从这点来说，清朝统治者对他又有所保留，这也是他数十次上书建言不被采纳的原因。至于他的对日赔款支付办法不被采纳，也是怕他借此控制中国财政。赫德对于胶州湾事件处理结果的分析没有错，列国生心，起而割据，掀起划分势力范围，最终掀起瓜分中国的狂潮，赫德如此说，是此局面严重动摇和损害了英国在华优先的殖民地位。我们不知道赫德局外末论的内容，但他所说"三十年可无大变故"是骗人的，清政府已腐朽不堪，任何"灵丹妙药"都挽救不了它的衰亡。

翁同龢在借款谈判中的表现引起了部分官员的不满。光绪二十四年三月，御史高燮曾上折，"论赫德请加海关经费，户部照准，不知是何肺肠。片，此事应先由户部驳止，又赫德告退可令美国人代。"同龢说："高折意斥余而未明言，但指张某(指张荫桓)为主，户部不敢驳耳。"[2]斥张实际就是斥责翁同龢。

光绪二十四年四月，翁同龢开缺回籍后，有迹象表明，赫德一时还未忘记翁同龢。光绪二十六年十一月，苏州海关税务司客讷格代赫德来常熟问候翁同龢。"有苏州税务司客讷格函，递赫德名片候安，亦奇矣哉。"[3]但翁同龢对赫德的活动消息也予以关注。光绪二十七年十一月，慈禧太后为了感谢盛宣怀和赫德在庚子事变与辛丑议和中的"贡献"，特予褒奖："今日又报，盛、赫并加宫少保，赫德总税务司也。"[4]

赫德为了长期控制中国海关和影响中国，对中国文化十分关注，他曾主持汉译西书多种，并将中国的著作介绍给西方。他一直保持同中国士大夫的交往，聘请中国学者为家庭教师，娶中国女子，教育他的儿子学习制艺和诗文，并一度准备参加顺天乡试，因其是外国人，无此先例，遭到主考官的反对，未成。光绪三十

---

[1] 《翁同龢日记》，第3130页。
[2] 《翁同龢日记》，第3181页。
[3] 《翁同龢日记》，第3354页。
[4] 《翁同龢日记》，第3409页。

四年，赫德以年老多病告退，回到英国。宣统三年病逝。

汉纳根

在甲午战争期间，有鉴于湘、淮军队腐朽无用，不堪一战，海军舰只损坏严重，翁同龢主张购买新式快船，编练一支新军，希冀挽败为胜，因此与汉纳根发生交往。

汉纳根，德国人，为清朝海关总税务司署天津税务司德璀琳的女婿。来华前，曾在德国军中服役，任上尉军衔。光绪五年退役后，应清政府聘请来华，协助中国"整饬戎行，以御俄国"。他在清军中待了一阵后，发觉清军还是当年镇压太平军、捻军那一套旧法，"绝无奇谋深算，至于泰西武备之举，更梦想不到"，遂"心灰意懒"，离开清军，改而"从事于测算之役"。其时，李鸿章正奉旨编练北洋海军和筹划渤海湾的防务，经德璀琳的联络，汉纳根不久受聘担任北洋水师学堂教官，兼任李鸿章的副官。参与了旅顺口、大连湾、威海卫等军事要塞的设计和修建，但因与中国有关军事官员相处不协，于光绪十七年辞职回国。

光绪二十年五月，汉纳根因个人私事，第二次来华。六月，他因要去汉城办事，顺便搭乘清朝运兵船"高升"号轮前往朝鲜。船行至朝鲜牙山海面，被日舰"浪速"号击沉，船上清军大部溺海牺牲。汉纳根因"身体结硕且擅泳"，奋力"浮海达岸"，幸免于难。事后，经李鸿章举荐，入北洋海军，"代为指教，以助丁汝昌"。以五品花翎衔总兵担任北洋舰队总教习兼副提督，"登定远舰，会督全军"。

汉纳根像

黄海海战后,北洋舰队损失战舰五舰,余舰皆需修理,一时又无他舰补充。汉纳根有见于此,先后向李鸿章和总理衙门条陈速购鱼雷快艇、快船的意见。条陈中说:中国海军"近八年未曾添一新船,所有近来外洋新式船炮,一概乌有",而日本"船炮皆系簇新,是以(中国)未能战胜"。要求清政府迅速购买快船,聘请外国将弁水手来华"新旧合成一大军",另派一洋员为全军水师提督。翁同龢赞同汉纳根的意见,拨巨款二百万两,交李鸿章办理。李氏又将此事委诸盛宣怀、汉纳根、连纳等会同上海英商礼和洋行、瑞生洋行办理,礼和、瑞生遂与阿根廷、智利等国联系。

汉纳根在向总理衙门条陈购买快船的同时,还条陈整顿海军节略。在给翁同龢《谨拟整顿水师刍言》的前言中,汉纳根写道:"现与倭战,北洋水师最关紧要。今虽未得海军大用,而大东沟之战已极努力,终至击退倭船。奈本船亦各受伤多日,不能再战。然按本分,此时虽未见大功,而识时务者实盼中国可以全胜,徒以管带人员不能满意,且因船上应备之件不全,否则一战成功矣。此后如要海军精强,终于能大战大胜,应先竭力整顿。"

在这份整顿水师节略中,汉纳根还提出了八条具体的整改意见:

一、嗣后海军衙门自行管理海军船只、船坞、制造等局,所用水师文武官员亦由海军衙门自往遴选。二、海军经费由海军衙门核发。三、现在最要者海军衙门应派一精明公正之洋员为海军司,在津总理各事,予以权柄,应用之人即由该司派用,无用者准其革退,总期能大战大胜。各船所用洋将亦由该司稽查,凡一切整顿随时禀明海军衙门。四、水师提督应用一洋员帮同管理操练打仗等事,严定规矩,申明赏罚,带船出战,如有不遵,立即军法从事。五、派遣刘步蟾前往上海,按照大东沟战事整顿南洋船只备妥北来。派遣林泰增赴福建将福建船只照样整顿备妥北来,协同对日作战。六、以上各事整顿齐备,海军司应即来京帮同海军衙门办事。七、广东鱼雷艇甚多,只用以防口,无大益处,拟请选其行驶极速、船身较巨、可出大洋者数艘,调至北洋,随同对日作战。八、定远、镇远、靖远、济远等舰,尚无新式快炮,现在外洋尚有做成之大小极新极快炮位可以购买,拟请每船大小添购数尊,以资御敌。[1]

作为一位外国军事人员,尤其是亲身参加大东沟海战的指挥,汉纳根的上述言论意见确实有一定的参考价值,不少意见和建议,诸如指挥系统,革退无用之人,长江、福建、广东三支水师如何配合北洋协同作战,等等,可说是击中了清朝海军的要害,还不能因其是外人而妄加否定。

对于汉纳根的购船意见和建议,李鸿藻、翁同龢完全赞同。经他们奏准,总理衙门正式授权并札饬汉纳根负责办理向智利、德、英等国购船事宜。军机处也以四百里加急驿递将购船札文送交北洋行营。文中说:"本衙门查中国海军需船甚急,该提督于水师利器讲求有素,若向外洋订购,较之寻常行事必有把握,相应札行该提督迅电妥实可靠之人前往验明,密速订购,其船身吨载、行海速率以及炮位鱼雷等项,该提督单开各数谅不至参差,仍仰该提督详细考查,务期事事精良,以副朝廷整顿海军实事求是之意。至船价及一切费用应由该提督随时电商本衙门定议后,按期照拨可也。"[2]

德国陆军训练有素,在当时闻名于世,当初日本陆军就是效法德国进行训练的。汉纳根是陆军出身,对于陆军训练、作战,自有其一套。有见湘、淮军腐朽无用,不堪一战,汉纳根在向清朝总理衙门和李鸿藻、翁同龢等条陈整顿海军节略的同时,还向办理北洋行营支应事宜的盛宣怀和长芦盐运使胡燏棻提出中国应编练一支新式陆军的建议:"新式陆军十万人、分前后两队,军制悉照德国良法,统一指挥,统一号令,统一军械,统一战术,与水陆同时兼备,皇帝虽不能亲自统率,然必命一亲藩'代行',亲藩若未知西法,可聘用一洋员为军师。"[3]盛宣怀、胡燏棻向总理衙门呈递了汉纳根的编练新式陆军的条陈,并举荐说汉纳根为德国陆军退伍军官,来华多年,供职北洋,若能聘其为总教官,由其协助编练一支新军,对大局不无裨益。总理衙门和翁同龢等人接到盛、胡的举荐后,立即在军机处和督办军务处会议上提出聘用汉纳根编练新军的建议,并饬盛、胡让汉纳根草

〔1〕《翁万戈藏其高祖所遗文件手迹》卷二,外交,第40号。
〔2〕《总署给汉纳根购船札》,《翁万戈藏其高祖所遗文件手迹》卷二,外交,第41号。
〔3〕《汉纳根条陈节略》,中国史学会主编:《中日战争》三,上海人民出版社1957年版,第178页。

拟一份新军编练计划,要他来京当面向军机大臣、督办军务大臣陈述。

1894年10月28日(光绪二十年九月三十日),汉纳根在德璀琳陪同下来到总理衙门,"两邸(恭亲王、庆亲王)及敬(信)、汪(鸣銮)、张(荫桓)款之,余与李公(李鸿藻)在坐,谈一时半。"翁同龢说:"看汉纳根,二十九岁,长髯,文静。尚激昂沉着。为我计大约三端:一曰宋(庆)军须退,又须徐(邦道)退;一曰速购智利快船七只,并人械同来;一曰另募新兵十万人,以洋法操练,舍此无以自立矣。德语亦同,似不左袒合肥。"[1]在这次问话中,汉纳根特别强调购船的急迫性和编练新军的重要性。"买船一事,实为当前要务,千万不可惜小费误大事。如海军胜了,当可到长崎游弋,将来不惟奉天倭人不能久占,即朝鲜仍须退出,亦未可知。""新军与购船同为急务,海陆并行,方可扭转战局。"[2]汉纳根曾请求进见光绪帝,好当面陈述他改革中国军事的计划,但未获同意。"惟汉纳根进见一节阻止,得允,余与李公(李鸿藻)亦力言不可。"[3]

胡燏棻这次亦随汉纳根来京,多次找到翁同龢,希望他能大力促成汉纳根的购船、练兵计划。胡氏系李鸿章的门生,德璀琳是李鸿章派驻朝鲜的海关税务司,两人关系密切。汉纳根是德璀琳的女婿、李鸿章的副官,胡氏这样做,显然有李氏的背景。汉纳根主张先编练五万人,胡氏向翁同龢提供了汉纳根的练兵计划:

> 步队四万人,共八十营,内设总营二十个,每总营营官管带四营,每营四哨,共三百二十哨,每哨哨官一人,哨长二人,副哨长三人,棚头什长十人,护勇九人,正勇一百人,每哨勇计一百二十五人。
>
> 马队五千人,共十营,内立总管五个,每总管管带两营,每营共四哨,共四十哨。
>
> 陆路炮队三千人,用炮位一百四十四尊,分六营,立总营三个,每总营管带二营,每营四哨,共二十四哨。

---

[1]《翁同龢日记》,第2789页。
[2] 谢俊美:《汉纳根与甲午中日战争》,张海鹏等:《甲午战争的百年回顾》,中国社会科学出版社2014年版,第269页。
[3]《翁同龢日记》,第2790页。

围城炮队一千人，用炮位四十尊，分二营，每营四哨，共八哨。

工程队一千人，分两营，每营分四哨，共八哨。

五万人之外，另有主帅统将及随员粮械各员和总营统带并营管差弁，合计三千人。其中大总统一员，下设总兵衔总军师一员，总管粮械副将一员、总随员副将一员，随员都司三员，随员宁委三员，委员外委二十五员，护勇一百名，合计一百二十五人。

总兵统领六员，下设军事都司、管粮械都司、随员守备、千总、委员、护勇若干名，计五十七人。六统领中，五统领管步兵，每名管步兵统领管步队四总营，马队一营、炮队一营，合计九千人。

总营管带副将、参将二十员，统带下设管粮械、发审守备、千总医官、警官、差弁、护勇等，计一千七百人。

总管粮械都司下设运队、哨官、什长、运兵等，计二百零六人。

行营医院设都司营官、医官、管治、长夫等，合计三十七人。

以上全军统将员弁等合计为三千人。

这个新军编练计划基本上是仿效德国的军制制订的，至于具体如何编练，汉纳根结合总理衙门王大臣的问话，又向总理衙门呈递了《练兵办法》，办法共九条，内容归纳起来，约有六个方面：

一仿照德国军制，编练新军三万人，督办军务大臣、恭亲王奕訢命汉纳根为总统；一仿照西法设立军务司，总管支应；京城设军务总司，由海关总税务司兼理。遇有要事，就近禀商恭亲王、庆亲王，以免贻误。军务司下设银钱、粮米、军械、杂费四所，由军务司主政，每所遴选一名洋员经理，总粮台派四名华员会同办事。一仿西制，新军只设官与兵，不分文武两途，不列夫勇名目。一凡全军官弁，分华、洋两班。洋员虽为教习，亦系管带官；华员虽系管带，亦应学习教习之事。所有华洋官均需量能授职，评定等次。一改变中国传统的各营自行招募士兵的做法，仿照西法招募新兵，其中包括对新兵实行体格检查、官弁服饰统一等；一军律信赏必罚，官兵若有违犯，当按军法处置,照军律治罪。至于重大罪名,由华洋人员"参酌西法西律,公同酌议"。[1]

根据这个练兵办法,名义上由恭亲王为总统,实际上中国新编陆军完全控制在汉纳根手中,这便是后来他为什么不被清政府重用的原因。

九条呈上后,汉纳根仍感到言而未尽,于是再一次向总理衙门大臣呈上《再陈拟商事宜》节略一份,以作为前九条的补充。

> 再陈事宜共九条:第一条,经费购械聘洋员一则为款甚巨,或借洋款,或由大部另筹,当有一定办法。至每月饷项需银一百七十万两可否从各关税项内由各口税务司代领汇寄,或由总粮台交支应司领发,即请酌定。第二条,拟定各项局所如设新军支应司,即可由新海关照章经理。第三条,招兵一时不能足额,自应随招随练。第四条,练扎地方到天津再行定议。第五条,知照北洋应请或传旨饬遵,或由海军衙门致函照办。第六条,需马三万匹,应请兵部速查蒙古究有若干,先示大概。第七条,购买军械,纳根愿承其事。第八条,延聘洋员,前折所陈巴大人(德国驻华公使巴兰德)办理全权,即以此人代为募聘最可得人。第九条,应俟成军后再议。[2]

同年十二月,汉纳根再一次向总理衙门条呈设立新军支应司的意见。总理衙门的档案在后来的八国联军侵华战争中被毁,无从查找,但翁同龢却保存有这份材料,兹录如下:

> 拟设新军支应司:仿德国军制新练大军十万人,自开办之始,以及每月所需饷项薪水军械米粮零费等项款目浩繁,支应亦需照西方办理,庶昭融洽(每月饷项需银一百七十万可否从各关税项内由各口税司代领汇寄)。奉旨派胡臬台办总粮台,此项经费自必统由经理。第练兵大员既由洋员,应照新海关章程设一新军支应司收发银两军械等事,内外方合一气。且督办军务

---

〔1〕 陈旭麓等主编:《甲午中日战争》(下),上海人民出版社 1982 年版,第 355—357 页。
〔2〕 《汉纳根续议九条》,《翁万戈藏其高祖所遗文件手迹》卷五,军事,第十号。

大臣常川在京，练兵大员在外布置，天津固应设支应司，京城亦应设一总司名目，由总税务司兼理，随时与督办大臣商酌机宜较为便宜。至支应司章程，悉照新海关办法，即由税务司兼充，所需帮办账房文案司事官弁等人，即由税司在新关遴派，每月饷项由练兵大员同支应司开单签字向总粮台支取，由支应司给发，悉照新关每月向监督领银一式。缘军营积弊甚深，新军不可稍染旧习，新海关毫无弊窦，且与西法练军合宜，如可照办，即祈奏明请旨定夺立案。[1]

对于汉纳根的历次条陈，翁同龢从当时军情万急，力图扭转战场军事不利局面出发，认为虽有"窒碍难行之处"，但"大体可用"，主张采纳。但荣禄则坚决反对，认为如此，中国的军权和财权全部落入外人手里。荣禄在督办处，"几乎无日不与翁争执"。另一个军机大臣李鸿藻也表示反对，认为将兵权交与外人，"断无此理"。有书说："汉纳根练兵之事，李高阳颇不以为然，张小传与汉纳根素有嫌隙，在高阳前极言汉不可用，用则后患无穷。"[2]

至于胡燏棻，原本是推荐汉纳根购船练兵的，待看到他的几次条陈，也改变了态度，"直斥汉为贪利无厌"。[3]由于军机大臣意见不一，尤其是荣禄"力争不可"，加上汉纳根条陈包藏控制中国祸心，督办军务大臣会议初次议定："招募新军三万人，枪械按三万人核算，洋将宜核减，粮台当与支应局结算。"但荣禄还是认为不妥，最后会议议定"以五千人为率，四月可成，两邸（恭亲王、庆亲王）颇属意。"令明告胡燏棻去办。[4]后来胡氏奉旨督办津榆铁路，新军编练改由袁世凯接办，这就是有名的天津小站练兵。自此，翁同龢与汉纳根再无往来。

汉纳根编练新军的计划受挫后，回到了北洋海军刘公岛基地。次年四月北洋舰队覆灭，他最终离开北洋海军。甲午战后，曾一度担任新军教官。清末，他离开中国军界，转而经营井陉煤矿。1917年北京政府与德国断交，他被驱逐回国。1921年再度来华，1925年病逝天津。

---

〔1〕《汉纳根拟设新军支应局议》，《翁万戈藏其高祖所遗文件手迹》卷五，军事，第十四号。
〔2〕陈旭麓等主编：《甲午中日战争》（下），上海人民出版社1982年版，第339页。
〔3〕《翁同龢日记》，第2803页。
〔4〕《翁同龢日记》，第2803、2805页。

李提摩太像

李提摩太

李提摩太,英国威尔斯人,同治九年受英国浸礼会差会派遣来华传教。先后在山东、山西和东北等地传教,并与清政府官员结交。光绪十六年,应李鸿章之聘,在天津主办《时报》,次年任同文书会(后改名强学会)总干事,出版大量西学书籍,宣传基督教和西学知识,鼓吹变法。翁同龢在甲午战争期间的军政活动,尤其是海军船械的购买及新军编练活动,引起了李提摩太的关注。翁氏力主变更旧法,采用西法,也使李氏把他视为清朝的一位改革者,因而主动地与他发生往来,并共同商讨中国的变法事宜。

光绪二十一年九月的一天,李提摩太来到总理衙门,这是翁同龢第一次见到他。"未初晤英教士李提摩太,豪杰也,说客也。"可能谈话对翁同龢有一定的启示,所以特地记录下来。

> 记李提摩太语:尧舜周孔之道,环地球无以易。中土儒者,欧洲敬之,独养民之政衰,圣人之道将不行。五国以中国不能养民,遂欲进而代谋所以养,情已见矣,势已成矣,故中国养民之政不可不亟讲也。政有四大端:曰教民,曰养民,曰安民,曰新民。教之术,以五常之德推行于万国;养则与万国通其利,斯利大。安者弭兵。新者变法也。变法以兴铁路为第一义,练兵次之。中国须参用西员,兼设西学科,(翁注:此两事驳之。)西人在中国者四种:一公使,争权力者也;一商人,一工艺,斯两者牟利者也;惟教士自食其力,不务功名,故心较平。中国待西人以税务交一人则太过,以直雇工匠则不及云云。[1]

_____

〔1〕《翁同龢日记》,第2888、2889页。

同月，李提摩太向总理衙门呈递奏折，奉旨交总理衙门核办。十月，李氏由会文书院总办刘海澜陪同，又一次与翁同龢相见，这一次翁"与之谈道，次及政事，旋及教案。余以二端要之，曰教民何等人当斥，教士何等事应退，令彼拟条约共商。既而樵野（张荫桓）入坐，遂驳诘，彼不甚服。李读书明理人也。"〔1〕十一月，李氏和刘海澜再一次面见翁同龢，讨论"民教相安事"。光绪二十二年正月，李氏离京，翁同龢特地前往送行。"未刻送英教士李提摩太，长谈。伊言须富民、富官，归于学人要通各国政事。其言切挚，赠以食物八匣、绸四端而别，留一照象赠余。"〔2〕李氏与翁同龢的多次交谈，一定程度上影响了翁同龢日后主张维新变法。

李佳白

除了李提摩太，主动与翁同龢交往的还有美国传教士李佳白。李佳白，号启东，光绪八年受美国长老会派遣来华，先在山东传教，后到北京，与杨锐、丁立钧、江标、张孝谦、徐世昌、张权、王鹏运、文廷式、沈曾植、沈曾桐、陈炽、褚成博等一批京中士大夫官僚结交，并加入强学会。（加入强学会的还有李提摩太和欧格讷）光绪二十一年正月，李佳白来到总理衙门，欲投奔清军，参加对日作战。"美国教士李佳白求见，欲投效军营，奇哉！余之未见。"次日，要求单独面见翁同龢，遭到拒绝。隔了几天，李佳白第三次求见，这次翁氏感到不便再予拒绝，遂同意接见："美国教士李佳白号启东，年三十七，顾长。来见。意在以言语见长，似亦通道理，盖彼国之善士也。"〔3〕此后，李佳白曾写条陈致翁同龢，与其讨论传教以及中国改革的问题，内容与李提摩太所讨论的问题大致相同。

欧格讷

欧格讷，英国驻华公使，光绪二十一年九月离任。离任前夕，曾两次与翁同

〔1〕《翁同龢日记》，2903 页。

〔2〕《翁同龢日记》，第 2925 页。

〔3〕《翁同龢日记》，第 2823、2825 页。

龢相见，力劝翁同龢等力图"新政，以期必成"。

第一次相见在九月十四日，地点在总理衙门，参加的中方人员有翁同龢，"恭邸（奕䜣）、高阳（李鸿藻）及敬（信）、张（荫桓）皆集"。英方人员有欧格讷、华必乐（参赞、代办、钦差）、朱尔典、戈颂（指翻译）。同龢感慨地说："寒甚，风雨如晦，鸡鸣不已，今日之势也。"九月的北京，天气不算太冷，但翁同龢等在战败议和的情况下，内心深感寒意沉沉。他记下欧格讷的谈话内容。

> 记欧格讷语：恭王爷为中国第一执政又国家之尊行也，今日之事，舍王孰能重振哉。自中倭讲和，六阅月而无变更，致西国人群相訾议。昨一电曰德欲占舟山，今一电曰俄欲借旅顺。由是推之，明日法欲占广西，又明日俄欲占（东）三省，许之乎，抑拒之也？且中国非不可振也，欲振作亦非至难能也。前六个月吾告贵署，曰急收南北洋残破之船，聚于一处，以为重立海军根本，而贵署不省。又曰练西北一枝劲兵，以防外患，而贵署不省。今中国危亡已见端矣，各国聚谋，而中国至今熟睡未醒，何也？且王果善病，精力不继，则宜选忠廉有才略之大臣专图新政，期必于成，何必事事推诿，一无所就乎？吾英商贸易于中者，皆愿中国富强无危险；吾英之不来华者，藉贸易以活者，亦愿中国富强无危险。故吾抒真心，说真话，不知王爷肯信否？即信，所虑仍如耳边之风，一过即忘耳。此吾临别之言，譬如遗折，言尽于此。

次日，欧格讷和恭亲王、翁同龢及其他总理衙门大臣正式告别，翁同龢又一次与欧格讷相见。"欧使临行嘱恭邸与余曰，毋忘昨言。郑重叮咛而去，意恋恋也，送于门。"[1]一些史书上把欧格讷同奕䜣所讲的"王果善病，精力不继，则宜选忠廉有才略之大臣专图新政"中的"忠廉有才略之大臣"认作翁同龢，余以为是，但此时的恭亲王对翁同龢已不如当年那样信任了。恭亲王复出后，力主议和，结束战争，同翁氏主战立场不尽相同，不会支持他去"专图新政"，后来的史实也印证了这一点。

---

[1]　《翁同龢日记》，第2890、2891页。

在甲午中日战争前，朝鲜李朝同中国清朝还保持传统的宗藩关系，朝鲜定期派遣使臣来华朝贺，这些使臣同清朝上层官员可以自由来往，诗酒唱和，书画相赠，翁同龢、徐颂阁等与朝鲜使臣的交往即是一个典型的例子。

任应准

任应准，号澹斋，朝鲜李朝吏部尚书。光绪七年奉命任朝鲜驻清朝正使。是年正月，任氏来到北京，带来了其弟任庆准（字莲斋）给翁同龢的信和诗，以及灵岩梳、信笺筒、郑穆（康熙时人）墓碑帖一、清心丸等。任庆准是二十年前随其父来华朝贺时与翁同龢相识的，当时"与仲渊侄（翁曾源）雅好，余亦与往还，曾留一饭，拳拳而别，廿年故人万里问讯，为之感叹"。[1]

收到任氏信的次日，翁同龢即前往高丽馆拜访。"饭后答拜任君，薄饮数杯，肴核不堪，火炕曲屏，脱屦而登，别有古趣，赠一诗扇，不甚佳，上灯后归。"[2]当晚作诗一首，《过澹斋邸舍承赠诗扇，依韵奉酬》：

> 春星如月雪风凉，客话无多别意长。暖阁短屏传烛早，官厨行灶煮茶香。小诗漫试凌云手，浅酒聊宽吸海肠。极目榑桑青未了，万波声里百灵藏。"万万波波"，笛中语也。廿五年前首重迴，天涯踪迹各惊咤。何期彭泽先生柳，尚寄江南驿使梅。令弟莲斋，吾故人也，为县尹，告归久矣。寿骨君家生有种，笑颜尘世若为开。蓬蒿门巷清如水，莫讶鸡林旧雨来。[3]

接着，任君回拜，彼此"笔谈甚乐"。翁同龢兴阑之余，再赋《被酒走笔简任澹斋》诗一首：

> 范公吾乡里，朱子吾服膺。伟哉鹤山翁，字字中有棱。三贤手迹同一

---

[1]《翁同龢日记》，第1584页。
[2]《翁同龢日记》，第1585页。
[3]《翁同龢集》，第737页。

刻,抱叠寄我湖田塍。不同均斋几席玩,浩气往往浮缄縢。东风峭寒雪融汁,纸窗深屋明春灯。海东嘉客忽过我,摩挲再拜喜弗胜;谓当珍藏入篋笥,世世代代贻孙曾。我官于朝如虮蝇,旧学荒落霜鬓增。长笺郑重索题句,客官听矣吾何能。范公尹公两书生,军谋边计道得明。葫芦水路同一议,竟与飞将争骞腾。考亭居敬常兢兢,鹤山守正道力凝。试观转对数札子,却虑疆圉多凭陵。长安邸舍清于水,我往叩门客不应。岂无新诗发一笑,恐非急务安足矜。营平勃碣转江海,东西一气抟鲲鹏。观书季札今老矣,呜呼吾道其终兴。[1]

二月初六日,翁同龢举行家宴,正式邀请任氏作客,并请徐颂阁、张家骧作陪。"欢饮酣畅,玉山颓矣,此君笔调不俗,亦尚能饮,喜其无浮浇之气,戌正始退。以朱子《系辞本义》稿帖赠之。"[2]翁同龢是光绪皇帝的老师,书名远播海内外,海东所重。此后一连数日受任君之托为高丽人写字、屏幅、联对数十副,分赠闵杓庭尚书、闵芸楣侍郎、任澹斋之弟思斋、莲斋等人。

月底,前往四驿馆为任君送行。再和任君诗一首:

银烛同趋紫陌尘,班心喜见鹤精神。谁知东海来朝客,竟是中州朴学人。前贤立志事终成,风俗先从礼教明。我是嵩阳老居士,送人万里不胜情。旅雁何须说稻粱,敝庐乔木久荒凉。露莲别有神仙宅,输与高人自在香。[3]

约任君及郑君、洪君三人于徐颂阁寓所,由翁、徐作东,为之饯行:"笔谈之外,兼问方言,以为笑乐,颇酣畅。……郑君必欲得余题画诗,乃携归就灯下戏作一律送之。甚倦,亦甚乐也。"[4]

当时中韩使团往来主要有水陆两路,但多半走陆路。此次任应准一行由陆

────────────

[1]《翁同龢集》,第737页。
[2]《翁同龢日记》,第1586页。
[3]《翁同龢集》,第738页。
[4]《翁同龢日记》,第1587页。

路回国，从京师出发，经山海关、沈阳、安东、义州一线回汉城。途经山海关时又捎一诗给翁同龢，翁氏深为感动，也赋《和任澹斋山海关见怀》一诗：

渝关见月远怀人，行札封题意倍亲。隔海论交今有几，频年入梦是何因。来诗语意。官因懒散常思退，书为遗忘不喜新。欲识瓶生近来状，鸥夷犹点属车尘。[1]

翁同龢与任应准的交往是甲午战前清朝士大夫官僚同朝鲜李朝使臣交往的一个缩影，体现了浓重的中华文化情结。中日甲午战后，朝鲜为日本所控制。1910 年，正式为日本所吞并，沦为日本的殖民地。

金重容　曹东谷

翁同龢告别任应准的第二年正月，在徐颂阁寓所又结识了朝鲜驻清朝使臣金重容。金氏，字益容，号石山，李朝礼部侍郎，当时年已六十三岁，痰喘咳嗽，身体很不好，但热情，好结交中国士大夫官僚。彼此相识不久，翁同龢即邀金氏便饭。手书笔谈中，金氏出其所著，同龢说，金氏"所著散体文，甚古雅，具有韩、欧轨范，叹赏不已，且内愧也。"[2]此后金氏一日数书，必欲再来，翁同龢"以外交之戒辞之"，金氏复函怏怏，表示不快。翁同龢不得已，表示再彼此聚会一次。这次金氏携来了三人，其中一人即曹东谷，为李朝内阁学士。这次翁同龢邀请了徐颂阁作陪，翁斌孙亦参加了接待。金氏向翁同龢赠送了白参、宣纸，同龢一概"却之"。席间，金氏即兴赋诗，同龢说"金诗笔亦老健"。曹氏出示尊人遗墨，请同龢题字。数日之后，徐颂阁的朋友吴慎生（字均金，内阁中书）假坐徐氏花园"苏园"宴请金氏一行。吴氏擅画，当场画了一幅《苏园清话图》，应金氏请求，翁同龢为是图题诗一首，以志纪念：

---

〔1〕《翁同龢集》，第 743 页。
〔2〕《翁同龢日记》，第 1684 页。

图为吴慎生舍人作，以赠朝鲜使臣金益容。苏园，徐颂阁所居也。

白发苍颜老秘书，苏园何幸集簪裾。似闻海国称三绝，未必吴趋尽六如。是日坐皆吴人，六如居士，吴中明贤唐寅也。题扇大书风格古，送诗小札角筒粗。往来侍史喧腾甚，应怪吾侪习气迂。

近来邹衍喜谈天，环海瀛洲路渺然。不见异书终缺事，偶论丹诀亦前缘。要知骑鹤方成道，欲学屠龙岂计年。此是吾侪真实意，未应藉醉爱逃禅。[1]

同月底，金重容一行回国，翁同龢作致任庆准兄弟函各一，又寄莲斋石鼓文一份，托金氏携归转交。金氏作告别诗，翁同龢又和诗两首，并寄任庆准一首。"金老来诗，深细老苍，又送大扇一柄，云其君所赠。"[2]由于年代久远，金氏的来诗和翁同龢的答诗我们已看不到了，然而可以肯定地说，彼此都是借诗传颂友情。

〔1〕《翁同龢集》，第 744 页。
〔2〕《翁同龢日记》，第 1688 页。

（十二）拔贡、会试同年

在翁同龢的人际交往中，关系比较密切的有他的会试同年谭钟麟、薛允升、沈秉成、延煦以及早年拔贡同年任道镕等人。翁同龢平日与他们保持书信往来和人事接触，值得一述。

谭钟麟

谭钟麟，字文卿，号云觐，湖南茶陵人。即后来任南京国民政府主席的谭延闿、书法家谭泽闿的父亲，伊铭绶的孙外公。1896 年 6 月（光绪二十二年五月）某日，谭的孙女婿伊铭绶（佩之）来看望翁同龢，"言文卿第三子，年十九，才学并好。其次孙得拔贡矣"。[1]这里讲的第三子即后来的谭延闿。

谭钟麟为咸丰六年的进士，翁同龢为是科状元，因此他们成为会试同年。谭钟麟授编修，供职翰林院。同治初年任江南道监察御史。他认为御史上书言事，弹劾当道，当"效忠补阙，深维国家利便"，而不应"毛举细报"，更不应拉帮结派。1865 年（同治四年），恭亲王奕䜣突被严旨罢议政。他上疏抗辩，指出恭亲王自议政以来，夙夜在公，尚无遗误，如今海内多事之秋，全赖上下一心，共资康济，而于懿亲为尤甚，若庙堂之上，先启猜疑，根本之间，未能和衷，骇中外之视听，增宵盱之忧劳，于朝局实有关系。最后慈禧出面，仍令恭亲王在内廷行走兼管总理衙

---

[1]《翁同龢日记》，第 3029 页。

谭钟麟像

门。谭氏此举,尤其是他的刚正不阿、敢言直谏,赢得了同僚的敬重。同年底,谭钟麟外任杭州知府,翁同龢亲为饯行。谭氏在任抚恤流亡,清理狱讼,整顿赋税,修筑海塘,颇多建树,巡抚马新贻"密保其才可大用"。1868 年(同治七年)擢河南按察使,旋丁母忧回籍。1871 年(同治十年)起复授陕西布政使。两个月后,翁同龢的母亲去世,时任陕西巡抚的兄长翁同爵丁忧去任,由谭钟麟护理巡抚。当时左宗棠正用兵西北,各省协饷和物资都经陕西汇积,需人经理,谕旨遂授谭为陕西巡抚。此后与翁同龢保持书信往来。1879 年(光绪五年)调任浙江巡抚后,曾以新刊《所安集》见寄。当时江苏在浙江任官的人不少,常请翁同龢出面荐吹。翁同龢致函谭氏:"同乡官浙者多,不免干请,置之而已。"[1]谭钟麟升任陕甘总督后又寄给翁同龢《续通鉴长编》一部。作为回赠,多年后翁以《苏斋(翁方纲)题茶陵李文正像轴》寄谭,并用苏斋韵题诗数首:

航航怀麓集,岂点弇州文。退谷有公论,遗编得琐闻。顷得孙北海《畿辅人物略》,李文正一传云:以武籍隶金吾,史作戍籍,误。

祠荒太仆楼,墓冷畏吾云。史笔争时局,何人恕相君?

太息孤危迹,踌躇尚论中。赋诗吾辈事,补竹昔贤风。覃溪(即翁方纲)有《西崖补竹图》。

谭子尔何意,苏斋客岂同。平津一樽酒,暂遣百忧空。徐荫轩(即徐桐)同

〔1〕《翁同龢集》,第 272 页。

人作东坡生日，文卿以是图往，未遑展拜也。[1]

　　西北回民起义虽已平定多年，但在陕甘仍驻扎数万军队，协饷来自内地各省关，成为户部和各省沉重负担。各省关拖欠，驻军急催，户部只得先行垫拨。1884年4月（光绪十年三月），翁同龢在一次致谭钟麟函中说："安西置将本已椎破铜山，近又各拥节旄，几成九节度之势，后患方长。农曹一疏，字字见血，若阁下主持之，毅斋（刘锦棠）左右之，勿为有力所扰，勿为丛说所蔀，则朝廷灼知西师利弊，即幕府可撤，兵符可并，吏民之观听可一，中原之喘息可舒，在此举矣。"[2]后来经户部奏请，甘新驻军裁减定额，并在新疆实行屯田，西北驻军饷需才逐步得以解决。他们还围绕新疆建省谈了各自的看法。翁同龢在一次复信中说："西陲饷议，鄙意当以关内营制裁损边兵，不宜以中原官制控绳边吏。关内营制何制也，公数年来竭精擘画者是也。简将校，汰空粮，择阨塞，速驲传，则二万五千之众屹然而有馀威矣。曩者行省之议，乾嘉通人固尝而言之，大抵欲以屯丁易屯兵，意在移八旗子弟稍稍耕牧于天山瀚海之间耳。今则强邻压境，非此辈柔胞所能当，且移居巨费，又安所出乎？无民则无令长，无令长则无监司，无监司则无督抚。汉唐之制，戍卫校尉，乌桓都护，皆以宿将典重兵。我朝参用其法而版图益廓，设官益繁，真有椎破铜山之虑。凡各城大臣一概宜罢，旗兵则统归一将军，绿营则统归一提督，而督抚且缓设焉，此所谓予其实而遗其名者也。尊议卓卓，何啻聚米画沙。"[3]我们不清楚谭氏新疆设省的具体意见，但翁同龢是主张循名责实，维持现状的。同年十一月，翁同龢调任户部尚书。"菲材当此剧任，不甚惊惧。"在次月给谭钟麟的信中也说："弟自到农曹，无片刻安闲，公事多不应手，窃欲效二疏遗轨，所以迟迟者，国恩未报耳！撑一日是一日，尽一分是一分，此平生之志，亦与兄所共期者也。"[4]稍后还向他谈了户部经费为难的原因："事有大难，京饷、海军、东边、洋息，一时并集，加以瀛台液池之兴作，神皋跸路之修治，其繁费实无纪极。内府不足，取之各府，各府不足，取之各路，于是行省扫地尽矣。江南之不

〔1〕《翁同龢日记》，第2539页。
〔2〕《翁同龢集》，第293页。
〔3〕《翁同龢集》，第294—295页。
〔4〕《翁同龢集》，第309页。

能供老湘营,其一端也。"[1]函中直接点出了朝廷大兴土木是财政窘困的一个原因。1887 年(光绪十三年),河决郑州,谭钟麟筹解银六十万两支持户部堵塞决口,令翁同龢大为感动。西北苦寒,统军辛苦。谭钟麟久患目疾,一眼失明,决定奏请开缺。此前他多次写信给翁谈及自己的这一打算,翁同龢表示不赞成。1885 年 7 月(光绪十一年六月),翁同龢在一次回信中说:"昨专人至,闻有引疾之疏,益辗转不能释。鼎轴之躬,锁匙之寄,两者皆关系不小,若仅是目疾尚无碍。坐照安西万里馀,规模初立,公与刘公(刘锦棠)张弛而权衡之,可致数十年之利,他人即有此精力断无此气魄也。朝廷必不允准,此事还当审思。"[2]劝其不要开缺。并两次寄去吉林人参。但谭钟麟久治不愈,还是决定奏请开缺。1888 年(光绪十四年),谕旨同意了他的请求,准其回籍调理。1891 年(光绪十七年),谭钟麟眼疾渐愈,奉诏回京。以头品顶戴授为吏部右侍郎,不久改为户部左侍郎,与翁同龢同值一部,但半年不到就外任闽浙总督了。翁同龢谈起与谭氏合作共处的情形,不无感慨地说:"老督抚阅事多,非吾所及。"[3]谭氏临行前将所购洋椅赠给翁氏,并将自己的轿夫"淮上人八人"转雇给他,翁同龢自此开始坐轿上班。

谭钟麟就任闽浙总督后不久,即发生德化盐民滋事事件。目睹闽省盐务疲惫,上奏请免盐厘,以恤商艰而苏民困。折中说"德化兹事……是因私多而抑配,因抑配而扰民,竟委穷源,厘金实是阶之厉",指出"闽盐自有厘金以来,本重价昂,销数日绌,民则困于食,贵乐于趋私,禁令虽严,刑章甘蹈,私枭日重,讼狱繁兴,民之生机感矣。商则课厘并征,追呼日迫,掩前挪后,欠款累累,典借俱穷,支持无力,商之脂膏竭矣。"他说:"厘金一项,当时原奏系充军饷。昔日军书旁午,商等毁家纾难,既已竭力于前;今则军务久平,商等力尽帮危,宜蒙矜恤于后。"要求请免八万厘金。奏折洋洋三千言,合情合理,但送到户部那里,还是没有答应。当时正值甲午战争,军情万急,需饷浩繁,根本无暇顾及此事,也不可能减免厘

---

[1] 《翁同龢集》,第 317 页。

[2] 《翁同龢集》,第 312—313 页。

[3] 《翁同龢日记》,第 2572 页。

金。谭钟麟对户部的驳诘非常愤慨。[1]翁同龢亦知谭氏于此事不满,特致函表示歉意。"沮格闽盐减课,至今抱愧。"[2]

甲午战争爆发后,谭钟麟积极布防,任命唐景崧、刘永福积极防守。又协助翁同龢向德华银行借款,购船添械。1894 年 8 月(光绪二十年七月),翁同龢在致谭钟麟的一封信中写道:"息借德华款能大加扩充否?除去镑字,即八厘何害?台湾得唐、刘当佳,长门天险,筹笔已周,可无忧矣。"[3]甲午战后,谭钟麟调任两广总督。广东多盗,赌风尤甚。上任后奏罢赌饷,封禁赌馆,议禁闱姓,遭到一部官吏反对。他复上疏争之,禁令始行。他到广东后,曾将治政情况写信告诉翁同龢。1897 年(光绪二十三年)翁同龢在一封复信中写道:"手教敦勉,三复流涕,知交遍宇内,独先生以道义相勖耳,别纸敬聆。南海公(指张荫桓)来,具言先生精神强固,政事恢张,为南天一柱。佩之(伊铭绶)晤面想述鄙况也。"[4]1898 年(光绪二十四年)翁同龢开缺回籍后,谭钟麟仍与其保持联系。是年八月,他致函告诉翁同龢决意开缺,翁氏复函中说"公有不可去者三:九重不使去,朝论不容去,即公自处亦不宜去,欲深思之。楚勇不如粤勇得力,老吏不如书生得力,左右防欺,牌坊防匿,此走之狂谈也。时事如此,人情如此,撑一日是一日而已。"[5]戊戌政变发生后,翁同龢被革职永不叙用并交地方编管,尽管如此,谭钟麟通过自己的晚辈用口头或书面代传,表示慰问,这使翁氏大为感动。1899 年 2 月 4 日(光绪二十四年十二月二十四日),翁同龢致谭钟麟一信,信中说:"老人前后所示皆真实语,亦身心切要语,未之敢忘。但贱子已坠修罗中,难可解脱,破衲补不起,乌能担荷三宝哉!昨夜狼入我室,群号者四集,白棓已析,念咒不灵,只索以身偎之,可叹,可叹。迫夜草草不次。松禅顿首。"[6]由于失去自由,无法敞开心扉向知己诉说自己的危险处境,函中只能用暗语来表达了。

广东与港澳相连,交涉日繁,谭钟麟不行其志,乃以病求去,疏五上而不允。1899 年 11 月(光绪二十五年十月),谕旨始命来京陛见。次年慈禧万寿,恩赏戴

---

〔1〕 中国第一历史档案馆,奏档,光绪二十年一号,内政官制礼仪赈济卷。
〔2〕 《翁同龢集》,第451页。
〔3〕 《翁同龢集》,第461页。
〔4〕 《翁同龢集》,第482页。
〔5〕 《翁同龢集》,第490页。
〔6〕 《翁同龢集》,第496页。

双眼花翎,5月(四月)入京,谕准开缺留京当差。8月(七月),八国联军进攻北京,慈禧挟持光绪帝逃往西安,他以年事已高,"衰疾不能从,乃乞归"。[1]1905年(光绪三十一年)在籍去世。事闻,赐谥"文勤"。

延煦

宗室延煦,字树南,满洲正蓝旗人,父亲庆祺曾任直隶总督。咸丰六年,延煦考中进士,与翁同龢为会试同年。同治元年底,翁心存去世,因常熟当时为太平军占领,灵柩一时无地暂厝,延煦慨然出借老家昌平核桃园墓地安葬。翁同龢对此心怀感激,"追惟旧事,恤我丧纪者,惟斯人耳"。[2]延煦在学术上无所表现,翁氏与他也是一般性的交往。但他生前有两件事值得一提:

一件是光绪十年七月,光绪帝万寿节,左宗棠未随王公大臣在乾清宫行礼,延煦时任礼部尚书,遂上书参劾:"左宗棠职居首列,鸿胪引班时,竟步出乾清门,不胜惊诧,国家优礼大臣,宗棠被恩尤重,纵捐顶踵,未报万一,乃躬履尊严之地,绝无诚敬之心。如曰遘疾,曷弗请假?而必故乱班联,害礼负恩,莫或斯等!"[3]左宗棠因在西北用兵多年,患了严重的关节炎,跪拜非常困难,翁同龢等都知道,相见时一概免此礼节,所以对延煦此举不以为然。甚至连慈禧太后也知道他跪拜不便,予以谅解。延煦的奏参引起了不少大臣的不满,左宗棠毕竟为国出了大力,这样做,未免苛求了他。为了平息舆论,慈禧让醇王出面,"参劾延煦劾左宗棠行礼不到,意在倾轧,交部议处"。[4]吏部议以延煦"言语过当",奉旨将其革职留任。而左宗棠深感遭满蒙权贵排斥,不安于位,不久经奏准外任两江总督。

一件是逼迫慈禧向东太后陵寝行礼。光绪十二年正月,慈禧太后和光绪帝谒东陵,延煦派为随扈大臣。到了慈安陵寝前,慈禧"不欲行拜跪礼",延煦"持不可,面诤数四。方是时,太后怒甚,礼部长官咸失色,延煦从容无少变。太后卒无以难,不得已跪拜如仪"。[5]延煦"起家贵介,以文词受主知,而立朝大节侃侃无

〔1〕 蔡冠洛:《清代七百名人传》,中国书店 1984 年版,第 543 页。
〔2〕《翁同龢日记》,第 2133 页。
〔3〕〔5〕 参见《清史稿》卷四百四十二。
〔4〕《翁同龢日记》,第 1898 页。

所挠,士论伟之"。这在当时是极为少见的。

1887年3月(光绪十三年二月),延煦因病去世,翁同龢闻悉,特前往致悼。"树南于今日辰刻竟逝,此兄待我不薄,核桃园茔地平生衔感。"[1]

延煦有子名会章,光绪二年进士,历官理藩院侍郎。会章颇有父风。1898年(光绪二十四年)戊戌政变发生后,有见汉族京朝官惨罹者众多,他"独奏论刑狱贵持其平,不当以满、汉分畛域,言人所不敢言,论者谓其伉直有父风"。如此敢言,同样了不起。

薛允升

薛允升,字云阶,一写云陔,陕西长安人。咸丰六年进士,翁同龢会试同年。薛允升进士及第后,授刑部主事,出任江西赣州知府、四川成绵龙道、山西按察使,光绪五年擢山东布政使。旋因破获境内盗案,次年奉召回京任刑部右侍郎。在任以刑名关系人命,穷年研究历代律例,结合审案,若有心得,笔之于册,有《读例存疑》数十卷等书。自仕京后,除了多次奉旨参与乡会试阅卷外,还参与一些由翁同龢等负责查办的重大案件。1883年(光绪九年),他参与了云南军费报销舞弊案的量

薛允升像

刑定罪。针对惇亲王认为的有关官员处分过轻的说法,他和翁同龢依据有关律例进行了批驳,最终坚持案外一个不放过,案内一个不加重,所有涉案人员一律按律治罪。他重视人才。1894年(光绪二十年),他与翁同龢等被命为殿试读卷官,在录取张謇为元的问题上,支持翁氏。他为官正直,不阿权贵。1896年(光

〔1〕《翁同龢日记》,第2133页。

绪二十二年),太监李苌材、张受山聚众行凶击杀抓捕官。李莲英和慈禧太后公开要他对李、张从轻发落,他不为所动。最终将张氏处以斩立决,李氏判为斩监候。人们对他法不阿贵、认真执法的做法表示钦佩。由此不为李莲英等所容。次年,其从子薛浚"关说受贿",御史张仲炘和蒋式芬先后论劾,薛允升"坐不远嫌",吏部将其"降三级调用,不应重私罪。薛浚罚俸九月,其馀堂司或降革留或罚俸。"[1]被贬为宗人府府丞。次年,遂以病告归,从此与翁同龢中断了联系。1900 年(光绪二十六年),慈禧和光绪逃到西安,他带病迎驾。起用为刑部侍郎,复授为尚书。两宫回銮,以老病辞,旨不允。结果病死河南途中。

沈秉成手迹

沈秉成

沈秉成,字仲复,浙江归安人。父亲沈功枚,字桐川,曾任陕西岐山县令。沈秉成咸丰六年进士,授庶吉士,与翁同龢为会试同年。庶常散馆考列一等,授编修。他崇奉黄宗羲、顾炎武,力主经世实学。1861 年 4 月(咸丰十一年三月)参加张祥河、王宪成、翁同龢等祭祀京师顾祠的活动,主张顾、黄从祀孔庙。但他又笃信佛教,"仲复好诵《楞严经》,人不知也。前日在报国寺扶乩,乃云伊前生乃永春寺老僧,哔《楞严》四十年,一念堕落,遂至于此。听经一鹤乃已仙矣。"[2]1866 年(同治五年),沈秉成妻及二子因染白喉病,先后去世,接着是父母相继谢世,这一连串的事情对他打击很大。1873 年 3 月(同治十二年二月)任上海道。翁同龢丁忧在籍,顺便游览上海,"拜沈仲复上海道。讲二

---

〔1〕《翁同龢日记》,第 3087 页。
〔2〕《翁同龢日记》,第 402 页。

时半,听谈外国事,夷场起大东门,历小东门、新北门、旧北门止,夷楼如云,光怪夺目"。[1]上海的变化给翁同龢留下了深刻的印象,对他后来支持洋务活动产生了不小的影响。他后来委托亲友订阅《申报》也与此有关。翁同龢侄儿翁曾源因病在籍,经济拮据,经他关说,由曾源代阅上海县学书院课卷,以所得修金贴补家用。沈秉成画有一幅《鲽研庐图》,贻书示同龢。翁氏欣然为之题句:

> 汧阳之山有异石,外璞中文,鳞鬣飞动,是伏工之□也。造物者中有无为之,适然而已事乎! 剖之、琢之、铭之、什之、袭之,风霜之夕泓凝,然墨花既腾,旁流石上,舒笑在人,岂有意为之乎? 适自然而已耳! 是人工之巧也,孰使之而孰合之,适然而已耳! 天下惟适然者最可喜,而文字之乐可著于无穷,此则君子所以图也。敢识数言以稔吾友。[2]

光绪元年擢四川按察使。次年因病开缺。1885 年(光绪十一年)任总理衙门大臣。1887 年(光绪十三年)外任广西巡抚。次年改任安徽巡抚。1893 年 7 月(光绪十九年六月)顺直暴雨成灾,他捐银千两助赈。次年 7 月病逝苏州。

沈秉成有女儿名白凤,字寿慈,号吟侣,绘有一幅《皖江文宴图》,画的是沈秉成抚皖时与同年员梧冈、李篁仙、王子范宴集的情景。1896 年(光绪二十二年)持此图来京请翁同龢题词。图上的人物与翁氏都是会试同年,追念当年中式情形,不由感慨万端,遂题诗二首:

> 老泪洒南天,仙兄竟早仙。循良应有传,余忝史笔。会合太无缘,数十年中合并时少。赐宴联镳日,含辛御枢年。同治初年,唁君于白云观,相持而哭。回头四十载,深谊画难得。
>
> 吴门旧栖隐,池馆一何深。谋国有长策,归田非夙心。蜃来开幻市,指苏州近事(按马关条约开辟租界)。鹤去剩空林。奇绝观生笔,白凤具仙才,故以观生阁

---

〔1〕《翁同龢日记》,第 1001 页。

〔2〕《翁同龢集》,第 961 页。

为比。斯楼高万寻。[1]

借图题咏,以悼念已故的同年。

任道镕

任道镕,字筱沅,一写小园,江苏宜兴人。道光三十年任道镕与翁同龢均参加了礼部举行的拔贡考试,双双中式。任氏考授教职,任奉贤教谕。翁同龢则以七品小京官分发刑部,由此他们成为同年。他们的考官为青麐(字龙宾,官至湖北巡抚)。咸丰中,在籍开办团练,晋秩当阳知县。青麐死后,家人生计艰难,任道镕设法接济。咸同之交,翁同龢父兄及妻子相继故去,他也不时致函慰问和接济。同治初年任顺德知府,因阻止捻军北上以及治理属境河道,为曾国藩、李鸿章所赏识,荐升道员,旋调开归陈许道。1875 年 4 月(光绪元年三月)授江西按察使。来京晋见,不忘同年,特来看望翁同龢。“留别四十金,慷慨有骨气,佳吏也。”[2]次年迁浙江布政使,旋调任直隶。在任清理狱讼,厘清积欠,储谷备荒,多所建树。七年擢为山东巡抚。疏陈营务废弛,易置统将,整顿州县,“任小园同年来见,其人能领大纲,不琐屑,能吏也。其言山东以清讼、治河,理财为大,整顿吏治为本”。[3]因此而开罪地方官吏。陈士杰上折“查明任道镕所参各款皆无确据”,并以保奖已革知府潘骏文被议,和编修林国柱起复投文预填月

任道镕手迹

〔1〕《翁同龢集》,第 812 页。
〔2〕《翁同龢日记》,第 1160 页。
〔3〕《翁同龢日记》,第 1638 页。

日失察等，对他进行弹劾，结果奉旨革职。[1]其时任道镕"正从南来，抵京而知去官，来谈极愤懑"。[2]褫职之后，降为道员。1895 年（光绪二十一年）重新起用为河道总督。年底来京晋见，同时看望翁同龢。翁氏说："小园来，今年七十三，精神步履如五十许人，可喜也。"[3]

1898 年 5 月（光绪二十四年四月）翁同龢开缺回籍，任道镕借询问翁氏为其藏画题词一事，致函慰问，"任小园书来索写件，遍寻未得"。戊戌政变后，翁同龢革职编管。任道镕全然不顾，继续与翁同龢保持联系。是年 12 月（十一月），翁同龢"得任小园书，即复之，此公于我厚矣"。[4]1901 年，任道镕调任浙江巡抚。7 月（光绪二十七年六月），任道镕知道翁同龢生活拮据，一次汇寄五百元，令穷迫中的翁同龢大为感动："得任小园书并厚赠，四海交游止此君耳，可感可感。"[5]感激之余，连夜给任道镕回了封信：

筱沅伯兄年大人阁下：

病中获手教并兼金五百，即欲力疾奉答，而起坐甚艰。今日起矣，敢布区区。弟服官数十年，故旧门生几半天下，至今而拳拳垂恤者惟阁下一人。宏济时艰，能以一身担天下之重者亦惟阁下一人，国事勿论，即如两浙先困于养兵，继困于洋务，今复困于赔款，困于水灾，非阁下谁能任之？弟在山中（放废之人），所呼吁天者，多出贤人撑此危局耳！

朝夕之资，匦益促促，得阁下如此厚贶，不能随手挥霍，期成一事，或修甓墓，或刻书以永识盛德。力乏不能多写。更有一语，吾邑官浙者多，弟从不代人干请，此后约不通问，以绝嫌疑，幸深鉴。八十老人披览晋接，精力自重不一。年愚弟翁。顿首。[6]

任道镕其时已是八十开外的年纪，而翁同龢处于革职编管，担心彼此通函会

〔1〕《翁同龢日记》，第 3645 页。
〔2〕《翁同龢日记》，第 1812 页。
〔3〕《翁同龢日记》，第 2917 页。
〔4〕《翁同龢日记》，第 3229 页。
〔5〕《翁同龢日记》，第 3390 页。
〔6〕《翁同龢集》，第 566 页。

给任氏招来不必要的麻烦和嫌疑,故"约不通问"。其实翁氏本人首先就未做到。1903 年 5 月 20 日(光绪二十九年四月二十四日),"发任小园信,贺其孙中式,以仇(实父)画《观榜图卷》赠之。"[1]1904 年(光绪三十年)翁同龢去世。第二年任道镕也去世了。两个同年半个多世纪的生死友谊就此结束。

张光藻

1870 年 7 月(同治九年六月),天津教案发生。据翁同龢日记记载说:"天津义民杀法国领事,焚其教堂两处,并杀其从人数名。先是迷失幼孩者多,或言外国割眼珠及心配照相药。有蓬匠乘高见二小儿尾一人,踪迹得之,鸣于官。知府张光藻循吏也,立置于法,狱词牵连法馆王三。因索王三,领事不与,通商大臣崇厚延致署中婉谕之,(丰大业)则手洋枪发火,咆哮而出。于是津民哄然发愤,群殴击之立毙,并杀其妇女,又杀其类十余人,皆屠肠裂腹,遂毁教堂,势汹汹至三四千人矣。"[2]事闻,京师震动。崇厚自请治罪,"有旨交部议处,并天津道周家楣(小棠)、知府张光藻、知县刘杰亦有办理不善",谕令直隶总督曾国藩赴津查办。曾国藩"言迷拐事力白无之",认为"此等残忍事野番所为,岂法国西洋大邦而肯出此,津民积有五疑,却无失据,请降明旨昭雪,将天津府张光藻、知县刘杰交刑部治罪。"就天津教案,王公大臣分为两种意见,以醇亲王、李鸿藻为代表,认为民气不可压制,津民是义举,不应对法屈服;以奕䜣为代表,主张与法国议和了结,同意曾国藩的意见,由于"恭邸持之坚,卒如曾国藩所请"[3]。曾氏还向朝廷保证,将在 8 月 26 日前结案。

张光藻,字翰泉,是翁同龢会试同年,自天津教案发生,翁同龢就对其命运极为关注。开始因朝廷意见不一,廷旨"张光藻、刘杰毋庸解部,径赴天津听勘。刘在密云、张则游历各处",曾国藩对此非常不满。自恭亲王同意曾氏意见后,张氏深知不妙,先是求助于翁同龢、祁世长;"子禾(祁世长,字子禾)以张翰泉光藻函

〔1〕《翁同龢日记》,第 3500 页。
〔2〕《翁同龢日记》,第 806 页。
〔3〕《翁同龢日记》,第 812 页。

见示，措词急切，大略谓崇公陷害，必欲将此案解部，且恐有意外之变也。"[1]又求助于吴大澂，吴氏致函翁同龢"嘱向兰翁（指李鸿藻）言天津府县事，盖荃相（指李鸿章）之意也。"[2]8月中旬，刑部正式上奏天津府县罪名，谕旨明发一道："天津知府张光藻、知县刘杰发黑龙江。"此时，张氏正在北京活动，翁同龢特地前往其下榻处看望："退访张翰泉同年光藻，观其意犹郁郁不平也，遇花潭（鲍源深）于座"。[3]

张光藻发配黑龙江后，曾给翁同龢、夏同善，祁世长等当年的好友去信，诉说自己的不幸。同治十年正月，翁同龢"于子松（夏同善）处见张翰泉同年黑龙江来函"，当即回了一封信：

> 翰泉仁兄同年左右：绝塞寓书，珍如球璧，三年不灭，岂虚语哉？前从子松处得见手书，具悉近况，退而忾叹以为士君子以一肩担道义之重，劳苦患难穷愁困辱皆天之玉成眷佑，此境最不可草草虚过，窃愿努力自爱，无为戚戚也。昔吴汉槎之在柳边也，其友顾君寄以金缕曲二阕，见者以为山阳思旧都尉河梁不足喻其悽怆，然所言者不过呢呢儿女子语耳，不足为贤者道，故以古义相勖。幸渫鉴焉。龢以母病请假一月，如天之福，幸渐即安，自惟庸下无涓埃以答知遇，犹得躬耕十亩以养以教，庶几寡过而已。冬暖雪稀，龙沙以北，别有天地。体中何如？珍重千万，津门大水，数十年所未有，想执事闻之，为之于邑也。敬候道安不一。年愚弟翁同龢顿首。十二月朔。
>
> 戊辰之秋，龢扶护南归，道出津门，承刘侯（此处指刘杰）亲至河干慰问备至，敢不能忘，今在辰韩（指我国东北吉林）起居何如？乞道相念，弟龢再顿首。[4]

以顺治朝江南士子吴汉槎罢考，被充军宁古塔，后由好友徐乾学等集资赎回

〔1〕〔2〕《翁同龢日记》，第827页。
〔3〕《翁同龢日记》，第832页。
〔4〕上海图书馆编：《上海图书馆藏翁同龢未刊手稿》上册，上海科学技术文献出版社2010年版，第2—6页。

为例，安慰张氏，珍重努力，不必悲戚自薄，振作精神，面对人生。张氏后来一说终老成所，一说回籍度过晚年。

霍穆欢

霍穆欢，字慎斋，进士。授编修。历任礼部员外郎、侍讲等。是翁同龢咸丰六年会试同年。

霍穆欢任职勤慎，郎曹数十年，谨言慎行，默默无闻。又因家境贫寒，缺少营养，一直多病。光绪十八年三月第一次担任会试副考官，这次会试的正考官为翁同龢。同年难得在一场会试中担任正副考官，翁同龢十分高兴，入闱不久，即赋诗赠霍氏：

> 粉署才名岁月深，春官秋赋一时临。祥禽未许辞阿阁，君任阁学最久。朱草还钦出上林。宗臣中君年最长。病起谈诗神愈健，老来对酒气先沉。君少年时豪饮。夜堂灯火浑如梦，怅触当年立鹄心。余与君为丙辰同年。

出闱前，再简霍氏：

> 独坐虚堂念虑深，隔墙遥喜履声临。微闻子政多封事，不独君和重艺林。直道自邀天眷顾，孤踪漫与世浮沉。自惭早识同年面，今日方能识子心。[1]

霍穆欢带病入闱后，因工作紧张，病势加重。"霍慎斋下血委顿，余请朱桂卿诊之，适匣中有极好人参一支，因以入药。"[2]出闱后，翁同龢仍牵挂这位同年。五月初一天，门人祥滨、联捷来告"霍慎斋同年昨天未刻病故矣"。同龢听后，"为

---

〔1〕《翁同龢集》，第800、801页。
〔2〕《翁同龢日记》，第2560页。

之桑梓，谋集赀养其眷。……嘱其密告诸同年赙助霍公"。[1]经翁同龢一讲，各同年闻风而动。此次考中的进士闻座师去世，知道霍氏的家境后，捐助格外活跃。"刘葆真（刘可毅）来，说霍慎斋帮分可得二千金，甚出力，可敬。"霍氏开吊之日，翁同龢亲自到场："分二十两，另赙八十两。"盛宣怀闻悉后，也助银二百两。到六月底，共募集到银四千多两："恽孟乐来，以霍慎斋赙分交来，集至四千一百馀，其人亦能矣哉！"[2]翁同龢帮助贫病的同事乃至下属不少，霍氏只是其中的一个罢了。

---

〔1〕《翁同龢日记》，第 2572 页。
〔2〕《翁同龢日记》，第 2581、2592 页。

（十三）同乡京官、前辈

　　道咸同光年间，江苏在京为官者众多，上至大学士、军机大臣、有关部院尚书侍郎，下至部院郎中、主事、内阁中书等，不下数十人。翁氏父子与他们的交往均曾对当时的朝局具有不小的影响。现依据翁同龢日记的记载，就其中与翁氏往来较多，在当时政坛上有一定影响的同乡京官（含少数浙江籍京官）尹杏农，张祥河、朱智（敏生）、朱学勤（修伯）、王文韶、朱凤标、沈桂芬、彭蕴章、钱鼎铭、钱宝廉、钱桂森、殷北镛、王宪成、杨泗孙、庞钟璐、吴大澂、洪钧、宋晋、殷兆镛、董恂、彭蕴章、彭祖贤，朱凤标、沈桂芬、徐郙、陆润庠、陆宝忠、邵亨豫、徐致祥、恽祖翼、杨泗孙、杨沂孙、季邦桢、袁昶、陈启泰、费屺怀、宗舜年、杨崇伊等作一简述。

尹杏农

　　尹杏农，字耕云，江苏桃园（今淮安市）人。道光进士。在咸同年间是一位赫赫有名的人物。1853年（咸丰三年）太平军北伐军逼近京津，惠亲王绵愉奉命为大将军，僧格林沁参赞军务。惠亲王延尹耕云入幕，参与戎机。上书论京师形势及巡防利弊。事后补湖广道监察御史。奏请授曾国藩为钦差大臣，增援湖北。1856年（咸丰六年），英法联军发动第二次鸦片战争。尹耕云会同团防大臣进疏防守事宜，并列席九卿会议。郑亲王端华"恶耕云戆直，厉色诘难，耕云抗辩数百言，不少屈"。旋以科场失察，镌级去官。1860 年（咸丰十年）咸丰帝将幸热河，"肃顺实主其谋，尹耕云以书抵之，危言悚论，慷慨数千言，亦竟不能挽救"。[1]湖北巡抚以尹氏胸有谋略，疏请起用。适都察院左都御史毛昶熙为团练大臣，奏调尹氏襄办河南军务，率千人隶属僧格林沁，与太平军作战。此后一直在地方任职。

　　尹耕云与翁同龢同乡，早在咸丰年间即有往来。"咸丰时，余兄弟（指翁同爵、翁同龢）与尹杏农耕云、贾湛田致恩、孙莱山毓汶、潘伯寅祖荫、钱迟庵桂森订昆弟交，朱修伯学勤亦与矣。"[2]当时与尹耕云交往的，除上述人外，还有莫友芝（子偲）、李鸿裔（眉生）、高心夔（碧湄）、孙楫（驾航）等。翁同龢对尹耕云很崇敬，"访杏农。杏农读书甚勤，学卷日邃，非吾所及也"。[3]尹耕云忧时忧国，言辞激越慷慨，具有战略家的头脑，确实非翁同龢所及。军机大臣文祥对其也极为赏识，惜不为载垣等所容。尹耕云对团防大臣周祖培等屈从权势，对敌求和的做法也表示强烈不满。常赋诗抒怀，1860 年 9 月（咸丰十年八月），一次在京郊榆发旅舍墙上偶见有周涛、李慈铭的题诗，兴致所至，随手题诗一首：

　　　　翠华边塞去，泪满谪臣衣。媚敌三熏沐，巴夏礼。筹兵一是非。谓光州相国（按：周祖培河南光州人）。虚闻征七郡，未见合重围。竟启岩关钥，豺狼满帝畿。偶然鸿爪过，蓦见故人名。周叔云、李苑客。珥笔知何处，叔云。穷经负此生。苑客。艰难馀一死，天地剧无情。精卫空衔石，何时恨可平。庚申八月。

　　同治三年二月，翁同龢在京丁忧。去文安书院授课，贴补家用。路过榆发，见到尹诗，同样燃起了他对庚申之变的无限感慨，遂按尹诗原韵，在尹诗后也题诗一首：

　　　　送尔出门去，秋风生夹衣。好诗留我读，旧梦已全非。世事翻棋局，清

---

〔1〕蔡冠洛：《清代七百名人传》，中国书店 1984 年版，第 395 页。

〔2〕《翁同龢日记》，第 3474 页。

〔3〕《翁同龢日记》，第 84 页。

谈铸铁围。棄街新置邸,应恤固邦畿。舜巡终不复,尧德至无名。未忍诛张禹,何曾逐贾生。艰难丁国运,水火轸皇情。莫勒中兴颂,云霄憾未平。[1]

尹耕云因与祺祥政变中被罢斥的官员关系密切,又多次公开批评当朝的周祖培、桂良等人,长期不被重用,一直在地方为官,在学问上也并无什么建树。约在1877年(光绪三年)前后去世。

杨泗孙手迹

杨泗孙

杨泗孙,字濒石,有时亦写滨石,号中鲁,一写仲鲁,江苏常熟人。杨家与翁家还有点亲谊,翁同爵的夫人杨氏即系杨研芬之女,杨泗孙、沂孙的堂姐。因有这层关系,所以翁、杨走得很近。杨是咸丰进士,曾在南书房行走,任过军机章京,经筵讲官,内阁侍讲学士,官至太常寺卿,后因严重眼疾辞官回乡。从翁同龢日记来看,杨泗孙在京之日,翁同龢与杨泗孙几乎三天两头见面,彼此遇事"长谈"、"深谈"、"相商"。同光年间,对翁家可谓多事之秋。先是翁心存因五宇官钱号事被肃顺、载垣等弄得焦头烂额,差点被逮,接着是翁同书因办理寿州绅练仇杀事件不善,遭曾国藩参劾,被逮判为斩监候。再接着是翁心存去世,翁同书谴戍新疆,最后死在甘肃花马池,平反赐谥。在这些复杂的政治风云变幻中,作为南书房行走和军机章京的杨泗孙随时同翁家保持联络,声通信息,办理文件,特别是起草奏折、谕旨都力求平稳,对翁心存的开复,翁同书的开释,可谓功不可没。当然还包括潘祖荫、董文焕(研秋)、朱修伯(敏生)、贾致恩(湛田)等一批人,均出力不小。翁同龢在与杨泗孙的交往中,也获取大量朝廷、特别是高层的信息,如恭王为同治帝首次罢黜、翁同爵任官湖南、蔡寿祺参劾刘蓉等均是杨泗

〔1〕《翁同龢日记》,第344—345页。

孙最早向翁同龢通报的，为其把握朝政大局、作出有关决策提供了不小的帮助。在第二次鸦片战争中，杨泗孙在圆明园的居处被抢，"衣物尽失"。事后，他奉旨前往热河当差，亲眼目睹肃顺的飞扬跋扈情状，断言其不会长久。翁杨的关系胜似亲兄弟，在学术上都崇尚顾炎武、黄宗羲，都是京师顾祠的致祭者，每年都要去京师报国寺旁的顾祠致祭。咸丰十一年十一月，杨泗孙夫人去世开吊，翁同龢亲自陪吊。同治改元，慈禧垂帘听政，为了解历代帝王治理得失，令南、上两书房行走编辑《治平宝鉴法编》一书，翁同龢"连日为濒石辑书"。[1]同治元年底，翁心存去世，杨泗孙负责撰写官读祭文，仍持稿与翁同书、翁同龢兄弟相商修改。同治四年十一月，杨泗孙的父亲杨研培在京去世，翁同龢亲自前往杨宅"哭襄"。同治十一年翁母去世，灵柩回籍安葬，杨泗孙兄弟亲自前往致祭。杨泗孙因眼疾辞官回籍，"在乡不与闻公事；而地方官以一乡利弊相质者，从容谋议，不厌其烦。"[2]杨沂孙去世后，翁同龢亲为撰写墓志铭。1889年8月（光绪十五年七月），翁同龢回籍修墓，在到家前七日，杨泗孙就因病去世了。待归闻悉，特地前往杨宅致悼，并以诗当哭：

> 天风送我归，七日飘轮驰。奈何故人面，靳此须史期。入门一长号，瓦灯映练帷。更读别友诗，令我摧肝脾。呜呼我与君，交情同漆黐。我气盛如云，君虑密于丝。持此两相济，亦用相箴规。君为文章伯，出入凤凰池。至今禁扁字，照耀三殿楣。我忝讲读官，谬领金谷司。耽耽千柱宫，缚篰岂能支？昨来西山庐，倦鸟一脱羁。小窗对好山，枰桐绿差差。君兮翩然来，照见须与眉。十年不见君，玉色何丰欣。我有望溪文，亦有东洲诗。更有千万端，就君决然疑。君胡不一言，慰我无穷思。大化自旦暮，乾坤尚疮痍。呜呼我与君，生死从此辞。[3]

诗中将杨泗孙的言行笑貌、办事作风，两人性格、友谊描绘得淋漓尽致，给人

---

〔1〕《翁同龢日记》，第199页。
〔2〕参见《常昭合志》卷二十，《人物志》。
〔3〕《翁同龢集》，第781页。

留下了深刻难忘的印象。

杨氏有子二：杨吉南、杨宪叔（同元），"恂谨有家法"，一直保持与翁家的往来。

杨沂孙

杨泗孙之兄，字咏春，别名濠叟，举人出身，晚清著名书法家。曾任安徽青阳知县、凤阳知府。他一直与翁同龢保持往来，曾书"紫芝白龟之室"赠翁。同龢赋诗一首记之："紫芝三秀卉木灵，白龟千年古悟聆，故人取此榜我室，自夸云篆天书铭。"

杨沂孙手迹

杨沂孙有诗文考证诸书。书法刚劲豪拓，别具一格，为世所宝。其遗诗"册为其侄妇赵书，赵之夫荫眉，秀才，今年（指光绪十五年）秋试卒于舟中，甚可嗟悼"，同龢"乃和濠叟诗首篇以题于（册）后"：

我爱濠叟诗,又喜濠书迹。濠书固不磨,炳炳见心画。篇终附短札,其意盖有择。东坡志林语,似惜百年宅。秋风吹归航,琼华陨一夕。鹍鹐复鹍鹐,人事那能必。老成洵先见,英俊当痛惜。我作巫阳词,庶返故居魄。[1]

邵亨豫

邵亨豫,字汴生,江苏常熟人。论资历,劭氏与庞钟璐同为翁同龢的前辈,但他与翁氏的关系却非常一般。平时往来虽多,但彼此几乎没有过"深谈"和"长谈"。从翁同龢日记记载来看,两人关系一般。多数情况下,是因为同乡的关系才保持交往的。邵氏待人接物似乎比较谨慎,为政也很平常。进士出身。咸丰八年任安徽学政,当时安徽正是太平天国反清革命斗争的中心区域,淮南、淮北均有太平军、捻军。邵氏自有做官的办法。同治二年他从山东文登回到北京。"邵汴生自山东文登来,到庙致奠(翁心存),坐谈良久,伊自安徽学政告病后,全家住山东,数迁而至文登。文登风俗朴厚,负山带海,可称乐土。"回京后迁詹事府右中允。同治四年升翰林侍讲,旋转侍读,与翁同龢等一起在实录馆参加编纂文宗(咸丰)实录。同治五年翰詹大考,他的试卷写得"枯而扁",较差。次年他本可升为鸿胪寺少卿,但没有被授予,为此"怏怏"。同治六年再放福建学政。十年任满回京,请假两月,回籍修墓。直到是年才授为吏部左侍郎。同年底翁母去世,新任陕西巡抚、翁同龢的兄长翁同爵回籍丁忧,廷命邵亨豫接替他的职务。陕西巡抚职务繁重,不但要镇压境内回民起义,还要为各路军队筹措粮饷。他干了几年就以年老多病为由,于光绪元年陈请开缺,获旨允准。经过一段时间休息,体有恢复。1877年(光绪三年)应翁同龢之约,与祁世长、夏同善一起,四人同游彰仪门外南泡子,坐舟观看荷花。兴致所至,同龢赋诗四首,记叙了这次郊游。

一溉欣然万汇青,化工回斡妙无形。泰坛露祷天能格,阊阖嵩呼雨亦

---

[1] 《翁同龢集》,第781页。

灵。遗种蝗蝻应尽洗，瞀鸣鸿雁可堪听。会教扶寸崇朝遍，不独镘鈆山下亭。山右奇旱，而东南亦有飞蝗。

韦杜城南水一湾，名区岂别远尘寰。来从丹洺东西汇，流向金谯左右环。钩盾有田容万户，画檐无障纳群山。种花野老犹能说，銮辂当年数往还。南淀俗呼为南泡子，有亭，乾隆三年建，其东为赴南苑跸路经行之地。

溽暑初收雨过天，朋辈小集亦良缘。鞭鸾笞凤从吾辈，水珮风裳有众仙。老去诗篇多感旧，醉中心事苦筹边。不知天马徕何意，朝秣昆仑夕刷燕。

寂寞空山久索居，三年长闭鸽峰庐。买田拟种千竿竹，引水才分一寸鱼。誓墓不成常恻恻，挂冠未忍故徐徐。浮生只合江湖老，惆怅扁舟白发馀。[1]

七月四日，翁同龢与邵亨豫、夏同善、祁世长等又一次游览了后湖，观荷寻景，邵亨豫兴来赋诗，翁同龢次韵奉答：

词源三峡涌波涛，走送频烦侍史劳。书与诗人俱不老，花如名士自然高。寻芳最喜同携屐，弄水还应浅著篙。默数纛丝常叹息，近来退尽笔锋豪。

轻衫团扇午风凉，可惜乌篷漏日光。万事尽如秋在水，几人能识静中香。对拈险韵真诗将，解纳清流亦谷王。此地旧名"西海子"。纵使化身千万亿，可容湖海恣徜徉。

西涯种竹忆名流，虾菜亭边烟雨收。小幅诗龛诸老笔，梧门学士卜筑西涯，写诗龛图寄意，一时名流题咏殆遍。高牙画舫古时秋。元时此地舟楫最盛。好花依旧开千顷，归客无因卜再游。一笑来去浑不定，平生踪迹等沙鸥。

回首秦关揽辔徐，三峰秀出碧芙蕖。力扶元气凋疏后，静敛神功战伐馀。投绂君轻八州督，收竿我访五湖渔。篓中亦有凌云赋，未敢空言托子虚。[2]

---

[1]《翁同龢集》，第726页。
[2]《翁同龢集》，第727页。

　　数年之后，他们再次游览南泡子，什刹海秦氏花园和天宁寺西泡子，观赏荷花。这次，翁同龢写了一首《游秦氏林塘次汴生子禾韵》诗，记述了游湖赏荷之行：

　　　　居然青雀系蓬门，旋觉轻桡雪浪喷。暗水过湖偏作态，好云胃树太无根。入秋花似将归客，和韵诗难不著痕。便拟放舟东海去，胸中云梦已全吞。[1]

　　事有凑巧，光绪三年，翁同爵病逝湖北巡抚任上，接替的不是别人，又是邵亨豫。光绪四年，调任湖南巡抚。终因年事已高，不耐繁剧，次年经奏准回京供职。他入京后，因无具体职务，几无事可做。后授为吏部右侍部。1882年（光绪八年），邵亨豫中风几死。次年在家中溘然长逝。翁同龢闻讯，特前往致悼，"闻邵汴生前辈于今日丑刻长逝矣，为之挥泪"，"余以三十年故交一恸即归，归后剧病三日。"[2]有二子：邵松年（伯英）、邵椿年（季英）。

庞钟璐

　　庞钟璐，字蕴山，号宝生，又号知非，江苏常熟人。晚清常熟有翁、庞、杨、李、归、言、屈、蒋八大姓，庞姓仅次于翁姓，位居第二。庞钟璐一支，从高祖起以耕读相传。祖父庞敬熙，著有《群经献疑》十卷。父亲庞大堃，嘉庆举人，官至国子监学录，一生治音韵之学，著有《形声辑略》等书，晚年主讲游文书院。由于父亲在京为官，庞钟璐的启蒙教育主要由祖父负责。直至祖父去世，父亲回籍丁忧，才由父亲教读诗文，学作制义。道光十九年入县学游文书院学习。其时翁心存正在籍"告养"，受聘主讲游文书院。因此，拜翁心存为师。

---

〔1〕《翁同龢集》，第729页。
〔2〕《翁同龢日记》，第1791、3838页。

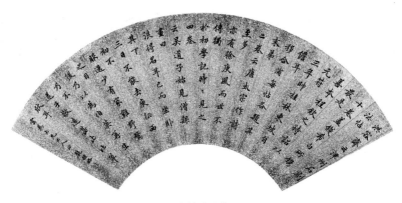

庞钟璐手迹

　　翁同龢称庞钟璐为宝生前辈,因为庞氏出身早,资格老。1847年(道光二十七年)庞氏考中进士,殿试时为一甲第三名,探花及第,授翰林院编修。庞氏虽资格老,但对翁同龢一家关心备至,十分敬重。他们的母亲"亲如姊妹",他们之间的关系用吴望云的话说,"以为宝生知己惟吾两人耳"。[1]1849年(道光二十九年)翁同龢回南参加金陵乡试,作为翰林编修的庞氏毫无架子,冒着大雨前往送行。直到七年后的咸丰六年,翁同龢才考中状元。此时,庞氏已为内阁学士,署工部侍郎。同年六月,庞大堃去世,庞氏回籍丁忧。十年三月,太平军第二次击溃江南大营,直下苏常地区。五月,清政府设立江南团练局,庞钟璐被命为钦差督办江南团练大臣,要他组织团练,收复失地。次年春,李秀成率太平军第二次进攻上海,江苏巡抚薛焕呈奏"借夷会剿",中外会防。庞氏在复奏中力言清军兵力单薄,不妨"从权"办理,但他始终认为非派大军不足以归复苏常,请求咸丰帝饬令曾国藩统兵来沪平吴,并和江浙官绅温葆琛、殷兆镛、顾文彬、曾伯玮、吴云等联名上书曾国藩,请以奇兵万人东下平吴。并派钱鼎铭等前往安庆曾营乞师。庞氏还致函在曾营办理文案的会试同年李鸿章,要他在曾氏面前帮忙,促成此事。同年三月,李鸿章率淮军八千人冲破太平军长江防线,到达上海。安庆乞师和李鸿章率淮军来沪这两件事表明了曾、李与庞氏在镇压太平天国起义这点上的一致。此后,曾氏参劾翁同书恐怕也非庞氏所料及。庞氏后来与翁同龢虽时相过从,但绝不言这些事。

────────────

〔1〕《翁同龢日记》,第1279页。

1862 年(同治元年)团练局撤销,庞钟璐率领全家渡海回京。其间,翁同龢与他除了几次通信,并无联系。庞氏回京后,任礼部右侍郎。是年底翁心存病危,他多次前来探望,去世后,他亲自主祭。此后,几乎三天两头前来翁宅往问。同治三年,翁同书谴戍新疆,他携酒带肴亲来送行,非常感人。同年,他奉派为湖南乡试考官。调任顺天学政。嗣后回翔于户、兵、吏、工、刑部和都察院诸部院。他为官清介,深谙民情,为人稳慎,办事认真。虽与翁同龢多有往来,但很少议及官场上的人与事。同治十年擢为刑部尚书。

翁同龢与庞钟璐交往最多是在同治十一、二年间,那时两人均丁忧在籍。海虞是书画之乡,两人毕竟是饱学之士。同治十二年七月,他们一起至罟里村铁琴铜剑楼藏书楼,在瞿敬之、瞿濬之兄弟陪同下,阅看了所藏宋椠诸本,诸如《易疏》、《易》王弼注、《毛诗》巾箱本、金刊《书经》蔡传、《书疏》、《公羊》何注、《史记集解》北宋本、《陶渊明集》、《曹子建集》、《朱晦庵全集》、《司马文正集》等,如游群玉,目不暇接。[1]他们还一起"以毛本与宋刊《前汉书》校《古今人表》一卷。"[2]在宝慈桥旧山楼赵宗德、赵宗建兄弟处"看王石谷画桢,廉州《虞山十景》图册。"[3]兴趣所致,还请无锡画家华志清为他们画像,"宝生极似,余亦得七八分"。其间,他们还同吴冠英讨论金石,与杨沂孙等讨论籀古,请吴灌婴拓钟鼎彝器。同治十三年正月,翁同龢服阕前夕,他们还邓尉探梅。游览了苏州、木渎、端园、灵岩、光福镇、虎山桥、元墓、圣恩寺,蒔光连亩,道多绿梅。登万峰台,眺太湖如画风景。[4]

1876 年 6 月(光绪二年闰五月)庞钟璐因病在籍去世。翁同龢闻讯,十分悲痛。"庞宝生于本月初六日长逝矣,其子炯堂以是日午刻到家,伤哉伤哉!"因庞家在京师无人,同龢"明日拟哭于野"。[5]庞钟璐照尚书例赐恤,谥文恪。遗著有《知非录》。受庞家之请,翁同龢撰写了庞文恪墓志铭。《常昭合志》对庞氏评价较高:"卅年京宦囊橐萧然,周历六官,供职勤慎,其衡文尤为人所推服。"庞钟璐

〔1〕〔2〕《翁同龢日记》,第 1026—1027 页。

〔3〕　　《翁同龢日记》,第 1032 页。

〔4〕《翁同龢日记》,第 1033、1055 页。

〔5〕《翁同龢日记》,第 2503 页。

有二子:长子庞鸿文,字伯炯,号炯堂,进士,官至通政使司副使;次子庞鸿书,字仲勖,号劬庵,官至贵州巡抚。

张祥河

张祥河,字诗舲,江苏娄县(今上海市松江区)人。张氏是嘉庆进士,功名比翁心存还早。所以翁同龢称其为张诗翁,为祖父辈。张氏曾任内阁中书,军机章京。外任山东督粮道、河南按察使、布政使等,擢任陕西巡抚。咸丰三年,奉调京职,历任吏部侍郎,工部尚书等职。

张祥河手迹

张祥河虽然辈分高,但与翁同龢有两个相似之处。一是他们都崇奉顾炎武的经世之学,都是京师顾祠的守护者。每逢顾炎武生辰或忌日,他们都要到京师报国寺旁的顾祠参加祭拜。二是两人均喜欢书画收藏,而且都喜吴历(渔山)、王石谷的字画。《清史稿》称"祥河优于文事,治尚安静,不扰民,言者劾其性耽诗酒",收藏字画和与友朋吟诗品评书画是其一大爱好。所以翁同龢与他相处不错。

1862年2月12日(同治元年正月十四日)张祥河去世。"张诗舲尚书于戌刻谢世,今日正其生辰也。邻春辍相,为之凄恻。"张氏照尚书例赐恤,谥"温和"。翁同龢亲自为其书主。同治四年,张氏灵柩回南,他亲自前往龙泉寺送行,"酬知己也"。并令翁曾翰送至东便门外。[1]

张祥河与翁同龢既是同乡，也是亲戚。翁曾桂夫人去世后，续娶张祥河幼女为妻。因是姻亲，翁同龢对张氏后人颇为关心照顾。张祥河长子张词甫，翁同龢在光绪元年承办惠陵工程时，经奏准随翁氏在陵上办差。翁同爵任湖北巡抚后，又将其委为文案。季子张茂贵（季和）亦曾随翁同龢陵工办差。曾任山东观城县令，后任福建漳平令，死后欠债银五百两，是翁同龢通过闽浙总督、会试同年谭钟麟一手了结，棺柩由官助护送还乡的。"张令之行，粮糈衣装皆亲友所集，不足则贷于银肆，到省后再贷于商，一贷于官，而奄忽至此。遗孤年十五，旅柩无归，若责以五百金借款几何不为饿莩哉？公笃于义，且深鉴其借款而非侵挪，幸设法弥缝之，俾生殁有赖，乃大德大惠也。"[2]

王宪成

王宪成，字蓉洲，江苏常熟人。进士出身，咸丰初年任刑部江西司主稿。翁同龢称他"蓉洲丈"，一系王氏年长，二系出仕早。1848 年（道光二十八年）翁同龢参加礼部拔贡考试，考取第一，以七品小京官分发刑部江西司。翁同龢初到刑部治事，"见刑杖，急起避之，同人皆笑之。"他得到王宪成的关心和照顾。"龢（翁同龢自谓）为刑官，治狱失平，吾丈救正之。"[3]咸丰初年，"时江西司司员多告假归，余每日诣实录馆校对，饭后出西长安门，赴部决事。晨夕与共者，王丈蓉洲宪成、张君惕斋兴仁、吴君柳堂可读也。堂上官屡派余审案，予力辞之。是时年少，锐于治狱，每日（每）矜其能，王丈实左右余，其不至为小人之归者，王丈之力也"。[4]

因为是同乡，又同在刑部当差，所以王宪成与翁同龢往来密切。王氏虽不是部院大臣，不能与翁氏商讨朝中"大事"、"要事"，即使有，也帮不上忙，但有一爱

〔1〕《翁同龢日记》，第448页。

〔2〕《翁同龢集》，第447页。

〔3〕翁同龢：《王蓉洲大观察闽中，诗以送别》，《瓶庐诗钞》卷二。

〔4〕《翁同龢日记》，第3821页。

好与翁同龢相同，那就是碑帖字画。王的夫人韩婉香（韩太君）不仅能诗，且擅画，画得一手兰花，海虞闻名。所以，王、翁在这方面很谈得来。翁同龢时常将这方面信息告诉王宪成，王氏依据自己的需要决定收买与否，买回后与翁同龢共同品评欣赏，分享快乐。一次，翁同龢在一家书铺看到宋拓《麻姑坛记》碑帖，告诉王宪成，后王氏用银三两买下，并请同龢为之题诗。翁同龢慨然应允，写了一首《题王蓉洲丈藏宋拓麻姑〈仙坛记〉》：

> 颜公真书变小篆，穷极开阖含刚柔。仙坛大字传本少，而此细楷尤难求。子因作诗叹小缺，后先著录陆与欧。春雷轰残吏橐去，纵有妙迹谁能收。西台嗜书得颜髓，获此片楮珍琳璆。较量铢黍妙分布，刻画丝发烦雕锼。纤纤旁舒蚊脚趉，落落外里虿尾钩。横空真气不易到，不独波磔中锋道。南城图经今寂寞，遗坛半圮杉松稠。元宗好奇感神迹，天宝五载开灵湫。是时东京盛罗绮，云窗雾阁通绸缪。骊龙已睡猿鹤叹，文字虽好江山愁。麻源水深不可涉，丹霞洞壑阻且修。公书此碑亦何意，会知日月如奔流。蓬莱方丈弹指变，惟有忠孝垂千秋。小斋寒夜烛花炲，摩挲翠琬春云浮。容翁周容丈已矣蝘蜓去，何子贞前辈。墨缘聚散波中沤。却题此诗三叹息，公乎千载真悠悠。[1]

1861年（咸丰十一年）王宪成调任京畿道，他办事认真。崇文门监督收税随意，人多抱怨，他了解后，呈奏要求饬令崇文门应将税收货物明白晓示。何桂清被革逮后，议定罪名时，他直言进谏，"上疏请定逃官罪名，盖争何桂清事，并斥异议者为徇私也"。[2]有见厘捐泛滥，同治三年，他奏请停止户捐。他与翁同龢还是京师顾祠的敬奉者，每年春秋两祀，均到场拜祭。

1866年12月1日（同治五年十月二十五日）王宪成外放福建汀漳龙道。翁同龢得知后，十分高兴，特设家宴为之送行，并为王氏所藏《商彝图》题三截句：

〔1〕《翁同龢集》，第667页。
〔2〕《翁同龢日记》，第242页。

焦麓传烽宝气销，云雷无力压春潮。茗香堂外阴花密，莫使虹光切斗枘。

古文虽质有盍龚，爰历凡将未足名。我爱晋江陈给谏，陈颂南释首一字曰"举"，引《礼记》谓之杜举以证。自笺自疏自分明。

又到春灯椒酒边，鼜斋遗集忍重编。先伯兄著《鼜斋杂志》待刊。世人漫著三刘誉，贡父能文未必然。

王宪成辞京之日，翁同龢又写长诗一首，为之送行，即《送王蓉洲丈观察闽中》：

春星纤纤雪花白，如海斋头夜送客。客言庭树尚扶疏，昔比人长今百尺。价人寓舍艺斋先生曾居之，庭槐其手植也。月梡风幔开长廊，旧巢尚忆纱縠行。画图约略写陈迹，幅巾潇洒重升堂。此堂此树终谁有，且喜吾侪共樽酒。百年乔木见孙曾，三世渊源重师友。乾嘉以来溯邑贤，海州萧县相后先。先祖任海州校官，艺斋先生为萧县训导。夜香沉沉花市屋，君尝与先公同寓。春风泛泛胥江船。又与伯寅同上计吏。法曹七载连车骑，手检爰书同咨议。一语能推佛海波，万金难抵云天谊。龢为刑官时，尝治狱失平，君救正之。我今入值明光宫，微凉独咏谁与同。回翔仗下不忍去，殿角立尽眔恩风。看君持节还乡里，父老将迎路人喜。慎勿轻为转海游，桐江波软轻舟舣。岭南人物工词翰，可惜溪山馀犷悍。濂洛真传闽学多，本朝阔博安溪冠。宽厚廉平孝且慈，使君真是吏民师。它时编校元丰稿，岂有长笺贡荔枝。[1]

王宪成赴任途中，在王营（今清江）境内不幸暴病去世。消息传到京师，翁同龢"为之呜咽，蓉丈待余至厚，垂老外传，不获一试，命矣夫，命矣夫！"[2]由他发起，在松筠庵举行了同邑公祭。鉴于王氏家贫，身后萧条，翁氏又与庞钟璐发动同乡同事进行捐助，以尽对老朋友的一点心意。

---

〔1〕《翁同龢日记》，第533—534页。
〔2〕《翁同龢日记》，第556—557页。

杨崇伊

在翁同龢的同乡京官中，有一个人不能不提，他就是杨崇伊。

杨崇伊，字莘伯，江苏常熟人。翁同爵娶妻杨氏，因此翁杨两家还有点戚谊。其子杨云史，系李经方之婿，于李鸿章为孙女婿。邓之诚在《骨董琐记全编》中记杨氏其人，称"崇伊常熟人，光绪庚辰翰林，于翁同龢有戚谊，而与李经方为儿女亲家。翁、李生隙，崇伊往来两家无苟。其人实倾危嗜利，人皆畏之"。[1]杨崇伊在清末政坛中原本属于不足道的角色，但"因他在甲午战争后，追随李鸿章，反对与李在政治上有嫌隙的人，被认为属于李党。乃逐渐成为各方注意的人物"。[2]

由于杨莘伯与李鸿章有这一特殊的关系，翁同龢对他始终保持高度警惕。从翁同龢日记来看，两人少有往来，甚至有数年未见过面，可见踪迹之稀。即使有往来，也是以同乡视之，如每逢春正宴请在京同乡，一般才请他。而杨氏遇到翁家有事之时，才会主动前往翁宅，平时很少往来。

严格说来，杨崇伊还是翁同龢一手识拔起来的。1880年（光绪六年），庚辰会试，杨崇伊考中进士，翁同龢为此次会试副考官。杨氏依例为翁的门生。但有意思的是，翁同龢在日记中只提同邑中式者庞、杨二人，绝不提杨崇伊的名字。只到光绪八年杨氏庶常馆散馆考试才提到其名。杨氏进士中式后，留庶常馆学习，散馆授为翰林编修。1889年（光绪十五年）选拔御史，参加考试的有11人，杨崇伊是其中之一，另外知名的有王懿荣、李慈铭、庞鸿书、袁昶、杨诒治、锺德祥等。这次阅卷的大臣不是别人，正是翁同龢。结果李慈铭、杨崇伊、锺德祥等均一一考取，杨被授为广西道监察御史。[3]

御史职掌风气教化，纠弹官吏中有碍封建统治的不法行为，对于最高统治者的一些有违民意的事敢于谏争等。锺德祥因谏言慈禧停修颐和园而遭罢斥，流放塞北。但杨崇伊恰好相反，身为御史，不是扶持正义，而是从一己之私出发，排斥异己。甲午战争后，"李鸿章受言官交章疏弹，杨崇伊曾为之访查弹劾之人，并

---

〔1〕邓之诚：《骨董琐记全编》，北京出版社1996年版，第617—618页。
〔2〕李吉奎：《龙田学思琐言——孙中山研究丛稿新编》，中山大学出版社2011年版，第159页。
〔3〕《翁同龢日记》，第3466页。

开列清单"。[1]1895 年 8 月，文廷式、陈炽等人鼓吹变法，成立强学会，办有《强学报》，以强国强种、变法救亡相号召。一时入会者不下数十人，许多官员包括翁同龢、孙家鼐、张之洞、刘坤一、王文韶均表示支持，甚至拨款相助。张、刘、王各捐银五千两，作为强学会的活动经费。翁同龢代表户部拨银一千五百两作为该会常年活动经费。据说李鸿章亦曾要求入会，但因其"卖国名声"太臭，遭到拒绝，由此怀恨在心。1896 年 3 月 30 日（光绪二十二年二月二十七日），杨崇伊上奏弹劾强学会"结党敛钱，大干法纪"，请旨查封。结果慈禧逼令光绪帝下令查封。至此杨崇伊尚未休手，接着又上奏弹劾强学会副会长文廷式"广结同类，相互标榜，议论时政"，"攻击文廷式在甲午之役昌言用兵，遂至割地赔款"，揭露文廷式"创立大同学会，外奉广东叛民孙文为主，内奉康有为为主，得黄遵宪、陈三立标榜之力，先在湖南省城开讲，抚臣陈宝箴倾信崇奉，专以讪谤朝廷为事"。[2]"昨杨崇伊参劾文廷式折呈慈览，今日发下，谕将文廷式革职，永不叙用，驱逐回籍。"[3]但据翁同龢日记记载，则言"闻昨日有内监寇万才者戮于市，或曰盗库，或曰上封事，未得其详。杨弹文与内监文姓结为兄弟，又主使安维峻言事，安发遣，敛银万馀送行。"[4]

在变法问题上，杨崇伊表示激烈的反对。1898 年 6 月 11 日（光绪二十四年四月二十三日）光绪帝颁布国是诏，宣布变法维新。四天后，翁同龢被逐，开缺回籍。翁同龢的开缺表面上看虽与杨崇伊无直接关系，但是从杨氏后来要求慈禧太后训政的奏疏中我们还是能看到他在其中的作用："本年会试以来，康有为等在京讲学，'将以煽动天下之士心，不知何缘引入内廷，两月以来变更成法。"[5]不点名地弹劾翁同龢向光绪帝举荐康梁。翁同龢开缺的第三天，杨作为同乡与庞鸿书、李玉舟又同至翁宅看望，"剧谈而去"。五月十四日，翁同龢乘坐海轮南归，杨崇伊特地亲自"到塘沽来送"[6]，杨氏此举一是表示戚谊，二是表示翁的开缺与他"无关"，甚有刺探翁的思想活动之嫌，可见何等的阴险狡猾。翁同龢被罢

---

〔1〕　参见李吉奎：《龙田学思琐谈——孙中山研究丛稿新编》，中山大学出版社 2011 年版，第 159 页注 2。
〔2〕　转引李吉奎：《龙田学思琐言——孙中山研究丛稿新编》，中山大学出版社 2011 年版，第 160 页。
〔3〕　《翁同龢日记》，第 2934 页。
〔4〕　《翁同龢日记》，第 2934 页。
〔5〕　李吉奎：《龙田学思琐言——孙中山研究丛稿新编》，中山大学出版社 2011 年版，第 160 页。
〔6〕　《翁同龢日记》，第 3187 页。

斥后,荣禄被命为直隶总督。9月4日,光绪帝罢斥阻挠变法的怀塔布等礼部六堂官,次日任命杨锐等四人在军机章京上行走,参与新政事宜。7日,李鸿章罢值总理衙门大臣。这时各方反对变法的人物纷纷赴津,与荣禄密商推翻变法局面,内中就有杨崇伊。9月18日(八月初三日)杨崇伊上疏请太后训政,接着慈禧便发动政变,推翻新政。

关于杨崇伊上疏请太后训政,邓之诚在《骨董琐记全编》一书中也有所记载:"张尔田(孟劬)记杨崇伊上疏事则说:'杨崇伊为御史,值戊戌新政,密草一疏,请太后训政。面谒庆亲王,求代奏。庆王有难色,崇伊曰:王爷不代奏亦可,但这并非御史的意思。拂衣便行。庆王急拉之回,曰:我与你代奏,但你必须同去。崇伊曰:那是自然。遂同至颐和园。庆王命崇伊俟之外,独自入对,递上崇伊折。太后阅毕大怒,曰:这是国家大事,杨崇伊小臣,安敢妄言? 须严办。庆王叩头。太后徐曰:这是国家大事,你们都是近支亲王,也应商量商量。你的意下如何? 庆王唯唯。太后曰:既是你们意见相同,我今日便回宫。庆王退下,谓崇伊曰:事情完了,你去罢。太后既训政,一日召见崇伊,谓之曰:你是于国家有功之人。崇伊谢恩,然亦终不大用。'"从以上资料可知,杨崇伊上疏,发动指使者为荣禄,中经庆亲王呈递,最终酿成戊戌政变,不仅光绪帝被幽禁瀛台,也使翁同龢横遭革职编管。证之康有为自订年谱,大致亦可印证之:"御史杨崇伊,亦荣党也,草折请训政,出示荣禄,荣禄许之,合杨崇伊持折见庆邸而面商之。庆邸与李莲英皆跪请西后请训政。"[1]在晚清朝局剧变中,杨崇伊充当了可耻的角色。

杨崇伊虽为慈禧立了"大功",但并不为其重用。1900年2月,外放陕西汉中知府。未久,便遭人参劾,奉旨革职回籍。其子杨云史,曾任吴佩孚的幕僚,有才名,著有《江山万里楼》诗卷。

宋晋

宋晋,字锡蕃,一写雪帆,江苏溧阳人。1802年(嘉庆七年)生。早岁先后在

---

〔1〕康有为:《康南海自订年谱》,中华书局1992年版,第58页。

两江总督孙过庭、湖广总督卢坤、浙江巡抚刘韵珂、两广总督祁埙佐幕。道光进士,选庶吉士,授编修。道光二十九年,典河南乡试,因出题错误被议,谕以此后不得参与考试相关事务。咸丰朝历侍读学士、光禄寺卿,宗人府丞、内阁学士、工部侍郎等职。

同治元年七月,宋晋调任仓场侍郎。南漕初改海运,岁额二百万石,自天津运抵京仓,船夫、花户和场吏勾结,偷漏飞洒,每年损失严重。当时太平军正进军江浙,许多郡邑沦陷,南漕起运每年已跌至二十余万石,而偷漏依然如故。十多年来,虽有官员奏请查仓,严禁偷漏,但效果甚微。历任侍郎和监督无能为力,听之任之。宋晋接任后,深知其弊,依久因循未加奏举。同治二年山东漕运弊案发生,阎敬铭等奉旨查办,仓场重重黑幕曝光,同治三年三月,谕旨以宋晋在任已将两载,于仓场积弊未能加以整顿,交部议处。结果被罚偿米二万石。

论资历,宋晋是翁同龢的前辈。两人认识是在咸丰末年,正式接触是在同治元年。是年正月,翁同书遭曾国藩参劾被逮,追究丢失寿州城责任。翁同书认为自己是出于寿城绅民的恳求才留下来的。当时宋晋为内阁侍读,翁同龢专门拜访他,托其查询有无此事。二月初一日,"得宋公书,云大司寇(指刑部尚书赵光)言,中枢查有责令守寿城之谕,而亲供(指翁同书呈递《亲供》)内未叙,恐被搜剔云云"。[1]宋晋喜收藏碑帖,又喜养丹顶鹤,这两点爱好与翁同龢相同。学者吴蔚光生前藏有宋拓《醴泉铭》帖,死后为宋晋所得,翁同龢在宋氏处欣赏了这个碑帖,"神采奕奕,的是宋拓,始悟余藏本为宋时复刻也"。同治九年十二月十八日,翁同龢应宋晋之招,在宋宅"观鹤舞、赏麓台、石谷画,坐皆同邑,致足乐也"。[2]类似的观鹤赏画活动不下数十次,翁同龢有时也回敬宋晋兄弟,请他们欣赏自己收藏的《集韵》、苏诗,"座客叹为奇绝"。[3]

1873年(同治十二年),宋晋任户部右侍郎。但因在仓场侍郎任上疏于责守,偷漏、渗水等事故屡屡发生,以致所存米石亏损、霉烂严重,被责令赔偿,精神上倍受刺激。次年九月,"以微疾遽化,可伤也"。翁同龢亲自前往宋宅致祭。宋晋生前

---

〔1〕《翁同龢日记》,第213页。
〔2〕《翁同龢日记》,第769页。
〔3〕《翁同龢日记》,第770页。

未育子嗣,但他对生男生女的看法却是很有见地。生前遗留奏疏诗文后汇辑为《水流云在馆奏议、诗钞》,于 1887 年(光绪十三年)刊刻行世,但所收藏字画大多散失。

吴大澂像

吴大澂

吴大澂,字清卿,号愙斋,江苏吴县(今苏州市)人。为翁同龢、潘祖荫的同乡。同治四年举人,七年成进士,授编修。是科状元系同为吴县人洪钧(文卿)。中式的还有汪鸣銮(柳门)。吴氏、汪氏书法皆行功过格,吴氏博通训诂辞章,尤嗜金石,有所见,亲手摹之,久之而成巨帙,编为恒轩吉金录。又喜收藏碑帖字画,这些嗜好与翁氏、潘氏相近,加上他敢言直陈,因而为翁、潘所重。文采风流,照耀京国。同治大婚典礼隆重,吴氏疏请裁减繁费,直声震朝右。不久,任陕甘学政。西北多"鼎卣尊簋之属",他借此搜集拓摹古金铭文,收获益富。

吴大澂住宣武门外南横街二条胡同,与翁同龢寓所很近,所以时常走动。不过吴氏多年外任,在京时少。光绪六年,吴氏以三品卿衔,随将军铭安(鼎臣)赴吉林办理东北防务。铭安与翁同龢为会试同年,关系密切,吴大澂与翁同龢同乡,因此之故,三人彼此通信不断。光绪九年,中法战争前夕,翁同龢任军机大臣,主张增兵粤桂,派兵出关援越,"派张树声率队赴越南,宣谕德威,平其乱民,以吴大澂参军谋,带兵轮调遣,一面寄知,一面电达"。[1]吴大澂则自请"率带吉勇三千来津",乘海轮南下广东,赴越作战。[2]后因改由龙山进扎,吴氏此行中止。

〔1〕《翁同龢日记》,第 1830 页。
〔2〕《翁同龢日记》,第 1810 页。

　　光绪十年，朝鲜发生甲申事变，吴大澂、续昌奉旨前往办理。事后回国，给翁同龢带来了"高丽书传十本、参二斤、笺一捆、扇六柄，又所著《说文古籀补》，极精妙"。[1]后来，吴氏还赠送翁氏篆书《说唐》、《字说》等。

　　光绪十二年，吴大澂擢任广东巡抚。次年，黄河在郑州决口，李鸿藻、李鹤年奉旨督工堵塞。次年李鹤年褫职，以吴氏代之。河工告竣，吴氏实授河道总督。光绪十四年，光绪亲政在即，时海军议起，以奕譞为总理（指总理海军事务衙门成立，奕譞任总理海军事务衙门大臣），吴氏"素与王善，治河功成，实授河道总督，加头品顶戴，大澂遂疏请尊崇醇亲王称号礼节。疏上，慈禧震怒，出醇王元年所上预杜妄论疏，颁示天下，大澂几得严谴，以母丧归乃已"。[2]吴氏在折中称"醇亲王督办海军，功绩卓著，且自为帝父，应予尊崇"，先引《孟子》"圣人人伦之至"的遗训，后引史事，谓宋朝的濮议、王珪、司马光与欧阳修所议不合，从前高宗纯皇帝御批，以欧说为是；又明朝的世宗，欲追尊生父兴献王帝号，群臣争执，高宗御批，亦力加驳斥。应请皇太后特旨加醇亲王徽号，遂皇上考敬人忱塞薄海臣民之理。疏上，遭慈禧斥之为"邪说，妄希议礼梯荣"，并出示奕譞当年的预杜妄论一奏。吴氏奏疏手稿出自翁同龢门生陆襄钺之手，陆氏因此被革职，直到光绪二十六年因慈禧、光绪逃往西安，前往迎驾才重新起用。翁同龢也说："吴君虽未遭谴诃，然辱甚矣。"[3]

　　吴大澂在籍丁忧期间，曾临摹沈石田（沈周）的《张公洞图》，为当地古董商徐翰卿所得。光绪十五年翁同龢回籍修墓，应徐氏之请，为是图题诗。翁同龢说："余得石田张公洞画卷认为奇迹，不知真本乃在清卿处。己丑八月暂假还，小饮次公所，徐翰卿以清卿临本见示并索题句，因和石田韵，以发一笑。"

　　　吴山不能飞，凿公自成薮。萧寥善卷洞，奇险无所牗。炯从九幽底，照彻八表昼。我得石田卷，盖在丁亥后。好诗并奇画，巧与山灵斗。不谓天地间，妙手真善覆。哀哉郑州水，万槴不及救。蛟龙杂人鬼，混混并一溜。吴

〔1〕《翁同龢日记》，第1956页。
〔2〕参见《清史稿·吴大澂传》。
〔3〕《翁同龢日记》，第2301页。

公从南来,玉色为民瘦。岂如五羊城,亭馆蔚深秀。晚衙散弓刀,书几出岩窦。想见落墨时,乡心笔端逗。清卿作画时尚未奉河督之命。我来北墅游,偶与徐君遘。径将卷画溪,侑我醹醁酎;却望古汴城,一杯为公寿。[1]

后来,翁同龢又应吴大澂要求,将此诗书于沈周是图之上。不过同龢认为吴氏所藏此图"然犹未真",可能也是伪迹。此间他们还结识了吴江人、画家陆恢(廉夫)。

光绪十八年,吴大澂任湖南巡抚。翁同龢特地作《题吴愙斋等五人画〈东坡事迹图〉,用东坡送周正孺帅东川韵》一诗为之送行。诗序写道:

坡公送周正孺诗曰"得郡书生荣,还家昔人重。"盖有歆羡之意焉。今愙斋还朝一月,即衔命镇湘中,岂直东川而已。仆衰病,侵寻不复有歆羡意,故作二诗,次韵题所绘《东坡事迹图》后。

卅年涸京城,末疾苦腿肿。可怜屈原赋,怅望姊归家。时余有姊丧。新图忽见示,令我意惊耸。当年东坡翁,亦拜迹英宠。方其进对日,莲炬归途拥。洎乎行贬词,中寿尔木拱。丈夫出际处,岂必恋丘垄。委蛇未足贤,急退亦非勇。荒庭莳秋花,闲卧养衰冗。此即栀榔庵,吾将息归踵。

坡公旧游处,草木皆增重。独于衡湘间,未谒九疑冢。君今持节去,紫盖看森耸。南方付坐镇,天语特矜宠。想见此邦人,竹马花枝拥。楚才洵多美,合抱杂把拱。文人或惰游,壮士辄登垄。陶镕归大顺,所赖仁者勇。坡公论高丽,文字最繁冗。要使密海州,毋曳雕题踵。[2]

光绪二十年中日朝鲜争端发生,他到过朝鲜,参与甲申事变处理事宜,后又以会办大臣,参加中日天津专条谈判,因此,对朝鲜问题极为关注。甲午战争爆发后,光绪帝力持主战,翁同龢亦"佐少主,一意主战",主战的原因,顾廷龙在《吴愙斋先生年谱》一书光绪二十年七月中有一段话很重要,不妨录写于此:

〔1〕《题吴清卿临石田〈张公洞图〉,和石田韵》,《翁同龢集》,第777—778页。
〔2〕《翁同龢集》,第802—803页。

西太后是年十月六十寿，专意粉饰治平，厌言兵事，一以委李鸿章。鸿章方以北洋大臣绾海陆军符，量度彼我，持重不欲战。独军机大臣翁同龢以帝师号朝廷硕辅，其门下士文廷式、张謇之伦，皆负时誉，以清流主朝议，愤藩封之日削，恫母后之干政，讽同龢密赞上，乘时建武功，以为威重。而謇尤为同龢亲信，力言北洋军可恃。同龢意动踌躇，深念他疆吏无可语者，密以询大澂，大澂前虽持节笼东边兵，然实浅于尝敌，未经战阵，徒从严部勒、勤训练，号解驭兵。及抚湘，叹习湘军诸将李光久、魏光焘、余虎恩辈，信湘军犹可用，遂自倩督赴前敌，为北洋军援。

吴、顾两家是亲戚，以上就是顾先生分析翁同龢等人主战及吴氏自请赴前敌督战的原因，作为一说，可供参考。

但李鸿章却欲主和避战。一方主战，一方主和避战，这就造成清朝最高决策层两歧。仗已打起来了，还谈什么和？平壤败退和黄海海战后，战火延烧到中国境内。当时光绪帝非常需要有地方督抚出来支持主战，正如上面说的，在要求起用湘军，以湘济淮的舆论推动下，吴大澂决定弃安就危，率带湘军开赴东北，与日作战。还在丰岛海战发生不久，吴氏认为丁汝昌"蕞弱无能"，上疏自请帮办海军，他还致函翁同龢，请其助以一臂之力。吴氏之举遭朝廷申斥，翁亦不得不寄电"止其北行"。日军把战火延烧至中国东北后，吴氏再次上疏要求统军身赴前敌作战。这次获光绪"优诏允之"。翁同龢亲拟电旨，令吴大澂招募湘勇二十营，连魏光焘六营、刘树元六营并余虎恩八营，统交吴氏统带；调湖北铁字营、振字营、金陵老湘营三营为一队，作为吴军侧翼，配合湘军作战。为了便于联络，翁同龢推荐王同愈、曾士虎等入吴幕。光绪二十一年初，吴氏被命为督办山海关前敌军务帮办大臣。和淮军一样，湘军腐朽，不堪一击。吴氏实际并不知兵。正如他自己所说："臣一介书生，未经战阵，徒以倭寇猖狂，迫于忠愤，不自量力，愿效驰驱。枪械尚未到齐，训练亦无成效，冀分宵旰之忧勤，罔计军情之利钝，谋之不善，咎实难辞。"[1]与诸军联合规复海城，而日军以间道袭取牛庄，魏光焘、李光

---

〔1〕　吴大澂：《诏回湖南本任谢恩折》。

久部先后败绩。吴氏悲愤已极，欲拔剑自裁，为王同愈阻止。魏光焘请申军法，吴氏曰："余实不能军，当自请严议。"部议革职，光绪帝以其弃安就危，忠勇可嘉，改为革职留任，仍回湖南巡抚本任。吴氏在谢恩折中表示："臣一介书生，未经战阵，徒以倭寇猖狂，迫于忠愤，不自量力，愿效驰驱。"

谕旨颁布后，给事中余联沅、易俊、余联元、锺德祥、管廷献等纷纷上奏弹劾吴氏，并"谓龢实祖庇欺蒙，其词甚厉"。不久，又有人上奏弹劾，"指余（翁同龢自谓）徇庇。噫！余敢辩哉！"[1]慈禧恶其党同龢，将追论失律罪，赖袁世凯营救，遂予罢斥，开缺回籍。光绪二十四年戊戌政变中，以其为翁氏同党，在罢斥翁同龢的同一天，又将其革职，永不叙用。诏书说："开缺巡抚吴大澂，居心狡诈，言大而夸，遇事粉饰，声名恶劣，著即革职，永不叙用。"[2]

吴大澂开缺后，先设画社于顾氏怡园。光绪二十四年正月，受聘为上海龙门书院山长。以教书为生。革职后，居家，"贫甚，售书画、古铜器自给"。晚年患有严重哮喘。虽如此，犹念念不忘翁同龢。光绪二十六年五月曾专程来常看望翁同龢。翁同龢在致翁奎孙函中说："忽得窬斋来书，旬日内欲来虞，往桃园（涧）观瀑，彼之清兴，正复不浅，汝届时先遣人至南泾塘一问来否？并问有同伴否？勿懒勿忘。"[3]查阅翁同龢日记，并无吴大澂来常的记载。是未来，抑或未记，或者删去，均无中猜测。不像廖寿恒来山那样，日记一一作了记载。也许因为吴氏是革职，不同于廖寿恒自请开缺回籍，翁氏有意回避不记。翁同龢也时时牵记吴氏，在同年十一月的一次致汪鸣銮函中说："西蠡（指费念慈）译书，窬斋卧疾，南望吴门，悠悠我思也。"吴大澂终因贫病于光绪二十八年三月去世。翁同龢闻讯，为之叹息，派人送去联幛："文武兼资，南海北海；汉宋一贯，经师人师。幛：一卧沧江。"

关于这一副挽联，翁同龢在致翁斌孙的一封函中有所说明，"客题最难，唱欲不得，叙交情不得，故就所得言之，似包括也。客能读宋子书，不仅古文奇字为绝学也。文武兼资，南海北海；汉宋一贯，经师人师。幛四字，曰'一卧沧江'，亦空

---

〔1〕《翁同龢日记》，第2839、2842页。

〔2〕《翁同龢传》，第558页。

〔3〕《翁同龢集》，第529页。

处著笔也。"[1]俞樾则在《满江红》词中表达了他对吴氏的哀思："文采风流吾及见，升平景象今犹慕。算两年黄卷共青灯，人文聚。四十载，犹朝暮；一转瞬，成今古。叹古交零落，不堪重数。"吴氏遗著有《古籀补》、《古玉图考》、《恒轩古金录》、《愙斋诗文集》等。

陆润庠

陆润庠，字凤石，江苏元和（今苏州市）人。为唐代陆贽的后人。七世祖陆肯堂为康熙状元。父亲陆懋修，字九芝，号江左下士，又号林屋山人，是著名的医生，《清史稿》中有其传。陆润庠的祖父陆嵩曾任润州训导，润州即今镇江，古代学校叫庠，陆润庠的名字就是陆嵩起的。陆润庠的字"凤石"是陆嵩的书斋名。"润庠记毓地，聊力量儿名。"陆嵩为孙儿起名，多少寄希望儿孙日后能有所作为。同治十三年会试，一甲第一名，状元及第、授修撰，奉旨典试湖南、陕西，任山东学政。据徐珂在《清稗类钞》一书中说，陆氏与拔贡同年李某相善，李氏乡试未中，陆氏送行时曾表示，吾若主持湖南乡试，一定录取你。李氏问用何法，陆氏遂指手中水烟袋，谓将"水烟袋三字嵌入文中即可"。果然光绪二年，陆氏被命为湖南

陆润庠手迹

〔1〕《翁同龢集》，第609页。

乡试副考官，先抵书李氏，"颇忆水烟袋否？"李氏狂喜，书藏匣中，其妻将其告之其姐妹，其姐妹又告之其婿。此次诗题为《惟善为宝》。结果李氏中副榜第一，另二人均被录取。其中一人诗有"烟水苍茫里，人才夹袋储。"久之，事泄。此事显违科试条例，有人准备参劾陆氏，但因其平日为人和善，并非受贿，只是出于爱才念旧，最终也就不了了之。

翁同龢与陆润庠交往主要源于江苏同乡的关系。陆氏性格温和，待人接物向无"岩岸"，平时服用一如诸生，翁同龢与他相处比较好。如家乡遭灾，同乡京官连衔奏请减免税厘，或请求给予赈恤，事后谢恩等。偶尔也一起欣赏碑帖。再有是陆氏懂医，曾管理过医局，翁同龢每遇家人生病，常常邀请陆氏为之诊脉开方。光绪八年，陆润庠经考试录取，在南书房行走，南书房专为皇帝批答奏章，起草谕旨，与毓庆宫书房师傅关系走得较近，当时陆伯葵（宝忠）亦在南书房行走，因而与翁同龢、孙家鼐等帝师们接触较多，彼此常常邀饮，关系融洽。

光绪二十年五月，陆润庠回籍"告养"。临走前，翁同龢特赋《送陆凤石祭酒润庠归养》诗一首，为之送行。

> 多难思致身，时平请归养。贤哉陆夫子，志意安可量。从来功名际，壮往速官谤。读书数十年，失路一惘怅。夫子人中龙，锦衣侍乌舫。独居渺深念，勇退惬凤尚。三公不可易，一饭未尝忘。悠悠捧土怀，何日塞溟涨。嗟我与诸生，东门黯祖帐。[1]

光绪二十四年四月，翁同龢开缺回籍前夕，陆润庠回到北京。翁氏开缺后，陆氏因不明朝廷上层斗争情况，未敢贸然为其送行。此后再也未有往来。但他并不反对变法，认为"成规未可墨守，而新法亦需斟酌行之，若不研求国内历史，以为变通，必至窒碍难行，且有变本加厉之害"。

有一年，王文韶、陆润庠随扈慈禧太后祭扫东陵。当时侍候慈禧的太监带了一只小猴。为了让老佛爷开心，王文韶特让太监给小猴穿上黄马褂，在场大臣无不开心，慈禧一时兴起说：小猴既穿上黄马褂，你们也统统穿上罢。就这样，陆润

庠也被赏穿黄马褂。于此也可见，清末名器太滥，朝政是何等的腐朽了。

宣统改元后，陆润庠升任东阁大学士，充弼德院院长。溥仪在毓庆宫读书后，陆氏任授读师傅。据说，他"在宫讲《孟子》，一依村鄙陋儒之说。陈宝琛同在讲席，面斥其非，陆惭而退，却不较量"。[1]他长于书法，有凡宫中殿内联对据说均出自他手。辛亥革命后，民国建立，溥仪退位。陆氏应隆裕太后要求，仍照料毓庆宫书房，授为太保。两年后因病去世，谥"文端"。有记载说，武昌起义后，陆氏"遇变忧郁，内结于胸而外不露。及病笃，竟日危坐，瞑目不言，亦不食，数日而逝"。实际情形是："清亡后，隐居不仕。尝语人曰：'上方冲龄，典学事重，吾虽衰老，当效死弗去。'民国四年秋，北京有筹安会之兴起，八月八日，陆赴宫入值，归而发病，竟日危坐，瞑目不言不食。独口授遗折，诵声琅然。及缮成，张目视之，手自改定数字，有以家事问者，终不答，遂于是月十八日殁于北京。"[2]他的家里人说他绝食而死是对的，死后灵柩葬湖州荻港村歧塘路陆氏祖坟。"安葬之日，门生故旧，到苏（州）执绋者半中国。"陆氏之死是对袁世凯洪宪帝制的抗议，通过自己身殉以示对亡清的"效忠"。

陆润庠去世后，有不少人对他表示痛惜，赋诗挽他。刘树屏在挽诗中写道：

托孤无愧蜀丞相，承旨羞为留状元。

朱汝珍则写道：

开济老臣心，亦知江上秋风，鲈脍从来忆吴会；

哀荣天福备，为问人间甲子，鹤归此日尚尧年。

董恂

董恂，字忱甫，号醖卿，江苏甘泉县邵伯镇人。原名董椿，科试时，学使以其

---

〔1〕贾逸君编：《民国名人传》下册，民主与建设出版社 2012 年版，第 620 页。
〔2〕参见《清史稿·陆润庠传》。

董恂像

名与前盐政使名同，遂令改名董醇。同治帝即位后，为避同治帝载淳讳，自请更名董恂。道光二十年进士。签分户部云南司兼浙江司行走。

董恂幼颖敏，博览群籍，下及小说稗史。而嗜烟（鸦片烟）二两，昼眠夜作，起居不时，且自负，接人鲜礼意，京师呼为"董太师，拟之董卓，状其骄也"。[1]自分发户部后，遍读《漕运全书》《户部则例》以及前任户部尚书多人的著作和笔述记录，因而熟知部务，业务由是大进。升任司主稿、则例馆总纂等。咸丰六年，董恂服阕回京，仍留任户部，旋改任直隶清河道。八年，英法联军北上，董恂奉调赴津办理支应局，与张锦文设局筹饷。同年十月，补授顺天府尹。次年英法联军入侵北京，应恭亲王奕䜣之命，赴园议事，办理抚局。总理衙门成立后，奉命在总理衙门大臣上行走，"办理一切交涉事宜"。

总理衙门是侵略者炮口下的产物，当时被视为卖国衙门，主持该衙门事务的奕䜣被人骂为"鬼子六"，洋务被视为"谤薮"，董恂经办各种与洋务有关的事务，时常遭人弹劾唾骂，因此日子很不好过。加上教子不严，攻讦者更多。"群从子弟，好行不法，值在倡寮间捶楚游客。其次子至为巡城御史朱潮所杖，讪谤大作，恂耻之。"[2]

翁同龢对董恂在总理衙门大臣上的所作所为也不以为然，讥笑讽刺均有。同治五年，董恂授兵部尚书。八月，六十岁赐寿。翁同龢在日记中写道："董酝卿大司马六十岁赐寿。故事，大臣须七十以上始得赏寿，今施之于骤进之九翁，意者奖其和戎之功欤？"[3]八年九月的某日日记写道："前数日有咈夷公使因贵州传教（士）被杀具折请办，董公许之。""又闻新来换约之噢□□□国照会中自称'大

〔1〕〔2〕 沃丘仲子：《近代名人小传》，中国书店 1988 年版，第 87 页。
〔3〕《翁同龢日记》，第 510 页。

澳大皇帝'，和约惟英、咈两有此称，馀国皆称君主，今此国独不如约，通商衙门具稿驳之，而董公又许之矣。"[1]光绪二年，翁同龢任户部右侍郎，董恂为户部尚书。翁同龢又任光绪帝师，正受慈禧的信用，好锐进，好发表己见，加上对董恂在总理衙门大臣任上办事存有看法，因此与他合作得很不好，议事常常分歧、争论。同年，晋、豫、直隶旱荒严重，翁同龢主张拨部款赈济，董恂另有考虑。"福建司来，董大司农不欲拨银，称俟外省勘荒分数再拨。名为老成，实为濡滞，余意欲别为一奏上之。"次日，在朝房，与董恂为此"又争不已"，"董公始允拨银十万付直隶、顺属"。[2]在户部其他具体问题上，诸如借银修煎炼炉、有关省份地丁银缴纳等率多争执，分歧。总之，两人虽为同乡，同在一部任事，也有交往，但政见明显不同。董恂资格老，户部任职经验丰富，恐怕也未必把翁同龢放在眼里。翁同龢也说："到署，遇董公，意绪不佳，不寒而慄也。"[3]这种心态常有。在户政业务上，翁不是董的对手，所以他才有此压力。

董恂因办事认真，对外国公使的要求多有屈从，一直受人弹劾。何金寿、黄体芳先后弹劾他"于荒政务从驳斥，在总理衙门语言举止颇为众论诋訾，目为奸邪"。[4]谕旨虽批评他们言词过当，交部议处，但董恂亦不安于位。光绪八年正月察典公布，董恂奉懿旨以"年力就衰"开缺。开缺后，居家"磨墨清厘宿逋"，手订年谱。尤时时关心朝局、中外关系。除看《邸钞》外，又订阅《沪报》、《申报》、《在园杂志》、《余墨偶谈》、《妙香室丛话》、《文海披沙》等。十八年闰六月十八日在京在世。谕祭中说他"老成练达，性行纯良……才能称职"，但无赐谥。翁同龢只是在日记中淡淡地提了一下："闻董醖卿将不起。既而知今日巳刻故。"[5]既未去凭吊，也未送挽幛，可见关系非常差。

董恂历仕道、咸、同、光四朝，凡五十余年，由部属外任监司，擢为府尹，存陟正卿。每逢履新伊始，采风笔记、铅椠精勤，博及闻见，随时记录，以作资政参考。退食居家，尤读书、著书不辍，不知老至，难能可贵。正如军机大臣、大学士祁寯

---

〔1〕《翁同龢日记》，第 751 页。

〔2〕《翁同龢日记》，第 1247—1248 页。

〔3〕《翁同龢日记》，第 1306 页。

〔4〕《翁同龢日记》，第 1382—1384 页。

〔5〕《翁同龢日记》，第 2582 页。

藻在看了他的《随轺载笔》七种及转漕江程各笔记后的题诗中写的那样："轺车南北考方舆，三载窥园又著书；为问玉杯蓄露外，一官一集复谁知。"董恂在总理衙门大臣任上和户部尚书任上较久，这两个职务在同光年间最苦、最累，吃力不讨好，极易为人诟病。他宣力多年，克勤厥职，十分不易。死后既未蒙追赠，复无赐谥。正如他在《自挽》诗中写的："不惠不夷渺沧海之一粟，而今而后听史论于千秋。"

徐郙

徐郙，字颂阁，号榕全，江苏嘉定（今上海市嘉定区）人。他的名字据说是因爱东汉隶书《郙阁颂》而起的。该碑帖字体厚重古雅，是汉碑隶书中的精品。同治元年四月殿试一甲第一名，状元及第。授修撰，供职翰林院。官至礼部尚书协办大学士。其书法雅似赵松雪，兼擅画。自入翰林院，即奉召入值南书房，慈禧每作一画，悉命其题签，故养心殿内留下他许多题词，并被刻石镶嵌在院内。

徐郙手迹

翁同龢与徐家是亲戚，徐季侯是翁曾桂的岳父，因此两家早有往来。其叔徐季和，顺天乡试会元。叔侄会状，一时名声大噪。从翁同龢日记记载来看，徐郙除外任外，仕京期间两人几乎每隔数日就相见一次，多数情况下，是翁同龢拜访。同治二年，徐氏入值南书房，南书房是专门为皇帝起草文告、谕旨的机构，地位十分重要。同治四年翁同龢入值弘德殿，与南书房比邻，且同为皇帝办事，因而几乎天天相见。这种情况一直继续到翁同龢光绪二十四年开缺回籍。在此期间，他们常常奉旨主持乡会试，担任考官或其他考试考官，参与有关重大朝政活动。不过徐氏少有单独上折陈奏的，他的角色也不容许他这么做，更无与翁同龢联衔陈奏（为家乡赈灾除外）之事，但彼此常作"深谈"、可见关系非同一般。

光绪八年，徐郙外放安徽学政，翁同龢借题黄雪轩光燮画册诗，为他送行：

> 从来高易诗人意，不数纵横画史家。
>
> 幸有九峰老居士，能开五色笔头花。
>
> 识画真如识将难，万人若个是登坛。
>
> 闭门深巷无车马，冷写秋光独自看。
>
> 秋鸿社燕两参差，寒雨西风送客时。
>
> 谁续城南新画社，野云水屋共谈诗。[1]

和翁同龢一样，徐郙也喜欢收藏字画碑帖以及出土的殉葬物品，他们常常与潘祖荫、王文韶、童华、张家骧、吴大澂、沈秉成、洪钧、孙家鼐、广寿、孙诒经、欧阳甫等在一起品评字画碑帖，欣赏"四王"和董其昌的书画，十分相得。徐氏有时也拿出土文物来与翁同龢品研，分享快乐。光绪十三年三月，徐氏得一残砖，传说为三国孙吴时期文物，他以拓本赠予翁同龢，同龢喜不自禁，赋诗纪之：

> 乙酉三月，当涂人于龙山麓得古墓有灯檠瓦缶数物，残碑"孟"字可辨，一时傅会为孟嘉墓物。既散失，碑无拓本。颂阁侍郎得残甓有文曰："凤凰

---

〔1〕《翁同龢集》，第 747 页。

三",是为孙吴时墓,安得云孟嘉哉。侍郎以拓本见贻,题三诗于后。侍郎赠余一瓦豕,白质无釉,古拙可爱。

江东王气已成烟,石印银符总可怜。

或者兰台东观令,低颜竟刻凤凰砖。

试院重门日日扃,隔城愁见远山青。

何缘觅得孙吴凤,压倒南朝瘗鹤铭。

纷纷傅会不须论,冷笑西风落帽痕。姑熟龙山有孟万年落帽石。

一字残碑何处访,乱云黄叶孟家村。[1]

　　翁同龢与徐郙因职务上的便利,和来华的朝鲜使臣保有联系,彼此诗酒往还,互相酬答。光绪七年高丽正使任应准(澹斋)来华,翁、徐多次拜访宴请,诗酒唱和。次年正月,高丽正使金重容(石山)及随员曹东谷等来京,翁、徐热情款接,赋诗唱和。金、曹生病,他们亲自前往探视慰问。

　　翁同龢与徐郙友情不浅。平时翁同龢几乎三天两头访晤徐郙,作"长谈"、"深谈"、"剧谈"。徐亦如此。此前翁同龢从未照过像,光绪十三年四月,第一次与徐郙及雷正绾(伟堂),陆廷黻(渔笙)一起照像。"余生平未照像,至此破格矣。家家画放翁,听之而已。"徐氏母亲至孝,因其母生病,刮臂肉和药事婆,感染病毒而逝。徐氏也十分慈孝。一次见同龢搭建凉棚,对他直率地进行批评:"颂阁见余搭凉棚,叹曰不孝之罪深矣。盖其先人盛暑不张盖也。余闻之凄断。吾先公在静默寺尝闭南窗避畏景,今小子汰侈如此哉,可痛可痛!"[2]若非知己,不可能有此番言论,由此可见两人关系之深。

　　一次徐郙收藏有旧拓乙瑛碑奚林和尚藏本,奚林,山东诸城人,释名成博,字奚林,能书,工隶,《山左诗钞》《池北偶谈》载有荆庵赠奚林诗,为清初名僧。应徐氏之请,翁同龢为其题诗一首,阐述了他对碑帖的看法:

奚公石墨填禅窟,蝘叟重将真面开。何子贞得石门颂、张黑女志,皆奚林旧物。

---

〔1〕《翁同龢集》,第766页。
〔2〕《翁同龢日记》,第2645页。

会见荡阴君表颂，走归竹影研斋来。据跋，奠公尚有张迁碑。竹影研颂阁斋名。

点金磨铁百无成，一字何劳考核精？谓碑中有"辟"字。

礼器后碑吾未信，曝书亭集未分明。竹垞跋乙瑛与韩敕前后两碑并列，且详看两碑前后所记，乌得谓此碑即礼器后碑耶？伯羲祭酒之言，吾不谓然。〔1〕

诗中的蝯叟为何绍基，何氏字子贞，湖南道州人，人称道州先生。同治年间生活在苏州，后卒于此。竹垞即朱彝尊。伯熙为盛昱，时任国子监祭酒。此外，同年底，翁同龢还为徐氏所藏钱南园画马题长诗一首，其中有对钱氏书画的评价：

钱公书体迥出尘，落笔欲与平原亲。横平竖直立根椠，中有浩气盘轮囷。江山澄鲜势清雄，以书入画画益工。尤工铁锁写骏骨，十幅百幅无一同。榕全宝此瘦马图，旁人颇笑君怪迂。我知君意故有在，龙麟自爱千金雏。君尝许我弗我予，张君未请辄先许。樵野赠我病马一幅，与此相仿。两君一谨一豪逸，我居其间孰齐楚。〔2〕

诗中钱公即钱沣，号南园，著名诗人、画家。平原指颜真卿。榕全是徐郙字。樵野即张荫桓。

1898年5月（光绪二十四年四月）翁同龢开缺回籍。徐郙闻悉的第二天，特致函慰藉。五月十二日，翁同龢离京前一晚，徐氏与孙家鼐专门前来送行。"晚燮臣、颂阁来话别，直至戌正二乃去，真深谈矣。余何人，仿佛谢迁之去耶，为之一叹。"〔3〕

1900年（光绪二十六年）发生义和团运动和八国联军侵华战争。次年辛丑议和，翁同龢南横街头条胡同屋以及二条胡同屋除小部分外，其余均被划入使馆区。1903年9月28日（光绪二十九年八月初八日），翁同龢从翁斌孙京中来函

〔1〕《翁同龢集》，第813页。
〔2〕《翁同龢集》，第816页。
〔3〕《翁同龢日记》，第3186页。

得知,头条胡同剩余部分房屋为徐郙第四子徐子珊冒孙景舟之名以一千五百两私自卖于一个外国人。"笏与辩论,又碍亲情。乃赴天津与洋人面讲,允为退契另讲,尚未就绪,大费周折矣。"翁同龢接信后,深知徐氏尚在台上,自己是革职编管人员,日后开复还离不开徐氏,于是立即致函翁斌孙:"嘱和平勿碍亲情。"[1]

自翁同龢开缺回籍后,徐家除徐鄂与翁氏保持联系外,徐氏本人与其不再有往来。据说今日故宫中不少殿宇的楹联均出自徐氏之手,因无题名,已无法一一确认。

王文韶像

王文韶

王文韶,字夔石,号耕虞,浙江仁和(今杭州市)人。早年曾生活于江苏嘉定,因而与江苏苏常人士熟悉。咸丰二年进士,分发户部,因任职勤勉,出任湖北安襄郧荆道。曾协助左宗棠办理粮台,被疏荐于朝,誉为中外难得之员。擢湖北按察使,同治十年授湖南巡抚。

1878 年(光绪四年),王文韶奉调京职,署兵部右侍郎,在军机大臣上学习行走,后又在总理衙门大臣上行走。也就是从这时候起,翁同龢与王氏建立联系。翁对王意存偏见,还在光绪元年海防大讨论时,王氏在复折"用人"条中"力推中外大臣",同龢认为王氏所推崇者,"意在献谀于文(祥)、李(鸿章),"[2]从心眼里看不起他。邓承修劾其"斗筲之才无所表见。前当司员以奔竞为能"。[3]

光绪五年,中俄伊犁交涉发生,中日琉球交涉发生,翁同龢、潘祖荫奉旨与恭

〔1〕《翁同龢日记》,第 3522 页。
〔2〕《翁同龢日记》,第 1152 页。
〔3〕《翁同龢日记》,第 1627—1628 页。

亲王、惇亲王、醇亲王一起会商办理,王文韶身为军机大臣,自然参与其中,彼此一起议事,互通看法。此后来往较多,但从未作过什么"深谈"、"剧谈"。平时,只是以消寒会的形式,诗酒唱和,欣赏书画。参加者除翁、王外,还有童华、广寿、孙家鼐、孙诒经、张家骧、徐郙等。是年王氏生日,翁同龢特派人送礼望祝,并送一联,上写:"朔方节度使,南极老人星"。

1882年2月(光绪八年正月),王文韶兼署户部尚书。八月,云南军费报销舞弊案发生。御史洪良品弹劾景廉、王文韶于云南报销受贿巨万,奉旨派惇亲王及翁同龢饬传洪良品详鞫,务得实据,即行复奏。以后又加派阎敬铭、张之万、薛允升等查办。查证结果,除了天顺祥银号存储的三万四千多两外,其余五万多两花费均有着落。惇亲王执定这三万四千多两就是用来贿赂景、王二人的。但查办大臣认为没有证据证明是事实。随着调查的深入,王氏不安于位,奏请开缺回籍养亲。"奉旨以其母尚健且迎养在京,毋庸开缺。"同龢说:"王公前日甫请病假十日,忽为此奏,甚可骇,闻张佩纶劾其众望不孚,当引梁诗正之故事,准其归养也。"[1]遂只给降二级调用的处分。优旨准其回籍告养。当时有舆论,说翁同龢、潘祖荫等为之庇护,使之得以蒙混过关。其实当时中法战争在即,统治集团心思已不专注于此,是为主要原因。同龢说:"夔石毕竟聪明,于天下饷源了了也,伊名为送太夫人至通(州),其实偕至天津听信,案结无事便长行矣。"[2]

1887年(光绪十三年),王文韶重新复出。两年后任为云贵总督。在任,据载干得不错,当地官绅还为他建立了生祠。光绪二十年十二月,刘公岛失陷,甲午战争中国败局已成,华北形势危急。王氏被命派充北洋帮办事务大臣。李鸿章赴日议和,王氏署理直隶总督兼北洋大臣。和议成,旋实授。有人认为他不胜任直隶总督。丁立钧访翁同龢,"意在以李鉴堂(李秉衡)易北洋,或刘岘庄(刘坤一)亦可,而深诋夔石之无能"。[3]王氏外号"琉璃球",办事圆滑而为人面面俱到,正是因为这点,他才被慈禧看中命为直隶总督兼北洋大臣。

光绪二十三年,盛宣怀奉旨督办芦汉铁路,因铁路招股困难,又决定开办银

〔1〕《翁同龢日记》,第1736页。
〔2〕《翁同龢日记》,第1788页。
〔3〕《翁同龢日记》,第2851页。

行。谕旨要湖广总督之洞和直隶总督复议,翁同龢致函王氏,王氏愿意担保,表示支持。张之洞担心盛宣怀的银行将不利于他的湖北官钱局,不表同意。王氏以海关总税务司赫德正在筹办银行一事,提醒张之洞"切勿游移"。在翁、王劝说下,张之洞最终改变态度,与王氏联衔复奏,表示支持,这就是中国人自办的第一家银行——中国通商银行。

光绪二十四年四月,翁同龢开缺回籍。所遗军机大臣、户部尚书协办大学士、总理衙门大臣等职务改由王文韶接任。王氏到京后特地前往翁宅看望翁同龢。同龢说夔石"耳聋,面亦瘦",彼此并未深谈,对王氏而言,只是礼节性的告别而已。从此两人再也没有任何往来。不过王文韶对翁同龢政治前途仍给予高度关注。戊戌政变发生后,翁同龢被革职并交地方编管。据说在讨论交地方官严加管束时,"王氏疏言抗争:'我朝待大臣自有体制,列圣向从宽典,无编管之例,翁某罪在莫须有之间,今若此,则吾辈他日免官可以此为例矣。'刚毅则声称此意出自皇太后,于是其他大臣遂不敢再言。"[1]

1900年八国联军进攻北京,慈禧挟持光绪帝仓皇逃往西安。王文韶不顾年老,追驾随扈,使慈禧大得宽慰。回銮次年正逢王氏七十岁,光绪帝特赐诗颂祝:"绩懋度支襄密勿;资深敭历锡蕃釐。"

1909年1月(光绪三十四年十二月),王文韶因病去世,赐谥"文勤"。浙江文人朱廷燮挽他:

> 我浙二百馀年,出将入相,武达文通,不数人觏也;
>
> 惟公七旬九岁,忠孝神仙,富贵寿考,以一身兼之。

沈桂芬

沈桂芬,字经笙,顺天宛平(今北京市)人,祖籍江苏吴江(今吴江市),翁同龢称其为"吴江相国"。

---

[1] 王崇烈:《翁同龢传》(稿本),翁万戈藏供。

沈桂芬与翁心存同辈，资格比翁同龢老。
道光二十七年进士。咸丰改元，历任浙江、广
东乡试正副考官，礼部侍郎等。同治二年署山
西巡抚。光绪元年，翁同龢、荣禄等奉旨勘察
同治帝陵址时，无意泄露沈桂芬此次外任是荣
氏进言排斥的结果，翁后来将此事告知沈的好
友李鸿藻，李遂策划将荣禄逐出北京，外放西
安将军。荣禄外任十多年，直到光绪二十年慈
禧六十万寿庆典，才借祝嘏返回京师。荣禄指
同龢此举为"卖友"，从此衔怨在心，借戊戌政
变，对其加以报复。

沈桂芬像

沈桂芬署山西巡抚期间，翁同龢兄长翁同
书因办理寿州绅练仇杀事件不善，奉旨遣戍新疆，前往戍所途中，据说经沈氏与
满族将军都兴阿商洽，由都兴阿出面奏留翁同书到其军营效力赎罪。奉旨谕准。
翁氏一家对都兴阿满怀感激，当然对沈桂芬也是敬礼有加。翁同书在甘肃军营
的信息也多由沈氏转递。

同治四年六月，祖母去世，沈桂芬回江南原籍丁忧。六年服满，命在军机大臣上
行走。而后又命在总理衙门大臣上行走。此时翁同龢已入值弘德殿，授读同治帝。
因而，彼此接触，共同参与的朝政活动也较多。同治八年十二月，翁同龢应李鸿藻之
请，代所有军机大臣撰写春帖子词。代沈氏撰写的春帖子有三副，内容分别是：

凤转生三律，龙飞上九爻。条风来北阙，淑气肇东郊。

蓬壶日月本舒长，频贴宜春迓吉祥。两度东风穷海遍，正月、十二月两遇立
春。黄支乌戈尽梯航。

旸雨时调协泰符，诏书宽大屡蠲租。东南玉粒依常额，南漕已报逾百万，黼
座犹悬无逸图。[1]

同光之际是清朝多事之秋。光绪五年,同治帝灵柩安葬惠陵,随同行礼的吏部主事吴可读自杀,遗书奏请慈禧太后为同治帝立嗣。翁同龢参与此事的后续处理。"访沈相国,以所拟折底交之,彼甚以为是也。懿旨将来绍膺大统者,即承继穆宗毅皇帝之子。此语采取臣折中语也,感涕交集。"[1]

同年,中俄伊犁交涉事件发生,翁同龢奉旨与潘祖荫阅看往来文电,代拟电旨,因此常与沈桂芬一起议事。"谈伊犁事,伊(指沈桂芬)甚愤懑,相与咨叹而已。"曾纪泽奉旨赴俄改约谈判后,翁同龢与沈桂芬主张接近:"吴江相国怀中出所拟电信及照会稿,……电信以有利有权,须力争西(安)汉(口)(指开埠通商、设领事)、松花江(俄船航行)两事,照会则该使有所奉之命,即有所奉之权,断不敢违越。"[2]

光绪六年十二月三十日,旧历除夕,沈桂芬病逝。次年正月初二日,翁同龢"驰往哭之"。认为沈氏"'清、慎、勤'三字公可以无愧色"。[3]恤典隆重,予谥"文定"。

左宗棠闻讯,特送去挽联"击楫应同刘越石,筹边还忆李文饶",以示哀悼。

对于沈桂芬,时人评价颇不一致。有记载说其"治事精敏,在上前敢言能辩,同官咸服其才。光绪初,畿辅水利,议如康乾时,设专官治其事,孝钦意已决,奕诉阻之不听,桂芬言曰:'太后视李鸿章何如?臣宠遇若何?'后曰'良臣也。故朝廷待之亦在诸臣之上。'对曰:'臣亦云然,以鸿章之才本足办此,况受恩深尤当勉为其难,何烦另命他人哉?'后霁颜称'善',前议遂罢。文祥既殁,总署大臣益乏才,独桂芬颇考外情,章京起草,辄有改削焉。"但又说他"然器量偏狭,不能容物,崇厚馈枢臣石首鱼,忘致桂芬,遂怒。厚入觐,不与交一言。又饮翁同龢所,座客称谓偶不当,拂袖竟去。潘祖荫规之,弗能改也。"[4]

殷兆镛

殷兆镛,字补金,又字序伯,号谱经,江苏震泽县平镇(今江苏吴江市平望镇)

---

〔1〕《翁同龢日记》,第 1459 页。

〔2〕《翁同龢日记》,第 1549 页。

〔3〕《翁同龢日记》,第 1577 页。

〔4〕沃丘仲子:《近代名人小传》,中国书店 1988 年版,第 89 页。

人。道光进士。咸丰五年,和孙衣言奉旨在上书房行走,授读惠亲王之子奕详、奕询、奕谟等。稍后又奉命授读孚郡王奕诒,充起注总办。

殷兆镛手迹

殷兆镛敢言直谏,咸丰八年大学士桂良、吏部尚书花沙纳奉旨赴天津与英、法联军代表议和,惠亲王到上书房"咨访众论",殷氏递折"诋斥主和诸臣甚力",力主对英法作战。载垣、端华等"见之大怒",将其折掷地,骂曰"'书骇耳',内'齁'字音义俱不解,以为诉已也,尤恨,逢人告语欲心矣,人皆为余危。余曰'彼自速祸,圣明在上,何惧!'"[1]咸丰十年,清军江南大营兵溃,苏州、常熟、吴江、平望等相继为太平军占据。五月,殷兆镛、翁同龢、潘祖荫等江南籍京官在杨泗孙家集议联函上奏有事省份举办团练,谕命殷氏督办江苏团练,后改由庞钟璐为江南团练大臣。咸丰帝逃往热河后,殷氏避居清河卓营。应恭亲王、文祥要求,协助办理和局。多次奉派潜入圆明园察看,结果"衣物被抢"。次年,殷母去世,殷氏回籍丁忧,因平望为太平军占领,暂时寄居上海。在沪期间,因生活所迫,为人写楹帖换钱。同治元年服阕回京,仍在上书房行走。

根据翁同龢日记记载,翁氏与殷氏从同治元年开始往来。次年为了庆祝同治帝即位,清廷举行恩科会试,翁同龢侄儿翁曾源状元及第。同龢说:"源侄得此科名,庶足仰答先人未竟之志,稍伸吾兄(指翁同书)不白之冤乎。""源侄得一甲第一名,悲喜交集,涕泪满衣,敬告先灵,合家叩贺慈亲。拟于常昭会馆延客小坐,出知单,订江苏同乡,请殷谱经前辈出名具柬。"殷氏也是这次殿试读卷官,当然决定这次殿试大魁的不是倭仁,也不是殷氏,而是奕诉刻意的安排。翁心存是奕诉上书房的启蒙老师,彼此关系不错,算是朝廷对翁家心灵上的一种抚慰。至于所讲"稍伸吾兄不白之冤"这是另一回事,翁同书在处理寿州绅练仇杀事件中有无冤屈,曾国藩参劾翁同书究竟对不对,这些只能留待历史去评说。

---

〔1〕 参见殷兆镛:《殷谱经侍郎自定年谱》,台湾广文书局 1971 年版。

同治四年五月,翁同龢拜访殷兆镛,"得见冯敬亭(指冯桂芬)代人致曾帅言漕务书,极言刘方伯(指刘郇膏)议加津贴之害。(殷氏等)先后陈奏江苏横征暴敛之弊,谕李鸿章查办,至是复奏厘捐势难裁撤,各卡委员均无弊窦,每月约二十万,断无岁收四千万之理。旨切责殷谱经等以离奇荒诞之词陈奏,假公济私,要誉乡党……"其实,翁同龢也参与了这件事,冯桂芬带人到常熟勘量地亩,摊征常熟漕粮,几近以往两倍,迹似敲诈,引起常昭人士和翁同龢的不满。翁同龢后来与冯氏少有往来以及对李鸿章的恶感均与此有关。

在一些重大朝政问题上,殷兆镛往往也能与翁同龢保持一致。殷氏曾长期在上书房行走,是醇亲王奕譞的蒙师。光绪改元后,翁同龢任光绪帝师,奕譞是光绪帝生父。因此缘故,三人常常相见,晤谈。除了同乡这层外,这是殷氏和翁同龢接近的原因。光绪改元,会议奕譞的安排,多数臣僚主张开去奕譞一切差使,"余(翁同龢自谓)具疏责以大义,请留神机营差使,以资弹压。同人中知之者惟徐荫轩、殷谱经、黄恕皆,皆愿联衔(上奏)"。[1]

光绪二年,殷兆镛调任户部左侍郎,与翁同龢同为户部堂官。光绪四年晋豫陕大旱,尚书董恂以各省多有地丁钱粮存储,自可拨济赈灾,引起言官不满。二月,翰林编修张佩纶上折指责说:"河南数百万灾黎不死于天灾而死于部臣之心术。"户部堂官对此意见表示不能接受。早晨上朝,翁同龢遇见殷氏"谈良久,吾辈何苦在此席为人指摘(责)唾骂耶?"[2]

同年,殷兆镛补礼部右侍郎,仍在上书房行走。日本汉学家竹添进一(即竹添光鸿,日本熊本镇台人,曾任驻朝公使)慕其文名,通过总理各国事务衙门,前来拜访,并以游记《栈云峡雨日记》《诗草》见赠,殷氏以自己著作《齐庄中正堂集》回敬。[3]20 世纪 90 年代,中国新闻代表团访日,即以竹添所赠殷氏一书的重印本作为礼物,赠送日本新闻界。

1882 年 1 月(光绪七年十二月),殷兆镛以年老力衰,奏请开缺,获旨允准,以礼部左侍郎致仕。殷氏入值上书房三十多年,"夙兴夜寐,无间寒暑",与诸王

---

〔1〕《翁同龢日记》,第 1125 页。

〔2〕《翁同龢日记》,第 1381 页。

〔3〕 参见殷兆镛:《殷谱经侍郎自订年谱》,台湾广文书局 1971 年版。

子多有感情，虽告退，但想留居京师。按例不可。次年正月，翁同龢"访晤殷谱经前辈，劝其既引退当归里也"。[1]二月，醇亲王在适园（原为乾隆中叶，太监某［和珅亲戚］所筑花苑，荒废已久，奕譞以银三千五百两购下修葺增廓，居之）设宴为殷氏饯行，翁同龢出席作陪，与坐的还有"惠王、谟公（奕谟）、泽公（载泽）、澍贝勒（载澍）"等人。饮酬之际，殷氏激动，泪流满面说，此去恐怕再难相见了。在坐王公无不安慰。此情此景引起翁同龢的无艰感触，特地赋诗一首，兼为殷氏送行。

> 疾风三日黄埃飞，海棠落尽春已归。
> 白驹已驾不可维，只有妙语相追贴。
> 公之新居亦复佳，有琴有书朝夕厮。
> 牛行宅地长乖离，公亦出入凤凰池。
> 风霆独立屹不惧，霁颜却荷先皇慈。
> 适园春物何芳菲，有酒胥我斟酌之。
> 况公梨颜胡不衰，三天旧事不忍说。
> 亲见道光中叶时，神龙在潜气冲穆。
> 螽斯诜诜行可期，书斋槧镂家法在。
> 徒令后进生吁戏，此则庄语非谐嬉。
> 祝公明年当再来，即不再来亦甚乐。
> 进无所希退奚悲，长安一笑独向西。
> 诗成寄我江南枝，适园一夕德星聚。
>
> 登高极目怆我臆，何况送客增凄其。
> 玉堂金马一场梦，归来荒径皆茅茨。
> 隔墙醉呼潘太师，潘公作相三十载。
> 三度京兆玉尺持，其间荡节东西驰。
> 至今疏稿播海外，侏蠕鞮象犹然疑。
> 柳条淡宫东风吹，我已自叹白发稀。
> 贱子安敢赞一词，澄怀巢痕先人栖。
> 天语简默精覃思，国家景运开重熙。
> 如公坐讲多所裨，惜哉此愿今已迣。
> 公今引年岂病痱，汉阴灌园且息机。
> 四海识公霜鬓丝，严生事君志勿欺。
> 瘵饥不厌衡门低，得闲还补金銮诗。
> 吴门千里城郭非，何时更待欧阳厄。[2]

诗中的潘太师指潘世恩，字芝轩，江苏吴县（今苏州市）人。道光二十年会试殷氏考中进士，潘是这次会试的正考官。适园前已介绍。澄怀园是上书房所在地，翁同龢父亲翁心存曾任上书房师傅多年，所以诗中有"澄怀巢痕先人栖"之句。

---

[1]《翁同龢日记》，第1682页。
[2]《翁同龢集》，第744—745页。

殷兆镛离京之日，醇亲王奕譞赠以"宏才长寿"匾额，惠亲王以下王公大臣，上书房同值、在京亲友、门生齐来送行。1883 年 11 月 19 日（光绪九年十月二十日），殷氏在原籍去世，谕旨照侍郎例赐恤。

洪钧手迹

洪钧

洪钧，字陶士，号文卿，别署守拙，江苏吴县（今苏州市）人。提起赛金花，人们自然会想到洪钧。他于同治七年会试，一甲第一名，状元及第。是沈桂芬、殷兆镛、潘祖荫、翁同龢、吴大澂，稍后的状元黄思永等人的江苏同乡，均为苏州府人。

根据翁同龢日记记载，洪钧中状元后，翁同龢特地前往长（洲）元（和）吴（县）会馆向其祝贺，此后便开始了交往。不过因洪氏在翰林院学习，尚未担任正式职务，在政坛上无足轻重，加上嗜学，不喜官场交往应酬，所以彼此来往较少。同治十三年，翁同龢在籍丁忧，洪氏在籍告养。正月，翁同龢游览光福镇，途遇吴硕卿和洪氏，"旁有人云有红妆从"，但同龢说"余未见也。"[1] 这个"红妆"也许就是后来知名的赛金花曹梦兰。

光绪改元，翁、洪接触开始增多。他们常常参加各类考试的阅卷。光绪九年，中法战争前夕，洪氏上折请派大员出关统帅指挥作战，其时翁同龢任军机大臣，亦持这一看法，最终采纳了洪氏的意见，派两广总督张树声督办前敌军务。光绪十三年四月，洪氏奉旨召见，"备出使外洋"。七月，正式被任命为驻英、俄、德公使。奉旨当日，洪氏亲自前往翁宅辞行。次日，翁同龢为洪氏送行。"送洪文卿阁学出使英、俄、德（应为出使俄、德、奥、比四国，并非英、德、俄，此处翁误）晤谈。"[2] 据《赛金花遗事》一书，赛金花随洪氏出使。赛金花，原姓赵，生于同治

---

〔1〕《翁同龢日记》，第 1058 页。
〔2〕《翁同龢日记》，第 2172 页。

十三年。十岁时，被人诱拐至上海，流落妓院中，因从假母之姓，花名傅彩云。时上海因租界关系，风气已开，人皆喜学英语，傅亦择师学习，二年之间，已能用英语会话。年十五，四十八岁的洪钧以银千两为其赎身，纳之为姜。洪氏出使，遂携之以行。西方注重夫人外交，所有宴会、外交礼仪活动无不参与，实如洪氏的秘书，其认识西方英、德、俄政治、军事、外交人员自在情理之内。洪钧死后，嘱其改嫁，因洪氏夫人吝啬，将她逐出门外，赛氏无法，只好再入青楼，张艳帜于京师陕西巷，更名赛金花。义和团运动中赛金花与德军统帅瓦德西交往的故事虽非民间传说的那样，但也非无隙来风。当时有无聊文人南宫生曾赋诗二首赠赛金花。其一为："风采南都卜赛赛，旧游京洛李师师。"其二为："一顾倾城再顾倾国，千金买笑，万金买情。"赛金花去世后，蔼廷则集句挽她："十年绮梦销蛾绿，一代红妆照汗青。"而后曾朴的小说《孽海花》流行，洪钧的大名因此更显。

光绪十七年十月，洪钧任满回国。当时俄国正垂涎蚕食中国新疆西部地区、东北吉、黑地区及朝鲜。行前，向俄皇辞行。俄皇与之"深晤密谈"，"贵大臣归国，可劝政府务从睦谊，切勿为谗言所惑"。[1]洪氏回国后，向慈禧、军机大臣孙毓汶等转达了俄皇与之密谈的内容，引起了慈禧、孙毓汶等的亲俄、联俄倾向。

洪氏回国后任兵部左侍郎，兼任总理衙门大臣。他特地前来拜会翁同龢。翁同龢在日记中写道："洪文卿出使俄、德，回京来拜，长谈。洪因病告假半年，焦山避暑，于《元史》甚用功，得波斯回字《元史》，译出数卷。"当初中俄勘定西北边界时，"中国图学未精，乏善本。（洪）钧莅俄，以俄人所订中俄界图红线皆与界约符，私虑英先发，乃译成汉字备不虞，十六年，使成，携之归，命直总理各国事务衙门"。不久，英俄侵吞我国帕米尔地区，大理寺少卿延茂（树南）上奏，以洪氏所"译地图画苏满诸卡置界外，致边事日棘，乃痛劾其贻误状，事下总署察复。总署同列诸臣以钧所译图，本以备考核，非以为佐征，且非专为中俄交涉而设，安得归咎于此图？事白，而言者犹未息。右庶子准良建议，帕地图说纷纭，宜求精确。于是（洪）钧等具疏论列，谓内府舆图、一统志图记载漏略。总署历办此案，证以李鸿章译寄英图，与许景澄集成英、俄、德、法全图，无大纰漏。"洪氏因此忧闷成疾，遂于光绪十

〔1〕　参见薛福成：《庸庵海外文编》卷四。

九年九月抑郁而逝。当时翁同龢正主持顺天乡试,身在闱中。待出闱得知后,立即前往致祭。"哭洪文卿,其子到京已迟三日矣。"二十九日,又与陆润庠一起"至隆安寺送洪文卿归柩"。洪氏生前"通经史,尝撰《元史释文证补》,取材域外,时论称之"。对于洪氏英年早逝,翁同龢、吴大澂、陆润庠、徐郙等无不深感惋惜。

陈彝画作

陈彝

陈彝,字六舟,号听轩,江苏仪征(今属扬州市)人。同治元年会试殿试二甲第一名,其父当年亦是二甲第一名。"父子传胪,一时传为佳话。"

陈彝在政治上与翁同龢、潘祖荫等人接近。同治十三年七月,任御史,上奏弹劾内务府于李光昭任意欺蒙诈骗木植一事未经查出,宜加谴责。十二月,同治帝去世,陈氏再次上奏弹劾帝师王庆祺品德败坏,"从前劣迹,伊父道卒,见丧不归。赴粤凑赀,并于河南试差后,便服冶游。"王氏奉旨革职,永不叙用。[1]光绪改元,在讨论醇亲王的安排上,"余(翁同龢自谓)曰礼隆于缵绪则义绝于所生,与伯寅合。又曰他缺皆开,惟神机营重任不可离,与仲华(荣禄)合。与陈六舟彝论此事,六舟有议数条,稍迁缓,惟谓称谓一节此时缓议最为允洽。余意此等勿著痕迹为妙"。[2]同年,外放云南曲靖知府,累迁至按察使、布政使。

光绪十一年陈彝来京入觐,次年五月,授为安徽巡抚。此后与翁同龢书信往还不绝,"兼及时事"。十六年回京,任顺天府尹。是年六月,京师顺直地区暴雨成灾,翁同龢、潘祖荫、陈彝几乎天天相见,致函各处赈济,商讨赈灾、放赈、施粥等,潘祖荫因累致死。

〔1〕《翁同龢日记》,第1097、1126页。

〔2〕《翁同龢日记》,第1124页。

光绪十七年，因顺天府尹孙楫懒于治事，屡遭人弹劾，而陈彝深得当地官绅信任，谕旨命其再任顺天府尹。终因劳累多病，光绪二十二年八月，陈氏上奏陈请开缺回籍，得旨允准。此间，他与翁同龢往来密切，在甲午战争中，支持光绪帝主战，上折奏保刘永福，"请下罪己并劾贪臣"。[1]离京前夕，翁同龢亲自"出城送陈六舟，送路菜，揖别黯然"。[2]从此一别，再也未见。光绪二十六年正月，革职编管在籍的翁同龢从报上得知陈氏在扬州去世的消息。光绪二十八年他又获悉另一个好友钱桂森去世，在其挽联中写下了"六舟早逝，午桥又亡，平生江表故人至君而尽"的联句，对陈氏的去世表现了无限的悲痛。[3]

许庚身

许庚身，字星叔，浙江仁和(今杭州市)人，因其家一直住苏州木渎，故与江苏苏常地区京官往来甚密。其父许乃普，字滇生，嘉庆榜眼，咸丰朝官至吏部尚书。卒谥"文恪"。伯父许乃钊、许乃济均为道咸时大臣，他们与翁家早已有了往来。

翁同龢说许星叔是他"故人中之最契者也，亦余壬戌分房得士"。[4]一直维持着亦师亦友的关系。咸丰初年，许氏由举人考取内阁中书，当时太平天国起义，军书旁午，许氏尝代同官夜直，一夕往往票拟二百多签，由于每件折件文书背面须签上代阅者姓名，许氏遂引起咸丰帝的注意，询问侍郎许乃普，乃知乃普为其父辈也，遂命为军机章京。父子同朝，例应回避，许氏乃特例也。咸丰十年，帝移驾热河行在，病危期间，肃顺颐指气使，令军机章京属草，许氏抗拒弗从。穆宗接位，嘉其风节，令其随大臣入值。

同治元年四月，应会试，考中进士，是试翁同龢为房考官，"许星叔庚身、朱卤然、九香先生少子、龙湛霖，此拨来三人，皆珠玉矣。""许星叔来执弟子示众，固辞之。"[5]殿试二甲第二名，自请就本官，旋授内阁侍读。仍在军机章京上行走。

---

〔1〕《翁同龢日记》，第3760页。
〔2〕《翁同龢日记》，第2977页。
〔3〕《翁同龢日记》，第3477页。
〔4〕《翁同龢日记》，第3859页。
〔5〕《翁同龢日记》，第209、233页。

许庚身手迹

许庚身与翁同龢多了一层师生关系,因而对翁家的事也颇为关注。那时,翁同书还关在刑部狱中,经多方联络,最终改为遣戍新疆。其中有关杀徐立壮一事,朝野看法不一,一种看法认为翁同书为迎合苗沛霖而杀徐立壮,一种认为徐立壮勾结捻军该杀。许氏依法如实向翁同龢通报,并向孙家鼐查实徐立壮勾结捻军的事实,这也是促成翁同书改戍新疆的原因之一。其后许氏典试贵州,一度担任江西学政,每逢年节,都致慰函或节敬,以尽弟子之礼。光绪四年后历任礼部右侍郎、刑部侍郎,署理户部右侍郎,当时翁同龢也在户部任职,因此两人时常往访,商量公务。十年,许氏被命在军机大臣上学习行走,与光绪帝几乎天天见面,凡事涉户部或与翁同龢等有关的朝政方面的事,翁氏大多先向许氏转告,或由"军机等约余(指翁同龢)等面商事件",即"在御案前有所陈说"。[1]因许氏沉稳,处事细腻,与大臣们的关系相处得很好。

光绪十四年九月,翁同龢与许庚身等同主顺天乡试,闱中翁氏用壁间韵赋诗一首赠许氏。

重九前一月用壁间韵酬星叔大司马

莫因文字缔交深,天语森严重鉴临。通识岂无朱竹垞,微言况有顾亭林。乘车戴笠前盟在,官烛风帘旧梦沉。记取白头老兄弟,酬知各勉济时心。 君为先公听识拔,龢亦辱文恪公之知。垞字古读作入声,故借用,可笑可笑。[2]

文中的朱竹垞、顾亭林分别指学者朱彝尊、顾炎武。先公指翁心存。诗写成后感到意犹未尽,于是再赋一首:

〔1〕《翁同龢日记》,第2612页。
〔2〕《翁同龢集》,第772页。

次韵再酬星叔

君能继武真王巩,我坐论兵似顾临。岂意白头同典校,敢言倦羽早投林。脱巾走诣晨餐废,挟卷商量夜漏沉。太息醉翁门下士,要知叔弼久倾心。

官辙联裾结契深,琐闱何幸获同临。雄篇端合称诗伯,真鉴还宜式艺林。辽海旧游怀悱恻,河湟坐定勇深沉。明朝放榜萧闲甚,谁识吾侪仰屋心。[1]

光绪十九年六月,许庚身六十九岁生日,翁同龢特遣人送去酒席、面、烛,表示祝贺。然而在是年十二月,许氏即因病去世。"遗折上,恩恤极优。"翁同龢亲自前往致吊,并为题主。

许庚身生前曾请翁同龢为其尊人玉年先生所藏《孤山补梅图》(又名《寒林平远图》)题诗,但因翁氏公务繁忙,一直未写,直到光绪二十四年四月开缺回籍前夕,才匆匆补写上,送交许氏后人。

为许星叔题其先德玉年丈画《寒林平远图》

沧沧凉凉有如此,真气盘空秋在纸。李檀园耶奚铁生,俗眼纷纭徒举似。先生作画笔势豪,后人捧图涕沾袍。酒泉玉门渺万里,子孙鼎贵前贤劳。新堂初成雨脚响,杂花离披竹偃仰。同时在座李兰荪与祁世长,读画谈诗发遐想。三人宿草留一人,我亦漫浪乘飞轮。乾嘉诸老风流尽,太息汪几山彭甘亭高爽泉郭频伽陈曼山。皆诗卷中题诗者。[2]

费念慈

费念慈,字屺怀,号西蠡,晚号艺风老人,室名归牧堂。江苏武进(今常州市)人。

---

〔1〕《翁同龢集》,第772页。
〔2〕《翁同龢集》,第819页。

费念慈藏商父己卣全形拓本

徐郙女婿。光绪十四年考中举人，次年应会试，成进士。复试列一等，因"讹一字，列名第九"，翁同龢、潘祖荫均为之惋惜。翰林大考，因其时常回南，不常到任，与其他三人一度被掌院列为"察看"，不准参加集体考试，后经翁同龢等疏通，将其"察看四人皆销去，准一体与考"。[1]也许因为这个原因，此后他回到苏州，从事学术研究，清末在沪编译古籍等。

翁同龢、潘祖荫对于音韵、训诂均有研究，而费氏亦如是。因此翁氏对费氏的才识极为赏识。光绪十一年费氏应礼部部拔贡试未中，翁同龢对之深表可惜："徐颂阁之女婿费念慈，号屺怀。专精小学，亦无所不通，竟为第五，为所抑，可叹可叹。"[2]光绪十五年会试，费氏考中进士，翁同龢闻讯，十分高兴，特地邀请他参加家宴，"客去屺怀留数刻。此人蕴藉有经术，佳士也"。[3]此后但凡招饮徐郙时，多数亦请费氏。翁同龢如此器重，不独因徐郙以及同乡的关系，而是爱其之才。

翁同龢与费念慈交往，主要在碑帖书画文字方面进行交流。在京时，费氏不担任行政职务，与同龢无公事可言，他们的交往多半是出于共同的爱好。多数情况下是费氏携件来翁宅与翁同龢共同欣赏，翁同龢有时也会亲自去费氏住处观看。其间同龢多次应费氏要求，为其所藏字画碑帖题诗写跋。

光绪二十四年九月，翁同龢应费氏要求，为其所藏翁方纲旧藏张公方碑题诗，同龢以册中翁方纲所书观碑诗韵为韵，赋诗三首：

> 米市东偏菜市前，青棠门巷一凄然。覃溪先生居京师宣南坊保安寺街，所谓青棠书屋者也，今遗址不可考。却从江国枞棱梦，证到兰阳塔影边。先生在马兰峪扁所居曰塔影轩，今余赁屋里中方塔下，仿佛似之。

〔1〕《翁同龢日记》，第2730页。
〔2〕《翁同龢日记》，第2009页。
〔3〕《翁同龢日记》，第2315页。

肆意著书称墨者，乾嘉而后诩通人。谈碑琐琐浑闲事，辨学龂龂见性真。先生与汪容甫辨张迁碑非重刻，并箴其学术之失厥，后汪著《墨子表微》，先生力斥其谬。

故人过我蓬蒿径，手捧元珠送与看。屺怀以碑并王稚子右阙及刘熊碑见示，皆人间孤本也。一笑江湖萧散客，同心同眼又何难。苏斋原题有"同心同眼来得难"句。[1]

当时翁同龢尚未遭严谴，故写得轻松活泼。

费念慈夫人为徐郙之女，曾亲自来常熟看望过翁同龢。费氏夫妇恩爱，常常吟诗品画。他们有一幅《秋窗论画卷》，翁同龢特地为之题诗一首：

画师世斗量，几人识画理。惟有贤豪流，酝酿本书史。蓬莱不欲住，归去弄云水。仙人在何许，并几笑相视。摩挲苏米迹，抉剔倪黄髓。槃槃千古心，并入数番纸。秋风昨夜来，关山渺千里；孰云江南好，雁讯杂悲喜。以兹论画法，平量天下士。宗派各分张，真伪多疑似。世人无可语，良友深闺里。彼哉比翼图，富贵良可鄙。[2]

翁同龢还为费氏所藏《万岁通天造像》拓片题诗：

白发将军老守边，裴岑侯集与周旋。仙人为指唐时石，似识登封万岁年。萨湘林先生好道，久任伊犁将军，此造像从西域携归京师。[3]

萨湘林即萨迎阿，满洲镶黄旗人，历任陕甘总督，伊犁将军。此造像拓片为萨氏所赠。

费念慈幼年丧母，孤苦可怜。其母为丁心斋之女。费氏藏有丁心斋哭女文，翁同龢看后，非常感动，特赋诗一首：

---

[1]《翁同龢集》，第 825—826 页。
[2]《翁同龢集》，第 857 页。
[3]《翁同龢集》，第 873 页。

丁公哭女示费甥,伤哉失乳一日婴。满纸都是呱呱声,呱不能哭闻咿嘤。瞬三十年起大名,论史岳岳经铿铿。与公后先足抗衡,沧浪亭下水濯缨。莺花三月洒盏清,谒公谈艺兼谈兵。癸酉年事。今睹遗迹飞纵横,墨痕浩挟老泪倾。仿佛霜红十哭情,十哭不如一哭并。谓当刻石用代旌,与泷岗表同峥嵘。[1]

费氏父亲费耕亭为扶养费氏倾尽心力,绘有《寒灯课读第二图》,光绪二十八年费氏向翁同龢展示此图,应费氏请求,翁同龢为之题诗二首:

立孤多涕泪,垂训转深沉。慈孝一门事,饿寒天下心。科名轻仕宦,循吏重儒林。差喜灯灯续,声华直到今。

苏黄同秘直,先君子与公先后登第。马郑旧门徒。先兄曾问业于公。未见一题字,今看第二图。开函灯惨淡,书后墨模糊。风雨空林里,慈乌夜夜呼。[2]

费家在常熟建有丙舍,费功亭与翁心存为同科进士。翁同书曾受教于费耕亭先生,可见两家渊源之深。

光绪二十四年戊戌政变后,翁同龢再遭严谴,被革职永不叙用,并交地方编管,陷入人生道路上的最低谷。当时费念慈住在苏州,仍不时地前往常熟看望翁同龢,几乎每年四月同龢生日前夕或每年九月重阳节前,他,有时与汪鸣銮总要前来常熟入山看望,或带些苏州糕点,但更多的是碑帖字画。光绪二十九年十月,费氏一次就携来十多件字画碑帖供翁同龢欣赏,其中有苏东坡的"石印东坡真像"、沈周、文徵明、吴历、金农、赵松雪、刘文清等人的字画,"凡九大卷,巨观也"。同龢其时生病,无可奈何说:"惜余病,不能赏,不能谈。"[3]当时苏州与常熟已开通轮船,翁、费常常通过"航寄、航托"互相借还有关书籍。光绪二十八九年间,翁同龢参加邵松年、庞鸿文、庞鸿书等人发起的编修县志的活动,就是通过

〔1〕《翁同龢集》,第881页。
〔2〕《翁同龢集》,第881—882页。
〔3〕《翁同龢日记》,第3497页。

费氏从苏州借来有关明代和清初常熟的文史资料的。翁氏参加了县志的修订活动，只是因革职编管，不便列名而已。费氏对翁的关心，显然有徐郙的背景，也有他本人的政治倾向在内，他厌恶京师官场的尔虞我诈、不学无术的风气，倾向改革，十分同情翁的遭际。翁同龢直到临终前不久，还为费氏《归牧图》便面题诗三首：

> 趄斋奇字何人识，归牧新图我尚疑。
> 篰口键精缘底事，十年冷却凤凰池。
> 碑版图书古鼎樽，一龛斗大临乾坤。
> 桃花坞里清溪水，可许扁舟直到门。
> 鹤庐小隐画中禅，不独人传画亦传。
> 风雨闭门太萧瑟，会添一鹤两诗仙。[1]

题诗未久，翁同龢就去世了。费氏不但通小学，精鉴书画，而且懂医，偶尔也为翁氏诊脉，开具药方。他的关心体贴，对处于苦痛中的翁氏来说，至少在精神上是一大安慰，这是非常难能可贵的。

民国初年，费念慈因病去世，陈三立、汪鸣銮、盛宣怀等生前友好先后送去挽幛挽联，陈三立的挽联是：

> 盐豉尊羹苦忆君，花时邀扫旧岩，未共高僧抱琴至；
> 文采风流长照世，庐记乞摹晋帖，已成孤本付人看。

汪鸣銮的挽联是：

> 识君未过十年前，诣谈未过西头，图史纷陈，秘帙借观犹在目；
> 愧我忝叨一日长，论学甘居北面，人琴遽恸，古碑对勘更无俦。

---

[1]《翁同龢集》，第924页。

　　汪氏居苏州桃花坞,距费氏所居不远,他们因翁同龢的关系而相识,所以说相识在十年前,两人谈诗论画,品评碑帖,甚为相得,遂成为朋友。

　　盛宣怀认识费氏是因徐郙的关系,辛亥后,盛氏在上海作寓公,费氏也常出上海交际场,由是彼此有了更多了解。盛氏送的挽联是:

　　谓子不遇,早美金坡珥笔,玉尺持衡,十年来卧老沧江,若论冠盖京华,似惜斯人独憔悴;

　　与世长辞,只余文苑数行,名山片席,千里外惊闻朝露,为念箕裘堂构,聿看后起已腾骧。

朱敏生

　　朱敏生,字修伯,举人出身,历官军机章京、内阁侍读学士、鸿胪寺少卿。咸同年间,天下多事,而翁家也是灾难不断,在复杂多变的时局下和家族政治生命多舛的情况下,翁同爵、翁同龢兄弟深感个人的力量单薄,只有凝聚朋友和同乡京官的力量,才能度过难关,或获取更多信息,为个人和家族的决策作出相应的判断。为了争取更多的朋友,他们与有关军机章京、南书房行走结拜为弟兄。"咸丰时,余兄弟与尹杏农耕云、贾湛田致恩、孙莱山毓汶、潘伯寅祖荫、钱犀盦桂森订昆弟交,朱修伯学勤(应为敏生)亦与焉。"[1]当然与翁氏兄弟,尤其是翁同龢订为结拜兄弟的远非这些人,广寿绍彭、荣禄仲华、李文田若农等人均与其为结拜兄弟。对于官场中这种现象,还有互通婚姻现象与政局的关系,目前尚无专门研究。以朱敏生为例,他们是在英法联军进攻北京、两人避难房山时结拜为兄弟的,当时朱氏为军机章京,军机章京分为头班、二班两班,二班负责人为方子颖,朱氏为方的帮手。军机章京掌握各路来的大量军情政息,专门为军机大臣起草文告,甚至代拟谕旨,作为结拜弟兄,朱氏往往第一时间将重大消息,尤其是与翁氏有关的信息透露给翁同龢。咸丰十年八月,朱氏随穆荫自通州回京,向翁同

---

〔1〕《翁同龢日记》,第3474页。

龢透露了巴夏礼被俘、释放以及奕訢办理和局的情况。咸丰十一年十月,朱氏向翁同龢透露了载垣等人被捕抄家,被杀的内幕,虽然也有他人告知有关消息,但因朱氏是军机章京,情报信息来得更可靠。同月,朱氏第一个向翁同龢告知徐启文上奏请简用老成端谨、学问优长老臣,李棠阶、翁心存将被启用的信息,第一个透露户部五宇号案将重新审理,苗沛霖攻陷寿州城的消息;同治元年正月,是朱氏与其他军机章京透露内阁、军机讨论前两江总督何桂清罪名的内情。翁同书被曾国藩参劾后,定为斩监候,关在刑部狱中,期间,朱氏多次前往翁家,进行抚慰。同治二年十二月,翁同书改为遣戍新疆,"凌晨朱敏生送谕旨来,翁某加恩发往新疆效力赎罪",[1]将这一消息第一时间通知翁家。同治三年正月,乔松年查办孙家泰,徐立壮被杀事,有人指翁同书有责任,也有人认为徐立壮勾结捻军,罪有应得,旨交翁同书呈复。"三兄拟呈稿粗就,朱敏生来商量一切","徐立壮虽与苗敌,实与苗等,未可议恤"。[2]总之,我们从翁同龢咸同两朝的日记来看,几乎翁、朱每隔两三天就要见面,或朱氏来,或翁氏往,多数情况是朱氏主动来,每次两人均作"长谈"。值得注意的,朱氏与曾国藩关系很好,同治八年正月,曾国藩来京,朱氏特设家宴。"赴朱修伯招,座有南丰(即曾国藩)。"[3]一位军机章京设宴招待曾氏,这种情形实不多见。

朱敏生爱好典籍收藏,这个爱好与翁同龢相同。朱氏藏有宋本《集韵》,同龢说:"得见宋本《集韵》,钱遵王家物,惊人秘笈也,酬以三十金,不售。朱修伯有影宋抄,久在余处,即从此本出"。"宋本《集韵》模糊处甚多,然确是也是园旧物,古香馣馥,遵王所谓巍然鲁灵光者也。修伯所藏抄本每页皆有虞山钱遵王述古堂藏书一行,实从宋刊本影写,二百年后乃得并几校勘,又适在乡后学之室,亦奇缘矣。""议以三十四金易《集韵》,此怡邸物也(怡亲王载垣被杀后抄家流出)。"[4]《集韵》和其他有关珍籍于2000年由翁万戈卖给上海图书馆,现藏上海图书馆特藏部。

朱敏生因长期担任军机章京,积劳成疾,患有严重的哮喘,翁同龢曾劝其早

---

〔1〕《翁同龢日记》,第334页。
〔2〕《翁同龢日记》,第354页。
〔3〕《翁同龢日记》,第702页。
〔4〕《翁同龢日记》,第402—403页。

日辞归家园,朱氏没有采纳。光绪元年正月,朱氏竟因此在家去世,同龢闻悉,特前往致祭,"往哭失声,修伯与余缔交于房山,顷岁痰喘,屡劝归田而不悟,悲夫"。朱氏灵柩回南归葬时,翁同龢又特地前往送行,"俯仰前事,不胜凄咽"。[1]翁与朱情谊虽至此结束,但对他的儿女仍很关心。朱氏女儿嫁给王文韶之子,翁同龢亲自前往祝贺。

马建忠像

马建忠

马建忠,字眉叔,江苏丹徒(今镇江市)人,少年时因受太平天国起义影响,举家一再播迁,后定居上海,与兄长马相伯(良)进入法国天主教会学校学习。

光绪二年,被派赴法国留学,兼任驻法公使郭嵩焘的翻译。光绪五年获法国博士学位回国,协助李鸿章办理洋务,兼理外交等。光绪八年,朝鲜发生壬午兵变,马氏随淮将吴长庆入朝平叛。"朝鲜疏泰西通商,我遣道员马建忠等赞成其事,而国人不尽愿也。"[2]这是翁同龢日记有关马建忠最早的记载。光绪十年,中法越南交涉发生,李鸿章与法使福禄诺会谈,受李鸿章委派,马氏参与翻译事宜,"抄电……略言福禄诺介绍情形及兵船到吴淞五只,及德崔林往烟台,及马建忠从中通问各情形。"[3]这是翁同龢有关马氏参与外交活动的第二次记载。

马建忠当时还担任轮船招商局的会办和上海机器织布局的督办。光绪十五年七月,翁同龢回籍修墓,坐海轮途经上海,马氏代表招商局前往金利源码头迎接。在回京之前,翁同龢兜留上海期间,与马氏三次相见,就此可知,翁同龢对马

〔1〕《翁同龢日记》,第 1133、1181 页。

〔2〕《翁同龢日记》,第 1715 页。

〔3〕《翁同龢日记》,第 1866 页。

氏是相当了解的。翁氏回京后，光绪十七年，上海机器织布局正式投产，马氏特地给翁同龢寄来布二匹，翁同龢专门去函致谢，"谢其机器所织洋布二匹"。光绪十九年四月又托来京的王新之（叔铭）带给马氏一信。可见，翁、马友情不浅。但光绪二十三年六月，马氏因事来京，前往翁宅拜访，翁同龢却在日记中这样写道："候选道马建忠来见，眉叔，行二，向办招商局，中辍，五十三岁，前十年人争欲杀，要之是俊才。罗逢禄、严□□（疑为严几道严复）、陈季同、陈炽、陈昌冲、夏寅官，皆所举通西法者。次日馈菜四、点二。"[1]这是他们的最后一次见面。

　　光绪二十六年八月间，两广总督李鸿章奉旨前往北京，与八国联军代表议和，途经上海，马建忠受李氏之托，译述有关外文材料，由于材料多，时间急迫，加上天气炎热，马氏因劳累过度，不幸去世。有《适可斋记言记行》、《马氏文通》行世。

薛福辰　薛福成

　　薛福辰与薛福成兄弟，同为江苏无锡人。父亲薛晓帆，江苏名士。薛福辰，字抚屏，进士出身，曾是翁同龢任工部尚书时的下属。光绪六年，慈禧太后病重，应荐来京为其治病。后曾授为顺天府尹，与翁同龢颇多来往，光绪帝、翁同龢、翁斌孙、刘秉璋等均曾请其为他们及家人治过病。有关薛福辰的记载，对于了解慈禧病情颇具参考价值。

　　光绪二年五月，薛福辰拜访翁同龢："夜，薛君福辰来，此人薛晓帆之子，能古文，通医，十年前工部司员也。今为济东道。其政事未可知，独于洋务言之甚悉。以为中国无事坐失厘金每年千万，是大失计，又言破洋人惟有陆战，陆战之法曰散阵、行陈、小阵，其守法则用滇黔地营，必可操六七成胜算也。号抚平，有赠，固却不得。"[2]

　　光绪六年，慈禧"圣躬违和"，宝廷（竹坡）上奏，请延天下名医来京会诊，李鸿

〔1〕《翁同龢日记》，第3060页。

〔2〕《翁同龢日记》，第1254页。

章推荐了薛福辰，曾国荃推荐了汪守正，此外其他大臣推荐了马文植、程春藻等人。汪守正，山西阳曲人，字子赏，藏书楼振绮堂汪小米之胞侄。旨令四人与太医李德立、庄守和、李德昌会商确诊开方，并交王大臣看。据翁同龢日记记载："薛云西圣是骨蒸，当用地骨皮等折之，再用溶补。"但"汪云非骨蒸，当用甘味"。[1]次年正月，翁同龢请薛氏为其诊脉，询问有关慈禧太后病情，"据云是骨蒸，秋冬可虑"。但翁同龢认为"然其言亦无甚依据，且云夏至后亦不用丹皮、地骨皮矣"。薛氏也承认"医事终无把握，非用地骨皮、青蒿、鳖甲不可，而汪子常力持不可也"。[2]然而经过薛、汪、吴等医生和太医们的会诊，慈禧的病情却大有好转。六月，懿旨宣布"圣躬大安"，并赏给"薛福辰、汪正安、马文植、李德昌、庄守和五人匾额，并加超擢，内府大臣及原保督抚，条陈征医之宝廷，各优叙"。[3]七月，"放广东遗缺道"。后又改任顺天府尹、宗人府宗丞，继续为慈禧看病。一直到光绪十年十月，慈禧太后生日，才正式宣布病愈。

薛福辰为慈禧治病期间，也为光绪帝治病。光绪年幼，患食滞，消化不良，薛氏为其开一些茶饮方面的药。还为恭亲王治病。光绪八年十月，薛氏看望翁同龢时，"谈及恭邸疾，云自吃大黄，芒硝及郁木丸一两五钱，故致反复，今稍止矣，然惫甚"。[4]

翁心存的门生、后来任四川总督的刘秉璋生有一种疾病，"其家人云急躁，以手抟胸，状甚异"，翁同龢应其家人请求，特延薛氏为之一诊。薛氏也常为翁同龢本人及翁斌孙看病。光绪十三年二月，一次为翁斌孙诊脉，认为他"肾虚，心肺有热，引《灵枢》阳络伤则血

薛福成像

〔1〕《翁同龢日记》，第 1533、1552、1558 页。
〔2〕《翁同龢日记》，第 1616、1640 页。
〔3〕《翁同龢日记》，第 1626 页。
〔4〕《翁同龢日记》，第 1736 页。

外溢语,方用甘凉"。[1]

为慈禧看病,是薛福辰一生中唯一有影响的事,但同他的弟弟薛福成相比,无论在政事上,还是思想上要逊色得多。

薛福成,字菽芸,一写叔耘,号庸庵,薛福辰之弟。诸生。翁同龢与薛氏首次相见是在光绪十年五月,翁在日记中写道:"宁绍台道薛福成,行三,叔耘,抚屏之弟,向在曾侯幕最久,能古文小学,杨性龙高第弟子也,熟洋务,近时与张富年、张荫桓同调引见,备出使外洋。来见,人稳实。"[2]同治六年曾充曾国藩幕僚,后入李鸿章幕,办理外交。光绪五年发表《筹洋刍议》,提出变法主张。光绪十年任浙江宁绍台道,与欧阳健飞在镇海击败法国海军侵犯。光绪十四年,升湖南按察使。次年奉旨为驻英法意比公使。四月,来京引见。拜访翁同龢,并"为言宁波参将吴杰被劾之冤。"翁同龢专门设家宴为薛氏送行。

光绪十八年二月,应薛福成之请,翁同龢为其无锡家祠书写一联:

三凤家声,长贻旧泽;九龙山色,来映新堂。

同龢自认为写得"似切"。

光绪十九年,钱振常之子钱恂(念劬)在英法意比公使馆任随员,与薛福成相处不协,翁同龢大力规劝。"念劬来,留饭,与谈泰西事,有识见,于舆地讲求有素,可用也。仰蘧(龚照瑗)以其与薛叔耘有违言,颇致疑,余切箴念劬令改。"[3]

黄思永

黄思永,字慎之,江苏上元县(今苏州市人)光绪六年会试,殿试一甲第一名,状元及第。授修撰,历任翰林院编修、国子监司业等。为翁同龢庚辰门人。光绪十五年六月,翁同龢分教庶吉士八名,黄氏为其中之一。

---

〔1〕《翁同龢日记》,第 2128 页。
〔2〕《翁同龢日记》,第 1873 页。
〔3〕《翁同龢日记》,第 2688 页。

黄思永手迹

还在光绪九年,黄思永因在上海经营房产业,被人告发。旨派两江总督左宗棠、江苏巡抚卫荣光查办。结果查得"上海房屋一所有慎记字样,其余二所系朱姓之产","左宗棠等奏,查明黄思永参款,于上海置屋一节,虽系一时失于检察,咎实难辞,著交部处"。[1]又有人弹劾他为人题主时身着"吉服"及"娶妇奁资巨万",旨交曾国荃、裕宽查办,结果查明并无此事。

光绪十九年,顺直地区暴雨成灾,尤其是张家口一带灾情最为严重,翁同龢与徐桐发义仓米谷二万石,奏请派黄氏等人前往施放。

光绪二十年四月会试。殿试时,黄思永为四收掌之一,另三人为丁立钧、洪思亮、樊恭熙。此次,张謇状元及第。据说黄氏也从中相助。至于如何相助,相助什么不清楚。丁立钧也是如此。至少他们是知道读卷官翁同龢是属意张謇的。

光绪二十三年十二月,清政府面临第三次支付对日赔款。这次向西方借贷遇到了很大麻烦。"俄阻英款,英又诘俄何以干预,两国相持,无以排解,乃议各借五千万。"其后"英款停议,而转索我利益。"[2]进而绕过各国政府向外商商借,结果均告不战。在借贷困难重重情况下,光绪二十四年正月,黄思永上了一道《筹借华款请设股票》折,折中说:列强利借款对我勒索要挟,致使中国种种吃亏,际此帑绌时艰之时,尤当熟思安危,出家资以佐国用,谁无人心,谁无天良,断不忍观望迟回,一任大局之溃裂,建议不妨仿照外国在我通商口岸发行债票办法,息借商款,偿付日本。并说:"以中国人民如此之众,不难借一万万之款"。要求皇上饬令户部速造股票章程,条拟具体发行办法。为取信于民,使股票发行顺利,"特旨严责中外臣僚,激以忠义奋发之气,先派官借,以为民倡,合天下之地力、民力、财力,区分类别,各出其余,以应国家之急"。[3]翁同龢认为黄氏此折很好,"亦是筹饷之一

〔1〕《翁同龢日记》,第3593页。
〔2〕《翁同龢日记》,第3873页。
〔3〕参见《光绪朝东华录》。

法"。"部议准黄思永请办昭信股票,每股百两周息五厘,廿年本利并完,意在开中国民债之渐,免借洋债也。"[1]光绪帝很快批准了户部开办昭信股票章程和办法。户部"议定股票票式","定内仓闲屋为昭信股票局",又选户部司员前往通商大埠进行宣传、指导各省开办。仅京师"户部昭信股票,京中集得七十四万零,各省七百余万"。恭亲王率先领票三万。[2]但昭信股票积银有限,离赔款支付数目相距甚远,加上各省在开办中官员不热心,有强行勒逼摊派作法,以致引起绅民不满。最后只得停止,转向汇丰银行借贷,这就是第二英德借款。

戊戌变法开展后,黄氏先后条陈上折,三月,呈奏"修铁路,矿务公司,令各省保举"。四月,封奏:"一农会、小学堂,一昭信办未善;片,开凤河,片,赈捐明定三成。"[3]他积极参与变法,遭到顽固势力反对,杨崇伊公开上折弹劾他。戊戌政变后,他一度被罢斥,直到庚子年后才重新起用。

唐文治

唐文治,字颖侯,号蔚芝,一写蔚之、纬之,晚号茹经,江苏太仓人。光绪进士。在京同乡中,他的角色很特别,是翁家的"西席",即家庭教师。光绪十八年六月,翁同龢日记写道:"请唐蔚之为留官(翁之廉)兄弟教读开馆。"[4]唐氏具体系何人介绍,不得而知,不过有一种情况,举人应会试,往往提前一年,或半年,在同乡京官家做家庭教师,一是藉此可以温习经史,为应试作准备;二是可以增加收入;三是可以通过同乡京官,获取有关信息。他能到翁同龢家任西席,是非常难得的。

唐文治虽在翁家任西席,但他个人的才华深得翁同龢的赏识。曾在翁家任西席的不下十多人,仅光绪十五年后即有管廷献、叶茂如、俞佑澜、孙师郑(孙雄)、沈颂棠、唐蔚之、孙培元等人,但翁同龢最为赏识的只有唐氏。

进士及第的次年,唐文治回乡将父母接到北京,继续在翁家任家庭教师。翁

〔1〕《翁同龢日记》,第 3873 页。
〔2〕《翁同龢日记》,第 3876 页。
〔3〕《翁同龢日记》,第 3181 页。
〔4〕《翁同龢日记》,第 2578 页。

唐文治像

同龢派翁斌孙为唐氏安排一切。"拜唐纬之,奉其二老来京,住新开路,戣(翁斌孙)为之张罗。"[1]不久又专门设家宴款接。光绪十九年八月,翁同龢任顺天乡试正考官,"唐师纬之拟顺天乡试题一篇,极佳"。乡试结束后,翁同龢又请唐氏"代撰乡试录前序"。[2]光绪二十年四月,翁同龢派教习庶吉,"归而拟稿,请西席唐纬之写"。[3]对唐氏表示了极大的信任。

唐文治对国势也极为关注。同年六月,日本挑起侵略朝中的甲午战争。七月,"唐纬之陈时务五条,规切余(指翁同龢)过,可喜,可喜"。后来还多次向翁同龢建言献策。"唐纬之见我,传刘佛卿语,请招致汉奸姚赋秋。"[4]

光绪二十四年四月,翁同龢开缺回籍,继而被革职编管后,唐文治仍念念不忘翁同龢。光绪二十六年义和团运动中,日本使馆书记官杉山彬被杀。次年七月,那桐代表清政府赴日"谢罪",唐氏作为随员随行。两人途经上海,托翁缉夫(翁寅丞)"寄那琴轩、唐蔚之(即那桐、唐文治)各一函。那出日本差,唐随员也,即复之,交缉送"。光绪三十年,知翁同龢生病,唐氏专函慰问并寄来八十九元。[5]

岁月悠悠,到了民国,唐文治仍一直怀念翁同龢。20世纪30年代南通陈琛(葆初)出资在常熟修建了松禅图书馆,"纪念松禅相国,即以纪念南通殿撰张謇啬庵也"。为此,唐氏专门写了一篇纪念碑文,文中满怀感情讴歌了翁同龢的一生事功:

〔1〕《翁同龢日记》,第2646页。
〔2〕《翁同龢日记》,第2680、2692页。
〔3〕《翁同龢日记》,第2740页。
〔4〕《翁同龢日记》,第2790页。
〔5〕《翁同龢日记》,第3393、3556页。

有清之隆，以敬礼师传为本。而师传以松禅相国为尤著。相国既以道德文章揄扬啬庵，而啬庵复以性情气谊上使相国。向使啬庵皓首穷经，终老牖下，谁与知之哉？！而啬庵以乙酉秋，试抡南元，出相国门下。厥后屡上春官不第，相国辄为延誉公卿间，甲午遂大魁天下，科名之赫奕于啬庵无加。而南通之实业，乃因啬庵科名而大盛。班书云：'利禄之途然也。'岂非然哉？当是时，相国方以协揆直军机主译署，啬庵亦多所献替。而外侮频仍，一蹶不能复振。越四年，而相国获谴归田里。又二年，庚子祸作，乘舆播迁。又越三年而相国薨。国运之盛衰，系于故家大族之兴废。人之云亡，邦国殄瘁，君子观于世运之升隆，未尝不流涕长太息也。迨宣统改元，诏复相国原官，追谥'文恭'，而公冤始白矣。又越三十八年，而葆初有松禅图书馆之筹建。公道之在人心，岂非千古不磨者哉？……文治与相国有知己之感，而与啬庵曾联僚友之谊。……撮相国平生行实而系之，以铭其词曰：虞山之阳，言子之乡。笃学名臣，聿宣国光。造化扶舆，灵气葱茏。有开必先，文端是崇。文勤继之，丕显文恭。公之为学，纯粹闳通。百家腾跃，尽入环中。公之立品，敦行孝弟，屏黜豪华，动用中礼。公之为文，日光玉莹，万言奏疏，利用厚生。公之为诗，澹泊明志，弦外暗暗，抚时感事。公之荣遇，大魁督使，三年报续，始应馆试。公之立朝，方言见惮，讦谟入告，监灾武英不急之工，请罢圆明特达之知。两朝帝师，治平宝鉴，启沃在兹。公之为政，蠲除烦苛，司农理财，恤民疾苦。黜邪远妄，侃侃不阿。居敬行简，庶氓户呵。维公忧国，夜以继日，殚竭血诚睐，恪恭乾惕。伊犁疆场，行人失辞，公佐俄约，国体匡持，动魄恫心。甲午之役，南撤藩篱，天步大棘，咎在酣嬉，文武旷职。老臣进泪，不可收拾。滔滔河水，从此东流。人事隍嚊，天道为愁。维公爱君，柱石元勋，都讲毓庆，纬史经经。每当盛暑，流汗霖霖，泥泞车滞，屡至颠覆。或值祁寒，积雪没胫，徒步宫门，舍车致敬。密勿造成，上希天圣。帝曰俞哉，治法孔孟，慈圣怡悦，尔位共靖。恩礼频颁，聿嘉忠正。省墓南归，驰驿是赐，戒勿海航，惟康安止。太常宫蝶，来依蹁跹，公祝之酒，栩栩回旋。人曰兆瑞，莫知其然。亄公精诚，上格于天，文治龛陋，辱荷被饰，超擢揄扬，延致西席。每论时事，公恒戚额，匪我恋禄，貌孤受托，古之大臣，不计祸福。

肥遁鸣高,焉用臣子;呜呼公心,天日可誓。胡为寋寋,倏遭岩谴。构陷者谁？祸首旗某。反噬肆毒,罗织菶斐,彼何人斯？哆兮侈兮。侧肩帖耳,成是南箕。戊戌政变,一再辛螫。昌议编管,几罹不测。仁和争之,始免于厄。维公孝思,庐墓恋祠。烈烈飘风,郁郁青松。思君思亲,抱憾靡穷。朝闻夕死,范文祈祝。天下苍生,同声一哭。载越四年,幼冲登极。百僚师师,追维公德,直道不泯。下降纶音,礼复旧官,是非始明。维公天性爱才,如命杞梓椐楠,众材毕列,其心好之,不啻口出。度长絜短,惟器是适。公去十年,载胥及溺。荆棘铜驼,哀哉清室。麦秀恭离,中心如噎。综公平生,司马君实,遭际靡常。晚年异辙,屹屹丰碑,瑯缳贞珉,缥缃万卷,饷我后生。文化大启,灵爽式凭。横径论道,纵纵华苇。尚湖静夜,丕焕文星,麟炳璀璨,畴董厥成,再传弟子,陈君可钦。后有来者,其考兹铭。[1]

唐文治是带感情写此纪念碑文的,至于他在文中提到的若干重大历史事件的是非和评价,事实真相到底如何,以及翁同龢的为政情况,等等,当然只能留待历史事实去评判,这里只是唐氏个人的看法而已。

辛亥革命后,唐文治转入教育,曾创办无锡国专,并担任校长,以保存中国传统文化为己任。又一度出任上海交通大学校长,为中国教育事业作出贡献。

冯煦

冯煦,字梦华,号蒿庵,晚号蒿叟,江苏金坛人。曾为曾国藩门人,在金陵书局任职二十余年。光绪十二年四月会试一甲第三名,探花及第。翁同龢是殿试读卷官,因此,成为翁同龢的门生。加上又是江苏同乡,平时与翁同龢、徐郙等颇多交往。

光绪十五年四月,翰林散馆考试,在一百五十多名人员中,冯煦考列一等第二名。如此功名,深得翁同龢及其他江苏同乡官的器重。光绪十七年九月,国子

---

〔1〕 陆远编:《大家国学:唐文治卷》,天津人民出版社 2008 年版,第 301—303 页。

监南学学生大考，翁同龢即邀请其及门弟子冯煦等五人代他批阅。次年苏南地区奇荒，翁同龢与冯氏等十名江苏京官联衔上奏，请朝廷拨款赈济。翁同龢利用各种机会，扩大冯氏在朝中的影响。

冯煦像

光绪二十年，冯煦授安徽凤阳知府，此后擢任山东按察使。甲午战争期间，冯氏亦主战，抗击日本侵略。但他没有像张謇那样激昂慷慨上书言事。他上折语多平和，就像他为人一样，做事稳慎。十一月，他参加文廷式、丁立钧等二十多人连衔折，反对议和。随后冯氏又单衔"呈奏八条，大致斥和"，指出"和有六谬"，提出应对四策："申军律、选锐卒、策胜算、办团防。"翁同龢看后认为写得"颇好"。[1]

1907年，（光绪三十三年），革命党人徐锡麟在安庆发动起义，刺死安徽巡抚恩铭，冯氏由布政使继任安徽巡抚。宣统改元，他上奏请用尊君庇民大臣，为载沣为首的满族权贵所不满，被罢斥回籍。不久，因苏、豫、皖大水，重授查赈大臣。他深入灾区，抚慰灾民，深得好评。入民国后，被命督办江淮赈务，继续从事赈灾活动。

咸丰六年四月，翁同龢参加会试，殿试一甲第一名，状元及第。这次会试的主考官为大学士彭蕴章（咏莪），副主考官为尚书全庆（小汀）、尚书许乃普（滇生）、内阁学士刘崑（韫斋），房考官为编修贡璜（荆三），拨房考官为御史金钧（子梅）；主、副考官俗称座师，房考官称房师。朝考阅卷官、殿试读卷官称殿师。考

---

〔1〕《翁同龢日记》，第3766、3782页。

生则自称门生。这种师生关系一旦定下来，就不能改变。对门生而言，要时常拜访座师、房师和殿师，遇到重大问题，往往要听取诸师的意见。当然门生的成长、提拔、外任等也离不开诸师的提携和指点。每逢年节，例送节敬。若外出主持乡试回京，或带小门生，例得给诸师送"土仪"，座师每人 12 两、朝考、殿师为 10 两，房师为 32 两。若遇诸师个人及师母寿辰，则由门生自己量情馈送，不作规定。

翁同穌的三位座师与其父亲为同辈，但从师生关系来说，翁同穌平时几乎每月须探访一次，三位座师的情况如下。

彭蕴章

彭蕴章，字咏莪，江苏长洲（今苏州市）人，道光进士，官至文渊阁大学士、军机大臣。咸丰三年，太平军占领南京，诏直求言，要求臣工举荐人才。彭氏举荐仓场侍郎、云南昆明人何桂清"才堪胜任"。咸丰四年，授何氏为浙江巡抚。七年，授何氏为两江总督。十年，李秀成率太平军东下苏常地区。何射杀跪阻其逃跑的常州绅民数十人，逃到上海。消息传到北京，咸丰震怒，将何氏革逮至京，另谕曾国藩担任两江总督。后来何氏被杀，彭氏因系举主，遭咸丰帝冷落。咸丰十年，彭氏以病陈请开缺，得旨允准。祺祥政变后，重新起用，署左都御史，不久病逝京师，谥"文敬"。

早在道光末年，翁同穌就认识彭蕴章，因为是江苏同乡，彼此往来，尤其是彭氏之子彭祖贤中进士后，翁同穌与彭祖贤彼此走动较多。彭氏五代为官，彭蕴章的祖父彭启丰曾官至尚书，种种迹象表明，彭氏自视世宦之家，平时与人相处高傲，当然对翁家亦是如此，平时很少与翁同穌有过深度交往，大多出于礼貌礼节的接待。彭祖贤，附贡生，官至湖北巡抚，在任并无多少作为。光绪十一年去世。翁同穌曾送挽联："风雨缔交深，看君开府新猷，到处讴吟称众母；江天归梦杳，触我陟冈旧事，入门号恸觅予兄。"[1]

---

[1]《翁同穌日记》，第 2019 页。

全庆

全庆,字小汀,叶赫纳喇氏,满洲正白旗人。父亲那清安曾任尚书。道光进士,咸丰朝任吏部尚书,同治改元,官至刑部尚书、体仁阁大学士。光绪八年去世,谥"文恪"。作为全氏门生,翁同龢参与调解了其死后继嗣及家产分割案。全氏生前无子嗣,由其弟之子铭彝过继为后,但铭彝之弟铭钟以合族人未画押为据,阻挠之,意在霸占全庆财产,如此则全庆妇孺处境艰难。经过醇亲王、翁同龢及全庆其他门生出面调解,铭彝归宗,改由新抱同族另一之幼子为继嗣,分产各立字据,翁同龢等亦作为证人在字据上画押,此事终告了结。

许乃普

许乃普,字季鸿、经崖,号滇生,浙江钱塘(今杭州市)人。嘉庆榜眼,官至兵部、刑部、吏部尚书,咸丰十年因病开缺在京。肃顺挑起户部"五字号"事件后,以翁心存回奏与司员供述不符,欲置其于死地,当时谣传甚多,许乃普亲往翁宅慰藉。咸丰帝深知翁心存操守,仅予革职留任处分。咸丰帝去世及同治帝继位后,翁同龢往访许氏商量其父与许氏接驾有关事宜。同治元年九月,翁同龢主持山西乡试试差结束回京,援例向许氏赠送"土仪",其子仁山补为内阁学士,特前往祝贺。许庚身中进士后,因翁同龢为其座师,翁同龢与许氏关系更进一层。不过由于许氏已离开政坛,未参与重大朝政问题,对翁同龢影响不大,彼此仅仅维持一般师生关系而已。

同治五年九月,许仁山去世。这对年已八十多岁的许乃普是一个不小的打击。一个月后,他也去世了。翁同龢"出西华门,哭许滇生师。师以前日酉时长逝,前数刻尚饮食说笑如常也。"[1]

---

〔1〕《翁同龢日记》,第526页。

曹毓瑛

曹毓瑛，字子瑜，号琢如，一写竹如，江苏江阴人。早岁在江阴暨阳书院读书，山长李兆洛"器公"，"勉以远大"。道光十八年以拔贡生朝考二等，以七品小京官分发兵部、迁主事。二十三年中举，因擅书，充军机章京。咸丰九年升郎中，以记名御史用。

咸丰十年九月，英法联军进攻北京，咸丰帝逃往热河承德，其时政务繁殷，军书旁午，军机大臣未全部随扈。咸丰帝命挑选军机中资深才优者为军机大臣学习行走，"佐诸大臣办事"，曹氏在军机处入值最久，内娴掌故，外悉四方政令，端华、肃顺等欲举其以应，曹氏坚辞弗就，最终挑选了焦祐瀛。

曹毓瑛虽为章京，但平日"对人恂恂若不能言"，而"计事辄中"，肃顺信而荐为领班，并戏呼之为"曹老爷"。然而，曹氏知"肃顺暴戾，为朝士所恶，未可恃，独不阿附"。咸丰病逝后，肃顺等拒绝两宫太后垂帘听政，曹氏乃日输密于恭亲王，恭亲王以是亲之而肃顺等"不觉"。待之政变发生，载垣、端华、肃顺被逮杀，焦祐瀛等被褫职，"人以是服公之明而知公进身之不苟也"。两宫皇太后垂帘后，曹氏以鸿胪寺卿在军机大臣上学习行走，"毓瑛之谋为多"而奕䜣以议政王主政，"辅之者毓瑛也"。

由于曹毓瑛是一个政治心机很深的人，江苏同乡京官均与之少有往来，翁同龢当然也不例外。根据翁同龢日记记载，蔡寿祺参劾薛焕夤缘纳贿买官，薛氏要求派大员对质，曹氏列名回避，其实他从未与薛氏见过。肃顺制造户部"五字号"事件，企图迫害翁心存；逮至翁同书被革逮，翁心存去世，从未见曹氏有何表示，以至翁同龢不敢与之往来。只有一次是在咸丰十年十月，曹氏有事询问，翁同龢才如实"作答"，而且这是唯一的一次。当然如果从同治初年翁心存父子的起用，翁同书的改判等来看，曹氏还是有恩于翁家的，只是隐而未见诸表面罢了。

同治五年三月，曹毓瑛因"积劳内损"，不幸去世，享年五十四岁。因其有大功于慈禧，所以恤典甚厚。但从翁同龢日记来看，曹家既未设奠，而江苏同乡官并未登门致祭，这是非常罕见的。

王同愈

王同愈，字慎之，江苏吴县（今苏州市）人。光绪进士，历任翰林编修、清朝驻日参赞、湖北学政等，为翁同龢门下士、江苏同乡京官。

王同愈画作

据翁同龢日记记载，早在光绪初年他就认识王氏，当时王氏在吴大澂幕内任事。光绪十一年十二月，王氏专门拜访翁同龢，"苏州门人王同愈胜之，行四，来见，颇英发，佳士也，久在清卿幕中"。[1]对王同愈的印象非常好。光绪十七年八月顺天乡试，王氏为乡试同考官。十月，翁同龢专门设家宴，款接同乡京官洪钧、汪鸣銮、王同愈等人。王氏喜好收藏碑帖字画，翁同龢出示虞山画派、"四王"画及诸多碑帖，一起欣赏品评。

光绪十九年十月，应驻日公使汪凤藻（芝房）奏调，王同愈任清朝驻日本参赞。赴日前，特地前往翁宅辞行。当时正是日本发动侵华战争前夕，所以，翁同龢对王氏此行较为关注。次年甲午战争爆发，中日断交，王氏随汪氏撤回国内。

光绪二十三年五月，王同愈被命为湖南乡试副考官。不久被命为湖北学政。九月，赴任前，王氏与湖南学政徐仁铸特地向翁同龢辞行，"湖北学政王同愈胜

---

〔1〕《翁同龢日记》，第 2027 页。

之、湖南学政徐研甫仁铸同来辞行,两生皆余(同龢自谓)门下士也,略谈去"。[1]

光绪二十四年四月,翁同龢开缺回籍后,王同愈便中断了与他的往来。晚年的王氏颇与张謇、张一麐、雷震等人接近,积极参与江苏地区的宪政及公益活动。

吴郁生

吴郁生,字蔚若,江苏元和(今苏州市)人。光绪进士。历任庶吉士、编修、广东、浙江乡试考官等。为翁同龢庶常馆指导门生之一。又因是江苏同乡,平日彼此往来较多。翁同龢大侄妇去世,吴氏为之题主。有关家乡事常向翁同龢反映,并听取其意见。光绪二十二年苏州府强行拆迁附城民居,引起民众不满,吴邸告知翁同龢,请设法制止。

翁同龢开缺回籍后,吴氏不忘师恩。光绪二十六年八月,八国联军入侵北京,吴氏率全家逃难回苏。未遑安顿,先来常熟拜访翁师。知翁师经济拮据,尽力周济。就在翁同龢去世前夕,派人送来食物多种:"吴君郁生,蔚若,托汪带来竹孙一大筐、川贝两匣、附子盐一罐,川冬菜两坛"。[2]

吴郁生对翁同龢最大贡献事是他联络苏常官绅呈请两江总督端方、江苏巡抚陈启泰上奏,为翁同龢开复处分。为此他四处奔走,不遗余力。宣统改元后,授为吏部侍郎,并在军机大臣上走。官制改革后被罢免。晚年在老家苏州,以书画自娱以终。

叶昌炽

叶昌炽,字菊裳,一写鞠裳,晚号缘督庐主人,江苏长洲(今苏州市)人。年轻时江南知名。光绪十五年进士。翁同龢看红录时,"知名者叶昌炽、江标,门生钱

〔1〕《翁同龢日记》,第3090页。

〔2〕《翁同龢日记》,第3561页。

骏祥、陆钟琦、钟广,同邑徐兆玮皆中矣".[1]
授编修。后充会典馆总裁,国史馆提调,国
子监司业、输林院侍讲、甘肃学政等。

叶昌炽像

　　光绪十六年八月,翁同龢因慕叶氏文
名,延聘其为家庭教师,指导侄孙七保作文,
因此之故,彼此往来较多。每逢春正,延宴
同乡京官,都少不了叶氏。光绪二十年,翁
同龢为国史馆副总裁,叶氏任国史馆提调,
由同龢负责指导,"晤志伯愚侍郎、叶鞠裳太
史,商量新修《儒林传》"。[2]

　　光绪二十四年翁同龢开缺回籍。叶氏
不便与之交往。光绪二十八年,授为甘肃学
政。在视学途中,他看到内地儒学教育种种
奇怪现象。在巩县,举行童生试时,发现学生有叫王维的,李泌的,有叫米元章
的,大为吃惊。按考试规定,生童应试,"不准犯前贤名讳"。"巩地岁试,童子唱
名,以古人为戏,不敬莫大矣。"遂赋诗劝诫:"尚友古人无不可,莫将姓名当
羹墙。"

　　在这次岁试中,叶昌炽还发现竟有生童使用太平天国东王杨秀清的名字,这
更使他大为吃惊。"又有杨姓名秀清者,呵之愕眙,盖不知其为贼酋也。士也,而
等于乡愚矣。"于是他又赋诗悯之:"儒家发冢宜探丸,难与潢池一例看。轻重未
知衡雀燕,妖祥几不辨鹄鸢。韩非老子原同传,盗跖颜回付达观。谈虎至今还色
变,先生休矣莫更端。"在叶氏看来,沿用王维、米芾等先贤为姓名,固有不妥,但
还有仰慕先贤的意思。至于用杨秀清的名字命名,可能有二:一该生祖上参加过
太平军或同情太平军;二出于无知,对杨秀清这个人物不了解。余倾向后一种
解释。

────────────

〔1〕《翁同龢日记》,第2319页。
〔2〕《翁同龢日记》,第2728页。

叶昌炽到秦州视学时,知州张瑶圃告诉他,有位名叫马□□的英国传教士要在考试这一天向考生散发传教书籍,问如何办理。叶氏赋诗,认为不可:"此事非约章,烦君善为谢。"但他又担心此事阻止不了:"国维既不张,断断拒能罢;尺蠖虽有申,好官由笑罢;不见淮阴侯,犹出少年胯。"随时准备同这位传教士交涉。

西北荒寒,文化落后,叶昌炽在任未及一年,即告病回京,不久就辞官回籍了。

俞樾

俞樾,字荫甫,号曲园,浙江德清人。1850年(道光三十年)进士。复试时,诗句有"花落春常在"句,为阅卷官曾国藩所激赏。选庶吉士。散馆考试,列一等第一名,授编修。

1855年9月(咸丰五年八月)俞樾外放河南学政,1857年8月(咸丰七年七月),御史曹登镛参劾其"轻浮乖谬,出题割裂。科试郏县,几至罢考。按试河南府,坐索棚规,逗留三日。"奉旨革职永不叙用,交河南抚藩查办。[1]河南巡抚贾臻查证所参属实,俞氏遂落职。

俞樾像

俞樾落职后,侨居苏州,一意治经,兼及小学,著有《群经平议》、《诸子平议》等。又结识苏州学者陈奂,融宋翔凤、武进庄氏学说,其学"颇近公羊"。先后主讲苏州紫阳、上海求志、德清清溪、归安龙湖等书院、杭州诂经精舍等,凡所造就,皆为通才。平日中服从游,往来如处士,江南官绅咸敬重之。

---

〔1〕《翁心存日记》,第1249页。

翁同龢因父亲的关系,早已认识俞樾。自俞氏革职回南,未有往来。但对俞氏的动向颇为关注。1873 年 1 月(同治九年十二月),浙江学政徐树铭保举俞氏,请开复俞氏职衔,交翰林院带领引见,谕旨以其"妄谬糊涂",下令将其革职。俞氏最终未能开复处分。

1886 年 4 月(光绪十二年三月),俞樾缘事来京。翁同龢得知后,亲自前往拜访,称其为"荫甫前辈"。

翁同龢开缺回籍后,因门生汪鸣銮受聘诂经精舍,与俞樾颇多交往,而使俞氏同翁同龢有所接触。1904 年 4 月(光绪三十年三月),翁同龢去世前,曾作《和俞曲园郋亭同作》诗一首:

> 春到先生气自暄,寻常下笔已千言,文章自合关时运,人物终当属上元。细韵雄篇皆入妙,祥麟威凤各高骞。艺堂中丞及□□。山农不识韶韺奏,独唱真无例可援。[1]

1904 年 7 月,翁同龢在籍去世。在苏州的俞樾得悉后,怀着无限伤痛的心情,送去了挽联:

> "白傅一篇醉吟传,绿图两代帝王师。"

联后自注:"公之殁也,奏入报闻。昔日香山卒或为请谥,上曰:何不取醉吟先生传看,竟不予谥。上联亦微有寓意。"

莫友芝

莫友芝,字子偲,号郋亭,贵州独山人,举人出身。其父曾为庶吉士,官贵州遵义府学教授。莫氏幼从父学,六经、名物、制度无不旁及,尤好许、郑,后与郑珍

---

[1]《翁同龢集》,第 921 页。

游,所学为士林所重。

莫友芝好游览,喜谈论,遇人无贵贱贤愚,一接以和。翁同龢的兄长翁同书道咸年间曾任贵州学政,对黔中士子十分熟悉。经兄长介绍,翁同龢对于莫友芝、郑珍(子尹)早已了解。所以,莫氏来京后,翁同龢便亲自前往拜访。咸丰十年四月莫氏赴京师会试。期间,与潘祖荫、翁同龢、尹耕云(杏农)、高碧湄(心夔)、李鸿裔(眉生)、赵元卿(树吉)等人结交,或相会于陶然亭,或嵩云庵,谈论隶书、篆刻,十分相得。这次会试,莫氏未能中式,曾有人举荐于朝廷,以知县用。莫氏以世乱无意为官。1860年8月(同年七月),挈子前往安庆,投奔曾国藩为幕。翁同龢与莫氏结识时间虽短,但对莫氏为人治学十分仰慕,行前特作长诗《送莫偲老出都》赠行。

莫友芝手迹

庚申七月吉,偲老将南行。岂为感别离,恻恻百虑并。

我欲同偲老,胡为事远征。偲老亦何事,飘泊无所营。

我从偲老游,怀抱未尽倾。偲老亦念我,独学谁与成?

十年牂江边,论交契吾兄。家兄祖庚。黔中数百士,独识莫郑名。郑子尹。

予兄尚行役,白发老典兵。偲亦诸侯客,未得归躬耕。

江南乱无象,丛丛如沸羹。其气久凋敝,其民杂剽轻。

吁嗟赋敛重，剡乃锋镝撄。譬如既颠木，枿枿不自生。

灌溉养其性，徐徐待之萌。吾师湘乡公，万事秉一诚。

行当与休息，非独事战争。小雅久不作，四夷日纵横。

朝廷重民命，不惜金币盟。旌旗蔽高馆，烟火开重城。

孰能血寸刃，摧此横海鲸。秋风忽凄厉，夜气收嚣声。

大星翳屋角，明河案南荣。尹君志宏远，杏农。李子敦且清。眉生。

聊为今夕饮，当尽三百觥。去去不复顾，悠悠千载情。[1]

莫友芝去后，再也没有同翁同龢联系。他在曾氏幕中长达十余年。待太平天国起义失败，江南平定，与妻儿寓于南京，遍游江淮吴越间。同治十年，因求看文汇阁藏书，赴扬州，在兴化不幸病逝，年仅六十一岁。

童华

童华，字薇研，一写惟兖，浙江鄞县（今宁波市）人。父亲童槐（墨君）曾任按察使。道光十五年翁心存主持浙江乡试，童氏考中举人，十八年会试，考中进士。为庶吉士。散馆授编修。此后因父母先后去世，在籍丁忧。直到 1862 年 7 月（同治元年六月）服满回京。谕令在上书房行走。

童华在拜见翁心存时，执意行跪拜礼，翁心存阻止不得，回礼时不慎倾跌，伤食指、中指。翁同龢此时虽也在翰林院，但毕竟年岁较小，所以对其以"童老前辈"相称。1866 年 12 月（同治五年十一月）童氏"以其先集赠，极宏博"。次年八月，童氏任江苏学政。1869 年（同治八年）任工部右侍郎。1872 年（同治十年）学政任满回京，仍在上书房行走，授读惠郡王兄弟，因翁心存曾授读老惠亲王绵愉，所以，与翁同龢往来更密。1873 年（同治十二年）四月，童氏与翁同龢等担任顺天乡试副考官。衡文论校，颇为相得。

童华曾一度在南书房行走，但在朝一直未担任任何重要职务、参与任何重大

---

〔1〕 莫友芝：《郘亭诗文稿》手稿补，《翁同龢诗集》，上海古籍出版社 2009 年版，第 386 页。

君臨九有仁被諸華伊炳靈之白鵠倏
效祖於皇家變爾羽毛以表恩沽於飛
走生乎邊鄙是彰澤及於幽遐始其決
越春巢輕翮素翼不類雕陵之異狀自
受金方之正色昔聞興詠於召南今見
呈祥於塞北
白童華敬書

童华手迹

政治活动,因此在朝政上并无多大影响。唯有一次,在关于川盐退出两湘问题上,童氏主张不可禁川盐。[1]

童华系老辈,又是翁同龢父亲的门生,所以彼此时常走动,与张家骧、孙家鼐等人发起"五簋之会"、"消寒会"。童氏懂天文,"明星象,云同治年间二次彗星入紫垣,不过大臣伏法。指何桂清、胜保"。[2]

1882年(光绪八年正月)童华升授左都御史。这一职务较为轻减,在任并无多大事情发生,且因年老体弱,时常告假在家。

1889年3月(光绪十五年二月)终因年老,腹泻不止。"药物无效",去世。翁同龢代为草拟遗折,谕旨照侍郎赐恤。并亲自主持吊唁,为之题主。后又应童氏之子请求,撰写墓志铭。翁同龢将此交由文廷式代撰,并付给文氏润笔费银三十两。童氏女婿郑姓曾于1903年(光绪二十九年)前后任常熟县令,曾多次前往瓶庐拜访翁同龢。

孙衣言

孙衣言,字琴西,浙江瑞安人,道光进士。历任编修,内阁学士、江宁布政使、太仆寺卿等。

孙衣言是同光年间著名学者,翁同龢久已仰之,尊称其为前辈。1863年(同治二年)翁心存去世后,翁同龢先后约请杨彝珍、陈沣、赵㧑叔(之谦)、孙衣言撰写神道碑、墓志铭。1864年(同治三年)1月,翁同龢亲自致函孙氏,表示了自己的这一请求,但未有回信。翁心存是大学士,海内闻名。名人的碑、志最难写,这

---

〔1〕《翁同龢日记》,第1482页。
〔2〕《翁同龢日记》,第1622页。

大概是孙氏未作答的原因。

1869年（同治七年）三月，孙衣言调任京职。翁同龢"三谒孙蒌西前辈，不晤"。[1]四月某日，翁同龢再次"谒孙琴西前辈"，这次终于见到了，"幡然一老矣，谈良久"。隔天，翁同龢又一次"敬诣孙琴西前辈"，请其"作先公墓志"。[2]这次孙氏没有拒绝，欣然答应下来。十天之后，孙氏在一个晚上亲自登门"以所撰先公墓志稿见示"，同龢见后说："铭辞古雅，文亦遒劲"，表示满意。[3]

此后翁同龢就文中个别之处同孙衣言进行斟酌修改，但大体上对所撰墓志铭表示满意。事后，以"皮帛珠毛筒一身、袍褂料一身"赠送孙氏，以示酬

孙衣言像

谢。同年八月，翁同龢扶护父亲心存、兄长同书和自己妻子汤氏的灵柩回籍安葬，孙氏特地前往致哀送行。

1872年（同治十年）3月，孙衣言致函翁同龢，并寄去"其族祖《礼记集说》一部"。次年，又寄一套他自己的著作《逊学斋文集》。[4]

1877年（光绪三年）5月，孙衣言外擢江宁布政使，临行前，特与翁同龢告别，并赠银24两，翁氏不便拒绝，只得"受之"。[5]同年八月，翁同龢任湖北巡抚的兄长翁同爵病逝任上，同龢此时正在籍修墓，闻讯后前往武昌料理一切。在扶护灵柩回常途中，路经南京。孙氏率带司员登船致祭，并向翁同龢赠送《永嘉遗书》数种。[6]翁同龢在孙氏陪同下，游览了兵燹之后的南京城，"仪凤门外，一片荆棘，破屋数处。……登鼓楼南望，瓦鳞历历，其实闾巷仍复萧条，高处看不到，……沧桑之感，付诸一叹"。孙氏毕竟是文人，好读书，研究典籍。地方事务繁难，他不耐烦剧，经奏准，于1879年（光绪五年）8月改调太仆寺正卿，回京任职，但他以老

〔1〕《翁同龢日记》，第628页。
〔2〕《翁同龢日记》，第631页。
〔3〕《翁同龢日记》，第638页。
〔4〕《翁同龢日记》，第866页。
〔5〕《翁同龢日记》，第1308页。
〔6〕《翁同龢日记》，第1351页。

病在身,告辞回籍。晚年著书自娱,其子孙诒让,亦为晚清著名学者。

陈澧

陈澧,字兰甫,号东塾先生,广东番禺(今广州市)人。道光举人。阮元任两广总督时创办学海堂。陈氏为其弟子。后主持学海堂长达半个多世纪。晚年主讲菊坡精舍。

陈澧像

道光年间,翁同龢父亲翁心存曾任广东学政,因此,与陈澧相识。陈氏学问博大精深,会通汉、宋,对天文、地理、乐律、数算等,善诗词歌赋及骈体文等,著作多部,其《东塾读书记》论述经学渊源,九流诸子极为详细,对后汉之学术论述尤详,为世所重。因此,翁心存对陈氏之才大为赏识。而翁同龢兄弟日后亦与陈氏发生交往。

1863 年(同治二年)翁心存去世后,翁同龢想起了陈澧,于次年 1 月(同治二年十二月)函请其为翁心存撰写神道碑。陈氏表示同意。1869 年(同治八年)11 月,陈澧“以先公(指翁心存)神道碑见寄。并附上一信”。但翁同龢看后似乎感到不太满意,结果未加采用。不过,翁同龢还是于 1870 年 6 月(同治九年五月)给他呈送了感谢信,并寄去“衣料两端,丽参一斤”。“兰甫先生为先公撰神道碑,虽未用而未奉酬,因循极矣。”为自己迟报答谢表示忏悔。

陈澧有子,名陈宗侃,1886 年(光绪十二年)拔为优贡生。陈氏非常高兴,为了感谢翁同龢,特以其所著《东塾读书记》及《前后汉纪》相赠。

陈孚恩

陈孚恩,字子鹤,江西新城人。父亲陈希曾,乾隆一甲第三名进士,官至工部右侍郎。1825 年(道光五年)陈氏拔贡,次年朝考一等,以七品小京官供职吏部。陈氏先是依附权相穆彰阿,隐匿大学士王鼎尸谏实情,篡改遗书,助纣为逆,因有穆氏宠信,官运亨通,历任通政司副使、太仆寺卿、大理寺卿、顺天府尹、左副都御史、工部、兵部侍郎、军机大臣、刑部尚书。1850 年(道光三十年)道光去世,咸丰接位,在讨论殡葬事宜时,陈氏与怡亲王载垣发生争执,咸丰深恶穆党,将陈氏降三级留任。陈氏见势不妙,遂以母老多病奏呈回籍告养。谕旨获准。咸丰七年复出后,又依附肃顺等人,东山再起,官至吏部尚书。祺祥政变后,载垣、肃顺、端华等被

陈孚恩手迹

杀,陈氏被认为系载垣、肃顺同党,遣戍新疆。1866 年(同治四年)新疆回民起义中被杀。

1834 年(道光十四年),翁心存任江西学政,与陈孚恩相识,后又同朝为官,一度为工部同值,彼此有了来往。

翁同龢与陈孚恩直接打交道是在咸丰十年英法联军入侵北京时。同年七月,陈氏奉旨与周祖培、潘曾莹、宋晋办理京城团防事宜。八月,陈氏亲自登门,"邀余兄弟至团防局议事",翁同龢"辞之",而"奉母至昌平吕村避居"。又过了几天,陈氏"复邀余赴团防局",这次翁"初更始往"。[1]陈氏主张对英法强硬,"力持不可和之说,带勇数百,各处巡查,市人皆称颂不已"。

同年八月,僧格林沁八里桥之战大败。英法联军进逼北京。咸丰见和战皆无把握,准备逃往热河,御前会议上,陈孚恩表示应"为皇上筹一条出路才是"。[2]中英、中法《北京条约》签订后,英、法侵略军相继退出北京。陈氏上奏,

---

〔1〕《翁同龢日记》,第 98、99、103 页。
〔2〕《翁同龢日记》,第 105 页。

请咸丰回銮,又以时局艰难,保举汪承元,以四五品京堂用。汪氏为翁同龢翰林院同事,翁氏对陈氏此举,大为赞赏,"眷怀桑梓,雪涕不已"。[1]

1861年6月(咸丰十一年)咸丰帝病逝热河。陈氏被命为恭理文宗皇帝丧仪大臣之一。咸丰病逝前,遗命载垣、肃顺等八大臣为赞襄大臣,辅助年幼的同治帝,但同治生母叶赫那拉氏以"母以子贵",极欲揽权,因此同载垣、肃顺等斗争得很厉害。在会议董元醇"垂帘听政"一折时,陈氏和另一名汉大臣黄宗汉"注另行陈奏",黄氏不仅列名载垣等人折,仍"另折引圣祖朝故事,俟亲政后再议"[2],明显反对董折,以致引起慈禧的不满。

九月,慈禧联合奕䜣发动政变,诛杀载垣、肃顺、端华等人,夺得政权。11月10日(十月初八日)翰林编修许彭寿上折,要求查办载垣、肃顺等人同党,并指明"形迹最著莫如吏部尚书陈孚恩;踪迹最密者如侍郎刘崐、黄宗汉……",列述"陈孚恩……于上年七月大行皇帝发下朱笔,命该臣会议巡幸热河是否可行,陈孚恩即有'窃负而逃,遵海滨而处'之语,意在迎合载垣等,当时会议诸臣无不共闻。大行皇帝龙驭上宾,满汉大臣中惟令陈孚恩一人先赴行在,是该尚书为载垣等之心腹即此可见。……以上二人均属一、二品大员,声名如此狼藉,品行如此卑污,若任其滥厕卿贰,何以表率属员。陈孚恩、黄宗汉均著革职,永不叙用,以为大僚献媚者戒"。[3]同日奉旨,将陈氏革职,并谕令查抄其家产。以"陈孚恩以荒诞无据之辞冀耸众听,便其诡媚载垣等之计;又查抄肃顺家产内,陈孚恩亲笔书信有暗昧不明之语,姑勿深究,派瑞常、麟魁将陈孚恩拿交刑部,即将寓所赀财查抄,并派周祖培、文祥会同刑部拟罪。"[4]后又添派沈兆霖、万青藜一起参加对陈氏拟罪,追缴道光赏赐他的"清正良臣"匾额。

12月1日(十月二十九日)周祖培等会同刑部,以陈孚恩"于奏事不实拟徒上,从重发往新疆效力赎罪"。奉旨依议。

就历史而论,在第二次鸦片战争中,陈孚恩办理京城团防,并无不是。在载垣、肃顺等同慈禧等权力斗争中,比较倾向载垣,反对太后垂帘听政,因而得罪慈

---

〔1〕《翁同龢日记》,第114页。
〔2〕《翁同龢日记》,第176页。
〔3〕《翁同龢日记》,第179页。
〔4〕《翁同龢日记》,第184页。

禧。慈禧将他革职和流放处分纯粹是打击报复。翁同龢对此心知肚明。但在专制权威下，他又有何办法，他地位低下，更何况父亲因"五字号"被革职留任，正有待平反。

12月2日（同年十一月初二日），陈孚恩前往戍所，翁同龢午后赶往彰仪门外三藐庵看望即将西行的"鹤翁"陈孚恩，心中有股说不出的滋味，但在日记中并未多着笔墨。同月，经查实，陈氏被抄家产均系借用而来，"其所典李振祜房屋及熊昭镜、陈骥、谭承祖所住各屋什物一并发还"。他确实清廉正直。1847年（道光二十七年），在山东巡抚任内，其他司道均收受盐包贿赂，经吏部查实，唯独陈氏未受。1986年夏，笔者在北京国家第一历史档案馆查阅资料时，亲见陈氏被查抄的什物单，都是铁锅铜瓢之类，并无贵重物品和字画之类。生活极为清简。

1864年7月（同治三年六月）伊犁将军上奏"陈孚恩、乐斌可否加恩（释回）"。但慈禧对陈氏余恨未消，坚不同意，"奉严旨驳斥，有'陈某荒诞谬妄，阿附载垣'等云云"。[1]次年1月，经一部分大臣呼恳，方准释回。此后因回民起义，驿道受阻，陈氏一直未能成行。1866年3月（同治五年正月）新疆回民起义军攻占伊犁惠远城，陈氏及其妾黄氏、子景和、媳徐氏、孙陈小连同殉难。五人被杀，一子逃脱。1873年7月（同治十一年六月）陈氏之子经俄国和中国蒙古地区历尽艰险回到北京，向朝廷申述其父被害的事实："陈孚恩之子景藩呈报伊父及其兄等五人同时殉难。"呈报上达时，"李相（指李鸿章）奏请开复原衔赐恤，"谕旨"无庸加恤，但其子等仍优恤"。[2]陈氏终因卷入慈禧与载垣等权力斗争最终断送了自己的政治前程。

赵之谦

赵之谦，字益甫，号扰叔，浙江会稽（今绍兴市）人。1855年（咸丰五年）孝廉。翁同龢日记中说："益甫，会稽名士也。善八分书、能画、通训诂之学，搜讨金

---

〔1〕《翁同龢日记》，第363页。
〔2〕《翁同龢日记》，第960页。

赵之谦画作

石甚富。有《续寰宇访碑录》。"[1]因其学术志趣与潘祖荫相近,平时与潘祖荫、胡荄甫澍(安徽绩溪人,工书,亦为孝廉)、沈均初(树镛)、吴硕卿(景萱)、李若农、杨沂孙兄弟相稔,往来密切。1864年12月(同治三年十一月),翁同龢亲自登门拜访赵氏。次年八月,赵氏缘事回籍,潘祖荫、翁同龢等设宴,为之饯行,翁同龢还向其赠银四两,以示友好。

翁同龢与赵之谦结交,除了羡慕其才外,主要是想请赵氏为父亲翁心存书神道碑。赵氏篆书名于当世,若能请到他,那不胜荣幸。但翁同龢与赵氏交往不深,遂于1873年3月(同治十一年二月)挽请潘祖荫出面,向赵氏提出,翁同龢是同治帝师,位高望重,赵氏不便拒绝,也就答应了。经过近一个月的书写,于同月底仍请潘氏送给翁同龢。翁同龢感激之余,向赵氏送银60两,作为酬谢。

翁同龢与赵之谦的交往纯是出于敬重赵氏之才,是士人相惜。在政治上,他们几乎无事可言。此后,在翁同龢日记中,少见彼此交往的记载。

陆懋宗

对大多数人来说,陆懋宗是一个陌生的名字,然而在晚清政坛上他是一个遭际类似俞樾的士大夫知识分子。人生道路坎坷。

---

[1] 《翁同龢日记》,第386页。

陆懋宗手迹

陆懋宗，字云生，江苏常熟人，与翁同龢同乡。两人平时往来密切。其才也倍受翁同龢赏识。1860 年 4 月（咸丰十年闰三月）顺天会试中式。这届会试的会元是江苏嘉定（今属上海市）的徐致祥，常熟只中了陆氏一人。所以翁同龢见到红录名单后十分高兴，在日记写道："徐君，字季和，李侯次子，年才廿三，可喜也。""本邑中陆懋宗一人，亦少年英隽之士。"5 月（四月）翰林大考，陆氏的试作极佳，"书法秀润无疵"。进士及第后，分庶常馆，由翁同龢任小教习，同时分在翁名下的还有徐致祥、崔穆之（清如）、吴镇（山岷）等人。1862 年 5 月（同治元年四月）散馆，陆氏场作"无甚疵谬"，翁同龢认定其"必高列"，结果列一等第十名，授编修。

1873 年 9 月（同治十二年八月）顺天乡试。这次乡试的正副考官为潘祖荫、童华。陆懋宗为同考官。科举考试试卷评阅，最重避讳、越幅之类，若考官未能查出，降级，同考官等革职。这次考试也因人数多，评阅时间紧，不免有舛误。同年十二月礼部磨勘时，查出陆氏一房荐卷中问题很多。遂于次年 2 月（同治十三年正月）自行检举，吏部议所有考官降二级留任，同考官革职。潘、童竟因此"左迁"，而同考官陆懋宗革职。对于这个处分，舆论认为太轻，御史郭从矩指参礼部"意为轻重"，旨令礼部明白回奏。最后谕旨仍赏潘祖荫编修，与童华仍在南书房行走。翁同龢对此显得迷惑不解,故日记中说"未喻其故"。其实当时潘祖荫同宫中太监关系非常深,西太后对潘氏也十分眷恋,故只给予薄惩,以应付舆论。

陆懋宗被议革职的时候,翁同龢正在常熟家中丁忧,他是从在京的嗣子翁曾翰信中得知此事的,当时陆氏哥哥正祝陆母七十寿,翁同龢对此不以为然:"云生落职,而其家称觞,强为欢笑,殊不中礼。"

陆氏革职后,只好离京还乡。

按照清制规定,如果考官在落职三年后,表现较好,可由学政、巡抚以上的大员报荐,给予一定的职务。1877年5月(光绪三年四月)陆懋宗前往北京,谋求开复。先后找到翁同龢、徐郙,请他们帮忙。陆氏是翁同龢的门生,又是同乡,帮助是义不容辞的责任。翁同龢先访问了礼部尚书,他的好友李鸿藻。"诣兰孙,为云生事也",继而又访晤吴江相国沈桂芬以及自己的结拜弟兄,吏部侍郎广寿,斟求他们的意见。广寿方面问题不大,李鸿藻也属其次,问题是沈桂芬,沈氏平日议事"严肃",认为像陆懋宗出那样的事,实在有辱士林,更何况又是江苏同乡,为免滋物议,他表示不同意。再,何况有俞樾例子在前,同治九年十二月初十日,浙江学政徐树铭保举已革编修俞樾,请开复职衔,交翰林院带引见,并保荐教谕等。结果,徐氏不仅遭到严斥,还因此一举交部严议。由于李、沈等人反对,陆懋宗谋求开复职衔的活动未能如愿。七月,陆氏离开京师,怅然南归。

同年8月,翁同龢回籍修墓,在常熟与陆氏相见。经翁同龢提议,陆氏再到京师谋事。由于翁同龢及徐郙等人的努力,用捐免的办法恢复翰林院检讨的职衔。1879年9月(光绪五年八月)陆氏见开复无望,决定南归,另谋职事,1880年,(光绪六年)刘坤一调任两江总督,经翁同龢的大力推荐,陆氏入两江总督幕,成为刘氏的幕僚,辅佐办理有关政务。此后又主讲苏州新学。1894年秋,刘坤一奉旨督办山海关前敌军务,两江总督由张之洞署理,江苏巡抚改为赵舒翘。人事变化,给陆氏生计带来了不便,他再次求助翁同龢。同年6月(闰五月)翁同龢往访钱应溥,请其致函赵舒翘,勿撤"云生馆地"。幸好不久江苏巡抚改为奎俊,而次年,刘坤一也重回两江本任。奎俊是翁同龢任工部尚书时的僚属,平时关系密切。这些对于陆氏谋职,带来了方便。

1898 年 5 月,翁同龢因支持戊戌变法,奉旨开缺回籍。回籍的当月,正碰上常熟遇到百年未有的干旱。禾苗枯死,佃农无法交租,可是地主绅富仍勒逼租谷,以致激起了西乡农民抢粮事件。翁同龢一面函告常熟、昭文两县,切不可把饥民当乱民;一面致函陆懋宗,"请其与中丞言吾邑平粜事,并请拨米三千石"。(五月廿七日)陆氏接信后,立即向奎俊呈报,并将奎俊意见及时告知翁同龢:"云平粜米尚可购得,中丞意先就仓谷碾发。"三天后,又报告奎俊同意"拨米三千石",只是"须秘密,恐各处纷纷拨请也"。陆氏为落实平粜事,尽了自己的努力。

在平粜事落实的当月,陆懋宗从苏州回到常熟,拜会了在数十年中给自己诸多帮助的恩师。数十年的艰难磨折,陆氏已成"皤然一老翁矣",连翁同龢一时也认不出来了。

戊戌政变后,翁同龢被革职交地方编管。在恩师遭受如此沉重打击时,陆氏闻讯后专程回常看望,表示慰藉。此后他每次回常,总要入山看望翁师。这种情谊一直持续到翁同龢去世。

1904 年翁同龢去世后,陆懋宗为恩师开复曾大力奔走,1908 年(光绪三十四年)西太后、光绪帝相继谢世。三岁的溥仪接替皇位,由其父载沣监国。政局的变化和人事的更迭为翁同龢的开复带来了可能。1909 年 5 月(宣统元年四月)由陆懋宗发起领衔,联络苏常地区的地方官绅,联名呈请江苏巡抚陈启泰(伯平)和两江总督端方,吁恳为翁同龢上奏,开复原官。其呈词说:

> 翁同龢系已故大学士翁心存之子,一门两世,俱入纶扉。历仕四朝,并参机务。同龢遭逢显庙,擢冠琼林。既乃侍穆宗毅皇帝于弘德殿,侍德宗景宣帝于毓庆宫,再为师傅,前后三十余年。两预机衡,恩遇之隆,世无伦比,迨奉旨罢斥以后,闭门思过,督教子孙,念及时艰,辄复流涕不食。身故之后,家无余财,吴中士民见其忠清,莫不嗟惜。今者,冲皇御极,首布恩纶,昔年缘事罢谴诸臣,每荷圣慈,曲予湔被。翁同龢旧臣世德,效力多年,迹其讲书之劳,宜在矜原之列。合词恳为奏请施恩湔雪。

江苏巡抚陈启泰,字伯平,是翁同龢的门生和部属;而端方早在光绪初年因其叔桂清与翁同龢入值弘德殿的关系,彼此有了密切的交往。因此,最终同意了陆氏等人联名吁恳。同年7月8日(五月二十一日)呈奏,又因奕劻,以及盛宣怀、鹿传霖、那桐等人的大力疏通,载沣同意了端方的奏请,批准"翁同龢著加恩开复原官"。陆氏为恩师的开复尽了自己最大的努力。

钱桂森

钱桂森,字辛伯,江苏常州人,咸丰进士。钱氏与翁同龢为江苏同乡,又同时供职翰林院,任编修,所以交往较早,几乎每月都要晤面,或作"长谈"或作"剪灯夜话",但由于钱氏一直郎潜词曹,未担任任何具体官职,因此,在政坛上对翁同龢的影响非常有限。

1860年4月(咸丰十年三月),户部"五字号"事件发生,肃顺、载垣等以翁心存回奏与户部司官王正谊等所供不同,奏请追究翁心存的责任,欲置其于死地。当时风声鹤唳,说法很多,人皆为翁心存担忧。钱氏与其他江苏同乡京官时常前往翁宅抚慰。翁心存在上书房担任过咸丰帝师傅,咸丰"深知无它",故未对其追究,只是予以革职留任处分而已。

1862年(同治元年)同治改元,慈禧、慈安两太后垂帘听政。是年4月,为了庆祝同治帝即位,清政府特举行恩科会试。翁同龢与钱氏双双被命为同考官,同时任同考官的还有延熙(树南)、孙如仁、孙家鼐、钱宝廉、王拯、高延祐等人。闱中彼此唱和,粘补荐卷,搜集落卷,怜才、惜才,互勉不已。延熙喜昆曲,还在斋中为翁、钱等演唱,同龢说:"令人有越吟之感。"十分相得。1864年(同治三年)后,钱氏连遭妻丧,生母和庶母谢世,两次回籍

钱桂森手迹

丁忧,生活异常困苦。1875年(光绪元年)翰詹大考,他只考到二等,由詹事府赞善降为翰林编修。编修薪俸微薄,不足资全家糊口。"赍资不能胜,伤其牵系薄,不能决归也。"[1]甚至连回籍安葬母亲的路费都无着落。后在翁同龢的关心安排下,钱氏先后担任了广东、浙江乡试的正考官,藉资酬劳,贴补家用。1888年9月(光绪十四年八月),外放担任安徽学政,直到此时,生活才开始改善。

1896年4月(光绪二十二年三月),钱桂森还与翁同龢保持联系,但自戊戌政变,便中断了来往。钱氏约在1900年前后在籍去世。

宗子戴

宗子戴,字舜年,江苏上元(今苏州市)人。进士,曾任浙江知府。世居常熟县城。

宗子戴结识翁同龢,是在翁氏开缺回籍之后。一次,翁同龢外甥俞钟銮(金门)向其介绍当今苏常地区人才,说"宗子戴(舜年)器识好",遂引起翁氏的注意。此后,宗氏便与翁同龢发生交往。义和团运动发生后,宗氏常将自己获得的消息告知同龢,使其寂寞痛苦的心情稍得宽慰。

宗子戴也喜爱收藏碑帖字画。光绪二十五年八月,宗氏携带字画多件来到翁宅,供其欣赏。内中有李龙眠《游赤壁图》、苏东坡竹迹,王石谷画卷、董其昌书金氏告身帖、恽寿平山水册,元释《十六应真》等,其中不少是翁同龢未见过的。翁同龢十分高兴,连忙拿出已藏的《娄寿碑》和《长江万里图》卷,供宗氏等一起欣赏。

1902年2月(光绪二十八年正月)新春,宗子戴授浙江知府,前来向翁同龢拜年。除了送些糕点年节礼物外,又携来己藏《礼器碑》帖供其欣赏,并请翁同龢为之题诗。翁氏未加拒绝,即赋诗三首:

〔1〕《翁同龢日记》,第1187页。

世人谁叩金丝壁,海内犹留礼器碑。

难得吾侪三数子,空山相对夕阳时。

何须寻究到偏旁,四百年前古墨香。

且与皇戏证牟寿,"皇"字下半"牟"字无损,皆明拓之据。什言消息卜三阳。

重九登高感昨游,草堂人日岁频周。

鱼美饷客寻常事,安得重沾寒具油。余诗缀西蠡跋后,西蠡记己亥重九于次公处观余宋拓本。[1]

1908年(光绪三十四年)光绪帝、慈禧太后相继去世,年仅三岁的溥仪即位,改元宣统,由其父载沣监国。苏常地区士绅抓住这一机会,谋为翁同龢开复处分。1909年7月8日(宣统元年五月二十一日)两江总督端方正式具疏奏请开复翁同龢原官。其时宗氏正任端方幕僚,端氏奏疏就出自其手。

奏上后,同一天,朱批:"翁同龢著加恩开复原官"。至此,翁同龢因支持戊戌变法被罢官禁锢的冤案得以平反昭雪。宗氏与其他苏常士绅在这一事上,实功不可没。

钱鼎铭

钱鼎铭,字新之,号调甫,江苏太仓人。举人出身。父亲钱宝琛曾任湖北巡抚。钱氏一度从父办理团练。1853年(咸丰三年)上海小刀会起义,钱氏与嘉定士绅组织团练,配合官军,攻取嘉定。1860年(咸丰十年)太平军进攻苏常地区和杭嘉湖地区,1862年(同治元年)钱氏奉江苏巡抚薛焕和江南团练大臣庞钟璐之命,前往安庆,向驻守在此的两江总督曾国藩乞师东下平定吴中,守卫上海。曾氏表示同意,钱氏遂筹饷银18万两,雇外轮将李鸿章所统淮勇六千人(一说八千人)从安庆运至上海,这就是近代史上有名的"安庆乞师"和李鸿章淮军东下。此后,钱氏作为李鸿章幕僚,参与收复江南的军事活动。1865年的李鸿章率军前往山东、河南

一带镇压捻军起义,钱氏亦随营参幕,驻节清江浦,负责办理粮饷物资转运事宜。

钱鼎铭与翁心存相识已久。1875 年(光绪元年)翁同龢亦说"钱鼎铭,三十年前故人也"。彼此相识约在 1845 年(道光二十五年)前后,其时翁同龢才十五六岁。

1868 年(同治七年)翁同龢回籍安葬父兄和妻子灵柩,回京途经清江,钱氏特"差官远迎",到了清江浦后,又设宴款待。当时沿途盗船出没,官吏敲诈勒索,极不安全。钱氏派兵队护送翁氏一行出境。

1869 年(同治八年),钱鼎铭升任直隶按察使。因系"军营立功"保举,当时舆论认为先应补道、府,待有了实际行政经验,才可担任按、布两司。但曾国藩认为钱氏"可以成就",完全能胜任。曾国藩被视为朝廷柱石重臣,他的话一言九鼎。次年五月,钱氏来京请训,期间,亲自拜访翁同龢,翁同龢与潘祖荫设宴款待。因曾氏的信任,后钱氏升任直隶布政使。第三年又擢为河南巡抚。

同治十一年二月,翁同龢母亲病逝。作为同乡京官,钱鼎铭亲自登门祭悼,并赠银百两。

1875 年(光绪元年),钱鼎铭在河南巡抚任上因病去世。翁同龢在日记里写道:"河南巡抚钱鼎铭因病出缺,恤典甚厚,二子:一主事,一举人。……三十年前故人也,为之于邑。"[1]因镇压太平天国起义、捻军起义"有功",经地方官绅奏请,谕准在家乡太仓为其修建专祠。

---

〔1〕《翁同龢日记》,第 1171 页。

（十四）门生、门人

　　汉代以受业为弟子，转相授受的称门生或门人、门下士。古人学问十分重视家法出处，渊源虽远，也是不能湮灭的。在《汉书·儒林传》中，可以看到学者们的师承关系均有明确的记载。唐沿汉制，十分重视门第，有座主即有门生，有门生就有门人和门下士，此种不成文的风气相沿习成，一直沿袭到明清。翁同龢一生担任乡、会试及其他各类考试考官、阅卷大臣不下数十次，担任庶常馆教习也有二十多年，故弟子、门生几半天下，具体究竟有多少，一时也说不清。至于有多少门人、门下士，也是无法确定。这里仅挑选几位与翁同龢平日走得较近、在晚清政坛有一定影响的几位门生、门人：陆襄钺、周德润、徐棋、文廷式、李慈铭、张謇、丁立钧、刘可毅、沈鹏、孙师郑等作一介绍，有些门生如张家襄、龙湛霖、许庚身等因为后来成了翁同龢同僚，已作了介绍，此处就不再叙述了。

陆襄钺

　　陆襄钺，副贡生。字吾山，祖籍江苏镇江，后避乱关中，遂落籍陕西孝义。举人出身。咸丰八年，翁同龢与潘祖荫奉旨典试陕甘（当时陕甘尚未分省），陆襄钺参加这次乡试，中式副贡，遂成为翁同龢的门人。翁同龢任陕甘学政后，聘任陆氏为随员，"专门办理书启"。次年，翁同龢开缺回京，陆氏陪同他游览华山南高峰。翁同龢认为陆氏人不错，光明磊落，以后两人一直保持联系。

咸丰末年,陆襄钺先后在山西茅津和直隶保定为幕。同治二年经翁同龢介绍,入参山西布政使王榕吉(荫棠)幕,办理粮饷转运。次年又经翁同龢介绍,入参刘长佑(荫渠、刘坤一叔父)军幕。当时陕西回民起义正方兴未艾,饷械转输极为繁忙。他因为是陕西人,道路人情比较熟悉,专门负责"解饷至陕"。

同治五年,李鹤年(子禾)任河南河道总督,经翁同龢推荐,陆襄钺随李前往河南,由于办事精勤,深得李氏赏识,积功授长葛知县、卫辉知府、署河南府(洛阳知府)。光绪十三年黄河在郑州决口,他参与办理抢险堵塞决口工程。事后升为二品道员。吴大澂任河道总督后,对他的才智也十分赏识。此时他已是开归陈许道员。他书法很好,至今洛阳关庙的长联就出自他手。吴大澂的援引乾隆、嘉庆谕旨为据,"尊光绪帝父奕譞帝号归邸不必预政"的奏折据说初稿就是出自陆襄钺之手。吴氏后来遭到慈禧"羞辱",指为"议礼梯荣"、"阚名希宠",差点丢官,陆氏也因此而被追究,奉旨革职。正好此时,陆母去世,遂回籍丁忧。

光绪二十六年,八国联军入侵北京,慈禧太后挟持光绪帝逃往西安。陆襄钺因前往迎驾,开复处分。引见后授以浙江粮道。来浙赴任前,他特地于1901年6月23日(光绪二十七年五月初八日),前往常熟,看望翁同龢,这使革职在籍的翁同龢大得宽慰。翁氏在日记中写道:"陆生来,髯亦白矣,精神甚好。伊长子拔贡,山西知县。(按:名咏桐,号荫庐)次子十八(四),幼子八岁(五)。谈至未正,留饭,约明日游山,送伊菜四点二。伊送诗二首,又送《船山集》一匣、锡锅一匣。"次日,翁同龢亲自陪他游虞山三辛峰亭、剑门、严祠、兴福寺。因游山彼此回忆当年游华山南高峰的事,"剧谈四十年事,真如梦寐矣"。在这次相见中,陆氏还向翁同龢讲了两件事:"吾山言伊修筑武堤工,为护光武陵也,原估十九万,伊以八万了之。又言筑堤时得巨人骨,长今尺一丈,头如三斗栲栳,不知何代人也。"[1]陆襄钺既向翁同龢"赋诗二首为赠",同龢亦"次韵二首"答之:

　　主国民为本,匡时政在人。大才当出世,直道岂谋生。我相三千士,惟君一个臣。区区稻粱事,凤志未云伸。

〔1〕《翁同龢日记》,第3383—3384页。

卧疾江湖大,长贫天地知。上楼嗤脚软,照井觉颜衰。诗好愁来处,书酣墨缺时。老夫多倔强,肯与世人期。[1]

1904 年 3 月(光绪三十年二月)某日,有人从浙江来,"言浙民有愿甘代父死者,余闻之愀然,若如大鲠。客退,乃又见唐大姑殉母事",大为感慨。唐大姑为直隶清苑唐殿华之女,陆襄钺之子陆永裳聘妻尚未结婚。一日,母死,她跳井殉母,被救起来后,最终绝食而死。翁同龢特"诔而哀之:末俗颓波沄沄裂学术也,绝圣弃礼纲常忒也,粤有奇女为世则也,不逮事夫母又卒也,毅然服药莫敢泣也,万人吁嗟朝廷救也,明诏累褒神人悦也,空山鼓琴长累息也,度尚之辞蔡雍笔也。"[2]

周德润

周德润,字生霖,广西临桂人。1862 年(同治元年)会试,考中进士。卷出翁同龢房,遂成为翁同龢门生。同时被翁同龢荐卷最后录取以及他房拨给翁同龢的,还有张家骧、龙湛霖、许庚身、朱逌然等八人。朝考一等,用庶常。散馆授编修。周氏精医,对《黄帝内经》颇有研究。光绪五年,翁曾桂妻子病危,应同龢之请,周德润亲自处方二通,供其参用。历任内阁学士、少詹事、充日讲起居注官等。光绪七年,慈禧病愈,坚持亲自谒陵。周氏上折,力阻并陈修明政事。应其和张之洞等人之言,谕以"时事多艰,饬中外大臣破除陈见,宏济艰难。……凡有言责者当直言无隐"。[3]

1883 年(光绪九年)法国侵略越南,并将战火延烧至中越边境和台湾地区。四月,周德润上奏,力言"主战"、"出兵救越"。"论法越事,一名义宜早定,一专使宜常通,一广东宜酌调水陆兵弁,一云南兵宜逐渐进扎,一广西宜速筹进取,一宜

---

〔1〕《翁同龢集》,第 860 页。

〔2〕《翁同龢集》,第 1019 页。

〔3〕《翁同龢日记》,第 1623 页。

拊循越将,一宜羁縻暹罗,一权利宜收,一饷源宜裕。"[1]李鸿章与法使会谈后,他又上奏,指出:"法使北来,凡所要挟,如逐刘团(指刘永福黑旗军)、让保胜、议分界、议通商、撤边兵、偿兵费,无一非边疆大患,请李鸿章断勿许。"[2]当时军机尚未改组,他这些意见和主张大致与翁同龢接近。

1884年4月(光绪十年三月)军机改组后,翁同龢出任军机。同年8月(七月),周德润被命为总理衙门大臣,同时被命为总理衙门大臣的还有张荫桓等人。军机改组后,懿旨令军机处遇有重大事件与醇亲王奕譞一并会商。中法越南交涉是头等大事,奕譞需要有关情报和信息供他参考。奕譞自光绪改元,一直同翁同龢保持密切交往,翁虽出军机,但奕譞仍随时听取他的意见和看法。由于周氏和张氏在总理衙门,信息灵通,于是翁同龢便通过他们获取中法交涉的信息、看法和意见,翁同龢常常"拜访"周氏和张氏,而周氏和张氏也常常到翁宅,同翁氏"长谈",有时彼此也通过书信往还,提供有关信息,而后翁同龢再向奕譞打包转述或直接进呈。现今保存在翁氏后人翁万戈手中的《朴园越议》就是翁同龢向奕譞提供的这些资料。《朴园越议》,"朴园"是奕譞的府第,"越议"应该是有关奕譞对中法越南问题交涉的意见,顾名思义,它应该是奕譞的意见,而非他人的意见。当笔者得到住在美国的翁氏后人寄来的这些既无年月,又无收件人和写信人姓名的复印资料,竟信以为是翁氏与奕譞彼此往来的函件,当时虽有不少疑点,但无从讯问。后有人撰文指出这些大多为周氏和张氏与翁氏往来函稿,可见作者有欠考证,功力还很浅显,尚需努力。翁氏与周氏、张氏有关中法越南交涉问题,往来函稿共有二十多封,其中周氏的有十多封。时间从闰五月到七月。内容主要是向翁同龢提供他所掌握的有关情报:一、从上海方面获得的法国海军信息、动向;二、李鸿章、谢满禄交涉情况;三、从广东嘉州、广西桂林等地获得的有关法军情况;四、有关刘铭传赴台情况;五、有关海关总税务司赫德的动向;六、有关曾国荃、陈宝琛在沪谈判情况;七、有关福建马江海战情况等。同年9月,总理衙门改组,周德润与张荫桓等全体大臣全部出总署,自此,翁同龢失去消息来源,"此后消息无从问矣"。

---

[1][2]《翁同龢日记》,第3601页。

1885年8月(光绪十一年七月),周德润奉旨前往云南,会同云南巡抚张凯嵩办理中越分界,吏部主事唐景崧、使用同知叶廷春随同办理。周德润与叶廷春等出关勘界。1886年(光绪十二年),"与法使狄隆等论界线,以缘边二千余里,议分五段,执志乘与争,更正没入越地三十余里,险要地四十里,复大赌咒河外苗塘子诸地数百里"。[1]

周德润回京后,擢为刑部侍郎,未久,改任顺天学政。1892年12月7日(光绪十八年十月十九日),周德润"因痰厥竟卒。昨夜饮,子刻归,五更疾作,仓促不及药也。"翁同龢闻讯,特前往周宅"哭之。二十年师弟,不堪为怀"。周氏一生贫困,翁同龢曾设法相助过。次年四月,灵柩归葬,翁同龢亲呈"祭席",为之"送行"。[2]

徐琪

徐琪,"琪"有时亦写"祺",字花农,号玉可,浙江仁和(今杭州市)人。乾隆大学士徐本(谥文穆)五世孙。父徐若洲,少有经世之志,屡试不中,纳赀捐从九品,分发江苏。由于办事勤勉、干练,官至扬州同知。太平天国起义期间,太平军占居江浙,徐琪一家逃至苏北乡下避难。待太平天国起义失败,只有徐琪一人作为一名穷秀才回到杭州。

回到杭州后,徐琪进入杭州诂经精舍,师从俞樾十年之久,师生关系最为莫逆。与他同时受业的还有钱塘的汪鸣銮、义乌的朱一新。其间还结识在紫阳书院学习的张佩纶以及张的岳丈朱学勤等人。光绪二年,徐琪考取进士,成为翁同龢的门生。翁同龢在日记中写道:"会试复试一等一、二名皆杭人。冯崧生听涛、徐琪花农来见,皆佳士。徐有《汉书五行志注》及《理学卮言》等书,年才二十六,何著作之多也。"不过,他看了徐的两册赋稿后,觉得其水平并不高,"才华自诩,所得尚浅"。[3]

---

〔1〕 参见《清史稿》卷四百四十二。
〔2〕 《翁同龢日记》,第2609、2990页。
〔3〕 《翁同龢日记》,第1226、1310页。

1879 年 1 月（光绪四年十二月），徐琪以浙中新刻子书十种，并飞来峰造像刻，寄赠翁同龢，翁氏十分高兴。1880 年 5 月（光绪六年四月），应徐琪之请，翁同龢为其写了一首诗：

> 高庙乘乾日，元臣翊圣躬。慰留天语重，赓和庶僚同。
> 贻泽残编里，清芬累叶中。牛行三易宅，葛岭再兴戎。
> 湖海潜鳞沸，云霄弱羽冲。藏衣心独苦，宝扇意何穷。
> 有子承家学，他年继道风。庭槐俨成列，忠孝盛名崇。[1]

1884 年 7 月（光绪十年六月），翁同龢再次应徐琪请求，为其六世祖徐潮（徐本之父，字青来，号浩轩，乾隆时官至吏部尚书。谥文敬）题《竹瓶图》诗一首，即《竹瓶歌为徐生琪作》：

> 传衣讵为荣，遗笈匪示夸。乌乎孝子心，百世长咨嗟。徐生东南彦，牛行旧人家。当时清风堂，照耀浙海涯。长淮万丈堤，驱走龙与蛇。至今浮山祠，社鼓惊神鸦。偶然留竹瓶，篆刻细字斜。清名重宇宙，妙制翳尘沙。徐生得之泣，喟是神贶加。不敢屡摹拓，恐失铇樽洼。嗟余久废学，题诗目昏花。感生述祖德，新苕发旧槎。要从根节起，养到枝杈桠。立身惟劲直，守口避嚣哗。神鼎君家物，岂徒绍清华。[2]

次年 9 月，顺天乡试，翁同龢奉派为副考官，徐琪为房考官。闱中，应徐琪邀请，翁同龢为徐琪《玩月图》题诗三首：

> 名流远想万松堂，近代惟闻戴鹿床。两公皆有蓝笔画。难得风帘官烛下，一时二秒说徐黄。分校黄枚苓编修彝年，亦工画。
> 清秘槐厅溯旧闻，几人携幼陟青云。十洲同看今宵月，独许臣家有二

〔1〕《翁同龢集》，第 735 页。
〔2〕《翁同龢集》，第 753—754 页。

分。侄孙斌孙亦充分校，奉特旨毋庸回避，异数也。

老来已觉笔头干，惭负参详文字官。毕竟爱君是苏轼，解吟高处不胜寒。[1]

徐琪不仅懂古董，能书画，而且会看风水。一次翁同龢请他相宅，徐琪"言翁斌孙房宜改，去白虎门并东边窗户"，翁同龢听后，觉得"很有理"。徐琪先后任山西学政和广东学政，外任期间，不忘翁氏，书信问候外，有时也寄一些诸如端砚、鼻烟等物品给翁同龢。回京后，平时很少与翁同龢往来，翁同龢也几乎没有到其住处看望过他。他在若干重大问题上，诸如朝政、甲午战争、变法等，基本没有什么表态。1897 年 10 月(光绪二十三年九月)奉旨入值南书房。次年四月，翁同龢开缺回籍，离京前夕，徐琪特地前往翁宅看望，并赠送诗画扇。1900 年(光绪二十六年)，擢内阁学士，署兵部侍郎。八国联军入侵北京，大批官僚罹难。在给汪鸣銮的信中，他历述了启秀被日军俘虏，福少农、葆亨、王懿荣、宋养初被难，徐桐、崇绮自杀情况。"函中尚提我(翁同龢自谓)，托(汪鸣銮)代为致意也"，[2]这使翁同龢大得宽慰。1901 年(光绪二十七年)，授经筵讲官，旋因人参劾落职。此后据说他居家日日临池，习苏、米帖来消磨时光，有时也将自己的习作寄给俞樾，但与翁同龢不再有任何联系。1904 年(光绪三十年)慈禧七旬万寿，徐琪复职为内阁学士，授三品衔。

文廷式

文廷式，字道希，号云阁(一写芸阁)，晚号纯常子，江西萍乡人。早年曾在广州将军长叙家任家庭教师，教读长叙两个女儿他他拉氏。他他拉氏后来均被选入宫，成为光绪帝妃，即瑾妃和珍妃。文廷式在中举时，就在京中甚有才名。光绪十五年参加汉内阁中书，名列第一名。当时卷出考官汪鸣銮之手，卷中有"引

---

〔1〕《翁同龢集》，第 761 页。
〔2〕《翁同龢日记》，第 3342 页。

《汤诰》'吕刑'语,意甚游移",翁同龢认为这是"逸书",无碍录取,最后李鸿藻、徐桐也就认可了。[1]

文廷式像

1890年5月(光绪十六年四月),为了庆祝光绪帝亲政,清廷特举行恩科会试。文廷式参加会试,殿试一甲第二名,进士及第。这次殿试读卷官为徐桐、麟书、福锟、翁同龢、嵩申、徐郙、廖寿恒、汪鸣銮。文廷式的试卷出自福锟之手。在确定名次时,福锟坚持"第一名吾不想,第三名吾亦不要,表示只要第二名"。因他资格老,其他人均让他。待到拆弥封,唱名时方知为文廷式。光绪帝听到后说:"此人有名,作亦好。"对文廷式中式表示满意。在礼部举行恩荣宴上,"鼎甲不愿行叩拜礼,文廷式力言古者拜非稽首,引《说文》字义与礼部司员辩,两协揆皆怒,往复久之"。最后还是翁同龢、汪鸣銮等出面解围:"迫余等出而鼎甲三抬,余答一抬,观者愕然,退易衣归。"嗣后,徐桐、麟书欲传三人至翰林院申斥,翁同龢认为没有必要。[2]不过,文廷式领首大闹恩荣宴在士人中产生了很坏的影响,引起朝野震怒。甚至有人对他获隽表示怀疑,怀疑是珍妃通了关节,翁同龢、福锟等人做了手脚。就在这时,御史刘纶襄上折"言殿廷考试弊端,并劾文廷式试卷有间面字未签出,奉谕一道派昆冈查对原卷,据实具奏"。[3]结果查证属实。吏议,翁同龢等读卷官罚俸六个月。

文廷式与翁同龢关系密切,平时往来频繁,彼此常常作"长谈"和"深谈"。翁同龢对其极为赏识,说其"毕竟多才"。[4]平日敢言直陈,对于重大朝政活动勇于发表意见。1894年7月甲午战争爆发,他是主战最力者之一,多次上折参劾李

〔1〕《翁同龢日记》,第2330页。
〔2〕《翁同龢日记》,第2409页。
〔3〕《翁同龢日记》,第2425页。
〔4〕《翁同龢日记》,第2842页。

鸿章主和误国。六月,参劾李鸿章避战求和,贻误战机,使中国陷于被动。七月,参劾北洋海军提督丁汝昌怯敌畏葸避战。同月,参劾李鸿章"贻误大局",请旨饬派李秉衡前往天津查看李鸿章病状,参劾盛宣怀"把持密电"。九月,上折,"力排和议。谓枢臣与北洋(指李鸿章)先有和谱,坐视兵败,乃坚和说。片劾盛宣怀买米得数十万金,天津招商局被焚,恐为冒销地步"。[1]同月,上折参劾军机无能。十月,再劾军机,"劾礼(礼亲王世铎)、额(额勒和布)、张(张之万)、徐(徐用仪),皆丑诋"。[2]十一月,与他人联衔上折,"四条。一条罪己,有一条参孙莱山与合肥,并参曰孙李有怨讟之言盈于道路,跋扈之迹暴露于禁廷,君臣之义已离,□□之诛宜及等语。"[3]十二月,清廷遣张荫桓、邵友濂前往日本议和,他表示反对,力主撤使,"示以必战",片劾海军刘步蟾、罗逢禄、张翼等一批人。同月,"片参劾北洋及陈堤。"在整个甲午战争中,被他参劾的人,不下数十人,其中参劾李鸿章及其僚属不下七次之多,总的来看,他参劾李鸿章主和避战、贻误大局是对的,但弹劾的人太多,"丑诋"世铎、额勒和布、张之万等军机大臣过头,也不是建言献策,带有人身攻击,因此不为众谅,使自己陷于孤立,而遭李鸿章党羽的报复。

甲午战后,清朝统治力量大为削弱,列强对中国的侵略日益加深,民族危机空前严重。为了挽救民族危亡,以康有为、梁启超为代表的一部士大夫知识分子呼吁维新变法,并开展了声势浩大的变法宣传运动。文廷式也积极投入了这场运动。1895年8月,由康有为联络,由文廷式领首,发起成立京师强学会。陈炽、丁立钧、张孝谦、沈曾植为其核心成员,参加者多达数十人。强学会发行报纸,定期集会,专人演说,鼓吹变法,一时声势大振。据说李鸿章亦曾要求入会,但因其名声太臭,遭到拒绝。1896年3月29日(光绪二十二年二月十六日),广西道监察御史、李鸿章的儿女亲家杨崇伊(杨的儿子杨云史系李经方女婿,于李鸿章为孙女婿)上疏弹劾文廷式"诮事文姓太监,结为兄弟",联络李盛铎、陈炽发起组织京师强学会,"结党干政,混淆视听。"[4]次日,翁同龢日记写道:"昨杨崇

〔1〕《翁同龢日记》,第3765页。
〔2〕《翁同龢日记》,第3773页。
〔3〕《翁同龢日记》,第3777页。
〔4〕见中国第一历史档案馆藏军机录副,光绪二十二年一号:内政职官卷。

伊参劾文廷式折呈慈览,今日发下,谕将文廷式革职,永不叙用,驱逐回籍。"[1]
将文廷式革职就是削弱帝党势力,此前慈禧还将长麟、汪鸣銮革职永不叙用,开
缺回籍。文氏、汪氏均是翁同龢的亲信,他们的被逐出政坛,无疑也是对翁同龢
的打击。

1898 年 5 月(光绪二十四年四月)翁同龢开缺回籍。9 月(八月),他前往
江西南昌看望担任江西布政使的侄儿翁曾桂。翁同龢到南昌不久,戊戌政变
发生。他在南昌抚辕内看到慈禧再度训政的电传谕旨,以及谕命翁曾桂"密饬
访挐查拿文廷式、将其押解来京"的电文,翁同龢大为惊惧,预知将有不测事情
发生,立即起程回常。文廷式得知后迅速潜往上海,乘轮东渡日本。翁曾桂以
"革员文廷式并未在籍"一折复奏,[2]文廷式这才逃过一劫。1904 年翁同龢去
世的这一年,文廷式也在籍去世。文廷式熟悉经史,工诗词,有《纯常子枝语》
等存世。

文廷式在晚清颇负盛名,对于他的去世,不少人,尤其是戊戌党人表示悲痛。
严复在挽联中写道:

> 兰以香而焚,膏以明而煎,同彼龚生,天年竟夭;
> 有拔使起之,孰挤使止之,嗟我子敬,人琴俱亡。

好友王子展的对联是:

> 追思往事,感不绝于予心,同学少年,北邙过半,曹子恒有言,既痛逝者,
> 行自念也;
> 历溯生平,士固憎兹多口,文章千古,东海流传,韩昌黎所谓'动而得
> 谤',名亦随之。

---

[1] 《翁同龢日记》,第 2934 页。
[2] 中国第一历史档案馆藏军机录副,光绪二十四年四号(二)戊戌变法卷。

文氏一生,语锋凌厉,恃才狂傲,动辄上书弹劾,因而为人所不喜。所以,对他褒贬不一,王氏此联,颇有些代表性。

李慈铭手迹

李慈铭

李慈铭,字㤈伯,号莼客,一写尊客,浙江会稽(今绍兴市)人。室名越缦堂。光绪六年进士,分发户部为主事。当时翁同龢担任副考官,主张将李卷拟元,因正考官景廉和副考官许应骙持异议未成。李氏知道后对翁同龢心怀感激。由此而成为翁的门生。从翁同龢日记来看,李慈铭与翁同龢关系十分密切。两人时常走动、互访,常常作"长谈"和"深谈"。光绪十四年六月,李慈铭妻子去世,翁同龢亲为题主。李慈铭生活贫苦,首次拜见翁同龢、潘祖荫时,翁同龢收其红枣一包,算是见面礼。反之,翁、潘常常对其予以接济。是年腊月二十七日是李的生日,翁同龢托侄婿叶寿松专门送去酒、烛、桃、面,表示祝贺。

李慈铭学识渊博,史学功力尤深,深得翁同龢、潘祖荫、李文田的敬重。光绪十二年,满族将军魁玉(时若)病逝,谥果肃。翁同龢受其家族之请撰写墓志铭,就委托李慈铭代笔,一来表示对其才华的赏识,二是借此"济贫"。

光绪十五年十一月,选拔御史考试。参办者有李慈铭、王懿荣、杨崇伊、庞鸿书等十多人。翁同龢为阅卷官。结果李、杨分别考取。李被授为山西道监察御史。他不避权贵,数上弹章。又坚持每日记日记,有凡朝廷政事、人事无一不记,因此不少官吏均对他感到畏惧。他的日记后来被影印为《越缦堂日记》和《越缦堂日记补编》。

光绪十九年八月,顺天乡试,翁同龢为正考官,李慈铭为房考官。李有诗才,摹拟唐人,间有宋人风格,与其骈文为当世所重。闱中,李慈铭赠翁同龢诗一首:

闱中奉呈常熟尚书夫子，敬求奉和

七主文衡烛斗躔，三持玉节丽金天；师自乙丑戊子至今科三主顺天试。

斡旋元气云霄上，讲论华光帝座前。

常见燕居筹报国，可知草泽不遗贤。

两行画竹朱衣影，回首焦琴十五年。庚辰会试，师欲阄余魁选以景(廉)许(应骙)两公意不同遂乙其名。

李慈铭谨上。九月七日。[1]

闱中，李还给翁同龢写过两封信，一封内容为：

屡承赐珍物，感愧无似，重以家忌，曲荷存注。出邮厨之黎，祈兼顾渚之佳茗，贫家菽水不逮于生前。缫院斋厨重劳夫函丈抚衷增餐，镂肌知恩，谨修状陈谢。肃正夫子大人钧右。慈铭启。

另一封内容为：

钧教敬悉：王毅夫同年求吾帅表章母徽，十年以来未尝暂忘。今得承赐诗四章，苍深警古，荣于华衮矣。谨什袭出闱交之，渠当感涕交集也。祇上夫子大人函丈。慈铭启。

次日，翁同龢奉和二首：

癸巳秋闱和李越缦慈铭韵

夜堂漫缀五星缠，又到西风放榜天。病马光阴蓿豆里，归鸿消息菊花前。余家回避者，度已南归矣。

好诗触拨如寻梦，苦语商量为荐贤。分校诸君，惟内监试得以达之。休道试官添蜡烛,眼昏无奈是衰年。[1]

光绪二十一年闰五月初九日,翁同龢日记里有这一段话:"饭后李莼客先生来长谈,此君举世目为狂生,自余观之,盖策士也。"[2]其实,李慈铭早在光绪二十年十一月二十四日就去世了。据翁氏日记收藏者翁万戈先生说,原稿中"李慈铭"三字应是"康有为",翁同龢革职编管后为了避祸,将"康有为"挖去,而改为"李莼客"。依此为例,日记中被其删削与改篡的人和事,尤其是当时在台上的与他为敌或与他友善的人,他所记的惟恐对己不利的话,不知删改了多少。按理,像李慈铭这样同他关系密切的门生去世后,翁同龢总要前去致祭,日记一定有所记载,但现在我们却根本见不到,甚至连提都未提,这显然与翁同龢的一贯作风不一致,说不定就是被删去了。因为不删,后面的篡改就不能自圆其说,非删不可。我们不是怀疑一切,仅只是存疑。若要弄清真相,只有待翁同龢原始日记公布于众,我们真诚地企盼这一天。

张謇

张謇是大名鼎鼎的状元,晚清中国著名的实业家、教育家、政治家。这里介绍他与翁同龢的关系,有两个问题:一是翁同龢为什么看重他? 二是翁同龢看重他的什么? 他们的关系对晚清政局到底有多大影响? 围绕这三个问题我们说一说。

翁同龢认识张謇源于科举考试。张謇,字季直,有时亦写季述,号啬翁,江苏南通海门常乐镇人。他从小聪颖,书读得很好,父亲很想让他读书成仕,走科举考试这条路。但是清朝科举制度规定凡三代没有做过官,或者没有进过学,他们的子弟就不能参加考试,叫"荒籍"。张謇就属于这种情况,经人介绍,找到如皋的一位名叫张驹的人,认他这一族,改名张育才,到如皋去考,这种做法叫"冒籍",一旦查出,将要受到严重的处罚。所以张謇父亲想就此进行更正。张驹父

---

[1]《翁同龢集》,第808页。
[2]《翁同龢记》,第2859页。

子看到张謇在县、州、院三试均考取了，
觉得奇货可居，于是一面对张謇父亲敲
诈勒索，一面向书院控告张謇不孝。张
謇父亲忍无可忍，只得上呈学官，详述被
骗、被逼、被辱的经过，要求县，州、府予
以矜怜成全。在孙云锦等州官的同情帮
助下，张謇最终回到了海门原籍，正式改
名张謇。经此一事，张謇的名字在许多
士子中传开了，并引起继任学政的关注。

张謇像

1872 年（同治十一年）翁同龢因母
亲去世，回籍丁忧。临行前推荐林天龄
入值弘殿，授读同治帝。十三年服阕回京，林天龄被放江苏学政。林氏了解到张
謇进学前后遭遇，非常同情。林天龄在临终前亲手写了一份江苏优秀学子的名
单。第一名就是张育才，并郑重地告诉家人待新学政前来接任，务必亲手交给
他。林天龄的继任不是别人，就是翁同龢毓庆宫的同值、光绪帝师夏同善。夏氏
到任后，看了林氏开的名单，每次开考，名列前茅的只有叫张謇没有叫张育才的
人，后来才知道张育才就是张謇。夏同善与翁同龢关系非常好，经夏氏介绍，翁
同龢开始关注起张謇，并有心择机识拔他。"大凡主考的人，一来替国家皇上识
拔人才，二来希望将来有名的人，收在门下。"[1]

据翁同龢日记记载，他第一次与张謇见面是在 1885 年 7 月 7 日（光绪十一年
五月二十五日），"饭后访张季直优贡，謇，南通人，名士也，年卅二。剧谈朝鲜事，以为三
年必乱，力诋撤兵之谬，其人久在吴筱轩幕也"。[2]有意思的是，他们初次相见就
关注起朝鲜。此后也始终围绕着朝鲜问题展开讨论。1882 年（光绪八年），中国农
历壬午年，朝鲜发生壬午兵变，吴长庆统军入朝平叛，张謇随营参与戎幕。事后，
李鸿章、伊藤博文代表中日在天津签订《中日会议天津专条》，规定中日同时撤兵
朝鲜，日后若一国派兵须同时通知对方，这就为日后日本侵朝、挑起甲午战争埋下

〔1〕张孝若：《南通张季直先生传记》，张謇研究中心 2014 年版，第 26 页。
〔2〕《翁同龢日记》，第 1985 页。

了伏笔。张謇当时激烈反对清军撤出朝鲜。在致吴兆有(孝亭)、张光前(仲明)、袁世钒(慰庭)驻朝将军函中说:"东事之不可为而祸悬眉睫,謇在壬午年八月即历历言之,今其国中尚有謇所作《朝鲜善后六策》可证(记得京师尚有数本)。……彼时,武壮公(指吴长庆)言于朝,朝臣或是之或非之;言于东人,东人或是之或非之;言于吾军,吾军中是非之声,时时相出入;言于北洋,北洋则悍然斥之,今果何如耶?!"[1]一上来就批评李鸿章对朝政策有错误。张謇的《朝鲜善后六策》内容是什么?根据最近从朝鲜查到的资料,全文内容如下:

> 朝鲜今日之变,无不知由外交。而履霜坚冰,其渐之积,不自外交始也。善其后者,苟斤斤外交是务,而不复求诸本原之地,甚至如日本变其数百载之衣服制度,以优俳西洋,自谓可立致富强之效,此其弊非徒无益而已。
>
> 昔欧阳文忠遇小疾,则敛神整气,整衿端坐,以为正气舒申,外感自去。此言之理,可喻治国。夫居今而泥于古,如御方楠之轮,格碍而不可行也;蔑古而逐乎今,如饮攻伐之药,伤脾而不可为也。潜现时局,证以所见,次第标本,分为六条。世有知者,引而申之,核而循之,斟酌以近乎善,吾知必有裨于朝鲜万一也。
>
> ——通人心以固国脉。目前之变,虽倡乱者一二人,附和者数千百无知之辈,然自入朝境,体察人心,大约恶见外人十居八九。原其心迹,亦惟恐国家受人挟制,愤愤不平。必执其不通时势之一端,而概加以罪,立国者将何从易民而治也。且民心所向,视士大夫为转移。朝鲜人士服习程朱之学已数百年,一旦目为迂远而骤革之,非特理所不可,势亦有所不能。就使强之,而其心不服,则日积月累,终必有溃决之虑。以弱小之国而屡试于祸乱,尚可为乎?故欲善外交,必先固国脉;欲固国脉,必先通人心;欲通人心,必自士大夫始。而通之之道有四:不苦人以所不乐为(如便议开矿等事),不炫人以所不习见(如尽改服制等事),不愚人以术(如以借债兴利等事),不视人以私(如另设机务衙门等事)。一切作为,勤勤恳恳,使人绝不疑,于君相而晓

---

[1] 张孝若:《南通张季直先生传记》,张謇研究中心2014年版,第47页。

然知屈意外交特一时权宜之举。如此则大可收卧薪尝胆之效,小亦泯朋党构煽之萌。否则远而五六年,近而三四年,祸且踵至,何治之可图?

——破资格以用人才。朝鲜门第之见甚于六朝,其为锢蔽,人所共晓。然登俟求才之教屡下,而卒不闻实有所获者,何也?二三执政平时之绝不留心,固已。世官世禄积数百年,凡向不登仕版之家,其人自知必无路可以进身,守其业而不复知何者可造于才俊之选,亦势也。因其求之不获,而卒欲示人以大木之信,则必随举塞责,贤愚并进,而其弊适与相等。为目前计,除其平日所恃以考试人才之漫不中用者,用汉策士法,令八道布告士庶,各得条陈近日救时良策,封进以抉择之。复就其所言而试以事,察其实用者官之,尤者不次擢之,此一法也。其武者,仓卒而无从知其能将与否,则设为事而考其方略,验其胆力。又必求其不侵剥、不纵弛者,不次擢之。其有才而或有所偏、及才不足而行美者次之。仍于将校末秩中,随时甄引其优者任用之。此一法也。然其要、实揽于宰相大臣及八道观察使之公忠明恕者时时留心。而所以重宰相大臣及观察使之选者,又在国王之寅恭虚己、推诚相待矣。不然,于新进则旁术维丛,于老成则倚任不专、何以尽破格之量耶?

——严澄叙以课吏治。吏治为生民之本。吏多则民扰,吏贪则民困。朝鲜国小民贫,间阎窘蹙,而考其职官,可裁可并者甚夥。即外任结交朝官者,苞苴干谒,亦复相习成风。此而不治,民何由尊?是澄叙之方,莫急于汰冗员、惩墨吏。等一事而数名者,省其同名之事;等一官而数员者,省其备员之官。并小以重大,并烦以归简,冗员去则职事专矣。贪之风兆于上,必先大吏之贞廉以为表:贪之害中于下,必循草野之谈议以为凭。甚者屏以遐荒,次亦终身不用,墨吏惩则政治修矣。然若官司俸禄本少,而强以伯夷、叔齐之行,则其事为不近人情。而恩未至者用威,亦不能尽法。莫若即以所裁冗员之俸,量始于奉入校雠之官司,俾贤者劝于功名,而不肖者养其廉耻。是亦澄叙中仁至义尽之一道也。

——谋生聚以足财用。朝鲜今日练兵设防,无在不需巨款。民间疾苦,赋税既必不可加,骤以借债开矿设关为兴利之图,其势又必至违众而召乱。

古人理财,只有因时。闻咸镜道吉州以北十邑,其地与俄接壤,赋税不贡王京。近来官吏贪纵,民苦其扰,渐弃其业,而遁于俄。芜废之地,几数百。又江原道郁陵岛周回二百里,废弃亦久,其中树木繁盛,百谷咸殖,向以山国称著。若及此时选公正朴实、明于事体之大官经营两处,招募就近人民次第垦辟,恩以抚之,勤以督之,必使国获其利而民遂其生,官任其劳而民欣其便。至于蠲土木之工,慎贵倖之赏,剂银钱之贵贱而使不偏雍,酌物产之盈虚而使之流通,兴水利以便农,广树艺以生息,是在户曹得人,悉心筹划,徐以收钱流满地之效矣。

——改行阵以练兵卒。国一日无备则弱,兵一日不练则疲,势也。朝鲜自前明用戚继光《纪效新书》法,一变府兵之制。此为备昔日之倭则可,施之今日,断乎无用,情形不同也。且衣服冗长不利驱走,器械不精不利攻战。队不整不能严肃,马不衔不能驰御。如欲精练,则易毡笠以包巾,易长衣以短衫,易绵袜以跣足。矛易长竿利刺,枪易火神利击,队易散以整使敌不能冲,马易勒以衔使人各自控。一一仿中国湘、淮军制,而又实体坐作进退之义,兼用腾纵起伏之法,使能避敌所长而用我长,舍我所短以攻贼短,此最要之略也。至于策求尽善,非抽练不可。盖朝鲜兵皆世籍,若沙汰过甚,其人必失业而无以为生。不如就一营之中,选其精壮者若干人,其中用者别给以生业(如徙其人以实吉州北十邑及郁陵岛,杂用垦屯法,使各务于理农亦可),或就一家之中,凡五隶兵者选其三,三选其二,二选其一。其与选者量加以饷,使足赡其私,务造贵精不贵多之实。约计须重兵之地,京畿、咸镜、庆尚三道,每道各四、五千人足矣。王京内外,极少须七八千人。其余各道,可审其当冲与否而多寡之。要之,兵精者一当十,兵精而临敌气盛者一当百,是在将兵者。

——谨防围以固边陲。从来策战必先策守,守之难不亚于战也。而论朝鲜之地守易,揆朝鲜之势守便,何者?以大海为疆场,御之不胜防,得之不能守。此不必效泰西人所为,且费数十万金以购一战船,朝鲜亦无此余力,而海口及腹地皆重冈叠巘,峻岭崇山,无处不可设防,即无处不可扼要,故曰守便而守易也。量财度势,因利乘便。譬如十钱,以四分购枪,以三分购炮,又二分购水雷，又一分购旱雷。水雷为防海先声，旱雷为防阵先声。炮则水陆皆须，而枪又陷阵摧锋之要具。四者惟枪炮必求最坚最利，水、旱雷但求适用，虽稍笨重者亦可。盖取胜本不必专恃此，节其力亦可多制炮也。至于仁川口内，江华、水原近蔽王京，固须严兵扼堵。釜山近对马岛，元山近海参崴，就近庆源、庆兴（与俄界隔一小江）、巨济、密阳（巨济右釜山浦外，密阳在内）、江陵（蔚珍岛属之），其间险要，形胜不一，而足有兵以扼之，何难收一夫当关之效。边陲固，而后战守之权操之我矣。[1]

这份《朝鲜善后六策》，主要是讲修内政、澄吏治、重人才、修武备、严海防之类的内容，并不像流传的建议清政府援汉代玄菟乐浪郡例，废朝鲜为郡县；或者援周例，置监国之类的说法，张将这个六策呈给代理直隶总督张树声，后来又呈送守孝百日回任的李鸿章。据张孝若在《南通张季直先生传记》一书中说，张将六策呈送很多人："那时我父对于朝鲜应该怎样善后的办法，曾经很痛切的上了一个条陈给北洋大臣。当时朝中的潘祖荫、翁同龢二公听见了，很以为然，就和李公商量去办。哪晓得李公反认为杞人忧天，不必着慌，对于我父条陈，一点没有容纳，直到甲午，我父所猜虑的件件都成了事实。"[2]此段文字带有很大的主观想象成分。就翁张而言，他们首次见面是在光绪十一年。说潘翁二公"听见了"，可是翁氏日记中并无任何记载，（当然日记也可以不记载）至于说拿去"和李公商办"那更是没有的事。潘、翁从未有这类文字记载。所以张孝若的这一叙述可信度大有问题，我们只能将它作为参考。在甲午前，李鸿章以中堂大老自居，目空一切，对张謇自不放在眼里，因而对于这道《朝鲜善后六策》根本不屑一顾。"言于北洋，北洋则悍然斥之。"[3]这是可能的。这次翁张见面，使翁同龢对朝鲜以及李鸿章、张謇等人的对朝立场有所了解。此后翁同龢对张謇也更加关注起来。

　　1885年9月（光绪十一年八月）清廷举行顺天乡试，正副考官为潘祖荫和翁

---

〔1〕 引自《张謇研究》2014年第4期。
〔2〕 张孝若：《南通张季直先生传记》，张謇研究中心2014年版，第65页。
〔3〕 张孝若：《南通张季直先生传记》，张謇研究中心2014年版，第47页。

同龢。张謇参加了这次乡试。阅卷中,翁同龢对张卷特别关注。9 月 29 日(八月二十一日)"阅卷二十六本,童公(指童华)得一卷,予激赏,以为可用南元。"[1] 待到拆弥封,方知是张謇试卷。张謇中式第二名(南元),北元为刘若曾(刘可毅),考中举人。根据规定,考官须向礼部备文汇报本次顺天乡试组织以及为录取试文写序,翁同龢干脆就将"后序托之",交由张謇代写,以示对张謇的信任。

光绪十二年,张謇参加礼部举行的会试,这次张未考中,但同翁同龢的师生情谊有增无减。"至季直处,谈良久,皆深谈也。"[2] 次年,光绪十三年,张謇为翁同龢六十寿写了一篇"寿序"。这篇寿序写作的具体背景不详,但从结束语中知道,是受翁同龢其他门生之托而写。翁的门生很多,且有诸多进士,偏偏却委托一名中式不久的举人去写,可见非同寻常。翁同龢生于道光十年,即 1830 年,六十岁应在光绪十五年,即 1889 年。"四月,……同龢六十岁生辰,蒙赐匾额,对联、如意,寿佛等件。"[3] 从时间上推测,张謇是提前两年来撰写这篇寿序的,待到六十岁生日到来之际,便敬呈献上,可见其重视的程度。序中对翁氏家世,翁氏数代人以及翁同龢本人道德文章进行了歌颂。《常熟尚书六十寿序》全文如下:

> 自昔殷周之盛,皆有仍世佐命之臣,以秉德明恤辅治而论学。故在太戊则有若伊陟,在祖乙则有若巫贤,用乂厥辟,嗣前人明德。在宣王之中兴,则有若召虎,有若仲山甫,敬事小心,以式百辟而似祖考。逮于汉世,若韦,若邓,若桓,若应,若杨,若袁,并以勋伐经行,重光累迹。降至魏晋,迄于唐宋,若亙昶,王览,若何尚之,若李晟、柳公绰,若李昉,王旦,吕么著诸人,率能孝弟恭恪,忠请亮约,绳绳秩秩,修整其家法。善夫赵歧疏《孟子》世臣之说,谓有累世修德之臣,能辅君以遒。又袁谊所谓门第须历代人贤,名节风教,为衣冠顾瞩也。今天下称甲族,必曰常熟翁氏。翁氏自国初,世以名德清望,声高冠带。至宣宗、文宗两朝,科第位业,寖昌且炽。吾师宫保夫子,上

---

〔1〕《翁同龢日记》,第 2004 页。
〔2〕《翁同龢日记》,第 2056 页。
〔3〕《翁同龢日记》,第 3849 页。

承祖考赠光禄公、文端公之旧基,中翼伯仲文勤公、巡抚公之休轨,下启令子若从子若孙,大科甲第,素业隽誉,渊涵岳峨,郁为时栋。侍经幄,践枢要,参与密勿,主计军国。皇帝居则资论思之益,行则畀留守之重,持正论,披善类,从容朝列,十有余年。天下之士,乡风镜流,扼腕跋踵而慕归之旧矣。而至公之门,门无留宾也。相公之庭,庭无杂宾也。前乎巩赞而见者不知几人,后乎此欲言而请毕事者不知几人。肫肫乎其长人之善也,恤恤乎其矜人之穷也,粥粥乎其夙夜之惧见于面也。识微而虑远,危情而苦志,芒芒乎其若望之未至,而讱讱不啻出诸口也。则群然以为公命代非常人也。游乎东海朐羽之郊,访赠光禄公之遗烈,过江而南,至于虞山,就父老问文端公当日自诸生至宰相处家庭乡里旧闻轶事,则益慨然识公矩废之有自来焉。山而薄云雨不滂,川而露蛟龙不藏,天地不冰雪春温不阳,无深厚之气则家不长,无幽独之素则行不光。诗书所载,世臣尚已。汉魏唐宋遥遥千四五百年之间,盛门鼎族,元功世胄,隆夕恒朝,何时蔑有,而功名始终门内可说小心敛畏蔼为吉祥者,其不以此乎? 其不以此乎? 然则簿阀声名,非公之所愿张:而缵承佑启,兢兢业业以修其家法,固可推见仿佛一二以白诸天下者也。值公六十之寿,凡同时著录门下者,属为之文以为公庆。謇濩落之人,何足比数,顾辱公知甚晐,操笔而进,浅天靓臆之言,所不敢云。[1]

　　光绪十五年,张謇第二次参加会试,这次会试的主考官为潘祖荫,潘祖荫虽然十分关心张的试卷,却误中了无锡的孙叔和。到了第二年,为庆祝光绪亲政,清政府又举行会试,张謇第三次应试。房考官为云南高蔚光。高氏曾将张的试卷荐呈主考,但又有考官误将陶世凤的卷子当成张的,结果张謇又一次落榜。翁同龢得知后感到十分惋惜,一度曾劝张氏考国子监学正,但张氏无意于此,便辞京回家了。

　　光绪十八年四月又逢三年一度的会试之期,张謇再次参加会试。这次会试的主考官为翁同龢。在江苏试卷上堂时,要求考官认真校阅。先是房考官袁昶

---

〔1〕《张謇全集》,第88—89页。

荐呈了施启宇的卷子,袁氏说卷子好像是张的卷子,但看到卷中的"声气潜通于宫掖"一句,又感到有点不像。后来房考官、四川人施某又荐呈了刘可毅的试卷,并以卷中有"历箕子之封"之句,断定肯定是到过朝鲜的人,认定此卷就是张謇的卷子,翁同龢也因他的这番话相信起来,结果待到拆弥封,方知是常州刘可毅的试卷。张的试卷在第三房冯金鉴那里,冯因抽鸦片时多,早已因张的试卷词意宽泛,被他摈落了。翁同龢这次本来满心满意要让张謇考上进士的,想不到又一次弄错了。为了安慰张謇,他和国子监祭酒盛昱决定让张氏考国子监学正。翁同龢派侄孙翁斌孙来"挽留我父,管国子监南学"。盛昱"也来访我父,说:'南学的诸生,都愿意为你捐纳学正官,留管学事。'"但张謇抱着"不成进士,依旧归去"的想法,谢绝了翁、盛的好意,还是回到了南通。

光绪二十年,为了庆祝慈禧六旬万寿,清廷举行恩科会试。是年张謇已是四十岁的人了。经过前四次的挫折,对科名的念头已很淡薄。正好当时张詧奉委作庆典委员,于是在张詧的劝说下勉强来京应试。"到了北京以后,考试应用的文具,还是向朋友借凑而来的。放榜的时候,也没有去听录。"但这次却中了第六十名贡士,复试中了第十名,殿试中了一甲第一名,即状元及第。对于张謇考中状元,翁同龢日记有所记载。这次翁同龢、张之万、李鸿藻、麟书、薛允升、志锐、汪鸣銮、唐景崇任殿试读卷官。翁同龢四月二十二日日记记道:"得一卷,文气甚古,字亦雅,非常手也。"二十三日记记载:"转三桌毕,将本桌圈尖点次序先理一过,遂定前十卷。兰翁、柳门、伯愚皆以余处一卷为最,惟南皮不谓然。已而仍定余处第一,麟二、张三、志四、李五、薛六、唐七、汪八、麟九、唐十,令供事写黄签。"二十四日记记载:"卯正上御乾清宫西暖阁,臣等捧卷入。上谛观第一名,问谁所取。张公以臣对。麟公依次拆封,一一奏名讫,又奏数语。臣以张謇江南名士且孝子也,上甚喜。"[1]有记载说,张謇的试卷多有舛误,幸亏收卷官黄思永的帮助,才得以"完美无缺"。黄氏,字慎之,江苏吴县人,状元,亦是翁同龢的门生,了解翁同龢的心理。"按张季直殿试时,试卷挖补错误后,忘填空白,遽以缴卷,收卷黄思永,乃取怀中笔墨,为之补书一字。又张卷抬头错误,恩字误作单抬,黄复

---

〔1〕《翁同龢日记》,第2738—2739页。

于恩字上补一圣字。补成后,送翁叔平相国阅之,盖知张为翁所激赏之门生也。张以此遂魁天下。此卷不遇黄君成全,则置三甲末矣。"[1]

这次会试一甲第二名为尹铭绶,第三名为郑沅。尹氏系谭钟麟女婿。传胪为吴筠孙。张謇经过六次乡试、五次会试、一次殿试,最终考取了状元。张謇虽把科举功名看得很淡,但状元及第本身对日后事业的开拓和发展还是起了不小的作用。唐文治说过:人皆知南通实业之兴,首推张謇,殊不知其间接和直截促成者实为翁相国。若无甲午会试,翁同龢识拔张謇为状元,张謇也只能穷经皓首,终老林下,谁能知道他?!只因翁相国为之延誉公卿间,甲午大魁天下,南通之实业,才因张謇的科名而大盛。[2]

张謇状元及第的第二个月,中日朝鲜问题争端发生,随后日本便一手挑起甲午战争。当时有一种看法,"那时候朝内外很传说光绪帝决心要战的意思,是出于翁公;而翁公决心要战的意思,是出于我父。譬如罗君惇曧的《中东兵事本末》就写着:'枢臣翁同龢握大政,修撰张謇其门生最亲者也,力主战……乃决备战。'"当时朝廷酝酿到一定要开战,决不是翁公一人的主张,更不是他一个人所能主张。事实如此。"上意一力主战,并传懿旨亦主战"。从翁同龢日记这一记载来看,"主战的原动和怂恿,决不是出之翁公,更不是出之我父"。[3]张謇与翁同龢所谈主要集中于对时局的担忧,他给翁同龢送看有关朝鲜地图,"张季直来谈时事,可怕也,然耸人骨,抵晚始去。"张謇有时也带去外间对翁同龢的企盼:"复张季直昨日书,此时清议大约责我不能博采群言,一扫时局,然非我所能及也。"当时舆论主要对李鸿章主和避战的做法表示不满。张謇亦不例外。在参劾李鸿章的奏折中,张謇说:"直隶总督李鸿章,自任北洋大臣以来,凡遇外洋侵侮中国之事,无一不坚持和议,天下之人,以是集其诟病,以为李鸿章主和误国,而窃综其前后心迹观之,则二十年来坏和局者,李鸿章一人而已。""朝鲜弊政,本应中国早为酌改,日既以是为词,我何妨令袁世凯与议,折日惠韩之计,收我抚字属国之权。……李鸿章则始终执其决弃朝鲜之意,……而贻日人以华斥不顾,势难中已

〔1〕 贾逸君:《民国名人传》,民主与建设出版社 2012 年版,第 546—547 页。
〔2〕 陆远编:《大家国学:唐文治卷》,天津人民出版社 2008 年版。
〔3〕 张孝若:《南通张季直先生传记》,张謇研究中心 2014 年版,第 61、63 页。

之口实,卒酿兵瑞,一败涂地。……试问:以四朝之元老,筹三省之海防,统胜兵精卒五十营……用财数千万之多,一旦有事,曾无一端立于可战之地,以善可和之局,稍有人理,能无痛心!……李鸿章非特败战,并且败和。"[1]然而待到 10 月初,张謇因父亲去世,回籍丁忧,便离京回南通了。

光绪二十四年四月,张謇服阕回京。这时已是翁同龢开缺回籍前夕,除去向翁同龢汇报在乡两年开办纱厂、盐滩开垦以及未来的计划打算外,几乎没有参与京中有关变法活动。"张季直殿元服阕来散馆,晤谈,言江北纱布局及盐滩荒地两事,皆伊所创也。""看张季直各种说帖,大旨办江北花布事,欲办认捐及减税二端,又欲立农务会,又海门因积谷滋事,欲重惩阻挠者,此君的是霸才。"[2]

张謇回京后,正值翁同龢因支持光绪帝推行维新变法,备遭人弹劾之时,就在张謇回京当月二十七日,翁同龢突遭罢免,开缺回籍。五月初六日,御史胡孚宸再次参劾翁同龢与张荫桓在《中俄密约》交涉谈判中收受巨额贿赂,两人平分,慈禧谕旨当严办。张謇见翁同龢处境危险,"引朱子答廖子晦语劝公速行",用宁武子"邦有道则智,邦无道则愚"的故事,力劝其速即离京。翁同龢遂于五月十三日离京回籍。数月后,张謇深感处境孤危,也辞职回家。同年八月,与刘世珩、蒯礼卿、恽心耘在上海开设商务局,从事实业活动。"虽不做官,但不等于不做事",成为晚清实业建设方面代表性的人物。

戊戌政变后,翁同龢再遭严谴,革职永不叙用,并交地方官编管,从此失去了人身自由。在迫害翁同龢的同时,还编造了翁门六子。"翁门六子郎亭(指汪鸣銮)首,传者或云殿者(指张謇)走。"六人中还包括志锐、文廷式、丁立钧、刘可毅等人。借此铲除异己。张謇曾邀请翁同龢前往南通一游,翁同龢惟恐"腾于人口",为官府所知,于己不利,最终未敢前去。翁同龢回籍后,失去了生活来源,既贫又病,处境艰难。张謇深知此情,多次或邮寄、或派专人,给翁同龢送去白面、小米、百合、山药等食物和布匹之类生活用品。或请翁同龢为所办学校、纱厂题句,以保持联络。"我父那时还集了一副对子,请翁公写的,挂在厂厅上:枢机之

〔1〕 张孝若:《南通张季直先生传记》,张謇研究中心 2014 年版,第 64 页。
〔2〕《翁同龢日记》,第 3175、3180 页。

发,动乎天地。衣被所及,遍我东南。"[1]

自 1898 年翁同龢开缺回籍到 1904 年去世,七年中张謇曾三次前往常熟见翁同龢。一次是 1899 年 3 月,当时正值慈禧太后宣布立溥儁为大阿哥,企图废除光绪帝,翁同龢心情极不好。两人围炉夜话,作彻夜"深谈"。张謇劝慰翁同龢:"尚湖鱼鸟堪寻侣,大泽龙蛇未息机。正可齐心观物变,蒲团饱吃北山薇。"要他不必过分悲观,静心养病,等待时局的变化。一次是 1901 年 3 月,这次张謇专程前往虞山,向翁同龢通报刘坤一、张之洞实行有关"东南互保"以及江楚会奏的内容。最后一次是在翁同龢去世前三天,这次主要是看望重病垂危的翁同龢。当时正是"立宪救国"主张空前高涨的时候,所以两人在病榻前就"立宪"一事交换了看法。张謇在致赵凤昌的信中说:"十七、八日与松禅老人谈两次,颇及宪法,老人极赞成,亦以非此不可救亡也。"[2]

1904 年 7 月 4 日,翁同龢去世。临终前夕,口授遗疏,委托张謇代书并为之呈奏。张謇得知翁同龢去世的消息后,连夜坐小轮过江前来常熟吊唁。除了遵嘱上奏遗疏外,并向翁同龢敬献了两副挽联:

其一:

公其命何如? 可以为朱大兴,并弗能比李文正;

世不足论矣,岂真有《党锢传》,或者期之《野获篇》。

其二:

谤先公亡,公试读时人之思,投畀有比,投畀有昊,继以豺虎;

陀不天问,天乃与康成以梦,今岁在辰,明岁在巳,磋哉龙蛇。

随着岁月的流逝,张謇对翁同龢的怀念与日俱增。1911 年 2 月(宣统三年正

---

〔1〕 张孝若:《南通张季直先生传记》,张謇研究中心 2014 年版,第 74 页。

〔2〕 杨立强等编:《张謇存稿》,上海人民出版社 1987 年版,第 8 页。

月),张謇以江浙立宪公会会长的身份赴京请愿,要求清政府立行宪政。在京期间,他特地到东单二条胡同的翁同龢旧居(时已改为城东邮局)凭吊一番。追寻旧时踪迹,缅怀先师当日风仪,并赋诗一首:

> 乌衣不复谢家堂,马粪还传旧时王。八表风尘催日月,十年诗友入沧桑。只因元亮当疏傅,安问尚书况太常?说与危巢新燕子,落花啼罢已斜阳。[1]

1921年1月,张謇坐船过江,专程前往虞山祭扫翁墓。面对苔痕斑驳的墓台,有感于人事沧桑变迁,无限增悲,又一次赋诗缅怀先师:

> 云雷黮黮几乾坤,十七年来此墓门;有地尚容埋骨便,何天更带易名恩。诸人宁共陶潜感,九辨惟招正则魂;拜罢石台思待篑,松风湖石故清温。[2]

常熟与南通隔江相对,南通黄泥山上旧有卓锡庵,为思念恩师,张謇这次扫墓归来,特意在庵旁建了一座"虞楼","归筑斯楼,时一登眺,悲人海之波涛,感师门之风仪。……名'虞楼'以永之,亦以示后之子孙"。[3]

同年10月,张謇又一次过江,前往虞山祭扫翁墓,再次赋诗悼念翁师:

> 淹迴积岁心,一诀向虞麓。晨曦彻郭西,寒翠散岩壑。夹道坟几何?鹄峰注吾瞩。停舆入墓庐,空庭冷花竹。巫趋墓前拜,訾楚泪频蓄。……平生感遇处,一一绕心曲。缅想立朝姿,松风凛犹谡。九原石台前,随武不可作。[4]

---

〔1〕 张謇:《都门条胡同翁相故宅,后归袁太常(袁昶),太常死庚子之祸,展转为城东电局,辛亥二月,友人邀往,怆怀有作》,《张季子九录》卷八,台湾文海出版社1965年版,第16页。
〔2〕 参见张謇:《辛酉一月八日谒文恭师墓于虞山鹁鸪峰》,《张季子九录》卷八,台湾文海出版社1965年版,第25页。
〔3〕 张謇:《虞楼匾额题记》,《南通张季直先生传记》,张謇研究中心2014年版,第4—6页。
〔4〕 张謇:《虞山谒松禅师墓》,《张季子九录》卷九,台湾文海出版社1965年版,第26页。

这次扫墓归来，因见瓶庐"楼久扃封，板木朽坏，墙垣多有圮处"特地给翁氏后人寄去五百元，请为之修理。并表示"设逾素计，当更续寄。远沿文翁石室之旧，近依曲园（指俞樾）俞楼之例"。建议翁氏后人将瓶隐庐整修后对外开放，将翁师所存留的"赏赐御物陈列于楼上，供游客观瞻。"〔1〕将瓶庐改造为翁同龢历史文物纪念馆，向社会开放。张謇创办的南通博物苑是中国最早的博物馆，他建议将翁同龢生前居住的瓶庐和身前遗留文物公开陈列并向社会公众开放，正是这一博物馆思想的反映，同时也借此寄托自己对翁师的哀思。

丁立钧

丁立钧，字叔衡，号衡斋，江苏丹徒（今镇江市）人。光绪进士。既是翁同龢的同乡，又是翁同龢的门生。在重大朝政问题上，丁立钧往往与翁同龢保持一致。他经常出入翁宅，与翁同龢作"深谈"、"长谈"。1889 年 1 月（光绪十四年十二月），光绪亲政前夕，朝议光绪帝亲生父奕譞尊号，丁立钧写了《大礼仪辨正》一文，非常有说服力。翁同龢见后说："抄丁生《大礼仪辨正》，甚精辟，但其中暗驳审濮议辨祭用天子之礼一句，恐难行耳。"〔2〕1894 年 7 月，中日甲午战争爆发。丁立钧与张謇、沈曾植频繁出入翁宅，申述主战看法。上疏论战事，力主抵抗日本侵略。日军将战火延烧到东北后，丁立钧上奏主张"宜去淮军，专用湘军，劾旅顺失守诸将，劾周馥、胡燏棻。建言四条：派统帅、设湘军粮台。新枪发湘军用，戒湘人浪战。"〔3〕10 月（九月），与伊铭绶等翰林庶常三十五人"参李鸿章大罪八条，目之曰贪庸骄蹇，有心贻误。"〔4〕同年十一月，与文廷式等人联衔上奏，要求光绪下罪己诏。"参莱山与合肥，并参曰莱山（指孙毓汶）与合肥（指李鸿章）有怨讟之言盈于道路，跋扈之迹暴于禁廷，君臣之义已离。"〔5〕次年王文韶任直隶总督兼北洋大臣后，他认为王氏软弱无能，建议换人："晚丁叔衡来，意在以李鉴（秉

〔1〕 张謇：《致翁振甫函》，《张季子九录》卷十二，台湾文海出版社 1965 年版，第 91 页。
〔2〕 《翁同龢日记》，第 2288 页。
〔3〕 《翁同龢日记》，第 3782 页。
〔4〕 《翁同龢日记》，第 3760 页。
〔5〕 《翁同龢日记》，第 2805 页。

衡)易北洋,或刘岘庄(坤一)亦可,而深诋夔石(王文韶)之无能。"〔1〕

甲午战后,主战官僚遭到排挤和打击,丁立钧亦未能幸免,被外放为沂州知府。他还担心翁同龢恐怕亦难支持,所以辞行前特地叮嘱翁同龢小心为是,"丁生叔衡,沂州府,来辞行,生意甚厚,虑我不支,我笑谢之,此中空洞不逆记也。"〔2〕丁立钧的担心不是没有道理的,在尖锐复杂的帝后矛盾斗争中,翁同龢最终未能逃过慈禧的打击,于1898年(光绪二十四年)被开缺回籍,戊戌政变时再遭严谴。

义和团运动后,丁立钧因病辞官,回到了江南。1901年5月1日(光绪二十七年三月十三日),他专程来到常熟看望翁同龢。"丁叔衡立钧,又号衡斋来,以左手画扇并新词数首见赠,右体支离特甚,饭后去。"次日偕费岊怀再次入山,与翁同龢"谈碑论画"。十九日向翁同龢辞行,"谈至暮,政教艺事,收藏考订,盖无所不谈矣"。〔3〕翁同龢见了丁立钧画扇后,题诗一首:

> 少日挥毫气吐虹,晚来憔悴卧江东。谁将学舍官湖地,借与坡仙作寓公。剧怜左手高南阜,颇似长洲沈石田。我有长江图一卷,精心摹拟笑耕烟。〔4〕

丁立钧当时寓居东台。回去后,还给翁同龢寄来新词和信,相约再见。谁知一年后,1902年8月28日(光绪二十八年七月二十五日)即病死东台寓所。翁同龢闻讯后极为难过:"得丁叔衡立钧讣,七月二十五日卒于东台寓所,为之于邑,贤而才者,天子所废也。"其后,又寄去挽联,表示哀悼:

> 有大礼仪,有朝鲜篇,忧国孤忠常耿耿;
> 是好长官,是真名士,过江一刻太匆匆。〔5〕

---

〔1〕《翁同龢日记》,第2851页。
〔2〕《翁同龢日记》,第2977页。
〔3〕《翁同龢日记》,第3381页。
〔4〕《翁同龢集》,第857页。
〔5〕《翁同龢日记》,第3462页。

刘若曾

刘若曾,字仲鲁,直隶盐山(今沧州市盐山县)人。翁同龢门生。

光绪十一年九月,清政府举行乡试,正、副考官分别为潘祖荫、翁同龢、童华。童华,浙江人,为翁父心存的门生。年老多病,平日与翁同龢关系密切,对潘、翁均很敬重。同光年间,翁潘齐名,为士林所重。翁同龢也说:"余与潘总角交,论文悉合,所得卷,彼此互阅,亦有相牴牾者,然后卒相合,盖莫逆者天下无如吾二人也。"[1]这次乡试,潘、翁两人信心满满,一定要擢南通名士张謇(季直)为元。9月19日(八月十一日),童华"得一卷",翁同龢见了,"激赏之,以为可中南元"。翁同龢又拿去同潘祖荫商看,两人从试卷文气来判断,认定必是张謇试卷,待到拆弥封,果然是张謇,这一次张謇考中了南元。北元为刘若曾。翁同龢对刘印象不错。11月19日(九月二十三日),刘若曾拜会翁同龢。翁同龢日记写道:"解元刘若曾仲鲁来见,开展沉笃,远到之士,郑杲为友,郑吾庚辰激赏者也。沆瀣一气。奇哉。"[2]

1889年4月(光绪十五年三月),举行会试,翁同龢向刘若曾、张謇各送银四两,祝他们双双中式。但这一次,只有刘若曾考中。刘考中后,分发庶常馆,为庶吉士,翁同龢担任他的分教习。光绪十八年三月会试,翁同龢为正考官,刘若曾任会试同考官。闱中师生相处不错。光绪二十四年闰三月,庶常馆散馆考试,刘授编修,留在翰林院供职。1898年5月〈光绪二十四年四月〉翁同龢开缺回籍,刘若曾与翁同龢黯然而别,此后再无往来。

刘可毅

刘可毅,字葆真,江苏常州人。人们常将其与刘若曾混为一人。光绪十八年三月,清廷举行会试。这次会试正考官为翁同龢,副考官为祁世长、霍穆欢、李端棻。由于张謇上次会试未考中,所以这次翁同龢一心要让张謇考中,在江苏试卷

---

〔1〕《翁同龢日记》,第3842页。
〔2〕《翁同龢日记》,第2310页。

上堂后，翁同龢要考官们认真仔细的批阅。但不巧的是，张謇的卷子早被考官冯心兰以"词气宽泛"摒落了，根本未出房。结果误将刘可毅的试卷当做张謇试卷，待到拆弥封方知是刘的试卷，翁同龢存心要擢拔张謇，但这次又未成功，却无端地中了刘可毅，深感可惜。一些史书将此事说得很神奇，如有人说试前翁同龢与张謇、刘可毅见面时寒暄一阵后，翁同龢反复叮嘱："今日时势，直统筹全局。""张謇只以为翁同龢是在议论时局，没有想到这是一种暗示，旁边的刘可毅却默记在心上，第一场考试，刘可毅就将'统筹全局'四字嵌入八股文稿的破题之中，翁同龢看到这份卷子后，以为是张謇的，没有细阅毕，便定为第一名，在上面批道：'为国家得人庆'。等到拆封才发现该卷不是张謇的，而是刘可毅的。翁对刘可毅不甚了解，所以十分沮丧。经过打听之后才知道刘可毅亦是江南名士，心里才稍安些，虽不如人意，也只能自我安慰。第二场考试，翁同龢发现一份卷子中有'篷马三韩，雪花如掌'之语，因为张謇曾随清军去过高丽，翁同龢遂认定此卷必是张謇的，取为第一，待拆开封号一看，也还是刘可毅，张謇会试又没通过。"[1] 科举考试，无论乡试、会试，都是试分三场，直到全部考试，确定录取名单，拆开弥封，方才知道是谁的试卷，绝对没有考第一场就确定名次的，这显然对科举史不熟悉。既然刘可毅与张謇试前一同拜访过翁同龢，并作过隐语暗示，可见翁同龢对刘可毅是相当了解，但查翁氏日记，试前刘氏与翁氏并无往来，这段文字未经考证，不免失实。张謇落第后，翁同龢曾劝其任国子监南学主持，但张謇抱持不成进士仍旧归去，毅然回到南通。这次会试后，霍穆欢不久去世。霍氏生前极贫，死后留下妻儿老小，难以为生。翁同龢发动同年及其门生为之募捐。刘可毅极为卖力。"刘葆真来，说霍穆欢帮分可得二千金，甚出力也，可敬。"[2] 光绪十七年，翁同龢同年许振祎（仙屏）任东河河道总督。经翁同龢推荐，刘可毅中式后随许氏前往河南办理河工事宜。光绪十九年，顺直暴雨成灾，翁同龢征询许氏可否来京治理芦沟一带河道。许氏患有严重哮喘，刘可毅代许氏复函不能来京治理芦沟水道。次年慈禧六旬万寿，许氏来京祝嘏，因病气喘严重，未能诣宫门拜谒。旋奉旨留京，计划每年筹措二十万两治理永定河，翁同龢亲自拜访许氏，每次刘可毅均在

〔1〕薛元明：《国士无双：庄蕴宽传》，上海锦绣文章出版社 2012 年版，第 39—40 页。

〔2〕《翁同龢日记》，第 2566 页。

场相助。当时正是甲午战争期间,刘可毅将得到的消息告知翁同龢。平壤清军溃退后,李鸿章匿报,"刘葆桢可毅来谈时事,谓叶(志超)军廿八日覆没,韩人死者二万人,汉京死亦如之,日兵仅死千余人耳,此事津早知,而北洋不电(告)"。[1]光绪二十二年,许振祎病重,调京,刘可毅一并来京。光绪二十四年许氏病死北京。

光绪二十四年四月,翁同龢开缺回籍。刘可毅因朝局变化而回到常州。1899 年 7 月 4 日(光绪二十五年六月七日),刘可毅思翁心切,专程前往常熟看望。"刘葆真可毅从常州来访,未见,投书颇望。"次日,翁同龢专门入城,"为刘葆真也。入城,见其徘徊门左,延入留饭。呼舆出北郭,访次公,食瓜。葆真游兴甚浓,偕至兴福寺,坐廉饮堂,喝暑,舆人流汗及踵,乃返,再食瓜,郑重而别。赠余陈酒一坛,松花一坛。答以瓜十枚、芝四"。[2]这是两人的最后一面。关于刘可毅,一说被杀于义和团运动中,一说死于义和团运动后,曾任京师大学堂监督。张元济在《追述戊戌政变杂咏》一诗中写道:"同罪岂能行异罚,宽严妙用特恩叨;若非早放归田里,怎免刑书列二毛?"诗下注:"……逮至义和团起,余亦步刘葆真同年之后矣。葆真任大学堂教习,有二毛子之目,后竟失踪。时都中舆论,对喜言新学者均称为二毛子,义和团辄送至坛前,焚香上表,以候神谶,余亦久负此名,葆真既以此丧失,余亦岂能幸免?"由此可知,刘可毅死于义和团运动中。

孙师郑

孙师郑,原名孙雄,字同康,因慕汉代学者郑玄,而改名师郑,而"初不通经术,继虑恐人疑其希康有为,遂更名雄"。江苏常熟人。翁同龢认识孙师郑是在 1893 年(光绪十九年),经其介绍,作为举人的孙师郑在京一边迎考,一边在李文田家任家庭教师。孙自视很高,因此与李文田合作得并不愉快。后改为代翁同龢批阅国子监南学课卷。光绪二十年三月,为庆祝慈禧太后六旬万寿,特举行恩

---

〔1〕《翁同龢日记》,第 2762 页。
〔2〕《翁同龢日记》,第 3263 页。

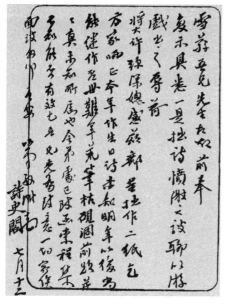

孙师郑手迹

科会试,孙师郑参加了这次会试。翁同龢看了孙氏头篇,"决其必魁"。复试,翁同龢任阅卷大臣,孙卷出在翁氏手里。孙氏"颇得意",而沈颂棠卷"有讹字,一签,惜哉!"但结果孙氏与沈颂棠皆列二等。[1]孙氏中式后,随吴大澂在湖南巡抚任上办理文案。甲午战争期间,孙师郑因父去世,回籍丁忧。戊戌变法中,他对变法并无多大影响,并将自己的字"同康"改为"师郑"。戊戌政变中,吴大澂被革职,翁同龢亦被革职,永不叙用,这对孙师郑仕途影响很大。孙氏虽任翰林编修,但不被重用,甚至被视为"文人之无耻者"。"张之洞独信其贤,聘为大学文科教员。盖之洞以颂圣固宠,雄以颂圣猎官,皆拉后(西太后)忠仆,宜臭味相投矣。""又尝纂诗史,乃藉以宣上德并表扬达官贵人,故诗史成而雄之月俸以增。然清室既亡,固不能如梁鼎芬之所为,奔走督军、省长间,营为咨议、顾问。然则颂圣者特为拉后,之洞而发耳!"著有诗文集。"散体文,尘俗拉杂一字不可通。"[2]总而言之,对其人品、文品评价不高。

1904年7月4日(光绪三十年五月二十一日)翁同龢在籍去世,孙师郑送去挽联一副,上而写道:

怨李恩牛,朝局怀十年党祸,叹孤臣去国,寸心长恋九阍,若话彤史勋名,定魁宰相世系表;

杜冠马帐,儒林拜百代人师,痛小子奔丧,一面竟成千古,自愧青衫沦落,空玷韩门弟子班。[3]

〔1〕《翁同龢日记》,第2710、2727、2729、2737页。
〔2〕沃丘仲子:《近代名人小传》,中国书店1988年版,第70页。
〔3〕引自谢俊美:《翁同龢传》,第583页。

辛亥革命后,孙师郑仍住京师常昭会馆内,生活穷困潦倒。据说曾一度担任京师大学堂教习。1924 年是翁同龢诞辰九十周年,孙师郑在京师发起组织瓶社,邀约翁氏生前门生故旧数十人赋诗纪念,参加者有陈宝琛、邵松年等人,成为翁氏死后最大的一次悼念活动,人们从不同的角度追念其从政、治政、为人、为学的风采。但瓶社活动及所编雅集仅此而已,此后再未见续集。孙师郑晚年活动大多不为人知。

沈鹏

沈鹏原名沈棣,字颂棠,号翼生,又号北山,常熟梅李镇人,翁同龢门生。《常昭合志》中,讲他"少孤力学,以诸生入国学读书。……在监刻苦自励,博综经籍,淹雅,名腾都下,为翁同龢所器重"。戊戌政变后,"重臣当国,阉寺窃朝柄以私",引起了他的不憿。遂于十一月草疏呈乞掌院学士代奏,具劾李莲英、刚毅、荣禄三人"党援祸国",上疏要求诛杀三人,"谓不杀三凶,以儆其馀,皇上之安危未可知也"。掌院徐桐"骇其言,格不上达,鹏拂衣出都门,而疏稿已传播遐迩""轰传一时","事为刚毅辈所闻,徐桐恐祸及己,露章劾奏"。因其为翁同龢门生,有人怀疑系翁"主使",这里有必要对他们两人的关系作一介绍。

早在光绪十七年,沈鹏就与翁同龢有了往来,梅李是翁氏祖母张太夫人的老家,再,沈氏为费念慈(屺怀)的女婿,而费氏又是徐郙的女婿,翁、徐、费走得很近,关系非同一般,因而翁同龢对沈鹏一直很关心。每逢年节,翁同龢设宴招待同乡,总少不了沈氏。光绪十九年,一度邀请沈氏任家庭教师,后又请其代阅国子监南学课卷。翁同龢的印象是"此人诚朴有志节,不免迂而少通"。[1]

光绪二十年四月,沈鹏参加会试,翁同龢为复试阅卷大臣。自此考中进士,成为翁的门生。殿试一等第五十九名,留庶常馆,散馆,授编修,留任翰林院供职。

---

〔1〕《翁同龢日记》,第 3219 页。

光绪二十四年四月,翁同开缺回籍。同年八月底,沈鹏也回到苏州"费氏婿乡",因与费小姐性格不合,"忽又不乐,欲余(指翁同龢)荐馆,又欲从余居"。[1]翁同龢当然不会答应与他一起同住,随后将其介绍给荆宜施道俞佑莱(君实),但到次年二月沈鹏又从湖北回到常熟梅里,翁同龢劝其仍回婿乡,与妻子同住,但沈氏回信"势不可久居"。这时戊戌政变早已过去几个月,翁同龢也被革职永不叙用,并交地方编管。翁深感自己是个"罪臣",沈氏留在他身边,对沈氏不利,"得屺怀函,沈仍有疑疾,余广其意,告以入都为是"。沈氏一直认为翁同龢等被革职编管均系李莲英、刚毅、荣禄"三凶"加害所致。他自上海坐轮重回北京,遂上疏,请杀"三凶",因在京常昭同乡劝阻,并将其"逐令出京,其上疏一事才未得逞"。但在回南途经天津时,沈氏将上疏稿公诸报端,引起在京同乡惊恐。"旋天津报登其疏稿,而论者遂疑余(翁同龢自谓)主使。沈鹏既归,见之又作辩诬一篇,欲刻于报,于是同乡诸君益愤,斌孙面斥其具疏之谬,并痛驳其置辩之非,乃始罢议。"[2]对于沈鹏具疏奏杀"三凶"一事,翁同龢特别害怕,惟恐招来杀身之祸。"噫,沈一痴呆耳,其人不足惜,而欲累及师门,亦奇矣哉。"[3]平心而论,荣禄,尤其是刚毅在翁同龢革职一事上是做了不少手脚,前面有关部分已作了论述,此处就不再重复了。沈鹏这样做是需要一股勇气的,他的行动不是"痴呆",更不是"疑疾",是对后党顽固守旧势力的回击。当时荣、刚之流气焰熏天,当然不会放过沈鹏,徐桐上折劾奏。"有密电拿提(沈鹏)交省讯究,幸前期已位置于曾孟朴处教书,一传即至,在署管押。"[4]翁同龢对将沈鹏"提省"讯问,较为满意,因为当时江苏巡抚德寿是他当年任工部尚书时的属下,继任者陆传霖则是他的门生,两江总督刘坤一同他的关系就不用说了。光绪二十七年二月,沈鹏全案结束,翁同龢因沈鹏上疏担心受其牵连一事在众多江南官绅的帮助下最终得以避免。而沈鹏因长期羁押省狱,最后竟死于狱中。

---

〔1〕《翁同龢日记》,第3219页。
〔2〕《翁同龢日记》,第3292页。
〔3〕《翁同龢日记》,第3290—3292页。
〔4〕《翁同龢日记》,第3303—3306页。

徐兆玮

徐兆玮,字少逵,一写少葵,号倚虹、棣秋生,晚号虹隐,江苏常熟人。早年师从太仓学者胡益谦学习经文。光绪十四年中举,次年成进士。十六年为庆祝光绪大婚典礼,清廷特举恩科会试,徐氏补行殿试,选庶吉士,授编修。为翁同龢的门生。翁同龢在光绪十五年三月的日记中写道:"同邑会试者二十二人,余各送元卷四两。……徐少葵兆玮……","同邑徐兆玮皆中矣"。为之感到高兴。[1]经过接触,翁同龢对徐氏有所了解。"同邑徐少葵兆玮来见,徐,何家市人,沉静好学。"一次同龢招待同乡吃饭,座有庞鸿书、李玉丹等,"五人皆能饮,少葵量尤大",知他能饮酒。[2]

徐兆玮是甲午战争的亲历者。当中日朝鲜争端发生,他对能否制胜忧心忡忡:"合肥中堂今岁巡阅海军,俱不中用,有自馁之心。现虽一意主战,恐亦外强中干耳。当轴者颇慎密,和战尚未的音。""京师人情颇麻木不仁,一方之痛不甚觉,终日酒食征逐,遑计其他?"[3]对于主战能否取胜没有信心,对于翁同龢主战主张表示保留。后来的战争结局也证实了他的看法。

经过甲午战败和戊戌政变,徐兆玮对朝政越来越悲观。翁同龢开缺在籍,他曾前往其临时借居的塔前街寓所看望,纵即是门生,翁同龢也拒不相见。但徐氏对师恩始终未忘。1904 年 7 月 4 日(光绪三十年五月二十一日)翁同龢去世,他闻悉后,立即前去致悼,并送上挽联:

> 戊戌政记,长安宫词,倦眼阅沧桑,更为师门增一恸;
> 瀛海仙班,苏斋题跋,深心托毫素,即论馀事亦千秋。[4]

民国元年,徐兆玮曾任国会众议院议员。经历民初政坛纷更,他对政治感到厌倦,此后逐渐淡出政坛。1930 年丁祖荫去世后,他接替丁氏,负责编纂《常昭合志》。

---

[1]《翁同龢日记》,第 2310—2319 页。
[2]《翁同龢日记》,第 2649 页。
[3]《徐兆玮日记》第一册,黄山书社 2013 年版,第 5 页。
[4] 参见俞鸥侣:《虞社丛书》,民国十二年刊本。

俞钟颖

俞钟颖,字幼兰,又写佑澜,江苏常熟人。同治十三年拔贡,以七品小京官分发吏部。光绪二年九月,应顺天乡试,中副车。因与翁同龢是同乡,所以往来较多。

光绪二年,俞氏被翁同龢延聘为家庭教师,课其孙翁德孙读书。其间,翁同龢偶有谢折,往往请俞代笔。翁同龢待其亲如家人、每逢新年正月、八月十五,宴请同乡,一般都要请他,除非有特殊公务在身,俞氏一般都会参加。

光绪七年后,俞钟颖充任总理衙门章京,遇有重大朝政或人事变动,他会向翁同龢透露。光绪九年四月,慈禧利用盛昱一折更换以奕訢为首的全体军机人马,翁同龢离开了军机处。当时正是中法越南战争初期,翁同龢主要通过总理衙门大臣周德润、张荫桓获取有关信息,但光绪十年七月,慈禧也对总理衙门大臣班子进行了更换,使翁同龢失去了信息来源。这件事最早就是俞向翁透露的。"俞佑澜来,知今日总署事。……,撤总署昆冈、周德润、陈兰彬、周家楣、吴廷芬、张荫桓差使。"太后有"战局已成,若有以赔偿等词进者,即交刑部治罪"之语。[1]

总理衙门总办孔斐轩,山东孔氏后裔,当年曾与翁曾翰闲谈孔翁两家联姻之事。虽然翁曾翰去世多年,但孔斐轩看到翁氏贵为帝师,门第崇隆,仍想与其结亲。光绪十四年四月,孔斐轩通过俞氏向翁同龢转达他的这一意见:"俞幼兰来,有孔斐轩者,译署总办,曩与筹儿同官,云曾闲谈欲与曲阜孔公联姻,今公来,可践前言乎。余答以眷口南归,当询之。"[2]后因眷属不同意,孔翁联姻遂作罢。

光绪二十一年八月,翁同龢兼任总理衙门大臣,负责筹措对日赔款。当时由军机处、总理衙门、户部、工部等部门章京八人组成"逐日到署办理此事",八人中就有俞钟颖。因此缘故,两人几乎天天见面。光绪二十二年,俞氏外任湖北荆宜施道。翁同龢说,这是继王宪成、他的兄长翁同爵之后,常熟第三个被命为道员的,因此,很为俞氏高兴。他出任地方后,基本未参与戊戌维新变法活动。但戊戌政变中,仍有人将他视为翁同龢的"党羽",对他排斥打击。汉口大火后,被罢

---

[1] 《翁同龢日记》,第 1900 页。
[2] 《翁同龢日记》,第 2239 页。

斥。光绪二十八年,翁斌孙女儿嫁给俞氏长子,两家正式结亲,这门亲事是翁同龢同意并安排的。

蔡元培

蔡元培,字鹤卿,号子民,浙江绍兴人。翁同龢门生。翁同龢在光绪十八年五月的日记中曾对蔡元培有以下一段记载:"新庶常来见者十余人,内蔡元培乃庚辰贡士,年少通经,文极古藻,隽才也。绍兴人,号鹤青,向在绍兴徐氏校刊各种书。"[1] 庚辰年为光绪十六年。是科会试主考官为翁同龢。蔡氏中进士后,分发庶常馆学习,俗称庶吉士。三年期满大考,一等,授编修。甲午战后,蔡元培接触西学,同情维新派,尤其服膺谭嗣同。戊戌政变后,他回到绍兴,任中西学堂监督。辛丑条约签订后,愤清廷腐败,萌志反清。与章太炎等创办中国教育会,任会长并创办爱国学社。1904 年,也即是翁同龢去世的这一年,与陶成章等组织光复会,最终走上反清革命的道路,由清朝的一名编修变为反清革命志士。

夏同龢

夏同龢,贵州人。光绪二十四年会试贡士,复试时列一等第一名。读卷官为翁同龢,因此是翁的门生。由于第二个月,翁同龢即开缺回籍,因此,两人交往很少,除了这次阅卷记载外,几无任何其他文字记载。

张元济

张元济,字菊生,浙江海盐人。父亲曾任广东陵水(今属海南省)知县,张氏自幼跟随父亲读书,对英国在香港、葡萄牙在澳门的殖民统治较为熟悉,对西学

---

〔1〕《翁同龢日记》,第 2570 页。

张元济像

有较多的接触和了解。光绪十八年考中进士，翁同龢是这次会试的主考官，张氏成了翁同龢的门生。签分刑部，任候补主事，兼充总理衙门章京。

甲午战后，张元济痛感非改革无以救国，常与文廷式等聚会陶然亭，议政朝政，鼓吹变法。戊戌变法后，张氏广求西书供光绪帝采择。6 月，光绪帝召见张氏，询问京师通艺学堂创办之事。张氏上折，主张设议院，开国会、兴民权。戊戌政变中被革职并遭通缉。受盛宣怀邀请，入上海南洋公学主持译书事宜，并担任公学总理。后加入商务印书馆，为整理出版传统典籍如百衲本二十四史、四部丛刊等作出了重要贡献。

作为翁同龢的门生，张元济于 1923—1925 年间，经与翁同龢后人翁之熹协商，将翁同龢生前的手札，诗文、日记等由商务印书馆涵芬楼进行影印出版。在影印日记时，出于为"师讳"将部分内容如涉李鸿章、郭嵩焘等有关部分故意隐去不印（详见本书附录有关部分）。在为影印日记所写的跋中，对翁师一生给予了极高的评价，将翁同龢比作北宋时期著名的政治家、文学家欧阳修和司马光："有宋名臣以文学政事显者曰欧阳修，曰司马光，求之近今，足与媲匹者，其为吾师翁公。"[1]

梁士诒

梁士诒，字燕孙，广东三水（今属佛山市）人。光绪二十年三月，为庆祝慈禧六旬万寿，清廷特举行恩科会试。梁氏参加了这次会试。殿试二甲第十五名。

---

〔1〕 参见《翁文恭公日记》，商务印务馆 1925 年版。

翁同龢是这次殿试读卷官，梁氏成了他的门生。试后，梁氏分发庶常馆，为庶吉士。散馆授编修。

梁士诒像

　　光绪二十四年四月，翁同龢奉旨开缺回籍，离京时，梁士诒亲自前往马家堡火车站送行。回到任所后，一连数日，闷闷不乐，有人问他何因，他说："翁尚书，吾师傅也，吾何敢轻议，然甲午之后，朋党渐兴，政治日棼，内外不和，以国为孤注，继此之后，尚不知有多少甲午者。"

　　戊戌变法开始后，梁士诒就变法曾劝梁启超稳妥进行："非先有缜密之布置不可，若轻于举动，一击不中，必生他变，转成痼疾。"但梁启超未加采纳。

　　戊戌政变后，礼部尚书李端棻革职遣戍新疆。赴戍途中，病于甘肃途次。李氏为梁士诒乡试座师，他发起捐款，得银二万两，于1903年将李氏从戍所赎回。其爱师、救师之举，被士林传为佳话。

　　1903年7月，清廷举行特科考试，头场考大戴礼，次场考策论，梁士诒考得一等第一名。军机大臣瞿鸿禨特别反对特科考试。他对慈禧说，一等第一名梁士诒是梁启超弟弟，名字末字"诒"字与康祖诒的"诒"字相同，是梁头康尾。结果梁氏未能复试。梁氏以此深感耻辱。他后来助袁世凯逼清室退位也就不奇怪了。

　　民初，梁士诒被称作"梁财神"，助袁氏称帝，这些史书多有记载，不再赘述。梁氏1932年去世，临终前正是日本大举侵略华北之际，目睹民族危机深重，他赋诗述怀："不炫文章惊海内，只余颅血洒江干；欢呼群季磨长剑，收泪新亭欲据鞍。"忧国忧民之心油然而见。去世之日，权贵名流争相送去挽联，褒贬不一。他的政敌颜惠庆在联对中写道："负重深沉，以国计民生为急务，历赞中枢，其功有足述者；处事刚果，于荣辱祸福不介怀，名满天下，而谤因亦随之。"

王伯恭

王伯恭，字仪郑，翁同龢门生，江苏同乡。在国子监南学读书，为翁所赏识。光绪十六年四月，南学结业大考前，王氏拜访翁氏："王生仪郑，号伯恭，名士也，来见。"在这次考试中，王的试卷亦取前列。王氏请求进江南制造局任事。同月，翁同龢"晚访刘康侯（麟祥）观察，荐王仪郑入机器局"。[1]此后两人一直保持交往。王伯恭在其《蜷庐随笔》中，对其与翁同龢的交往颇多记载。入民国后，王氏一度担任袁世凯大总统府顾问，可见也是一位对政治感兴趣的人。

郑孝胥像

郑孝胥

翁同龢日记中最早记载他与郑孝胥发生交往约在 1890 年（光绪十六年）。是年，张謇来京参加会试落第。翁同龢爱才，曾与郑孝胥商量为张氏谋一教习。他在给张的信中说："国博之试诚鸡肋，觊得少留可乎？拟与郑盦（指郑孝胥）为足下谋一都讲，不知成否？"张氏抱着不成进士即归的想法，没有接受挽留。

郑孝胥，字盦，号苏戡，福建侯官（今福州市）人。1882 年乡试解元，座师为晚清四大清流之一的宝廷（另三人分别为张之洞、陈宝琛、张佩纶）。次年，郑氏来京参加会试，翁同龢是这次考试的阅卷大臣，郑氏遂成为翁的门生。

1891 年 5 月（光绪十七年四月），李经方出任驻日公使。因郑孝胥岳丈吴赞诚（春帆）系安徽庐江人，与李是同乡。经协调，郑氏作为李氏随员，出使东瀛。由于他学问淹博，深得李氏赏识，不久，升任神户大阪总领事。1994 年笔者作为

---

〔1〕《翁同龢日记》，第 2407 页。

访问学者,做客神户学院大学期间,曾应邀参观神户中华会馆,亲见郑氏为该馆的题词题诗。

郑孝胥在日本任职三年,直到甲午中日战争爆发才回国。在日期间,他不仅阅读了大量日本维新的书报杂志,而且还与众多维新人士接触交往,亲眼目睹了明治维新给日本带来由弱变强的巨大变化,同时对日本侵华感到震惊,这两点对翁同龢在甲午战争中主战和战后主张维新变法均产生了一定的影响。

郑孝胥回国前,他的内弟吴博泉(吴赞诚之子)已在天津"托张鸿卿为其报捐同知,指分江苏"。1894 年 8 月 18 日(光绪二十年七月十八日),郑氏回国后,遂前往南京就职。两江总督原为刘坤一,自日军将战火延烧到中国东北后,刘氏奉旨被命为钦差大臣,督办山海关前敌军务。两江总督一职暂由湖广总督张之洞署理,由于这层关系,郑氏成了张之洞幕府的洋务文案。

郑孝胥入张幕后,竭力主战拒和,与翁同龢的主战立场基本一致。两江处于长江口,担心日本军舰南下,扼制长江,翁同龢接受主战官僚张謇等人意见,要求加强两江防务。郑氏建议张之洞注重崇明岛防御的同时,加强三江防营的部署,防止日军经苏北射阳河口从阜宁、盐城一带登陆,袭取清江,以断南北运道。

德璀琳和张荫桓、邵友濂使日议和遭拒后,形势更加严峻。在清政府改派李鸿章为全权使日前夕,郑孝胥建言拒和力战:

> 朝廷能坚持力战,不过数月,倭不自困。纵多所丧失,即至突犯陵阙,乘舆播迁,而中国人心尚不至失,创深痛巨,时事或有可为也。如屈意求和,苟求目前之安,仍括〈刮〉天下之膏血以偿邻敌,此为强彼而自弱。战事甫息,积习更长,所谓卧薪尝胆以求雪耻,固必无此事;而汉人愤怒,仇视满洲,叛者四起,一举而失中国,可立待也。

后来的历史应验了郑氏这一看法。当时丁立钧、沈瑜庆、沈曾植、沈曾桐、陈璧等一班官僚也坚持拒和主战。对于议和的严重后果,翁同龢当然预料得到。所以,他在军机会议时也主张拒和、迁都再战。这点在罢斥他的谕旨中也得到证实:"自甲午年中东一役,主战主和,甚至议及迁避,信口侈陈,任意怂恿;办理诸务,种种乖谬,以致不可收拾。"

甲午战后,维新变法成为朝野上下议论的话题。1895 年 11 月 20 日,郑孝胥到达北京,与丁立钧一起拜谒翁同龢。郑氏陈述了自己的变法思想。他说当今之世,有四大急务:"明赏罚、收利权、劝工商、务战守。"翁同龢表示赞同,并夸奖说:"能见其大,亦为透彻。"郑氏这次谒见,虽见到了座师,畅读了自己的变法思想,但也引起了张之洞的不快。有人写信给张之洞说郑氏在京"颇谤南皮"。而在张氏那里,"每道及常熟,南皮辄不快,既而曰:'常熟可谓有权,然其老谋深算,吾未能测也。'"

1898 年 6 月(光绪二十四年四月底),戊戌变法开始的第四天,翁同龢突然被旨宣布开缺回籍。郑氏在其日记中写道:"朝局大变,常熟被逐回籍,王夔石(指王文韶)内召入枢府,……度其情形,翁比力主上(指光绪帝)以变法自强,满洲人及守旧之党遂搆于太后而去之。翁去则上孤,而太后之焰复炽。满朝皆伧楚,亡在旦夕矣。"这一天,他写的词格调也特别低沉:"残宵我也成孤月,正要先生作启明。……孤光自照,肝胆皆冰雪。""我也成孤月",郑氏未免把自己看得太高了,但他认为翁同龢的去职给维新变法带来巨大损失也许是真的。

戊戌政变后,谭嗣同等"六君子"被杀,当时风声鹤唳,四处传闻要参劾黄绍箕(仲弢)、江建霞(江标)、张菊生(张元济),拿问张謇和郑孝胥。郑氏听到后笑曰:"今日人尚已被累为耻,将来恐将有以不被累为耻者,则士君子矣。"这句话当时没有错。此后,他还参加清末预备立宪,被选为江浙立宪公会会长。民国初年,郑氏在奉天省幕内,当时交涉使为韩国钧(紫石)。韩氏在《永忆录》中对其才干赞赏不已:"君偶一落笔,思想皆出人意表,书法亦独出冠时,惜晚节为人所议耳。"晚年的郑氏,因追随废帝溥仪,出任日本帝国主义炮制的伪满洲国总理,堕落为不齿的汉奸卖国贼。

中国历来有人贱言不足重的传统。几十年来学术界对郑氏少有研究,而对其在清末的重大活动表现亦因晚节不保而置之不用。本文只是就其在甲午、戊戌年间与翁同龢的短暂交往活动作一介绍而已。

汤寿潜

在翁同龢岳家浙江萧山汤氏家族中，还有一位受到翁氏肯定的人，那就是汤寿潜。

汤寿潜，原名汤震，字蛰仙，后改名寿潜，浙江绍兴人。早年投奔军营，在张曜幕中任事。汤氏关心时势，撰有《危言》，主张变法。1890 年 5 月（光绪十六年四月），会试考中进士。翁同龢为殿试读卷官，汤氏遂成其门生。1895 年（光绪二十一年二月），庶常馆散馆，汤氏授为安徽青阳知县。同月，翁

汤寿潜像

同龢阅读并向光绪帝推荐了汤氏《危言》一书。"汤生寿潜所著《危言》二卷，论时事极有识，今日招之来长谈，明日行矣，此人为官好，新选青阳知县。"[1]

1900 年（光绪二十六年）6 月后，义和团运动发生，汤氏劝张之洞和刘坤一同英美驻沪领事签订《东南互保章程》。同年 12 月（十一月）汤氏从山阴来常，看望翁同龢，翁氏"未见"。次年 4 月，张謇自常州来常熟，专程看望翁同龢，在交谈中，谈到汤寿潜"集赀"将汤修（翁同龢岳丈）、汤伯述（翁同龢妻弟）等五人灵柩从上海运回萧山安葬，对汤伯述之子汤美士邦彦"仅接至西兴，未过钱塘江，颇诋之"。[2] 而同龢也对汤美士"因其不过钱塘江迎其父柩，甚恶之"。[3]

1903 年，汤寿潜升授两淮盐运使，但他对此职不感兴趣，不久即辞职。1905年以四品京堂，任沪杭甬铁路经理。清末预备立宪运动开始后，汤氏与张謇一起发起组织预备立宪公会，任干事。而翁同龢已于 1904 年去世。对于汤氏立宪，翁同龢与张謇在 1903 年虞山夜话时曾讨论过，老人亦言，非立宪无以救国。"十七、十八与松祥老人读两次，颇及宪法，老人极赞成，亦以非此不可救亡也。"[4] 翁氏生前赞同汤氏《危言》中变法主张，所以对其立宪主张是认同的。

〔1〕《翁同龢日记》，第 2829 页。
〔2〕《翁同龢日记》，第 3374 页。
〔3〕《翁同龢日记》，第 3422 页。
〔4〕杨立强等编：《张謇存稿》，上海人民出版社 1987 年版，第 8 页。

（十五）亲朋、家人

　　提到翁同龢人际关系与晚清政局，还不能不说说他的有关亲属。他的不少亲属为中下级官吏，或与官场有往来，对翁同龢的政事多多少少产生影响。这里就他岳家汤金钊、汤修、汤伯述及儿女亲家恽杏耘、国子达，二姐丈钱振伦及亲戚季士周、俞钟颖等略作简述。

汤金钊　汤修

　　汤金钊，字敦甫，号勖滋，浙江萧山（今杭州市萧山区）人。嘉庆进士。官至工部尚书协办大学士，卒谥"文端"。汤修为汤金钊次子，字敏斋，道光进士，官至太常寺卿。

　　汤氏是翁同龢的岳家，汤金钊孙女、汤修之女汤松（字孟淑）是翁同龢的妻子。汤金钊是翁心存的乡试、会试时考官，因此之故，师生感情特别深厚。这门亲事是汤金钊首先提出来的，正如后来的李端棻在主持广东乡试看中梁启超，主动提出将自己堂妹李蕙仙许配给梁氏一样，这种借试择婿之举包含惜才、重才、爱才之意在内。1837 年 8 月 19 日（道光三十七年七月十九日）汤金钊正式向翁心存提出结亲的事。"早间在内晤（蔡）云士，又来拜，以汤师书留交，允于十月换帖矣。"二十四日，"暮，汤师之仆带来蔡云士同年书，为六儿姻事，汤师欲于八日换帖也"。[1]

────────────

〔1〕《翁心存日记》，中华书局 2011 年版，第 268—369 页。

同年十二月，双方正式结亲。"是日为余幼子同龢
与敦甫师之长孙女，敏斋二师兄修之长女联姻，择
于未刻过帖。男媒李滋园赞善，女媒周筱山阁读，
于辰都来。……胡扶山、黄子春代余陪燕。"[1]
1859年5月19日（道光二十九年四月二十七日）翁
同龢与汤松正式成婚。"相礼者蔡劬安太史，举花
烛者孙蕙田（即孙锵鸣，翁心存门生，李鸿章会试考
官）、庞宝生（庞钟璐）两编修，赞交拜合卺者杨茹初
詹簿夫妇也。"[2]翁汤结亲进一步密切了江浙京官
之间的联系，由于翁心存后来主持过浙江乡试、多
次担任京中的会试考官，故浙江的门生众多。而翁
同龢后来也多次主持会试和其他各类考试，其中不

汤金钊手迹

乏浙江籍人士。浙江京官众多，著名的有沈兆霖、朱凤标、夏同善、孙诒经、童华、
许乃普、许庚身、朱智（朱学勤）等等，翁同龢与他们平日往来密切，在一些重大问
题上互通消息，相互支持，保持一致，是与此分不开的。浙江余杭杨乃武一案最
终能查实、得以平反即是一例。

　　道光二十一年初，汤金钊因吏部员外郎陈起诗讦告，降四级调用。次年六
月，授光禄寺卿，同日谢恩告老，得旨谕允，"以二品顶戴休致"。咸丰改元，赏给
头品顶戴。咸丰六年四月，终因久病不愈在京去世。"敦甫师已于十九日仙逝，
小别竟成永诀，不知涕之何从也。""敦甫师遗折上，有'立品端方，学问醇正'之
褒，照尚书例赐恤。予谥'文端'。"[3]

　　汤金钊去世时，正值会试期间，翁同龢殿试一甲第一名，状元及第。对翁家
来说是天大的喜事。这是翁家有史以来获取的最高科名。"未初一刻，宅中厮养
之崔四持五儿（翁同爵）昨日巳刻喜报来，云六儿（翁同龢）以前十本引见，蒙钦点
一甲第一名及第。……感念天恩祖德，惭悚交并，喜极出涕。"[4]但汤金钊的去

〔1〕《翁心存日记》，第297页。
〔2〕《翁心存日记》，第715页。
〔3〕《翁心存日记》，第1118、1120页。
〔4〕《翁心存日记》，第1118页。

世,对翁同龢的妻子汤松打击太大了。汤松出生时,母亲就不幸去世,此后全靠祖父母一手抚养长大,因此祖孙感情特别深。"六儿妇自上月汤师殁后,哀痛过甚,遂患气逆,月初而病,调理未痊,前日又吐红气愈弱,服药未效……"。[1]竟于咸丰八年三月去世,年仅三十岁。"辰刻城外宅内来报,六儿妇已于卯刻去世矣。伤哉!病已两年,百药不效,究不识为何病也。生而母殁,祖文端公卒而病作,今其殁也,乃翁敏斋亲家又于前二十日回南,岂非福薄耶。""文端公尝谓此孙女颇有福相,惜不得过三十,抑何神哉!"[2]翁心存这里讲的汤松所生"究不识为何病"其实翁同龢后来专门作了解释,汤松是死于慢性自杀。翁同龢说,汤松对于祖父的去世,非常伤心,因"归哭过哀",忧伤成疾,患了"咯血症",自此缠绵不已,虽经诊治,但时好时坏,又因居室多年,以"无子女常悒悒",遂"循流俗妇女之见",不到两年就去世了。汤松去世前,曾托翁曾荣在江南替她代觅一小女作为同龢小妾,直到汤松去世后,这个小女子才到京。姓陆,太仓人,久居常熟。翁同龢说:陆氏"容貌殊陋,而操作尚勤",只是出于妻子生前的安排,他才接受,但终生以妾待之,然而陆氏也未生育子女。

汤金钊去世后的第四年,同治二年翁心存也去世了,其后是翁同龢与岳丈汤修保持联系。咸丰十年,英法联军进攻北京,咸丰帝决定逃往热河,并决定迁都。汤修时任太常寺卿,以草折上疏谏阻。折中"力言古来迁都之祸",结果奏折留中未发。次月,"自请开缺回籍",获旨允准。[3]汤修开缺后先移住湖南长沙,后再移居苏州。同治十年五月因病去世。"忽闻汤敏斋外舅于四月二十二日逝世,外感起,正月十八日伤寒。本体太虚,缠绵数月,竟至于此,呜呼,平生知己尽矣,摧痛不能自已。"[4]

汤伯述

讲到汤修,不能不提到汤伯述,他是翁同龢的妻子汤松的弟弟,因此与翁的

---

〔1〕《翁心存日记》,第1127页。
〔2〕《翁心存日记》,第1310、1331页。
〔3〕《翁同龢日记》,第93、95、103页。
〔4〕《翁同龢日记》,第888页。

关系非同一般。汤氏，字纪尚，小名文昌保。自幼聪明，读书很勤，文采斐然，且自命不凡。同治七年，翁同龢回籍安葬父兄及妻子灵柩，在苏州岳父家第一次见到汤伯述，"伯述弟读书甚多，插架皆训诂小学书，叹服之"。同治十年，汤修去世。同龢寄去慰信。对汤伯述的回信大为赞赏："书札极佳，此非常才矣。""得汤伯述函，此人天才卓越，虽尺牍亦流露，不可以寻常目之矣。"[1]当时汤伯述还是一位秀才，其才华连翁同龢也不得不刮目相看。光绪二年，汤伯述来京应顺天乡试，到京后向翁同龢赠其著作："看伯述时文一篇，伯述著《意林》一书，自理学及训诂凡十馀卷，博而能精，后生可畏。"[2]然而就是这位才华横溢的秀才在科场上却连遭败北，头一次应试就未考中。其后又应浙江乡试，仍未考中。汤家自汤金钊、汤修两世为官，在家庭影响下，汤伯述做官的欲望特别强烈。加上官宦人家，讲究排场，日用开销很大。既然试途受阻，汤伯述只好求助于姐丈，一次次地写信，要翁同龢托人帮他安排，还一次次要钱。翁同龢无法，看在死去的岳丈和妻子的面上，只好四处央人帮忙，数年来，先后向左宗棠、李鸿章、李瀚章、勒方锜（江苏巡抚）、吴大澂、刘瑞芬、张荫桓、英茂文、冯焌光（竹如，上海道）、赵伯远、吴桐云等十多人写信，为之吹嘘，请于厘金局、海运局等给谋一差事。左宗棠举荐了，但被曾国荃撤掉了。"左相来长谈，……念汤伯述不置，云已补上海，为沅（指曾国荃）所撤。"[3]最后总算李鸿章给面子，安排在直隶总督幕内，作一位幕僚。李氏接纳汤伯述当然还有其他深意，翁同龢是天子近臣，对朝廷决策具有重要影响，通过他既可联络彼此感情，又可以获得京中高层的信息，遇事还可以通过他从中疏通帮忙。期间，汤伯述多次从天津、保定来京，下榻翁宅，与翁同龢"晤谈"、"长谈"、"深谈"。光绪十四年围绕津通铁路修建与否，朝野爆发争论，翁同龢与孙家鼐主张缓修，缓修就是不修，引起李鸿章的不满。汤伯述将此透露给翁同龢："得伯述函，合肥以铁路事颇讪诮，余置之不足道矣。"[4]一次，汤伯述心血来潮，想通过预支李鸿章给他的薪金捐免保举，请翁同龢帮忙，被断然否决。"早间复汤伯述

〔1〕《翁同龢日记》，第 907、902 页。
〔2〕《翁同龢日记》，第 1247 页。
〔3〕《翁同龢日记》，第 1886 页。
〔4〕《翁同龢日记》，第 2293 页。

函,伊欲借李相处修金办验看,此何等事而以污我耶!"[1]对翁同龢来说,托李鸿章安排汤伯述做事已是万不得已之举,他从内心深处就不想同李鸿章这样的地方大员打交道,当然不愿因汤伯述求职一事而玷污自己的声名。汤伯述决定背靠翁同龢,改籍直隶,改籍需银千五百两。在翁同龢的帮助下,将汤修在兴安街头条胡同屋以银八百两售与孙诒经,但改籍需要的钱不够,最后还是翁同龢出钱才帮他办好(浙江籍改为直隶籍)。汤伯述一度以府同知署理大名府,"自诩政绩之多",最终为人所参劾,"得伯述书,被迫求援也,答以不能"。[2]后在各方周旋下,才得以交代重回天津北洋幕。

光绪二十四年四月,翁同龢开缺回籍,途经天津坐海轮回南。汤伯述夜宿塘沽为之送行。翁的开缺,尤其是革职编管,使汤伯述不仅在政治上失去靠山,在经济上也失去了援助。加上萧山旧居被焚,京寓出售,生活日益艰难,深感前途无望,从此精神崩溃,意志消沉。光绪二十六年四月,翁奎孙自天津归,"述近事,云汤伯述于十一日中风暴卒,为之惊诧累欷"。[3]一代才子除了留下五卷《檠薖文甲乙集》外,就此了结了自己的一生。他的灵柩连同汤金钊、汤修、汤学江等人灵柩于光绪二十七年由汤寿潜(蛰仙)出面雇舟运回萧山,安葬于湘湖狮子山麓。笔者曾一度到过湘湖狮子山,但是经一个世纪的岁月播迁,这些坟墓早已湮毁,留给人们的只是有关文字的记录回忆。

国裕

国裕,字子余,蒙古京口驻防。蒙古族人。进士。翁同龢侄孙婿,翁斌孙女婿。这是由翁同龢一手主持的一桩婚事,也是他非常懊恼、后悔不已的事。汉人与蒙古人通婚的事并不多见,也许是因为朝臣有许多蒙古族,与翁同龢关系也不错,如伯王等,可能是出于加强与蒙古族王公贵族的关系,翁同龢遂决定将斌孙

---

[1]《翁同龢日记》,第2445页。
[2]《翁同龢日记》,第2744、2745页。
[3]《翁同龢日记》,第3319页。

女儿嫁给蒙古族进士国裕。从翁同龢日记记载来看,这桩亲事并非某个蒙古族官员提出,纯系翁同龢一人自作主张。1883年12月4日(光绪九年十一月十五日)日记写道:"是日侄孙女与驻防京口蒙古国氏联姻,请殷太史李垚、延之政清为大媒。余归已散席,送酒款留同乡亲戚来者两桌。"[1]殷氏、延氏是何许人,不清楚。次年四月,去国宅会亲,翁斌孙、翁咏春、叶茂如、季子固四人亦前去参加。据翁咏春回来说新婚人还不错,"与咏春谈,尚是修谨之士,可喜也。会亲归云婿尚佳,闻之极慰"。[2]可见事前翁同龢对国宅情形并不太了解,尤其对国裕此人见都未见过,就这样草率地定了这门亲事了。同月初十日,国氏成婚。翁同龢日记又写道:"是日迎新郎新妇回门……,新郎国裕,字子馀,行七,京口驻防蒙古,年廿五,癸未进士,尚未殿试。……新郎气定语和,有才者也。"[3]三天后,翁同龢礼节性作了一次拜访,也是唯一的一次。国氏久患肾病,两年后就不治去世了。光绪十二年四月十六日,"知子馀危矣,汗出矣。与斌孙同乘往视,则门已焚车矣。……归后,愤懑不自持,薄暮再往,入而抚之,恸甚。归,噫,惨哉!"[4]国氏死后,翁氏一无子嗣,二又不惯于蒙古人的生活,自感人生无望,遂绝食而亡。其母闻悉,"仆地,噤不语,气厥",多次昏厥过去。翁同龢也深咎自责。四月二十四日记写道:"抵家始悉适国姓侄孙女已于廿八日□正长逝矣,余老岂堪睹此惨酷,况主婚者余也。自去年国郎病后,余每过其门辄心动,盖久有征矣。呜呼,天也!"数天之后,御史良弼上奏,谕旨明发"国裕之妻翁氏准其旌表",同龢说:"呜呼,何必求此名哉!"[5]这场以牺牲侄孙女生命为代价的婚姻惨剧就这样结束了。

钱振伦

钱振伦,字楞仙,号成之,浙江湖州归安人。道光十八年进士,与桐城吴汝

---

〔1〕《翁同龢日记》,第1829页。

〔2〕〔3〕《翁同龢日记》,第1867页。

〔4〕《翁同龢日记》,第2057页。

〔5〕《翁同龢日记》,第2060页。

纶、湘乡曾国藩为同年。进士及第后，历任翰林院编修、国子监司业。曾任四川乡试正考官（副考官为曾国藩），他治学严谨，被京中士大夫"仰为宗匠"。

道光二十九年，钱振伦原配夫人因病去世，遗下一子一女，无人照料，而钱氏母亲又患有血崩、乳核两症。钱氏急需续娶，料持家务，遂经好友白松泉的介绍，翁家同意，将翁心存次女、翁同龢二姐璇华许配给钱氏。

璇华，又名端恩，字纫卿，与钱氏成婚时，已经二十五岁。自幼在父兄的指导下，写得一手好诗。她的诗后来汇印成《簪花阁集》。近人叶恭绰编纂的《全清诗钞》中就选录有璇华的诗三首。璇华与钱氏结婚后，种种迹象表明，夫妻关系并不融洽，这也许与钱氏性格、为人、对女子存在的某些偏见有关。这在翁心存日记、翁同书的函札和翁同龢日记中均有所反映。道光二十九年，翁心存"告养"结束，奉旨回京。三月，携带妻子儿女途经河北献县，收到钱氏催婚信函，"云钱宅已定于二十九日迎娶，不能再缓，促我兼程而行，语多侮慢，阅之令人愤悒。至二十里铺，须作书以答，气塞不能执笔，六儿侍侧，再三解劝，乃婉辞复之，为咄咄不怡者累日。"[1]尚未结婚，已令岳父大人不快。结果，回京后第八天，匆匆将璇华嫁过去。四月三日，"送嫁妆往钱宅，竹笥荆筐，草略殊甚"。次日，"辰刻钱婿来亲迎，巳刻遣嫁次女璇华，甫拂征尘，遽离妆阁，为父母者倍难为怀矣。"[2]一次，翁同书给父母的信中写道："楞仙之谬甚矣，不特谬，且狂悖矣。男与伊并非深交，且亦素嫌其小脾气，第或与之直言，往往一笑而罢，不意遂至于此。二妹小产无聊，慰男之远念，余无可言者。却炭金系小事，自可度外置之。楞仙之为人，唯有骂之一法，否则只有淡之之法。渠性多疑，又有偏见，每谓闺人多妒。"[3]同治七年九月，翁同龢扶护翁心存、翁同书和妻子汤松灵柩回常安葬，载棺之舟停靠清江，钱氏当时主讲淮安崇实书院，亦在清江，竟未前往致祭。翁同龢日记写道："将至清江，二姊候于道旁，相见一哭，入舟长衂，与语十年事，彻夜未睡。"[4]钱氏此举，有违伦理，可见他同翁家父子关系极劣。十一月返京，再经清江，"钱甥登，号子阶，来，眉宇秀发，可喜。

---

[1]《翁心存日记》，第 709 页。
[2]《翁心存日记》，第 711 页。
[3]《翁心存、翁同书、翁同龢等家书》，未刊，国家图书馆善本部藏。
[4]《翁同龢日记》，第 672—673 页。

遣人送二姊信，以四十金赠。""索得仑仙四六文刻本，一笑读之。"[1]同治十一年，翁同龢奉母亲灵柩回南，途经扬州，载柩之舟，停靠东关，钱氏其时主讲扬州安定书院，也未到场致祭。"二姊来哭于舟次，即留宿，钱甥观龄号颐圃来上祭。""夜与二姊谈，泣下沾襟。"[2]由此也可见璇华同钱氏的婚姻非常糟糕，她的日子过得非常艰难。同治十三年四月，翁同龢服阙回京，再次途经扬州。"泊厥里南门码头，登岸，便衣见二姐，晤姐夫楞仙，欢笑一洗瑕衅。"次日，"独行诣安定书院与楞仙谈"。第三日，仍不能忘情于二姐，"晨便衣访二姊，……归饭于楞仙处。"[3]"瑕衅"是什么？谈什么？日记里均没有记载。据有关资料记载，钱氏自母亲去世，回籍丁忧，从此绝意仕途。因与翁氏联姻，为免"裙带"之嫌，此后足迹不至京师，与翁氏父子绝少往来，因此翁婿之间关系日渐疏远，猜疑迭生，渐成积隙。曾国藩参劾翁同书折中，对翁家的讥评是否受钱氏的影响我们不得而知，但在道咸之交，曾国藩、钱振伦与翁氏父子曾共过事，曾国藩一度还是翁心存任国子监祭酒时的僚属，对于翁氏父子的人品道德当然有所了解。他那样写，只能说明一件事，他对翁氏父子并无好感。对翁同龢来说，如今父母兄长均已长辞，与钱氏的恩恩怨怨早成为历史。为了二姐，为着将来，他大概也只能"一笑泯恩仇"了。

1879 年 3 月（光绪五年二月），钱振伦病死扬州。1887 年（光绪十三年），他与璇华所生子也一病去世。璇华本患过中风，经此打击，从此变得忧郁消沉。光绪十八年六月也去世了。

钱振伦之弟钱振常，字籫仙，有子钱恂，平时与翁同龢往来密切，倍受关爱，后经翁氏推介，进入外交界，先后任驻英法意比公使随员，在总理衙门、海关税务司任职，编有《中外通商表》《中外交涉表》《关税出入表》。清末出任驻英、法、意公使，最终成为近代著名外交家。钱恂弟弟钱玄同则是近代著名学者。钱玄同之子钱三强及夫人何泽慧则是当代中国著名物理学家。

---

〔1〕《翁同龢日记》，第 686、687 页。
〔2〕《翁同龢日记》，第 959 页。
〔3〕《翁同龢日记》，第 1077 页。

季邦桢

季邦桢,字士周,江苏江阴人,季芝昌之孙。同治进士。与钱振常(钱恂父亲)、恽彦彬、廖寿恒为会试同年。同治十年散馆,以部属用。分发工部,曾任同治帝惠陵工程监修。历官天津道、长芦盐运使、福建布政使等。

翁同龢与季氏是姻亲。侄孙女祝官嫁给季氏之子季之固。光绪九年十一月,翁同龢授为军机大臣,其时季氏为军机章京。同龢上折,"季邦桢现充章京,与臣姻亲,应否回避?"命"毋庸回避"。[1]翁季因系姻亲,所以平时往来不断,不过季氏因系大臣之后,深知官场权力斗争厉害,所以遇事谨慎,平时与翁同龢少有"长谈"、"深谈"。光绪二年,季氏求翁同龢致书丁日昌,"为仙九师(即季芝昌)请谥"。先是福建驻京官员曾联名上奏,要求为已故嘉庆福建巡抚李殿阁(李鸿藻祖父)和已故闽浙总督、季士周的祖父季芝昌赐谥。但因李殿阁为降调人员,与例不合,故而中止。季芝昌死于咸丰年间,按说应在咸丰时赐谥,但咸丰帝没有给季芝昌赐谥。原因据说是在继位问题上,季芝昌主张奕䜣继位,不赞同奕詝。季芝昌是三朝元老,做过军机大臣,后在翁同龢等众多大臣的帮助下,最终被两宫皇太后追谥"文敏"。

光绪十年,季芝昌外放天津道,长芦盐运使。光绪二十年七月甲午战争爆发,季氏配合翁同龢,及时电报前敌军情。九月,平壤清军溃败和黄海海战后,战场形势对中国十分不利,这时距慈禧万寿庆典只有一月,慈禧又一次想请俄国出面调停,于是找到翁同龢,要他秘密前往天津,向李鸿章转告这一意见。"俄人喀希尼前有三条同保朝鲜语,今喀使将回津,李某能设法否?"[2]翁同龢要求另外遣人,慈禧没有同意,只得遵命而行。翁同龢坐小舟秘密前往,到津前先致函季氏,请先与李鸿章联系。"是日申刻慈圣召见,命弟即日赴津与傅相(指李鸿章)商量饷事,而不令外人知。(谕辞严切,万不可传播)乃于二十九早出京,值过兵觅一小舟,两日而达,今泊岸下矣。既未便修谒,又未可以幅巾叩铃阁下,乞示其宜,为感。(只可通信,切不可过访,或令子固来则可,至多不过留一日,归时必须

---

〔1〕《翁同龢日记》,第 1740 页。
〔2〕《翁同龢日记》,第 2778 页。

借小轮拖带,并乞先办妥尤感。)……弟名另具。致傅相函或请转呈,走与阁下非他客可比,此外则遵旨不见一客也。弟又启。"〔1〕翁同龢回京复命后,又给季氏一函:"别后甚相忆,客座未得竟谈。将士之贤否,军报之虚实,器械之良窳,中枢所凭者一纸官书耳! 虽百喙不能与争,前事已如覆水,设后仍蹈此奈何? 阁下寓侃直于蕴藉,持论最平,乞不吝寄语,愿得其详。走与魏绛断不阿附,然亦欲略知情状,否则皆隔墙歌呼,十揣九谬也。"隔日又致一函,要求季氏"此后要语乞速示"。〔2〕表示自己决不与李鸿章等误国者同流合污,并恳求季氏有重要意见随时转告他。

同年十月,日军进攻辽东半岛。季士周急电翁同龢:"旅大万紧,乞(山)东军东渡,并汉纳根带兵轮往援。"翁同龢根据电报遂请恭亲王奕䜣"发电催东兵,并给汉札,带六舰。又札汉纳根赴津练兵,伊请十万,札内未定数。此大举也,月需饷一百七十余万。又札胡燏棻与汉妥商"。〔3〕

光绪二十三年七月,季邦桢授福建布政使,同他祖父季芝昌一样,次年也因病在任去世。

恽杏云　恽心耘

恽氏三兄弟,江苏毗陵(今常州)人。恽家是当地世族,明清之际科甲鼎盛,人才辈出,出了不少书画家,著名的如恽寿平等。恽氏三兄弟的父亲恽畹香,进士,官至兵备道。三兄弟皆举人出身,分别官至内阁侍读、道员和浙江巡抚。

恽杏云又写恽杏耘,原为翁曾翰在内阁的同事。两人相处不错,遂结为儿女亲家。同治八年八月的一天的翁同龢日记写道:"是日为安孙定姻恽氏,杏芸之长女也。恽乃毗陵世族,杏芸亦英发之士,与筹儿同官至契。"〔4〕

光绪三年八月,翁曾翰之父翁同爵病逝武昌湖北巡抚任上,后由翁同龢将其

---

〔1〕《翁同龢集》,第461页。
〔2〕《翁同龢集》,第461—462页。
〔3〕《翁同龢日记》,第3771页。
〔4〕《翁同龢日记》,第743页。

灵柩运回常熟。十一月,翁曾翰回籍奔丧,十二月,在回京途经天津时不幸染上伤寒,到京五天后就去世了,翁曾翰的去世对翁同龢是一个巨大的打击,曾翰生前留下两个儿子:安孙和德孙。安孙,字寿臣,号定夫,小名寿官;德孙原名椿孙,后改名德孙。曾翰死后,两个孙子的教育就落到翁同龢肩上,种种迹象表明,这两个孙子并不好好读书,加上同龢公务繁忙,也无太多精力照管,遂将他们遣回老家。由于没有父爱和专人管教,这两个孙子学既未成,又染上一副纨绔子弟的恶习,形同"匪类",翁同龢深感头疼而又无可奈何。

光绪六年九月,翁安孙由家到杭州,在恽杏云的官邸成婚,此举实际上是翁同龢将其托付给恽杏云。"是日安孙行吉礼,由家到杭州,入赘于恽杏耘观察署中,六媳、德孙及张子和偕往。……举家亦未敢称贺,况余意恺恺。"[1]恽杏云看在死去的朋友和翁家无人照料的面上,对翁安孙悉心照顾,但安孙劣性不改,有一次与德孙坐轿,自称员外,进浙江抚辕,声言要见巡抚大人。同年十二月,恽杏云只得写信告知翁同龢。"恽杏云信来,安孙留不住,只得令其回常,并言德孙之比匪桀骜,以为安孙必从之,将来声名扫地。夜作函谕鹿卿(翁曾荣)令其照管,无忘死弟也。惨戚惨戚。"[2]安孙患有严重的咯血症,仅有恽杏云女儿无法服侍料理,最后由恽杏云出面,将其送到常州老家,请恽母为之照料。安孙病重期间,恽心耘也给予很大的照顾,同龢说,"安孙病中深得其力"。光绪七年六月,安孙最终病死在常州恽家。翁同龢闻讯,"老泪不甚挥矣"。同年十月,恽杏云也因病去世了。同龢说:"得荣侄初八日信,知恽杏耘以外症物故,可伤可伤!吾孙妇方归省,看来无路可活。"[3]

至于德孙,光绪八年四月在常熟成婚。自安孙去世后,行为有所收敛。"德孙近年颇收敛,方冀洗涤为人而遭此变",竟也于光绪十六年十月因病去了,"天乎人乎,于我为不才之子,于本房为不可少之人"。[4]两孙的去世,无疑宣布翁同龢绝后,对他来说是空前的打击。"德孙于十八日病故矣,伤哉,筹儿无后也。生平不为儿女挥泪,哽塞而已。"为了接续香火,经翁同书夫人钱氏同意,以翁斌孙次子景

〔1〕《翁同龢日记》,第1548页。
〔2〕《翁同龢日记》,第1567页。
〔3〕《翁同龢日记》,第1665页。
〔4〕《翁同龢日记》,第2449页。

官为安孙后,虎官次子(即翁之循,长子为翁之瑜)为德孙后。景官即翁之廉,翁斌孙之子。翁之廉亦无后。但虎官次子之循育有赓庆、延庆二子。后由翁斌孙决定,将翁之廉之弟翁之熹之子翁兴庆(即翁万戈)作为之廉之后,这样翁万戈就成了翁同龢的五世孙。

恽祖翼

恽祖翼,字叔谋,号松云,同治三年举人。光绪元年以候补道分发湖北,当时翁同爵正任湖北巡抚,他实际上在巡抚署中任事,协助办理钱粮、税务等事项,为翁同爵的得力之员。光绪九年,涂宗瀛、彭祖贤,何璟等人举荐人才,均提到他。光绪十三年,雍和宫大修,他是负责承修的官员之一。光绪二十二年,授为浙江布政使。光绪二十四年八月,戊戌政变发生。翁同龢匆匆从江西南昌返回常熟,途经上海。其时恽氏正缘事准备前往湖北,因了解新近京师政坛情况,特为"余(同龢自谓)留一日,因晤谈,得近日京师情形甚详。鼠辈谋逆,陷我神明,并遗无穷之祸,真堪痛哭,心悸头眩,几至投地"。这里说的"鼠辈谋逆"是讲康有为、谭嗣同等策划兵围颐和园,诛杀慈禧太后一事。此事实为翁同龢所逆料。而说将"遗无穷之祸",既是对朝局的担忧,也是对光绪帝安危和个人未来祸福不测的恐惧的心理反映。

翁同龢革职编管后,失去了经济来源,生活极为贫困。恽松云深知这些,经常给他寄些生活必需品。光绪二十五年正月,派专人送去"酒四、腿十、茶叶四、糟蛋四,有书。"同年九月,又派专人赴常,"又得恽方伯函,并羊毫四匣、铜炉二、新茶四瓶、金蹄十肘"。次年九月,再得"恽信并绸料、羊毫、火腿、茶叶"。此后几乎每年两次,予以关心和照顾。

光绪二十六年十月,恽松云擢为浙江巡抚,翁同龢特致函祝贺。光绪二十八年六月因过度劳累生病,自请开缺,不久就去世了。翁同龢闻讯,"为之哽塞不已"。

说到翁同龢人际交往与晚清政局的关系,翁氏家族成员中的有关成员不能不提。翁同龢的父亲翁心存除外,翁同爵、翁曾桂、翁斌孙、翁同书是几个重要的人,这里略作论述。

翁同爵

翁同爵,字侠君,号玉甫,在翁氏家族"同"字辈中排行第五,所以翁同龢称其为"五兄",十岁那年出嗣曾叔祖翁泰封(耕梅公)。他曾参加过一次府试。1851年(咸丰元年)以荫生分发兵部,以主事用。在职期间,根据所掌握的资料,曾编撰一部《皇朝兵志考》,没有出版,手稿至今还保存在常熟市图书馆内。

1860年(咸丰十年),英法联军进攻北京,翁同爵参加京师巡防,随周祖培、文祥等办事。因办事稳慎,积功以道员用。1864年(同治三年)授湖南盐法常宝道。在任"为政廉静,士民交感,属吏翕然"。盐法道有盐厘可收,俸入不薄。翁同龢其时虽接替父任,入值弘德殿,授读同治帝,但收入微薄。翁同爵深知家中经济状况,省吃俭用,时时贴补家用。同治七年,翁同龢护扶父亲及三兄翁同书灵柩回籍安葬,前后船、杠和开发费用约在一千八百两,这笔费用大多是翁同爵提供的。

父亲翁心存去世后,遗集未刊,并祖父潜虚公集,"亦拟翻刻",成为翁同龢的一大心事。翁同书"筹有刻资",但随着他的去世,"今亦付之东流"。翁心存所住京师南横街屋系其同事、广东人龙元僖的住房,龙氏辞官归里后,此屋一直由翁母居住。同治七年,龙氏之子龙赞新、龙赞陕来京应试,带来龙元僖亲笔信,名为赠屋,实际是索历年租金,翁同龢说:"南横街屋,龙兰

翁同爵像

篴元僖旧居也，兰丈出京，让先公居之，曾交过户部官房价，而起造之费未酬，至是兰丈手书谓'此屋归翁氏，三十年以后作为翁氏世业'云云。"〔1〕翁同龢仓促之下，向亲友商借凑足银二千两，才算了结这件事。这些费用，也是多亏翁同爵用官俸所得解决的。

翁同爵作为兄长，对翁同龢极尽手足之情。不仅在经济上大力贴补家用，而且对翁同龢为师为官颇多关爱提醒。翁同龢入值弘德殿，并不顺心，一度萌发辞差的念头。翁同爵知道后，立即写信劝止，他在信中说："吾弟蒙恩在弘德殿行走，此固儒生非分之荣，且日侍圣学可成先人未竟之志，弟宜尽心竭力，以图报称。待人须谦恭，处世须平和，礼节须谨慎，言语须缄默。盖其地贵近，日与枢廷及御前诸贵人相周旋，凡一举一动不可忽略，侍从宦官，亦宜待以礼貌，至年节所费，更不可少。吾弟素性近于允厉，须时时自持之，切勿太过为嘱。"

弟弟贵为帝师，衣着不能过于简朴，翁同爵在信中一再表示对于京寓家中日用开支一定尽力筹措接济：

> 京寓用度，兄前信亦曾提及，今年当极力筹寄。况现在吾弟入值内廷，吾弟勿以此为念。……弟平素衣服本不讲究，虽是俭德，然既当此差，则不能不添置数件，凡棉夹单纱袍褂皆须齐全，单纱者必须要新旧两副，旧者阴雨天穿。蟒袍青褂等单纱者亦不可无，袍子大小长短要称身，在御前讲书，袍须略短，起跪方便。一切应添应改者，切勿惜费将就。家人倘不敷用，必须再添，万不宜过于省俭也。至嘱至嘱。〔2〕

翁氏兄弟一个在朝为官，一个在地方为官。函札中免不了要议论朝政和地方吏治民生，并涉及对一些官员的看法。如同治四年，翁同爵在致翁同龢的信中谈到湘中人物时，曾说到湖南地方官不少是军功出身，染有"凌蔑之气"，表示了他的担忧。同治七年十二月，翁同爵授为陕西布政使。翁同龢一次在给翁同爵的信中谈到刘蓉和左宗棠的关系及他对左宗棠的评价："刘公退志不特此间知

---

〔1〕《翁同龢日记》，第3838页。
〔2〕国家图书馆善本部藏：《翁氏家书》第十册。

之,即枢廷亦有所闻,总以为不合于左帅致然。……左气太盈,京朝官无一称之者。然窃观其动静较穆帅(穆图善)远胜,时论右穆而左左,何也?除规礼,杜钻营,和平中正,示以呈公,何事不举,深服其识见之远。"同治十三年九月,翁同爵授为湖北巡抚。两湖是湘军的大本营,人物众多。1874年11月5日(同治十三年九月二十七日),在给翁同龢的一封信中品评两湖官员时写道:"湘省人物,所见者以刘岘庄坤一第一,岘庄议论通达,识见远大,虽由军功出身,然有静默之致,绝无矜才使气恶习。曾沅圃(曾国荃)中丞次之,沅圃虽谦和为抑,然气质稍浮,作事近于偏霸,且略有所好,似不如岘翁之恬静矣。杨厚庵(杨岳斌杨载福)又次之,厚庵究系武夫出身,中无谋略,……陈舫仙(陈湜)廉访勇于任事,人亦结实,且真能打仗,亦为不易得之才。"这些品评直接影响了翁同龢对上述人物的看法。

京师是信息中心,较多情况下,往往是翁同龢向翁同爵透露京中消息和人际交往。光绪元年,翁同龢奉旨,与奕谟、荣禄、魁麟等一起勘查同治帝陵陵址。在六月的一次给翁同爵函中谈了他对荣禄的看法,"金吾翩翩,多所称荐,谨谢之,虚与委蛇而已"。函中还谈到他对李瀚章办理马嘉理事件的看法,"滇事恐非大李所了,若准通商,万事皆了,后患不可问;若议抵则彼中更非析津可比,楼使君亦再造洱苍者,未可以一言弃之"。[1]

翁同爵任湖北巡抚、兼署湖广总督期间,翁同龢任户部右侍郎,因此兄弟俩往来函中讨论较多的一件事是淮盐在两湖引地规复之争。自秦汉以来,盐为国家专利,国家财政收入的重要来源之一,私人不得开采或随便买卖。清代,清政府将全国划定若干个食盐区,每区只能食用政府指定的盐场所生产的盐,交商承运,以引(一般百斤为一引,情况不一)为单位。当时的两湖、江西、江南以及皖北淮河以南地区规定只能食淮盐。1851年(咸丰元年)太平天国起义,进军两湖、江西、江苏和安徽等大江南北大片地区,并于1853年(咸丰三年)定都南京。太平军的军事斗争长达十多年之久,直到1864年(同治三年)才告失败。太平天国起义期间,长江和运河运道受阻,淮盐无法运销引起。但引区人民不能一日无

---

[1] 参见《翁松禅家书》第一集,商务印书馆1935年版。

盐。经旨准,改用川盐、闽盐、浙盐以及滇盐和黔盐。于是川盐顺江而下,大量运销两湖地区,闽盐、浙盐也相继翻山越岭进入江西、两湖地区,而滇、黔盐商因有利可图,也不惜艰险,道途遥远,贩盐来销。经过十多年,川盐在该地区形成了一条产、运、销约有数十万人的产业链,四川总督每年从中收取的厘金就不下两百多万两。至于地方官员从中勒索收受多少则无法统计。太平天国起义失败后,百废待兴,在在需钱。历任两江总督从曾国藩到沈葆桢、吴元炳等都奏请要求规复两湖淮盐引地,但川盐在两湖地区,已形成一个从官到商的巨大的利益链,岂甘放弃? 一方面以太平军事结束为由,要求规复;一方面以社会稳定为借口,以此相拖延。川督曾以每年提供九十万两厘金收数给两江作条件,以换取川盐继续行销两湖,遭曾国藩拒绝。曾国藩甚至主张在川楚交界的地方动用军队,以阻止川盐。

淮盐规复两湖地区之争从同治朝一直争吵到光绪初年都未解决。翁同爵任湖北巡抚后,情形依然如此。翁同龢时任户部侍郎,兄弟俩都成了当事人,对此不能不有他们的想法和看法。光绪二年闰二月,翁同龢在一封致翁同爵的函中写道,川淮盐复引地疏,"周疏全是淮南口气,部中承上文而矣,遂力主其说,并定章程五条:封川中盐井、疏滇黔边引、议于年善坝巡缉、定期限、整顿淮盐成色。吴君(似指吴元炳)疏内计算以厘称二百万,今以近年所报核之,不过百万,部议折稿已定,此件遂以计数未的议驳矣。其实此事断断办不动,若川厘停而淮课未裕,此中绝续之交,如何措置? 况始则借川盐以裕楚饷,今乃斥川为私而欲强民食价贵味淡之淮盐,有是理乎? 将来与两江会议必当彻底力陈。惟于楚北五府一州、楚南丰州之外,设卡巡私,亦属官私所当然,不必裁撤,致有袒川之疑耳!"[1]兄长为湖北巡抚,翁同龢身为户部侍郎,为兄长谋划,可以理解。事实上淮盐味苦价贵,民多不愿食用;而川盐多井盐,色白味佳,价格便宜,民多喜购。在这种情况下,淮盐即使取代川盐,恢复在两湖引地,销售未必畅旺,湖北未必能从中收取多少厘金,这也是实情,况市场上还存有大量川盐,非短时间内能销完。当初因裕楚饷而借川盐入楚,现在视以私盐而欲逐之,于情于理皆不合,翁同龢

---

〔1〕《翁松禅家书》第一集,商务印书馆 1935 年版。

上面所说有一定道理。但其背后还是利益之争。在次年六月的一封信中，翁同龢又说："川淮盐事，诚如所论，部议只是梦呓，弟争之不得，将来与江督会议时，当有一篇大文字，不可草草。即川中封井事，亦当痛陈之。西饷亦当分析，辩论不妨将一年出入款和盘托出，春间鲍抚（山西巡抚鲍源深）曾有此奏也。"[1]

在同年七月的一封信中，关于盐务，翁同龢又说："淮南章程咨商未协，而江督随从剖议，据为铁案，其实中外皆一手所成。谕旨中既有极是之褒，部中本无举正之意，不过将川厘不止九十万申说明白，又将淮厘每年约六十万、川省自抽之数又不下三十万，统计约二百万，不得以九十万包课，遂足相抵，用咨文询两淮而已。此议江楚相连，则诸务掣肘，若竟迁就则鄂中巨款授权于淮，且为数又不足两项抽厘之款，意必有绝大文字，彻底议论，或可转圜乎？然未敢遥度也。"[2] 在同年九月的另一封信中则说："淮盐一事乃鄂饷关键，即使改拨九十万，而鄂失此二三十万来源，何以为国？况平善一坝安能截流而渔。南则施南，北则西阳，陆路丛杂，又乌能遮尽夔巫之背，是无穷之患矣。此事此时似可稍缓，斟酌万全而出之何如？"[3]

对于当时中英《烟台条约》，兄弟俩也有讨论。条约湖北宜昌开埠，就此，翁同龢在致翁同爵函中说："宜昌官设码头，轮船既不能到，不过用华商之船装洋货卸载，第一恐民情不顺，其次则于厘局大不便也。"[4] 对于李鸿章签订这一条约，翁同龢认为："烟台之会，合肥不可谓无劳，疏中将总署已应各条尽情掀露，不免拂当轴之意。……京官往来（指与各国使节往来）已成铁铸，要做此官，即行此事，司空见惯，不必惊疑，亦惟以豁达慎密为之。"[5]

光绪初年，以曾国藩、李鸿章、左宗棠等人为首，有鉴于两次鸦片战争的失败，从维护清朝统治的需要出发，在"富国强兵"的口号下，大力兴办洋务新政，译西书，向国外购买机器造枪炮，造轮船，兴办交通、架电线、设电局、开采煤铁矿，成立轮船招商局等，红红火火，被称为"同光新政"。翁同爵也参与其中。当时盛宣怀聘请英国技师，勘查到湖北荆门、广济、大冶一带藏有铁矿，翁同爵支持开矿，并成立湖北荆门广济煤铁开采总局。翁同龢对此表示关心。后来听说广济

---

〔1〕〔2〕〔3〕〔4〕〔5〕《翁松禅家书》第一集，商务印书馆 1935 年版。

产煤不旺,他致函翁同爵询问:"广济开煤未见大旺,可否停止?"[1]

1876年(光绪二年),轮船招商局总董们未经过户部,一举购并美商旗昌洋行轮船公司,翁同龢对此强烈不满。在十二月初的一封致翁同爵的函中,他说:"南洋旗昌一稿当已咨行,照军饷例居然自拨巨款,不由部拨,真创格也。姑以商贾之法讫华商二百万成本,是虚是实? 若是虚,将来获息则亦虚本占实息,官受其病;若是实款,能报姓名册籍否? 此一端也。买卖有赢有折,若果亏折,谁算此账,此二端也。十六船必尽包海运米石然后市准水脚可靠,而沙船数千人一旦歇业可虑,此三端也。轮船五年一修,四修之后,便不能用,今十六船中岂无一再修过者,转瞬二十年有日减矣,此四端也。"[2]三天之后,又致函说:"旗昌一事,创此官商合局,它不具论,万一折阅,孰执其咎! 此事农曹当究之耳! 洋务不熟不可,太熟亦不可,况不尽因公乎?"[3]翁同龢对轮船招商局收购旗昌轮船公司后续可能带来的一系列问题表示忧虑,从时任户部官员的角度来说,可以理解,但通篇文字中,没有反对的意思。

1877年4月(光绪三年三月),翁同龢在致翁同爵的函中还谈到当时中德签订的十七条,认为"内有四条最大,大孤山通口,□□其言不驯,要之以兵,又费口舌。"并对当时社会上奢靡之风颇多看法:"今之新法,大略以要人兼领典属国之职,又萃天下稍有材智者,令竞趋是途,又总握利权,不使练兵增饷,而风气靡然矣。"[4]

同年9月(八月),翁同爵病逝湖北巡抚任上,谕旨照巡抚例赐恤。正好此时翁同龢回籍修墓,闻讯后急急坐船赶往武昌,扶柩回籍安葬,亲自料理身后一切。翁同爵早年娶妻杨氏(常熟杨研芬之女,杨沂孙、杨泗孙之堂姐),不幸早卒。后纳妾一名,数年后,忧郁苦孤死于常熟彩衣堂。

翁同爵的病逝和翁同龢回籍诚属凑巧,但民间却流传其他说法。《长洲江文藻上常熟翁叔平计相书》中说:"又一闻公先叔兄玉甫公之总制湖广也,受藏获辈

〔1〕《翁松禅家书》第一集,商务印书馆1935年版。
〔2〕《常熟翁相国手札》第二集,上海有正书局1908年版。
〔3〕《翁同龢集》,第243页。
〔4〕《翁同龢集》,第248—249页。

之蒙蔽，篡篡不饬，为言官所劾。皇太后念文端与公，故疏特留中，委曲成全，即密谕弥缝之。公先寓书任所，动以利害讽之引决，制府不悟，则托言回籍，单身赴鄂，劝令自裁，得以罪侃消弭，而恩眷保全弗替，是公之大义。"[1]翁同爵病重情形，翁同龢日记均有记载，上文中所讲的翁同爵操守问题不得而知，除此之外，也未见有这方面任何记载。日记是否不记或删改过，此处只能存疑。但翁同爵在任每年两次寄银报效太后事诚有之（函稿中提到过），但这些钱从何处而来，则不得而知。不过，《常昭合志》中则说他在湖北巡抚任上为官清正，颇多作为："时襄汉宿重兵，其长夫多浮冒，奏减裁之。以民间米谷多苦，厘卡勒索，再疏请免，于是湘鄂无米厘。又从襄河转饷，给甘军经划周密。"其操守无问题。又说其"才识宏达，遇事沉思，静而能断。秉性孝友，独力修宗祠、置义庄"[2]，可见其在任资俸甚厚。

翁曾桂

翁曾桂，字筱珊，一写小山，翁同书之子。自幼随祖父母生活在京师。曾六次应乡试，均未考中。其中一次已被录取考中，但因官额已满，遂改为他人。后来翁心存用翁同书任安徽巡抚的历年积俸，为其捐官郎中，分发刑部。翁同龢未中状元前，曾供职刑部江西司七年，积有大量问案、审案经验，对翁曾桂日后在刑部办事帮助不小。

同光年间的"杨乃武与小白菜冤案"，详细经过前面章节已作论述，此处不再重复，只就与翁曾桂有关部分说一说。

翁同龢离开刑部后，"杨案"审理仍未结束，翁曾桂参加了该案的审理。翁同龢在光绪三年二月给翁曾荣的一封信中写道："浙案平反，浙人曰是，而楚未然也。总之，上半截未妥，若半截固知其装点而成，百口莫辩矣。小山亦亏他，真能入细，由罪证而仵作，由仵作而本官，现已无说，一律具结，总之是误，不是

〔1〕 沈云龙主编：《近代中国史料丛刊》第一辑，台湾文海出版社 1966 年版，第 338 页。
〔2〕 参见《常昭合志》卷二十，《人物志》。

故耳！"〔1〕

　　光绪四年五月，翁曾桂因审案办案认真，特别是审理"浙案"出色，为刑部评为京察一等。翰林编修张佩纶上折弹劾大员子弟不应列一等，指责翁曾桂既非提调，又非主稿，系捐纳出身，与保案则例不合。翁同龢遂上奏请求撤销，吏部查证曾桂察典合例，但归入补班，何时分发，需要等待。结果一拖数年，直到光绪七年六月才授为湖南衡州（今衡阳）知府。到任前，其妻病死，又无儿子，由翁母作主，将翁曾源之子康孙为嗣。同年七月，携带其母（翁同书夫人）钱氏赴任。后又续娶张祥河幼女。翁同龢在给翁斌孙的信中说："今日汝五叔蒙恩放湖南衡州府知府，潇湘之地吾家从此发迹倘继耶！明日谢恩。衡州距省四程，由汉口抵省，风便不过六日耳！以轮船由家到彼约二十日，不为远。"〔2〕对于这一任命表示满意。

　　翁曾桂毕竟聪明，办事稳慎，加上有翁同龢这个背景，光绪十四年前后曾调任湖南首府长沙知府。关于此次调任，曾有人趁机勒索，翁同龢知道后，立即致函翁曾桂，提醒其切勿上当。"长沙议准，十六日奏上，许君未见，今云索甚巨，已专函告小山勿惑也。"〔3〕其间叔侄一直保持书信往来，至于议论朝政与人事，可以想象得到，据查翁同龢日记，在甲午战前，叔侄通信不下三百多封。"衡州有信来，此间亦有信去，不止一月三函。"但据说翁曾桂在常熟建有"之园"（今常熟人民医院）别墅，翁同龢革职后，翁曾桂将其与翁同龢往来函稿秘置于房墙的夹层里，结果在一次大火中全部被焚毁。事情真相到底如何，不得而知。关于函中议论朝政，翁氏日记亦有透露。甲午战争爆发后，翁曾桂就在函中谈了对和战的看法。"得小山冬月六日函，平安，论时事谓战则必胜，有旨哉。"〔4〕有时，翁曾桂也给翁同龢寄一些比较喜欢的字画，有一次寄来一套《船山遗书》，后来翁同龢将其转送给大学士阎敬铭。也就在次年初，翁曾桂擢为江西按察使，不久授为布政使。

---

〔1〕《翁同龢集》，第248页。
〔2〕《翁同龢集》，第276页。
〔3〕《翁同龢集》，第401页。
〔4〕《翁同龢日记》，第2809页。

1898年5月(光绪二十四年四月),翁同龢奉旨开缺回籍,回乡之初,正逢干旱,西乡发生抢粮事件,翁同龢通过江苏巡抚奎俊协助,拨粮平粜,一手平息了事件。9月(八月)趁兴往南昌看望翁曾桂,兼看病中的嫂嫂钱夫人。到达南昌不久,就从翁曾桂处听闻戊戌政变及捉拿康梁、慈禧临朝训政的懿旨。他说虽"臣身在江湖,心依魏阙,益战栗罔知所处也",待看到令翁曾桂捉拿他的门生文廷式的谕旨,几致昏眩坠地,深知处境危险,于是冒着满天狂暴风雨和鄱阳湖的巨大风浪乘轮急急回到常熟。在南昌,文廷式早已乘轮经上海逃往日本,翁曾桂遂以文氏不在江苏回奏。十月,翁同龢再遭严谴,革职永不叙用,并交地方编管。光绪二十五年,钱夫人去世,翁曾桂扶母柩回籍丁忧。在乡期间,叔侄时常走动,但从不谈论政治。光绪二十七年服阕,分发浙江,任浙江布政使,护理巡抚。1904年(光绪三十年)翁同龢去世。不久,翁曾桂"以人言开缺归里,甫一载,卒。年七十"。翁曾桂非科举出身,凭仗翁同龢在朝势力,一步步官至布政使,在城中造有花园别墅,过着奢侈生活,深为常熟一般士大夫所轻视。而其妻儿据说生前为人跋扈,不胁于乡里。但依史实而论,其为官做人均可。"曾桂明于庶狱,娴于吏事,居官务以培植寒畯、开通风气为己任,遇灾浸则筹济,恤恐不力,于赣浙两护抚篆,均有政事勤能之目。"〔1〕"文革"中,他在虞山的墓被掘,遗体暴晒多日,后由其后人检回掩埋。

翁斌孙

翁斌孙,字韬夫,一写弢夫,号笏斋,翁同书之孙、翁曾源之子。光绪三年进士及第。其成名比曾祖翁心存、祖父翁同书、叔祖翁同龢、父亲翁曾源都要早。因为翁心存、翁同书早已作古,翁同爵远官在外,翁曾源病废家里,所以对其教育的担子,几乎都落在翁同龢一人身上。他在给翁同爵的信中说:"斌孙连捷,皆是馀荫,科名太易,尤当谨慎,但吾见此飞腾,不觉履齿之折尔!"〔2〕翁斌孙中式后,

---

〔1〕 参见《常昭合志》卷二十,《人物志》。
〔2〕 《翁同龢集》,第250页。

供职翰林院，任编修。翰林院中资格老、学问深的大有人在。所以，翁同龢要求翁斌孙日后"惟亟用诗赋功，勿学官体，勿问外事，勿以科第自矜，勿谈时势，尽孝友、博经史、至嘱，至嘱。大笔试做几支，乃续命丝，否则竟不能挥洒，亦大闷事"。[1]翁斌孙亲生父母去世后，在籍丁忧。翁同龢要他"勿看闲书，勿多闲话，勿动闲气，勿理闲事，……一家辑睦，犹足告慰汝父也"。[2]

翁斌孙像

翁斌孙中进士后多数情况下住在京师，与翁同龢在一起。翁曾瀚早已经去世，德孙、安孙相继夭折，翁同龢心境凄凉，因有翁斌孙的陪伴，颇不感寂寞孤独。翁同龢与同僚应酬，有时亦让翁斌孙参加；有时京内外官员来访，翁同龢因公务繁忙，分身不得，即由翁斌孙出面接待或陪伴；有时遇到撰拟重要奏折，往往令翁斌孙先为草拟，最后由他修改润色。总而言之，尽可能地锻炼他、培养他。政事之暇，翁同龢常常带翁斌孙逛书铺、古董坊，品评碑帖字画。受翁同龢影响，翁斌孙终生喜爱收藏，并影响他的子孙。翁之廉、翁之熹乃至翁万戈之所以喜爱鉴藏书画，均与翁同龢、翁斌孙的影响分不开。

翁斌孙在晚清做了一件对翁同龢至关重要的事，就是为其平反。光绪三十年五月翁同龢去世后，其处分一直没有开复，这无疑是压在常熟翁氏家族成员身上的一块石头，所以成员们都想择机解决这一问题。然而此事谈何容易。环顾翁家能出面为之奔走努力的除了翁斌孙，再也没有其他人了。他当时是内阁侍读，和翁同龢生前的不少门生、弟子、门人一直保持联系，与苏常地区的京内外官僚关系也不错。光绪三十四年，光绪帝和慈禧太后相继去世。三岁的溥仪继位，改元宣统。翁斌孙认为机会难得，因为按惯例，新帝继位，例行大赦，对前朝获罪或处分的官员一般都要赦免和减刑改判。翁斌孙先挽请同乡京内外官员向江苏

---

〔1〕《翁同龢集》，第258页。
〔2〕《翁同龢集》，第352页。

巡抚陈启泰、两江总督端方呼吁,同盛宣怀、那桐、唐文治等人接洽,请求朝廷看在翁同龢当年入值弘德殿、毓庆宫书房,启沃同光两帝的"功劳",请为之湔雪。而他本人则风尘仆仆地奔走于天津、南京、苏州等地,直接求助直隶总督吕海寰和两江总督端方。当时翁斌孙在天津英租界内置有寓所,与那桐府邸相近,那桐当年是翁同龢户部僚属,对其始终眷恋不忘。摄政王、宣统之父载沣与两江总督端方关系较近,准备改任端方为直隶总督。翁斌孙知道后,立即致函端方,请求他在离开两江前上奏,为翁同龢开复处分。在各方的配合和协助下,1909 年 7 月 8 日(宣统元年五月二十一日)端方具疏奏请开复翁同龢原官。奏上后,载沣表示同意,同一天,朱批:"翁同龢著加恩开复原官。"至此,翁同龢因支持戊戌维新变法被慈禧罢官禁毁一案得以昭雪。

宣统初年,袁世凯任直隶总督,因翁斌孙与袁世凯是结拜弟兄,所以,被擢为直隶提法使。袁氏被逐后,他改任山西大同知府。辛亥革命后,居住天津租界内。约在 20 世纪 20 年代去世。

吴昌硕

吴昌硕,一写沧石,字俊卿,浙江吴兴人。是翁同书画界的朋友之一。翁同龢认识吴氏与沈秉成(仲复)有关。沈氏寄寓苏州,曾任上海道,吴氏是沈氏属下,曾任江苏知县,亦寓吴门,翁同龢由沈氏而认识吴氏。吴氏是吴士鉴的本家,而吴士鉴与翁同龢相识,由此两层关系,使翁同龢与之发生接触。翁同龢第一次与吴氏相见是在京师,时间为光绪二十年二月。"出城拜吴君俊卿,其人曾在吴平斋(士鉴)家处馆,年四十馀,能篆书,似不甚倜傥。"[1]一月后,吴氏给翁同龢送来图章和自己的画作。"吴昌硕大令来,前日送图章及画,今与仲复之子研传同居,研传携眷来应会试也。"[2]

光绪二十四年四月,翁同龢开缺回籍。七月,吴昌硕专程从苏州前往常熟看

---

〔1〕《翁同龢日记》,第 2721 页。
〔2〕《翁同龢日记》,第 2726 页。

望翁同龢。"吴沧石赠图书、石四方，留二
璧二，即请其刻之。"[1]同年十一月，吴氏
又一次来常看望翁同龢，由于此时翁同龢
已奉旨革职交地方官编管，不便见面，所以
未与吴氏相见。"吴沧石自苏来，未见。沧
石者江苏县令，……近以篆刻图章见贻，送
伊肴馈。"[2]

此后吴昌硕还来过常熟多次，翁同龢
多未见面，惟有一次，吴氏曾携来新收碑帖
准备售给翁同龢，同龢以力所不逮，无力收
买，表示谢意。这大概是他们的最后一次
见面，时间约在光绪二十六年前后。

吴昌硕像

汪洵

汪洵，又写汪恂，字伯春。汪鸣銮嗣子。汪鸣銮为翁同龢门生，前面有关章
节已作介绍。汪鸣銮，字柳门，其弟字李门，双瞽，其子为伯春，能书擅画，江南知
名。柳门无子，遂以伯春为嗣子，伯春夫人为曾朴妹妹。汪氏兄弟为浙江钱塘
籍，世居苏州桃花坞。光绪二十九年七月，汪李门去世，翁同龢特送去挽联致祭：
"当代元长，讲易久嗟居士病；何方兜率，写经祗益阿兄悲。李门双瞽，故用张元
长事。元长，国初人，瞽而博学，自称病居士。"[3]

翁同书

说到翁同龢的人际关系与晚清政局，不能不提到他的兄长翁同书。关于翁

〔1〕《翁同龢日记》，第3200页。
〔2〕《翁同龢日记》，第3228页。
〔3〕《翁同龢日记》，第3517页。

同书的一生事迹,笔者在《翁同书传》[1]中已作过详细的论述。这里就翁同书因寿州绅练仇杀事件"办理不善"被逮前后,翁同龢对这件事的看法,依据翁心存日记、翁同龢日记的有关记载作一叙述。

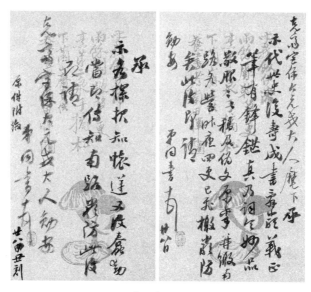

翁同书手迹

翁同书是翁心存的长子,在翁氏"同"字辈中排行第三,因此,翁同龢称其为"三兄"。1840 年(道光二十年)进士及第。此次会试正考官为龚季思、副考官为潘世恩(芝轩)。复试时,列为一等的还有冯桂芬、黄倬、匡源、董恂等人。房考官为金钧(字可亭,号子梅,道光榜眼,官至督粮道)[2]冯桂芬,字敬亭,一写景亭。一甲第二名,榜眼,苏州人,道光二十八年(1848)与顾子珊(即顾文彬)在惜阴书院任教,冯氏即《校邠庐抗议》的作者,书成之后寄给曾氏,求之为序。曾国藩阅后,击节称赞,誉为洋务第一书。而顾子珊即当年与钱鼎铭一起"安庆乞师",求曾国藩派兵"东下平吴"的苏州士绅之一。介绍吴、顾与曾氏的关系,是说咸同年间,苏常官绅中也有一部分人仰慕曾氏,与之有交往的。

自苗沛霖率练围攻寿州之日起,翁同龢就一直予以密切关注。

〔1〕 谢俊美:《翁同书传》,华东师范大学出版社 1999 年版。
〔2〕 《翁心存日记》,第 367 页。

1861 年 7 月（咸丰十一年六月），谕旨以"前任安徽巡抚翁同书于团练仇杀，未能速为讯断，实属办理不善，著一并交部议处。"[1]其时翁同书被困寿州城中，无法回京。与家人往来函件主要通过袁甲三（午桥）转达。"函称被围已八阅月，飞鸟不能入，尚何可言！……不知近日更作何情状，无奈何！"[2]就在翁同龢担心兄长性命时，京师正发生影响当时及日后历史的重大事件："祺祥政变"。咸丰帝妃那拉氏（慈禧）联合恭亲王奕䜣发动政变，罢黜赞襄政务八大臣，逮杀载垣、端华、肃顺三人，夺得了政权。事后，慈禧"垂帘听政"，奕䜣被封为议政王，继续推行咸丰帝重用汉族出身的大臣的政策。翁同龢的父亲翁心存、祁嶲藻、李棠阶（曾国藩举荐）、周祖培等一批受肃顺排斥打击的汉族大臣被重新起用。户部"五字号"一案也得以平反。当时镇压太平天国起义是摆在清廷前面的"重中之重"的大事。曾国藩等一批湘淮人物也同时受到重用。就在政变后不久，曾国藩被命"统辖江苏、安徽、江西并浙江全省军务，所有四省巡抚、提镇以下各官悉归节制"。[3]

曾国藩在回籍丁忧之前，曾任礼部侍郎，由此认识翁心存。《翁心存日记》中最早提到曾氏是在 1849 年 9 月 17 日（道光二十九年八月初一日），"视祭品官曾笛生少宗伯国藩"。[4]此后，一起参加过乡试阅卷、互相访晤为常事。并未见过什么矛盾冲突。1853 年 1 月 10 日（咸丰二年十二月二日）曾氏奉命在籍"办理防堵"，"就地方情形帮同团练"。[5]

从翁心存日记记载来看，在曾国藩未回籍办理团练之前，翁、曾彼此并无蒂介，但自太平天国起义发生，曾国藩组织团练，同太平军厮杀鏖战，彼此隔绝快十年，此间一个从武，一个从文，一个在地方，一个在京师，看问题、处理问题的方法已大不相同。就曾氏而言，他和倭仁、李棠阶等是咸同年间理学代表人物，他们将宋明理学同经世致用结合起来，打着维护和捍卫中国传统文化的旗号镇压太平天国农民起义。同样，他也是以理学和传统道德来要求统兵将帅的，自他奉命

---

〔1〕《翁同龢日记》，第 152 页。
〔2〕《翁同龢日记》，第 173 页。
〔3〕《翁同龢日记》，第 183 页。
〔4〕《翁心存日记》，第 741 页。
〔5〕《翁心存日记》，第 929 页。

节制四省军务,安庆的军情也由他节制,这样,翁同书的事就顺理成章地属于他管辖的范围了。

作为前任安徽巡抚,湘军早亦知道翁同书。胡林翼对翁同书就有评价,认为他过于懦弱,做事不喜他人干预。讲他信用的人也只卢又熊之类,"翁中丞读书仁厚,性柔少断,州、县之事,皖中不欲假人,盖利此也。论军旅,皖中无一矢之遗;论地方,则引案例成法以相争,欲藉皖地之利之养兵,则嗔怒阻挠,愤厉万状,仆且笑之,亦怜之。近年与翁论诘所用袁怀忠、卢又熊、杨恩绶,断断争较,终不能拔塞芟夷而微补于皖难。政有权而事无权,智能兹基,尸祝樽俎,前人亦痛念之矣。"[1]翁同书自江北大营溃退至安徽、定远,再退至寿州,不得不依附当地团练苗沛霖。而苗氏是一个极具野心的人物,他利用胜保(克斋)乘机坐大,利用翁同书、袁甲三来铲除异己,称王淮北。围攻寿州就是在这一背景下发生的。他先借口徐立壮"勾捻",借刀杀死徐立壮,再逼杀另一个团练头目孙家泰,又将另一个练总蒙时中押往下葵,活活弄死。企图再杀寿春总兵黄鸣铎,实行他所谓的"定点清除"。

这些都是在光天化日之下进行的。翁同书身在危城,这一切又都是在他眼皮底下并经他认可而进行的。曾氏及湘军将帅看得清清楚楚。认为苗氏是个叛逆,该杀。但苗氏是打着川北道员身份,口口声声说不反叛朝廷,但实际上一步步消灭异己。待到其目的达到了,寿州城也攻破了,守城官绅平民相继被杀,仍未放过翁同书。翁同书被羁押在双桥集,完全置于苗氏控制之下。苗氏要翁同书上疏奏明其只是报仇,并非反叛。直到此时才放走翁同书。但翁同书心里明白,苗氏是个危险人物,围城八月,死亡民众数千,这是隐瞒不了的,于是又密疏请朝廷派遣大兵前来征剿,请彭玉麟率兵抚恤死难民众。

事后翁同书也曾三次向曾国藩奏报寿州情形,但曾氏对此咨报十分不满,"事定之后,翁同书寄臣三函,全无应咎之词,廉耻丧尽,恬不为怪"。弹劾的奏疏就是在这一背景下出现的。

实事求是地说,翁家全家对寿州事件真相并不全部知情。

---

〔1〕《胡文忠公遗集》卷七,全国图书馆文献缩微复制中心 2006 年版,第 19 页。

还在定远之战时翁心存日记记载道："夜无月,与老妻对坐,念三儿以饥军数百驻定远,粤、捻两匪联合,民心涣散,四面楚歌,待援不至,危急存亡,不堪设想,互相慰藉,谓男儿正须死得其所耳,其他非所计也。"[1]认为儿子会视死如归,献身朝廷。翁同书退守寿州后,翁心存又通过董恂解枪械委员致书翁同书"移孝作忠,须置身家于度外,勿以我为念",[2]再次要他以国事为重,作好牺牲准备。咸丰十年十二月,孙家泰与苗练发生冲突后,廷旨要翁同书、袁甲三"秉公查办"。次年正月,得知翁同书回京另候简明,翁心存"不觉出涕,盖与大儿不相见几廿载矣,庶几得一见,可以死而瞑目乎"。[3]待到苗练围攻寿州,翁心存"得三儿三月十九日书,仅一纸。饶生△△携来者,……饶生行后,闻苗沛霖又攻扑寿州,寿州士民仍留故抚(指翁同书)在彼登陴固守,不知实在情形若何,近又闻故抚戮徐立壮、囚孙家泰,益令人不解,蕉鹿变幻,不知是梦是真,《诗》所谓'王事靡盬',忧我父母者也。"[4]除了忧心翁同书的命运外,预感此中有问题,但也不知事件真相。直到翁同书被曾国藩参劾,他才知晓事情真相。

"忽见三儿逮问之谕,奉职无状,自蹈愆尤,因其宜也。"[5]而翁同龢日记中则写道:"闻寿州于九月廿七日被苗练攻破,杀其仇数人而剃发归诚,谒见各官,谓其报仇,并非谋叛云云。此袁午翁报,录三兄书及寿州所禀如此,可异哉。"[6]这一记载是正确的,先前谕旨说苗氏叛逆,指责翁同书办理不善,现在袁氏奏报抄录翁同书话说苗氏"并未谋叛",所以他感到"可异",似乎觉察到内中有问题。十月初四日,闻伯兄"报苗练入寿州,并未扰及良民,练总皆薙发,分扎城外求抚"。[7]翁同书的奏报仍然是在苗氏"压迫"下的内容,而对他另呈的"密疏",翁同龢并不知道。对翁家来说,翁同书终于脱离"虎口",感到庆幸。"得三兄十一月廿九日信,自临淮发,备言寿城被围八月,……又言过上蔡、苗沛霖来谒,呵叱之,颇有惭色。兄到临淮出虎口矣,此天助也,喜极不寐,又念寿州人奈何。"[8]

〔1〕《翁心存日记》,第1347页。
〔2〕《翁心存日记》,第1358页。
〔3〕《翁心存日记》,第1583页。
〔4〕《翁心存日记》,第1616页。
〔5〕《翁心存日记》,第1699页。
〔6〕《翁同龢日记》,第181页。
〔7〕《翁同龢日记》,第182页。
〔8〕《翁同龢日记》,第199页。

　　1862年2月14日(同治元年正月十六日)翁同书到达京师,"偕仲、馨(翁曾源、曾桂)两侄迎三兄于彰仪门外,相逢不相识矣。巳刻抵家,叩见堂上,喜极涕零"。[1]

　　21日(廿三日)"三儿襆被来宿此,深夜清谈,廿一年父子不相见,才得重逢,孰知仅此一宵耳"。[2]

　　苗沛霖的叛逆罪行和翁同书的两种矛盾奏报引起了曾国藩的愤懑,认为他有欺罔朝廷之嫌,作为节制四省的统帅他当然不能置之不问。于是就在翁同书到京的第十日,即1862年2月24日(同治元年正月二十六日),曾氏参劾的奏折也到了北京。

　　曾氏参劾翁同书的奏折在前面有关章节已经作了节录,此处不再赘述。归纳起来主要有以下几点:

　　一、追究其定远失守的责任:"梁远之挫,退守定远。维时接任未久,尚可推诿。乃驻定一载,至九年六月,定远城陷,文武官绅殉难甚众。该〈督〉抚独弃城远遁,逃往寿州,势穷力绌,复依苗沛霖为声援。"

　　二、举荐匪人,多杀团练。翁同书屡疏保荐(苗氏),养痈遗患,绅民愤恨,遂有孙家泰与苗练仇杀之事。逮苗逆围寿,则杀徐立壮、孙家泰、蒙时中以媚苗,而并未解围。

　　三、"寿城既破,则合博崇武、庆瑞、尹善廷以通苗,而借此脱身。"

　　四、是非颠倒,不能殉节。"苗沛霖攻陷城池,杀戮甚惨,蚕食日广,翁同书不能殉节,反具疏力保苗逆之非叛,团练之有罪。"

　　五、"前后奏疏矛盾,颠倒是非,荧惑圣听。"至其上年正月奏称苗沛霖之必应诛剿一折三片,脍炙人口。"有'身为封疆大吏,当为朝廷存体制,兼为万古留纲常。今日不为忠言,毕生所学何事'等语,又云'誓为国家守此疆域,保此残黎',俨然刚正不屈,字挟风霜。逮九月寿州城破,翁同书具折一折二片,则力表苗沛霖之忠义"。"始则奏称苗练入城,并未杀害平民,继则奏称寿州被害及妇女殉节者不可胜计,请饬彭玉麟查明旌恤,已属自相矛盾。""视正月大相矛盾,亦且

─────────────

　　[1]《翁同龢日记》,第211页。
　　[2]《翁心存日记》,第1699页。

判若天渊。颠倒是非,荧惑圣听,败坏纲纪,莫此为甚!"

六、指斥翁同书宛转而偷生。"若翁同书自谓已卸抚篆,不应守城,则当早自引去,不当处嫌疑之地;为一城之主,又不当多杀团练,以张叛苗之威。若翁同书既奉旨,责令守城,则当与民效死,不当濡忍不决;又不当受挟制而草奏,独宛转而偷生。"

七、要求严惩,以肃军纪。翁同书于定远,寿州两次失守,又酿成苗逆之祸,岂宜逍遥法外?应请旨即将翁同书革职拿问,敕下王大臣九卿会同刑部议罪,以肃军纪而昭炯戒。

翁同书是翁心存儿子,朝内朝外无人不知,且翁心存有"廉正传四海"之誉,被士大夫官僚视为"正人""君子"。翁心存本人确实如此。曾国藩当然知道这些,为了表示他所参属实,也是对朝廷负责,折后明确表示:"臣职分所在,例应纠参,不敢因翁同书之门第鼎盛瞻顾迁就。"是说他对翁同书的家庭背景完全了解的,只是出于对朝廷负责而写这道奏折。后来,同治七年十二月廿九日,曾国藩来京有事,翁同龢"晤湘乡相国,无一语及前事"[1],也反映了他与翁家并无私怨积恨,弹劾完全出于对朝廷负责。相反,在马新贻被刺后,曾氏重回两江,来京陛见时,翁同龢"访曾湘乡,颇诮其津事"(指办理天津教案),则未免显得缺乏政治家的风度。天津教案是一场中外交涉,办理不易,"诮"他能说明什么呢?曾氏临走,又向翁同龢"留别敬",翁氏"受之"。[2]

据笔者分析,曾氏这道奏折是经过反复思考写成的,参与写这道奏折的"谋臣""幕僚"可能并非一人。虚文不多,多举事实。而且以翁同书给他的三函和历次奏折为据。翁同龢后来说"弹章疑出合肥文人(徐自苓)之手",理由是"集中有指责寿春旧事,盖尝上书陈军务未见听用,虽加礼貌而不合以去,弹章疑出其手,集(《徐毅甫集》)中有'裂帛贻湘乡之作也'"。[3]其实,从曾国藩治事风格来看,像这样一道严肃的奏章最后必定是由他本人完成的,不可能让他人代拟,况徐氏在曾氏幕僚中并不见"经传",仅凭"裂帛贻湘乡"一语,曾氏就以此而书此"弹

---

〔1〕《翁同龢日记》,第698页。
〔2〕《翁同龢日记》,第838页。
〔3〕《翁同龢日记》,第821页。

章",显然不合其办事作风,只是翁同龢怀疑猜测而已。

至于翁同书在西行致弟书中,请李鸿章代写翁心存的神道碑一事,即可证明李鸿章未参与此弹章,这也只是推理而已。李氏是孙锵鸣的门生,而孙氏则是翁心存的门生。孙氏曾携李氏拜见翁心存,因此,李氏成了翁心存的门生。李开始是否知道曾氏这道奏疏,或知道了有什么态度,因无资料,不能猜测。

当时李氏已是曾氏亲信,正日益受到朝廷重用,这也是翁同龢不能避开的事实。

从王大臣九卿会议到定罪。翁心存、翁同龢乃至翁家所有人都目睹了这一全过程。

对翁心存来说,他是大学士,议定自己儿子的罪名,他只能依例回避。他在日记摘录了"三儿"逮问之谕,即曾氏奏折的主要内容,但未加评论。"二十九日各堂官在内阁会议翁同书罪名,开送衔名,予注回避,下午刑部遣坊官韦传,薄暮予回横街,亥初回中街。"[1]待议定罪名,特别是何佳清被"勾",胜保赐自尽,他的精神彻底崩溃,日夕担心儿子的性命,最终因惊骇而去世。只因他是议政王奕䜣在上书房的师傅,翁同书最后才改判为遣戍新疆,免于一死。如果没有奕䜣这一背景,以及翁心存在朝的显赫地位,翁同书恐怕又是另外一种结局了。

1862年2月24日(同治元年正月二十六日),翁同龢知"三兄为曾国藩所劾,有旨拏问,交王大臣议罪"。这一天,翁同龢正好派差到西陵"恭写缮牌","申初抵家,三兄谈笑自若,但言局外人不知其难耳"。当天晚上,翁同书就被传入监。

对翁同龢来说,兄长的被逮和稍后判决确实是一个晴天霹雳,是无法接受的事实。他对王大臣和刑部所拟罪名感到不满:"是日王大臣等议上罪名,比照'统兵将帅守备不设,为贼所掩袭,以致失陷城寨者斩监候'律,拟斩监候。执法者欲如是周内,真无如何矣。"[2]

兄长入狱后,翁同龢心情极端痛苦,这是人之常情,他去监狱看望兄长的第

---

[1]《翁心存日记》,第1700页。
[2]《翁同龢日记》,第214页。

一感觉是："自古贤人君子、忠臣义士蒙难受辱于丛棘中者多矣，周视圜扉，为之浩叹。"[1]把兄长的遭际同历史上忠臣义士相比。对于翁同书在事件中的责任，他在日记中并未有任何分析，认为兄长是蒙受不白之冤。翁曾源状元及第后，他的想法是"源侄得此科名，庶足仰答先人未竟之志，稍伸吾兄不白之冤乎"。[2]

当刑部奏请官犯是否拟字进呈，奉旨："翁某仍牢固监禁。白发累臣，九阍难叫，不觉悲愤填膺耳。"[3]

寿州事件后，苗沛霖的野心毕露，据怀远，攻寿州，杀州牧，势力进一步膨胀，成为清政府在淮北地区统治的一个"毒瘤"。他并非什么一代"枭雄"，更不是什么农民起义英雄。连翁同龢在日记中也大骂其是"逆"，是"贼"，称其团练是"逆党"，1864 年 1 月（同治二年十二月），当他得知总兵王万清击毙苗沛霖，苗景开、张建猷、赵尧元等人俱擒获正法后，在日记中作了详尽记录。

苗沛霖势力的歼灭，扫除了清政府在淮北统治的障碍，清政府出于统治的需要，将翁同书改为"发往新疆效力赎罪"。翁同龢得知后，认为"白发孤臣，荷戈万里，此情此状，其何以堪，恨不沥血抒词，叩九阍而上诉也"。[4]对此仍持不满。而就在遣戍新疆谕旨颁发后，黑龙江人恒翎上奏，诉说徐立壮被杀冤枉，要求平反。谕旨责成曾国藩、安徽巡抚乔松年查实复奏。而僧格林沁复奏徐立壮一案，于"徐立壮勾捻一节并未叙及，但称其冤"。[5]这使翁同龢又大为紧张，因为如果徐立壮确系冤杀，翁同书岂不又多了一项杀团练的罪名。所以他到处找安徽人，打听消息，他找到孙家鼐（翁心存的门生）等，听到孙氏说徐立壮勾捻，寿州人无他说，他确信为真。"访晤燮臣，言徐立壮勾捻一节寿州之人无异说，岂可诬乎。"[6]曾国藩奉旨后，便表示距寿太远，自己不便亲自过问，况且翁心存已经去世，翁同书也改判新疆，若再为徐立壮一事"认真"较劲，似可不必。于是请乔松年代为查办，而后联衔会奏。事后，据军机章京方子颖告知翁同龢，"知寿州事经乔抚复查，云州人合称孙家泰，蒙时中死事甚烈，徐立壮虽与苗敌，实与苗等，未

〔1〕《翁同龢日记》，第 213 页。
〔2〕《翁同龢日记》，第 299 页。
〔3〕《翁同龢日记》，第 321 页。
〔4〕《翁同龢日记》，第 334 页。
〔5〕《翁同龢日记》，第 341 页。
〔6〕《翁同龢日记》，第 340 页。

可议恤等语,仍咨曾帅办理;曾亦称距寿较远,请由皖抚确查具稿汇衔入奏,俟奏到日再降谕旨。"[1]

最后当然照乔松年的上奏了结。"始见曾、乔会奏查办徐立壮勾捻情形,奉旨孙家泰、蒙时中均赐恤建祠;徐立壮罪有应得,毋庸议恤;博崇武发新疆永远不准援免;尹善廷、庆瑞发新疆;张学醇发军台,袁甲三撤临淮专祠。"[2]但一年后,曾国藩又奏请恢复袁甲三临淮专祠,折中有"寿州一事虽办理不善,终不以一眚掩终身"之语。[3]翁同书前往戍所时,"叩别之际,相对不能出声"。翁同书曾言此行将成诀别。恐不能再回来,"长兄出狱有西域之行,将行拊龢背而流涕曰:吾行其不返乎,吾尝于逆旅中梦神人授一匣,刻其上曰驿路有亭皆系马,春城无处不飞花。醒而恶之。今老母在堂而余荷戈万里,梦有征矣。且匣子者甲子也,吾行其不返乎。"[4]行至太原途中,满洲将军都兴阿上折奏留翁同书留营效力,奉旨允准,闻信"举家感泣,敬告先灵"。但从翁同书西行致弟书中知道,都氏早已有奏留计划,是翁同书要求在赴戍所途中发表为宜。"直夫(指都兴阿,字质夫,又写直夫)过此时即欲言之,兄力阻之而止,此番在途上请,自更相宜。"[5]此事中间的运作,虽无资料旁证,亦无从考证,但笔者认为此事当系清廷的一手安排,并非都兴阿个人的行为。而从翁同书内心来讲,并不想再次从军。"盖因拜别慈闱时,有勿再从军之训也"。[6]在甘肃军营期间,翁同书曾致函翁同龢请设法帮他"择机回京",但翁同龢一直等不到合适的机会。翁同书最后终因患血痢,病逝甘肃花马池。

饰终典礼,开复处分一切如军营立功例赐恤,并赐谥"文勤"。在同光年间,许多臣僚在与太平军、捻军厮杀中,因丢城失地被杀、革逮的不在少数,翁同书因缘各种因素,得以幸免,这是一个特例。值得深省的事,翁同书直到临终前,仍坚持认为自己是"蒙不白之冤":"忆庚子春有诗梦,一句花,一句马,得无止于是耶?! 万事有一定,兄之当死者已久,到此为已迟矣。且当此亦算好时会,非得其

---

〔1〕 《翁同龢日记》,第354页。
〔2〕 《翁同龢日记》,第367页。
〔3〕 《翁同龢日记》,第422页。
〔4〕 翁同书:《西行寄弟函》,上海远东出版社2016年版,第7页。
〔5〕 翁同书:《西行寄弟函》,上海远东出版社2016年版,第21页。
〔6〕 翁同书:《西行寄弟函》,上海远东出版社2016年版,第22页。

身后之荣,乃谓洗不白之冤耳。冤乎冤哉！然此亦何足论,要当是忠孝二字不可昧耳。"[1]

青史是非,悠悠众口,当以史实为据而论人。作为一个历史人物,翁同书人生经历,功过是非,历史早已有了记录,无待我们再去赘述。《剿平"粤匪"方略》、《剿平"捻匪"方略》,曾国藩、袁甲三等相关人物档案资料,咸同两朝实录以及翁氏有关家乘记载等均可查找到。历史事实只有一个,它客观存在,不能改变。历史的解读归根到底则视研究者所秉持的学术态度了。

气平情正是史家治史走向客观忠实的途径。史学家章学诚所讲的史德,不是道德家的说教,而是极重要的治史方法论,用中国人的话说就是"平心而论","虚心斟酌"。虚其心以求之,平其情而论之。有君子之心,而气不能平,情不能正,以致丧失历史的真实。历史学家应恪守章氏这一遗教,努力而为之。

翁曾荣

翁曾荣,字鹿卿,一写菉卿,晚号味幻居士。翁同爵次子,1836 年(道光十六年)生于常熟。同治元年,因翁心存去世,恩赐举人。1890 年(光绪十六年)翁曾荣来京,协助翁同龢料理京中家务。1894 年中日甲午战争爆发前夕,淮军将领要求增兵添饷,除正式申请外,又委托津海关道兼充北洋行营翼长盛宣怀向李鸿章进言,而其中一些事非李鸿章一人所能作主,需要向朝廷请旨,由于盛宣怀与翁同龢为同乡,关系较近,所以,李鸿章也一并托盛代为联络。而翁同龢与光绪帝当时竭力主战,盛氏与翁氏联络之举也有利于他们了解李氏及淮军的动向。出于上述原因,盛宣怀通过电报局京局委员王继善主动与翁同龢取得联系,但翁同龢身为帝师,天子近臣,言动举止,不宜暴露,不便与盛氏公开互通信息,于是遂将此事交由翁曾荣代办。有凡盛宣怀致翁同龢的密电都是由盛宣怀通过王继善转交翁曾荣,再由翁曾荣转交翁同龢,而翁同龢的意见和建议则以翁曾荣的名

---

[1] 翁同书:《西行寄弟函》,上海远东出版社 2016 年版,第 135 页。

义用电报直接发给盛宣怀。盛宣怀通过翁曾荣致翁同龢的许多密电不少是李鸿章直接授意的,而翁曾荣给盛宣怀的许多密电则直接代表了翁同龢的意图和想法。仅 1894 年 8 月(七月)一月中,彼此往来密电多达 21 号。1895 年 6 月—8 月(五月至七月)多达 11 号。内容不仅涉及甲午战争初期翁、李之间的联系,而且还透露了当时中国政治、军事、外交、人事调动等情况。[1]

晚年的翁曾荣精神并不快乐,对未来生活失去希望,沉迷佛法,自号味幻居士。1903 年(光绪二十九年)因病去世。

---

〔1〕 参见陈旭麓等主编:《甲午中日战争》(上),上海人民出版社 1980 年版。《翁同龢日记》,第 2098—2239 页。

七、晚年在籍与去世

1898年11月（光绪二十四年十月），戊戌政变后，翁同龢再遭严谴，革职永不叙用，并交地方编管。翁同龢生性好强，遇到与己意见相左的，即使王公大臣，也敢当面斥责，或"拂袖而去"。现在这道谕旨，等于剥夺了他的人身自由和言论自由。这对他来说既痛苦，又无奈。在籍煎熬了七年，直到去世。

为求自保，删改日记

　　翁同龢被革职永不叙用，主要罪名是"今春力陈变法"和"滥保匪人"。而"滥保匪人"又主要是"密保康有为"。由于"康有为乘变法之际，阴行其悖逆之谋，是翁同龢滥保匪人，已属罪无可逭"。为了自保，翁同龢不得不删削修改日记。金梁在《近代人物志》中说："同龢自戊戌四月罢归，不无顾忌，凡所记载，尤虑触讳，其自辩与康不相往来者，亦远祸之意耳。"[1]

　　翁同龢删改日记约始于光绪二十五年前后。光绪二十五年，慈禧决定废黜光绪帝，另立溥儁为大阿哥。"废立"一事传出后，很快遭到一批士大夫官僚的反对。上海电报局提调经元善联络上海绅商通电公开反对废立。慈禧震怒，下令悬赏捉拿经氏，以及流亡海外、声援经氏的康有为、梁启超。她还怀疑翁同龢可能幕后纵容支持，于是派遣后党分子刚毅前来江南巡行侦缉。刚氏到江苏后，派人四处巡访、传话，企图找到翁同龢与经元善通电及与康、梁等人往来实据，加害于他。当时缇骑四出，风声鹤唳，翁同龢的处境极为险恶。为免遭不测，翁同龢特地从城内周九林刀剪店购买了一把剪刀，又在瓶隐庐旁挖了一口深井，随时作自裁之用。又将历年日记四处转藏，并将其中有关荐康和与康氏往来的文字删掉，将肯定康、梁的文字加以改削，改为"诽谤"语气，甚至是"丑诋"的文字，如"鼠辈谋逆"、"狂生"、"狂徒"之类。日记中甚至有挖补贴改的，将"康有为求见"挖改换贴成户部司员"陈次亮炽求见"。将他与康有为光绪二十一年闰五月初九日会面，改为与李慈铭会面，而其时李氏早已去

---

〔1〕　参见金梁：《近代人物志》，台湾新文丰出版公司1978年版。

世。[1]总之极力否认自己的"荐康之举"。原本光绪二十三年十一月十八日，康有为因上书不达，心灰意冷，准备南归，他得知后，退朝后亲自去南海会馆会见挽留，现干脆将这一天日记撕掉，另贴一纸。但凡提到维新人士，感到对自己不利的，大多张冠李戴，一一涂改为他人、他事。对于有些他认为对个人无政治风险、当时其他士大夫官僚亦持异议的康有为的著作，如《孔子改制考》、《新学伪经考》，他予以非议和否定的文字基本保留未动。至于同谭嗣同、黄遵宪、杨锐、徐致靖等人的来往文字虽有"保留"，但亦有篡改的，如原先将谭嗣同写为"世家子弟中杰出者也"改成"世家子弟中桀骜者也"。日记未改前的文字真面目究竟是什么样，只有翁氏本人知道。在他死之前，日记"密不示人"，后人也未必知道。他后人看到的，已只是翁氏删改后的留存日记。翁万戈先生在《翁同龢日记》后记《附录》的列举也难云全面。翁同龢为了避祸、自保，这样做，可以理解。虽然整个日记内容对照《清实录》和《东华录》等官方档案史料大致不谬，但具体历史事件如此改删，实在令人遗憾。这样做的结果，不但使日记本身失去了历史的真实性价值，而且也使翁同龢作为一名帝师、政治家的严正形象严重受损，他的正直、无私、坚贞大打折扣。难怪后来金梁见了，对日记的真伪表示怀疑，一处内容作假，其他内容就会使人怀疑不信。以至长期以来，学者不敢轻意引用。

翁同龢因为避祸自保，将日记内容删削改篡，已令人疑窦重重、不敢使用了。更有甚者，1924年商务印务馆涵芬楼将其日记影印时，翁同龢的门生张元济为了"师讳"，其曾孙翁之熹为了"祖讳"，又将日记中一些在他们看来不合时宜、有碍先师形象，以及可能引起还健在的当事人或当事人后代不快的内容也一并删削，如对郭嵩焘、李鸿章、斌椿、张树声等人的评论，对西学的态度等。这样删改，使人们更加重对翁同龢日记内容的不信。即使有人看出其中的真和伪，也还是不敢轻意利用。难怪台湾的赵中孚先生在影印日记时，干脆将涂改、添加和看不清的内容删去不印，结果造成翁氏日记真面目更加模糊不清。

---

[1] 参见《翁同龢日记》第八册附录。

参加乡邦文献整理，以书画消遣度日

不能为仕报效朝廷，仍可造福桑梓。翁同龢山居期间，正逢当地士绅邵松年、庞鸿文、陆懋宗、李士瓒等人计划修纂《常昭合志》。常熟自雍正年间割治分出昭文、常熟两县，中经乾隆、嘉庆、道光、咸丰、同治、光绪，一百多年来，县志一直未曾重修过。随着岁月的流逝，人事的变迁，两县史上许多重大事件后人少有知道，常、昭同城，向无合志。戊戌以后，常昭籍不少京官因遭顽固势力排斥打击，革职回籍。回籍后感到无事可做，遂决定重修县志。应邵、庞等人邀请，翁同龢亲自参加和指导了新县志的编写。搜集整理明清以来有关常昭的方志和文献资料，为新县志提供了大量史料。除了家藏资料外，他还通过俞钟銮、俞钟诒、俞钟颖、赵价人、居住苏州的汪鸣銮、费屺怀等人借阅了不少有关常、昭地方乡镇志书和私人收藏的资料，如吴熊光《伊江笔录》、《蓻溪续录》、《龚志》、《桑志》、《榆志》、《海虞遗事杂钞》、《阁讼纪略》(是书记温体仁与钱谦益攻讦事)、《张汉儒揭钱谦益、瞿式耜奏稿》(内中多关常熟地方如冯舒等人事)、《牧斋遗事杂录》(多关钱、柳(如是)故事)、《潮兴纪略》(多关常、昭自然灾害)、《虞邑先民传》、《海角遗编》、《潮灾纪略》、《于侯政绩纪略》、《虞山妖乱志》、《海虞贼乱志》等地方政事，人事。为了弄清常昭史上的某一个史实，甚至托家中侄孙到苏州抱芳阁、上海九华堂、扫叶山房、同文书局等书肆店铺购买。1903 年(光绪二十九年)后，县志稿部分初稿写成，翁同龢又抱病认真审阅，加工修改。后来县志修成，因其革职编管，在纂修人员名录中一时难以具列他的名字。然而常昭绅民一直未忘记他为《常昭合志》作出的贡献。

翁同龢自幼在父兄的指导下练字写诗。年轻时就有能诗、能书之名,步入官场后,与王公大臣广联翰墨之缘,由是诗文大进,书名大噪。不过诗文内容大多为官场应酬之作。开缺革职后,其诗作内容和风格都发生了变化,在籍时的诗作不少是怀旧内容,追忆仕居京华蒙受圣恩的往事,流露身在江湖的魏阙之思;大多诗作则是反映当时当地农民的苦难生活。此时他同下层社会有了较多接触,对人民的生活有了进一步了解,因而写了不少乡土气息很浓的诗作。有些如《福山行十首》近似山歌之作,反映了19世纪末江南农村的贫敝、破产。有些诗,如《罗烈妇》一诗,通过农家女罗氏因地主逼债,夫死子亡,自己最后被迫跳海自杀的悲惨遭遇,揭露地主不仁和封建礼教杀人。《癸卯三月二日舟中即事》一诗则抨击了吏胥的横行不法,人民有苦无处伸张的严酷现实,表达了对人民苦难的无限同情。

翁同龢当政时,常以临帖作画自娱,作为一种自我精神上的放松和调节。开缺革职后,已无事可做,因而专心致志,刻意攻书。"日临汉碑帖数十字","习八分及六法为课"。除了练习草书,还学习回腕,兼习篆隶。他工书非常刻苦,虽寒冬酷暑,未尝中辍。还非常注意吸取前人及当代书家的经验和长处,如铁保、刘文清、何绍基、伊秉绶、赵之谦等人的书法风格,如平直,如运腕用臂、如藏锋、如顿挫清圆等,博采众长,逐渐形成了自己的风格。有得其断缣零星者,珍若至宝。《翁松禅家书》一书编者周张礼在是书前言中说:"书法自罢归后,人尤贵之,其非以宰相重也。"《翁常熟书扇集》一书中则说他"晚年待罪里第,法书亦能变化莫测,真能脱赵(孟頫)、董(其昌)而参平原(颜真卿)者,世谓石庵(刘文清)后,惟公可以继询(欧阳询),轼(苏轼),确认也。"《清代轶闻》一书说:"其书不拘一格,为乾嘉后第一人。……晚年造诣实远在覃溪(翁方纲)、南园(钱沣)之上。"学者杨守敬在一篇回忆文章中说:"三十年前于京师论当代书家,断推常熟翁公为第一,今觇遗墨,如老罴当道,百兽震慑,自颜平原以后,无此风格,世有知者,不我河汉。"[1]评论他的书法的还很多。此处不再介绍。他的字至今仍被视为"墨宝",为书法爱好者所收藏。

---

〔1〕 谢俊美:《翁同龢传》,中华书局1994年版,第564页。

翁同龢偶尔也作画,山水、人物均有,信手绘来,随意点染,古趣盎然,"多以书家笔法,写文人的意境。"大多为破闷解愁之作。很有些功力。他说"偶然舐画笔,聊以破愁颜","仆以病体,守拙山中,离群索居,同于木石,偶有书画,聊用遣怀"。正如梁启超所说,惜为书名所掩,世人知之甚少。20世纪30年代,上海有正书局曾以《翁松禅山水册》影印行世。

"大千世界微尘等,何事长留未了因"

政治人物的大起大落,历史上屡见不鲜。遇到这种情况,一是忧郁而死,一是寻求精神解脱。而精神解脱的方法,往往求助于佛经教义,希图藉此使自己心灵趋于平静,精神肉体得以解脱。依据目前流行的说法,中国大乘佛教包括禅宗、净土宗、律宗和教下的天台宗、三论宗、华严宗等八宗。在八宗中,以禅宗对社会影响最大,对士大夫的影响尤为深远。佛教认为浮图之义往往与《易》、《论语》相合一。"释之书有大报恩七篇,咸言由孝而及其业"。禅宗的教义与传统的老庄哲学对自然、社会与人的态度相近,他们都采取了一种准泛神论的亲近立场,要求自身与自然合为一体,希望从自然中吮吸灵感和了悟,来摆脱社会、人世的羁绊、烦恼,获取心灵的解脱。自宋代以来,一些著名的官员、文人,无不与禅宗有着或多或少、或深或浅的瓜葛,如苏东坡、黄庭坚、柳宗元等均有类似的情况,他们"似僧有发,似俗无尘",他们被佛界你为"居士",虽信佛,但有家;虽有家,但皈依佛法。翁同龢显然属于黄、苏、柳这类情况。革职编管后,筑瓶庐于虞山西麓,"老去襟怀渐近禅,岩扉寂静谢尘缘"。自号"松禅"、"瓶庐居士"、"松禅老人"。日读《法华经》数页,月读《法华经》一遍,"以静吾心",过着似僧非僧的生活。

晚清禅学的特点之一,即禅学日益大众化,士大夫的文字大多带禅的意味。翁同龢晚年日夕诵读《法华经》,说到底就是要将经义中的有关内容改造成供自己受用的思想养料,造就一种随缘任运的处世态度,来对待人生的出处穷通,行藏用舍。具体地说,就是要摆脱当时难堪的处境,从残酷的现实中找到自己的一叶宁静。

佛的本意就是觉悟的意思。"佛法至要,本乎明心。"佛法是觉悟人法,是要一切众生觉悟自己的本心(即佛心),领悟到心即佛、众生即佛的本来面目。

士大夫参禅必须先要有话题,由有话语、话题,进到无的境界。自宋代以来,僧徒乃呈士大夫参禅的办法大致有文字禅、看话禅和默照禅。所谓文字禅,就是借助文字的形式来体现禅门旨趣、见解、禅意等禅修方式,乃至禅宗历史等内容,主要采用古德语录、公案话头、禅门偈颂、文艺诗歌等形式来表达。这种禅修法又叫"绕路说禅",不点破,意会而已。所谓看话禅,用宋代高僧径山宗杲的话来解释,就是叫人单看话头,发起猜疑、日用间舍等一切伎俩,直到"参透"言相而消解言相意路,回到无言相的前语言、前意识状态,境界豁然开朗而破疑、怡人。看话禅的具体作法,就是聚精会神地参究一段语句或字的任何含义,将所参的语句或字仅仅当作克服"妄念"和"杂念"通向"无念"或"无心"的解脱境界的一种手法。所谓默照禅,就是主张用神秘的"默"或"照"知道真相。类似于今天的心理学,以其无所建立,无所着意的"默"和"照"来敲开"本来面目"的神秘大门。

从目前所见到的翁同龢资料来看,特别是他的诗歌中虽偶然见有禅门偈语,但总的来说,翁同龢在佛经教义方面并无文字禅方面的内容,他对禅宗经义本身既无发明,也无阐释。他的参禅修法主要集中在看话禅和默照禅,其中又主要是看话禅。如讲书房,则言"西清帷幄,恍如隔世";听陆襄钺(吾山)讲两宫西巡之事,则说"如讲天宝遗事,如梦如幻",等等,晚年诸多回忆文字,率多缘于看话禅,但参禅的话头并不多,而所参程度极为有限,他说"老来襟怀渐近禅"[1],这是自我标榜,其实根本未进。他读经参禅其根本目的还是"经为己用",带有明显的实用性和功利性。

这种看话禅的参法,严格地说,必须要有充分心理条件和文字修养工夫,方能力大功深。首先要有参话头,"以话头破万疑,开真心地",按照禅门大德虚云法师的话说,就是要"明悟自心,澈见本性",即"明心见性"。一话头摄万法,方能砭疑成悟。所参话头只是一把切断熟悉的"刀",以此"一"扫荡一切烦恼,使心灵

---

〔1〕 参见翁同龢:《题顾谔一"鹤庐图"》,《瓶庐诗补》卷一。

空静,话头要放在日常生活中参,于行立坐卧,刻刻留意。

参话头的首要条件是"静心",放下颠倒心、分别心、心厌心等,"但将妄想颠倒心、思量分别底心,好生恶死底心、知见解会底心、欣静厌闹底心,一时按下,只就按下处看个话头"。也就是将能思之心放下,此时之心虚空无有一物,话头始现,久久得虚静之用。其次,要有个入手处,即"须自有个明白处始得,若非明白处,唤然造次参学,则无究了之旨"。从这两个条件来看,翁同龢并不具备,或者说,根本未按禅门参禅的路子去做。他始终未能"静心",去找话头。在他晚年的日记和有关文字里,始终留念在朝的风光岁月,丝毫没有对自己廷对时,向光绪帝"大声发声"的反省和忏悔;没有对与自己政见不合的同僚动辄"大声训斥"或"拂袖而去"的作风表示丝毫歉意;没有对自己施政中"先入为主"的专断、对国家造成失误表示任何自责;他不停地删改自己的日记,凡是于己不利的文字和人事加以删改,更多的是为自己往昔的言行进行辩护,甚至诿过于政敌。"侍讲帷四十年,寒暑风雨未尝一日请休沐,朝夕纳诲,于列圣遗训、古今治乱,反复陈说,曲尽其理。"始终认为自己过去在朝尽瘁王事,并无大错。对于未来,一直充满不切实际的幻想。1899年(光绪二十五年),他的政敌、军机大臣刚毅奉旨巡视江南,翁同龢竟然忧谗畏讥,头戴小帽,身坐蓝布小轿,前往苏州与刚毅"会面",门生张一麐斥其此举"极不得体"。诸如此类还有。足见其常情未断,名利之心缠绵不去,并未真正去话头,"明心见性"。

看话头的第三个条件是耐心。静心参修是一个漫长的身心俱进的过程,急切不得。这点在翁同龢身上表现得也非常突出。他越是急切地想摆脱面前的烦恼,就越是摆不脱。始终未能做到心无挂碍、身心平和地去总结过去,面对现实。当然现实的震荡也让他难以静心,他一直处于惶恐不安与幻想之中,常常夜间"闻霹雳声",梦魔缠绕,惊惧而醒。惟恐遭遇到不测,特地在瓶庐门边凿井一口,"随时作自裁之用"。1904年(光绪三十年)慈禧太后颁谕"赦免"戊戌案内人员,又引起他的幻想:"微臣若邀此宽典,虽一息尚存,当伏谒君门。"事实上,直到他去世,帝、后仍余恨未消,根本不会宽赦他。如不是宣统改元,他与两江总督端方的一段惜缘,奕劻、那桐、盛宣怀等人从中帮忙,江南官绅人士的大力呼吁、奔走努力,他根本不可能顺利地开复处分。

所谓默照法，就是静坐守寂的方法。"默"是空心工夫，是定功；"照"是见性体空的过程。默、照一体无二，默与照依存，默处即照，照功即默。静坐守寂的"默"与观照空相的"照""虽空而妙，虽虚而灵，虽静而神，虽默而照。"它不需要参禅者抛弃世俗生活，"茶里、饭里，喜时，怒时，净处、秽处，妻儿娶头处，与宾客相酬酢处，了私门婚嫁处，都不受影响"，它不要求参禅者"咬菜根，苦行志"那样去枯坐。禅宗主张不要著于言默相，认为"默若有相，仍是奠缚"，若做到"言若离相"，方能"处处解脱"。翁同龢时有"默念此生"的事，但纵观他的"默""照"参禅功夫很浅，或者说，近乎没有，始终是"默照分离"，"言默皆背"，默里有相，"背觉含尘"，未能达到清净解脱的地步。

翁同龢参禅修法始终停留在有限的"自谴"和有形的（如删改文字之类）"避祸"，未能入参到"无我"的虚空及"返朴归真"的地步，还与其"境界"有关。这里的所谓"境界"包括外境界和内境界。外境界指身外环境而产生之心理现象；内境界是指自己内心的思想，诸如回忆、猜测、推敲、思考等。在这方面，外境界始终处于未变的状态：一方面是政治环境对他越来越不利，继戊戌政变、谭嗣同等"六君子"被杀之后，接着是"废立事件"，又接着是义和团运动发生，袁昶等"五大臣"被杀，八国联军侵华、帝、后西逃、辛丑议和……这些虽与他无直接关系，但均与甲午中日战争中国战败、戊戌变法有着某种联系，与其有关联，不少臣僚仍在追究他在职时的责任，使他深感恐惧；另一方面，由于他立朝四十余年，又久典闱班，多次主持乡会试，故门生弟子遍布朝内外，其中有不少人为他"辩解"，对他表示"同情"，甚至为他鸣冤叫屈，这就助长和增添了他的侥幸心理。当然，他的家族也抱有受屈的心态。翁同龢出殡之日，翁氏后人以"天子门生"、"门生天子"两牌开路，讣告上写满了翁氏生前担任的各种大小官职和太后、皇帝的各种赏赐，最能表达翁氏家族对朝廷的不满。他们当然不会去改变他的心态，帮助他参禅入悟；外环境的这两种情况严重束缚了他的内境界，使他内境界的入参始终无法顺利地进行，由此引起的内心的思想过滤、反思不能深刻，始终无法让自己的精伸引向解脱层面，只能使自己沉陷于惶恐、忧愁、侥幸、幻想的复杂交叉的心理状态。

翁同龢参禅无果还同他背负"世宦之家"出身这一沉重包袱有关。常熟翁氏本来出身寒微,翁咸封以上数代连,"炊饮不继",一日三餐都很困难,只是后来中举才逐步改变命运。翁咸封以后,从翁心存到翁同书、翁同爵、翁同龢,再到翁曾源、翁曾桂、翁曾翰、翁斌孙等,不是父子同朝,同为帝师,就是兄弟同为督抚;不是叔侄连魁,状元及第,就是祖孙同时入闱,衡文拔士,如此显赫家族,当时实属罕见。"臣世受国恩",家族显赫的声势,个人的功名地位,世代为官带来的巨大利益诱惑,在翁同龢那里已根深蒂固,时至今日,翁氏后人一提到显赫的家世,犹津津乐道,沾沾自喜,并以此为荣,骄矜傲人。可以想见,在翁同龢政治上遭到雷电般的强击之后,要他在短时间内,靠几本佛经、几句参语就能彻底了悟,知过自谴根本不可能。境界,无论是外境界,还是内境界,从哲学上说,都是客观的,清楚而明朗,如同镜子一般。但对于世代为官、功名利禄久系于心的翁同龢乃至整个翁氏家族来说,是很难抛弃原先的心理和思维方式的。在这种情况下,要他逼着心灵和思维方式的转变,即"自识本性"是很难做到的,也是不现实的。

1904 年 7 月 4 日(光绪三十年五月二十一日)翁同龢去世,死前自撰挽联:"朝闻道,夕死可矣;今而后,予知免夫。"他在这里讲的"道"是什么?大可探究。作为佛学上的"道",既包括自然宇宙万物及其生灭变化,也包括人间圣贤、愚蒙及其生死兴亡。而儒家之"道"则指礼乐诗书礼仪、三纲五常等。翁同龢这里讲的"道"显然不是释道的"道",而是儒家的"道"。在临终前,翁同龢还向守候在他身边的家人口占一诀:"六十年中事,伤心到盖棺。不将两行泪,轻向汝曹弹。"他的自挽诗和临终口诀,当然不是一时即兴而发,而是深思熟虑已久。由此看出,他直到去世之前,精神状态始终还处在世俗层面,内心充满了怨恨。对外境的强烈排斥和抵制,强化了他内境的株守,心理变得日益狭隘,这当然是苍白无力和万般无奈的反映。从参禅修法的视角来看,他无法进入悟道,结果只能是"默照脱节","言相纠缠",以致人们对他的参禅不能不表示怀疑,虽不能指为标榜,至少可以说是失败的。就如同雪岩道钦禅师所说的那样:"未做实到工夫"。径山宗杲大师指出:"士大夫在逆境时,烦恼缠身,急求解脱,于是参禅修法。及乎世事顺心,就不知不觉中把禅忘了。"在悟道上希求速效,当遇到棘手事、麻烦事,束手无策,其所学为文字,一知半解,只是空谈,落不到实处,无有是处。又说:"今时士大夫学道,多是半进半退。干世事上不如意,则火急要参禅;忽然世道遂顺,则便罢参,为无决定信故也。"出现这种现象与士大夫处境优越有关:"世间……受富贵底,身上既常服,肚里又常饱,既不被这两事所迫,故又多一件不可说底无状,以故常在生死魔网中无由出离。"〔1〕士大夫因为富贵,衣食无忧,所以修炼时在生死魔网中出不去,解脱不了,不能见性。

翁同龢是晚清政坛上有影响的人物,他的参禅修法只是他思想行动的一部分,但人们从中不难看出他人生中的某些致命弱点。政治上,如他自己所言,常常"机智自用",投机取巧。朝廷议事,"往往巧藉事端,刺探圣意",以致引起光绪帝的不满,斥责他"其跂扈情形,事后追维,殊堪痛恨"。在文事上,一直以己见为主,听不得他人意见。如在户部任上,与徐用仪、孙诒经、张荫桓供事,常常发生不愉快的争论。殿试录取张謇为元一事最为典型,大学士张之万为主考官,翁氏执定己见,非张氏为元不可。张之万因他身为帝师,便不愿与之计较。与其他同僚议事,率多如此。以致长期以来,他仰仗帝师身份,处处"得意",事事"顺心",养成一种"唯我独尊"、自以为是的作风。一旦遇上横逆,便陷于孤立,无可收拾。金梁在《四朝轶闻》一书《翁文恭》一文中概括了他一生人际交往与晚清朝局关系,虽不完全,但足资参考:

> 翁文恭公同龢以帝师而兼枢密,预闻军国,实隐操大权,而周旋帝后,同见恩宠,亦颇不易也。自垂帘听政,主威渐替,朝臣南北,各分门户,恭、醇阅墙,又适授人以隙,纷嚣益甚矣。翁初善恭而继附醇。甲申引孙毓汶,意在易恭,竟并及己,非所料也。甲午起,恭终复逐孙,乃挈张荫桓为己助,张既得宠,翁不能无动,而康有为适求进,遂并荐之。不意张、康渐合,共邀特遇,翁之进退乃维谷矣。光初朝局系翁一言,同僚议事,偶有不合,翁辄怫然,常入报帝,必伸己意,众已侧目。而文恭公受挫,积憾尤深。病笃临视,太后问(恭王)遗言,泣奏翁心叵测,并及怙权,遂骤下罢斥之谕,或谓孙(毓汶)实代草,所述皆翁对恭状,而引入严旨,乃成跂扈权臣矣,翁实不能负此重咎也。论者谓翁如不行,戊戌政变或不遽作,翁必有术焉以调和其间。翁日记亦自

---

〔1〕《大慧语录》卷二十七。

言老臣如在,必不任决裂至此。翁好延揽,而必求为己用,广结纳而不能容异己。沈桂芬、李鸿藻、王文韶、阎敬铭,初皆交好,终至参差。即与潘祖荫同值,亦不免意见。至礼(亲王)世铎、庆(亲王)奕劻、荣禄、刚毅更久为所轻,故遇变乃争下石矣。翁以忠恳结主知,能持大体,亦无愧良相,惜不为众所谅,卒被斥逐。而两宫之争逐日甚而不可救云。凡上所述,同光朝政,大略可知,自此以往,谁实操纵之,不忍言矣。[1]

朝局如此复杂,人际关系那么紧张,自己又不能痛加反思,虽归田里,心实难以宁静。所以,似僧似俗的参禅修法,他根本无法也不可能入悟。"大千世界微尘等,何事长留未了因。"他的这两句诗写得不错,可惜并未根绝尘缘,因为诸多因素不能放弃,所以最终未能找到解脱的"未了因"。

儒、佛两道,并不相同,这是一定之理。这里浅释翁同龢参禅修法是建立在儒、佛两道融会的前提下进行的思考,而不是主要从仁、义、礼、智、信、忠、孝等体现儒家核心价值的伦理层面上的发论。儒、佛融会多是从正面上劝善戒恶,正人心术。心术不正,则奸邪惟利是趋;心术正,则忠义惟理是从。"菩提心则忠义心也",各异而体同。强调佛教的菩提心即儒家的忠义孝道。"忠义孝道乃至治身、治人、治国、安邦之术,无有不在其中",亦即《妙法莲花经》中所说的"常在于其中,径行及坐卧"的意思。这一观点,正好印证了翁同龢的仕宦人生。

---

[1] 中国史学会编:《戊戌变法》(四),上海人民出版社1957年版,第222页。

附录
翁同龢生平大事简表

1830 年(清道光十年)　1 岁

5 月 19 日(四月二十七日)生于北京内城石驸马大街罗圈胡同寓所。父亲翁心存时任翰林院侍讲。

1835 年(道光十五年)　6 岁

4 月,在常熟原籍择师进学,师从朱启宇先生读书。

1836 年(道光十六年)　7 岁

11 月,父亲补授大理寺少卿。同月,随母回到北京。

1838 年(道光十八年)　9 岁

5 月,祖母张太夫人年八十岁,父亲奏请回籍告养,得旨允准。

6 月,随父母回常熟。

1839 年(道光十九年)　10 岁

在父亲和兄长翁同书及姐姐寿珠的指导下,始读《资治通鉴》、《周礼》、《史记》前后汉书等。

1840 年(道光二十年)　11 岁

4 月,三兄翁同书考中进士。

6 月,英国发动第一次鸦片战争。

7 月,英军入侵江浙。随父母避居苏州灵岩山蒋氏丙舍及苏州阊门吉庆街汪藻家。

1841 年(道光二十一年)　12 岁

是年从李元瑛先生读书。开始学写试帖诗,诗有佳句,常为父兄称道。

6 月,英军入侵长江。随父避难常熟西南乡卫家浜颂芬堂。

1843 年(道光二十三年)　14 岁

3 月起,始作八股文。

10 月,就读县学游文书院。

1844 年(道光二十四年)　15 岁

1 月,赴苏州应府试。遄入场,闻大姐寿珠去世,遂反棹归家。大病四十余日。病后自署"瓶居士"。

1845 年(道光二十五年)　16 岁

9 月,应院试中式,入苏州府学紫阳书院读。

1846 年(道光二十六年)　17 岁

9 月应金陵乡试,卷出高篙渔房,"力荐未售"。

1848 年(道光二十八年)　19 岁

8 月,三兄翁同书任贵州学政。

9 月,应拔贡试,取第一名。科试正案,亦列第一名。

1849 年(道光二十九年)　20 岁

4 月,随父母入都,居兵马司中街寓所。

5 月,与太常寺少卿汤修之女汤松(孟淑)结婚。

11 月,赴金陵,应江南乡试,未中。

1850 年(咸丰元年)　21 岁

7 月,应礼部拔贡试,朝考列一等第五名。引见后以七品小京官用,分发刑部江西司行走。

12 月,派充实录馆详校官。

1852 年(咸丰二年)　23 岁

5 月,道光朝实录告成,议叙以实缺小京官用。

9 月,应顺天乡试,中式第二十七名。

1853 年(咸丰三年)　24 岁

7 月,于户部捐铜局报捐,引见后作为额外主事用,仍在刑部江西司行走。

1856 年(咸丰六年)　27 岁

4 月,应会试,中式第六十三名。复试列一等第二名。殿试一甲第一名,状元及第。

授翰林院修撰。派充实录馆协修,署纂修官。

1858 年(咸丰八年)　29 岁

5 月,夫人汤松去世。

7 月,奉派为陕西乡试副考官,正考官为潘祖荫。

三兄翁同书授安徽巡抚。

9 月,授陕西学政。

1859 年(咸丰九年)　30 岁

1 月,以足疾陈请开缺,得旨允准。

1860 年(咸丰十年)　31 岁

3 月,户部官票所"五字号"一案发生。父亲奉旨革职留任。

5 月,庶常馆散馆试,列一等第二名。

6 月,纳妾陆氏。

8 月,授武英殿纂修官。

同月,英法联军进攻北京,咸丰帝挟妃嫔逃往热河,命奕䜣、文祥、桂良等办理和局。

9 月,侍父母至房山避难。

10 月,英法联军焚抢圆明园。太平军攻占常熟。

11 月,派充文渊阁校理。

1861 年(咸丰十一年)　32 岁

7 月,三兄翁同书因办理寿州绅练仇杀事件不善,被两江总督曾国藩参劾,奉旨交部议处。

8 月,咸丰帝病死热河。载淳继承皇位。

11 月,慈禧联合奕䜣发动政变。诛杀载垣、端华、肃顺,夺得政权。同治帝即位,慈安、慈禧垂帘听政。奕䜣为议政王,佐理朝政。

父亲翁心存奉旨销假,以大学士衔管理工部事务。

1862 年(同治元年)　33 岁

2 月,三兄同书到京。曾国藩劾奏三兄办理寿州练、绅仇杀事不善,部议以失守罪名,入狱论死。

3 月,父亲与祁寯藻、倭仁奉命在弘德殿行走,授读同治帝。

4 月,派充会试同考官。

8 月,充山西乡试正考官。

11 月,派充日讲起居注官、实录馆监修总裁。

12 月,授詹事府左赞善。同月,父亲病逝,赐谥"文端",赠太保,入祀贤良祠。

1863 年(同治二年)　34 岁

是年在京守制。

6 月,三兄同书之子翁曾源参加恩科会议,殿试一甲第一名,状元及第。

1864 年(同治三年)　35 岁

2 月,三兄同书蒙恩释出,遣戍新疆。

5 月,三兄奉旨改赴甘肃都兴阿军营效力。

10 月,五兄同爵授湖南盐法常宝道。

1865 年(同治四年)　36 岁

4 月,补詹事府右赞善。

6 月,奉派参加纂辑《咸丰朝筹办夷务始末》。

7 月,迁詹事府右春坊右中允。署实录馆总校官。

12 月,奉旨在弘德殿行走,授读同治帝。进讲《帝鉴图说》一书。给两宫皇太后进讲《治平宝鉴法编》一书。

同月,三兄同书病逝甘肃花马池军营。特旨开复原官,照军营立功例赐恤,谥"文勤"。

1866 年(同治五年)　37 岁

4 月,擢翰林院侍讲。

5 月,以咸丰朝实录告成,优叙,赐四品衔,遇缺题奏。

1867 年(同治六年)　38 岁

是年编录《列朝圣训》及《开国方略》,每日在书房进讲。

1868 年(同治七年)　39 岁

1 月,升詹事府右春坊右庶子。

9 月,告假回籍安葬父亲、三兄同书灵柩及夫人汤松灵柩。

1869 年(同治八年)　40 岁

1 月,擢国子监祭酒。

2 月,五兄同爵授陕西布政使。

1870 年(同治九年)　41 岁

3 月,奏请恢复太学,重修南学官舍。

7 月,天津教案发生,与孚郡王、李鸿藻等联衔上折,主张议和了结。

同月,迁太仆寺正卿。

1871 年(同治十年)　42 岁

8 月,擢内阁学士。

1872 年(同治十一年)　43 岁

1 月,五兄同爵授陕西巡抚。

2 月,母亲去世。皇太后遣使致祭。

5 月,回籍丁忧。

11 月,同治帝亲政。推恩赏头品顶戴。

同月,偕翁曾源前往江苏孟河求医。

1874 年(同治十三年)　45 岁

5 月,服阕返京。

9 月,与奕譞、李鸿藻等联衔奏请停修圆明园工程。

10 月,五兄同爵授湖北巡抚。

1875 年(光绪元年)　46 岁

1 月,同治帝去世。慈禧择立载湉为帝,承嗣咸丰,改年号光绪,宣布再次垂帘听政。

同月,奉旨与奕譞、载龄、荣禄查勘同治帝惠陵陵址。奉派为惠陵承修大臣。

9 月,署理刑部右侍郎,奏请重审杨乃武一案。

11 月,派充顺天武乡试正考官。

1876 年(光绪二年)　47 岁

1 月,与兵部侍郎夏同善在毓庆宫行走,授读光绪帝。

2 月,擢户部右侍郎,兼管钱法堂事务。

1877 年(光绪三年)　48 岁

4 月,翁曾源之子翁斌孙考中进士。

8 月,五兄同爵病逝湖北巡抚任上。翁同龢由沪乘轮前往武昌办理丧事。

1878 年(光绪四年)　49 岁

2 月,侄儿翁曾桂京察一等。

6 月,嗣子翁曾翰(原五兄同爵之子)回籍奔丧返京途经天津染上伤寒病逝。

6 月,擢都察院左都御史。

1879 年(光绪五年)　50 岁

2 月,授刑部尚书。

5 月,调任工部尚书。

6 月,生日。天子遣使登门祝寿。

1880 年(光绪六年)　51 岁

1 月,奉旨参加会商中俄伊犁问题交涉。

3 月,奉派查办万青藜被参案。

4 月,派充会试副总裁。

11 月,奉旨参与会商中日琉球问题交涉。

1881 年(光绪七年)　52 岁

2 月,奉派管理国子监事务。

4 月,奉旨恭理慈安太后丧礼。

1882 年(光绪八年)　53 岁

5 月,以海防、洋务折件六十余件交光绪帝学习批阅。

7 月,与李鸿藻、麟书等联衔复奏整理国子监、八旗官学折。

9 月,奉派管理户部三库事务。

10 月,奉旨查办云南军费报效舞弊案。

12 月,命在军机大臣上行走。

1883 年(光绪九年)　54 岁

4 月,中法越南问题交涉发生。军机会上,力主开放红河,允各国通商。

9 月,进呈新修工部则例。

12 月,慈禧传旨:"皇帝身边有不遵法度者,翁同龢即指名参奏。"

1884 年(光绪十年)　55 岁

4 月,军机处改组,奉旨革职留任,退出军机处,仍在毓庆宫行走。

11 月,慈禧五旬万寿庆典,奉旨开复革职留任处分。

1885 年(光绪十一年)　56 岁

9 月,派充顺天乡试副考官。

12 月,与潘祖荫、孙家鼐等联衔上折,奏请将黄宗羲、顾炎武从祀京师文庙。

1886 年(光绪十二年)　57 岁

1 月,调补户部尚书。

3 月,与潘祖荫等第二次联衔奏请将黄宗羲、顾炎武从祀京师文庙。

5 月,充会试殿试读卷大臣。

7 月,慈禧宣布明年正月撤帘归政。与伯王、奕劻等联衔,请慈禧暂缓归政。

10 月,派充会典馆副总裁。

1887 年(光绪十三年)　58 岁

2 月,以赶办制钱一事不力,奉旨革职留任。

3 月,光绪帝"亲政",实际仍由慈禧操控政权。

4 月,慈禧面谕翁同龢:"书房汝等主之,退后我主之。"

5 月,奉派为雍和宫监修大臣。

7 月,奉旨筹措光绪大婚典礼费用。大婚典礼实际用银 550 万两。

9 月,谏阻李鸿章与美商合资开设华美银行。

10 月,黄河在郑州决口。为筹措堵塞决口经费,奏请停办《海防事例》,另开办《郑工事例》。在《筹饷事例六条》中,规定以后不得购买外洋枪炮船械,以致在甲午战前,中国未向国外购买一舰。

1889 年(光绪十五年)　60 岁

1 月,以国家财政困难,与孙家鼐联衔,奏请缓修津通铁路。

5 月,天子遣使祝寿。

8 月,告假回籍修墓。

1890 年(光绪十六年)　61 岁

6 月,奉派阅贡试复试卷。

7 月,与顺天府尹陈彝办理顺直地区水灾。

1892 年(光绪十八年)　63 岁

3 月,恭代撰拟奕谟墓碑碑文。

4 月,派充会试正总裁。

8 月,派充会典馆正总裁。

1893 年(光绪十九年)　64 岁

1 月,奉旨列名办理慈禧六旬万寿庆典大臣。

2 月,奉旨查办顺天府尹孙楫被参案。

9 月,派充顺天乡试正考官。

1894 年(光绪二十年)　65 岁

1 月,派充国史馆副总裁。

5 月,奉派新贡士复试阅卷大臣,殿试读卷大臣。张謇一甲第一名,状元及第。

7 月,以朝鲜东学党起义,日本增兵朝鲜,奉旨列席军机会议,会商中日朝鲜争端事宜。力主增兵朝鲜、调东三省兵入朝,抗击日军侵略、若日本撤兵,中日可以会商谈判。

8 月,清朝对日宣战。翁同龢"佐少主",全力支持光绪帝主战。

9 月,平壤清军溃败和黄海海战后,奉懿旨,秘密赴天津,传达令李鸿章与俄使喀希尼接洽中俄共保朝鲜懿旨。

10 月,日军将战火延烧到中国东北境内。军机会议时,力主聘用德国退伍军官汉纳根编练新军。被命督办军务处会办军务大臣。

11月,补授军机大臣。

12月,军机召见,建议和战并行,一面派张荫垣、邵友濂赴日议和;一面利用严冬,敌人行军接养困难,发动进攻。

1895年(光绪二十一年)　66岁

2月,李鸿章奉旨赴日本马关议和。李氏要求朝廷授其割地赔款之权。翁同龢表示"偿胜于割","若能办到不割地,多偿当努力","台湾万无割让之理"。

4月,日本强迫中国签订《马关条约》。规定中国割让辽东半岛、台湾、澎湖列岛,赔偿日本中国库平银二亿两等。三国干涉还辽后,力主请俄协助中国,不令割弃台湾。

7月,奉旨在总理衙门大臣上行走,兼管同文馆事务。负责筹措对日赔款。先后向俄法、英德进行三次大借款。

11月,与李鸿藻联名保举袁世凯办理编练新军事宜。

1896年(光绪二十二年)　67岁

2月,慈禧太后下令裁撤毓庆宫汉书房。翁同龢毓庆宫书房授读生涯至此结束。

10月,支持盛宣怀督办卢汉铁路,开办中国通商银行。

1897年(光绪二十三年)　68岁

4月,奉旨与李鸿章、张荫桓等向英德商借第三次对日赔款。

9月,被命为户部尚书协办大学士。

11月,山东曹州教案发生、奉旨与张荫桓办理对德交涉。

12月,康有为上书不达,决计南归。翁同龢亲往南海会馆挽留。

1898年(光绪二十四年)　69岁

1月,光绪诏见王公大臣,"以变法为急务",翁同龢对以"宜从内政根本变起"。

3月,奉派与李鸿章一起同德国签订《胶澳租借条约》。

4月,光绪帝欲在毓庆宫延见德国亲王亨利二世,翁同龢以其诸多不便,不赞同,遭光绪帝诘责。安徽布政使于荫霖参劾翁同龢、张荫桓误国无状,折留中。

5月,光绪帝令传知康有为,将所进变法书再抄一份进呈,对以"与康不往来",并以康氏所著《孔子改制考》为据,指康氏"居心叵测",再次遭光绪帝"诘责"。

同月,御史王鹏运参劾翁同龢、张荫桓在借款活动中朋谋纳贿。折留中。翁同龢说:"薰莸同器,泾渭杂流,元规污人,能无嗟诧。"

6月,光绪帝召见王公大臣,力言国是未定,"今宜专讲西学,明白宣示"。翁同龢对以"西法不可不讲,圣贤义理之学尤不可忘"。退后遵旨手拟宣布变法国是诏、开办大学堂章程谕旨。

光绪帝欲在宫内延见外国使臣,翁同龢力言不可,再遭光绪帝诘责。

同月,以"近来办事多不允协,屡遭人参劾,且于召对时咨询事件,任意可否,渐露揽权狂悖"等罪名,奉旨开缺回籍。御史胡孚宸再次参劾翁同龢与张荫桓在中俄交涉中受贿平分,慈禧批示极严,责以当办。因王文韶、廖寿桓叩请始免。

7月,坐海轮回籍。同月,致书两江总督刘坤一、江苏巡抚奎俊拨米赈济常熟西乡粮荒,平定西乡抢粮事件。

9月,前往南昌看望侄儿翁曾桂。慈禧太后发动政变,推翻新政。

10月,再遭严谴,奉旨革职永不叙用,并交地方官严加管束。

1899年(光绪二十五年) 70岁

1月,筑"瓶庐"于虞山西麓鹁鸽峰下。月读《法华经》一遍,兼读《易》、《庄子》、《荀子》诸书。临帖画、习隶书,遣度时日。其间,曾整理删改日记。

1901年(光绪二十七年) 72岁

4月,与入山探访的张謇"深谈时局"。

是年参加《常昭合志》编辑事宜,为邑志提供资料。

1902年(光绪二十八年) 73岁

1月,编辑三兄同书年谱。

1904年(光绪三十年) 75岁

1月,妾陆氏去世。

7月,张謇入山看望病中的翁同龢。病榻前,犹讨论时局,张氏说:"颇及宪法,老人极赞成"。同月病逝。病危时,向守候亲属口占一诀:"六十中事,伤心到盖棺;不将两行泪,轻向汝曹弹。"自撰挽联:"朝闻道,夕死可矣;今而后,予知免夫。"口授遗书,委托张謇代书。遗言丧事从简,身后不得铺张。是月4日(五月二十一日)夜分去世。葬虞山鹁鸽峰祖坟西偏方向。

1909 年(宣统元年)

5月,开复原官。

1914 年(民国三年)

3月,逊帝溥仪追谥"文恭"。

百年来翁同龢研究概述[1]

2003 年是翁同龢去世 100 周年,翁同龢纪念馆周立人馆长和陈丽峰副馆长决定编辑一部反映百年来学术界翁氏研究成果的书,想以此作为纪念,并约请我撰写一篇述评。他们的想法非常好,但任务有点艰巨,考虑再三,最后还是答应下来。

就我个人二十多年所阅读和接触到的文章、著作而言,百年来学术界对翁同龢的研究大致可分为以下几个阶段,具体论述如下。

一、翁同龢去世到新中国成立前(1904—1949)

这一阶段大致又可分为两个时段:从去世到 20 世纪 20 年代为一时段。这一时段发表的文章大多为悼念、纪念文字。多为他的门生故旧怀念他的文章和纪念他诞辰 90 周年的祭诗祭文,以及对他生前部分诗文的整理出版。一些笔记偶尔涉及对他甲午主战和戊戌变法的评价。从 20 世纪 20 年代到 40 年代末为另一时段。这一时段除了上海有正书局对他生前遗留文字、日记等影印出版外,许多学者在著作中还对他在晚清的重大活动进行评价,清史稿在编纂他的传时也对其进行了评论。这些文字从严格意义上讲,还处于资料整理阶段,根本谈不上是对他的专门研究。

---

[1] 原载《江海学刊》2003 年第 6 期,收入本书时有修订。

1. 从去世、开复处分到 20 世纪 20 年代(1904—1920)

1904 年(光绪三十年)7 月翁同龢去世后,他的亲朋和部分门生故旧分别在常熟和上海的常州八邑会馆设灵公祭。在常熟,俞樾(曲园)、汪鸣銮(柳门)、孙雄(师郑)、邵松年(伯英)、张謇(季直)、徐兆玮(倚虹)、张南陔(兰思)等都敬献了联幛。联语内容多半集中对他授读同光两帝、书法成就的称颂以及戊戌政变中遭受严谴一事深表同情。俞樾的挽联是:"白傅一篇醉吟传,绿图两代帝王师。"汪鸣銮的挽诗为:"黄扉归去白云身,翰墨流传自有神;千载是非君莫向,即论八法亦传人。"徐兆玮的挽联为:"戊戌政记,长安宫词,倦眼阅沧桑,更为师门增一恸;瀛海仙班,苏斋题跋,深心托毫素,即论余事亦千秋。"孙雄的挽联上联为:"怨李恩牛,朝局怀十年党祸,叹孤臣去国,寸心长恋九阍,若论彤史勋名,定魁宰相世系表。"盛宣怀、沈瑜庆、蔡钧、张元济等参加了上海的公祭活动。张氏将翁同龢比为北宋著名政治家、文学家欧阳修和司马光:"有宋名臣以文学政事显者曰欧阳修,曰司马光,求之近今,足与媲匹者,其为吾师翁公。"

20 世纪 20 年代,由翁同龢的门生陆襄钺生前出资银 500 两,将翁同龢的诗文遗稿以《瓶庐诗稿》的名义交武昌文华书局出版。其后,翁同龢的另一位门生张兰思编印出版了《瓶庐诗补遗》一卷、《校异》一卷、《词》一卷。冯煦、邵松年、孙雄同时为该书作序。冯氏在序中认为翁同龢戊戌开缺南归是不幸中之大幸:"宵人之百计中师以去之,正天鉴师之忠贞笃实,不欲使之与戊戌八月、庚子六月之变也",孙雄在序中则认为戊戌年间翁同龢"若不去位,犹正色立于殿陛之间,朝野惮其风采,则新之士即不次擢用,必不至卤莽灭裂以偾也",这大概是对翁氏支持维新变法最早的评价。

是年旧历四月二十七日,为翁同龢诞辰 90 周年。在京的翁同龢部分门生故旧组织"平社",在陶然亭公园举行雅集,以赋诗的形式进行悼念活动。关于这次活动的发起和组织,陈庆佑(公甫)在《陶然亭平社诗第一集·赋呈师郑吏部》的诗中说:"难得孙侯贤,结社祭瓶叟。"由此可知此次活动是由孙雄发起的。孙雄,字师郑,常熟人,光绪进士,官至内阁中书。1894—1895 年间住翁同龢京寓南院,曾协助翁同龢办理笔札,与翁同龢同乡、师、友三者兼而有之。参加这次活动的多达数十人,仅《平社诗集续集》中收录赋诗的就有 21 人,其中多为前清侍郎以下的大小官员和当时京师的俊彦、名流、学者。有曾任逊帝溥仪的师傅陈宝琛、陈三立、樊增祥、闵尔昌、左绍佐、王照、张一麐、齐耀琳、郭曾炘、吴昌绶、夏孙桐、易实甫等。有些人并未与会，其诗文是事后孙雄征集的，如邵松年、王乃徵、丁祖荫、张南陔等。他们在诗中叙述了翁氏生前同他们的交往、所受的教诲，讴歌了翁同穌的文章道德，披露了不少翁氏生前的活动事实，对翁氏甲午主战、戊戌年间的荐康、开缺等发表了不同的看法。值得注意的，由于这次祭悼活动是在清朝灭亡后的第八年，所以，他们的不少诗文借悼翁氏而着墨于"感怀世变"，对晚清吏治和民初社会政治的黑暗颇多抨击。

关于翁同穌甲午年间主战，孙雄和李岳葆（茹真）、杨济等人在诗文中均作了评论。孙雄在诗中写道："枚卜风承舜陛薰，相门有相绍衣勤；悬鱼旋马惩私积，走鹿惊麕慨偾军。"认为清军腐朽不堪是甲午战败的原因。李岳葆也持将帅无人导致战败的观点："痛饮新亭酒一筋，六军旗鼓昔严装；傥平东揍鲸鲵浪，焉有南飞乌鹊行。"杨济为杨泗孙（颍石）后人，在《瓶社第一次雅集序》中指出："议者往往以甲午之役为公病。余于是乎不能无说。惟时东邻以三岛之强凭陵上国，度刘我边陲，睥睨我臣民，凡有血气，莫不愤怒。公以为尊君攘夷，人同此心，遂发遇忠，蕲于一战，固不虞人之利，其灾而谋孽其后也。国之大病不在于公而在于人。征兵不至，至则不行，行则无械。宿将为壁上之观，雄镇无糇粮之助，是就致之然哉？呜乎，虎飞鲸跃，世熟视而莫敢谁，何独于一二纯臣攻击惨毒之不遗余力。所谓清议亦目论而已。虽然师徒挠败辱国失威，其祸蔓延至今益烈，九京可作有余憾矣。挽孤愤以雪国耻，放淫祠而阐幽光，是后死者之责也。"肯定了翁同穌主战是为了尊君攘夷，是忠于国家，出于对日本侵略的义愤。甲午战败是由于军队的腐败，一些人只指责翁同穌，把战败的责任归咎于他是不公平的。

关于翁同穌的荐康之举，姚宗堂（筠如）在诗中给予了充分肯定："南海荐贤原为国，西山庐墓岂无家？"肯定了翁同穌"荐康"为国之举，对他开缺革职、庐墓无家的困境深表同情。

关于翁同穌开缺，孙雄认为有类北宋仁宗年间苏轼出知杭州。"苏轼元祐四年以翰林学士出知杭州，史称为当轴所不容，其实公之得罪在迩英进讲时也。"也就是说翁同龢开缺虽在戊戌年间，但追溯起来，早在书房进讲时就因得罪"当轴"，而不为其所容。证之甲午年慈禧下令裁撤汉书房，说明翁氏开缺与慈禧有关。

从 1917 年起，在商务印书馆负责人、翁同龢的门生张元济的大力赞助下，上海有正书局、涵芬楼先后影印出版了翁同龢的大部分手稿，分别定名为《瓶庐丛稿》、《翁松禅遗墨真迹》、《翁松禅手扎》、《翁松禅相国尺牍真迹》、《翁松禅山水人物画册》、《翁松禅家书》、《翁瓶笙书屏集·书扇集》、《翁叔平隶书墨迹三种》、《松禅遗画》、谭钟麟收藏的翁同龢墨迹《春及草庐藏翁帖墨迹》、张謇收藏的翁同龢墨迹《翁松禅致张啬翁手书》等十多种。1925 年 4 月，涵芬楼又将翁同龢日记分别以《翁文恭公日记》、《翁文恭公军机处日记》影印出版。这些遗留文字的影印出版，不仅为翁氏研究保存了第一手资料，同时也有力地推动了晚清史的研究。《翁文恭公日记》的影印引起当时学者的重视。日记行世不久，熟悉晚清政情的学者很快发现日记中的一些内容已被删削改篡。金梁在《四朝佚闻·翁文恭》中指出日记"内多改削，尤以戊戌年间荐康一事多有隐讳"。在《近代人物志》中又说日记"似有重缮改易之处，盖同龢自戊戌罢归不无顾忌，凡所记载尤虑触讳，其自辩与康不相往来，亦远祸之意耳"。金梁更以此推论，进而对日记的真伪提出质疑。此后学术界对翁同龢日记的真实性疑信参半。

金梁的《四朝佚闻·翁文恭》一文可称得上是学术界对翁氏研究迈出的重要一步。文章对翁氏在朝时的人际交往与朝局关系、翁同龢的开缺原因等提出了自己的看法。关于同亲贵的关系，文章说"翁文恭公同龢以帝师而兼枢密，预闻军国，实隐操大权而周旋帝后，同见宠信，亦颇不易也"。光绪初年："翁初善恭（亲王奕䜣）而继附醇（亲王奕譞），甲申引孙毓汶，意在易恭，竟并及自己，非所料也。甲午起，恭终复逐孙，乃挈张荫桓为己助，张既得宠，翁不能无动，而康有为适求进，遂并荐之，不意张康渐合，共邀特遇，翁之进退乃维谷矣。"关于翁氏开缺，文章说"当初朝局系翁一言，同僚议事，偶有不合，翁辄怫然，常入报帝以伸己意，众已侧目，而恭（亲王）久受挫，积憾尤深。病笃临视，太后问以遗言，泣奏翁心叵测，并及怙权，遂骤下罢斥之谕。或谓孙实代草，所述皆翁对恭状，而引入严旨，乃成跋扈权臣矣，翁实不能负此重咎也"。文章认为翁氏的开缺，除了奕䜣的临终遗言外,还与平日同荣禄、刚毅关系紧张有关。"至礼(亲王)世铎、庆(亲王)奕劻、荣禄、刚毅更久为所轻,故遇变乃下石矣。"文章认为翁同龢虽存在诸多不足,如"好延揽而必求为己用,广结纳而不能容异己"等等,但一生大节无亏,"以忠悃结主知,能持大体,亦无愧为良相"。[1]

清朝推翻后,北京政府设立清史馆,编纂清史,专人撰写翁氏列传。《清史稿·翁同龢传》可以代表民初官方对翁氏的评价。翁同龢传的作者王崇烈系前清满洲将军都兴阿的幕僚,清末在天津洋务局任职。他在传中写道:"同龢久侍讲帷,参机务,遇事专断,与左右时有争执,群责怙权,晚遭谗沮,几获不测,遂斥逐以终。"基本对其从政活动持否定态度。只是肯定他"书法自成一家,尤为世所宗"。《清史列传》卷六二《翁同龢传》中关于其力主变法一事写道:"同龢痛于甲午之役,知非变法不足以图存,破格求贤,冀匡时变,惜望治过急,荐举非人。"既肯定他主张变法的主旨,但又批评他的"荐康之举"是"滥保匪人"。

随着清史稿的编纂,有关前清人物的遗闻轶事逐渐披露出来。胡思敬在《戊戌履霜录》《国闻备乘》,罗惇曧在《中日兵事本末》、王伯恭在《蜷庐随笔》、濮兰德在《慈禧外记》、易顺鼎在《慈禧传信录》以及《清代佚闻》等书中对翁氏均有涉及,但算不上专门研究。不过值得一提的,胡思敬、王伯恭等在他们的书中对翁氏甲午战争中的作用,总的看法是贬多于褒。在他们笔下,都把中日甲午战争的发生、失败及其严重后果的责任全归之于翁同龢。这些记述、论著的逻辑是:中国海军、陆军装备都不如日本,战则必败,李鸿章"知己知彼",主和是正确的,而翁同龢既昧于形势,又误信一班放言高论的书生的意见,一味主战,并影响了光绪帝赞成主战。这些看法正如历史学家龚书铎指出的那样,"把这样一场重大战争的发生都归结为翁同龢,由他一人负责,未免过于简单化,也不符合历史实际"。[2]

2. 20 世纪 20 年代到新中国成立前(1920—1949)

这一阶段学术界对翁氏的研究仍主要集中于翁氏日记的真伪、甲午主战、戊戌变法以及与李鸿章的关系等问题。

---

〔1〕 转引自中国史学会主编:《戊戌变法》(四),上海人民出版社、上海书店出版社 2000 年版,第 222 页。
〔2〕 参见龚书铎:《翁同龢与甲午战争》,张海鹏等主编:《甲午战争的百年回顾:甲午战争 120 周年学术论文选编》,中国社会科学出版社 2014 年版。

1930 年,张孝若出版《南通张季直先生传记》一书。书中对翁氏与张謇的关系有较多的论述,尤其是有关甲午战争和戊戌变法说得最多。作者认为翁同龢、李鸿章在甲午年间各自代表一派,且"两派各趋极端",指出"如果两派当时都有了近代政治上的常识,碰到国家这种重大事变,把各自的恶感摆在一旁,推开诚心,权衡事实,以整个国家利害为前提,那结果决不不会遭到(丧权辱国)的地步"。张氏这番评论,貌似折衷调和,实际上不分青红皂白对翁、李在战争中的责任各自打五十大板,认为他们之间的和战之争不以国家利益为前提,而是源于"各自的恶感"所导致的。张孝若为张謇之子,当年张謇力主抗击日本侵略,何等光明磊落,旗帜鲜明,不知其子为何在这一问题上退到如此地步。

抗日战争前后,《大公报》主笔王芸生在《六十年来中国与日本》一书中论及中日甲午战争时,认为翁同龢对甲午战败负有不可推卸的责任。书中说:"同龢因做户部尚书之故,因财政的立场不同,遂酿成与李鸿章之水火,而并非由于私怨。"

这一时期的一些书籍报刊偶有刊载关于翁氏的文章,如《清代轶闻》一书刊有《翁叔平书法》一文;《清代名人轶事》一书刊有《翁同龢被骗》一文,多为调侃之作。1935 年出版的《国闻周报》刊有曾士莪的《书翁李相倾事》,《中学生》杂志刊有云彬的《翁同龢》,1940 年《图书季刊》第 2 卷刊登翁同龢军机处日记,1942 年《读书通讯》第 29 期刊登罗倬汉等人的《谈翁同龢罢职事》等文章,沈子丞在《清画概述》中从绘画角度对翁氏进行论述。张一麐在《古红梅阁日记》、陈夔龙在《梦蕉亭笔记》、燕庐在《戊戌往谈》、徐一士在《方家园杂咏纪事》、《德宗遗事》等书籍和文章有关部分对翁氏均有涉及。不过这些文章除翁氏日记外,其余类多小品,还不属于对翁氏专门研究的学术论文。三四十年代,一些中外学者在其学术专著中,如萧一山在《清朝全史》(第八十三章"革新与革命")、《清代通史》(第三卷),李剑农在《最近三十年中国政治史》,日本学者田村实造在《中国史》、《亚细亚讲座》(第三卷)中对翁氏均作了简要的论述。此外,1948 年周谷城、刘勉、吴泽等人在《中国建设》上刊登的《戊戌五十周年》(六卷四期)、《论戊戌变法》(一卷三期)、《戊戌变法与新旧党争》(六卷六期)等文章中对翁同龢与戊戌变法也多均有论及。李剑农在书里引恽毓鼎《慈禧传信录》中资料认为康有为非翁同龢所荐。

1947年(民国三十六年),丁祖荫主持编纂《重修常昭合志》。该书《人物志·翁同龢传》除了介绍翁氏的一生政绩外,还对翁同龢从政作风、学术思想、吴中官绅在宣统年间为翁氏谋求开复处分、翁氏的书法艺术成就等多有论述。传中说:"同龢世受国恩,当时势艰难遭逢圣明投艰遗大,朝夕忧劳,冀得图报于万一,其在讲帷也,于列圣遗训、古今治乱、反复陈说,曲尽其理;其调和宫掖,以圣孝为本;其阐明政要,以忧勤为先,尤能直言进谏,造膝事秘,世莫得闻。立朝数十年,矢敬矢诚,有古大臣之风。顾以秉性正直,为小人所忌,遭谗罪废",对其一生多所肯定。关于翁氏学术思想,传中认为同龢"邃于性理,论学以躬行实践为宗,通经致用为辅";其书法艺术成就,传中也给予了很高的评价:其诗文"清超古隽",书法"纵横跌宕,力透纸背,有鲁公风骨",等等。传文多少带有对乡贤敬佩的味道,从严格意义上讲,也算不上是对翁氏的专门研究。

二、新中国成立后到"文革"结束前(1949—1978)

新中国成立后到"文革"结束为翁氏研究的第二阶段。这一阶段由于受阶级与阶级斗争的影响,翁同龢作为封建官僚基本上被否定,在大陆,几乎很少有人对翁氏进行专门研究。只有少数学者在有关著作中偶尔提及他,如刘厚生《张謇传记》,陈恭禄《中国近代史》等书中略有论及外,乃至一般教科书大多对他甲午年间主战及在戊戌变法中的表现持否定和批判的态度。陈氏在《中国近代史》中论及中日甲午战争一节时说:"翁同龢也,囿于环境,对外知识殊为浅陋,主张用兵,暗示亲臣交章论战,及日本不肯撤兵,迭饬李鸿章添兵";"翁同龢自视天子近臣,不敢以和局为举世唾骂。其所谓举世者,实指固陋之士大夫而言,国家利害,不敌一己之虚名,夫复何望!"关于翁氏与戊戌变法,陈氏在书中认为"翁氏小心谨慎,畏首畏尾,不敢有为。对于文学古董,颇多研究。但无建设改革之才能,居官深患御史之弹劾,……其心实有变法之倾向,光绪信之极深"。关于翁氏开缺,陈氏认为"非帝之意,亦非翁氏所预料者也","为新旧两党暗斗之结果,帝奉懿旨无可奈何也"。[1]

---

〔1〕 参见陈恭禄:《中国近代史》,人民出版社1962年版。

在 20 世纪 60 年代,常熟的地方文史资料在回忆常熟地方社会历史以及人物活动时,对翁同龢的一些活动也有所论述,如翁同龢与戊戌变法、东南互保,翁同龢晚年在籍的人事交往,等等,但此类文章多数为具体琐事的回忆,只有金占易先生的《翁同龢》一文是例外,此文全面论述了翁氏一生的从政治学以及晚年在籍的活动,全文分"传略"、"在几次重大的事件中"、"削籍后的暮年生活"、"乡土遗迹"和"附记"等五部分。其中第二部分是全文的重点,这一部分又分中法战争中的态度、甲午战争中的表现,戊戌变法前的政治活动,讲得十分详尽而有次序,叙述清楚,史料翔实,立论较为客观,基本做到言之有据。"附记"主要综述了近人和今人对翁氏与戊戌变法的看法。作者认为纪果庵在《续孽海花人物谈》一文中,缘据王伯恭《蜷庐随笔》中谤讪翁氏的话来推测,得出翁同龢的开缺是新旧两党不容所致,认为这是毫无充分根据的臆说,是根本站不住脚的。此文可看作是"文革"前翁氏研究的代表作。

同大陆翁氏研究情况不同,这一时期境外学者对翁氏研究却有了很大发展。其中值得一提的有三种。一是萧公权的《翁同龢与戊戌维新》。[1]该书主要依据推理,对翁氏与戊戌变法的论述颇多牵强。正如有些学者指出的:"将心理分析引入对翁氏的研究,但采取的仍是随心所欲(或曰依据主观需要)的个案抽样法"。[2]萧氏在书中论及翁氏与李鸿章关系时说:"当翁氏宦途日渐得意之际,他与李氏的关系也由亲密转为敌对"。到戊戌变法前夕,"更多的证据支持下列观点,翁氏的政治野心使得李氏成为他施展政治手腕的主要政敌"。对此,著名历史学家戴逸提出不同的意见,指出"萧氏把翁同龢之荐康解释成翁利用康有为以排斥李鸿章、张之洞等政敌,……这种分析并不符合实际情况",就翁李关系而言,李鸿章在戊戌变法时,"虽不是翁同龢的同道,却并非主要政敌"。[3]因萧氏一书存在以上缺陷,故不为学界所重。二是台湾沈云龙将翁氏日记排印出版,并收入他主编的《中国近代史资料丛刊》。这是继张元济主持影印翁氏日记之后的首次排印,对推动翁氏研究不无好处,可惜的是排印时,对日记中模糊不清文字

---

〔1〕 萧公权:《翁同龢与戊戌维新》,台湾联经事业出版公司 1983 年版。
　〔2〕 翁飞:《乙未至戊戌年间翁同龢与李鸿章》,《戊戌变法与翁同龢》,中央文献出版社 2000 年版,第 138 页。
　〔3〕 参见戴逸:《戊戌变法时翁同龢罢官原由辨析》,常熟市人民政府、中国史学会编:《甲午战争与翁同龢》,中国人民大学出版社 1995 年版。

采取不印的作法，这是不负责任的态度。三是著名台湾作家高阳临终前的"巅峰"之作《翁同龢传》。[1]该书是一部历史小说，属于文艺作品，本不应该当作学术著作看，但因书中多讲历史真实，故不能不说一说。是书观点偏颇，考释论述多采用先入为主的方法，对中国近代史，尤其是对康有为等评论多有不近事实之处，缺乏学术的严肃性。在高阳先生笔下，翁同龢是书生误国，李鸿章是罪大恶极，康有为是虚伪小人骗子，不一而足。因而学术界根本无法参考使用。此外，窦宗仪在《李鸿章年（日）谱》、吴相湘在《晚清宫廷与人物》书中对翁氏也有论述，吴氏对翁氏开缺与戊戌变法失败提出了新的看法。文章说："一方面新进的康党不满意他守旧，墨守成规，包括光绪也是如此不满；另一方面慈禧后党利用这点，乘机削弱帝党的权力，如授荣禄大学士管户部，显然是分翁氏之权了，但翁氏并不知，因此实际上这一决定客观上也就削弱了光绪帝党的实力，导致变法的失败。""总之，他的逐出并非'莫须有'之罪，是事出有因"。"自翁任户部尚书后，遵循规矩，不愿以国帑供李莲英辈无餍的要求，当然也是使翁同龢与宫廷官吏生嫌的原因之一。"文章认为翁同龢既不属于新党，也不属于旧党，"近二十年来国内外刊行的近代史书中对于翁康关系不加仔细探究，辄以翁的被黜是新旧党争、遭受旧党倾陷的结果，谁知事实确巧相反，翁氏不是旧党，也不是新党，实际上是孤立的，所恃的只是皇帝师傅的关系"，"正当皇帝变法需要他支持的时候，他却处处阻拦皇帝，因而终于成为变法的阻力，而使光绪帝不得不把他开缺。……他不能满足年少力图振作的皇帝的心理与要求，当然只有去位的一途了"。沈云龙在《康有为评传》中亦多有涉及对翁同龢与戊戌变法以及与康有为关系的论述。何炳棣在所著《张荫桓事迹》中参以王庆保、曹景郕的《驿舍探幽录》一书中关于翁康关系由近到疏的过程，有较为精辟的论述："盖同龢当乙未新败之余，未尝不思有所树立，图挽救危亡，初眩于有为之才调，亲访叩维新之道，颇多奖掖，康南海年谱言之甚详。继知之较之，则觉其思想与己不合，行动铺张过甚，遂不察，且以同龢为康党之奥援，维新之先进矣。实则同龢之思想行为皆反是也。当此之时，同龢所处地位为难，南北之争，英俄之争，满汉之争，以至帝后之争，同龢无不身

---

[1] 高阳:《翁同龢传》,台湾远景出版社1986年版。

当其冲。同龢非不知中国需改革之切，而不敢同尽废旧章之改革；非不知中国需才之殷，而不敢用驰突不羁之才；非不愿有所建树而不敢以首领禄位为孤注；故于变法之论，未尝执义力主，亦未尝倡言反对。宦宦伎俩，首鼠两端，非新进如康党诸人所知也。"何氏这一推论，大体尚近事实。"同龢处新旧交哄之中，虽倾向变法而实主持重。荐康之后，旋又甚诲，卒以此见嫉于后而帝党中亦有利其速去者，是取巧之过也。""文革"前，汤志钧发表《翁同龢与戊戌变法》一文，既肯定了翁同龢赞同变法，又指出他的变法主张与康梁的异同，论述较为客观。后来他在《戊戌变法人物传稿》和《戊戌变法史》等书中也持这一观点。他的这些研究为大陆学者所重。

三、从"文革"结束至今（1978—2003）

从"文革"结束到现在，为翁同龢研究的第三个阶段。"文革"结束后，拨乱反正，国家秩序恢复正常，学术研究逐渐开始走上正轨，而思想解放、真理问题的大讨论，为史学研究提供了良好的环境。在这一背景下，翁同龢的研究有了突破性的进展，可以说达到了从未有的高潮。据不完全统计，1978—2002年间，国内外出版有关翁同龢的学术专著不下6部之多，各种报纸杂志发表的相关论文有70多篇，至于涉及翁同龢的书籍、文章更是无法精确统计。在这二十四年中还单独举行了两次有关翁同龢与甲午战争、与戊戌变法的全国性学术研讨会，这是自翁同龢死后，乃至与他同时代的其他人物中极为少见的，可见学术界对他的重视。

在这研究高潮中，华东师范大学历史系教授、博士生导师谢俊美最为突出。1978年他师从著名历史学家陈旭麓教授，学习中国近现代史。他根据陈师近代社会变迁的观点，从1981年起开始对翁同龢进行研究，直到现今，尚未停止。本着历史唯物主义的观点，以翁同龢行实为脉络，依据翁氏本人的著作、日记和已刊未刊的朋僚函稿，并参酌当时官方档案资料和时人的记载、评论，旁稽参校，对翁氏曲折而复杂的一生进行论述和评价。既肯定翁氏在风云激荡的近代中国史上突出的重要地位和他与时俱进、大力推动维新变法的重大贡献，同时也实事求是地指出他在重大历史问题上存在的不足。先后出版了《翁同龢》（上海人民出版社 1987 年版)、《翁同龢传》(中华书局 1994 年版)、《翁同龢评传》(南京大学出版社 1997 年版)、《常熟翁氏》(中国人民大学出版社 1999 年版)、《翁同书传》(华东师范大学出版社 1999 年版)等 5 部专著和 40 多篇学术论文。搜集、整理编辑出版了 90 多万字的《翁同龢集》(中华书局 2005 年版)。[1]他的研究受到了同行的肯定。不仅丰富了晚清史、中国近代史的研究,同时也带动了学术界的研究和常熟地方的人文研究。在他研究的推动下,常熟修复了翁氏故居彩衣堂,并作为翁同龢的事迹陈列室对外开放。1994 年中国史学会和常熟市人民政府在常熟联合召开了"甲午战争与翁同龢全国学术研讨会",来自全国 40 多所院校的 60 多名专家云集虞山脚下,对翁同龢一生的是非功过进行研讨。正如戴逸教授指出的:"对翁同龢这一历史人物进行如此大规模的研究和讨论,这还是第一次"。1998 年是戊戌变法 100 周年,中国史学会和常熟市人民政府在常熟又一次召开了"戊戌变法与翁同龢全国学术研讨会",就翁同龢与戊戌变法的关系展开了讨论。这两次全国性学术研讨会,把翁同龢研究推向了纵深,集中反映了改革开放二十多年学术界翁同龢研究的成果、翁同龢研究的观点以及对翁氏在近代中国历史上的地位评价。总之,二十多年来学术界对翁氏的研究,无论是研究规模,还是对相关问题研究的深度,都远远超过了以往六十多年。现就二十多年来学术界对翁氏总的评价、翁氏与甲午战争、翁氏与戊戌变法、翁氏开缺原因、翁氏人品、人际交往、教育思想、书画艺术成就等方面的研究作一概述。

　　(一)对翁氏的总体评价。学术界大多数学者认为翁同龢是一位对中国近代历史有着重大影响的人物。戴逸、李侃、谢俊美、朱金甫等人在他们的文章和著作中均持这一看法。戴逸指出:"翁同龢是晚清政坛上的重要人物,甲午战争中坚持抗日,反对投降;戊戌运动中力图自强,促进变法,他对国家和民族做过有益的贡献。"[2]李侃指出:"说到晚清政局和近代变革,都不能不提到翁同龢。那么翁同龢在近代政局和近代中国的历史舞台上,究竟扮演了一个什么样的角色,起过什么样的作用,对他作出什么样的评价?依笔者的管见,可以用四句话来概

---

〔1〕　近年又先后推出了《大家精要·翁同龢》、《翁同龢年谱长编》以及本书《翁同龢人际交往与晚清政局》、《翁同龢与近代中国》(论文集)等著作。

〔2〕　戴逸:《翁同龢传·序》,中华书局 1994 年版。

括:他是一位很重要的人物,又是很有争议的人物,是集内外矛盾于一身的人物,又是时代悲剧性的人物。"李侃在文中列举了翁氏一生参与的七件重大朝政活动来证明他的看法:"第一件,极力支持慈禧太后两次垂帘听政;第二件,在毓庆宫行走,亲授光绪帝读书;第三件,参与收回伊犁交涉;第四件,在左宗棠平定阿古柏入侵、收复新疆后,为巩固西北边防筹措军饷;第五件,在中法战争中,奋力抗争,坚决主战;第六件,在中日甲午战争中,力主加强战备对日抵抗,决心'佐少主,张国威',积极参与并促成对日作战的决策;第七件,极力支持戊戌变法。……纵观翁氏几十年的政治经历和所作所为,说他是一位重要政治人物是符合历史实际的"[1]。

学术界在承认翁同龢是近代中国一位重要人物这一点上基本一致,但在具体评价上又有所不同。有学者认为他是近代中国史上积极倡导并参与社会改革的先驱者之一。朱金甫说:"他是一位具有忠君爱国传统思想的中国儒家知识分子,是能够在关键时刻一贯坚持以国家民族利益为重的晚清时期并不多见的大臣"。[2]有学者认为他是洋务向维新转折时期的政治家。他是跟着时代不断进步的,有着比较浓厚的资产阶级倾向,可以说是由封建政治家向资产阶级政治家过渡的人物。但也有学者认为他不属于政治家,是一位政治官僚。苑书义指出,在戊戌变法中,"尚未作为志同道合的同志而跻身于维新派的行列。而只是刚刚把人生道路转移到资本主义方向、在政治上属于帝党阵营的进步人物"。[3]有学者认为他集内外矛盾于一身,他试图缓解,但最终未能解决。他的悲剧是时代造成的。也有学者认为士大夫传统的价值观,赋予他在近代中国社会变迁中超越了忠君报国的局限,成为人类理性和良知的维护者,翁氏的表现是中国传统知识分子的一次绝唱。也有学者认为翁的思想占主导地位的还是儒家思想,但同时某种程度上吸收了西方传入的新知识和新观念。翁浩指出:"从严格意义上讲,他并非思想家,仅仅是一名封建官僚"。[4]

---

〔1〕 李侃:《翁同龢略论——话说翁同龢与晚清政局》,《戊戌变法与翁同龢》,中央文献出版社2000年版,第4页。
〔2〕 朱金甫:《也论翁同龢在甲午战争中的作用与责任》,《甲午战争与翁同龢》,中国人民大学出版社1995年版,第60页。
〔3〕 苑书义:《翁张交谊与维新运动》,《戊戌变法与翁同龢》,中央文献出版社2000年版,第179页。
〔4〕 翁浩:《翁同龢的政治思想研究》,《戊戌变法与翁同龢》,中央文献出版社2000年版,第74页。

（二）关于甲午战争的主战。大多数学者认为翁同龢在甲午战争中是坚定的主战派。戴逸指出："在甲午战争和戊戌变法的关键时刻，他反对妥协，力主抵抗，举荐贤才，支持变法，表现了高度的爱国精神和革新勇气，这在当时的大官僚中并不多见，应当充分肯定。"[1]但对于他的主战动机、作用、影响却看法各异。有学者说："翁同龢等主战派他们之所以坚持主战，首先是出于爱国的正义立场，同时他们也从当时敌我双方军力对比方面来考虑，认为己方还是可以一战的。以战谈和比之不战求和，无论如何总是上上之策。奈何他们决没有想到，李鸿章等统帅下的清军海陆两军，在战场上的表现竟是如此毫无战斗能力。所以，甲午战争清方之败，决不是主战派或主战误国"。"甲午战争清方惨败，其根本原因不在主战，而是在于战而不力"。"是孙毓汶、李鸿章等主和误国，是清廷及清军的腐败而致败"。[2]也有学者认为翁同龢主战动机不良，夹杂着私人报复的成见。是"不很光明的心理状态存在，即是欲借此以与李鸿章为难也"。庄练说："久怀宿怨，屡待报复，李鸿章不欲战而迫之速战。李鸿章当年居曾国藩幕中，曾国藩上疏严参安徽巡抚翁同书失误封疆，翁同书卒以此遣戍新疆。在翁同龢而言，视为深仇大恨，不报不休。但因曾国藩早已功成身死，而曾国藩此书又是出于李鸿章手笔，所以又将仇曾之心转而仇李。除了对李鸿章一手创办的北洋海军多方刁难掣肘之外，更在战端将启之时，竭力反对李鸿章的议和主张，以为打击李鸿章之计。"[3]这里把翁同龢主战主要是为已去世的兄长翁同书当年因寿州绅练仇杀失职被参一事，怀疑参折出自李鸿章之手。针对这一说法，谢俊美、翁飞根据曾国藩日记和翁同龢日记及其他档案资料，加以否定，指出参折不是出自李鸿章之手而是出自安徽文人徐子苓之手。[4]"稍微合理的解释是，曾国藩碍于翁李师门渊源，并未让李鸿章与闻此事。"[5]对于庄练的这一说法，不少学者不表赞同。龚书铎认为把"这场重大战争的和战问题归咎于个人之间的恩怨，未免过于

---

〔1〕戴逸：《戊戌变法时翁同龢罢官缘由辨析》，《纪念戊戌变法一百年国际学术研讨会论文集》。

〔2〕朱金甫：《也论翁同龢在甲午战争中的作用与责任》，《甲午战争与翁同龢》，中国人民大学出版社 1995 年版，第60 页。

〔3〕参见庄练：《中国近代史上的关键人物》，中华书局 1988 年版。

〔4〕谢俊美：《翁同书传》，华东师范大学出版社 1999 年版，第 201 页。

〔5〕翁飞：《翁李关系探源》，《甲午战争与翁同龢》，中国人民大学出版社 1995 年版，第 209 页。

简单化,也不符合历史事实"。[1]

一些学者仍沿袭胡思敬等人的观点,对翁同龢在甲午战争中的主战、反对求和的立场持否定的态度,指责翁同龢主战误国。持这种观点的人认为甲午之时,清廷根本无力与日本相对抗,主战必败,败则误国,唯有屈辱求和,才是顾全国家的根本利益。也有学者不赞同这种说法,认为当时清军陆军不仅人数远在日军之上,在装备方面,"虽然国内军火生产能力有限,军队新式装备也未能普及,但毕竟比过去的旧式训练和以冷兵器为主的旧装备不同,只要军纪严明,指挥得法,攻守有术,应该说还是有一定战斗力的。至于海军方面,清方海军是可以与日本海军一搏,并不是必败无疑的"。[2]"把这样一场重大战争的发生和失败都归咎到翁同龢,由他一人负责,未免过于简单化,也不符合历史事实。""主战不等于'开兵端'、'开边衅',更不能说这场战争是翁同龢造成,把挑起这场战争的责任归于翁同龢或其他人,实际上就是把它归之于中国。这完全是颠倒是非,混淆黑白,为日本侵略中国开脱罪责。"[3]

(三)关于戊戌变法中的作用。关于翁同龢在戊戌变法中的作用,学者们的研究主要围绕翁氏的变法动机、变法思想渊源、变法主张、荐康真相、开缺原因等方面。

关于他的变法动机,一些学者认为受甲午战败刺激有关。翁同龢"憾于割台,有变法之心"。[4]一些学者认为他力主变法旨在为君分忧。"翁同龢支持变法,举荐贤才,其目的正是辅佐光绪帝走变法自强之路,这种为君分忧的心理体现了他忠君爱国的内涵"。[5]翁同龢支持维新变法的原因是多方面的,但应该说忠君爱国是主要原因。

关于他的变法思想渊源,一部分学者认为与翁同龢崇拜公羊春秋、今文经学有关。与早年受冯桂芬等人经世致用思想影响有关。[6]

---

　　[1]　龚书铎:《翁同龢与甲午战争》,《甲午战争与翁同龢》,中国人民大学出版社1995年版,第26页。
　　[2]　朱金甫:《也论翁同龢在甲午战争中的作用与责任》,《甲午战争与翁同龢》,中国人民大学出版社1995年版,第60页。
　　[3]　龚书铎:《翁同龢与甲午战争》,《甲午战争与翁同龢》,中国人民大学出版社1995年版,第26页。
　　[4]　汤志钧:《翁同龢与帝党》,《甲午战争与翁同龢》,中国人民大学出版社1995年版,第126页。
　　[5]　陈光:《翁同龢支持戊戌变法》,《甲午战争与翁同龢》,中国人民大学出版社1995年版,第153页。
　　[6]　谢俊美:《翁同龢传》,中华书局1994年版,第29—30页。

关于翁同龢的变法主张,有学者认为超越洋务派,强调政治改革。"翁同龢主张变法需从内政根本变起,他讲的所谓内政根本,具体地说,就是指现存的国家政治机构和相关的制度"。[1]关于翁同龢的变法思想,有学者认为,他的中体西用的革新思想,既反对不顾现实的迂腐之论,又认为要对西学要有所选择,理学是本,西学为用,也就是"中体西用",这一主张比较符合中国国情。也有人认为他的变法思想是中体西用为主旨,与康有为变政主张有明显区别。认为翁、康两人在"甲午战后,国难当头,亟思变革,两人在爱国思想及主张变革的共同要求下,结成了同盟军",但"翁同龢希望变法在传统范围内进行,而康有为激进的行动使变法成为变革传统的努力","两人对变法的目标选择上有根本的不同"。[2]

关于翁同龢的变法方法,力主"平和稳妥"。但有学者指出:"戊戌变法的一个核心问题,实际上是一场夺权斗争。从这个意义上讲,涉及到夺权、涉及到权力转移,只讲稳健而不讲铁血政治是不行的。注定了没有实权的光绪、翁同龢、康有为等人必然以失败而告终的历史命运"。[3]

关于"荐康",目前学术界存在两种看法。一种认为翁同龢确有"荐康"之举。戴逸、李侃、汤志钧、茅家琦、谢俊美等人在他们的著作、文章中都持这一看法。"即以翁同龢推荐康有为一事而言,这是确凿无疑的事实。"[4]翁同龢"早已心仪其人(指康有为),加以垂青"。"翁同龢深知要变法,就要联合改良派,认为康有为、梁启超有经世之才、谋国之方,故冒万死而不辞,必欲其才能得所用而后已也"[5],"康有为成为光绪实行变法的实际策划者,是由于翁氏的推荐"[6]。"翁同龢的确多次向光绪皇帝推荐康有为,请求重用"[7]。一种认为翁同龢没有"荐康"。马忠文说:"说翁同龢荐康之说源于康有为之口,此后便广为流传。实际向光绪荐康的是张荫桓","对于张氏通过非正常途径向皇帝介绍康有为的秘密,康氏自然无法诉诸世人,遂以翁氏'荐康'之论来敷衍舆论、混淆视听",甚至认为

〔1〕 谢俊美:《翁同龢维新变法思想简论》,《河北学刊》1998年第2期。

〔2〕 徐国强:《翁同龢的精神遗产和常熟地方文化》,《戊戌变法与翁同龢》,中央文献出版社2000年版,第68页。

〔3〕 谢本书:《改革贵先行,变法宜稳健——谈戊戌变法与翁同龢》,《戊戌变法与翁同龢》,中央文献出版社2000年版,第93页。

〔4〕 戴逸:《戊戌变法时翁同龢罢官缘由辨析》,《纪念戊戌变法一百年国际学术研讨会论文集》。

〔5〕 汤志钧:《翁同龢与帝党》,《甲午战争与翁同龢》,中国人民大学出版社1995年版,第126页。

〔6〕 李侃:《翁同龢简论——话说翁同龢与晚清政局》,《戊戌变法与翁同龢》,中央文献出版社2000年版,第4页。

〔7〕 茅家琦:《翁同龢与维新变法运动》,《甲午战争与翁同龢》,中国人民大学出版社1995年版,第147页。

"康有为首倡荐康说确有借机倾陷翁氏之意"。[1]马文颇多主观推论,尚无确凿可靠资料来证明其说。

关于翁同龢开缺原因,学术界存在诸多不同的看法。一种认为是慈禧的旨意,勒令光绪帝以朱谕公布的。持这一看法的学者主要从甲午战争期间和甲午战后帝后党争和统治集团内部矛盾分析得出的,戴逸、谢俊美、俞炳坤等人就持这个看法。"当时许多人和历史学家认为这道谕旨并非光绪帝的本意而是慈禧太后强令光绪发布的,其目的是剪除光绪帝的羽翼,打击刚刚开始的变法","太后从甲午战争后,因翁的主战与节减庆典经费,积憾已非一日,加上刚毅、荣禄日进谗言,其盛怒亦可想见",所以"翁同龢遭遣是必然的。但翁同龢毕竟是两朝帝师,又无明确罪状,西太后只能处以开缺回籍而未被押拿入狱,但最后处分仍以光绪的谕旨宣布,这是亲政后的合法程序"。[2]俞炳坤认为"慈禧将翁同龢开缺回籍完全是有预谋的。它不仅是慈禧阻挠、破坏维新变法所采取的重大措施,而且也是其整个阴谋计划的重大组成部分。因此,罢黜和驱逐翁同龢的决定代表了慈禧的意旨,光绪是被迫无奈颁布的"。[3]促使慈禧革逐翁同龢还与奕䜣临终遗言有关,据说奕䜣临终讲了翁氏甲午主战是"所谓铸九州之铁不能铸此大错。借此告诫光绪要是信任翁同龢担当挽救时局的艰难重任那就犯极大的错误"。但俞炳坤查阅了内阁上谕并无此意。俞氏说:"如果说奕䜣确有这样的遗言,……那么在内阁上谕中为何只字不提呢?"俞氏极力否认有此遗言。促使慈禧革逐翁同龢还与慈禧的一些担心有关。慈禧感到翁同龢援引康、梁维新派,支持光绪变法,将对个人的权力地位产生动摇。通过罢斥翁氏来削弱光绪,阻挠变法。

一种认为将翁同龢开缺不是慈禧的主张,而是出自光绪帝的本意,谕旨是光绪帝亲笔所缮。理由是:戊戌前夕,翁同龢与光绪帝之间产生了严重的意见分歧,光绪帝相信康有为,怕翁同龢在位妨碍变法,因而将翁"开缺回籍",赶回老家去。萧公权就持这种看法。也有学者认为,翁同龢在开缺前,对康氏态度前后不同,态度变化之大,前后判若两人,尤会使光绪怀疑翁因康将受重用,不甘屈居其

〔1〕 马忠文:《翁同龢荐康说考辨——翁康关系再认识》,《戊戌变法与翁同龢》,中央文献出版社 2000 年版,第 224 页。

〔2〕 戴逸:《戊戌变法时翁同龢罢官缘由辨析》,《纪念戊戌变法一百年国际学术研讨会论文集》。

〔3〕 俞炳坤:《翁同龢罢官缘由考辨》,《甲午战争与翁同龢》,中国人民大学出版社 1995 年版,第 183 页。

下,故意中伤,不真心支持维新变法。翁同龢拒绝光绪"推重力保"被弹劾的张荫桓,是对光绪"不忠诚,不负责任","不善体君意",加上翁两次遭人弹劾,这也促使光绪对翁的态度有所改变。"翁在开缺前,不是直接反对光绪意旨,拒不受命,辜负重托,就是遭到参劾,人言藉藉。非但不能在民族危机严重关头和变法的关键时刻忠君事,分君之忧,佐君之治,舒君之怀,反而断断争辩,哓哓不休,有失臣礼,有失君心,增君困难。光绪过去虽然尊敬师傅,信任师傅,但毕竟是至高无上的皇帝,尊严神圣,不可侵犯,君命不得违抗,翁的这些表现怎能不令其大失所望,大为愤怒呢? 所以开缺的谕旨实亦出自光绪的本意"。[1]

　　一种认为罢黜翁同龢的决定不仅体现了慈禧的旨意,而且在某种程度上也表达了光绪本人的意愿,因而不能认为光绪公布这个决定是被迫无奈的。罢黜谕旨系光绪亲笔手书。"在后党及守旧派喧嚣一时的攻势面前,翁同龢动摇退缩,这使光绪非常失望,加之翁在军机处的显赫位置,已构成对新政的很大的障碍。……将翁同龢开缺回籍的不是别人正是光绪自己,其谕旨系光绪亲笔"。[2]俞炳坤对此说有所保留,认为翁氏罢黜的谕旨虽出自光绪手笔,但存有诸多疑点。这次将翁同龢开缺的内阁明发上谕,其开头的格式与以往一般的内阁明发上谕不同。费行简在《慈禧传信录》中就说"与常诏不伦也"。人们看了这道谕旨就可以发现,它同现存的光绪其他多数朱谕的字体、字迹和形式都有所不同,它每个字的一笔一画都写得规规矩矩,工工整整,每一行字都写得很直,行距和字数都完全相等,一点也没有勾划改动的痕迹,根本不像是自己边想边写的,而且很像是临帖抄录的。这种迹象表明苏继祖和梁启超的说法不是没有根据的。那么为什么慈禧不用光绪奉懿旨的形式而用朱谕的形式公布呢? 一则是她怕由此招来"揽权"之讥,二则是为了蒙骗世人,以此来挑拨光绪与帝党的关系。这一招确实很毒,有的人还真的上当,如王伯恭在《蜷庐随笔》中说,朱谕公布后,中外哗骇,"以为天威诚不可测也"。[3]一种认为翁的开缺与王鹏运的弹劾有关。吴相湘在《翁同龢戊戌罢官原因》一文中说:当时俄国行贿的对象是把翁同龢、李鸿

〔1〕 侯宜杰:《略论翁同龢开缺原因》,《甲午战争与翁同龢》,中国人民大学出版社 1995 年版,第 197 页。
〔2〕 孔祥吉:《戊戌维新运动新探》,湖南人民出版社 1986 年版,第 126 页。
〔3〕 俞炳坤:《翁同龢罢官缘由考辨》,《甲午战争与翁同龢》,中国人民大学出版社 1995 年版,第 183 页。

章、张荫桓三人都拉在一起的,吴氏的根据仍然是《红档杂志》。王氏在参劾翁氏的折说:"该银行(指华俄道胜银行)费银 260 万两于中国经手之人,果谁氏耶?"翁飞指出"从个人品格角度看,涉及行贿受贿之事的,包括前述沙俄行贿在内,翁同龢可以说绝不会有,李鸿章是难保必有,张荫桓是难保必无"。[1]"通过对这次借款(英德续借款)'朋谋纳贿案'的考察,不仅证明翁同龢与此案毫无牵连,而且还证实了他一直信守自己居官要讲操守的诺言"。[2]不过翁飞认为,翁氏的开缺尽管有着深刻复杂的多方面原因,但由于英德续借款造成的巨额损失,以及由此引起的受贿案的举报和调查,却不能不是一根直接的导火线。

少数学者还对翁同龢矢口否认自己有"荐康"的原因进行了分析,认为主要是避免后党和守旧官僚对自己的进一步打击迫害。"翁同龢不敢把自己和康有为的真实关系和盘托出,极力和康划清界线,以免被守旧派抓住把柄,惹出更大灾祸。在当时险恶的政治环境中,翁同龢的用心及其重缮、删改日记是完全可能的,也是可以理解的。而今天仅以翁同龢日记来论证翁康关系就不能深信无疑了。"[3]

(四) 关于翁同龢的人品,大多数学者认为他"为官四十年,操守廉洁"。郭毅生说:"翁同龢居官四十载,置身阁部正堂达二十年,位处军机,身兼户部,既是权重当时的显宦,也是掌握钱财肥缺的高官。然而他却是家计清寒、廉洁自守的一名好官"。(《翁同龢简论四题》)但也有学者认为他"虽身居高位,但不是一个有见识、敢于有作为的政治人才"。"翁同龢为'巧妙'只是一面,他还有非'巧妙'的一面,平壤、黄海两战役后,慈禧打算求和,命翁同龢往天津与李鸿章商请俄使调停,翁同龢拒不受命,当面顶撞慈禧,反对求和,实属不易"。[4]

(五) 在二十多年的翁同龢研究中,部分学者还对其教育思想进行了研究和评价。有学者指出:"翁同龢参与的是宫廷教育,所教学生是两朝皇帝,他的教育思想有其独特成分,但也具有普遍的内容"。在任毓庆宫行走的二十多年中,"他的教育思想核心虽仍是儒家的教育思想,但突出了经世实学、经世致用的观

---

〔1〕 翁飞:《乙未至戊戌年间的翁同龢与李鸿章》,《戊戌变法与翁同龢》,中央文献出版社 2000 年版,第 138 页。

〔2〕 戚其章:《翁同龢"朋谋纳贿"辨诬》,《戊戌变法与翁同龢》,中央文献出版社 2000 年版,第 206 页。

〔3〕 戴逸:《戊戌变法时翁同龢罢官缘由辨析》,《纪念戊戌变法一百年国际学术研讨会论文集》。

〔4〕 龚书铎:《翁同龢与甲午战争》,《甲午战争与翁同龢》,中国人民大学出版社 1995 年版,第 26 页。

点"。[1]"翁同龢的教育思想一是通经致用的通才教育目标,二是将书本知识和社会实践相结合的教育原则,三是启发诱导的教育方法"。[2]"经世致用的教育思想核心是救国,救国的全部含义是治国安邦、振兴清王朝"。[3]"这种教育的一个直接后果,就是一手点燃了光绪帝变法图强的思想之火"。[4]培养了一代爱国君主。也有学者认为翁同龢主持晚清宫廷教育期间的新政举措应是晚清宫廷教育的一次变革。[5]

(六)在众多论文中,还有一些是涉及翁同龢在书画艺术方面的造诣和文物收藏。有学者指出,翁同龢"不仅在政治上卓有贡献,道德文章为士林所宗,他的书法也功力深厚,自成一家,翰墨流传、得之者视若瑰宝"。"翁同龢的艺术成就往往为其政治声誉所掩,而不为世人所周知。事实上他在诗歌和书法方面均达到了很高的造诣和成就,留下了许多优秀的作品"。[6]

(七)一些论文还论述了翁同龢的人际交往。其中以翁同龢与张謇的关系讲的较多。早在20世纪初,章开沅发表《翁张交谊与晚清政局》,论及翁张与甲午战争、戊戌变法期间及其后的交往,论述了这种交谊对当时朝局的影响。近二十年来,这类文章又有多篇。作者中有张氏后人张绪武、南通张謇研究中心的张廷栖、赵鹏、周月思等。他们在文中以详实的地方史料,叙述了翁张亦师亦友,在政治上以民族、国家利益为重,相互影响,生活上相互关心的许多真实感人的事迹。吴正明在论文中论及了翁同龢乡里交往。这些论文都从一个侧面生动刻画了作为近代中国著名人物翁同龢的生动形象。翁同书后人翁开庆先生在文章中向人们披露翁同龢仕京期间许多鲜为人知的事实。

此外,近年来翁同龢的史料整理也有了很大进展。中华书局出版了由陈义杰整理的标点本《翁同龢日记》。翁同龢五世孙翁兴庆(万戈)将美国家藏的翁同龢遗留文字手迹、资料以《翁同龢文献》名义交由台湾艺文书局影印出版。[7]这

---

〔1〕　杨增麒:《翁同龢教育思想初探》,《甲午战争与翁同龢》,中国人民大学出版社1995年版,第104页。

〔2〕　徐国强:《翁同龢的精神遗产和常熟地方文化》,《戊戌变法与翁同龢》,中央文献出版社2000年版,第68页。

〔3〕　胡燮敏:《翁同龢经世教育思想研究》,《常熟高专学报》2000年第5期。

〔4〕　谢俊美:《翁同龢评传》,南京大学出版社1997年版,第250页。

〔5〕　刘明:《翁同龢与晚清宫廷教育》,《常熟高专学报》2000年第5期。

〔6〕　徐国强:《翁同龢的精神遗产和常熟的地方文化》,《戊戌变法与翁同龢》,中央文献出版社2008年版,第93页。

〔7〕　近年,上海远东出版社影印出版了《瓶庐丛稿》和《翁同龢日记》原稿,中西书局出版了《翁同龢日记》标点本等。

些都为翁同龢的研究发挥很好的作用。少数论文还对明清两代常熟翁氏家族人才现象进行了探析，从家族、教育，从地方文化的影响等方面深层次地揭示了作为近代中国重要人物翁同龢经世品格的成因，对我们理解翁同龢这个历史人物十分有益。

　　综上所述，百年来学术界对翁同龢的研究明显有以下几个特点：一、论述的问题比较集中，主要围绕甲午战争中的主战、戊戌变法中的作用以及教育、外交等方面；二、论述的观点较为分歧，有肯定，有否定；三、对他的评价褒贬不一，毁誉参半。多数持客观态度，基本肯定他是近代中国一位重要的政治人物。就个人品质而言，肯定他是位难得的操守廉洁的高官。研究中存在的问题是深度不够。有些问题如翁同龢开缺原因、荐康之举、翁同龢与李鸿章的关系的论述等均需进一步深入。研究中应当坚持历史唯物主义观点，从近代中国社会变迁这一历史大背景出发，而不凭主观武断推论，要么全面肯定，要么全面否定，防止两个极端。人们常说，对一个人的功过是非，死后才能盖棺论定，其实这句话并不确切。历史上有许多重要人物，"盖棺"之后几十年，几百年，甚至上千年还是不能"论定"，我想翁同龢亦属于这种情况。近代中国是社会大变动时代，国情曲折而复杂。百年来，学术界虽围绕翁同龢与甲午战争、戊戌变法这两个重大事件的关系开展了研究，并取得了不小的成果。但由于翁同龢在近代的特殊重要地位，参与的重大朝政活动很多，有关他与近代中国社会的政治、经济、军事、文化、外交、金融、教育等方面乃至他个人的思想、学术成就的研究均还有待深入。我们深信随着新世纪的来临，随着我国经济的发展、科学的繁荣，翁同龢的研究必将日益深入，必将取得更丰硕的成果。

　　在结束本文前，作者有一点需要说明的，本文不是学者论文的摘要、汇总，只是将百年来尤其是近二十多年来学术界对翁同龢的研究作一大致的简要回顾，由于时间跨度大，论述肯定有不少学者的精辟之论被遗漏，未能加以介绍。好在书后附有论文目录索引，读者如有需要的话，不妨查阅。本人虽致力于翁氏研究有年，但限于学识水平，疏漏不免，敬希有关专家学者鉴谅。

翁同龢开缺、革职原因考[1]

就目前史料所及,有关翁同龢开缺、革职的原因大致有以下九种说法:

一种认为他的开缺、革职完全出自慈禧太后的旨意,是慈禧太后强令光绪帝下令宣布的。至于慈禧太后为什么要这样做,原因又有以下几点:(1)与翁同龢支持光绪帝变法有关。濮兰德、白克浩司在《慈禧外纪》一书中说:"太后告帝,……言必去翁同龢,不可迟疑,谓彼近日煽动排满,恐其危及朝廷也。"[2]黄鸿寿在《清史纪事本末》一书中也说:"同龢且主张新政,太后逼上逐翁回籍。"[3]此外,《赵柏岩文集》一书也持此说。(2)旨在孤立光绪帝,阻挠变法。张元济说:"翁是光绪的师傅,平时和光绪帝甚为接近,致为太后所忌","翁同龢被逐回籍,西太后又命地方官对他严加管束,这是极大的侮辱"[4]。康同家在《康有为与戊戌变法》一书中也说,此举"显系西太后对阻挠新政之迎头一击"[5]。(3)与甲午战争期间帝后党争有关。胡思敬在《戊戌履霜录》一书中说:甲午战后,孙毓汶、徐用仪先后出军机,"太后不悦,罢同龢毓庆宫差,除其门籍,稍稍远之,同龢不悟,遇事犹专辄如故。(康)有为初进,又居中阴为之地,太后积不能平,遂以戊戌四月,降严旨声状其罪,即日斥还田里"[6]。《赵柏岩文集》中也持此说:"太后虽归政,

---

〔1〕 原载《江海学刊》2008 年第 3 期。

〔2〕 濮兰德、白克浩司:《慈禧外纪》,陈太冷、陈诒先译,沈云龙主编:《中国近代史料丛刊》第 78 辑,台湾文海出版社 1978 年版,第 129—130 页。

〔3〕 黄鸿寿:《清史纪事本末》第 7 卷,中国史学会主编:《戊戌变法》(四),上海人民出版社、上海书店出版社 2000 年版,第 479 页。

〔4〕 张元济:《戊戌变法回忆》,《新建设》第 1 卷第 3 期,1949 年 10 月 6 日。

〔5〕 康同家:《康有为与戊戌变法》,沈云龙主编:《中国近代史料丛刊》第 101 辑,台湾文海出版社 1978 年版,第 120 页。

〔6〕 参见胡思敬:《戊戌履霜录》,中国史学会主编:《戊戌变法》(四),上海人民出版社、上海书店出版社 2000 年版。

大事上必关白,同和教上独断,太后恶之。"〔1〕(4)与翁同龢援引康、梁维新派有关。香港土蔑士报的一篇文章说:"太后降旨追革翁同龢永不叙用,且著交地方官看守,因翁……曾请皇帝变法,并力荐维新党人故也。"〔2〕梁启超在《戊戌政变记》中也说:"其举荐康有为也,谓'有为之才,过臣百倍',请举国以听,太后尤恶其语。"〔3〕此外,胡思敬在《戊戌履霜录》一书中也持此说。(5)与翁同龢谏阻慈禧太后、荣禄天津之行企图废黜光绪帝一事有关。梁启超在 1898 年 5 月 7 日致夏曾佑的一封信中说:"惜翁覃溪(翁方纲,字覃溪,清代著名金石家、书法家。此处代指翁同龢)以阻止天津之幸,至见摈斥。"〔4〕黄鸿寿在《清史纪事本末》中也说:"又其时天津阅兵,废立之谋,渐有所闻,同和密言于帝,太后侦知之,遂命开缺回籍。"〔5〕(6)与 1895 年慈禧太后补祝六旬万寿庆典,翁同龢拒绝如数支拨颐和园彩棚搭建费有关。小横香室主人在《清朝野史大观》一书中说:"常熟去国之远因,为 1895 年秋冬间,户部拒绝提拨搭建排云殿彩棚款百万两一事。"〔6〕

　　一种认为翁同龢的开缺虽出自慈禧太后的旨意,但光绪帝也是同意了的。至于光绪帝为什么同意,那是因为翁同龢办事"过于持重"。张謇之子张孝若在《南通张季直先生传记》一书中说:"在太后那一方面,就要排斥翁公使帝党孤立;在帝这一方面,此时已经怀了变政的决心,觉得翁公过于持重,常掌掣他的肘,心上也不愿意。所以,太后既要去翁,他也无可无不可。"〔7〕王伯恭在《蜷庐随笔》一书中也持此说。

　　一种认为是光绪帝自己下令将翁同龢开缺回籍的。金陵江楚编译局编写的《国朝事略》一书说:"二十四年夏,今上严责中外诸臣实行新政,革翁同龢职,逐回原籍,擢杨锐、杨深秀、林旭、谭嗣同四品卿衔,参与机务。"〔8〕陈夔龙在《梦蕉

　　〔1〕赵柏岩:《赵柏岩文集》,中国史学会主编:《戊戌变法》(四),上海人民出版社、上海书店出版社 2000 年版,第 479 页。

　　〔2〕香港《士蔑西报》1898 年 12 月 8 日,中国史学会主编:《戊戌变法》(三),上海人民出版社、上海书店出版社 2000 年版,第 467 页。

　　〔3〕中国史学会主编:《戊戌变法》(二),上海人民出版社、上海书店出版社 2000 年版,第 18—40 页。

　　〔4〕丁文江、赵丰田编:《梁启超年谱长编》,上海人民出版社 1987 年版,第 121 页。

　　〔5〕黄鸿寿:《清史纪事本末》第 7 卷,中国史学会主编:《戊戌变法》(四),上海人民出版社、上海书店出版社 2000 年版,第 479 页。

　　〔6〕小横香室主人:《清朝野史大观》第 1 卷,《清宫遗闻》,中国书店 1982 年版,第 104—105 页。

　　〔7〕张孝若:《南通张季直先生传记》,中国史学会主编:《戊戌变法》(四),上海人民出版社、上海书店出版社 2000 年版,第 245—248 页。

　　〔8〕《戊戌纪事》,金陵江楚编译局编:《国朝史略》第 7 卷,宣统元年刊刻本。

亭杂记》一书中也持此说:"翌日为翁揆辰,两宫先期赏赉,亦极优渥。讵公入值谢恩,忽奉严旨驱逐回籍。……迨八月政变,康、梁获罪,刚相(指军机大臣刚毅)时在枢府,首先奏言,翁同龢曾面保康有为,……维时上威怒不测,幸荣文忠(指军机大臣荣禄)造膝婉陈,……上恻然,仅传旨交地方官严加管束。"[1]1994 年 5 月在常熟召开的"翁同龢与甲午战争九十周年"的全国学术研讨会上,中国社会科学院近代史研究所候宜杰研究员也持此说。

一种认为是恭亲王奕䜣临终前向慈禧太后进言的结果,谕旨出自孙毓汶之手。金梁在《四朝佚闻》一书中说:"翁初善恭(指恭亲王奕䜣)而继附醇(指醇亲王奕譞),……甲午起,恭终复逐孙,……恭久受挫,积憾尤深,病笃临视,太后问以遗言,泣奏翁心叵测,并及怙权,遂骤下罢斥之谕。或曰谕孙(指孙毓汶)实代草,所述皆翁对恭状,而引入严旨,乃成跋扈权臣矣,翁实不能负此重咎也。"[2]康同家在《康有为与戊戌变法》一书中认为翁同龢与恭亲王矛盾起于甲午战后中俄密约一事,奕䜣与李鸿章主张联俄对日,是密约的主持人,翁同龢对此表示反对。待到 1898 年 2 月,俄国强占旅大,更引起光绪帝和翁同龢的不满,说明翁同龢同恭亲王的矛盾并未始于个人恩怨,而是彼此基于对国家的对外方针的分歧所致。[3]

一种认为是荣禄、刚毅进言陷害所致。康有为在《康南海自订年谱》中说是荣禄指使人弹劾的结果。"常熟(指翁同龢)……以割胶(指签订中德胶澳租借章程)为罪谤所归,荣禄唆其私人劾之,常熟卒以是逐。"[4]唐文治和陈夔龙则说是刚毅存心陷害所致。唐文治说:"文恭公之被谪也,……溯其致祸之由,盖前义和团匪刚毅实主之。"[5]"戊戌春,公保主事康有为通达事务可用,刚遂密奏太后,谓公植党荧惑圣听,四月二十七日,公奉旨开缺回籍,是日适公生辰也。呜呼,刚之计可谓巧而毒矣。""其年八月,治康梁党,随兴大狱,刚毅欲杀公,倡议以公编管,浙江王相国夔石(指王文韶)争之,刚伪曰:此太后意耳。"[6]张謇说:"十月

〔1〕陈夔龙:《梦蕉亭杂记》第 2 卷,上海古籍书店 1984 年版,第 1—2 页。

〔2〕金梁:《四朝佚闻》,中国史学会主编:《戊戌变法》(一),上海人民出版社、上海书店出版社 2000 年版,第 451 页。

〔3〕康同家:《康有为与戊戌变法》,台湾文海出版社 1978 年版,第 70—71 页。

〔4〕中国史学会主编:《戊戌变法》(四),上海人民出版社、上海书店出版社 2000 年版,第 135—137 页。

〔5〕〔6〕唐文治:《茹经堂文集》第 4、6 卷,太仓唐氏家刻本,第 34—36、5—9 页。

间,闻刚毅、许应骙承太后之旨意,周内翁尚书于康梁狱,故重有革职永不叙用交地方县官编管之谕旨。"[1]陈夔龙说:"协揆奉严旨后,始知夏间获谴系由刚相构成。"[2]

　　陈氏这里讲的:说是翁同龢自己说的。当然翁同龢究竟是如何说的,我们已无从知道,他在日记及其他的文字中也从未留此痕迹。但翁同龢的侄孙翁斌孙(翁同书之孙)也持此说,说是刚毅构陷所致。说开缺和革职谕旨均出自刚毅之手。至于荣禄、刚毅为什么要构陷翁同龢,其原因又有以下几点:

　　1. 翁同龢对荣禄、刚毅久存轻视之心。《慈禧外纪》一书说:"翁之学问为一时之泰斗,甚轻视满大员中之浅陋顽固,汉大员中之迂滞守旧者,翁亦轻之。"[3]胡思敬在《戊戌履霜录》中说:"同和与荣禄不协,刚毅诵奏疏,误读刘鼎为刘才,复为同和所诮,刚毅引为大耻。迨有为败,太后再出训政,二人比而谗之,遂革职交地方官严加管束。"[4]陈夔龙在《梦蕉亭杂记》书中也持此说。

　　2. 因军机大臣沈兆霖外放山西巡抚一事而结仇。罗惇曧在《宾退斋随笔》中说,荣氏和翁氏为盟兄弟,交恶已久,其起因为军机大臣沈兆霖外放山西巡抚一事。事系荣禄向太后进言的结果,荣氏将此事告知翁氏,翁氏又告知李鸿藻。李氏遂荐荣禄为西安将军。"迄翁秉政,而荣禄十年不迁,怨翁极深。戊戌四月,翁以导景皇帝行新政得罪废于家,谕旨以为居心险诈者戒,盖指前事也。"[5]

　　3. 因翁同龢密告荣禄与同治帝妃通奸一事。《慈禧外纪》一书中说:"1877年(光绪三年),荣禄任内务府大臣和宫内大臣时,曾与同治帝一妃通奸,被翁同龢密告西太后,荣禄因此褫职,七年不被录用,因此,对翁衔怨极深。"[6]

　　一种认为是刚毅与李莲英合谋,向慈禧太后进言的结果。《赵柏岩文集》中

　　[1] 张孝若:《张謇年谱》,中国史学会主编:《戊戌变法》(四),上海人民出版社、上海书店出版社2000年版,第201页。
　　[2] 陈夔龙:《梦蕉亭杂记》第2卷,上海古籍出版社1983年版,第1—2页。
　　[3] 濮兰德、白克浩司:《慈禧外纪》,陈太冷、陈诒先译,沈云龙主编:《中国近代史料丛刊》第78辑,台湾文海出版社1978年版,第129—130、124—125页。
　　[4] 胡思敬:《戊戌履霜录》第3卷,中国史学会主编:《戊戌变法》(四),上海人民出版社、上海书店出版社2000年版,第338页。
　　[5] 《庸言》第2卷第5期,中国史学会主编:《戊戌变法》(四),上海人民出版社、上海书店出版社2000年版,第321页。
　　[6] 濮兰德、白克浩司:《慈禧外纪》,陈太冷、陈诒先译,沈云龙主编:《中国近代史料丛刊》第78辑,台湾文海出版社1978年版,第129—130页。

说："刚毅、李莲英合构同龢于太后，遂开缺回籍。后刚毅当权，同龢交地方官严加管束，刚毅陷之也。"[1]

一种认为是翁同龢平昔结怨太多所致。金梁在《四朝佚闻》一书中说："光绪朝局系翁一言，同僚议事，偶有不合，翁辄拂然，常入报帝必伸己意，众已侧目。翁好廷揽，而必求为己用，广结纳而不能容异己。""翁以忠恳结主知，能持大体，亦无愧良相，惜不为众谅，卒被斥逐。"[2]

一种认为是翁同龢自己求去。在1994年5月常熟召开的翁同龢与甲午战争九十周年全国学术研讨会上，耿云志先生就持此说。其理由是翁氏屡遭人弹劾，不安于位，遂决意求去。

一种认为是康有为所为。王伯恭在《蜷庐随笔》中说："康有为经常熟切保后，屡蒙召对，温谕褒奖，谓可畀以钧衡之任矣，不意故我依然，仍是浮沉郎曹，又询知保折后加之词，引为大恨，疑常熟从旁阻之，不去此老，终难放手作事，乃于上前，任意倾轧，极口诬罔。"[3]金梁在《四朝佚闻》一书中亦有此意："甲午起，恭终复逐孙，挈张荫桓为己助，张既得宠，翁不能无动，而康有为适求进，遂并荐之，不意张康渐合，共邀特遇，翁之进退乃维谷矣。"[4]

有关翁同龢开缺、革职的说法还有，但主要有以上九种。九种中，有些说法只要揭诸历史事实，不难排除否定。如王伯恭的所谓康有为"从旁阻之，不去此老，终难办事"之说，纯属臆说。而说"康氏屡蒙召对"，事实尤为不确。光绪帝首次召见康氏是在翁同龢开缺之后，何来"屡蒙召对"？又所谓"询知保折后加之词"，此说亦不符合事实。翁同龢为光绪近臣，君臣可以"造膝独对"，根本毋需缮折。因此，王说不确，难以成立。至于金梁所谓系奕䜣援引张荫桓、翁同龢引荐康有为、后张康联手，翁氏进退失据之说，因为缺乏足够史料，也难云其实。

而说翁同龢的开缺系因奕䜣临终遗言所致，此说大可商榷。翁同龢的父亲翁心存入值上书房时，曾授读咸丰帝、恭亲王、惠郡王，后又担任同治帝师，由于

〔1〕 赵柏岩：《赵柏岩文集》第7卷，中国史学会主编：《戊戌变法》(四)，上海人民出版社、上海书店出版社2000年版，第479页。
〔2〕 金梁：《四朝佚闻》，中国史学会主编：《戊戌变法》(一)，上海人民出版社、上海书店出版社2000年版，第451页。
〔3〕 王伯恭：《蜷庐随笔》，中国史学会主编：《戊戌变法》(四)，上海人民出版社、上海书店出版社2000年版，第380页。
〔4〕 金梁：《四朝佚闻》，中国史学会主编：《戊戌变法》(一)，上海人民出版社、上海书店出版社2000年版，第451页。

这层原因，翁氏一家备受朝廷宠眷，翁同龢本人的升迁多同奕䜣的大力援引分不开的。1884 年(光绪十年)奕䜣的罢黜是奕䜣与慈禧太后争权的结果，与翁同龢无关。而翁同龢在此次军机人马更迭的政潮中，自己也被逐出军机处。后来因入值毓庆宫，授读光绪帝，与光绪帝生父奕譞往来密切，亦是实情，但并不影响他与奕䜣的关系。甲午年，奕䜣复出后，翁同龢虽与奕䜣在重大内政外交，诸如和战、中俄密约的签订，维新变法等问题上存在意见分歧，但两人关系依然很好。翁同龢兼任总理衙门大臣、补为协办大学士，均与奕䜣举荐、进言分不开。在维新变法问题上，奕䜣虽不赞同光绪帝召见康有为，但他不同于荣禄、刚毅等从根本上反对变法，他不是顽固守旧派，他认为国家新挫，元气未复，虚弱已极，不宜再有大的动作。至于说他临终遗言指甲午战争是"聚九州之铁铸此大错"，只能说他执意主和，对翁同龢主战不表赞成，但他绝无要加害自己老师的儿子的意思。若此，既违背情理，亦无事实根据，只是臆说而已。至于说罢斥的奏折系孙毓汶"代笔"更属无稽之谈。其实孙氏早已因病辞官在家，离开政坛，历有年所，奕䜣与孙氏平昔往来踪迹甚稀，关系冷却。因此，所谓参劾翁氏之折系由孙氏"代笔"，根本不可能。

至于所谓翁同龢自己求去之说，也难成立。翁同龢在甲午战败，那么大的精神压力下都能挺过来，为什么要到三年后的戊戌变法时才求去呢？似乎不太可能。甲午战后不久，翁同龢的门生沈曾植等人曾劝他"急流勇退"，趁机告老，息影家园，但他未接受。"翁公拳拳于德宗之心，与夫殷殷家国之志，固有至死不渝者也。"[1]从光绪帝亲政的那一天起，他就把自己的政治生命同光绪帝放在一起了。在一次与唐文治的谈话中，他说："譬如一家茕茕孤寡，其西席焉忍去耶?"[2]在给长芦盐运使季邦桢的信中说得更明确："弟之庸鄙，久欲引退，而苦无其间，同僚多病，外患未平，岂敢养闲自适?"[3]

光绪帝发动维新变法与翁同龢的引导分不开。是翁同龢一手点燃了光绪帝力主维新变法的思想之火。维新变法开始后，皇上正需用人，岂有自己求去之

---

〔1〕　金梁：《四朝佚闻》，中国史学会主编：《戊戌变法》(一)，上海人民出版社、上海书店出版社 2000 年版，第 451 页。

〔2〕　唐文治：《茹经堂文集》第 4、6 卷，太仓唐氏家刻本，第 34—36、5—9 页。

〔3〕　翁同龢：《翁同龢致季士周函》，谢俊美：《翁同龢集》，中华书局 2005 年版，第 621 页。

理？这既不合乎情理，也有违事实。至于说是因自己屡遭人弹劾，"不安于位"，故尔求去，此说也难成立。翁同龢清正廉介，朝野公论，守旧官僚别有用心攻击他在筹措对日赔款活动中，与张荫桓"朋谋纳贿"（实际上是与李鸿章），目的无非是想借此搞臭他，毁坏他的名声，达到阻挠维新变法的进行。光绪帝对自己的师傅的操守十分清楚，"深知其妄"，一概置之勿问。而翁同龢也认为是"元规污人"，根本不予理会。所以，谈不上"不安于位"，更不需自请罢职求去。

关于翁同龢开缺是光绪帝自己亲笔颁谕，其原因是因为翁同龢"过于持重"，"常掣帝之肘"，这个说法有一定的道理，但仍构不成光绪帝要亲自下令将翁同龢开缺的理由。翁同龢仕宦京师数十年，历经宦海风波，老成持重，政治斗争经验十分丰富。他了解自己的对手，更了解光绪帝的不足，他知道如何对付顽固守旧官僚。所以，在重大问题上常常掣光绪帝的"肘"，完全是可能的。当时光绪帝二十多岁，正当年轻，血气方刚，遇事好雷厉风行，说干就干，这点与康梁维新派十分接近。康梁等人中也有很多是二十多岁的年轻人。所以，对翁同龢的"过于持重"、"掣肘"做法难以接受。而翁同龢身为帝师素以忠君守道为己任，平日言论主张从不持极端。这种性情最不为年轻人所喜欢。翁同龢开缺前夕，与光绪帝在接待外国使臣礼仪上的争论和分歧，明显反映了这一点。光绪帝认为外人进出禁门、觐见时铺地毯、行平行礼，无伤大雅，可以接受。翁同龢则不以为然。当时各国正图谋瓜分中国，而翁氏竟仍纠缠于这些礼节，使光绪帝深为不满，多次对其加以"诘责"，翁同龢事后追维，也后悔不已："圣意焦劳，臣等因循，一事不办，为可愧憾。"[1]深感自己迂腐，愧对光绪帝。

翁同龢开缺前夕，与光绪帝的另一次矛盾冲突，是翁同龢拒不受命传令康有为再进呈"其所著新书"。这些书是指康有为撰写的《俄国大彼得变政记》、《日本明治变政考》二书。翁同龢拒绝的理由不是指这两本书不好，而是对康有为的学术思想有所保留："近见其《孔子改制考》知之"，认为康氏乃"说经家之野狐禅"。康、梁虽同治公羊春秋，均主经世救国，但康有为撰写《孔子改制考》、《新学伪经考》，只是假借孔子，掀起一场思想界的革命，为维新变法制造理论根据，轰开一

---

[1] 翁同龢：《翁文恭公日记》第37册，商务印书馆1925年版，第53—54页。

条道路。他不是为研究而研究,是"借经术以创其政论,颇失'为经学而治经学'之本意"。他的改制"是一种革命,社会改造"〔1〕。因而不为大批士大夫官僚所接受,其中当然也包括翁同龢在内。由此翁同龢认定康氏变法意向与自己的主张大相径庭,认定康氏"居心叵测"。不过,他虽对康有为存有看法,但由于变法需人,仍向光绪帝密荐康氏"才堪大用",徐致靖论荐康有为时,翁氏"适承上询,遂赞上召有为入对"。甚至在自己被宣布罢斥后,得知康有为因对变法失去信心,决意南归消息后,仍亲自前往粤东会馆劝阻康氏留京协助皇帝变法,足以表现了他作为一名政治家所具有的大度心胸和以国事为重的责任感。

　　翁同龢开缺前夕,虽与光绪帝在上述诸问题上存在分歧,但师生之间关系仍为鱼水般的"融洽"。当时翁同龢发汗症旧疾,光绪帝得知后特遣人代为探视。是年"京察",谕旨中仍称赞他"夙夜从公,和衷共济,尽心筹划,倍著慎勤,著交部优叙";对于于荫霖、胡孚宸等人对他的弹劾折件,一律"留中不发";甚至将宣布变法的国是诏亲自交给他代为草拟,这些都足以表明光绪帝对翁氏的信任。在当时王公大臣中,公开地旗帜鲜明地支持光绪帝维新变法的只有翁同龢一人。国事诏颁布后,维新变法正式开始,一切正有赖师傅协助筹划,光绪帝无论如何也不可能下令将师傅从自己身边赶走。一位对翁同龢支持光绪帝变法持不同看法的官僚也说:"即在开缺前一日,(翁氏)尚在内廷行走,上意固鱼水契洽为常也。"〔2〕即使在他开缺的当天,光绪帝仍派书房太监给翁同龢送去一份赏给军机大臣、大学士的端午节礼物。这一切都说明将翁同龢开缺并非出自光绪帝的本意,所谓光绪帝下令将翁同龢开缺的说法不能成立。

　　至于李莲英是否与刚毅合谋,向慈禧太后进言,则事关宫廷内幕,外间难以得之其详。此说多半系出于李莲英与慈禧太后的特殊关系。但问题是李莲英为什么要参劾翁同龢呢? 从翁同龢数十年日记来看,以及有关李莲英的史料记载来看,但始终看不出他们之间有什么是非矛盾、恩怨仇恨,因此,这一说法亦难成立。

　　至于认为是翁同龢平时施政中得罪不少臣僚,是咎由自取的说法,虽似有理,但事实上大可商榷。翁同龢为官宦世家,父兄同为朝廷重臣,平日议事肯定

〔1〕　梁启超:《梁启超清学史两种》,复旦大学出版社 1985 年版,第 5 页。
〔2〕　翁同龢:《自订年谱》,《翁同龢集》,中华书局 2005 年版,第 1046 页。

有与同僚不合的,甚至有以己见为主、独断专行之事,因此而得罪一些臣僚也在所难免。但话又说回来,纵有不少臣僚对他有意见,甚至不满,但要将这样一位大员、皇帝的师傅加以开缺,若无皇帝乃至太后的同意,也是很难做到的。

至于说到荣禄、刚毅有意构陷一事,前所列构陷的种种原因,也很难说没有,尤其是在翁同龢生日这一天,谕旨宣布将其开缺,显然是熟知翁氏生辰时间的人所为,是事先预谋筹划好,有意羞辱他。政治上落井下石的痕迹十分明显。荣禄与翁同龢为结拜兄弟,刚毅则是翁同龢任刑部尚书时一手识拔的。他们对翁同龢最为熟悉了解。所以,纵观各方面史料和分析,此种恶劣行径除了刚毅、荣禄之外,尤其是刚毅,不可能是别人。此外,我们从戊戌政变后,刚毅抓住翁同龢曾面保康有为一事,乘机对他打击报复陷害,奏言将其革职编管一事,也看得很清楚。然而,不论荣禄、刚毅同翁同龢的矛盾有多深、有多久,说到底,他们之间的恩怨还不仅是他们私人之间的意气之争,在他们的背后还有着深刻的权力之争。因此,翁同龢的去留,也不取决于他们,而是取决于最高统治者。

排除上述种种说法,问题说到这里已经很清楚了,最终能决定翁同龢政治前途命运的只有一人,那就是左右晚清朝局的慈禧太后。

据笔者根据翁同龢日记记载的粗略统计,自翁同龢1865年(同治四年)入值弘德殿到1898年(光绪二十四年)开缺回籍为止,在三十四年中,翁同龢除了和亲王、军机大臣、大学士、总理衙门大臣一起奉旨召见不计外,慈禧太后单独(有时慈安太后、同治帝、光绪帝在场)召见翁同龢不下四十多次,慈禧太后对其宠眷由热到冷看得也十分清楚。大致来说,在1888年(光绪十四年)光绪帝亲政前,慈禧太后对翁同龢十分专信。召见时,每多赞誉,夸他"勤于入值","曝值甚勤","汝心忠实可靠"等。在此之前,翁同龢也确实是以"忠悃结主知"。1888年12月25日,慈禧太后在撤帘归政前夕,单独召见他,当面"谕以归政后一切事宜",翁同龢以"万机至重需禀命对";太后"谕上性情",翁"以仁孝对"。翁同龢的奏对,迎合了慈禧太后的恋权心理,所以对他的回答非常满意。其后又多次召见他,"谆谆于书房功课,并勖臣以尽心规劝,至于流涕"[1]。在褒奖之余,又时时

---

〔1〕 翁同龢:《自订年谱》,《翁同龢集》,中华书局 2005 年版,第 1052 页。

语带忠告,要他及时规劝光绪帝"顺从母后",绝对效忠于她。

光绪帝亲政后,翁同龢在帝后之间开始走的是等距离路线,然而光绪帝毕竟是他一手培养教育成长起来的,师生感情犹如父子家人,又见慈禧太后揽权不放,心中甚为不满,于是逐渐倾心于光绪帝。此外,他还认为辅佐光绪帝,使其有所作为,是帝师不可推卸的责任。所以,"频劝上振君权","教上独断"。翁同龢亲帝倾向引起慈禧太后的"恶感",此后对他不再眷恋,对他开始由热变冷,由冷变淡,直至心存疑忌。加上慈禧太后身边的人从中拨弄,最终导致决定要将他逐出政坛。

直接导致慈禧太后下决心要将翁同龢逐出政坛的有三桩事。

一桩是甲午战争期间和战问题。当时慈禧太后、李鸿章均主张对日妥协,避战求和,而翁同龢竭力支持光绪帝主战。1895 年 9 月(光绪二十年八月)平壤、大东沟陆海两战战败后,28 日,慈禧太后派翁同龢秘密前往天津,敕传李鸿章与俄国公使喀希尼洽商中俄共保朝鲜一事,翁同龢公然抗不从命。奏对说:"此事有五不可","乞别遣",要求另派大臣,最后竟说:"臣为天子近臣,不敢以和局为举世唾骂也。"[1]使慈禧太后大为尴尬,从此对他衔恨在心。

另一桩事,更令慈禧太后愤懑和无法容忍,是翁同龢公然上折奏请停止慈禧太后六旬万寿庆典活动和拒绝内务府要求户部拨付搭建颐和园彩棚银百万两。慈禧太后六旬万寿庆典为甲午年(光绪二十年)十月初十日。此前,翁同龢与另一名军机大臣李鸿藻联衔上折,光绪帝也鼓动南、上两书房的一批翰林御史上折,以防止"倭奸"为名,奏请"停(庆典)工作",移祝寿费为战费。慈禧太后碍于社会舆论,只好"准如所请",但心中积不能平。她恶狠狠地表示:"今日令吾不欢者,吾将使其终生不欢"。她不顾残酷的战争形势,立即对翁同龢、光绪帝进行报复,"杀太监、囚珍妃、裁书房",将翁同龢赶出毓庆宫,以此遮断翁同龢与光绪帝的联系。1895 年 9 月(光绪二十一年八月),慈禧太后以战争结束,决定于 11 月(十月)在颐和园举行"补祝"(万寿)庆典活动,要求内务府承办,在园内搭建彩棚。内务府开价要户部拨银百万两。翁同龢时任户部尚书,以先前已拨付过 30

---

〔1〕 翁同龢:《翁文恭公日记》第 37 册,商务印书馆 1925 年版,第 90 页。

万两,现今"库储匮乏"、国家财政困难为由,拒绝如数拨付,最后只拨付了20万两。并将内务府浪用巨款、不能节俭情形向光绪帝作了奏报,光绪帝将内务府大臣福锟狠狠训斥了一顿。福锟虽与翁氏关系处理不错,但迫于压力,遂也将翁同龢拒付拨款情况向慈禧太后作了呈报,此时慈禧太后对翁同龢的怨恨程度不难想象。"后意甚怒,逾月,太后召见内务府大臣时,尚申詈常熟不置也。"[1]当时就有人因此事对翁同龢表示惋惜,认为他仕宦数十年,一向谨慎小心将事,"何至锋芒暴露如此",但又肯定他,"然其心事则昭然可遏日月也"。

再一桩就是翁同龢支持光绪帝维新变法。有史书说:慈禧太后曾对光绪帝说过:若不违祖宗之法,儿尽可放手去做。如果说慈禧太后真的说过此类的话,也只能是欺骗。维新意味着除旧,变法就是要变更祖制祖规,要触动和改变原有的统治秩序,触动和损害一部分统治者的既得利益,因而这种变法是慈禧太后所不愿看到的。因为改革有利于当政的光绪帝统治地位的巩固,对归政的慈禧太后并无什么好处,何况当时母子之间在内外大政方针问题上意见分歧,慈禧太后怀疑和担心翁同龢引导光绪帝维新变法将对自己的地位不利,加上她周边的一些亲信大臣反对变法,尤其是一批与翁同龢积怨已久、矛盾很深的人,如荣禄、刚毅等从中拨弄,使慈禧太后最后下决心要将翁同龢逐出政坛。金梁在《四朝佚闻》一书中有一段意味深长的话,不点名地点出了翁同龢开缺的真正主使者。他说:"翁以忠恳结主知,能持大体,亦无愧良相,惜不为众所谅,卒被斥逐。而两宫之争,遂日甚而不可救云。……凡上所述,同光朝政,大略可知,自此以往,谁实操纵之,不忍言矣。"[2]

"同光朝政……谁实操纵之",当时人谁都明白是指慈禧太后,只是惮于封建君主专制的高压政策,才"不忍言矣"。

综上所述,不难得出结论:下令将翁同龢开缺回籍的不是别人,只能是慈禧太后。而开缺时间及革职编管,则是军机大臣荣禄、刚毅等一伙从中做了手脚。至于说到罢斥翁同龢的谕旨中的内容多有"与事实相吻合",只能是仁者见仁,智者见智,留给历史学家们去评说了。

---

〔1〕《泰晤士报》1920年7月26日。

〔2〕 金梁:《四朝佚闻》,中国史学会主编:《戊戌变法》(一),上海人民出版社、上海书店出版社2000年版,第451页。

翁同龢日记删削改篡影印出版的真相[1]

翁同龢,字声甫,号叔平,晚号松禅,江苏常熟人。咸丰六年状元,同光两朝帝师。历任军机大臣、总理衙门大臣,户部、工部、刑部尚书等职。光绪二十四年(1898年)戊戌变法开始不久,即奉旨开缺回籍。戊戌政变后,被慈禧下令革职永不叙用,并交地方编管。光绪三十年(1904年)在原籍去世。宣统改元,开复原官。1914年被废帝溥仪追谥"文恭"。此后不少史书称他为"翁文恭公"。1925年4月,他的日记被冠以《翁文恭公日记》,由商务印书馆涵芬楼影印行世。

翁同龢日记刊行后,熟悉晚清政情的学者很快发现其中的内容已被删削改篡过。金梁在《四朝佚闻》一书中更以翁同龢在日记中删削荐康一事为由,进而对翁同龢日记的真伪提出疑问。此后学术界对翁同龢日记的真实性也是疑信参半。信者认为日记所记内容"多中窍要"(缪荃孙语);疑者认为:"内多改削,尤以戊戌年间荐康一事多有隐讳。"(金梁语)翁同龢日记原稿现存其五世孙翁兴庆(万戈)美国莱溪居家中。[2]笔者穷数年之力,将翁氏日记原稿同影印本日记内容反复进行对照,结果发现翁同龢的日记确有删削改篡的情况。一些内容为翁氏本人所为,一些内容则是日记影印时,被门生张元济、四世孙翁之熹有意删去不印。日记影印时被删削的地方大致不下十余处,具体情况是:

甲子年(同治三年,1864年)。影印本日记第四册第62页初十日日记内容

〔1〕 原载《淡江史学》2000年第11期。
〔2〕 日记原稿已由翁万戈于2015年捐赠给上海图书馆。

对照原稿,删去了以下一段文字:"荣侄言:'今年有东洋人到上海,英夷畏之如神剑,格杀英夷辄不论。雨行,英夷为之张盖。今在浦东建屋,将阻英夷之出入也。'果尔,亦快事也。"[1]丁卯年(同治六年,1867年)。影印本日记第七册第18页内容与原稿对照,被删去了以下文字:"覆奏折语多姍笑。大略侈陈咸丰十年(1860年)保全大局之功,并详陈不得已苦衷,而力诋学士大夫之好为空言,视国事漠然,并以忠信礼义为迂谈,而督抚折信中惟李鸿章四次信函推许西士竟同圣贤,可叹,可叹。"[2]翁同龢曾为倭仁"润色"复奏稿,及反对倭仁到总理衙门大臣上行走。文中对奕䜣、李鸿章多有不满,真实反映了同治初年翁同龢思想僵化保守。由于同文馆开设一事孰是孰非,历史早有了结论。在张元济等人看来,若再保留这些内容,实在有碍老师形象,所以就将它删除不印了。

己卯年(同治八年,1869年)。影印本日记第九册第19页删去了"盖甘为鬼奴者耳"一句。查原稿,全文是:"斌椿者,总理衙门当差者也。前数年尝乘海船游历西洋各国,归而著书一册,盛称彼中繁华奇巧,称其酋曰君王,称其官曰某公某侯某大臣,盖甘为鬼奴者耳。"[3]当时士大夫"夷夏之辩"观点很深,对西学颇不以为然,翁同龢亦不例外。后人看来,不免迂腐,故张氏等人出于上述同样理由,为师"讳"而删削不印。

丙子年(光绪二年,1876年)。影印本日记第十五册第10页比原稿少了以下一段文字:"适郭筠仙来,遂论洋务。其云:滇事将来必至大费大辱者是也。其以电信、铁路为必行,及洋税加倍、厘金尽撤者谬也。至援引古书,伸其妄辩,真是失心狂走矣。"[4]郭氏曾援引中国古书,撰写《瀛海论》,认为洋务中国早已有之,翁对此不以为然。郭氏后出任驻英公使,对西方政教制度多有肯定,遭到守旧官僚攻讦。翁氏曾支持郭氏使英,并有信件往来。对于郭氏的功过,历史也早已有了结论。张元济等人认为上述文字若再保留,同样有损翁师形象,故加以删除。

---

〔1〕荣侄即翁曾荣,翁同爵之子。文中所记内容多为道听途说,张元济认为实在无保留之必要,故加以删除。
〔2〕这段文字讲的是军机处传旨将总理衙门复奏同文馆开设一事的折本及各省督抚的复奏折、信函一并交倭仁等人阅看。
〔3〕斌椿随海关总税司赫德前往欧洲,归国后出版游记,介绍欧美政教风情,是中国人走向世界的最早记录之一。
〔4〕郭筠仙即郭嵩焘。滇事指英国传教士马嘉理被杀事件。

辛巳年（光绪七年，1881年）。影印本日记第二十册第3页同原稿对照，被删除了以下一段文字："醇邸以李相覆信见示，力驳去信，仍委婉以为一时难办。窥其意不过为刘铭传圆此一谎耳。"[1]其内容是讲上年11月，张之洞以日本吞并琉球，奏调刘铭传督办台湾防务。奕譞、翁同龢对此表示赞同。廷旨将此事交李鸿章斟酌。李氏其实力主放弃清朝对琉球的宗主权，与翁氏意见不合，故在给奕譞的覆信中藉口刘氏"病未愈"，一时难以赴任。日记影印时，翁氏、李氏均早已作古，在张元济看来，这些无关紧要的如烟往事不必再提了。

又，同一册日记第14页，影印本日记内容删去了"微不足者"四字。查原稿原文，是写翁氏与左宗棠初次会面，对左氏的印象："访晤左季高相国长谈，初次识面。其豪迈之气俯视一世，微不足者，思之深耳。论天下大势，山河皆起于西北，故新疆之辟，实纯庙万古之远猷。"[2]在张元济等人看来，对左氏批评的话不宜再保留。但四字删去后，把原本否定的内容变成了肯定，这是对历史事实的篡改。

壬午年（光绪八年，1882年）。影印本日记第二十一册第19页上，"其人能干而过滑，以前在京时似曾冶游也。赠二十金，以世交不得不受"。这一段文字前，原稿还有以下一段文字："杨森荣，卢经伯前辈子，号子俊，湖南知县，今无选期，来见。"[3]翁同龢开缺后，杨森荣与翁家还有来往。在翁之熹看来，再保留先祖这些文字大为不妥，故在影印时用纸条黏去不印。

癸卯年（光绪九年，1883年）。影印本日记第二十二册第68页删去了"合肥之"三字。查原稿原文为："张霭卿来辞行，谈越事，深诋合肥之偏执畏葸，其尊人颇欲有为而苦粤东之空虚，甚为难也。此君甚正派，将来可用。"[4]张树声同李鸿章在中法越南问题交涉上意见分歧，张氏主战，李氏主和。影印者有意将"合肥之"三字隐去，盖不愿多提李氏，以免给人产生翁氏拉拢张氏以攻李之嫌。[5]

从以上几段日记删改的情形来看，内容主要涉及翁同龢的思想及有关人际

〔1〕 醇邸指醇亲王奕譞、光绪帝生父。李相指李鸿章。
〔2〕 左氏与翁氏一生相知，友情不浅。
〔3〕 杨氏与翁氏为世交。
〔4〕 张霭卿系两广总督张树声之子。
〔5〕 以上翁同龢日记影印时隐去未印的文字，2016年上海远东出版社影印出版时已全部恢复补上。

关系,张元济、翁之熹删改这些文字完全是出于为"师讳",为"祖讳"。除此之外,日记的删改还有其他原因。

戊戌年(光绪二十四年,1898年)。影印本日记第三十七册第110—112页比原稿少了十月十六日至十月二十三日全部日记。查原稿十月十六日至十月二十三日日记内容是:

(十月)十六日。将往沪上,先往苏州。景子侍行。辰正开船,张帆行,过湖荡则逆风矣。摇橹抵阊门,戌初泊太子码头。

十七日。阴,暖甚,无风。景子上岸,余留舟中。未正移泊青阳地,写小轮票五元三角,孙庚船。酉初三刻轮船带行,洋关小驻,月出展轮。

十八日。黎明抵上海,辰正泊叉袋角,下距大王庙里许。景子上岸,住寅臣处。晚寅偕景来。此行为斌孙南归,欲于此一见,期十八必到,乃新裕船在津滞留须二十一方到,只得待之,闷甚。午后小雨晚有声。二更大风起。得江西十二函,即覆之。发鹿信。

十九日。雨止,风仍大。寒。景子来,缉夫来,同饭。申正风止有晴色,稍暖,行人计在黑水洋矣。市楼吃面。写扇七柄。缉、寅皆送黄花鱼,日日如此。

二十日。晴。风止。舟中写扇十余,尚能细楷。缉、寅、景先后来,皆送点心。稍寒,待新裕船不止。口占三绝。

二十一日。阴。午晴。寒甚。辰正闻笏至,急欲诣而彼已来,一见悲慰兼集。云海中无风甚安稳。缉、寅、景皆来。余偕笏同车诣酱园弄,二俺妇感冒卧床,未见。而吴子备、本家印若过访。子备谈时事,闻所未闻。诊余脉云:肝阳下陷须升提,处一方乃去。晚饭后下船。缉、寅固请留一日,允之。得江西十三日函,答之。发常熟信。印若以苏斋手拟响榻化度见示。孙幼谷物,五百金。

二十二日。晴。西北风晚止。晨起摹化度题跋,其正本则一点一拂皆苏斋精心考核。此苏斋自藏真本,非从前所见集诸家藏本可比。忙中不及摹,亦不能摹也。巳刻寅以马车来迎,看旧藏书画,为之品题,即在彼饭,笏同坐。王新之来，未见。沈白凤女士，仲复之女也，求见，却之。回船，笏与寅先后别去。缉来船略谈。以苏斋摹本还印若。吴子备、许楚卿来送，酉初始去。子备真可感。曛黑小轮始至，戴生昌。带至昆山，四元五角，酉正开，余船在第六，最后尚有一船。山东张仆随笏来，因携回常。

　　二十三日。晴。五更带至昆山解缆。野水苍茫，摇橹行。天明过昆山城，巴澄湖水浅滩露，非二十年前光景。午后风大，酉初抵小东门。鹿侄来。

　　从以上未影印的日记来看，并无什么特别重要的内容，如果说有的话，那就是连得江西十二日、十三日函和笏斋从北京回来在沪上与他见面两件事。江西函指侄儿翁曾桂（字筱珊）给他的来信，其时翁曾桂任江西布政使，护理巡抚，与京中大吏保持联系，可探听到"京师消息"。笏斋指翁斌孙，是翁同书之孙，翁曾源之子，进士出身，时任翰林院侍读学士。翁同龢开缺回籍后，其住宅租给太常寺卿袁昶居住。翁斌孙与袁昶及孙家鼐、廖寿恒、钱应溥等仍有往来接触，了解到"朝内动态"。翁斌孙二十一日到上海前，先已打电报给上海的翁顺孙、翁熙孙。翁同龢得知后，急于想了解他离京后的"京师情形"，所以提前坐船由常熟赶到上海。不期因海上大风，由天津开往上海的"新裕"轮三天后才到沪。日记中对此说得很清楚："此行为斌孙南归，欲于此一见。"可见翁斌孙由京南回，肯定带回京中重要消息，这个消息就是有关北京戊戌政变的内容。因为这些消息直接关系到翁氏本人的政治前程，所以他急于想要知道，故来沪与斌孙见面。但祖孙见面所讲内容，日记中只字未提。至于从苏州医生吴子备（从前在京为翁同龢看过病）那里听到"闻所未闻"的时事，也只是冷冷一说。所以，无论从哪一点来说，日记影印时没有必要将这些内容删削不印。依笔者之见，显然是翁之熹与张元济在影印时的重大遗漏。这是一种猜测。不过有一点是很值得我们注意的，那就是二十四日的日记。这天的日记写道："二十四日。晴。已初赴西山先谒墓，后看工，饭罢归。酉初抵家。鹿侄、景子以新闻报传二十一日严旨臣种种罪状，革职永不叙用，并交地方官严加管束，不准滋生事端等因。伏读感涕而已。发沪信、江西信。"虽然内心痛苦万分，犹说"感涕而已"。这是久惯政治风云、老练的政治家心态。联系这天的日记内容，上述八天日记内容之所以未能影印，又或许与翁同龢改削原稿有关。很可能十月十六日至二十三日的日记原稿中载有不少重要内容，并涉及有关人物，但因二十四日得知自己被革职编管，又有"不准滋生事端"的谕旨，若再将十六日至二十三日日记所记内容（推测与戊戌政变有关）留下来实在有些"危险"，于是进行删改。但这些删改后的日记翁同龢当时可能并未放到戊戌十月的日记里。事实上他在听到革职编管的消息后，已是"方寸已乱，书不成句"（致廖寿恒密函语）了。以致日记影印时，这部分内容翁之熹未能找到，故无法影印，只好阙如。

翁同龢癸卯年（光绪二十九年，1903 年）日记，影印本第四十册第 80—88 页（即十一月十六日至十二月十六日）的日记内容，原稿中根本没有。查影印本，这一个月的日记字体粗疏，比以往所写的字要来的大，与以往的记法也有很大的不同。依笔者推测分析，似乎有以下几种可能：一、从内容上看，翁同龢本月生病，所记多关请医吃药的事。很有可能就未写日记，所以，原稿中无这一月的日记。二、影印本的日记内容很可能是翁同龢病后补记的，不过不是他本人书写，而是由翁斌孙代笔的。翁斌孙晚年书法酷似翁同龢。为了保持日记的完整连贯，由翁斌孙根据翁同龢的大概活动做了粗线条的记录。三、翁同龢戊戌以后日记整理誊抄非出自他一人之手，诸多孙辈帮他誊抄过。这一部分原稿中未见的内容很可能是孙辈们誊抄后未放进原稿，但在日记影印时却被意外的发现。总之，上述三种情况均有可能。由于负责日记影印的当事人翁之熹在"文革"中去世，已作古多年，此中曲折缘由实无从得知，只好存此疑问。

以上是日记影印时删削改篡的大致情况。至于影印时所提供的日记原稿本身删削改篡情况则比较复杂。但有一点是肯定的，那就是日记原稿确实经过改篡，尤其是戊戌年这一年日记删削改篡最多，而改篡最多的又是与戊戌变法期间与康梁等维新派往来方面的文字。金梁在《四朝佚闻》一书中以翁同龢删改荐康的内容，进而对翁氏日记的真实性提出怀疑，不是说毫无道理。翁氏在日记中有两处否定自己与康氏有往来：

> 甲午年（光绪二十年，1894 年）日记。影印本第三十三册第 44 页初五日，"答康长素，未见。"

戊戌年(光绪二十四年,1898 年)日记。影印本第三十七册第 53 页,初七日,"上命臣索康有为所进书,令再写一份递进。臣对:与康不往来。上问:何也? 对以此人居心叵测。曰:前此何以不说? 对:臣近见其《孔子改制考》知之。"初八日,"上又问康书,臣对如昨。"

其实光绪二十年(1894 年)6 月,翁氏"答康长素,未见"是事实,这次翁同龢前往宣武门外粤东会馆看望康有为,适康氏外出未归。待康氏得知后,喜出望外,当即前往翁宅回拜。因此,说"未见"并不全面。按理,日记在"未见"之后应有一段康氏回拜的文字,但是没有,很显然这一段日记被删去了。

从光绪二十年(1894 年)6 月,翁氏与康氏相见往来,到光绪二十四年(1898年)6 月光绪帝令翁同龢"索康有为所进书",中间相隔四年。在这四年中,翁康往来当然不止一次。对于这一点,光绪帝当然亦有所闻,否则光绪帝不会要他"索康有为所进书"。光绪帝的这段谕命,从一个侧面告诉我们,翁同龢删改了他与康氏往来的文字。翁同龢说他不与康氏往来,其理由是康氏"居心叵测","近见其《孔子改制考》知之",这一理由也不能成立。在光绪二十年(1894 年)(影印本日记第三十三册第 43 页),翁同龢看了康有为的《新学伪经考》一书时写道:"看康长素祖诒,广东举人,名士。《新学伪经考》,以为刘歆古文无一不伪,窜乱六经,而郑康成以下皆为所惑云云,真说经家一野狐也,惊诧不已。"四年前已对康氏学术思想见解产生怀疑和异议,为什么要到四年后看了《孔子改制考》才说"不与往来",并说康氏"居心叵测"呢? 这些除了说明翁康在变法见解上有异同外,也告诉我们此中的日记文字已经过篡改了。

翁同龢矢口否认他的荐康之举:戊戌年(光绪二十四年,1898 年)影印本日记第三十七册第 100 页写道:"新闻报等本皆荒谬,今日所刊康逆语,谓余论荐尤奇。想我拒绝,欲计倾我耶。"这段文字,笔者认为未被篡改,但所写内容是假的,即历史事实被他有意篡改了。康氏是变法的当事人,别人举荐他,这点他不会乱说的。况且他当时已逃离虎口,到了香港,又有英国人保护,讲话毋须"顾忌"。所以,说自己是翁氏举荐的不是假话。他后来在光绪三十年(1904 年)流亡瑞典时悼念翁氏长诗中所写的内容基本上都是事实。此外,康有为的弟子梁启超也说康师是由翁氏举荐。康梁关系极深,梁氏与另一支持变法的大臣李端棻(信臣)是亲戚,而李氏又是翁同龢的哥哥翁同书的门生,平日与翁同龢时有往来,对维新运动内幕知之甚多。因此,梁氏之说也完全可信。其实,翁氏日记中有多处记载有关康氏的活动行踪,如乙未年(光绪二十一年,1895年),影印本日记第三十四册第38页,四月十二日,有"康祖诒亦中矣"(指康有为考中进士)。丁酉年(光绪二十三年,1897年),影印本第三十六册第115页,有"高燮曾御史保康有为入瑞典弭兵会,交总署核酌办理。"戊戌年(光绪二十四年,1898年),影印本日记第三十七册第34页,有"总署代康有为条陈折(变法)一件,片一件:岁科试改去八股,并书三部:《日本变政记》、《各国振兴记》、《泰西新史揽要》。"同一年日记,第41页,有"潘庆澜封奏四条,三片,内一参康有为保国会。存。"类似的记载还有,此处就不一一列举了。如果翁氏对康有为无好感,没有举荐过,他不会如此关心康氏。

日记有些内容记载,明显作了改篡。如光绪二十四年(1898年)总理衙门大臣向康有为问话,戊戌年日记,影印本第三十七册第2页中写道:"传康有为到署,高谈时局。以变法为主,立制度局,新政局,练民兵,开铁路,广借洋债数大端。狂甚。灯后愤甚虑甚。""狂甚。……虑甚"均是改篡的痕迹。康有为在总理衙门回答大臣问话,是奉旨行事,讲的全是变法内容,听的大臣亦非翁氏一人,翁氏为什么对康有为如此"愤甚"? 难以理喻。翁氏如此改篡日记,目的只有一个:为了避祸。他本人当时已是革职永不叙用,编管在籍,而康氏是朝廷通缉的钦犯。若在日记中保留有关荐康,及与康氏往来的文字记载无疑会给自己带来很大的危险。当时不独翁氏,即使与康梁维新派活动并无多大关系的官僚也都将自己日记中有关戊戌变法的文字加以删去。《王文韶日记》整理出版时,独缺光绪二十四年(1898年)这一年日记,绝非偶然,据说王氏在生前已将是年日记销毁了。当然,翁氏日记中有些涉及康氏与其他维新派的文字,笔者认为并未篡改,完全符合当时的史实。如戊戌年(光绪二十四年,1898年)日记,影印本第三十七册第96页中,有记载他从江西匆匆回常,途经上海时,与恽杏云讲的一段话:"晤谈,得京师近日情形之详。鼠辈谋逆,陷我神明,并贻无穷之祸,真堪痛哭。心悸头眩几至投地。"对于康有为等"设谋以图太后,实为翁所逆料",翁同龢称此举为"鼠辈谋逆",显然表明了自己反对的态度。至于说"贻无穷之祸",确又是一句比较含蓄不尽的话。既是对国家、民族将再遭不幸的担忧,又是对光绪帝安危和自己祸福不测的恐惧心理的反映。

总之,翁同龢日记虽有删削改篡之处,但对照《清实录》、《光绪朝东华录》、《清续文献通考》等官方档案记载,日记所记内容大致不谬。该日记不失为一部重要史料集,与赵烈文的《能静居士日记》、李慈铭的《越缦堂日记》同为近代中国三大著名日记,对研究晚清社会和翁氏本人乃至整个翁氏家族其他成员的思想活动具有较高的参考价值。

我与翁同龢研究

自 1981 年研究生毕业留校至今,我一直以中国近现代史为基础,根据陈旭麓教授有关近代中国社会变迁的理念和思路,边教学,边进行多项专题研究。翁同龢研究就是其中的一项。

还在我读研究生时,陈旭麓教授正应上海人民出版社之约,主编《中国近代历史》小丛书,经他同意遂选择翁同龢这个人物展开研究。从那时起到现在已有三十多年。现在将研究的情况略作总结,并就教于学界同人。

一

我对翁同龢这个人物,起先可以说一无所知,除了在南开大学读书时,老师讲戊戌变法时提到他,其他几乎什么也不知道。后来之所以决定对他进行研究,除了因为陈师主编《中国近代历史》小丛书外,还有另外的一些原因。历史的主体是由人的活动构成的,研究历史,离不开对人物的研究。中国近代史相对于古代史而言,虽然时间短,但与现实关系密切,今天是近代史的延续,要说清楚现代的一些问题还得追根寻源,上溯到近代。古代史上的一些重大事件和人物,经过历朝历代学者的研究,大致已经清楚,但近代史则不一样,许多人与许多事均无人去研究,有些人和事虽有研究,但因研究的观点、立场、方法不同,研究的结果不尽相同,甚至存在争论。翁同龢死后八十年里,除了他的函稿、日记被影印外,无乎无人对他进行研究,这些是我最终决定研究他的一个原因。历史上关键人物往往对历史进程起到至关重要作用,我不是说其他历史人物不重要,不要去研究,但我认为研究历史人物就必须先要去研究关键人物。翁同龢为同光两朝帝师,身膺部院要职,两参军机,有凡晚清重大朝政活动,诸如洋务运动、中法战争、中日甲午战争、戊戌变法、中外交涉、金融、外债、赈灾、教育、科举,等等无不参与,要想把近代史上这些事情搞清楚,还离不开对他的研究。这是我决定对他进行研究的又一个原因。

近代人物中,如曾国藩、左宗棠、李鸿章、张之洞等都是地方实力派,他们生前留下大量的奏折、函稿,死后就有人将它们编纂成集子。因为有大量的资料,对他们的研究,相对来说比较容易。而翁同龢则不一样。他是朝廷中枢核心人物,几乎每天可以见到皇帝、太后,奉旨召见,进行廷对。他的言论多于文字奏疏,他参与的许多带决策性的事情,一般多无存稿。由于他与他们在近代史上的角色不同,他留存的文字,除了日记外,几乎很少。

1983 年 3 月,当我最终确定研究翁同龢时,尚不知这项研究的深浅,完全凭个人的主观想法。是月 21 日,当我向陈师汇报时,他对我说:"翁同龢是一个正派官僚,原来是保守派,后来因与光绪帝在一起,因光绪帝关系,受压制排挤而倾向支持改革,成为改良派。"又说真要研究的话"要掌握翁的个性",还说"这个人物不太好研究,难度很大",要我慎重考虑一下,甚至说到实在不行,换个人物研究也行。他当时正研究洋务运动与中国近代化的关系,认为李鸿章是中国近代化的开拓者,随口对我说比如研究李鸿章,或者什么其他人,反正他要我再去考虑考虑。听他这么一说,我一连好几晚未睡好,我知道这是陈师出于对我的关心和爱护。他是我的导师,他的话我不能不听。但我又是个性很强的人,自己确定了的事一般不轻意改变,一定要坚持去做。所以,仍坚持要去研究翁同龢。而且我还认为学术研究贵在创新,重复别人的研究实在没有必要,陈师反对学生研究他所做的课题,认为争抢导师的课题是件非常可耻的事。他的这些教导对我来讲,可说是刻骨铭心。它直接影响了我日后对自己研究生的指导,学术领域浩瀚广阔,题目众多,自己完全可以任意选择。陈师的教导坚定了我决定研究的信念。既然翁同龢没人研究,那我就要去研究他。陈师见我如此执着,最后也就同意了。从此,开始了踏上漫长的翁同龢研究之路。

二

史学研究不同于文学创作，文学创作可以虚构、夸张、想象，但史学研究强调的是真实，来不得半点虚假，必须详尽地占有史料。史料不外以下几种：官方档案、当事人的文字、与当事人相关的其他同时代人的资料，再就是民间传说之类，俗称"野史"的内容。其中官方档案、当事人的史料是主要的。在真实史料严重缺乏的情况下，野史一类的史料可以作为参考。按照以上要求，翁同龢的史料除了他的日记和部分诗文函稿外，其他都少之又少。所以，对我来说，首要的任务就是要去广泛地搜集翁同龢资料。

翁同龢的日记为我搜集资料提供了"索引"作用，但他的日记书写真草相间，字迹很不易辨识，且多有涂改，更加重了阅读的困难。为此借助《康熙字典》《草书汇》《四书字典》《辞源》等工具书和请教有关研究古籍的老师，花了近一年半的时间，将日记分类，按时序分成任职、折件、事件、交往人物、函稿、宫廷教育、家庭、诗文、书画、其他等十多个目录，分别进行摘抄，而后"按图索骥"，一一查找。凡是日记上提到的，尽量去找到。后还做了"时人论翁"、"后人论翁"、"事件真相"等目录，凡是与翁同龢有关的文字随时一一记下来，仅这项目录式的线索资料就大约摘抄了二十多万字，几乎将日记抄了一小半。古代学者强调抄书有一定的道理，它有助我们加深对史料的消化和理解，有助于驾驭史料，而不是被史料拖着跑。这种研究方法首先要归功于当年我在南开读书时所受到的训练。1964年我系参加唐山丰润县"四清"，我和另外两位老师一起担任县委书记左林的秘书，整天为他整理材料，分类汇报各乡各村运动情况，农村情况复杂，后来我们研究了这种分类法，汇报方便，写报告也快。其次，要归功于我参加盛宣怀档案资料的整理，我从许多老一辈学者那里学会档案整理、阅读、编辑的方法。所以，我看了翁同龢日记后，马上就萌发和采用分类搜集资料的办法，后来的事实也证明这种搜集资料的方法行之有效。只要看到有关资料就能大致知道它属于哪一类、什么时候，什么性质的，这对日后专题研究也十分方便。

我是高校一名教师，日常以教学为主。所以，研究翁同龢只能利用课余时间和寒暑假。此外,我还要为研究室处理日常事务,辅导研究生,为陈师作讲课记录,为他搜集近代社会新陈代谢的资料。家中还有生病的老人,上小学的儿子,在乡下的年老的父母,这些均需要照顾。时间对我来说,分分秒秒都很宝贵。为了研究翁同龢,三十多年来除了外出开会、出国访学,自己从来无节假日,没有星期天,中午也少有休息,每天晚上一般工作到 11 点才休息。年年如此,月月如此,这并非虚言。直到近年,因为年龄的关系才稍稍放松一点。每到这时,我常常独自仰望星空,耳听四周高楼内传出的麻将声,心中不免有些茫然。在旁人看起来我很辛苦,但是当你找到需要的资料时,心中不知有多么的高兴,这就是幸福。我从小生活在苏北农村,家中生活很苦,糠菜是日常主食。是父母节衣缩食培养我读书,没有他们哪有我的今天。抗日战争和解放战争时期,我们家乡牺牲了很多人,我小学的同学中不少是烈士子弟,他们父亲都没有,我比他们好,有父母关爱,为什么不好好读书? 否则对不起这些烈士。每当我经过他们的陵园,总是燃起要把书读好的强烈念头。所以,数十年来,我一直把有书读看作是一种幸福,把从事学术研究看作是一种幸福,能为国家社会作点贡献,更是莫大的幸福,利欲是影响人进步的一堵墙,谁能冲破它就能轻松自如。心无旁骛、有规律地读书、学习、研究有益于身心健康,这是千真万确的。许多前辈学者享有大年与此分不开。

　　翁同龢研究一个最大的难度,就是他参与的朝廷重大活动是当时的政府行动,而不是他一个人的独立行动,他是参与者,而不是决断者,更不是决策者。因此,如果不能了解他当时参与的这些活动的真相,很难说清他在其中充当的角色和所起的作用,更不能对他作出相应的评价。因此,要搜集他的资料必须以晚清社会为背景,广泛地去搜集,就其现有的资料而研究是无法研究翁同龢的。个别人虽然掌握一些有价值的史料,但无法对他进行总体研究,因此,它要求研究者必须有很深厚的功力,熟悉了解世界近代史、中国近代史,熟知晚清的档案资料乃至制度、文化、社会习俗等等,这是一个残酷的事实,从某种意义上讲,翁同龢研究难度要远远大于曾国藩、左宗棠、张之洞之类人物的研究,没有对 19 世纪和 20 世纪中外历史的了解根本无法去研究翁同龢。到目前为止,清代高层核心人物传记出版少之又少,与此有关。

本着先近后远的原则，从 1983 年起，我先后查阅校图书馆古籍部、上海图书馆古籍部、上海辞书出版社等所藏翁同龢及与翁同龢有关资料。华东师大所藏愚斋图书极为丰富。我前后通读了《清实录》，泛览有关清政府镇压太平军、捻军、回民起义的各种《方略》，中日、中俄、中法交涉资料、《大南实录》，朝鲜、越南、俄国、日本的近代史，李鸿章、张之洞、左宗棠、丁日昌、袁甲三、王文韶、奕诉、文祥、崇实、盛宣怀、刘坤一、端方等数十人的年谱、日记、传记、墓志铭、文集，赵烈文、李慈铭、李棠阶、曾纪泽、殷兆镛、刘锡鸿、薛福成、张佩纶、张謇等十多人的日记，通读中国史学会主编的中国近代史资料丛刊，花费近两年的业余时间，将台湾沈云龙先生主编、文海出版社影印出版的近代史料丛刊，总计近两千册，逐本逐页翻检一过。在阅读上述档案资料的过程中，摘录了近百万字的资料，不仅加深了我对近代史的诸多细节的了解，而且对近代史上的一重大事件和相关人物有了自己独特的看法。在论及这些事件和有关人物时，尤其与翁同龢的关系时较能客观地加以把握。但更重要的是，通过广泛阅读式的搜集，翁同龢这个人物形象逐渐清晰地展现在我的面前，心中已经知道写他什么和如何写他了。

翁同龢是常熟人，但常熟在哪里？至少在 1983 年 10 月之前我未到过常熟。1983 年 9 月，记得有次我给政教系新生上课，班上学习委员钱玉瑛同学（今为苏州大学教授）对我说，她是常熟中学毕业的，并说常熟县政府在虞山镇，虞山上有翁同龢的墓。常熟有汽车通上海。她还向我介绍了她的中学历史教师蔡玉祺，说他也是华东师大毕业的，另外还介绍了一位名叫周穗成的在政协工作的干部，说将来有事可与他联系。她的这番话引起了我的关注。要搜集资料，常熟当然不能不去。行前，与我一起读研究生的同学胡逢祥（今为华东师大教授）告诉我：苏州师专有个叫许正仪的老师编有翁同龢年谱，正患重病住院，你有什么问题可赶紧去请教他。同年 12 月 18 日，我向系里请假，一早到人民广场汽车站花 2.1 元买了一张去常熟的汽车票。车上有幸遇见了师专的陈信诚先生，他也是华东师大毕业的，知我是师大的老师，一路上非常热情，并向我介绍了常熟图书馆的印俊先生，说需要的话，他可以陪我去见他，请他帮助你。下车后他又把我送到师专。当时华东师大历史系毕业生正在师专实习。当天带队的袁家毅老师告诉我：许正仪快不行了，赶快去向他请教。他又向我介绍了华东师大另一位毕业的杨增麒老师。我第二天就买了一点水果，与陈信诚、杨增麒两位老师去县人民医院看望了许正仪，向他询问了有关翁同龢的几个问题，见他病得很重，不忍心打扰他，便匆匆告辞了。回沪前又一次去看他，他要把他编的翁同龢年谱送给我，被我当场婉拒了，许老师此举也许意有所在，但我作学问有一个原则，就是不与他人合作（上级指示除外）。自己写自己的文章，写起来比较自由。在常熟数日，所见资料不多。翁同龢的从政活动主要在北京。他带"罪"在籍，身无自由；在籍史料有限，且价值不高，遂决定到其他地方去查找。

　　从1984年起，我先后利用三个暑假和两个寒假前往北京搜集翁同龢资料。当时每月工资才一百多元，要养家糊口，不得不借住北京内兄家。从朝阳门外红庙坐电车到西华门中国第一历史档案馆，路上要花费一个多小时，中途还得在什刹海换车，到文津街下车。为了争取时间，赶上档案馆八点开门，往往天不亮就乘头班车，路上买两个馒头，带点冷开水。赶到时，正好档案馆开门。有一次，车子开得快，到档案馆，门还未开，中华书局总编辑李侃在此晨练，见到我十分惊讶。他听我说明情况后，十分感动。后来我的《翁同龢传》由中华书局出版，与他的大力支持分不开。在档案馆，我将道、咸、同、光四朝军机录副，按类逐年逐卷阅读一过，一件不漏。又查考咸、同、光三朝朱批奏件和专卷，如五宇号案卷、胜保案卷、杨乃武案卷、戊戌专卷、历次科场案卷、钱粮案、西征协饷卷、中日台事交涉卷、琉球交涉卷、朝鲜甲申事件卷、中日长崎事件交涉卷，海军衙门卷等许多专卷。每天第一个到馆，最后一个离馆，管理员宋秀元、周爱莲和一位姓赵的女士为我查抄资料的执着行为所感动，在每天闭馆前先将我第二天要看的案卷提前调出来，以便我第二天一开门就不用等，直接看起来。中午，档案馆工作人员吃饭、休息，我便到馆外啃馒头。有幸的是我在这里认识了也在查资料的孔祥吉和其他北京的学人。孔祥吉见我吃得较差，便将家中带来的饭菜分点给我。这种"分饭相赠"令我至今难以忘怀，此后我们一直是好朋友，在京期间，又到国家图书馆善本部查找资料，在中华书局陈铮、陈东林、侯明等帮助下，在这里查看了翁氏家书、翁心存诗文集、翁曾翰、翁之憙日记，找到了翁同龢与潘祖荫、吴大澂、李文田、汪鸣銮、王懿荣等许多人往来函稿，翁同龢父亲翁心存的日记等资料。记得有一次是寒假，某一天到国家图书馆善本部查资料。这天查资料的连我只有两个人，管理员走到我面前对我说："谢先生,你这样聪明,怎么不去炒股票?! 赚大钱?! 在这里抄资料,太清苦! 对你来说不是太可惜了吗?!"当时社会上炒股成风,一夜暴富的人很多,知识分子下海经商,炒股票的也很多。我笑笑说："炒股票,一是我没钱,二是我不会;抄资料,搞研究,我还可以。"人各有志。从来上智不贵物,世间最宝是精神。我看重的是精神。也就是这一次来京查资料,快近旧历年底,尚未购到回沪车票,只得到西单用高价买到一张到合肥的车票,车上挤满了人,我见到火车上的一位解放军战士,告诉他我的情况后,在徐州站由他与另两位乘客用手把我托起送到车门,下车后再排队购买汽车票,直到小年夜才几经辗转回到家。

此后又去天津、南京、合肥、寿州、苏州、南通、杭州、长沙、广州等地搜集资料,其间也有利用参加学术会议,到当地图书馆和有关大学图书馆查找的。那时,图书馆查资料已开始收费,我在苏州博物馆查到一些资料,不但收资料费,那位姓陈的副馆长还要我以后出书时,要在书后提到他的大名,他要名利双收,真是没有办法。苏州大学图书馆幸亏钱玉瑛同学帮忙,不但未收费,而且钱玉瑛还帮我摘抄了许多资料。到合肥、寿州,得到翁飞和王鹤鸣先生的帮助,查到翁同书的资料不少,为此,后来专门写了一本《翁同书传》。在南京,经人介绍认识新任江苏省副省长的张绪武,因他的介绍,翁开庆、翁万戈先生知道了我在研究翁同龢。1987 年 10 月 30 日,两位先生到我当时住的南京西路家中看我,经过这次见面,我与他们取得联系,便直率地提出,请他们向我提供手中藏有的翁同龢资料,后来翁万戈先生从美国给我提供了一份《家藏先高祖遗留文献资料目录》,我根据研究需要,挑选了其中一部分,由万戈先生复印邮寄给我,我在《翁同龢传》中运用了,因为这些资料未刊,国内罕见,因而是书出版后引起了学界的关注。后来万戈先生将他保存的有关翁同龢的资料交由台湾艺文书局影印出版,可能是每册编审的专家对资料不熟悉,或是其他什么原因,存有删节、遗漏的现象。与当初万戈先生复印给我的同样的资料存在诸多不同之处。

在搜集资料的过程中,陈师建议我先写一本十万字的《翁同龢》小册子,纳入他的近代史小丛书,另要我顺便编一本《翁同龢集》,认为这既可方便自己查阅,亦可有利于他人和后人研究,并说搞好,他可以代我向出版社推荐。小册子后来由上海人民出版社出版,当时《文汇报·学术之窗》作了报道,称"是书是国内出版的第一本有关翁同龢的学术专著"。因中华书局正点校出版翁同龢日记,所以,《翁同龢集》只收奏折、函稿、诗文,附录年谱和未刊的《甲午日记》《随手记》,约计九十万字。初列入国务院古籍整理出版计划,但因无钱,一直拖到国家编写新清史,才由清史编委会出资,由中华书局于 2005 年出版。是书因从无到有,每件资料都是查抄而来,编辑十分不易。其价值最高的是书中 1 300 多件函稿,有助于人们研究。但问题也出在这部分,大部分函稿无时间年月,需要考证。有些函稿事涉隐秘,无发信人和收信人,《朴园越议》函稿中就存在这问题,因此有搞错的。个别函稿的时间在排印时也有搞错的,只好留待日后重版时再去订正。

三

史料是研究的前提和基础,史料可以作为文献整理出版,供学者研究参考,但它本身不是研究。任何历史研究都是世界观与史料的对话,历史研究需要多种思维,如理论思维、逻辑思维、形象思维,批判思维,宏观思维,辩证思维,等等,但关键是研究者拥有什么样的世界观,唯心的还是唯物的,不同的世界观对历史的解读是不同的。在诸多思维中,理论思维和形象思维要求较高,何为理论? 我的理解是"理由事生,论从史出"。即从史料的分析中得出相关的结论。形象思维是研究人物的要素,是讲他是一个什么人。要将研究的人物的"个性"、"独特"之处写出来。陈师会写古体诗,他要我读马列著作,读唐宋传奇、古今小说,要我读唐诗宋词元曲,他说做历史研究,要有"文采",要有点"奇气"。研究历史的人要在"才、学、识"三方面下苦工夫。所谓"才、学、识"即今天的文、史、哲。即要有翔实的史料、文学的才华、哲学的思辨,才能成为一流的学者。

陈师对我们说过:研究历史可采用两种方法:一是从历史事实出发,引出古为今用,以古鉴今的作用;二是从现实政治生活中回到历史,进行探索,提出带理论性的观点。历史是昨天的政治,今日的政治即明天的历史。但我没有采用他的第二种研究方法,而是遵循南开读书时,郑天挺、王玉哲、杨志玖等老师的教导,就史论史,从史料本身得出有关结论。1994 年 9 月,我受聘为日本神户学院大学访问教授。期间,应京都大学人文科学研究所邀请,作关于翁同龢研究方面的学术讲演。所长狭间直树教授问我是那一派,在日本,史学界有关西学派和关东学派。他知道中国有京派和海派之分,京派重视史料,海派注重观点。他看了我的《翁同龢传》后,认为史料翔实,观点新颖,便提出我属于何派的问题。我说我的大学受的教育是京派,研究生的教育是海派。我的治学,是京海融于一体。

如何研究翁同龢?一、要了解翁同龢所生活的那个时代的人们,他们是用什么样的世界观观察周围发生的一切和处理他们所遇到的问题。从鸦片战争到1911年前,中国人观察和研究问题主要用传统的变易观,其间亦有退化史观、循环史观、变易进化史观等。民国以后才用进化史观。直到1949年后才采用唯物史观。对研究者来说,最大的困惑是无法体察被研究者当时所处的环境、心态,常常凭一束资料用今天的思维方法和眼光去评判。我讲这些,是说我们研究者必须要了解翁同龢所处的那个时代的思维方式和行为方式,那是君主专制、等级森严的社会氛围,我们总不能认为前人总是下愚无知,他们的见解都是荒谬的,古人都错了,只有我们是正确的。只有懂得这些,才能对翁同龢展开研究。

二、研究翁同龢必须有一个"大纲领",这个"大纲领",就是当时的中外大势。清王朝所面临的困局、外国列强不同时期对中国所实行侵略方针,清政府如何应对,在这一背景下,国内历史发展的动向如何,那时的农民起义、洋务运动、维新变法等多带挽救民族危亡的性质,不了解这些,翁同龢研究就根本无法进行。

三、有了"大纲领",下面就是如何具体入微地进行叙述。当时中国已是一个半封建半殖民地社会,"变"是近代中国最大的特色。要把"变"字融在论述翁同龢每一件活动中。才能反映时代在他身上的变化。传统的宫廷教育是怎样的?翁同龢与其他师傅对同、光两帝教育有什么不同?"变"在哪里?一方面是外国驻使北京,中国向西方派驻使节;但传统的宗藩政治还在存在。翁同龢奉旨担任总理衙门大臣,办理对外交涉,是如何想?如何做?他任户部尚书在处理国家财政与办理国防,是如何考虑的?结果如何?作为一名经生文人,作为军机大臣,他对军事一窍不通,如何评价他在甲午中日战争中所作所为?他与康、梁的交往是事实,为什么不承认举荐过康梁?戊戌变法期间,他究竟想些什么?即使史料缺乏,也要作出合乎历史逻辑的分析,等等。只有这样深入细致的论述,才能将一个鲜活的翁同龢写出来。

四、研究翁同龢,切忌不能跟着历史跑,首先要弄清当时历史的是与非;也不能跟着几十年流行的观点去跑,人云亦云;更不能从"乡愿"出发,为之辩护。历史事实是客观存在,无法改变。历史研究就是对历史事实进行不断的解读,通过不断的解读,使人们对历史的认识不断加深。任何隐恶扬善之举都不是严肃的研究态度。甲午战火纷飞年代,他与孙毓汶、张荫桓还讨论碑帖字画,有悖常理? 应站在历史的高度,进行历史评判。光绪帝对翁同龢最了解,所写将翁同龢开缺的谕旨内容应当是真实的。将他革职编管的谕旨究出于何人之手? 虽说法很多,但所写内容均很具体,并非泛论,如指责他"授读以来,辅导无方,从未以经史大义剀切敷陈,但以怡情适性之书画古玩等物,不时陈说",看看翁同龢日记,所记购买字画碑帖古玩与友人讨论与此相关的内容比比皆是,如何评说? 同光年间,理学代表人物是曾国藩、倭仁、李棠阶等,他们强调世道人心,将顾炎武的经世思想同理学的克己修身、治国平天下的主张糅合在一起,终以"削平大难",让清王朝又苟延残喘了几十年。章太炎直斥潘祖荫、翁同龢的学问属于小学,非理非儒,并不纯粹! 有一定的道理。明清以来,自段玉裁研究说文解字,江声研究音韵训诂以来,苏常地区学者多偏于碑帖、字画、古籍收藏、鉴赏和重印。翁、潘等人的学识显然受此影响,不能适应同光朝局变化的需要。谕旨又说其"往往巧藉事端,刺探圣意",这些话只有出自光绪帝和光绪身边近臣之口。"办理诸务,种种乖谬,以致不可收拾",等等,这些都应放在历史天平上去分析评判,既不能为之讳,又不能视而不见,加以回避。许多参劾他的人如徐桐、于荫霖、王鹏运大多为平日与翁同龢关系较近的人,有些如王鹏运还是他的学生,这些都无法回避,我们不能用这些人"心怀叵测",是"守旧派"这类简单的言词去"驳斥",均值得深入去研究,包括我本人在内。该肯定的肯定,该否定的否定,因此,要有辩证思维,既不要去肯定一切,也不要去否定一切。

五、研究翁同龢,切勿"自识自话"。近代重大历史活动往往是通过一个群体来进行的,参与者众多,角色不同,作用也不一样。因此,研究翁同龢时,不能仅用翁同龢的资料发论,还要参考其他相关人物资料。讲洋务、轮船招商局,讲海军,讲汉阳铁厂,必须参阅李鸿章、沈葆桢、张之洞、盛宣怀等人的资料;讲收复新疆,讲中俄伊犁交涉,中日若干交涉,必须参看左宗棠、李鸿章等人资料,这样才能作客观的论述,得出的结论才能让人信服。

六、至于行文,无论何种文体,大致必须做到"清、真、雅、正"四字。"清"指历史线索清晰,史料力求真实可靠,文字表达典雅可读,得出的结论能教育人、鼓舞人,传达的历史信息要客观。

四

好的选题、正确的研究思路、丰富翔实的史料、导师的指导,这是我的翁同龢研究较顺利的原因。从 1984 年发表第一篇有关翁同龢的论文,至今共发表有关翁同龢的论文约 40 篇。从 1987 年出版 10 万字的《翁同龢》,此后又陆续出版近50 万字《翁同龢传》、38 万字的《常熟翁氏》、25 万字的《翁同书传》、22 万字《百年家族:翁同龢家族》、10 万字的《大家精要:翁同龢》、90 万字的《翁同龢集》,以及即将出版的 130 万字的《翁同龢年谱长编》、70 多万字的《翁同龢人际交往与晚清政局》、20 多万字的《翁同龢与近代中国》,这是三十年汗水浇注的结晶,几乎占我全部出版著作的一半。

我对翁同龢的研究,扩大了翁同龢的影响,加深了国内外对翁同龢的了解。如今翁同龢事迹展已成常熟传统文化的一个品牌。而国内外学术界对我的翁同龢研究也给予了充分肯定。1994 年我在京都大学演讲时,有位日本教授这样评价说:萧公权先生对翁同龢的研究多于主观推理;高阳先生的翁同龢传系文学作品,有戏说成分;"唯谢先生用史料来研究翁氏","当今以史料来进行研究(翁氏)的,当推谢先生"。台湾学者王家俭、陈三井、胡春惠等见到《翁同龢传》后说:"《翁同龢传》一鸣惊人,海内外瞩目"。同年,出席韩国举行的日清战争(即中日甲午战争)一百周年国际学术研讨会,有"韩国研究中国近代史泰斗"之誉的首尔大学东洋史学系主任闵斗基教授,会后特邀我结合翁同龢研究,向该系研究生作如何治学的学术讲演。至于国内史学界对这一研究评论更多。中国史学会原会长、著名历史学家戴逸教授为《翁同龢传》所写序言,代表了老一辈学人对这一研究的肯定。戴师给我很多鼓励和帮助,令我终生难以忘怀。此外,像金冲及、朱诚如、李文海、茅家琦、章开沅、张宪文、王汝丰、王斯德、胡逢祥、胡小静、李远涛、许仲毅、朱金元、陈铮、日本的中村哲夫等诸多学者对我的翁氏研究多有评价和支持。此外,常熟诸多友人,如杨增麒、钱文辉、钱浚、沈潜、曹培根、李烨、李政、赵平等,历任翁同龢纪念馆馆长朱育礼、周立人、王忠良等,其他友人如欧阳红、王宏、任雅君、华强等均给予了诸多支持,此处就不一一列举了。

从 2008 年起,历时六年,编著《翁同龢年谱长编》,全书 200 万字,可以说是集翁氏研究之大成。三十年中,我对翁氏研究最大的困难是没有经费,至今计划中的《翁同龢研究论文集》尚未出版。万万想不到这部年谱长编经上海交通大学出版社推荐和专家审定,由全国哲学和社会科学规划办公室调研处批准,列入国家出版资助项目。这是国家对翁同龢研究的肯定和支持,令人高兴。专家们对这部年谱长编给予了很高的评价。在此向他们表示感谢。

《翁同龢人际交往与晚清政局》构思多年,此书出版得到了上海书店出版社许仲毅社长、薛羽、邹烨编辑的大力支持,他们为我搜集照片,提供有关资料线索,使本书得以顺利出版,在此,一并表示感谢!

对于三十多年的翁同龢研究,我感慨良多。一、当年我看过郭沫若编写的《蔡文姬》话剧,郭老曾借曹丕的口说:屈原、司马迁、蔡文姬(蔡琰)他们的文字是用生命在写,而我们的文字只是用笔墨在写,这是他们的文字感人奥妙。对一个学者而言,只有当你把你的研究当着一项事业去做,全身心投入,认真去做,不畏劳苦,不怕艰难,才会出众,出奇。二、翁同龢是文人从政,本身学问很深,要研究他,本来就很不容易,因此,需要有扎实的功力,何为功力? 资料厚、理解深、解读透。因此,要广读书、深钻研、勤写作。对学者而言,为人为学当恒守“清、勤、慎、诚”四字,清可去浊,涤除名利欲望之念,保持心灵纯净;勤可医惰、补拙、戒懒;慎可戒骄。三者的前提是须以诚字为本,诚者,信也。言必由衷,文必求实。若能守此四字,可以成就一番事业。三、要把研究同课堂教学、社会历史文化教育结合起来。三十年来,我在研究翁同龢的过程中,随时将研究的成果充实到教学中去,不仅丰富了教学内容,而且也引起了学生对翁同龢的兴趣,增强了学生对翁同龢的了解和认识。至今学生们仍记得我给他们讲翁同龢为杨乃武平反昭雪的内容。在研究中,还积极配合常熟市政府筹建翁同龢纪念馆、成立翁同龢研究会,推动当地的廉政文化建设;积极参与翁同龢与甲午战争、与戊戌变法学术研讨会,纪念翁同龢诞辰 100 周年纪念活动,为市民讲堂宣讲翁同龢为官清廉事迹,受到了良好的社会效果。

　　我对翁同龢的研究,只是作了一次学术探索。作为近代史上一位重要人物,翁同龢还有许多问题有待我们去作进一步深入研究。我将继续戒骄戒躁,努力研究下去。

主要参考文献

北京市档案馆编:《那桐日记》,新华出版社 2006 年版。

蔡冠洛:《清代七百名人传》,中国书店 1984 年版。

陈夔龙:《梦蕉亭杂记》,北京古籍出版社 1982 年版。

陈旭麓:《近代中国社会的新陈代谢》,上海人民出版社 1992 年版。

陈旭麓等主编:《盛宣怀档案资料》,上海人民出版社 2016 年版。

陈旭麓等主编,齐国华、季平子编:《甲午中日战争(上)——盛宣怀档案资料选辑之三》,上海人民出版社 1980 年版。

陈旭麓等主编,齐国华、季平子编:《甲午中日战争(下)——盛宣怀档案资料选辑之三》,上海人民出版社 1982 年版。

陈旭麓等主编,谢俊美编:《中国通商银行——盛宣怀档案资料选辑之五》,上海人民出版社 2000 年版。

崇彝:《道咸以来朝野杂记》,北京古籍出版社 1982 年版。

戴逸:《清史简编》,人民出版社 1980 年版。

戴逸、林言椒主编:《清代人物传稿》,辽宁人民出版社 1984 年版。

道光、咸丰、同治、光绪四朝军机录副,中国第一历史档案馆藏。

丁日昌:《丁日昌集》,香港志豪印刷公司 1987 年版。

丁文江、赵丰田编:《梁启超年谱长编》,上海人民出版社 1983 年版。

丁祖荫编纂:《虞社丛刊》(十四种),民国九年刊本,华东师范大学图书馆藏本。

丁祖荫等修纂:《重修常昭合志》,民国三十七年铅印,常熟图书馆藏。

窦宗一:《李鸿章年(日)谱》,香港友联书报发行公司 1968 年版。

端方:《端忠敏公奏稿》,台湾文海出版社 1967 年版。

费行简:《近代名人小传》,台湾文海出版社 1976 年版。

冯桂芬:《校邠庐抗议》,上海书店出版社 2002 年版。

冯煦:《蒿盦类稿》,1913 年刊本,华东师范大学图书馆藏本。

顾廷龙:《吴大澂先生年谱》,燕京学报丛刊 1935 年版。

郭嵩焘:《郭嵩焘全集》,岳麓书社 2009 年版。

郭廷以编著:《中国近代史事日志:清季》,台湾正中书局 1963 年版。

侯宜杰:《袁世凯传》,群众出版社 2016 年版。

胡长瑛编:《清代名人手札全集》,台湾文海出版社 1976 年版。

胡思敬:《国闻备乘》,上海书店出版社 1997 年版。

黄鸿寿辑:《清史纪事本末》,上海文明书局 1929 年版。

黄濬:《花随人圣庵摭忆》,上海古籍出版社 1983 年版。

李慈铭:《越缦堂日记》,台湾文海出版社 1963 年影印。

李国杰编:《合肥李氏三世遗集》,台湾文海出版社 1967 年版。

李鸿章:《李鸿章全集》,海南出版社 1997 年版。

李明勋、尤世玮主编,《张謇全集》编委会编:《张謇全集》,上海辞书出版社 2012 年版。

李提摩太著,李宪堂、侯林莉译:《亲历晚清四十五年:李提摩太在华回忆录》,天津人民出版社 2005 年版。

刘家平、苏晓君主编:《中华历史人物别传集》,线装书局 2003 年版。

马建忠:《东行三录》,上海神州国光社 1940 年版。

潘祖年编:《潘文勤公年谱》,吴县潘氏刻本,苏州大学图书馆藏本。

钱仪吉等编:《清碑传合集》,上海书店出版社 1988 年版。

裘毓麐:《清代轶闻》,上海书店出版社 1989 年版。

上海图书馆编:《上海图书馆藏翁同龢未刊手稿》,上海科学技术文献出版社 2010 年版。

沈瑜庆撰:《涛园集附年谱》,台湾文海出版社 1976 年版。

沈云龙主编:《中国近代史料丛刊》正编、续编,台湾文海出版社 1974 年版。

盛康辑:《皇朝经世文续编》,台湾文海出版社 1976 年版。

盛同颐编:《愚斋存稿初刊》,华东师范大学图书馆库藏本。

盛昱:《意园文略》,宣统元年刊本,华东师范大学图书馆藏本。

苏特尔著,梅益盛、周云路译:《李提摩太传》,华东师范大学图书馆藏本。

谭钟麟:《春及草庐藏翁帖墨迹》,商务印书馆 1909 年版。

汤纪尚:《槃薖文甲乙集》,萧山汤氏刻本,上海图书馆藏本。

汤志钧:《戊戌变法人物传稿》,中华书局 1982 年版。

唐文治:《茹经堂文集》,太仓唐氏茹经堂 1926 年刻本。

王定安:《湘军记》,江南书局光绪十五年刻本,华东师范大学图书馆藏本。

王尔敏:《淮军志》,中华书局 1987 年版。

王文濡、王有珩编:《联对大全》,中华书局 1921 年版。

王文韶:《王文韶日记》,中华书局 1989 年版。

王先谦:《虚受堂文集》,光绪二十六年刊本,华东师范大学图书馆藏本。

王彦威、王亮辑编:《清季外交史料》,书目文献出版社 1987 年版。

王芸生编:《六十年来中国与日本》,天津大公报社出版部 1932—1933 年版。

王钟翰点校:《清史列传》,中华书局 1987 年版。

温崇信编:《胡林翼集》,华东师范大学图书馆库藏本。

翁斌孙:《翁斌孙日记(1908—1909)》,未刊,常熟市文管会藏。

翁同龢:《松禅自订年谱》,手稿本,翁开庆、翁万戈藏供。

翁同龢:《翁常熟扇集》,上海有正书局 1935 年版。

翁同龢:《翁瓶笙书屏集扇集》,上海有正书局 1926 年版。

翁同龢:《翁松禅人物山水册》,上海有正书局 1926 年版。

翁同龢:《翁松禅遗墨真迹》,台北故宫博物院影印。

翁同龢:《翁同龢瓶庐丛稿》,上海远东出版社 2014 年版。

翁同龢:《翁同龢日记》,中西书局 2012 年版。

翁同龢著,朱育礼、朱汝稷校点:《翁同龢诗集》,上海古籍出版社 2009 年版。

翁同龢:《翁文恭公军机处日记》,燕京大学图书馆 1938 年版。

翁同龢:《翁文恭公日记》,商务印书馆 1925 年版。

翁同龢纪念馆编:《二十世纪翁同龢研究》,苏州大学出版社 2004 年版。

翁同爵:《翁玉甫先生年谱初稿》,手稿本,翁宗庆藏供。

翁同龢与潘祖荫、李文田、王懿荣、孙家鼐、吴大澂、徐颂阁、费念慈、汪鸣銮往来函稿,未刊,北京国家图书馆善本部藏。

翁同龢与张荫桓往来函稿,未刊,中国文联资料室藏。

翁同爵奏折,未刊,上海图书馆古籍部藏。

翁同书:《苗沛霖反侧颠末纪略》,未刊,翁开庆藏供。

翁同书:《使黔日记》,未刊,北京图书馆善本部藏。

翁同书:《西行寄弟函》,上海远东出版社 2016 年版。

翁同书:《巽斋自订年谱》,手稿本,翁开庆、翁万戈藏供。

翁同书:《巽斋奏稿、文稿》,未刊,北京图书馆善本部藏。

翁同书等:《翁心存年谱》,翁开庆、翁万戈藏供。

翁万戈辑:《常熟翁氏世藏古籍善本丛书》,文物出版社 1996 年版。

翁万戈辑:《翁同龢文献丛编》,上海远东出版社 2014 年版。

翁万戈辑:《先高祖文恭公所遗文件、手迹》(六卷),未刊,翁万戈藏供。

翁心存:《翁心存日记》,中华书局 2011 年版。

翁心存:《翁心存诗文集》,凤凰出版社 2013 年版。

翁心存、翁同书、翁同龢等:《翁氏家书》,北京国家图书馆善本部藏。

翁璇华:《簪花阁集》,光绪刊本,常熟图书馆藏。

吴相湘:《近代史事与人物》,台湾文海出版社 1976 年版。

吴相湘:《晚清宫廷实纪》,台湾正中书局 1952 年版。

吴永口述、刘治襄记:《庚子西狩丛谈》,岳麓书社 1985 年版。

萧一山:《清代通史》,中华书局 1985 年版。

小横香室主人编:《清朝野史大观》,上海书店出版社 1981 年版。

谢俊美:《常熟翁氏》,中国人民大学出版社 1999 年版。

谢俊美:《大家精要:翁同龢》,云南教育出版社 2010 年版。

谢俊美:《东亚世界与近代中国》,上海人民出版社 2010 年版。

谢俊美:《翁同龢》,上海人民出版社 1987 年版。

谢俊美:《翁同龢家族》,河北教育出版社 2006 年版。

谢俊美:《翁同龢评传》,南京大学出版社 2000 年版。

谢俊美:《翁同龢传》,中华书局 1994 年版。

谢俊美:《翁同书传》,华东师范大学出版社 1998 年版。

谢俊美编:《翁同龢集》,中华书局 2005 年版。

谢俊美编著:《翁同龢年谱长编》,上海交通大学出版社 2018 年版。

徐珂:《清稗类钞》,中华书局 1986 年版。

徐一士:《一士类稿　一士谭荟》,《近代稗海》第二辑,四川人民出版社 1985 年版。

许同莘编:《张文襄公年谱》,商务印书馆 1947 年版。

薛福成:《庸盦笔记》,江苏人民出版社 1983 年版。

杨昌浚:《平定关陇纪略》,光绪十三年刊本,华东师范大学图书馆库藏本。

杨立强等编:《张謇存稿》,上海人民出版社 1987 年版。

殷兆镛:《斋庄中正堂集》,光绪刻本,华东师范大学图书馆库藏本。

俞樾:《春在堂随笔》,江苏人民出版社 1984 年版。

张孝若:《南通张季直先生传记》,张謇研究中心 2014 年版。

张荫桓:《张荫桓日记》,上海书店出版社 2008 年版。

曾国藩:《曾国藩全集》,湖南人民出版社 1984 年版。

曾纪泽:《曾纪泽集》,湖南人民出版社 1984 年版。

赵大力:《恭亲王奕䜣——将慈禧送上垂帘宝座的人》,中国文联出版社 2001 年版。

赵尔巽等:《清史稿》,中华书局 1976 年版。

中国人民大学清史研究所编:《清史编年》,中国人民大学出版社 2000 年版。

中国史学会主编:《中国近代史资料丛刊》,上海人民出版社、上海书店出版社 2000 年版。

周轩:《清宫流放人物》,紫禁城出版社 1993 年版。

朱孔彰:《咸丰以来功臣别传》,光绪二十四年刊本,华东师范大学图书馆库藏本。

朱孔彰:《中兴将帅别传》,光绪二十三年刊本,华东师范大学图书馆库藏本。

朱寿朋辑:《光绪朝东华续录》,中华书局1988年版。

庄练:《中国近代史上的关键人物》,中华书局1988年版。

左宗棠:《左宗棠全集》,岳麓书社2009年版。

后记

　　还在 1983 年阅读翁同龢日记时，我就将其人际交往单独列出，以便日后研究。据不完全统计，与翁同龢有人际交往的不下 1 340 余人，当然日记中提到的人远不止这些。本书挑选了其中 200 余人，因为这些人中绝大数多位处清朝统治核心，不是满族权贵，将军都统，就是汉族官僚和政府各部院主脑，翁同龢与他们或是同事，或是奉旨同办一事，或是共同议事，决定某件事的处理，因而彼此交往非同一般，直接关系朝政大局；在这些人中，还有不少是台谏御史，他们虽非权要，但言论主张直接影响当时的社会舆论和政府决策；在这些人中，有些是地方实力派，以湘系、淮系人物为主，他们的活动虽偏于一方，但行为举止同样与晚清政局息息相关。这些人中，少量的是翁同龢的亲朋、门生，因他们直接或间接参加了翁同龢从事的政治活动，并在其中充当了某些角色，因此本书亦将他们列入论述的范围，这是我要讲的第一点。

　　人际交往说到底就是人际关系，社会关系。如果人际交往的主脑是政治人物的话，那么他的人际交往就非同一般，这种交往，往往必然会对社会政治产生重大影响。翁同龢身为光绪帝师，担任军机大臣、总理衙门大臣和户部尚书，权参机要，这就决定了他的人际交往非同寻常，直接影响甚至左右晚清朝局。翁同龢经历了两次鸦片战争、中法战争、中日甲午战争、太平天国起义、捻军起义、洋务新政、戊戌维新，参与了诸如中日甲午战争、戊戌变法的决策活动和中俄伊犁交涉、中俄密约交涉，中英缅甸、云南边界交涉、中法越南交涉、中法粤桂边界交涉，中德胶澳租借谈判、中日琉球问题交涉、中日甲午战后赔款支付等对外重大交涉,此外还参与了诸多内政案件的查办与处理,如吴可读死谏、杨乃武冤案、桂永氏案、云南军费报销舞弊案。万青藜、孙楫被参案等,有凡清朝内政、宫廷教育、外债借款、洋务新政、金融铸币、河道治理、盐政、科举考试、捐纳开办、官吏选拔、新军编练等,无不参与。因此,他同上述有关部门的官员、人员的交往基本覆盖了晚清社会的方方面面,透过这些交往,不仅揭示了晚清统治的江河日下,衰朽不堪,而且反映了包括翁同龢在内的参与这些活动的众多官僚在列强欺凌下的万般无奈。他们在交往中的争论、分歧,诸如和与战、弃与守、联合与化分、开新与守旧、赔偿与割让、妥协与抗争,都是这一背景下出现的,其间固然有折射了他们个人人格的一面,但说到底,都是半封建半殖民地、弱国无外交的软弱下的不同回应。

书中,有许多人因为与翁同龢同办一事,或同议一事,所以在介绍他们的交往时,往往出现资料重叠出现的情况,但只要读者仔细阅读,就不难发现,虽是同一件事或同一个问题,翁同龢与他们谈论的角度还是有所区别,遣词也有不同。这是我要说的第二点。

翁同龢位处高层,经办的事大多重要,而与之交往的人又那么多,要想从中归纳些什么确实很困难。不过透过他的人际关系,他给人的印象是忠勤国事、待人谦恭、直言无隐、勤政爱民、操守有节、爱才若渴、多才多艺,唯缺少近代社会变迁所需要的政治智慧和才干,他是从传统步入近代的,还有当时政治体制的限制,但总的来说,不失为一位爱国政治家。

本书酝酿已有十多年,因涉及晚清人物太多,需要查阅若干档案资料、人物传记,所以直到前年才将它写出来。从严格意义上说,本书是中华书局版《翁同龢传》的补充和深入。前者以纵向为主,叙其一生;后者以横向为主,稍加扩展,补充前者。两书合起来,可将翁同龢的真实形象展现在世人面前。

当今讲速度,讲效益。像我这样笔耕,花费十多年才写出一本书,已极为少见。出书难,难在出版社不赚钱,压力太大。当然不是所有出版社都以“钱”字当头,上海书店出版社就是例外。社长许仲毅别具远见卓识,他待人谦和,不失学者风度。长期以来,一直鼓励和支持我的学术研究。我的《东亚世界与近代中国》、《政治制度与近代中国》等书就是在他的大力关怀下帮助出版和再版的。为了本书的出版,他专门为我申请出版基金,令我深受感动。"山不在高,有仙则名;水不在深,有龙则灵"。在他的领导和全体同仁的努力下,将上海书店出版社办成一家享誉全国的著名出版社,着实了不起,令人敬佩!薛羽和邹烨两位编辑为本书的出版付出了巨大辛劳,精选了有关人物图片,使该书增色不少。在此,一并向他们表示衷心感谢。

图书在版编目(CIP)数据

翁同龢人际交往与晚清政局/谢俊美著.—上海：
上海书店出版社,2018.6(2019.1重印)
ISBN 978 - 7 - 5458 - 1510 - 8

Ⅰ.①翁… Ⅱ.①谢… Ⅲ.①翁同龢(1830 - 1904)-
社会关系-研究②中国历史-研究-清后期 Ⅳ.
①K827＝52②K252.07

中国版本图书馆 CIP 数据核字(2017)第 164059 号

责任编辑 薛 羽 邹 烨
装帧设计 范昊如 夏 雪 李疑飘 李桑榆
技术编辑 吴 放

翁同龢人际交往与晚清政局
谢俊美 著

出 版 上海书店出版社
　　　　 (200001 上海福建中路 193 号)
发 行 上海人民出版社发行中心
印 刷 苏州越洋印刷有限公司
开 本 710×1000 1/16
印 张 49.25
字 数 750,000
版 次 2018 年 6 月第 1 版
印 次 2019 年 1 月第 2 次印刷
ISBN 978 - 7 - 5458 - 1510 - 8/K · 285
定 价 228.00 元